普通高等教育“十一五”国家级规划教材

北京市高等教育精品教材立项项目

新编21世纪社会工作系列教材

个案工作

第二版

Case Work

隋玉杰 主 编
杨 静 副主编

中国人民大学出版社
·北京·

作者简介

隋玉杰，女，博士，中国人民大学社会与人口学院社会工作系副教授，博士生导师。中国社会工作教育协会副秘书长暨老年社会工作专业委员会主任委员。

杨静，女，博士，中华女子学院副教授，中华女子学院社会工作行动研究中心主任。

刘梦，女，博士，中华女子学院副院长。中国社会工作教育协会副会长，中国家庭教育学会副秘书长。

田国秀，女，博士，首都师范大学教师教育学院院长，教授，博士生导师。中国社会工作教育协会学校社会工作专业委员会副主任委员。

何欣，女，博士，中国人民大学社会与人口学院社会工作系副教授。中国社会工作教育协会残障与康复社会工作专业委员会副秘书长。

内容简介

《个案工作》第一版自 2007 年出版后，深受广大读者喜爱。出版至今的十余年来，社会工作专业的长足发展和实践领域的日新月异，使修订工作变得十分必要和迫切。

新修订的教材保留了原有的框架和体例，希望学习者能够从知晓个案工作的历史渊源和哲学基础开始，逐步深入，了解个案工作的基本原则，以及从事个案工作对工作者自身素养的要求以及开展相关工作的知识、方法和技巧。此外，新版补充了近十余年来最新的研究成果和案例，调整了部分章的结构，更新了有关残疾人辅导的内容，以使学习者获得更佳的、前沿性的个案工作价值理念、知识和技巧。

前言

《个案工作》一书自 2007 年出版以来已逾十年。期间得到了使用本书的老师、学生、一线从业人员的诸多反馈，有鼓励，也有意见、建议，让我既感到欣慰，同时也感到有责任进一步完善本书。十年间国内外社会工作专业实践的跨越式发展也使本书的知识更新变得尤为迫切。

上一版的出版恰逢专业社会工作发展的节点。之前一年，2006 年，人事部、民政部联合发布了《社会工作者职业水平评价暂行规定》和《助理社会工作师、社会工作师职业水平考试实施办法》，首次从国家制度上将社会工作者纳入专业技术人员范畴。而之后一年，即 2008 年，我国开始实施社会工作者职业水平考试。在制度层面，社会工作服务的专业性得到了认可，同时亦对从业人员提出了更高的要求。之后国家陆续出台了一系列推动专业社会工作发展的纲领性文件。在此大的社会背景下，《个案工作》一书出版后的十年间，社会工作专业服务在社会福利、社会救助、减灾救灾、慈善事业、残障康复、婚姻家庭、公共卫生、学校教育、就业服务、司法矫正、青少年事务、老年社会支持等领域全面展开，个案工作方法亦得到广泛运用，优秀服务案例不断涌现。另一个重要的发展是与开展个案工作相关的服务标准如《儿童社会工作服务指南》（MZ/T 058—2014）、《老年社会工作服务指南》（MZ/T 064—2016）、《社会工作方法 个案工作》（MZ/T 094—2017）等也相继颁布实施，引领服务的规范化和专业化。

新修订的第二版力求与时俱进，纳入这些最新的进展所结出的果实，反映最新的开展个人和家庭社会服务工作的专业理念、知识和技能以及当前的实践案例。具体而言，新修订的《个案工作》一书具有以下特色：

● 各章节更新和增加了相关知识、技巧的最新研究成果。

● 增加了新的个案工作实务案例，如青少年违法犯罪、自闭症儿童就学、儿童丧亲等方面的个案工作案例。

● 对会谈技巧部分进行了结构调整，使之更加合理。

● 重新编写了“残疾人辅导”一章。

● 增加和更新了有关动机性访谈、寻解疗法、丧亲辅导、青少年抗逆力等方面的最新成果。

修订版各章节的撰写分工如下：中国人民大学的隋玉杰副教授撰写第一章、第六章、第七章、第八章和第十章，中华女子学院的杨静副教授撰写第二章、第三章、第四章和第五章，中华女子学院的刘梦教授撰写第十一、第十三和第十四章，首都师范大学的田国秀教授撰写第九章，中国人民大学的何欣副教授撰写第十二章。在此非常感谢各位作者在繁忙的工作之余支持本书的修订工作并提供了高质量的文稿，在统稿的过程中，我受益匪浅。特别要感谢的是中国人民大学出版社人文分社的潘宇社长，她的耐心和持续鼓励使我最终得以完成修订工作。还要感谢本书的策划编辑盛杰，她在工作上细致周到的考虑、安排，让修订工作得以顺利进行。感谢本书责任编辑黄超对本书内容的严格把关。最后还要感谢我的博士生孙金明，硕士生晋艺萌、赖晓蓥、瓮安妮、李诗秋、张浩和李艳丽为本书修订所做的资料搜集工作。

十年飞逝，有许多值得书写的故事，但限于篇幅和能力，本书的修订版难免仍有疏漏之处，希望借此书以文会友，与社会工作服务领域的同行切磋交流，共同成长。

隋玉杰

2018年8月6日

目　录

第一章
个案工作简述

本章概要

本章是个案工作的导引篇，它会带你走入个案工作的天地，向你介绍个案工作中最基本的概念，让你知道个案工作是从哪里出发的，为什么我们坚信个案工作是有价值的，学了个案工作你会有什么收获，你在哪里可以找到用武之地。你会发现，许多你在《社会工作概论》中学到的东西，在这里有了进一步的阐述，你开始接触到个案工作的奠基石——它的哲学思想、价值观、伦理守则和主要知识技巧。这一章可能会让你反思自己所持的哲学思想和价值观，看自己要为从事个案工作做些什么准备。

第一节
什么是个案工作?

小萍和丈夫从农村来到遥远的大城市打工，经过多年的打拼有了自己的房子和比较稳定的收入来源。然而，他们最近感觉两岁的儿子有些不对劲：他这么大了还不大会说话，常常一个人玩，不喜欢跟人交流，还有些让人费解的表现，比如反复拍手、转圈，出门一定要走固定的路线。这让他们非常担心。

卫国夫妇的独生女儿在一家外企上班，为人善良，工作出色，深受同事喜爱。她有一个交往多年的男朋友，两人准备今年结婚。然而，在一次去外地出差的时候，她遇到了交通事故，不幸去世。夫妇两人感觉天塌了，生活失去了意义。特别是母亲，终日以泪洗面，孩子去世已过去了半年多，她仍处于极度的悲伤之中，常常自言自语要随女儿走。

王先生在年轻的时候因为触犯法律曾先后被劳教两次，今年已经 40 岁了，但是还是没有稳定的工作，生活无着落。在他劳教期间，其父母户口迁入北京城区，而王先生解除劳教时，他还是外地农村户口，加之两次劳教经历，他在就业上饱受歧视。虽然他解除劳教后娶妻生子，但是由于一直无稳定工作，生活无保障，家庭关系十分紧张，危机重重。①

---

① 高琦，李卫华．社区工作案例教程．北京：中国人民大学出版社，2014.

身为社会工作者，你可能要去帮助遇到类似上述情况的人们应对人生的重大挑战。我们一般把以个人和家庭为对象，让其更好发挥社会功能的工作称为个案工作。

一、个案工作的界定

个案工作是社会工作中最早发展出来的专业工作方法，有丰厚的知识积累和经验积累。它深受许多社会工作者的喜爱，许多人甚至对它一见钟情。它对于人的认识和肯定，它所提供的人际沟通技巧，它所展示的看待问题和解决问题的视角与方法，让学习并能善用它的人不仅可以助人，而且可以助己，让生命更加丰富、更有意义。然而，个案工作也是深具挑战性的工作，会面对许多复杂的、棘手的当事人和问题，没有系统的学习、实践和充分的准备，你也可能会深受困扰，身心疲惫，想要逃之夭夭。在你进入有关个案工作方法和实务的更深层次的学习之前，让我们来看一下一些专家学者是怎么看个案工作的。

玛丽·里士满被公认为专业个案工作的先驱，她在1922年出版的《何谓社会个案工作》一书中提出："个案工作包含一连串'工作过程'，它以个人为着手点，通过对个人及其所处社会环境做有效的调适，促进其人格的成长。"①

早期的美国社会工作学者高登·汉密尔顿认为社会个案工作是一种有意识地调整个人与社会环境关系的过程。社会个案工作可以被定义为一种与人工作的艺术，即社会工作者与不同的人一起工作，以达到个人对社会的更好的适应状态。她指出，在这个过程中，当事人是一个积极的参与者，他对自己负责并参与解决问题的过程。②

在2003年出版的法利、史密斯和博伊尔合著的《社会工作概论》中，作者提出：社会个案工作是"帮助人们解决问题的一种方法。它是个人化的、科学的、艺术性的工作。它帮助个人处理个人事务以及外在的环境事务。它的助人方法是通过建立关系来调动个人和其他资源以应对问题。面谈和评估是个案工作的主要工具。它通过个案工作关系的动力影响当事人改变态度、想法和行为。在个案工作过程中，工作者会解读出当事人可能需要获得的一个或多个社区服务。它既不是操纵环境，也不是纯主观的定夺。它包含了对生理、心理和社会元素对个人行为的潜在影响的了解和运用。所以，它是生理、心理和社会并重的"③。

我国学者对个案工作的对象、目的和方法的看法在相当大程度上与上述看法有一致之处。例如：认为社会个案工作是"由专业社会工作者运用有关人与社会的专业知识和技巧为个人和家庭提供物质或情感方面的支持与服务，目的在于帮助个人和家庭减轻压力、解决问题，达到个人和社会的良好福利状态"④；认为它是对个人或家庭提供心

---

① RICHMOND M E. What is social work? . New York：Russell Age Foundation，1922：98－99.

② HAMILTON G. Basic concepts in social casework. The family，1937，18（5）.

③ FARLEY O W，SMITH L L，BOYLE S W. Introduction to social work. 9th ed. MA：Allyn and Bacon，2003：60.

④ 王思斌．社会工作概论．3版．北京：高等教育出版社，2014：96.

理调整和环境改善等方面的支持和服务①。不同的是我国学者更强调以家庭为单位的个案工作的重要性，强调其专业性和知识性，对于其科学性和艺术性的一面则强调得不多。

或许是中国社会注重家庭的取向，导致了在个案工作定义中对家庭的强调。另外，或许由于社会工作尚处于由行政性社会工作向专业社会工作过渡的阶段②，在实际工作领域接手个案工作的人良莠不齐，许多人缺乏基本的训练和工作规范，所以才特别强调个案工作要由专业工作者来做，以便提高行业的从业水平。

纵观上述定义，我们可以看出个案工作的几个特点：

（1）注重以个人和家庭为工作对象。个人是个案工作的主要关注点和入手点。解决个人问题或是让个人获得成长是个案工作的基本目标。

（2）注重建立一对一的专业助人关系。与其他社会工作方法不同，个案工作中工作者与当事人有非常多的面对面的交流。社会学关于社会互动的理论研究指出，这种两人关系有助于比较充分地考虑对方具体的需要、愿望和个人特点，因此，可以获得在其他任何社会交往形式中都不可能存在的亲密感情和独特性。但是，这种亲密性也有可能使两人的冲突更加强烈。③ 对工作者来说，个案工作中所建立的专业关系是一把双刃剑。专业关系处理得好会有利于开展工作，处理得不好则可能给双方都带来伤害。尊重当事人的独特性，与当事人平等相处，让当事人挖掘潜能，承担起改变的责任，常被认为是处理个案工作关系的要点。

（3）注重个人和社会两方面的调整，兼顾形成问题的内因和外因。人的问题脱离不了他所生存的社会环境。单单个人做出调整，有时问题仍难以得到有效解决；若有了环境方面的配合，常常就会收到更好的效果。

（4）注重知识基础。个案工作不是全凭个人的经验和主观想法来协助人，而是通过运用有关人类行为与人际关系的各种科学知识，了解个人问题的成因，从而解决问题。个案工作者从事的是一项专业的工作，就像律师、医生和管理专家一样，提供建立在知识基础上的服务。④

总之，个案工作是以个人和家庭为工作的入手点，通过建立一对一的专业工作关系，运用特定的知识和方法，帮助个人调动内在和外在的资源，解决社会功能方面的问题，使个人的社会生活更美满。

同早期相比，目前“个案工作的趋势是把‘人’（具有生理和心理特征）放入‘环境’（家庭、邻里、种族与文化以及经济与政治影响）中去考察。这一‘人在情境中’的观点，或称系统观，是时下工作的基本范式，它指导社会工作实践，认定个人与其环境的连续不断的双向互动是一个持续的过程，这一过程塑造着双方”。法利、史密斯和博伊尔指出：“今日的从业人员不能仅仅局限于学习自我心理学或是社会学，因为用‘人在情境中’这一模式作为指导评估和计划干预行动，会扩展从业人员的视

---

① 翟进，张曙．个案社会工作．北京：社会科学文献出版社，2001：8.

② 王思斌．社会工作概论．3版．北京：高等教育出版社，2014：8.

③ 郑杭生．社会学概论新修．3版．北京：中国人民大学出版社，2003：130.

④ 黄维宪，曾华源，王慧君．社会个案工作．台北：五南图书出版公司，1985：4.

野，综合多种影响个人的力量。”①

学习活动 1-1　对个案工作基本特性的认识

通过上面的叙述，你已经发现人们对个案工作有一些不同的看法，这些看法既揭示了这一工作方法的共性，也向我们显示了它的多样性。关于各家之言对于个案工作的基本特性的认识，请阅读本章后面列出的推荐阅读书目，并按下表加以总结。

	目标	工作对象	方法	当事人与工作者的关系
观点 1				
观点 2				
观点 3				
观点 4				
共性总结				

为了加深对个案工作的理解，你可以尝试做一回当事人，向从事个案工作的专业人士求助一下，亲身体会个案工作是怎么回事，并与同学交流。

学习活动 1-2　讨论个案工作体验

你喜欢自己的个案工作者吗？跟工作者的互动与平常的人际互动有什么不同？

二、个案工作是心理辅导或治疗吗？

个案工作常会被人混同于心理辅导或治疗工作。这或许是因为它与心理学有颇深的渊源。很多时候，个案工作所运用的理论都是心理学的理论。与心理辅导员一样，个案工作者关注个人所遇到的困扰，关注个人与他人的互动形态及其影响，在工作中以当事人为本，致力于当事人的调整和改变，以期其获得更好的适应。

然而，两者也有一些区别。心理辅导与治疗主攻的是“心病”，追求的是心理健康。其中心理治疗一般是以心理异常者为对象，在不使用药物的原则下，针对异常者的“病象”、“病情”与“病因”给予诊断与治疗。而心理辅导多以遭遇心理困惑的一般人为对象，做指导性工作，有时也以心理异常者为对象，做治疗性工作。②

总体而言，从处理的问题看，心理辅导与治疗着重处理较严重的精神疾病，如精神分裂症、人格异常、心因性躯体症状等；而个案工作处理一般性的情绪不适或心理困扰性的神经症，如焦虑不安、抑郁等。个案工作的重点是个人社会功能发挥方面的问题，是人的社会适应不良，它一般不处理较严重的精神疾病。虽然它也处理个人遇

---

① 法利，史密斯，博伊尔．社会工作概论．11版．北京：中国人民大学出版社，2010：9.

② 张春兴．现代心理学——现代人研究自身问题的科学．上海：上海人民出版社，1998：672.

到的情绪上的困扰，但不以此为主要工作目标。个案工作常处理的是个人的贫困问题、失业问题、家庭问题、越轨问题、学校生活适应问题等社会性问题，对心理问题虽有所触及，但这不是其着眼点。

从知识背景看，生理学、精神医学和心理学是心理辅导与治疗工作的主要知识基础。人格发展、心理结构、心理防卫机制、应激反应等常被用于分析和解决当事人的问题。它强调对于所遇到的问题和所处的环境做出个人调整，而不以改变个人的生存环境为己任，所以较少触及挖掘社会资源和改变社会机制的问题。个案工作处理的是个人社会功能发挥方面的问题，这些问题有些是由心理方面的因素造成的，更多的则是由环境方面阻碍个人正常发挥社会功能的因素造成的。社会学、社会心理学、政治学、管理学、文化人类学、社会医学等是个案工作的主要知识基础。

从工作手法看，心理辅导强调的是“攻心”术，“心病要用心药医”。而个案工作除挖掘个人潜能，让个人做调适外，还强调调动个人之外的组织和社区资源来解决问题。比如，救助一个受虐待的孩子，心理辅导和治疗可能侧重的是医治其心理创伤，而个案工作者关注的是如何安置好孩子，如何调动孩子周围的资源关心孩子、帮助孩子，使他今后不致再受伤害。在个案工作中，个人调适和社会调适具有同等重要的分量。

从工作关系看，在我国，心理辅导与治疗员在与当事人的关系中多充当权威人物，以专家的身份面对当事人，对当事人负有专业责任。而个案工作者则强调与当事人保持平等的工作伙伴关系。对人的价值、独特性、自决权的尊重，是社会个案工作关系强调的重点，工作者在这一关系里不仅负有专业责任，常常还肩负着社会责任。目前在我国，心理辅导与治疗多被视为更具有专业性，其权威性也得到较多的社会认可，而个案工作的地位尚有待社会的认可。

上述有关个案工作与心理辅导和治疗的区别多是从理论上推导的，在实际工作中，两者的界限并不是很分明，常常是交织在一起的。个案工作者要了解，在取向上自己的工作与心理辅导和治疗是有所不同的，这样才能更好地善用本专业的视角和资源。

学习活动 1-3　心理辅导与个案工作

苗苗出生的时候有残疾，十几天后被父母抛弃，后由现在的奶奶抚养至今。抚养期间，在发现苗苗患有硬性脑瘫和双下肢残疾后，奶奶利用自己半生的积蓄为她做了两次大手术。在居委会的努力帮助下，苗苗上了驻区小学。但是她的学习生活并不如愿：在学校里，她被同学们当众讥笑；体育课上，老师也不让她和大家一起参加活动。班主任也曾尽自己最大的努力在各方面帮助苗苗，但终因班里学生太多、事务繁杂而无暇顾及太多。加之奶奶每天忙于照顾姑姑和她的孩子，不能像其他家长一样送她上学、接她回家。最终，苗苗变得自卑、封闭、爱发脾气、不爱做作业、不愿与人交流，甚至诸如梳头发、穿衣服等自己力所能及的事情也要等着奶奶帮忙处理。

资料来源：中国社会工作协会．全国社会工作实务创新优秀案例：第一辑上册．北京：国家行政学院出版社，2011.

请分析一下：如果给苗苗提供帮助的话，心理咨询师与个案工作者在工作手法上会有什么异同？

三、个案工作的作用

悲观者说“人生失意，十之八九”，这或许言过其实。但每个人在社会生活中都会经历风风雨雨，都有可能遇到生命中不能承受之重，这是不争的事实。有的人通过自身的拼争，迈过这些关坎，又见彩虹。有的人深陷其中，左突右冲，却始终找不到出路，饱尝折磨。有的人干脆选择放弃，悲观避世，甚至了结生命。

应对生命中的坎坷，每个人都有自己的方法，都在尽量利用自己的资源。你可能在遇到困难的时候找父母、找亲友、找同事、找领导，他们或许能帮你渡过难关，或许无能为力。中国正经历着快速的社会转型，传统的以血缘、地缘为基础建立的社会支持网络多已解体，而新的网络又没有建立起来，由此而带来的个人和家庭问题显得尤为突出。社会学学者指出，给个人提供多种支持的初级群体在我国已有很大变化。例如：功能不断转移；初级关系日趋松散，人们之间的交往日趋带有短暂性、间接性和功利性；传统社会中的村落有解体的趋势，邻居成了纯粹地理上的概念，各种大型的、专业化的和非个人的次级群体占据主要地位。这虽然带来更多的个人自由，有助于社会的一体化，但也造成了人际关系的疏远、冷漠，初级关系所能给人提供的支持有所下降。[①]“在家靠父母，出门靠朋友”的支持途径已不再像以往那样十分有效。在此情形下，个案工作是现代社会帮人解决问题的又一个制度化的重要媒介。

概括地说，个案工作的作用有以下几点：

（1）帮助个人或家庭善用社会资源。大多数人对于身处的社会并不是十分了解，对于所遇到的社会问题不知道有哪些相应的服务以及怎样利用这些服务。专职的社会工作者对社会服务资源的了解和掌握比较全面，可以充当牵线搭桥人，帮这些人获取资源。如帮经济困难家庭申请低保，帮失独家庭获得政府的特别扶助，帮残障人士获得康复服务，等等。

（2）帮助个人或家庭挖掘潜能。受问题困扰的个人或家庭可能会觉得束手无策，觉得已没有力量去应付。但事情往往是“不识庐山真面目，只缘身在此山中”。工作者可以帮助个人或家庭探索、挑选和运用适当的策略，增强其自身能力来有效地处理问题。比如，换一个角度看婆媳矛盾、丧偶后的生活、父母的再婚等问题，调整自己所扮演的角色和对他人的角色期待，当事人的问题可能就能得到化解。

（3）帮助个人为适应新的生活转变做准备。如同在“人类行为与社会环境”课程中学习到的，人生要经历不同的发展阶段，各阶段的转换会给个人带来挑战，需要个人去调适。离开父母上学、工作、结婚、做父母、退休、面对死亡，生命周期里的每一个转换都会带来挑战和适应问题。帮助个人学习相关的知识，使其有所准备，个人或家庭就能够更好地应对。

（4）帮助个人或家庭处理突发性的危机事件。突发事件——如患病、意外事故、

---

① 郑杭生．社会学概论新修．3 版．北京：中国人民大学出版社，2003：163.

被强奸、失业等——会给个人和家庭带来非常大的冲击，打破个人或家庭常规的生活，造成多方面的影响，如果处理不当，会带来严重后果。工作者可以调动相关资源帮助当事人度过危机，使个人和家庭不致崩溃。

个案工作的作用曾受到许多质疑，被认为触及面小、作用范围有限、不重要。人们认为社会工作者应该关心更广大的人群，并投入精力帮助他们。对于个案工作的知识基础、工作方法和技巧、评估手段等也有一些批评。这些批评并非全是不实之词。尽管人类已有了上天入地的能力，可以了解遥远的星球的运行规律和微观世界的量子、粒子特性，但对于人的认识和把握仍然十分有限。工作者不可能像自然科学在实验室中做实验一样，操控一切相关因素，得到确定无疑的、想要的结果。即便可能，我们也不能像操控自然物质一样去操控人，这是与我们专业理念中对于人的看法相违背的。正因为有这些不足，我们个案工作者才有了许多探索和研究的空间，才需要不断充实有关人与社会的知识。我们也应该认识到，自己手里没有“点石成金”的魔棒，书本和课堂知识只是一个向导，带我们上路。助人的过程是学习的过程，是我们与当事人共同成长的过程。助人也是助己。

学习活动 1-4　对个案工作的看法

阅读黄维宪、曾华源、王慧君所著的《社会个案工作》一书第一章有关社会个案工作的争议与辩解部分，与同学交流一下对其中批评个案工作的观点的看法。

第二节 个案工作的历史

“恻隐之心，人皆有之”，帮助个人和家庭似乎是有人类社会以来就存在的事。但把这件事当成一个职业，要接受专门的训练才能上岗，却是起源于西方，只有百年左右的历史。为对个案工作脉络的重点有所认识，我们把西方个案工作的发展史分两部分来介绍。第一部分“个案工作简史”着重介绍个案工作发展的阶段性特点及其重要的历史背景。它使我们能把个案工作放到大的社会舞台上去考察，我们会看到个案工作是在什么样的背景下扮演自己的角色的。第二部分“个案工作的代表人物与里程碑”，则会专注于对个案工作产生深远影响的人物与事件，我们会看到个案工作是如何变得更充实、更丰满的。

一、个案工作简史

考察个案工作的历史，离不开翻阅西方的社会史及与社会工作密切相关的学科的发展史。按发展特点，我们姑且把迄今为止的个案工作历史分成三个阶段。

(一) 初始阶段：19 世纪至 20 世纪初

个案工作的源头可以追溯到英国早期救助贫民的工作。1819 年查尔梅牧师建立了程序指导救济理论，把了解工作能力的高低、有无亲朋的支援等作为济贫助弱的起点，并以了解、激励和自助为原则，真正有了个案工作的一点影子。① 但个案工作真正意义上的起步是 19 世纪中后期的事。

个案工作出现之时，正是人类社会由农业社会向工业社会转变之时。社会的巨大变迁给人们的生活带来了前所未有的冲击。在总结 18 世纪下半叶到 19 世纪上半叶这段历史时，马克思和恩格斯写道："资产阶级在它的不到一百年的阶级统治中所创造的生产力，比过去一切世代创造的全部生产力还要多，还要大。自然力的征服，机器的采用，化学在工业和农业中的应用，轮船的行驶，铁路的通行，电报的使用，整个整个大陆的开垦，河川的通航，仿佛用法术从地下呼唤出来的大量人口，——过去哪一个世纪料想到在社会劳动里蕴藏有这样的生产力呢?"②

然而，正当 19 世纪 20 年代欧洲资本主义高奏凯歌，为所成就的一切骄傲之际，1825 年，整个世界为之震撼的经济危机在英国爆发了。与以往的世代不同，这次危机是人类历史上第一次由生产过剩引起的。危机如急风骤雨般席卷了英国，大批工厂倒闭，银行破产，成千上万的工人被解雇。危机还漂洋过海，由英国波及资本主义世界的其余地区，在荷兰、德国乃至美国也可以看到这场危机带来的影响：失业和饥饿、犯罪、自杀、社会动荡不安。

工人运动十分突出地反映出了当时社会的状况。1831 年，法国里昂爆发了 3 万纺织工人的武装起义，起义者高呼："劳动不能生活，毋宁战斗而死!" 1836 年至 1848 年，英国发生了长达 12 年之久的宪章运动。1844 年，德国西里西亚也出现了纺织工人起义。资本主义的社会运行和发展问题变得越来越突出，成为引人注目的课题。历史也告诉人们，用传统的方法已无法解决这些问题，需要另谋出路。不同于经济学、政治学、历史哲学等学科的社会学，作为从整体机制上对社会进行综合具体考察的学科，就应社会的这种需要而出现了。非个人性的、较大规模的、有组织的社会救助活动也在这样的背景下登台亮相了。

这一时期出现了一些较有影响力的专门的社会工作组织，如 1843 年在美国成立的"改进贫穷状况协会"和 1869 年在英国成立的"慈善组织会社"。这些组织使对贫困者的救助由个人行为转化为机构行为，使个人和家庭工作更具规范性。伴随这些组织的出现，1870 年前后英美出现了友好访问员，他们常被视为最早的个案工作者。他们大多是当时社会中的中上层人士，志愿担任这一工作。工作的方式一般是访问申请救济者，了解其家庭、社会背景，再按照调查结果分别处理。友好访问员还做一些道德上的规劝工作，鼓励当事人自立。他们认为个人之所以贫穷，是因为道德上有缺

---

① 黄维宪，曾华源，王慧君．社会个案工作．台北：五南图书出版公司，1985：7.

② 马克思，恩格斯．马克思恩格斯选集：第 1 卷．2 版．北京：人民出版社，1995：277.

陷，而中上阶层的人无道德缺失，可以用自身来影响当事人。[①]

早期的社会工作受宗教的影响很大。从事这方面工作的大多是宗教界人士及受其影响的中上层人士，相关的组织大多有宗教背景。宗教对于人的看法极大地影响了实务工作的开展。在社会上有广泛影响力的新教伦理强调的精神，尤其影响了对受助人的态度和协助方式。新教伦理注重的个人勤奋努力工作、尽最大的可能创造财富、对赢得财富的人的尊崇、对未能获得财富的人的贬抑，都使对贫困者的救助仅维持在最低限度的生存需要和道德规劝上。尽管此时社会学的研究已经提示很多个人问题与社会结构问题、社会剥夺有关，但把贫穷、失业、自杀等归因于个人过失仍为许多人所认可。值得一提的是，这一时期社会工作教育开始起步，个案工作的先驱玛丽·里士满创立了纽约慈善学校（后来成为哥伦比亚大学社会工作研究院），在那里开设了世界上第一个为期一年的个案工作训练课程，并先后举办了13年。[②]

（二）初步专业化时代：20世纪初至20世纪30年代

第一次世界大战带来了大量的军人及其家属的问题，使社会服务从关心贫困者和不幸者转移到关心社会中其他阶层的人。这一时期大规模社会救助的开展，使对社会工作科学化、专业化的呼声越来越高。一些与社会工作密切相关的学科，特别是社会学和心理学，在这一时期有了长足的发展。法国社会学家埃米尔·迪尔凯姆对自杀问题做了详尽、深入的研究，提出个人生活必须依赖于社会群体的基本观点。他提出个人只有得到来自社会群体的有效的和适度的支持，才能获得生活的意义或生命的价值，因此，一定的社会支持发挥着遏制自杀倾向的社会功能。针对当时流行的个人主义思潮，他指出了个性过分发展的危害，认为个性的过分发展不仅损害着把个人联结为社会的有机团结，而且严重威胁着个人自身的幸福。[③]

科学心理学也由于德国学者冯德的杰出贡献而问世。他所著的《生理心理学原理》被誉为学术史上的心理学独立宣言。在他之后，心理学的研究出现了繁荣局面，各方大家纷纷登场，许多人成为一代宗师。如功能派的詹姆斯与杜威、行为学派的华森、完形心理学的魏泰迈、精神分析论的弗洛伊德等。他们对于人的知觉、意识、行为等方面的研究，为理解个案工作的对象提供了途径。

相对而言，个案工作受心理学的影响要比社会学更大一些，在这一阶段的发展中偏重于采用心理学的理论，特别是弗洛伊德的理论开展工作。精神分析理论被大量运用到个案工作中，形成了所谓个案社会工作“精神医学的洪流”[④]。奥托·兰克提出的功能派个案工作理论也有一定的影响。

鉴于对前一时期工作的反思，这一阶段的工作带有了更多的专业化特点。运用已有的科学知识建立自己的理论，树立专业地位，赢得公众的认可，成为这一时期个案工作者的目标。这一时期社会工作专业有了突破性的发展。到1910年，美国一些大

---

① 白秀雄．社会工作．台北：三民书局，1976：163-164.

② 张雄．个案社会工作．上海：华东理工大学出版社，1999：12-13.

③ 贾春增．外国社会学史．北京：中国人民大学出版社，2000：157.

④ 翟进，张曙．个案社会工作．北京：社会科学文献出版社，2001：13.

学，如哥伦比亚大学、芝加哥大学，已开设了与社会工作有关的课程。这些都是私立院校，多以两年制的硕士研究班专业训练为主。1919 年，专业社会工作者训练学校协会成立，后更名为美国社会工作学校协会，积极推动并落实硕士阶段的社会工作专业教育。伴随着专业上的发展，个案工作已逐步摆脱了传统的慈善救济模式。

（三）专业化阶段：20 世纪 40 年代以后

20 世纪 30 年代的经济萧条，使各种社会问题尖锐化，迫使许多西方国家大力发展社会保障制度，政府及各级公立机构也大规模介入了社会工作。由于受过专门训练的人员供不应求，政府各级社会福利部门不得不直接担负大量的贫民救助和就业辅导等工作。到 20 世纪五六十年代，美国公立大学纷纷设立社会工作的科目、系所，乃至成立社会工作学院，并把硕士研究生课程扩展至大学本、专科的社会工作教育，培养出一支以社会工作硕士为主干的宏大社会工作专业人员队伍。社会工作成了一门独立的、专门的社会职业，并建立起严格的工作制度（如执照、监督制度等）。

受本专业迅猛发展的影响，个案工作也进入了多样化与快速发展时期。两次世界大战和经济危机促使人们思考人类问题的非理性因素与社会环境因素。心理分析派个案工作一枝独秀的局面被打破。社会学的分析，特别是社会环境的分析受到重视。按海伦·珀尔曼的说法，“社会科学与动力精神病学的日益交好生出了一些可能对个案工作者有用的理念。个案工作注重社会环境因素，与此一致的新生概念有：角色表现——社会功能的指针，也是人格失调的成因和结果；文化认同——影响人格、行为、人际冲突、个案工作者与当事人的关系；行为标准和价值观上的阶级差别——决定对特定情境的反应，关系到个人稳定的社会稳定；等等。这些理念对于个案工作的实际价值和意味正有待实践的检验”①。人们开始倾向于接受“情境中的人”的概念，即个人问题受到社会环境和个人因素的双重影响，解决时应两者并重。

20 世纪 70 年代之后涌现出了许多个案工作派别，形成了多种模式共存的局面。现有的较有影响力的模式包括：心理社会治疗模式、人本治疗模式、行为修正模式、危机调适模式、理性情绪治疗模式、家庭治疗模式、问题解决模式、任务中心模式等。此外，受女权主义影响的女性主义角度的治疗法、受后现代思潮影响的叙事治疗模式、将各种模式的共性融会贯通的通才模式、混合使用不同模式的折中模式，也很受工作者的青睐。除了关注当事人的心理社会因素外，现有的个案工作对精神和文化因素给予了更多的考量，并将其融入了工作。个案工作也不再是解决个人和家庭问题的唯一方法，小组工作和社区工作方法也会被用来协助解决个人和家庭问题。

学习活动 1－5　个案工作历史连线

个案工作者不是超越时空的神仙，他的实践深受所处时代的影响。这段有关个案

① PERLMAN H. Social casework//Social work year book. New York：National Association of Social Workers，1960：538.

工作的简史，是否让你联想起《社会工作概论》中谈到的社会工作的历史？是否让你联想到中学时讲过的世界历史？去看一下近现代的世界史，看一下近百年来与社会工作相关的社会科学学科的发展史，尝试找出一些事件和一些人物与个案工作的联系，并用连线把它们组合到一起，然后与同学对比、讨论。

二、个案工作的代表人物与里程碑

个案工作的发展受益于百余年来许多人的不懈努力，是他们的开拓性工作为我们今天的专业工作铺平了道路。让我们一起来追寻这些先行者们留下的足迹。

（1）玛丽·里士满，美国社会工作实践家、理论家。早在1899年她就出版了第一本与早期个案工作实践有关的建议书：《友好访问穷人——慈善工作员手册》。她不仅以《社会诊断》一书闻名于社会工作界，为社会工作职业化、专业化做出了很大贡献，而且最早出版了个案工作专著《何谓社会个案工作？》（1922）。在书中，她以系统的方式说明了社会个案工作的原则与诊断工作的框架、个案工作者的责任和会谈的重要性。她使个案工作有了专业化的迹象，被认为是个案工作的鼻祖。她的重要贡献是提出了：

- 尊重并了解个人的差异性，并能为自己负责。
- 重视个人与家庭和社会间的相互联系。
- 工作方式趋向民主人道的“一起做”而非过去的调查性和救济性的“为人做”。
- 通过系统化地收集资料，以有组织的方式来了解，并找出问题的原因。[①]

（2）戈登·汉密尔顿，美国社会工作实践家、教育家。早年她在第一次世界大战期间曾在英国从事过战事服务工作，后来进入纽约市慈善组织，任调查员和助理研究员。1923年，她开始在纽约学院的社会工作系任教。其后，她还从事过多种社会服务工作。她于1937年出版了《个案工作的基本概念》，后来又在1940年至1952年写成了《社会个案工作的理论与实践》。《社会个案工作的理论与实践》一书是社会个案工作历史上的经典著作之一。书中论述了服务的哲学和价值、职业关系、社区资源的利用，以及社会机构、问题诊断与个案工作干预三者之间的关系等一系列问题。这本书被译成多种文字，被作为培训教材数十年，影响深远。另外，汉密尔顿还著有《社会个案记录的原理》等书[②]，她的最主要贡献在于使功能派个案工作独树一帜，与当时仍以精神分析为主的诊断派个案工作分庭抗礼。

（3）海伦·哈里斯·珀尔曼，问题解决派个案工作的创立人，她的《社会个案工作——问题解决的程序》（1957）是这一派别的代表作。珀尔曼综合各家理论，提出“折中性”的问题解决个案工作模式，同时还以系统理论为基础，强调社会体系的沟通和变迁。她认为解决问题不应该仅限于个人，可以将它扩展到团体、组织以及整个社区。事实上，她的理论为当时的个案工作理论体系指出了另一种新颖的发展方向，

---

① 黄维宪，曾华源，王慧君．社会个案工作．北京：社会科学文献出版社，2001：9．

② 陈良瑾．中国社会工作百科全书．北京：中国社会出版社，1994：139．

同时，这一理论也为后来的其他理论奠定了基础，包括危机干预理论、计划性短期治疗方法、任务中心治疗方法等。①

（4）弗洛伦斯·霍利斯，著有《个案工作——心理社会疗法》（1964）一书。她将始自玛丽·里士满的诊断派个案工作发扬光大，使得心理社会派大行其道，成为当时个案工作的主流。心理社会派主要是将系统理论运用到个案工作过程中，强调人与环境互动的体系。这个体系被称为“人在情境中”，包括三个要素：人、环境以及两者的交互影响。按照霍利斯的观点：“人”是指个人内在的心理体系，以人格发展、自我功能为主体；“环境”是指个人生活的社会网络以及物质环境。人与环境相互影响，相互塑造。霍利斯是心理社会派个案工作理论的集大成者。

（5）米尔福德会议（1929）。这次会议在个案工作历史上具有重要意义。会后刊印了一份报告《社会个案工作——其一般性和特殊性》，强调了个案工作在本质上是科学，在运用上是专业，对各种不同领域中的个案工作实施描述了一些共同的原则。此次会议对于确立个案工作的专业地位起到了关键作用。

三、个案工作在中国

个案工作的发展是与社会工作专业的发展密不可分的。我国现代意义的专业社会工作是20世纪20年代由外国引进的。1921年，美国的浦爱德女士在北京协和医院开办了社会服务部，开了中国社会个案工作的先河。它所使用的社会工作方法特别是个案工作的方法，传至上海、广州、重庆等地的医疗机构及福利机关。北京的燕京大学、清华大学、辅仁大学，上海的沪江大学，南京的金陵大学、金陵女子文理学院，成都的华西协和大学，福州的联合大学等高等院校相继开设了社会个案工作课程，培养了大批个案工作者和师资。

新中国成立后，随着社会学在20世纪50年代的院系调整中被取消，社会工作专业也被取消。新中国成立后至改革开放前这段时期，个人和家庭工作更多的是以思想政治工作的方式出现的，对要处理的问题多采用两分法来加以定性，即把问题划分为敌我矛盾和人民内部矛盾，不同的问题应对的方法截然不同。敌我矛盾由司法机关出面予以解决，多采用惩处的方式。人民内部矛盾则由政府和各类群众性组织出面处理，多采用帮教的方式。有关个人和家庭社会功能方面的问题多被定义为人民内部矛盾，最常采用的方法是进行思想教育。这一时期处理个人和家庭问题的工作者大多是行政干部或准行政干部。典型的例子是夫妻纠纷，妇联和单位的行政领导常常会出面做调解工作。

这一时期具有中国特色的个人和家庭工作组织当属人民调解委员会。委员会的工作遍及中国的城乡社区，主要负责调停或劝解发生在本社区内的各类民事纠纷，如邻里纠纷、家庭纠纷、债务纠纷等。它虽然被当成新中国司法制度的重要组成部分，但其在协助处理个人和家庭问题上还是发挥了相当重要的作用。这一制度一直保留至

---

① 廖荣利．社会工作理论与模式．台北：五南图书出版公司，1987：61.

今，人民调解委员会成为开展个案工作的重要组织和资源系统。

直到改革开放以后，随着社会工作专业的恢复，以特定的价值观、知识和技巧为基础的专业性个案工作才得以出现。个案工作的发展主要体现在两个方面。一方面，原来的以政治思想工作为导向的个人和家庭工作方法有所改变，开始注重人文和社会科学知识的运用。特别是近年来心理学方面的知识受到重视，并被广泛运用到扶贫、残疾人救助、青少年辅导、婚姻调解、罪犯帮教等工作领域。许多社会工作部门和组织开始有意识地转变工作方法，如民政部门、妇联、共青团、工会等开始把社会个案工作方法纳入对工作人员的培训，并积极推动了社会工作教育在高等教育中的发展。另一方面，家庭和个人问题也逐渐摆脱了由政府部门和社团组织以干部或准干部的身份出面干预的情况，许多非政府组织开始提供相关的服务。发展最为迅速的是热线电话咨询服务。在 1992 年开通的妇女热线就是由一个民间的妇女问题研究组织——中国管理科学研究院妇女研究所主办的。它提供了包括适应不良、人际关系紧张、婚恋纠纷、性骚扰、怀孕及流产等诸多问题的咨询服务，在海内外引起了很大的反响。

2000 年之后，特别是自 2007 年社会工作师制度开始建立以来，个案工作方法逐渐被运用到多个领域。如将其运用到儿童社会工作实践中，工作者设身处地地从儿童的角度去考虑问题，帮助儿童解决实际生活中遇到的问题。具体包括：对遭受身体虐待、性虐待、心理虐待、疏忽的儿童给予保护；对遭遇生活变故的丧亲儿童、父母离异的儿童给予心理支持和辅导；对被遗弃儿童、留守儿童、失学儿童给予救助；帮助残障儿童康复并对其进行教育，协助培养其适应社会的能力；对偏差儿童通过社会辅助、心理辅导、环境建设等手段帮助其健康发展。如 2016 年由中央财政支持的"城乡连心，与你童行"农民工子女社会工作专业服务示范项目，针对农民工子女的特殊需求，提供生活上帮困、学习上帮助、心理上适应、同伴间融入、亲子间沟通等服务，有效地促进了农民工子女的健康成长。

青少年个案工作也有所发展。如广州市启创社会工作服务中心承接的"青年地带"项目，自 2008 年开展试点工作，现已在海珠区全面推广，主要针对社区、学校青少年开展有针对性、个性化的专业服务，为他们提供青少年权益维护、思想道德品格辅导、生理健康辅导、心理及认知辅导、生涯发展规划、学业辅导、就业辅导、生活方式辅导、社会交往辅导、行为偏差及犯罪青少年矫正服务、青少年生命教育、弱势青少年保障服务等，有效地促进了青少年的健康成长。

个案工作也被运用到了老年社会工作中，为老年人及其家庭提供物质和情感方面的帮助和支持，增进老人的适应能力与社会功能，从而达到良好的福利状态。如 2013 年中国社会工作教育协会的"宁养（临终关怀）社会工作服务示范项目"，实施范围包括全国 17 个省（市、区）。共有 18 所高校的师生，与宁养服务计划中的 18 家宁养院合作，共同开展对宁养社会工作服务的有益探索。项目通过社会工作的专业介入，提升晚期癌症患者的生活质量和"死亡质量"，帮助患者及家属正确面对死亡与分离，并借此推动医务社会工作的发展。项目的受益对象有许多是临终老人，社会工作者在临终关怀服务中运用个案工作方法，扮演着情感支持者、组织者、协调者、资源整合者等角色，发挥了重要作用。

矫正社会工作在我国起步较晚，尚处于摸索阶段，个案工作在我国的矫正实践已由以往只针对矫正人员的个别教育谈话逐步发展为为矫正人员及其家属提供多方面专业个案咨询服务。如 2009 年，由广州市司法局主导创立了广州市首个非营利司法社会工作组织——广州市尚善社会服务中心。该中心运用专业矫治方法，为社区矫正人员及其家属提供个案辅导服务，包括心理情绪支援服务、家庭支援服务、判前考察服务、社会观护服务、犯罪预防服务、释前介入服务以及就学、职业辅导等多元化、可行性强、需求度高的专业服务，取得了很好的效果。

个案工作方法还被运用于残疾人工作领域，深入探究个人和家庭整体上的需求，拟定工作方案，并与残疾人及其家庭一道实施方案，提供持续的支持和帮助，使残疾人及其家庭克服障碍，增强能力，发挥潜能。在这个过程中，个案工作所提供的接纳、尊重、温暖、关怀、积极肯定的人际关系起到了良好的作用。例如，于 1990 年 2 月创立的广州慧灵智障人士服务机构是一家非营利的民办机构，到 2016 年，历经 26 年的发展探索，已为 390 位不同年龄、不同类别的智障人士提供了专业性服务。

在医务社会工作领域中，个案工作是最早与最主要的服务方式。中国医务社会工作的内容纷繁复杂，主要有医院照顾工作、社区照顾工作、疾病预防工作。自 2005 年上海同济大学附属东方医院成立了中国第一个医务社会工作部后，医务社会工作在我国医疗服务中重新出现，在帮助患者医疗适应、缓解医患纠纷、协助申请救助、费用减免、制订出院计划、末期病人临终关怀服务等方面发挥了重要的作用。

但总体上讲，个案工作的发展在我国尚处于起步阶段，如同社会工作专业本身的发展一样，有两极化的特点。近年来随着专业社会工作服务机构的快速发展，一方面，已有北京、上海、广东等地的机构和从业人员接受了系统、全面的个案工作训练，并尝试用所学理论开展工作。一些国外最新发展出来的理论方法也被介绍到社会工作界。另一方面，大部分社会工作从业人员并未受过专门的训练，缺乏最基本的个案工作知识，依然在“跟着感觉走”。而本书后面章节的叙述就是要帮你把以个人和家庭为对象的个案工作建立在更扎实的知识基础上，使你能有更充分的准备接手个案工作。从个案工作的历史我们可以看出，个案工作的知识是与特定社会的发展、知识的演进密切联系在一起的。那么在中国当前的社会，做个案工作要做什么准备呢？

第三节 个案工作的基石

个案工作是一个与人有深度密切接触的工作。做个案工作面临的第一个挑战就是你对人和人的价值究竟怎么看。人本善还是人本恶？所有人都是有价值的吗？你是否认为一个科学家比一个民工更有价值、更值得尊重？你是否认为残疾人应当降低自己的标准，不该要求像健全人那样的生活？你是否认为同性恋是令人作呕的变态，要不得？如果你从事的是自然科学方面的研究或工作，你所持的观点对你的工作多半没什么妨碍，但如果你下决心从事个案工作，这些个人观点就会直接影响到当事人的福祉和你工作的成效。要知道，对人的根本看法是个案工作的出发点。或许你在“社会工作概论”中已接触过一些本专业的哲学和有关人的价值观，在此让我们重温一下其中对你能否很好地投身个案工作至关重要的观点。

一、哲学思想：人、社会、工具

人道主义是个案工作的旗帜，是它的首要基石。人道主义很重要的思想是把人的价值和尊严作为衡量一切事物的尺度，它对人的本性持乐观的态度。基斯-鲁卡斯认为，人道主义具体包含七个信念：

- 人人生而平等。
- 每个人都是一个生物和社会的有机体。
- 人类生而自由。
- 人和其他物种一样，不仅需要靠自己，而且与他人互相依赖，并且也依赖自然。
- 人类不断努力建设清除社会病态、罪恶和不公平的社会政治制度，这是人道的至高表现。
- 在任何情况下，人的尊严必须受到尊重。
- 人人都有追求自由平等、自我发展、自我抉择和幸福生活的权利。

中国传统人道主义思想认为天道玄远，人道切近现实，强调人与人之间的伦理道德关系，体现在儒家的“仁爱”思想、道家的“无为而治”以及佛家的“慈悲”观念中，具有较强包容性和发展性，不仅关注个人的权利和自由，还强调人与人之间的和谐关系。

乌托邦思想是个案工作的第二个重要基石。它代表的是人类对理想社会的向往。孔子的“大同”社会、柏拉图的“理想国”、托马斯·莫尔的“乌托邦”，以及不同宗教所描绘的彼岸世界，都反映出了乌托邦思想。它们包含了正义、平等、自由、共处情谊、幸福、民主、和谐等社会思想。对你来说，如果能接受这些社会思想，坚信自己是为了人类幸福的崇高事业而努力，就会有长久的工作动力，就不会因一时的挫折而丧失信心。

实证主义是个案工作的第三个重要基石。实证主义在 19 世纪 30 年代至 40 年代几乎同时产生于法、英两国，法国哲学家、社会学的鼻祖孔德和英国的哲学家穆勒是实证主义的主要代表。实证主义摒弃一切神学的和形而上学的东西，提倡向人们提供实在、有用、确定、精确的知识。它认为基于经验而获取的知识，即可检验和可观察的知识，才是唯一客观可信的知识。经由严复、梁启超、冯友兰等的介绍，这一思想在我国近代、民国学术界得到了广泛传播，他们将之与中国的实证主义传统相结合，吞吐中西、融会创新，构建起各富特色的学术体系。经过实证方法的洗礼，传统思维方式获得了改造，科学思想与方法深入人心。工作者对于当事人的了解，对于工作绩效的评估，一般都采用实证方法。这也是个案工作区别于非专业性助人工作的很重要的一点。这方面的知识你应该会在社会学和社会工作研究方法中学到。

如果说人道主义和乌托邦思想肯定了个案工作存在的合理性的话，实证主义则为开展个案工作指明了实现的途径和工具。

下面的练习有助于你了解自己的哲学取向。这一练习是从美国的研究中借鉴而来的，不完全能反映出中国文化的特色，尽管如此，还是有一定的参考价值。

学习活动 1-6　哲学取向的自我评估

完成艾伦·凯斯设计的价值观体系的指数化调查表。在表明你同意价值假设的程度的数字上画个圈。

假　设	完全不同意——完全同意
1. 人对其成功或失败负有责任。	0　1　2　3　4　5
2. 人性本恶，但可以通过有意志力的行动去克服。	0　1　2　3　4　5
3. 社会的主要目标是满足人的需要——既有物质的需要，也有情感的需要。	0　1　2　3　4　5
4. 如果人的需要得到满足，就会获得善行、成熟、调适和生产力，大多数的社会问题就能解决。	0　1　2　3　4　5
5. 人容易犯错误，但与此同时他们的行动也能极有勇气或不自私自利。	0　1　2　3　4　5
6. 在"积极自愿"的意义上，人有选择的能力，但在做选择时可能会需要帮助。	0　1　2　3　4　5
7. 生活的主要目标是获得物质财富，人可以通过努力工作来获得。	0　1　2　3　4　5
8. 社会的主要目标是维持法律和秩序，使物质财富的获取有保证。	0　1　2　3　4　5
9. 阻碍人们获得实现的是外部环境，它在总体上是人们所无法控制的。	0　1　2　3　4　5
10. 这些环境主要为那些拥有足够技术和科学知识、使用科学方法的人所操纵。	0　1　2　3　4　5
11. 爱最终总是胜过强力。	0　1　2　3　4　5
12. 最大的善行存在于人与其造物主之间的关系中。	0　1　2　3　4　5
13. 不成功的或有偏差行为的人不值得帮助，尽管要做一定程度的努力，让他们康复或刺激他们为了自己而更加努力。	0　1　2　3　4　5
14. 人和社会最终是完美的。	0　1　2　3　4　5
15. 人是被创造出来的生物，他的最主要问题是做起事来好像不是被创造出来的，而且想要自主。	0　1　2　3　4　5

答完以后，按下列分组加一下你的得分。

第一组：1，2，7，8，13　　　　分数＝

第二组：3，4，9，10，14　　　　分数＝

第三组：5，6，11，12，15　　　　分数＝

资料来源：秦炳杰，陈沃聪，钟剑华．社会工作实践——基础理论．香港：香港理工大学应用社会科学系，2002：43.

在上述练习中，第一组问题描绘了资本主义-清教取向，第二组描绘了人道主义-实证主义-乌托邦取向，第三组描绘了犹太教-基督教取向。得分越高，表明你越贴近问题所描述的那个取向。你可以比较自己在三组问题上的得分，看自己更偏重于哪个取向。社会工作专业更支持第二组问题所代表的取向。如果你的取向与专业上的取向有较大的差异，那么你在适应个案工作的要求时会遇到较大的困难，开展工作时要特别留意不能让个人的哲学取向影响了当事人的权益。

二、价值观与伦理守则：面对两难处境

尽管有上面的哲学指引，但在具体处理个案时，你还是会遇到左右为难的情况。对下面的情况，你会如何处理呢？

● 你的当事人，一位不能自理的高龄老人不愿去养老院，可照顾他的儿子要求送他住养老院。

● 你的当事人，一名上高中的男孩告诉你他父亲一旦再婚，他就自杀，但不许你把他的决定透露给任何人。

● 你判断自己的一名学生当事人有暴力倾向，可能会给他人带来危险。

● 你的当事人有严重的情绪困扰，近来他不断对你有攻击性行为，并说要加害你的家人。

● 你的当事人告诉你他卷入了婚外恋，并让你保守秘密，可现在他妻子来问你有没有这回事。

即使是经验丰富的工作者，要处理好上述一些情况也并非易事。哲学取向提供的只是一些抽象的原则，但没有说明如何应付千变万化的具体情况。在做决定的时候，后果的不可预期性，也使人难以分辨哪个选择更好一些。

以当事人为本，尽最大可能为当事人谋取福利，是个案工作者义不容辞的职责。但同时，我们也应该意识到，当事人总是处于一定的社会环境中，生活在与他人的相互联系中。当事人家人的福祉、当事人周围其他人的福祉、整个社会的福祉，也不容忽视。在处理这类问题时，首先应当考虑的是，是否有现成的规章条例可以遵循。社会工作者伦理守则为处理这类问题提供了一般性的指南。你所在的机构可能也会规定对于特定的情况应当如何处置。在没有现成的规章可循的时候，美国学者弗兰克·M. 洛温伯格和拉尔夫·多戈夫按优先顺序提出的七项原则①，可供我们参考（见图 1－1）。

伦理原则 1	保护生命
伦理原则 2	社会公平正义
伦理原则 3	自决、自主与自由
伦理原则 4	最少伤害
伦理原则 5	生活质量
伦理原则 6	隐私与保密
伦理原则 7	忠于事实、信息透明

图 1－1　伦理原则筛查工具［Ethical Principles Screen (EPS)］

原则 1 是最优先考虑的原则。它既适用于保护当事人的生命，也适用于保护其他

① LOEWENBERG F M，DOLGOFF R. Ethical decisions for social work practice. 9th ed. Brooks/Cole，Cengage Learning，2012.

人的生命。这一原则高于任何其他原则。

原则 2 指的是在同等情况下一视同仁，即情况相同的人有权获得平等对待。与此同时，对情况不同的人应当区别对待。如在家庭治疗中，夫妻地位是平等的，应该给予平等对待；而在虐待儿童的个案中，儿童与施虐的人是不平等的，相对于父母的权益而言，儿童的权益应当被优先考虑。

原则 3 指的是你的决定要有助于当事人的自决、自主、独立和自由。尽管自决、自主与自由很重要，但当事人无权把它凌驾于个人和他人的生命权之上，更不可以此为由伤害自己和他人。面对生命权，这一原则应该退居次要地位。

原则 4 指的是在做抉择时，一定要选取伤害最小、长久性伤害最微弱、最容易抚平创伤的方案。

原则 5 指的是工作方案应当能更好地提升所有人的生活质量，既包括当事人个人的生活质量，也包括他人及社区的生活质量。

原则 6 指的是你的决定要有助于增强每个人的隐私权。特别是为当事人保守秘密是本身的职责。

原则 7 指的是你的决定要能让你讲真话，让你的工作能对当事人和其他人完全公开、具有透明度。

上述原则也只是简单的指南，这些原则的具体化和操作化，会在后面的章节中展示给你。

学习活动 1－7　阅读

请上网查阅美国、英国、中国香港和中国台湾等地的社会工作伦理守则，思考哪些条款适用于中国大陆的情况，哪些不适用，并列出来与同学讨论。

关于个案工作的核心原则及其具体运用会在下一章详细讨论。

三、知识储备

价值观和伦理守则为我们踏上个案工作之路提供了指南针。但光有指南针是远远不够的，我们的行囊中还要装备很多东西，才能使我们步伐有力、走得长远。

除了社会工作的基础理论知识外，要做好个案工作，还需要一些特别的知识。这些知识主要涵盖了四个方面：(1) 有关社会和你所在的机构的知识；(2) 有关当事人的知识；(3) 有关如何与当事人及相关人等建立良好的沟通和合作关系的知识；(4) 有关促使问题得以改变的知识。

第一个方面的知识包含了社会的文化传统、价值观、组织结构、资源配置、政策法规，以及机构的宗旨、内部分工、工作程序、规章制度等。

中国社会有着独特的文化传统，这会直接影响到当事人对自身问题的看法和理解。在情感表达方面，中国人多倾向于内敛，常以身体上的不适来掩饰情感上的问题，有躯体化现象。

在角色与自我认知上，中国人也不同于西方人。跨文化的长期婚姻满意度研究显示，华人和欧裔妻子对婚姻的理解有所不同。中国妻子的自我概念包含在家庭当中，她们的个人概念与丈夫和子女结合在一起。对中国妻子而言，子女是婚姻的核心，而欧裔妻子把夫妻关系和个人成就作为婚姻的中心。中国妻子的婚姻满意度来自与丈夫关系密切、丈夫对自己持家表示感谢，以及养育了有出息的子女。而欧裔妻子更多的是满意自己在婚姻中保持了个性和享受了自由的乐趣。① 另一项国内的相关研究也显示，中国过去半个世纪中经历的社会、政治和经济变化，对中国的夫妻关系和家庭关系产生了深远的影响②。

有关中国人的民族性格的研究揭示了许多文化塑造出的中国人的特点。如文崇一的研究以认知取向、价值取向和道德取向为分析框架，选取了他认为比较重要的三组中国人的价值取向，即传统与权威取向、重农与重功名的取向和仁义道德取向，提出这三种取向导致了中国人具有权威、保守、谦让、谨慎、依赖、顺从、忍耐、勤劳、节俭、安分等性格。

杨国枢的研究指出，中国人在为人处世上具有社会取向，表现在四个方面，即家族取向、关系取向、权威取向和他人取向。家族取向主要体现为中国人大多对家庭有很强的归属感和责任感，认为家庭成员是一体的，对家人要比对外人好，家人应该互相关爱、荣辱与共。关系取向是指中国人大多倾向于按自己在家庭和社会中的身份、地位办事，守“本分”，“不在其位，不谋其政”。权威取向体现为对权威非常敏感，依赖权威，崇拜权威，对权威言听计从。他人取向则体现为尽量不与人发生冲突，不得罪人，不违反社会规范，按他人对自己的期望行事，注重自己在他人眼里的形象和声望。③

文化传统不仅决定了民族性格，调节着人们的社会交往，而且具有心理卫生和心理预防的功能，它向人们提供了使内心活动和谐的方法。中国传统的儒、道、佛思想中都包含了如何调节心理活动的“修炼”内容，教人如何培养心理能力、控制心理进程和情绪状态，以便能更好地适应社会和人生。传统的民间文化也提炼出许多消除情绪紧张的方法，如游戏、礼仪、唱歌等。一些谚语和俗语也具有心理治疗的巨大潜力。个案工作常常要帮人解决“为什么而活”和“如何活”的问题，而传统文化对此已预备了许多答案。

当然应该看到，我们的时代已是一个多元文化并存的时代。当今生活方式的突出特点是对世界的看法和行为准则五光十色，异彩纷呈。尽管传统文化仍有相当的影响，但已无法完全指导和制约人们的行为。缺乏对不同文化传统的协调也造成人们生活中极大的困惑。个人所扮演的多种社会角色可能要服从不同的文化规范的要求，文化上的冲突可能会导致角色冲突，使人不知该信奉什么样的价值观，选择什么样的生

---

① CHEUNG M，MENG L. 中国妇女的自我概念与中国社会工作本土化//曾加达，王思斌，殷妙仲．21世纪中国社会工作发展国际研讨会论文集．北京：中国社会科学出版社，2001：68－69.

② MENG L. Equality and control：the politics of wife abuse in rural and urban China. Hong Kong：the University of Hong Kong，1999.

③ YANG K S. The social orientation：an integrative analysis//LIN T Y，TSENG W S，YEH E K. Chinese societies and mental health. Hong Kong：Oxford University Press，1995.

活方式，也就难以发挥正常的社会功能。对于个案工作者来说，了解我们社会传统的价值观和当代价值观具有重要的意义。中国社会思想史、文化人类学、社会心理学等有助于你增长这方面的知识。

学习活动 1-8 文化讨论

我们的文化中对个人和家庭成员应该如何扮演角色有不少说法，如认为在处理亲子关系时，“棍棒底下出孝子”“打是亲，骂是爱，不打不骂是祸害”。请与同学一起举一下对于父亲、母亲、丈夫、妻子、儿子、女儿角色的相关描述，看看对当事人的生活会有什么影响。什么是中国人的美满人生？

迄今为止，我们的社会还没有私人开业的个案工作者，你多半要在特定的政府部门、机构，或民间组织、机构开展工作。这意味着你只能在社会和机构限定的范围内施展十八般武艺。除了社会文化传统方面的知识外，了解并遵守工作机构和组织的“游戏规则”，有利于获得更具有支持性的工作环境，为当事人谋取最大的福利。而违规操作不仅有损机构的声誉，还会使当事人的权益受到不利影响。这方面你可以通过了解组织理论、系统理论和非营利组织管理方面的知识来增强，也可以通过实习来积累。

第二个方面的知识是有关当事人的知识。个案工作要面对形形色色的当事人。当事人的情况各不相同。他可能是健全人，也可能是残疾人；可能是年幼的孩子，也可能是高龄的老人；可能目不识丁，也可能学富五车；可能是自愿接受服务，也可能是被迫接受服务；可能很容易相处，也可能对人持有敌对的态度、富有攻击性。当事人的问题也多种多样，从子女教养、婚姻生活到就业谋生、戒毒康复，各不相同。一些问题可能由来已久，一些则可能是突发事件。知人才能明了该从哪里着手开展工作，也才能帮人帮到点子上。所以，对你来说，掌握和了解不同当事人的特点以及他们的问题的性质和轻重缓急，是必修课。在这方面，文化人类学、社会角色理论、家庭理论、认知理论、社会学习理论、小群体理论、发展心理学、危机理论、自我心理学等，对于了解当事人是十分有用的工具。本书后面的章节会较为详尽地介绍一些不同当事人的特点。

生活积累也是这方面知识的重要来源。观察身边各色人都有什么样的特点，他们赞成什么、反对什么、喜欢什么、讨厌什么，什么让他们快乐，什么让他们难过，都会增加你对人的了解。而一些描写社会问题的影视作品，也有助于你更直观地去体会当事人的所思、所想、所感，以及面对困境时的应对方法，看到在个人生活之外的更广阔的世界里人们的生活状态。周围人和媒体报道的处理问题的有效方法，也会给你应对不同的当事人及其问题提供有用的启示。

最重要的是，你要对人有兴趣，愿意把他当成未知的世界去探索、去了解，愿意把人间百态当成画卷去翻阅。

学习活动 1-9 电影讨论

电影《漂亮妈妈》讲述了一位单亲母亲如何养育失聪儿子的故事。如果片中的母亲是你的当事人，你会如何描述她的特点？她的问题和她拥有的资源是什么？

母亲的特点：

问题：

资源：

第三个方面的知识涉及如何与当事人及相关人等相处。在生活中我们都有这样的感受，有些人让你一见如故，让你感到亲切、温暖、真诚、被理解、值得信赖，而有些人却待人生硬，让你感到高高在上，无法放心地把自己的事情托付给他。对于个案工作者来说，我们希望能建立前一种关系，而避免后一种关系。

建立良好的工作关系是个案工作中的一个核心要素。不同取向的工作方法都强调这一点。与当事人及相关人等的关系会受到你的个人特质的影响，受到你能否内化社会工作的价值观的影响。此外，有关人际关系和人际沟通方面的知识和技巧，也会影响这一工作关系。一些学科的知识在这方面会对你有所帮助，如沟通理论、人际关系理论、自我心理学等。

第四方面的知识涉及的是干预理论方面的知识，也就是如何行动的知识，包括了治疗原则、方案制定、改变过程以及效益评估等内容。

解决当事人的问题，入手点可以是微观层面的，也可以是宏观层面的。前者如改变当事人的行为、调整家庭结构、调动当事人周围的人伸出援手等。后者如改变造成当事人问题的办事程序、组织机构、政策法规等。干预的手法也是多种多样的。在个案工作多年的发展历史上，形成了许多流派的干预理论，如心理社会派理论、功能派理论、人本主义理论、完形治疗理论、交互分析理论、存在主义理论、行为修正理论、任务中心理论、家庭治疗理论、危机理论、认知理论等。

我们会在后面的章节里详细介绍其中的主要内容。

学习活动 1－10　个案工作知识

简要写下个案工作需要哪四方面的知识。

(1)

(2)

(3)

(4)

第四节
个案工作的应用

个案工作有非常广泛的用途。几乎所有开展社会工作的实务领域都会用到这种工作方法。一线社会工作者更是离不开直接与个人和家庭打交道，而个案工作是必不可少的工具。那么对于实现社会工作的目标，个案工作有什么贡献呢？

一、个案工作与社会工作目标

社会工作的目标包含了宏观和微观两个层次。微观的层次是帮助个人和家庭，恢复和改善其社会功能；宏观的层次则是改善社会制度，促进社会的和谐、进步与发展。中国台湾学者叶楚生总结的社会工作的四个功能，比较突出地再现了这两个层次的目标。他认为社会工作的作用是：保障个人生活，促进社会安全；维护个人人权，促进社会进步；提高个人活力，增进社会财富与安定社会经济；发扬人类互助精神，实现社会公道，促进世界大同[①]。个案工作多致力于实现微观层次上的目标。

一般人对于某个专业的了解多是从接触这个专业的具体工作开始的。对于社会工作这样一个正在走向专业化、力求获得公众认可的新兴职业来说，一线的个人和家庭服务是人们最容易接触到的。他们往往会借此来评价社会工作的意义。如帮一个残疾人创造适宜的条件，使他能自强、自立，回归社会；帮一个老人适应入住养老院带来的人生转变，重新建立自己的生活；帮一对夫妇共同面对下岗带来的生活压力，调整生活上的安排，争取再就业；等等。这是一般人了解我们这个专业的窗口，个案工作与当事人面对面的亲密接触，能让当事人最直观地了解我们专业的工作。

相对于宏观层次的政策、制度上的改变，个案工作是比较容易上手和推动的工作。政策、制度上的改变往往不是一朝一夕的事，要经过复杂的程序和漫长的过程，而个案工作则不同，大部分个案可以在现有的政策框架内加以处理。实际上，工作机构一般都划出了明确的职责范围，在此范围内，你可以得到所需的支持，完成工作。如在社区中心，可以为个人和家庭提供哪些服务，往往都有明确的规定，开展工作比较容易，工作者自己往往就能做好。对于政策、制度上的改变，工作者大多可以提议、可以去推动，但获得结果则需要动员更多的力量。

从本质上讲，宏观目标是以微观目标为前提的。不管社会工作有多么宏大的目标，都要从实现微观目标开始。微观目标的实现，不仅有助于实现宏观目标，而且常常会发现一些具有典型意义的问题，从而提醒从事宏观层面工作的人注意，并引起宏观层面政策上的调整和改变。个案工作者通过一个越轨青少年的个案，可能能发现父母下岗给子女带来的生活压力，呼吁人们关注这类家庭。在这时，不仅要有救助父母

---

① 叶楚生．社会工作概论．台北：同泰印刷局，1986：24－26．

的工作方案，而且要有给子女的救助。此外，现有的政策往往也要通过个案工作的落实和检验，才能不断完善。

二、个案工作与其他社会工作方法的整合

传统上，个案工作方法是与其他方法区别使用的。小组工作方法、社区工作方法、社会行政方法，很少会被用到帮助个人和家庭的工作中。因此，接触个案工作，你便会看到许多以个人和家庭为着眼点的工作理论和手法。这使工作者的眼光只集中在当事人身上，往往忽略了当事人所处的复杂的社会系统和社会互动对当事人的影响。鉴于此，目前越来越多的人赞成个案工作要与其他方法相结合才能取得更好的效果，开始尝试在个案工作中引入小组工作方法和社区工作方法，甚至动用社会行政体系解决问题。如对于单亲母亲，工作者不仅对她进行个人辅导，让她挖掘自己的潜能，应对生活中的困难，而且开办单亲母亲自助小组，让她得到更多的社会支持。工作者可能还会调动社区的志愿者，定期上门帮助她照顾老人和孩子，来分担她的压力。

作为社会工作者，助人方法好比你应战的武器，当然最好是十八般兵器样样精通。视情况不同，你可以用不同的兵器应对。但社会工作艺术性的一面要求你有创新精神。虽然在教授方法时，为了便于理解，我们做了细致的划分，但在工作中不应该机械地为每种方法划出领地，井水不犯河水。我们要学会组合使用手中的武器，这样才会有更多的胜算。

三、个案工作的应用领域

人们对个案工作可以一展身手的领域有不同的分类方法。如果按社会工作在机构或某一服务中拥有的地位来划分，我们现有的个案工作可分为三类。

第一类是社会工作占主导地位的机构或服务领域。在这类组织和服务中，社会工作的目标即其核心目标。所以，一般要求从业人员具备社会工作的专业知识，以更好地提供服务，社会工作者在其中担任的是主角。我国民政部门、妇联、共青团、残联、老龄委等系统的机构及其服务领域，就属于这一类。另外，社会上一些公益性组织、公益热线电话服务，也以提供社会服务为主。

第二类是社会工作与其他专业的人员具有平等地位，共同协作开展工作。比如，在残疾人康复中心，职业治疗师帮助病人恢复职业技能，医生帮助病人恢复机体上的功能，而社会工作者则重点帮助当事人进行社会康复。各个专业的人员各司其职，为当事人的全面康复做出同等重要的贡献。

第三类是社会工作居于次要地位的机构和服务领域。在这些机构和服务领域，社会工作者唱配角，主要目标不是提供社会工作服务，而是支持机构实现其主要目标。如学校的目标是教育和传授知识，学校社会工作者则帮助学生解决在教育过程中遇到的难题；工厂企业的主要目标是生产产品和获取利润，社会工作者的工作是配合机构

更好地实现这一目标。

若按工作单位的性质分，则有政府和公共事业机构、非政府组织中的公益性组织和其他类型的机构三类。

在我国，第一类机构既是社会福利服务的最大供给者，也是最高管理者。在这类机构工作的成员多为政府的公务员，工作者的工作代表的是政府机构。民政部门基本上属于这一类型。民政助理员和街道社区的工作员所做的工作中，包含了大量个案工作。

第二类组织在我国也承担了相当大一部分的社会工作。尤其是一些为特定人群服务的大型团体，如妇联、共青团、残联、老龄委等，有遍布全国的工作网，不仅指导和管理相关领域的服务，而且直接承担了一线服务。这些机构提供的婚姻家庭辅导、维护受虐待的妇女儿童的权益、青少年帮教、残疾人就业辅导、老年人保护等服务，都是个案工作能发挥作用的领域。

第三类机构并不提供社会福利服务，但安排专人或专门的部门做社会工作，协助员工处理家庭问题、人际关系问题、劳资纠纷问题，使员工能以更好的状态投入工作。

如果按当事人的性质分类，个案工作的领域则主要包括儿童服务、青少年服务、老人服务、婚姻和家庭服务、残疾人康复服务以及特殊问题服务等。让我们细看一下，在这些领域个案工作主要做什么，工作者的角色又是什么。

（一）儿童服务

这方面的服务多涉及照顾和保护儿童的问题。处理的主要问题有遗弃、疏忽和虐待儿童，丧亲、伤残儿童的早期康复，儿童犯罪受害人的辅导，儿童领养和寄养，儿童教养方法，等等。

儿童不同于其他大多数当事人，在成人世界里，他们明显处于弱势。对于自身的问题他们常常没有话语权，也不清楚自身的权益。从事这方面工作，工作者常要做儿童的代言人和保护人，所以，首要的一点是熟悉有关儿童福利的政策法规，既要维护儿童的权益，又不能侵犯法律赋予的其他监护人的权利。评估儿童的问题，必须对儿童在其特定阶段的生理、心理和社会发展水平有所了解，尤其是与儿童的沟通要符合儿童的认知水平，处置方案也要让儿童能够领会。此外，了解养育儿童的知识，也有助于做好这方面的个案工作。

（二）青少年服务

这方面的服务涉及亲子关系、学校生活适应、越轨与犯罪、恋爱与婚姻、就业等。我国的青少年越轨和犯罪问题近年来有不断上升的趋势。以自杀为例，自杀现在已成为青少年死亡的一大原因。而犯罪的人的年龄也有越来越小的趋势，女性犯罪在增加。社会离婚率的上升、多元文化的并存、色情文化的泛滥，都对世界观和人生观正处于形成期的青少年产生了不利的影响。

青少年个案工作主要是帮青少年处理学业之外的社会适应问题，学会与人相处和安排自己的生活，鼓励他们成为社会中成熟、负责任的成员。这一工作需要你了解年轻人的流行文化，能敏锐地察觉他们的情感发展特点和需要。许多青少年之所以出现偏差行为，是因为被迫中断或减弱了与父母或其他重要的人在情感上的纽带，失去了归属感。工作者常常要充当增强能力者，帮当事人探索他们所拥有的潜能，调整和重建自己的生活。由于年轻人兴趣广泛，精力充沛，对许多未知的事物充满好奇心并有探索精神，工作者要掌握较多的活动方案技巧和生活技巧，以成为青少年的良师益友。

（三）老人服务

老人问题包括患病、残疾、丧偶、入住养老机构、受虐待、情感障碍、代际冲突、死亡等。一些问题在其他年龄人群中也有，但不如在老年人群中这么突出。

我国已经开始步入深度老龄化社会，政府近年来着力强化全国的老龄工作网络，并制定了一系列重要的政策法规和工作规划。我国也有着良好的尊老、养老传统。尽管如此，由于老年阶段面临人生的许多重要转折，个人要较好地调适仍面临许多问题。随着人口老龄化的加剧、老年人口的激增，这一领域对社会工作者的需求也会越来越多。这方面的个案工作常要帮老人适应伴随老年而来的种种生活转变，给他们支持和安慰。工作者要懂得如何与不同身心状况的老人打交道。有时还要充当协调者，整合不同学科的专业人员共同参与解决老人的问题。了解现有的可以向老人提供服务的机构和资源，也有助于工作者给有需要的老人提供实际的帮助。

（四）婚姻和家庭服务

婚姻和家庭问题多种多样，包括未婚先孕，婚外恋，离婚，贫困，成员伤残、患病和去世，遗弃、虐待家庭成员，挣钱养家的人失业或退休，成员犯罪或是成了犯罪受害人，成员酗酒吸毒或是染上其他不良习惯，孩子离家出走，性生活不和谐，等等。每个问题对家庭来讲都可能引发灾难性后果。

改革开放四十年以来，我国社会的人口流动增加，生活节奏加快，竞争压力不断上升，同时各种外来文化也纷纷登陆，改变着传统的家庭观念、家庭结构和家庭功能，给婚姻和家庭生活带来了极大的冲击，加剧了各种婚姻和家庭问题，特别是婚外恋、离婚、单亲家庭儿童的照顾和保护、家庭暴力、家庭贫困等问题尤为突出。

处理这类问题，常常要应付家庭冲突和其他形式的家庭纠纷，工作者多要以第三方的身份介入家庭，充当调解者。所以，比较成熟的人来从事这个领域的工作会更好些。如果你初出茅庐，最好由有经验的人做督导，以避免在工作中出现重大失误。从事这方面工作要有亲和力，让人感到值得信任，能与遭遇不同问题的当事人有效沟通并建立良好关系。此外，一些问题需要实际的帮助，如申请现金救助、参加就业培训、联系能帮忙的相关机构等。所以，了解国家的政策规定、对社会资源和社区资源了如指掌，就很重要。

学习活动 1－11　婚姻与家庭服务案例

刘女士，29 岁，是一位企业内勤工作人员。结婚 6 年，婚后与丈夫育有一子，儿子今年 5 岁。丈夫没有工作，常年在家打游戏，家中日常花费主要由刘女士承担，婆婆偶尔给予经济帮助。平时，刘女士和丈夫很少沟通，两人常因家中琐事而引发口角。两年前，公公去世，婆婆搬来与刘女士夫妻合住，但婆婆对她态度冷漠，每当刘女士夫妻争吵也总是维护儿子。刘女士多次试图改变与丈夫和婆婆的关系，但效果并不理想。刘女士感到在家中受到孤立，家里没人可以说话，觉得婚姻名存实亡。

请思考，如果你是社会工作者，该怎样帮助刘女士和她的家庭？

（五）残疾人康复服务

残疾人个案工作主要是帮残疾人解决由于伤残而带来的日常生活、就业、恋爱婚姻、心理调适等方面的问题。其目标是让他们在伤残许可的范围内，最大限度地发展社会生活的能力，共享社会发展的成果。

我国的残疾人是一个数量庞大的群体，伤残的类型、伤残的程度多种多样。这一领域也是我国最早设有专业社会工作职位的领域之一。不同的残疾人，在沟通方式和最迫切要解决的问题上不尽相同，工作者需要具备相应的知识。在长期性照顾机构工作的人更需要有耐心和恒心。此外，残疾人的问题常常需要多学科、多部门的人共同合作才能够解决，具备良好的团队工作技巧十分重要。由于偏见和误解，残疾人常常会受到各种歧视，工作者也要担当维护当事人权益的角色。

（六）特殊问题服务

俗话说，“天有不测风云，人有旦夕祸福”。生活中常会发生意想不到的事。事故、疾病、挫折，都会打破原有的生活状态，给人带来危机。对这些突发事件应对得好，可以促进个人的成长；应对得不好，则可能导致个人崩溃，出现严重的情感问题、攻击性行为，甚至自杀。

个案工作者也常处理这类问题。掌握面对突发事件当事人的应激反应的知识，迅速判断事件可能会带来的后果，是帮助有这类问题的当事人的必不可少的环节。特别是在接听紧急求助的热线电话时更是如此。在这类工作中，个案工作者常要帮当事人宣泄情绪，重新审视事件，挖掘自己应变的能力。有时个案工作者也会扮演教育者的角色，教当事人一些调适的技巧。

第五节 小　结

本章向你讲述了个案工作的基本概念，告诉你个案工作是以个人和家庭为工作的入手点，通过建立一对一的专业工作关系，运用特定的知识和方法，帮助个人调动内在和外在的资源，解决社会适应方面的问题，使个人的社会生活更美满。它虽然与心理辅导与治疗有很深的渊源，但两者在目标、知识背景、工作方法、工作关系等方面都有一些不同，所以，不能把个案工作简单地等同于心理辅导与治疗工作。个案工作的作用体现在能帮助个人和家庭解决不同性质的问题，但它也有局限，并不是无往而不胜的魔法，你对此要有所准备。

个案工作与社会工作一起起步，是最早发展起来的工作方法。特定的历史背景、人文和社会科学学科的发展对个案工作的发展起到了推动作用。此外，玛丽·里士满、戈登·汉密尔顿、海伦·哈里斯·珀尔曼、弗洛伦斯·霍利斯和米尔福德会议对个案工作的发展都做出了重要的贡献。相对于西方国家而言，个案工作在我国还处于起步阶段。

个案工作的基石包含了三个组成部分。第一部分是哲学思想，它涉及对人、社会与认识世界的方法的根本看法，主要包括人道主义、乌托邦思想和实证主义。第二部分是价值观和伦理守则，它是哲学思想指导下的工作向导，有助于你在实际工作中处理一些棘手的问题。面对困难处境，你考虑问题的优先次序应当是把保护生命放在首位，维护社会公平正义，你的工作应当是推动自决、自主与自由，应当尽量把伤害减到最低，要致力于提高生活质量，要尊重当事人的隐私并为之保密，你的工作要忠于事实、信息透明。第三部分是具体的知识，它涵盖了四个方面：有关社会和你所在的机构的知识，有关当事人的知识，有关如何与当事人及相关人等建立良好的沟通和合作关系的知识，有关促使问题得以改变的知识。特别要注意的是，你要积累有关我们中国社会和中国人的知识，要对我们社会的特有文化对当事人的影响有所了解。

个案工作是为实现社会工作的总体目标服务的。它注重的主要是实现微观层次的目标。尽管个案工作方法是一种有效的工作方法，但也不应机械地使用，而应与其他工作方法灵活地结合使用。个案工作有广泛的应用领域，主要领域包括儿童服务、青少年服务、老人服务、婚姻和家庭服务、残疾人康复服务以及特殊问题服务。

本章要点

1. 个案工作的基本概念
2. 个案工作的历史
3. 个案工作的基石
4. 个案工作的应用

基本概念

个案工作　心理辅导　玛丽·里士满　米尔福德会议　人道主义　乌托邦思想　实证主义　洛温伯格和多戈夫的个案工作七项原则　个案工作知识的四个组成部分

复习思考题

1. 什么是个案工作？个案工作的出现受到了哪些因素的影响？
2. 个案工作经过了哪些主要发展阶段？各阶段有什么大的社会文化背景？
3. 个案工作与心理辅导和治疗有什么异同？
4. 我国的文化传统对从事个案工作有什么影响？

5. 个案工作在当今的中国社会能够发挥什么作用？

推荐阅读书目

1. 王思斌．社会工作概论．3版．北京：高等教育出版社，2014.
2. 翟进，张曙．个案社会工作．北京：社会科学文献出版社，2001.
3. 黄维宪，曾华源，王慧君．社会个案工作．台北：五南图书出版公司，1985.

第二章
个案工作的基本原则

本章概要

本章主要描述个案工作的一些基本工作原则，如“人在情境中”、接纳、非评判、当事人自决、保密等。这些工作原则是开展个案工作的行动指南，也是个案工作哲学思想的具体体现和应用，同时也反映出了个案工作的基本特征。在这一章中，不仅会给大家一些理论上的解释，更重要的是让你能够体会在具体的实践中如何把这些原则操作化，避免你对这些原则能倒背如流却不知道如何在实践中应用。

第一节 人在情境中

李志伟面对大学毕业后何去何从的问题陷入深深的苦恼。她非常热爱社会工作专业，她曾实习过的外地的一家残疾人福利机构，由境外的机构主办，很看重她的才能，希望她能够到那里工作。尽管待遇一般，但她自己比较看重这个机构的工作环境和不断发展的机会。然而，她在农村的父母盼望到北京上大学的女儿可以继续留在北京，让他们在父老乡亲和亲朋好友面前有颜面，所以对女儿要到小城市并且是残疾人机构工作十分不解，父亲甚至威胁，如果她要去，他就到北京在学校守着她。她自己用助学贷款完成了学业，所以还贷能力必须是要考虑的因素，何况父母为了她也借了一定的债，父母年老体衰，也盼望她能够挣钱贴补一些家庭开支。那个城市远离父母和同学，一个女孩子到了那里人生地不熟。看到同学们纷纷留在北京和其他大城市，她自己也有一种不甘心……

读了这个案例，你的感受如何？换作是你，你会怎样？你从中会发现志伟的一个工作决定绝不是她个人的事情，而是与她自己、她的家庭、同学甚至社会对社会工作以及社会工作专业的认识等紧密地联系在一起，这就是我们所说的“人在情境中”了，个人的问题与他所处的环境紧密相关。

一、什么是“人在情境中”？

“人在情境中”（person-in-situation）[①] 是个案工作一个重要的原则[②]，它依据系统理论和社会心理模式、生态模式的核心思想，认为个人和他所处的环境处在多重的互动中，因此个案工作的目的是促进当事人的人际关系和与环境之间的互动，缓解和解决个人和环境之间的失衡问题[③]。“人在情境中”是提醒作为工作者的你，在确认当事人的问题的时候，将问题放在一个大环境中去考虑。只有了解人所处的环境对其生活的影响，你才能够比较全面地了解个人的问题以及问题与环境之间的关系，最重要的是不要把个人的问题仅仅归结为个人的问题。女性主义者们倡导的“个人的即政治的”观点也说明了“人在情境中”这一原则所体现的思想。它强调所有个人的问题也是政治的问题，同时归根结底是社会的、制度性的问题。但用这个词也并不标志着假设环境或情况的病态，它强调的是当事人的需要与环境的要求和资源之间的不对称或不平衡，及由此而造成的困难、迷惑与痛苦。仅仅聚焦于当事人是不恰当的，可能导致问题得不到解决。

戈登·汉密尔顿认为，“人在情境中”是个案工作的核心理论，个人的问题常常因为个人的需要和环境给予的支持之间以及个人处理问题的能力和环境的要求之间不能相一致或者相配合而产生[④]。因此当你面对当事人所带来的问题的时候，不单单要看个人的处理问题的能力，更要进一步分析个人问题与环境的关系，分析个人如何去提升适应环境的能力以及如何改善环境去回应个人的问题。

当代社会建构理论已经深深影响个案工作的方向，这个理论认为，我们的信仰、价值观、制度、风俗、法律、分工以及诸如此类组成我们现实的事物，都是由一个文化中的成员间一代又一代、日复一日的互动所建构的。也就是说，社会是借由成员对世界的解释而建构其“透视镜”的，每一个人理所当然认为的现实，其实是我们出生以来环绕四周的社会现实。这些现实提供信仰、习俗、文字和经验，我们从中建立自己的生活，也就是说应用社会建构理论，我们就能够看到社会中的故事是如何组成我们的生活和当事人的生活的[⑤]，我们个人的生活和故事是如何为这个社会的故事所影响的。

“人在情境中”思想指导着我们在不同环境下的社会工作实践并应用于不同的当事人、家庭和社区[⑥]，表现出和心理治疗的不同之处，表明了个案工作的一个特点。

---

① 一些教科书中也用 person-in-environment，但是多尔夫曼在《临床社会工作》（*Clinical Social Work*）一书中认为两者没有分别，我同意这个立场。

② DORFMAN. Clinical social work. Brunner/Mazel，Inc.，1996：28.

③ WOODS M E，HOLLIS F. Casework：a psychosocial therapy. New York ：McGraw-Hill，1990：28，40－43.

④ FREEDMAN J，COMBS G. 叙事治疗——解构并重写生命的故事．台北：张老师文化事业股份有限公司，2000：46.

⑤ COMPTON B R. Social work processes. ［S. I.］：Books/Cole Publishing Company，1999：34－35.

⑥ 同⑤.

读到这里，你对“人在情境中”的原则是否有了些了解？你能分析李志伟的问题与环境之间的关系吗？请将你自己的分析与同学和老师分享。

二、人面临什么具体的“情境”？

在社会工作实践中，情境被定义为在一个特别的区域、社会结构和建构的空间中人们以及他们之间的互动和变迁的整合①。不同的学者对情境有不同的划分。

卡姆顿认为“情境”由几个层面构成：第一是社会环境，主要指个人、家庭、社区和阶级、文化。第二是物理环境，如气候、地域、住房等。第三是临时的环境，如时间和空间，例如，一个房屋将个人和群体分开来，这个房屋就是一个私人的空间，而这个空间因不同的文化而不同。第四是灵界的环境，比如信仰等。这个分类让你看到环境对个人的影响是通过不同的层面来进行的。他将环境又分为微观的、中观的和宏观的环境。微观的环境就是你的身体和个人置身于其中的社会环境在一段时间内直接的接触，包括个人的家庭、学校、工作、休闲的时间等。中观的环境是另一个影响微观环境的方式，包括主要对个人处理他们每天的生活有影响的一些团体、组织和机构，如工作、教会、社区资源等。宏观的环境包括社会中的经济、政治、文化等。

卡姆顿把环境比喻为一系列套起来的盒子，从最小的到最大的，最小的就是个人，最大的针对一个人来说可能是社会或者世界、国际环境等。每一个盒子都有它的特征，但都被另一个大于它的盒子定型了它的尺寸，比它大一点的盒子就是它的环境。最大的盒子对最小的盒子的影响是通过作为中介的中间盒子起作用的，也就是说，社会对个人的影响可能通过家庭、学校这样的中介。

汉密尔顿将“情境”分为内在的压力和外在的压力两种，两者之间相互作用。在这里，内在的压力指个人的压力，外在的压力指来自家庭、朋友、老板、老师以及更大的文化、组织、家庭、社区、社会系统等等的压力。在这里，家庭被看成情境的一个最基本的组成部分。

在社会建构主义指导下的叙事治疗中，温加顿认为“在社会建构学家的观点下，自我的经验存在于与他人不断的互动中……自我会借由包括了别人的叙事不断自我创造，别人也会在这些叙事中互相交织”②，也就是说当事人所处的情境，就是与工作者在互动中建构起来的那个情境。人所处的情境是不断变化的，不是固定不变的。

从图 2-1 中，你会更加清楚“人在情境中”的概念。

我们每一个人都生活在一定的情境中，了解人生活的情境有助于我们理解当事人的问题并帮助我们找到解决当事人问题的路径，因此情境是我们工作的盟友。

---

① COMPTON B R. Social work processes. [S. I.]：Books/Cole Publishing Company，1999：35.

② FREEDMAN J，COMBS G. 叙事治疗——解构并重写生命的故事．台北：张老师文化事业股份有限公司，2000：47.

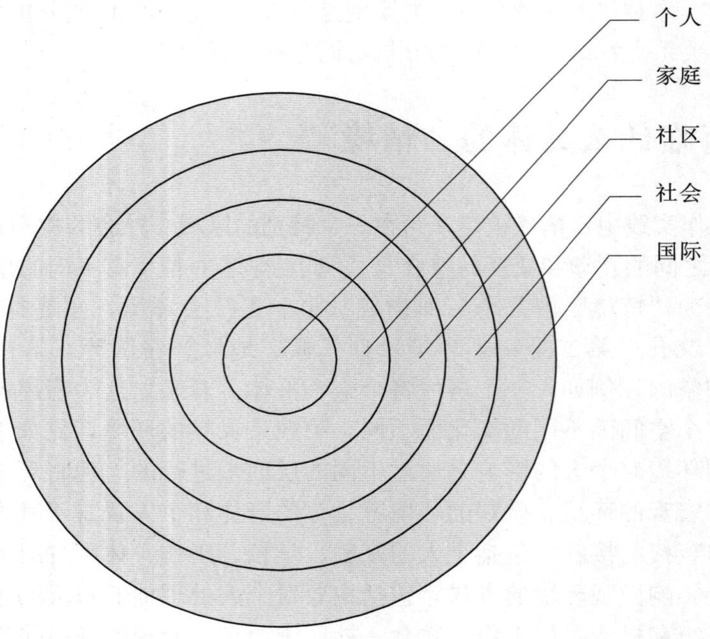

图 2-1 “人在情境中”示意图

三、个人、问题与环境之间的关系

你不能将环境看成一个外在于你的东西，你置身在其中，从出生的那一刻起，环境就变成了你亲密生活的一部分，它影响你的选择以及你和社会之间的互动。

不同的家庭环境和社会环境会影响人们，产生不同的生活道路和命运，对这一点你们应该十分清楚。也许你和你的一个好朋友在高三的时候学习成绩一样好，都考上了大学，都可以到北京读书，你因为有足够的经济支持来到北京；而你的好朋友却选择了当地的师范学校，因为他家里没有钱支持他，甚至他还要挣钱照顾生病的母亲和正在上学的弟弟。最后你留在北京工作，因为工作机会常常出国，有了车子，可以衣锦还乡；而你的同学到了家乡的中学教书，沉重的生活负担使他捉襟见肘，甚至无力供养自己的父母。可见你们因着不同的机会和做出了不同的选择，生活道路十分不同。个人的生活总是为个人所处的环境所决定，并由此带来不同的选择和机会，不同的选择和机会也塑造了不同的生活环境。

既然个人的问题是与环境互动的结果，那么问题的解决必须和环境的改变联系在一起。如一个将近 50 岁的下岗的单亲妈妈，她最大的困难在于没有一份收入稳定的工作。由于她的学历不高，没有一技之长，因此只能找一些工资很低的工作，无力支付孩子高中阶段的教育经费，生活十分艰难。如果我们想解决这个单亲妈妈的问题，那么单纯的心理辅导是不够的，显然还需要很多环境中的资源支持以及环境的改变。

对这位单亲妈妈，从个人层面，需要提供心理辅导，协助她舒缓生活带来的压力，提升自信，从心理上给予其支持。但对她来说，单纯的心理辅导解决不了问题，她同时需要所在的社区的各种服务和政策支持。例如，提供针对这个人群的再就业培训以及再就业机会；与相同境遇的母亲们连接，建立相互帮助的支持群体；在社会政策环境的改变上，需要社会福利政策中针对这种家庭有一些特殊的福利保障政策，如有针对贫困单亲母亲的福利保障金，社区学校教育中有为这种家境的孩子提供的减免学费的优惠政策，等等；在社会舆论环境的改变上，需要做社会宣传和倡导活动，呼吁全社会将单亲母亲家庭看成正常家庭的一种，而不能歧视和忽视，等等。你发现，解决单亲妈妈的问题，需要将单亲妈妈放在一个环境中，利用环境的资源为单亲妈妈提供支持和帮助，也要倡导政策的改变，帮助面临同样问题的单亲家庭。

尽管环境对个人有很大的影响力，但需要强调的是，环境只有通过个人的接受和理解才可以对个人有影响力，所以你要知道环境实际上有三种：实际的环境、当事人理解的环境和你作为工作者理解的环境。对于工作者来说，认为自己对当事人的环境比当事人理解得更准确是非常危险的事情，也是在实践中常犯的错误，这样可能会误解和误读当事人所面对的困境，而在服务过程中想当然地给一些建议和推论，其结果是让当事人觉得工作者根本无法理解自己，当然也不会产生正向帮助的效果。

学习活动 2－1　理解个人问题与环境之间的关系

查阅资料，看下列问题产生的原因是什么。请分组，每个组分配一个问题，也可以自己选题目。

农民的贫困问题

拐卖妇女问题

大学生毕业就业难问题

留守儿童问题

为了加深你对“人在情境中”原则的理解，请做下面的练习。

学习活动 2－2　理解“人在情境中”原则

根据你对“人在情境中”这一原则的学习，请你分析自己生活的环境是怎样的，它们是如何影响你的。如果你愿意，看看你中学时代的朋友，你们有怎样不同的生活历程？为什么？

第二节
接纳与非评判

一名性工作者前来求助，因为自己的服务对象爱上了自己，她很担心自己的经历被将来的孩子或者婆婆瞧不起……

一名刚结婚的女性告诉咨询员，只要丈夫不与她提出离婚，她可以容忍和接纳丈夫的婚外情人……

一名男同性恋者前来求助，诉说自己不被家人和社会理解的痛苦……

一名染上艾滋病的患者不想告诉妻子自己的病情……

…………

面对这些人，你是否可以接纳他们的处境及问题？是否可以不做道德评判并富有爱心地帮助他们？

在你成长的过程中，你已经形成了自己的价值观，你可以选择与自己喜欢的人交往；你可以选择做自己喜欢做的事，不做不喜欢的事；……然而当你进入社会工作专业后，就要开始学习理解和接纳不喜欢的人和不喜欢的事，学习接受社会工作的价值观并将这些价值观具体用在实际的工作当中。因为社会工作是一门专门助人的职业，而人千奇百怪、五花八门，你怎么看人决定了你怎么界定人的问题以及用什么样的解决方法。如果我们不能了解、理解、接纳不同的人，就无法帮助带着各种不同问题的人。

“接纳”和“非评判”是社会工作中两个最通用的术语，是面对一个人及其带来的问题的两种态度，即当我们真正地接纳了当事人，就会对当事人采取“非评判”的态度，我们有效的助人历程才开始起步。

一、接纳

（一）什么是接纳？

接纳对东西而言，指的是收到；对一个知识观念而言，指的是“承认那是真的或者重要的”；对人而言，指的是尊重的态度。

在个案工作中，接纳就是一种用非评判的态度进行沟通的思想和一种处理个人与个人行为之间的不同的一种能力①。接纳是工作者对待当事人的一种行动原则，包括接纳当事人的优点、缺点以及与工作者不相投的一些特质，接纳当事人积极的和消极的情绪、建设性的和破坏性的态度和行动，保持对当事人天赋人权的尊严和价值的尊重②。

（二）接纳是工作者的一种伦理道德，而不是一种方法

如果你将社会工作理解为一种靠着技术帮助别人的工作，尽管你也采用了“接纳”、与当事人进行感情上的交流以及投入当事人的内心世界等方法，但你不是依本心所为，而主要是为了工作的需要，让当事人对你产生信任，以主动说出他自己的一切，好让你找出症结并加以解决。因此，你在使用这一切方法时很技术、很理性，你

---

① COMPTON B R. Social work processes. [S. I.]：Books/Cole Publishing Company，1999：178.

② BIESTEK F P. 个案辅导的专业关系．台北：向上社会福利基金会，1977.

并不是真心投入和对待，与当事人并非在一个平等的位置上一起厘清问题，仅仅是用技巧解决问题甚至使当事人的行为符合工作者的意愿。这样做是因为你没有或者无法真正做到接纳。如果你将社会工作的实践理解为一种道德的实践，那么你就不能从字面上和知识层面上理解"接纳"，而要对人类行为有着丰富的理解，甚至在一定程度上发生一些日常的道德操守上的改变。[①]

（三）接纳不等于赞同和认同

很多初学者常常问：如果我们对什么人和事都接纳，我们岂不就变得没有原则和立场，没有什么好坏之分，没有标准了吗？提出这些问题是因为我们将"接纳"等同为"认同"或者"赞同"。

接纳不是认同当事人的偏差态度和行为或者认同"不好的"，而是接纳"真实的"当事人以及有关他的事实。对待一个常对父母出言不逊的青少年，我们可能会说："感谢你信任我并告诉我这一切，你当然也有表达愤怒的权利和方式，但是这样做你觉得你的问题有没有得到解决？这是不是一个解决问题的恰当的方法？"当你这样说的时候，实际上表达了对这个青少年的接纳而不是认同。如果你说"你对你父母出言不逊说明你有一定的胆量，无论对谁你都可以有表达愤怒的权利"，则表明你赞同当事人的做法。这个例子是不是可以帮助你明白什么是"接纳"，什么是"认同""赞同"呢？

（四）学会接纳——世界上没有相同的两片树叶

因为人是独特的，因而人也是多样的；每个人由于自己独特的成长经历而形成了独特的自己，我们要对人的独特性有充分的了解，要尊重社会中的人有权利做"独特的个人"，而不仅仅是"一个人"。在一个家庭中成长起来的兄弟姐妹不仅长相不同，性格、命运也不一样……

因为人的独特性，前来寻求帮助的每个当事人的需求是很不同的。他们反感工作者将自己"归类"，因为归类意味着抹杀了当事人独特的需求和感受。比如，到急诊室看病的病人都觉得自己的病是最紧急的，希望医生感受到自己的感受而给予重视，当然来看急诊的病人病情都急，但一定有不同程度的"急"，此时急诊大夫对待这些急诊病人的态度以及精准的病情判断力是最重要的。医生一方面要让每个急切的病人感觉到医生能明白他的病痛，另一方面也要根据轻重缓急的专业判断来安排救治。但现实是有些急诊大夫将他们都视为"急诊病人"，用先来后到、不紧不慢和比较漠然的态度对待，不去关注和重视病人及其家属这种内心的感受，不仅没有舒缓病人的感受，在有些情况下还会增加患者不舒服的感受。其实，只要我们将这些病人都看成有独特需要和感受的人，一个温暖的眼神、和蔼的表情、几句安慰的话，就足以让患者感受到温暖，减轻对病痛的恐惧，真正地感受到大夫针对不同程度的病人的真诚关切和不同处理，即便多等些时候也会比较心平气和。这个例子是不是能够让你明白什么

① 阮新邦．强烈价值介入视野下的社会工作实践．社会理论学报，2003（2）．

叫尊重人的独特性？

将接纳作为社会工作的一个原则，目的是协助当事人放下自我防卫机制，帮助个案工作者了解当事人真实的个人，给当事人创造一个安全的谈话环境，使当事人不必顾及工作者想听什么或者不想听什么，可以自由地探索和宣泄自己，不会损伤自己的尊严。假如工作者对当事人没有表里如一地接纳，当事人心存防卫或无法信任工作者，他就无法将自己内心的真实感受告诉工作者；如果工作者无法对当事人的内心世界有一个深刻的了解，也就无法向当事人提供有效的辅导和服务。

（五）你了解自己的局限吗？

为了学习接纳，我在课程中常常用电影辅助教学，以便让学生了解人的多样性、丰富性。记得看完反映同性恋的电影《春光乍泄》，有一名同学很激动地站起来说："老师，原来我以为同性恋就是变态的，我无法接受，但看完这个片子之后，我开始有点理解他们的感情，他们和异性恋一样有着深厚的情感，我觉得我对他们有了新的认识，尽管我不是很认同，但至少我可以理解他们，不会厌恶他们。"

其实影响我们对各种不同于我们自己的人的接纳的障碍，恰恰来源于我们无法突破自己看人看事的局限，其主要因素为[①]：

1. 对人的行为模式的知识不足

我们对人如果要有更深刻的认识，就不仅要学习一般的心理学，更要学习各种人群的心理学、精神病学、在压力下的人的反应、人类成长与环境、在社会变革中人的反应等，以便能够深入地了解各种人群，不仅从知识上了解，还要用不带"颜色"的眼睛去深入接触这些人群，这些都是丰富我们关于不同人群的相关知识的途径。这些可以帮助我们在深刻了解、理解他们的基础上接纳他们，如果没有这些知识和实践，很难想象我们如何面对与我们不同的人以及与社会道德规范相悖的人。当我们缺乏艾滋病的知识时，见到艾滋病病人如同见到了瘟疫，以为握手和面对面说话也会传染，这种躲避的态度会给病人造成很大的精神压力。当我们了解了艾滋病的传播途径和感染原因后，我们就可以坦然地和病人相处，因为艾滋病传播不仅和性有关，还和贫穷以及一些人为的医疗事故等若干复杂的因素有关。

2. 工作者本身无法接纳一些事情

有一次，我督导一位个案工作者进行婚姻辅导，在单面镜后面看到每当这对夫妻要爆发矛盾的时候，她就像"救火员"一样，很快将火熄灭，失去了多次深入探索婚姻关系问题的机会。会谈结束后，我和她讨论为何总是扮演"救火员"的角色，她告诉我，从小她就害怕父母吵架，自己也害怕与同伴吵架，总是一个老好人，这对夫妻让她想起自己的父母，自己不自觉地扮演了"救火员"的角色。

工作者如果将自己未解决的问题压在心中，就无法面对和勇敢探索当事人所面对的类似问题。因此，当我们对当事人失去耐心或者表现出厌烦的情绪时，当对当事人的问题感到束手无策，开始与当事人一起陷入深深的焦虑时，首先要警觉自己是否有

---

① BIESTEK F P. 个案辅导的专业关系．台北：向上社会福利基金会，1977：61.

这样的未曾处理的感受，是否有一些事情自己也无法接受。

3. 偏见和成见

工作者在成长的过程中形成了一些固定的对人、对事的认识，这在某些时候可能对我们处理事、看待人有积极的一面，但如果变成一个固定的模式，就成了一种偏见或者成见。实证主义学派很强调社会工作者的价值中立，认为工作者个人的价值不能介入与当事人工作的过程，但受诠释学、现象学以及后现代主义思想的影响，个案工作中不相信工作者在介入的时候可以保持价值中立，并认为社会工作是一种强烈的价值介入。① 我们在与当事人一起工作的过程中不可避免地会带入自身的价值观。对这种价值观不进行反省和认识，一不小心就会把它们变成不能接纳当事人的借口。我们可以用下面的方法来检查自己是否存在偏见②：第一，我们要承认任何人都可能存在偏见或者成见；第二，我们要采用开放的态度自我反省，不可固执己见；第三，我们要通过多种方法得到更多的知识，拓宽自己的视野，不断打破自己头脑中的成见。

总之，接纳是一种人生态度，一门与人相处的艺术。学会了接纳、宽容别人，在某种程度上就学会了接纳、宽容自己。

二、非评判的态度

(一) 什么是非评判的态度?

如果你真的学会了接纳，你就会对当事人采用“非评判”的态度。解释非评判，首先要清楚什么是评判。评判是判定个人的行为是对还是错，在个案工作中，评判的意思是用言语或者非言语的行为责备当事人应该对自己的行为负责。③ 如前所述，工作者认为当事人插足别人的家庭是“不道德”的做法，实际上就对当事人进行了评判。持非评判的态度则不会简单地责备当事人。

(二) 你清楚自己为什么要做评判吗?

当事人因为自己无能力面对生活中的问题，才来到机构寻求帮助，因此本身已经带有很强的不安全感、失败感，同时还有一种寻求帮助的恐惧感，这种恐惧感中就包括怕受到评判的感觉。

因此我们要清楚对当事人做评判的目的是什么。是希望当事人认识到他做错了什么，是表明工作者的权威性或者表明真理掌握在工作者手中，是表明工作者已经很清楚地知道当事人应该怎样做，还是希望当事人可以真正地开放自己，找到解决问题的方法？在这里，谁的感受更重要？你如果能回答这些问题，你也就清楚了非评判的含义。

坚持非评判的态度的原则，目的仍然在于了解当事人，使他能够坦诚地开放自己。对当事人不适时和不具有建设性的夸奖和谴责都是对当事人的评判，两者都可能

---

① 阮新邦．强烈价值介入视野下的社会工作实践．社会理论学报，2003（2）．

② 秦炳杰，陈沃聪，钟剑华．社会工作基础理论．香港：香港理工大学应用社会科学系，2002：64.

③ BIESTEK F P. 个案辅导的专业关系．台北：向上社会福利基金会，1977：66.

使当事人无法坦诚地开放自己。我们要很清楚，无论是从法律上还是从道德上而言，评判都不是社会工作的功能所在。即便有，也不会比警察或者法官多。

（三）非评判的态度不等于不关心社会法律和道德

工作者采用非评判的态度不等于不关心社会道德和法律。价值与规范也是社会现实的一部分，工作者置身在其中，本身就是要做好社会、道德、法律之间的联结工作，在法律和社会中协调个人。如果工作者本身对违反道德和法律的事情不在意，当事人就无所适从。一个贫困学生为了赚学费，常常旷课出去打工，作为学校社会工作者的你会怎样处理？尽管你不会做出道德的评判，也表示理解，但是你不能对当事人表达对这件事本身的不在意，因为你仍然解决不了当事人因此受处分的困境和尴尬，反而使当事人更加不知所措。

工作者自己也不可能不关心与自己内心的道德相违背的东西，这样做他会表里不一，虽然这并不意味着他要将自己的价值标准强加给当事人，也不意味着因为当事人的做法而改变自己的价值观，但至少要做到两者的统合。例如，工作者本身对偷窃行为极为反感，遇到一个常常偷窃同学钱物的学生，油然而生一种反感之情。工作者如何在自己的道德标准和当事人的行为之间求得一个平衡？工作者既不能将自己的厌恶之情强加给当事人，也不能忽视自己的这种感受。最好的做法就是先将自己的厌恶情绪暂时放在一边，了解当事人为什么常常会有这样的行为，以及这种行为会给别人和当事人带来的后果，并积极寻找可以改变的方法。这样做并不意味着工作者对当事人的行为给予认同，而是我们不做道德层面的评价，只对当事人的行为进行评价。

非评判与不关心社会道德法律的区别在于，工作者不做有罪或者无辜的判断，但是可以客观地对当事人的行为、态度做出评价。当自己的行为被评判时，当事人可能会受到伤害；但对行为所带来的后果做出分析，当事人可能会接受。工作者评价是为了了解当事人的问题，促进当事人对自己的了解。

学习活动 2-3　学习接纳

想象一下，如果你是下面场景中的工作人员，你将会采取什么态度、有什么感受以及如何对当事人进行回应？你是否发现接纳他们有困难？如果有的话，为什么？

场景 1：

你毕业后被分配到一个政府开办的老人福利院，这里住的都是生活几乎不能自理的老人，当你进门后闻到一股很难闻的气味，看到卧床不起的老人在床上接屎接尿以及一些患老年认识障碍症的老人，你想到今后这就是你的工作环境，你的心理感受是怎样的？你会有什么反应？

场景 2：

你去参观一个外地人居住的社区，你进入那个社区后，发现这是一个以捡垃圾为生的外地人形成的社区。他们在整堆整堆的垃圾中间临时搭建了小房，小孩子们在垃圾堆里玩耍，手里拿着吃的，旁边两个妇女因为垃圾分配不均在厮打，大风刮过来，塑料袋满天乱飞……如果这个社区将是你要服务的对象，你的感受是什么？

（四）非评判的态度是一种信念

非评判的态度不仅表现在言辞方面，更是一种内在的信念。如果工作者仅仅在理性的层面上表达非评判，而不是发自内心，就无法真正地传递这种态度，当事人从工作者的态度上仍旧感受不到非评判的态度。在这里，工作者在和当事人对话过程中的敏感和自查是非常重要的体察非评判态度的方法，因为我们可以从当事人敏感的话语、态度、语气、眼神、手势和坐姿等方面感受到我们是否真诚地表达了非评判的态度。

（五）如何表达"非评判的态度"？

工作者非评判态度的传递，需要当事人来感觉，因此没有什么公式和统一的标准。除了一些言语之外，非评判的态度主要通过会谈中的语气、态度和眼神等来传递。即便是工作者没有什么好的言辞表达非评判，但非评判的态度仍然可以从非言语的行为和态度中传递出来。

因此，第一次和当事人的会谈非常重要，要让当事人感受到谈话氛围足够安全，并将这样的态度贯穿在整个会谈的过程中。

工作者是否要具体地表示他不能接受当事人的一些行为和看法，要根据对当事人的人格功能的了解。如果当事人能接受健康的行为标准，即便自己的行为与之发生了冲突，工作者对他的行为做出评价，当事人也可能不会受到伤害。但这一切的前提条件是工作者与当事人建立起了良好的、信任的、安全的专业关系。同时，工作者已经足够警觉到自己的价值判断以及为什么要用特定的健康行为标准去要求当事人。同样，在一个良好的专业关系中，当事人也会对自己的行为做出评价。如果当事人拒绝健康的行为标准，即便是在一个良好的专业关系中，工作者也要用暗示的方法使他觉察，并要注意使用适当的技巧。

学习活动 2－4　如何表达接纳和非评判的态度

请从下面这段对话中，体会工作者如何将接纳和非评判的原则贯穿在辅导中：

当事人是一名性工作者，来到辅导室寻求工作者的帮助。

当事人：我不知道如何说，我担心我讲出我的事你会笑我。

工作者：你讲出来才知道我会不会笑啊（态度亲切，表情平静）。

当事人：我的一位客户爱上了我，希望娶我，但我有很多的担心，担心将来被抛弃，担心被公婆、孩子瞧不起……

如果是你，你会怎样表达你的接纳和非评判的态度？请写在下面：

______

______

______

______

______

在这个案例中，工作者回答："每个人都有选择自己生活方式的权利，你选择这样的工作一定有你不得已的理由，事情的关键是你的选择似乎给你的生活带来了一些困扰，我们一起讨论一下，有什么办法能够减低你的焦虑。"

在上面的对话中，工作者对当事人从事性工作没有做出"道德与不道德"的价值判断，因为评判只能使当事人认为工作者根本无法了解自己，引起当事人的防卫和戒备心理，不利于对话的进行。在上面的案例中，当事人很清楚自己的做法不符合社会认可的道德规范，这也是她苦恼的原因之一，因此评判不仅于事无补，反而会加重当事人的心理负担。工作者的话采取了非评判的态度，体现了对当事人的尊重、理解和接纳。

第三节
当事人的自决

当事人王女士离婚多年，带着女儿一起生活，最近终于找到了一个双方都比较满意的对象，但 15 岁的女儿坚决反对，她自己也开始犹豫，希望工作者就她是否要结束这段关系拿个主意。

当事人小丽有一个男朋友，条件很好，但在两个人相处的过程中，她发现对方有遗传病史，自己的家人坚决不同意两人在一起，小丽希望工作者帮她出主意。

…………

上述个案中的情境是工作者在辅导中常常遇到的问题，当事人希望让工作者来决定他们自己无法决定的事情。工作者应该怎样做呢？

当事人自决是西方社会工作专业中一个非常重要的信念。在社会工作的职业伦理守则中，它一直被作为一个重要的工作原则，如果工作者对当事人这种自由的权利故意加以侵害，就是侵犯了当事人的权利①，违背了专业伦理守则。因此西方一些国家在其社会工作者伦理守则中对此有详细的规定。

资料 2-1

美国社会工作者协会伦理守则（节选）

本守则于 1996 年由美国社会工作者协会会员大会通过，于 1999 年修订。

一、社会工作者对当事人的伦理责任

…………

1.02 自决

社会工作者尊重和推动当事人的自决权，协助当事人努力识别和澄清自己的目

① BIESTEK F P. 个案辅导的专业关系 . 台北：向上社会福利基金会，1977：71.

标。社会工作者按照专业判断，认为当事人的行动或者可能采取的行动对自己或他人构成了严重的、可以预见的、近在咫尺的危险，可能会限制当事人的自决权。

…………

1.14　缺乏决定能力的案主

社会工作者在代表缺乏行为能力的当事人做决定时，应该采取合理的步骤保障当事人的权益。

资料来源：LOEWENBERG F M，DOLGOFF R. 社会工作伦理——实务工作指南．7版．北京：中国人民大学出版社，2005：246，251.

一、什么是当事人自决？

当事人自决，是指在个案工作的过程中，承认当事人有自己选择和决定的权利与需求。因此个案工作者的任务就是尊重当事人的权利，承认他的需要，协助他应用适当的资源和发挥人格潜能，达成自我决定。[①] 这个原则所反映的信念是，当事人有能力成长和改变，并能负责地使用自由。人们如果不能对自己的自由选择负责，就不能真正有道德和负责任。因此实施当事人自决有助于：

（1）表达对当事人的尊重。

（2）发掘当事人成长和改变的潜能。

（3）满足当事人内在的寻求做决定时的相关支持的需求。

工作者坚持当事人自决的原则，除了上述意义之外，也反映了当事人自己的意愿。表面上看，当事人希望工作者给自己拿主意，实际上，当事人是希望工作者对自己的选择做一个评判，并不想放弃自己选择的权利。

权利和责任是联系在一起的，一个人如果要行使选择的权利，必须承担选择后的责任以及相应的后果。一个人责任心的演练是人格成熟的一个途径。

中国有一句俗话，“穷人的孩子早当家”，说的就是穷人家的孩子因为家境的贫寒，过早地承担起养家糊口的责任，因此相比较一般的孩子可能成熟、懂事得早。这句话也说明穷人家的孩子常常有很多演练自决的机会，因此能够使自己很快地成长起来。当事人自决的意义也在于此。

二、如何协助当事人达成自决

社会工作者在协助当事人达成自决时的角色和作用在于：

（一）协助当事人看清楚自己的问题和需要，挖掘当事人的潜能

当我们在与当事人一起经历生命中最困难的阶段的时候，我们采用接纳、尊

① BIESTEK F P. 个案辅导的专业关系．台北：向上社会福利基金会，1977：71.

重、理解和非评判的态度，本着坚信当事人有能力解决自己的问题、有能力对自己的生活做出选择的信念。在工作过程中，工作者的任务是协助当事人慢慢梳理情绪、拓宽思路，协助当事人看到他不曾看到的问题，想到他想不到的方法，使当事人对自己的问题和需要有进一步或者新的认识和了解，增加当事人自我决定的信心。

例如，一位妇女告诉工作者，她昨晚上差一点自杀，因为丈夫和婚外情人不知去向，留下了自己和孩子，她觉得活下去没有意义。

面对这个当事人，你的反应是什么？你怎样运用当事人自决的原则？

如果你不相信人有自己解决问题的潜能，或者你是一个说教型和主导型的工作者，在干预方法上可能就会采取主动，以强者的姿态出现，极力劝说当事人应该珍惜生命，并告诉她生命的价值和意义，等等。如果我们坚信人们有能力对自己的生活做出决定，在干预方法上就不会以强势出现，而是与当事人一起探讨解决问题的方法。我们可能会问当事人：昨晚是什么原因使你打消了那个自杀念头？当事人说，是因为想到了孩子，孩子没了妈的日子简直不可想象。这就是当事人对自己的生活所做的自决，她有能力将自己从自杀的边缘拉回来，尽管她仍有自杀的念头，但我们足以看到她自决的能力。工作者的角色就是进一步协助当事人更加清楚她没有自杀的决定对她的孩子一生的重要性（认识到孩子没了妈妈的艰难：可能被同学们瞧不起，在人面前抬不起头来；可能成为孤儿；等等），肯定她的选择的意义和她的选择对她来说需要的勇气，坚定当事人选择继续生活下去的信心。

（二）协助当事人了解他可以得到的支持性资源

当事人是否能够自决，在一定程度上取决于能否得到足够的资源支持。协助当事人了解和获取可以提供帮助的资源也是协助当事人达成自决的关键因素之一。工作者可能需要用“人在情境中”原则，分析当事人的环境中有什么样的资源可以支持当事人解决他的困难。

当事人王女士是一家国企的普通工人，下岗在家，多年来遭受家庭暴力，一直想与丈夫离婚，但因为自己无房，不得不忍受着丈夫的酗酒、打骂。王女士和孩子过着痛苦的生活，她也常常有死的念头。

工作者详细地了解了情况之后，积极协助当事人寻找一些资源。首先找到当事人的工作单位和房管部门协商，费尽周折给当事人借了一间房子，让当事人暂时搬了出来；然后找到社区教育部门协商解决减免孩子上学的费用；同时为当事人寻找社区内的资源，帮她找到一份工作，暂时解决了经济问题，并提供机会，让她参加社区为下岗女工开办的职业培训。同时，工作者让当事人找到当地的法律援助部门，在离婚的时候争取应有的权益。当事人在这些资源的支持下，很快走出了婚姻，开始了新生活。由此可见，在很多情况下，当事人自决的程度取决于他能够拥有的资源。而工作者如果能为当事人积极寻找和提供资源，在某种程度上就可以帮助当事人尽快地达成自决。

三、当事人自决不是绝对的

除了前文提到的专业伦理守则外，在下列情况下不适合让当事人自决：

- 实施能导致监禁和犯罪的行动。
- 由于虐待儿童，导致丧失儿童监护权。
- 学习离家出走或者习惯性逃学。
- 当事人生理上或者心理上缺乏做决定的能力，如不会游泳的孩子想在游泳池里玩……
- 要求与工作者发生性关系。

当事人自决是有限制的，不是绝对的，作为工作者一定要明白运用当事人自决原则的局限。

四、影响当事人自决的因素

除了上述对当事人自决的限制外，当事人能否自决还受到下述因素的影响。

（一）工作者的因素

一方面，工作者为自己的专业身份和训练所迷惑，认为自己是专家和权威，可以凭借以往的经验担负解决问题的主要责任，将自己对问题的判断和解决问题的建议自觉不自觉地强加给当事人。另一方面，工作者不能对自己的个人特质，如喜欢做主、好为人师等保持警醒，这些都会导致直接或者间接地操纵当事人，让当事人充当附属的角色。因此，在个案工作中，工作者对个人的身份、地位以及个性保持警醒是非常重要的。

（二）当事人的因素

当事人自决仅仅是一个原则。当事人之间千差万别，有老人、小孩、残疾人、认知障碍者等，他们带来的问题也不同，因此，当事人自决的能力也不一样，应用此原则也因不同的当事人而不同。当事人自决原则的真正实行和贯彻，受当事人自己的自决能力、拥有的资源、性格等因素的影响。

例如，一名农村的妇女遭受丈夫虐待数十年，但她无法离婚。如果让当事人自决，她仍然会留在那个受虐的关系中。因为离开婚姻，首先会遭到村民乃至自己娘家的反对，离开丈夫自己将无家可归，连最基本的生活保障都没有，孩子也会被人欺负。如果我们认为离开受虐的关系算是一种自决能力的话，这样的决定并不表明当事人没有自决的能力，而是缺乏自决所需要的资源的支持，如娘家的资源、哥嫂的接纳、她可以得到土地、妇联能为她提供必要的法律以及其他的支持、派出所对其丈夫的行为进行干预、孩子可以减免学费上学……

（三）思想意识和文化的因素

这主要是指社会文化和社会价值观等。比如西方社会中讲求个人的权利，因此很强调个人的自决权利，而中国是一个强调集体主义、“群体文化”的国家，遵循个人对集体无条件的服从[①]，小的时候听父母的、上学了听老师的、工作了听领导的……因此我们从小就缺乏独立自决的意识的训练。一个顺从的、乖巧的人普遍受到欢迎，导致我们缺乏独立自决的意识和这方面能力的培养与发挥，将自己的命运寄托在好皇帝、好领导、好老师、好父母身上，忽视了自己可以主宰自己的命运。这种社会普遍存在的价值观念在某种程度上影响了当事人的自决。

（四）机构的因素

很多社会服务机构，因其性质和所处的位置，限制了当事人发挥自决权。如妇联作为党和政府联系妇女群众的群众组织，一方面受党的领导，因此要代表党的利益，另一方面也要发挥为妇女服务的功能。在实际工作中，两者的利益会出现不一致的情况。如为了完成国家的强调家庭稳定的任务，工作人员常常对一些不利于稳定和家庭和睦的当事人（如遇到婚外恋、家庭暴力的当事人）采用说服和教育的方法，以家庭和睦为前提，牺牲了其中某些人的利益，无法做到让当事人自决。

由此可见，当事人的自决能力受到工作者、当事人本身以及社会文化、机构等诸多因素的限制。当事人自决也是相对意义上的自决，而不是绝对意义上的自决。当事人自决不是神话，受建构主义和后现代主义对社会工作的冲击，叙事治疗等兴起，我们更不能将当事人自决当作绝对的真理。如果与当事人一道工作的过程是一种工作者和当事人双方一起在对话过程中寻找意义的过程，那么当事人的自决仅仅是互动中相对的自决，而不是一种绝对客观的、工作者丝毫没有价值干预的自决。自决仅仅是一个我们致力于追求的目标，因此在应用的过程中，不能一刀切。[②]

学习活动 2－5　如何运用当事人自决的原则

小娟是大学一年级的学生，她非常不喜欢自己的专业，因此开学后就一直到某大学听自己喜欢的专业课而不在本校上课，等发现的时候已经超过了要被学校开除的旷课生的课时界限。小娟自己从没想到会被开除，她的父母听到这个消息后忧心忡忡。家里的经济状况不好，她在亲朋好友面前也无颜以对。被开除后，小娟还能继续再考大学吗？后果怎样？小娟找到学校社工，寻求答案。

请问，当事人自决的原则如何在这个个案中应用？这个原则在此应用有什么限制？请同学们分组讨论。然后将你们的结果与全班同学和老师分享。

---

① 李晶．人情社会：人际关系与自我观的建构．新加坡：八方文化企业公司，2002：38.

② FURLONG M A. Determination and a critical perspective in case work. Qualitative social work，2003（2）.

在让当事人自决时常常会遇到一些难题，请跟同学一起讨论下面的问题。

学习活动 2-6　分组讨论当事人自决中的两难问题

案例 1：有一个中学生产生了厌学情绪，任凭父母和老师怎样教导都无法把他重新拉回到教室。在这种情况下能否实行当事人自决的原则？为什么？

案例 2：78 岁的王老先生双腿已经不能行走，需要有人照顾，他和唯一的儿子住在一起。他有两个孙子，其中一个先天残疾，需要全力照顾。儿子、儿媳工作繁忙，家里只有一套旧式的两居室，无法安置保姆。他们商量将老人送到养老院，老人坚决不同意。儿子找到社工，希望说服老人。对社工来说，谁是当事人？如何贯彻自决原则？让老人自决还是儿子自决？

五、对当事人自决原则的讨论

当事人自决的原则基于西方社会个人权利神圣不可侵犯的社会价值观，与现代社会的意识形态——个人主义和自由主义两种价值理念相吻合。工作者采用“当事人自决”表面上表明了工作者价值中立或者抽离，实际上则表现了对这一社会价值观的坚守。作为社会工作专业坚守的一个职业价值观，你必须清楚了解应用这一原则的限制。

（一）工作者强烈的价值介入和当事人自决的权利①

实证的社会工作强调尊重当事人自决的权利，以显示社会工作者是采取一种没有价值介入的抽离的态度，即用科学的、客观的事实解释当事人的问题，充当中介开展工作，这是实证社会工作的一个理想的实践模式。但也有一些另类的社会工作者认为社会工作实践过程是一个道德实践的过程。它包含两层含义：第一，从事社会工作的时候本身要处理道德层面的问题；第二，社会工作本身就是一种道德行为。在后一层里，暗含的意思就是社会工作者在从事社会工作实务时，也是在从事道德判断、道德实践或道德的介入。也就是说社会工作者要从自己的角度，对受助者的处境做主观的价值判断。因为你对当事人任何事情的判断都带着自己的价值观，如果没有这个价值观，你就无法和当事人进行沟通，无法进入当事人生活的世界。也就是工作者在社会工作过程中带有强烈的价值介入。

价值介入和当事人自决之间是否有矛盾呢？另类的社会工作者认为，没有纯粹意义上的当事人自决。如果社会工作的过程是一个对话建构的过程，那么当事人自决也一定是工作者和当事人一起对话和建构的结果，因此绝不是如实证社会工作观那般客观。问题是当工作者和当事人的价值发生冲突的时候，该按照谁的标准呢？实证的社会工作一定认为应以当事人的立场为主，但是另类的社会工作模式认为这一切都凸显

① 阮新邦．强烈价值介入论视野下的社会工作实践．社会理论学报，2003（2）．

在对话中。

(二) 父权文化和当事人自决的权利[①]

在社会工作文献中，对当事人自决权利的讨论有很多，绝大多数坚决主张尊重当事人的自决权利，但也在少数情况下认为不尊重当事人的自决权利是适当的，这种情况发生在社会工作者认为当事人自决是为了当事人“自己的好处”。如当医生诊断一位老人癌症到了晚期的时候，老人的女儿不愿意医疗社工和医生把真相告诉老人，怕老人受不了这个打击。但社会工作者认为当事人应该有权知道自己的病情。你发现他们都是为老人着想，但以谁为准呢？当事人自决权利中的父权文化在此时就表现出来，表现在社会工作者必须决定是否为了当事人的利益而干涉当事人的权利。它以三种形式存在：第一种，当社会工作者为了当事人的利益而对当事人保留资讯被认为是可被理解的，包含了像上述案例中工作者认为对当事人有伤害性的讯息时，如某些诊断结果、有关心理状态的资料等。第二种形式包含为了当事人的利益对当事人说谎，工作者在回应当事人的疑虑的时候，故意给予当事人有关他们生活的错误的讯息，如出于不忍，告诉被遗弃的儿童他的父母仍然爱他。第三种形式包含着社会工作者为了当事人的利益，违背当事人的意愿而有身体上的强制措施，如强迫个人接受药物治疗或违背当事人的意愿让其迁入庇护所等。

对上述争论的回应有两派不同的观点，一派认为至少有一些欺骗或者强制性措施对当事人远离伤害是必要的，另一派则认为当事人有权利设定和追求自己的目标、去冒险、做可能是犯错误的事。这种争议的核心仍然是如何看待对当事人自决权利的尊重和限制。所谓父权主义的行动是“某人以为了保护或者促进某个主体的福祉的理由，试图或成功地强迫个人的行动或状态”，也被道德哲学家定义为“包括妨碍个人获得与其生活相关的正确的与真实的资讯的权利”。依从这种观点，父权主义是“干预个人行动或资讯的自由，或故意传播不正确的消息，其理由是干预或者传播不实是为了该被干涉者或者被提供不实消息者的利益”，以此说明威迫或者介入都是以“为了被威胁或者被干预者的利益”来取得合理性。

问题不在于父权主义要不要或者好不好，而是除非社会工作者有充分或强有力的证据显示当事人可能有伤害自己的危险，否则当事人不应为父权主义所干预。同样地，病人有权利知道他们的诊断结果，无家可归者有权利拒绝住进庇护所，只要他们是在知情的情况下自愿做出这样的决定，且明确知道可能的后果。如果当事人缺乏心理能力或是有可能用某些方法严重伤害自己，强制性干预才是有理由被接受的。

当然，上述讨论是基于西方社会的情况和西方社会工作专业的发展状况，父权主义和当事人自决如何在中国大陆的情境下具体应用，有待探索。总之在中国的具体情境下应采取谨慎的态度。

---

① REAMER F G. 社会工作价值与伦理．台北：洪叶文化事业有限公司，2000：152－158.

第四节
保　密

社会工作由于工作的性质所需，常常会涉及个人的隐私和秘密，当事人之所以容许工作者了解和知道自己的隐私，是因为他们希望工作者能够解决自己的问题，也可能是因为他们与工作者建立了良好的专业关系。因此，他们也非常希望工作者能够为其保密。保密不仅被列入了工作者的专业伦理守则，同时也是与当事人发展和保持良好专业关系的一个基本要素。

资料 2－2

美国社会工作者协会伦理守则（节选）

本守则于 1996 年由美国社会工作者协会会员大会通过，于 1999 年修订。

一、社会工作者对当事人的伦理责任

…………

1.07　隐私和保密

(a) 社会工作者应尊重当事人的隐私权。社会工作者不应向当事人求取隐私资料，除非这类资料对提供服务或者是从事社会工作评估或研究十分重要。一旦获取隐私资料，必须按照保密规定加以对待。

(b) 社会工作者在征得当事人或当事人的法定代理人的有效许可后，在适当的时候可以披露机密资料。

(c) 除非是有迫不得已的专业上的理由，社会工作者应保护好在提供专业服务的过程中获得的所有机密资料。一般来说，当披露资料可以防止给当事人或其他可以确定的人造成严重的、可以预见的、近在咫尺的伤害时，社会工作者可以打破保密限制。在任何情况下，社会工作者必须披露机密资料时都要尽量使披露的程度降至最低；应只披露那些直接与目的相关的资料。

(d) 可行的话，在披露机密资料前，社会工作者应尽可能告知当事人会披露到何种程度，以及披露可能会带来的后果。不管是社会工作者依法披露机密资料，还是在当事人许可的情况下披露机密资料，这一原则都适用。

(e) 社会工作者应同当事人和其他有利害关系的各方讨论保密的性质和当事人保密权的限度。社会工作者应和当事人一起查看可能被要求提供机密资料的情况以及依法可能要披露机密资料的情形。这些工作应在工作者与当事人建立服务关系后尽早进行，并有必要贯穿在整个服务关系中。

(f) 社会工作者在向配偶、家庭或其他群体提供辅导服务的时候，应让有关各方在个人隐私权和保护他人隐私权方面达成一致意见。社会工作者应该告知参加家庭、配偶或小组辅导的人，社会工作者不能担保所有参加者都不泄密。

(g) 社会工作者应告知接受家庭、配偶、婚姻或小组辅导的当事人自己的雇主和机构的有关向参与各方披露隐私资料的原则和政策。

(h) 除非得到当事人的授权，否则社会工作者不得向付费的第三方披露当事人的隐私资料。

(i) 除非当事人的隐私有保障，否则社会工作者不得在任何场合讨论机密资料。社会工作者不得在诸如走廊、休息室、电梯和餐馆等公共或半公共场所谈论机密资料。

(j) 在司法程序中，社会工作者应在法律许可的范围内保护当事人的隐私。当法庭或其他有法律授权的单位指令社会工作者在未经当事人授权的情况下披露隐私资料，而披露资料会给当事人造成伤害时，社会工作者应请求法庭撤销指令，或让指令要求披露的资料尽可能缩小范围，或封存记录，让公众不可以查看。

(k) 社会工作者在回答媒体的质询时应保护当事人的隐私。

(l) 社会工作者应保护当事人的书面和电子记录以及其他敏感性资料。社会工作者应采取合理步骤保证当事人的记录被存放在安全的地方，并防止其他未经授权的人接触到这些资料。

(m) 社会工作者应采取防范措施确保在使用计算机、电子邮件、传真机、电话和录音电话以及其他电子或计算机技术向其他方传送机密资料时不泄露当事人的隐私。任何时候都应尽可能避免暴露当事人的身份资料。

(n) 在传递和处置当事人的记录时，社会工作者应保护当事人的隐私，并符合本州的档案管理规定和社会工作执照的管理要求。

(o) 社会工作者应采取合理的防范措施以便在出现社会工作者终止工作、失去工作能力或死亡的情况时，能保护当事人的隐私。

(p) 未经当事人授权，社会工作者在教学或培训的讨论中，不得泄露当事人的身份资料。

(q) 除非当事人准许或有迫不得已的理由，社会工作者在向人咨询时不得泄露当事人的身份资料。

(r) 社会工作者应依照上述标准保护已故当事人的隐私。

资料来源：LOEWENBERG F M，DOLGOFF R. 社会工作伦理——实务工作指南 . 7 版 . 北京：中国人民大学出版社，2005：246，251.

一、保密的含义

保密就是保守当事人在专业关系中透露的机密信息。保密是尊重当事人权利的体现，同时也是工作者要遵守的职业伦理，更是个案工作富有成效的一个必不可少的条件。

秘密分为三种：第一种是天生的机密信息，是一种资料，泄露这些机密信息个人就会受到损害。或许亲朋好友都知晓，或者专业人员通过非专业的关系也知晓，但是绝对要保证保守这个秘密，即便工作者从非专业的途径已经知道了这个秘密。第二种是约定的机密，即别人知道了你的秘密，保证不会泄露。第三种是信托的机密，即经过沟通之后，别人知道了你的秘密，双方达成一种默契，保证不会泄露，社会工作中的保密就是指这种信托的机密。①

每个人都有权利保守其秘密，除非愿意与别人分享。因此保守秘密不仅是其表面上的意义，更重要的是对人权的尊重。如果未经过别人的同意而泄露秘密，即便没有对别人造成伤害，也是一种偷窃行为。

二、如何做到保密？

以下是工作者应该遵照执行的四个通常的保密规定②：

（1）工作者与别人分享当事人秘密的前提是有一些强制性的理由。

例如：未成年的少女怀孕，如何堕胎？必须与其家人取得联系，否则当事人将会有生命危险等。

（2）工作者应该告诉当事人，在某些条件下，保密是受到限制的。

保守秘密不仅是工作者个人的事情，而且是整个机构的原则。在有些情况下，工作者要让当事人了解到，解决当事人的问题有些时候需要其他工作人员和机构的配合，因此不将当事人的秘密与其他工作人员分享就无法为当事人提供有效的服务。尽管如此，每一个人仍要保守秘密，遵守原则。

（3）工作者如果要记录、录音、录像或让第三者观察，必须征得当事人的同意。

有些时候，有些工作者把录音、录像和记录等作为提高服务效果的辅助手段（有时也为了进行研究）。但这些必须在征得当事人的同意之后进行，并向当事人解释清楚用途。即便当事人同意进行录音、录像等，也要遵守保密的原则，尽量不用当事人的真实姓名，对图像做一些处理，等等。

（4）工作者要保证不在不适当的场合泄露或者与不相干的人讨论当事人的资料。

除了在前面所说的情况下可以透露秘密外，工作者要保证不在任何无关的场合谈论当事人的秘密，包括跟工作者自己的家人谈论，因为当事人没有给你这样的授权。

三、保密与工作机构

保密不仅涉及工作者和当事人，更涉及工作者所在的机构，因为工作者仅仅是机构的代理人，或者当事人有些秘密不让机构了解就不能解决问题，在这种情况下如何执行保密的原则呢？

当然，工作者首先要清晰地告诉当事人有些秘密必须让机构的人知道，一起商量

---

① BIESTEK F P. 个案辅导的专业关系．台北：向上社会福利基金会，1977：91.

② 秦炳杰，陈沃聪，钟剑华．社会工作基础理论．香港：香港理工大学应用社会科学系，2002：7C.

才能解决问题，让当事人事先有思想准备，选择是否透露自己的秘密。如果当事人不希望将自己的秘密记录下来，工作者要尊重当事人的选择。当然更重要的是机构的所有工作人员都要遵守保密的原则，同时也要制定相应的规范，避免将当事人的秘密披露出去。至于在什么情况下可以将秘密向机构以外的解决当事人的问题必须涉及的机构披露，除了制定规定外，还要征求当事人的意见。

四、保密权利的限制

保守当事人的秘密是不容置疑、应该遵守的原则，但在实际的社会工作中常常有些冲突，限制了保密权利的行使，这些情况包括：当事人的秘密涉及别人的权利，与工作者的权利相冲突，对当事人的保密涉及机构的利益，与更大的社会权利相冲突，等等。

当我们保护当事人的秘密便会伤害到无辜人的利益，伤害到工作者自己、机构以及社会的权利的时候，我们要重新考量两者之间的利益和关系。我们既不能绝对保护当事人的利益，也不能绝对保护工作者、机构或者社会的权利，而是除非个人、机构、社会的权利受到明显的破坏，否则都以当事人的权利为主。①

资料 2－3

Vasquez 整理美国各州“保密的例外”

1. 当案主会危害自己或他人时。
2. 当案主放弃沟通的权利时。
3. 当案主未成年而治疗者合理地怀疑其遭受凌虐时。
4. 当治疗者相信年老或无行为能力的案主遭受身体虐待时。
5. 当案主控诉治疗者未尽职责时。
6. 当案主涉及法院审理而案主同意公开记录时。
7. 所有的限制都必须在治疗之初就告知案主。

资料来源：CORMIER S，CORMIER B. 助人者的晤谈策略：上．台北：心理出版社，2000：49.

学习活动 2－7　案例讨论：如何保密？

有一家报纸报道了这样一件事：弟弟赵某是某大学的学生，从很穷困的农村考出来，家境十分贫寒。其哥哥学习也同样优秀，但为了弟弟和一家的生计，放弃了学业，到城市打工挣钱供弟弟读书，非常辛苦。兄弟情深，赵某潜心学习准备将来报答哥哥。有一天，学校保卫科和系领导找到他，要他说出哥哥现在的联络方式，或者一旦哥哥打电话给他就立刻报告保卫科，因为哥哥涉嫌一起抢劫案，正在被通缉。听到

① BIESTEK F P. 个案辅导的专业关系．台北：向上社会福利基金会，1977：96.

这个消息，赵某如五雷轰顶，不知所措，虽明白自己应该配合公安机关尽法律上的责任，但自己又如何忍心出卖辛苦供自己读书的哥哥？此时赵某找到社会工作者小惠，对小惠说出了一切，小惠应如何去做？是替当事人保密还是遵守法律？假如你是一名社会工作者，你会怎么做？

分组讨论，然后大组分享。

第五节
小　结

本章主要向你介绍了个案工作的基本原则，这些原则是个案工作哲学思想和价值观的具体体现。它们告诉你，个案工作者在工作的过程中，首先要遵守“人在情境中”的工作原则，因为人的问题的产生和改变都是与情境互动的结果。为了与当事人建立安全信任的专业关系，保证服务的有效性，你不能用评判的态度对待当事人。我们所要做的就是无条件地接纳当事人，包括接纳他的优点、缺点，他与工作者相投或不相投的本质，他或积极或消极的情绪，他或建设性或破坏性的态度和行动，保证尊重当事人天赋的尊严和价值。当然，无条件的接纳并不等于认同和赞同，非评判的态度也不是说不做任何评价，也不等同于不关心社会道德和法律。工作者本身就要做好社会、道德、法律之间的联结工作，在法律和社会中协调个人。非评判仅仅是说我们不做道德和有罪无罪的评判。但是在一个非常安全的专业关系中，我们可以对当事人的行为做出评价，目的是降低当事人的自我防卫机制，让当事人袒露心声，有助于其问题的解决。很多时候，工作者对人类知识和行为的常识了解不足，加上自己的偏见、成见和一些自己都无法接纳的事情，导致了接纳上的障碍。

你要坚持当事人自决的原则，因为只有经过自决的训练，当事人才可以真正对自己的人生负责，才可以真正地成长。当事人自决也不是绝对的，因为它受到来自当事人自己、工作者、机构、社会价值观等诸多因素的影响，因此没有绝对的当事人自决。

你要为当事人在服务过程中袒露的隐私保密，这不仅是社会工作者的职业道德的规定，而且更重要的是对当事人权利的尊重和尊严的维护。同样，对隐私的保密也有其限制，在有些情况下不能完全做到，但无论如何你要遵守保密的原则。

本章要点

1. “人在情境中”的概念
2. 接纳与非评判原则
3. 当事人自决原则
4. 保密原则

基本概念

人在情境中　接纳与非评判　当事人自决　保密

复习思考题

1. 查阅资料，谈谈“人在情境中”和女性主义“个人的即政治的”所说的道理有什么异同之处。

2. 你对接纳不等于认同和赞同这句话怎样理解？试举一例说明。

3. 非评判的态度是否意味着我们没有了是非的标准？

4. 当事人自决原则在中国文化下应用会有什么样的障碍？

5. 如何权衡保密的两难问题？

推荐阅读书目

1. 潘淑满．社会个案工作．台北：心理出版社，2000.

2. 叶楚生．社会工作概论．台北：同泰印刷局，1986.

3. BIESTEK F P. 个案辅导的专业关系．台北：向上社会福利基金会，1977.

4. REAMER F G. 社会工作价值与伦理．台北：洪叶文化事业有限公司，2000.

5. LOEWENBERG F M，DOLGOFF R. 社会工作伦理——实务工作指南．7 版．北京：中国人民大学出版社，2005.

第三章 个案工作者

本章概要

学过本章，你将了解到个案工作成效的关键在于工作者本身的素质修养。工作者自身就是工作手段之一。在整个的助人过程中，影响当事人朝着正面方向改变的最有力的来源是工作者生动的示范作用。因此你可能也会更深刻地感受到助人历程是“生命影响生命”的历程。如果工作者自己对生命没有一定的把握，就不能做影响别人生命的工作，以免给当事人带来不良的影响。

第一节 你了解自己吗？

你是否想过为什么要选择社会工作专业？当你了解到社会工作是一门助人的专业后，你是否想过自己要从事这个职业？你喜欢或不喜欢这个专业的理由是什么？它们是否与你的成长经历有关？你愿意听同学给你提的意见并能正确对待吗？当你有心理困扰的时候是否会去找心理辅导员？当你与同学发生冲突的时候你的态度是怎样的？你会逃避还是勇敢面对？……

作为一个个案工作者，你无法逃避回答上述问题，因为个案工作过程是一个“生命影响生命”的过程，是一种亲密的学习方式，是一个带入个人特质和自身经验的过程。因此，这要求你乐于退下刻板化的角色，以你真实的面目出现在助人关系中，在这种真实的人与人的关系中让当事人得到成长。如果你把自己藏在专家角色的后面，当事人也会隐藏起来；你逃避的问题也许是当事人要逃避的问题。如果我们仅仅以技术专家的面目出现，而把自己的反应、价值观、自我放在治疗关系之外，那么，这是一种贫乏的助人关系。只有一个活生生的、散发着生命光辉的人，以真实的面貌呈现在当事人面前，对当事人来说才是最佳的启示。作为一个个案工作者，你要明白，工作者本身也是助人关系中一个关键性的变项，因此工作者本身的素质修养显得更加重要和关键。

一、成功的个案工作者的人格特质

(一) 什么是人格特质?

“人格”一词在心理学中的广泛应用要追溯到 20 世纪 30 年代，当时主要作为“性格”（character）的替代概念而出现。因为在西方语境中，“性格”带有道德评价方面的含义，而“人格”则显得更为中性（这一点与中文语境正好相反）。心理学中有许多不同的理论来描述和研究人格，它们的出发点各不相同，解释的现象也有异，有的侧重人格的结构，有的则关注人格发展。每一种理论都诠释与涵盖了人格的一部分，合并起来便会使我们对此有更加深入与完整的理解，而人格特质理论就是其中之一。

人格特质理论早期的代表人物是美国著名心理学家奥尔波特，他在 1929 年第九届国际心理学大会上发表的《什么是人格特质》一文，正式提出将特质作为人格的基本单元。1937 年，他出版了人格心理学领域的经典名著《人格，心理学的解释》，主张从综合的角度研究人，并提出一个包含了 21 个项目，涵盖身体状况、智力、气质、表现力、态度等多个方面的“心志”（photograph）概念。

另一位学者 R. B. 卡特尔[①]认为，人格特质是在不同情境中表现出来的稳定而一致的行为倾向。人格特质是人格结构的基本单元，通过分析人格特质的特点，可揭示个体的人格结构。卡特尔根据人格特质的独特性，将人格特质区分为独特特质和共同特质。前者是个体所特有的人格特质，后者是许多人（同一群体或阶级的人）所共有的人格特质。

卡特尔认为，每个人都具有 16 种根源特质：乐群性、聪慧性、情绪稳定性、恃强性、兴奋性、恒定性、敢为性、敏感性、怀疑性、幻想性、世故性、忧虑性、激进性、独立性、自律性、紧张性。但是，每个人的人格特质存在一定的量的差异。正是这种量的差异，才使个体之间表现出人格结构上的差异。

总括上述对人格特质的理解，我们认为人格特质就是指个人在其先天的基础上，经过后天社会化，在成长过程中形成的一些人格方面特殊的品质。这些特质在不同的时间和情境中都保持某种行为形式和一致性。

(二) 人格特质的表现形式

不同的学者对个案工作者的特质有不同的研究，我们总结了杰拉尔德·科里[②]以及伊根[③]关于特质的研究，具体如下：

(1) 认同自己的身份。他们知道自己是谁，有什么样的能力，希望自己从生活中获得什么，自己重视什么，自己适合做什么；不会用别人的眼光抬高自己或者贬低自

---

① 黄希庭．人格心理学．杭州：浙江教育出版社，2002：202.

② COREY G. 咨商与心理治疗的理论与实务．台北：扬智文化事业股份有限公司，1999：22－24.

③ 林孟平．辅导与心理治疗．11 版．香港：商务印书馆，2003：55－56.

己，会依照自己内心的标准衡量自己。

（2）尊重自己和接纳自己。他们不会妄自菲薄，也不会孤芳自赏，懂得自己的价值和力量，认识到人的局限性因而不会苛求自己完美，完全可以接纳自己的优点以及缺点，不会用自己的强大显示别人的弱小，能意识到自己也需要别人的帮助。

（3）积极面对自己的成长，乐于改变。他们决不会墨守成规、一成不变，他们会积极进取、勇于改变，善于接受新鲜事物，不断地承认自己的不足。这种成长包括知识、社会、精神、情绪等多层面。他们不怕犯错误，也不会背负太多的罪恶感，但会从错误中学习。他们也不会逃避自己生命中的问题，会做不断前进的人。

（4）注意身体的健康，以便有旺盛的精力来生活和工作。他们深深知道身体是革命的本钱的道理，保持健康的身体一方面表现了工作者一种积极的心态，另一方面也能保证他们精力充沛地为当事人提供服务。当事人面对一个充满活力和精力的工作者，或许本身就能感受到一种力量或被感染。

（5）有一定的社会生活能力及常识，能够对当事人的生活表达同理心。毋庸置疑，工作者丰富的生活经历和阅历是理解当事人以及他所带来的问题的一种有效的工具，但对新手来说的确是一大挑战和困难。关键在于工作者要有善于不断体验生活和观察生活的心态和行动，不仅善于从自己的生活中，而且更重要的是能从别人的生活中积累经验，只有这样才能多一些对当事人的理解。

（6）他们尊重当事人，不会评判他们，相信当事人有潜在的动力和资源可以帮助自己有效地生活。这是工作者最基本的价值信念。他们会无条件地接纳当事人，相信当事人的潜能并能协助当事人挖掘潜能，让当事人看到自己的能力和对自己充满信心。将当事人本身看成一种资源并有效地利用。

（7）他们很实在、真挚诚恳，如果需要，乐于袒露自己，不会躲在面具后面扮演一个空洞的、防卫的、专家的角色。

（8）他们很喜欢与人相处，也不害怕走进别人的生命和他们一起面对生命中的艰难。

（9）他们通常活在现在。他们既不懊悔过去，也不憧憬未来，而是感受现在、活在当下。

（10）他们重视文化对自己的影响，所以会尊重其他文化孕育出来的各种价值观，并且对不同的社会阶级、种族、性别所造成的差异保持敏感。

（11）他们能够真诚地关怀别人的幸福。此种关怀来自对别人的尊重、在意、信任以及真正的重视。

（12）他们不会靠帮助别人满足自己的需求，而是会很珍惜和尊重自己的这份权利。

（13）他们很喜欢这份工作，并投入其中，将它作为自己的理想和事业。他们不是工作的奴隶，不会把工作视为全部的生活，不会将工作带到个人的生活领域中，也知道如何说“不”，使他们的生活保持平衡。

上述对工作者特质的描述，是一种理想状态，谁也不可能拥有全部的特质。我们用一个连续光谱的角度来看待每项特质，光谱的一头有些特质非常符合你自己的情况，另一头则非常不符合你自己的情况，你可以经过学习达到另一端。比如，你自己从来都不会说“不”，常常委屈自己做很多事，经过一段时间的训练之后，你可以说“不”了，这样你就在从光谱的一端向另一端前进。以上所列出的特质仅仅给你提供了一个努力的方向，你应该发展出能与自我相融合的专业自我和适合个人特质的助人风格（见表 3-1）。

表 3-1　　不同学者对个案工作者应该具备的特质的探讨

Combs、Avila 和 Purkey	Brammer	D. W. Gohnson
认为个案工作者对人有积极的看法和信念，他们将人视为： ● 有能力的； ● 友善的； ● 有价值的； ● 有内驱力的； ● 可以依靠的； ● 有助益的。	认为个案工作者的个性应当包括： ● 自我和价值观的省察； ● 文化经验的省察； ● 分析自己的感受和能力； ● 作为榜样和施加影响的人的能力； ● 利他主义； ● 强烈的道德感和责任感。	认为个案工作者应当具备： ● 自我剖白的能力； ● 信任的能力； ● 沟通的技巧； ● 表达感受的能力； ● 接纳自我和他人的能力； ● 建设性地与他人对质的能力； ● 强化和示范适当的行为的能力。

资料来源：秦炳杰，陈沃聪，钟剑华．社会工作实践——基础理论．香港：香港理工大学应用社会科学系，2002：136-138.

二、工作者的自我了解

有人说社会工作者拥有的最重要的工具就是自己。要有技术地、自如地应用这个工具，要求工作者必须有清晰的自我认识。

我们每一个人对自己都有一种看法，即认为自己是个怎样的人，并会对自己产生喜欢或厌恶的感受，会对自己有所评价……这种自己对自己的整体看法和认识被称为自我认识，自我认识的一个重要来源是别人对自己的评价。

我们将个案工作者称为“职业聊天师”，沟通是我们开展工作的重要的、不可缺少的工具。而自我认识在很大程度上会影响沟通。一个自我认识负面、消极的人，对自己缺乏信心，不敢自我肯定，在与别人的沟通中就表现得退缩、消极和犹豫，在与别人正式接触之前，心中就有很多的担心、害怕，认为自己不怎么样，害怕别人不喜欢与自己交往，害怕会得罪对方，等等。相反地，一个自我认识正面、积极的人，对自己有恰当的认识，能自我肯定，在与别人的沟通中比较自在，可以真诚地表达自己，也比较能够宽容、体谅对方……

（一）个人是情感、思想和行动互动的系统

如图 3-1 所示，个人是情感、思想和行动互动的系统。

情感、思想和行动是我们了解自己的三个方面。情感，包含着价值观、同理心、态度、意义、道德规则和偏见等。思想，包含着知识、信念、哲学观念和成规等。行动，包括技巧、行为、生活方式和歧视等。这三个方面相互联系并发生作用，因此其关系是循环的而不是线性的，一方面的变化必然会影响到其他两方面。比如在一段朋

友关系中，如果你对一个朋友感到生气，你们的情感就会发生变化，至少在那一会儿，你可能会想这个人不再是你的朋友，随之也带来你的行动的改变，你可能会避免和这个人接触。

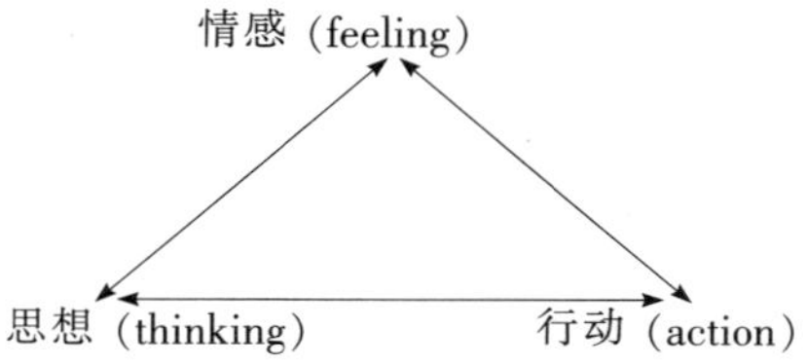

图 3-1　个人是一个情感、思想和行动互动的系统[①]

将偏见放在情感里面，主要是指偏见是一种在朝向一些与自己观点不一致的人时的态度。刻板化则指一种对不同的人群带着偏见的态度和先入为主的思想。歧视则是一种建立在偏见和刻板化基础上的行动。当歧视变成社会制度时，压迫就产生了。

工作者就处在这个系统中，了解一个人的情感、思想、行动系统不仅能够更好地了解自己，同时也能更好地了解当事人、社会环境以及它们之间的互动，能更好地推动改变。

学习活动 3-1　了解自己的情感、思想和行动系统

举出你生活中发生的一件事情，试用图 3-1 所示的三个方面进行分析。

（二）自我认识和个人的成长经历

个人成长经历中带给个人的冲击和影响是了解自我的一个重要的方面。你对自己的认知不是天生的，而是在成长过程中与别人互动得来的，你依据别人的认识、评价、反应、回馈等来认识自己和评价自己。[②] 尤其是你生命中重要的他人，如父母、老师、配偶、上司、朋友等，对你自我概念的形成更具有意义。因为他们的评价是你了解自己的镜子，你没有其他的方式可以了解自己，所以你接受、信任你身边的人给予的正面或者负面的评价。

很多性别研究显示，由于男孩和女孩在其社会化过程中受到的对待不同，因此成长经历也不同。如农村的女学生明显感受到男孩和女孩所受的对待不同：男孩可以上学、不干活、吃家里最好吃的，父母、爷爷等对他关爱有加，和颜悦色；女孩则不同，很多好事得先让着兄弟，自己要承担很多的活计，大家对她的态度不太好……加上社会对男孩和女孩不同的要求和评价，导致男女不同的自我认识，女孩自卑、自我评价低、自信心不足，男孩的自信心则相对比女孩高很多。[③]

---

① JOHNSON L C. Social work practice: a generalist approach. New York: Pearson Education, Inc., 2004.

② 黄惠惠. 自我与人际关系. 台北：张老师文化事业股份有限公司，1997：43.

③ LOTT B. 女性心理学. 台北：五南图书出版公司，1996.

一般情况下，你并不会自觉地将自我认识、为人处世与自己的成长经历拉上关系，但这一点非常重要，对成长的反思意义在于你可以重新去认识自己，认识到过往经历对自己的影响，意识到自我概念是通过学习得到的，也可以通过再次的学习加以改变，这样对你现在做人做事会有指导意义。希望下面的学习活动可以帮助你进行自我认识。

学习活动 3－2　假如我是……

1. 假如我是一种动物，我希望是__________因为__________。
2. 假如我是一朵花，我希望是__________因为__________。
3. 假如我是一棵树，我希望是__________因为__________。
4. 假如我是一种食物，我希望是__________因为__________。
5. 假如我是一种交通工具，我希望是__________因为__________。
6. 假如我是一个电视节目，我希望是__________因为__________。
7. 假如我是一部电影，我希望是__________因为__________。

…………

请和同学们分享。你是否以前从来没有用这样的方法想过自己？感受如何？

____

____

请接着做下面这个活动，它会进一步帮助你获得自我认识。

学习活动 3－3　自我认识

画一棵生命树，一次画成，不要再做修改，自己对它做一个解释。为什么你的生命树是这样的？如果有时间也和老师以及同学们分享。

家庭是一个人社会化的最初场所。社会工作者认为家庭对个人在社会、心理甚至生理上有深入的影响。家庭和孩童时的经验显著地影响一个人的态度、信仰、价值观、人格特质及行为模式。作为社会工作者的你要敏锐地觉知你的原生家庭如何影响你，这种影响可能自觉或者不自觉地在与当事人工作的过程中表现出来。请你在老师的指导下画出你的家庭生态图。

学习活动 3－4　家庭生态图

家庭生态图是帮助你了解自己的方法之一。用一张空白的纸，将你家中的三个世代画出来。如果可能，内容包括祖父母、父母以及你自己和你的兄弟姐妹，或者在你的家庭中与你密切相关的人。从记忆中搜寻在家庭中经历的重要的事件，如成员出生、患病、死亡、结婚、离婚、分居、分家、毕业、服役、住院、搬家、受伤、升迁、罢免等，你不记得的事情就用问号表示。对家庭中你认为重要的人物做一下人格特质的描述，并描述家庭成员之间的关系。

画完之后，请回答下列问题：

（1）家中每个成员认为你在家中扮演什么角色？（英雄、替罪羊、调解者、无名者……）

（2）家中成员如何表达他们的喜好？而现在，你又如何表达你的喜好？

（3）家中成员如何向家中其他人寻求帮助或支持？向谁寻求？而现在当你需要帮助的时候，你如何寻求帮助？向谁寻求？

（4）家中成员如何表达他们的愤怒？其他情绪（如悲伤、恐惧、快乐）的表达又如何？你又是如何表达这些情绪的？

（5）家中的成员（特别是小孩）如何在家中获得教育、教导和训练？而谁来执行这些社会化功能？现在，你又是如何来影响其他人的？

（6）举出你家庭中正面或者负面的事件（五件以上）。这些事件如何影响你？哪些是你现在不希望学到的？现在有哪些新学到的经验会让你想到这些重要的事件？

（7）你对于理想家庭的概念是什么？它与你实际的家庭经验比起来又如何？

（8）你的童年及家庭生活如何影响你现在选择社会工作专业的学习和实践？

资料来源：COURNOYER B. 社会工作实务手册．台北：洪叶文化事业有限公司，1997.

通过上述学习活动，你是否对自己有了一些清晰的了解？

自我认识是一个终身的历程，身为社会工作者须尽可能地认识自我，同时尽可能降低对当事人的伤害。自我认识活动可能会带来因自我披露而产生的一些危机，但可以让自己察觉自己长期以来的缺点。自我认识是随着人的长大和改变而改变的，不是一成不变的。如果你的环境或者身份等发生了改变，但不利于你发展的自我认识不发生改变，就会出现自我防卫机制①。比如，在高中阶段你是学校的尖子生，处处受老师、同学的另眼看待，被认为是班上最优秀的学生之一。到了大学，同班同学个个都是尖子生，你的学习成绩显不出好，甚至有人说你笨（可能说你分析问题的能力不强等），你的内心十分不安，但你表现出孤傲的态度，这实际上就是一种自我防卫机制，你不能接受或者放弃以前同学和老师对你的评价。因此，尽管自我认识拒绝改变的趋势很强，但健康的或者正向的自我认识是有弹性的，应该随着环境的变化不断地调整和改变。

（三）你自己的生活方式和生活哲学是什么？

遗传、生活经验和环境的不同导致了人与人之间的不同，也影响到人们的生活方式和处理问题能力的不同。如一些人擅长逻辑思维且有很好的管理能力，有些人热情友善，有些人善于操作，等等。生活方式是一种人们处理自己的需要和与其他人互动、工作的形式，是玩和休息的一种方式。你不仅要描述你的生活方式，而且更重要的是要了解为什么会选择和喜欢这样的生活方式。

生活方式受生活哲学的影响，一个人的生活哲学包括对这个世界和人们以及人们

---

①　黄惠惠．自我与人际关系．台北：张老师文化事业股份有限公司，1997.

的生活的信念。要界定个人的生活哲学，必须问诸如人性是善的还是恶的、男人和女人的关系到底是怎样的、什么时候依赖于其他人是可以接受的等问题，这些生活哲学影响着我们的情感、思想和行动。生活哲学取决于我们所受的教导和拥有的信仰，也受到文化和家庭的影响。生活哲学因我们的成长和获得新经验而不断地改变。

(四) 你清楚自己的价值观吗？——个人的价值观与工作

在北京遭遇“非典”的时期，为了避免被传染，各高校采取封校措施，不容许学生外出。一些校园顿时出现了两种意见：一些学生坚决要求校方让自己离校回家，认为在危难的时候应该与父母在一起；另一些学生则认为不应该给父母添麻烦，而应该与同学们在一起。

一个大学生为了救一个落入粪坑的老大爷而牺牲了，你觉得谁的生命更有价值？该不该救？有人说自己要有救人的能力才可以救人，有人说无论怎样都应该舍身救人……你怎样看？

…………

我们在日常生活中总会碰到需要选择的事情，而个人的价值观在这时扮演着重要的角色。每个人都有一套自己的人生态度和人生目的，我们会认为自己重视的东西是宝贵的、上好的，自然也希望与别人分享。在我们对当事人进行辅导的过程中，因为关心当事人的成长，就希望他们也能把握到人生中美好的东西。尤其在一个比较亲密的专业关系中，工作者的人生目的和态度会不自觉地影响助人的过程。因此，在探索自己的成长历程时，最重要的一项就是要清楚你自己的价值观，也要清楚自己的价值观如何影响着对当事人所采取的干预措施。

在辅导的过程中，工作者不可能做到价值中立。我们面临的挑战一方面是如何尊重当事人的自由和自主权，另一方面是如何诚实地面对和处理我们自己的价值观。当一位工作者有意将自己的价值观强加在当事人身上，或自己为当事人做决定时，反映出他把自己看得太优越，不信任当事人的能力。最好的处理方法就是：

- 在适当的时间，与当事人适当地分享并讨论双方的价值观和对事物的看法。
- 做到表里如一。工作者不能持有双重标准，否则在一个亲密的专业关系里很容易被当事人识破。
- 工作者要注意自己的文化背景与当事人的差异。

学习活动 3-5 了解自己的价值观

案例讨论：

某基金会对某边远贫困地区的一个小村子进行教育扶贫。针对全村人都处在贫困状态的现状，工作人员决定每户资助一个孩子。有一个家庭，姐姐 10 岁，腿有残疾，弟弟 8 岁，两个人都因为贫困上不起学。工作人员对此展开了激烈的讨论：到底资助谁呢？

讨论原则与方法：

1. 分组讨论，不能用抓阄的方法。

2. 每组必须写出资助和不资助的理由。
3. 小组不能少数服从多数。
4. 大组分享。
5. 老师总结。

第二节
工作者的文化理解力

一、什么是文化能力?

“文化”是个很复杂的名词，并有着广泛的理解。传统意义上的文化是指为适应社会而代代相传的一系列信仰、思路和行为规范等。这个传统的定义在一定种族的、民族的社区范围中应用得比较广泛。① 在当今，人们已达成共识，承认这个词的含义是变化的、多元的，同时受时间和空间的限制。

理解力②是指工作者的态度、知识及行为表现，这些方面表现了专家对差异的宽容及对不同权力的包容。

文化理解力③，也称文化能力。它指的是个案工作者在与当事人沟通的过程中，把自己的专业知识与当事人所在的特定的文化圈方面的信息结合起来，在认识到自己可能存在的偏见的前提下，用一种比较批判的、开阔的眼光去看、去理解当事人的文化。简单地说，文化能力就是对当事人的语言、行为、情绪、心理、态度等背后存在的异质文化（亚文化）根源具有的敏感程度和洞察能力。

在美国社会工作者协会制定的伦理守则中，一些条款规定了一个社会工作者应该具备的文化能力。摘要如下：

资料 3－1

美国社会工作者协会伦理守则（节选）

本守则于 1996 年由美国社会工作者协会会员大会通过，于 1999 年修订。

一、社会工作者对当事人的伦理责任

…………

1.05　文化能力和社会多元性

(a) 社会工作者应该明了文化及其在人的行为和社会中的作用，认识到所有

① 美国旧金山预防家庭暴力基金会．医疗干预家庭暴力——资源手册．北京：中国社会科学文献出版社，2004.

② 同①.

③ 同①.

文化都有其优点。

(b) 社会工作者应该掌握与当事人的文化有关的基本知识，并在提供的服务涉及当事人的文化与不同人群和文化群体的差异时，证明自己能胜任工作。

(c) 社会工作者应知晓社会多元性和由于种族、民族、国家、肤色、性别、性取向、年龄、婚姻状况、政治信仰、宗教、精神或生理残疾而受压迫的情况，并力求理解其实质。

资料来源：LOEWENBERG F M，DOLGOFF R. 社会工作伦理——实务工作指南 . 7 版 . 北京：中国人民大学出版社，2005：60.

二、文化能力的作用

(一) 有利于理解当事人

作为个案工作者要清楚，我们面对的当事人情况非常复杂，除了性别、年龄不同外，可能还有地域、民族、阶层、受教育程度等的不同，形成问题的原因也千差万别。面对不同背景、不同层次的需要帮助的当事人，要成功地进行干预，工作者必须想方设法从当事人那里了解他的问题和愿望，以及当事人对隐私权与个人尊严的理解等相关文化消息。所有这些都与当事人所在的文化圈息息相关。这种方法对不同背景的当事人从文化上讲是非常行之有效的。在干预的过程中愈是包容，愈尊重当事人的背景，这种方法就愈成功。

例如，一位工作者接待了一个为孩子教育而来的家庭，在这个家庭中，父亲是高级知识分子，母亲是普通工人。其间工作者发现与孩子关系密切的母亲很少讲话，并且将很多的话题转给孩子的父亲说。工作者以为母亲平时不善言谈或者教育孩子的重任由身为高级知识分子的父亲承担，于是鼓励母亲多讲话，告诉母亲她的看法对了解孩子的情况很重要，但母亲总是回避并有不安的表情。工作者认为可能是这位母亲在丈夫面前很自卑，对自己没有信心，因此更加鼓励母亲开口并以为是为母亲充权。实际上，母亲是家庭暴力的受害者，常常受丈夫虐待，工作者万万没有想到文质彬彬的高级知识分子父亲竟然是一名施暴者，也没有想到自己的充权带给这位母亲更大的不安全感。

在这里，工作者对上述个案中父母的理解受到自身文化背景的影响，而这个家庭有自己的家庭文化，工作者缺乏对这些文化的了解和一定的敏感度。工作者以为虐待妻子的人一定长相很凶，或者是一些低阶层的人，不能想象高级知识分子也可能是施暴者。当我们不了解当事人以及他的家庭形成的文化，不了解当事人的成长经历时，我们无法了解和理解他们的行为，也无法真正提供合适的帮助。

(二) 有利于表达同感

要表达同感，必须对当事人有深刻的了解，要感同身受。我们如果对当事人的文化背景不了解，就很难对当事人表达我们的同感。

一名家境十分贫寒的同学，尽管自己缺衣少食，但绝不接受来自同学和老师的捐助，甚至将这种捐助认为是对自己尊严的一种轻视。同学对他的行为感觉不可思议，觉得有困难时接受别人的帮助是一件很正常的事，何况他如此困难，因此同学更加觉得这名同学古怪。其实，这名同学在其成长过程中因为家境贫困接受别人的帮助所带来的一些负面的感受，如常常被人欺负、父母常常因为借钱而被人像瘟神一样躲避等，使得他从小立志长大后不管有多艰苦也要靠自己的力量而不接受别人的施舍，而且形成了很强的自我防卫机制。我们只有走入这名同学的内心深处，了解了其独特的成长背景，才可以对这名同学的行为表达由衷的同感。

（三）有利于工作者介入

工作者的介入要考虑当事人的文化，也就是要有文化的介入。社会工作专业来自西方，相应地，很多的干预策略产生于西方文化，运用这些方法和策略进行干预不仅要考虑东西方文化的差异，更要考虑当事人成长的文化和背景。

比如，面对因为工作繁忙无法做传统的贤妻良母而面临婚姻危机的当事人，女性主义取向的工作者的干预策略注重女性个体的权利，而“以家庭为本”的工作者则倾向于维护家庭的稳定。到底哪种干预策略对这个当事人有帮助？工作者的价值取向不是要考虑的重点，而当事人根据自己的文化可以接受的方案才是最重要的。比如在一些偏远的西北农村，换亲现象非常严重。一个妇女的婚姻不仅仅是自己的事，如果她要离婚，不仅可能导致她的哥哥或者弟弟的婚姻破裂，更可能导致她在自己的娘家也无立足之地，离婚后的困难不比婚姻带来的少。在这种情况下，干预的策略一定要切合这个妇女生存的环境和文化，“以妇女为本”和“以家庭为本”的干预策略都要慎重考虑。

三、文化能力的训练

工作者文化能力的训练很重要。工作者要想培养自己的文化能力，需要做到以下几点：

（1）时刻反思工作者自身对当事人的偏见和了解。

当你自己感觉对当事人或者别人很不耐烦的时候，你要反省：你是否对当事人有了偏见？你是否在用自己的价值观衡量当事人？你对当事人是否有足够的了解？是什么影响了你的情绪和判断？

（2）承认工作者自身的能力局限，避免把一些价值观念强加给当事人。

工作者要清醒地认识到自己的知识范围、认识问题的能力有局限性，尤其要承认对不同文化了解的局限性，对当事人问题的分析和看法不能固执地套用自己的文化背景和对问题的一些经验性认识，而应当从当事人的文化和生活脉络中去理解和认识。

（3）从当事人那里了解关于他自己及其所在社会的情况，并试着去理解当事人对他自己的文化的理解与解释。

学习活动 3－6　训练与培养文化理解力

活动一：尝试了解你们班来自农村、城市、少数民族地区以及不同性别的同学之间有什么方面显著不同，重点了解为什么会形成这些不同。

步骤：找到符合上述条件的同学进行访谈，了解民风民俗和当地文化，看看有什么不同，之后将你的感受写下来。

活动二：找一个和你地域、性别、民族不同（具备一个特征就可以）的同学，就未婚同居现象进行访谈，看同学对此的反应，更重要的是了解为什么同学会有这样的反应。

第三节 工作者的个人成长

一、初出茅庐的工作者面临的困境

刚刚学习社会工作知识和初出茅庐的社会工作者都会面临一些困境。正如杰拉尔德·科里[①]所说，新手面临的考验不单是如何整合他们所学到的知识，而且是如何整合自己的经验、价值观和本性。因此，根据科里的经验和我的经历，初出茅庐的工作者大多要应对以下一些问题。

（一）焦虑

新手参加工作后一方面很兴奋，觉得学了几年终于可以有用武之地，另一方面感到很焦虑，焦虑的问题就是："当事人是否信任我?""我是否可以做好工作?""我是否真的能够帮助别人?"首先，出现焦虑是很正常的，也是好事，毕竟工作者对当事人有很强的影响力，这样可以让我们更加谨慎地对待当事人及其带来的问题，同时也说明我们本身对自己的能力信心不足和对当事人未来的不确定。但太多的焦虑会破坏我们的信心，因此面对焦虑要有一个正确的态度和认识，我们可以做的是：

（1）承认出现焦虑是一件正常的事。

（2）能力的训练和经验的增长正是从处理焦虑开始的。

（3）勇于面对自己的局限，接受同事和督导的建议，获取他们的支持。

（4）相信即便是一位资深的工作者也不可能对当事人的未来充满确定性。

（5）我们做我们力所能及的事，对当事人我们不用隐瞒自己是一个新手，真诚

① COREY G. 咨商与心理治疗的理论与实务．台北：扬智文化事业股份有限公司，1999：41.

面对。

或许你有更多的解决焦虑的方法，当你出现焦虑的时候不妨参考一下上面的建议。

（二）固着于扮演专业角色

因为新手对自己不自信和焦虑，很多时候会拘泥于书本或者别人的经验，忽视自己在其中的能动作用。他们往往被动地倾听和反映感受，采取非指导式的方式，害怕承担风险。其中可能会出现比较极端的现象。一种现象便是固着于自己的专业角色而将自己隐藏起来，完全以一个专业自我的形象出现，扮演专业权威。出现这种情况有几种原因：一是掩饰自己的焦虑和不安，采用自我防卫机制。二是对当事人和自己的角色有一些不恰当的考虑，比如“我应该完全喜欢当事人”“我必须无条件地关怀对方和接受对方而完全不考虑自己此时此刻的感受”“我应该完全能够解答当事人的问题，否则我就不是一个合格的工作者”等等，完全不考虑自己的内心感受，即便内心对当事人不耐烦，表面上仍然显得很热情，害怕显示自己的不足会影响当事人对自己的看法……这样一来，呈现在当事人面前的是一个僵化的角色而不是自己，其实这等于在欺骗自己。试想一下，我们如此不愿开放自己和面对真实的心理感受，又如何能启发当事人开放心胸、袒露自己？

（三）刻意扮演朋友角色

工作者完全将自己的本性展现在当事人面前，丝毫看不出受过专业的训练，与上一种角色完全相反，过分袒露自己，消除自己与当事人之间的专业关系。工作者宁可让对方视自己为朋友，而不是专业工作者，分享自己的经历。其实过分袒露自己不但不会鼓励当事人说出自己的经历，反而会让当事人把自己的心扉关闭起来，将注意力转移到工作者的身上，不能够满足当事人的需求。当然在一个专业关系中，工作者袒露自己①是一个重要的增进关系的要素，但是刻意像讲故事一样地袒露，不如不经意地表达自己来得自然。

（四）不清楚自己的角色

界定不清楚工作者的角色，是工作者在很长的工作历程中常常面临的困境，而非仅仅是新手的困境。工作者应该是老师、专家，还是提供忠告、资讯或者方案的人？新手更容易搞不清自己的角色。

工作者在工作过程中更适合哪种角色与其人格特质、受训水平、经验、当事人问题的性质以及工作环境等密切相关。科里认为，个案辅导的核心功能在于协助当事人认清、找出自己的长处并发挥作用，因此个案辅导的过程在于邀请当事人坦白地查看自己的行为与生活方式，协助当事人做出一些决定，改善其生活。在此过程中，工作者可能会扮演多种角色，而扮演什么样的角色与上面提到的影响因素有关。角色也不

---

① 关于如何袒露，我们将会在第四章中详细讲述。

是一次就可以界定清楚的，需要工作者在整个工作过程中不断地根据当时的情况进行专业的评估来确定扮演什么样的角色。

（五）不知选用什么技术

很多新手常常着急自己不知可以选用什么技术帮助当事人，在辅导的过程中常常将注意力集中在“我用什么技术”上，以显示自己的专业素质和训练，或认为只有用了什么“技术”才可以解决当事人的问题，这些都是以自己的需要为中心而不是以当事人为中心。

需要注意的不是你用了什么技术，而是你为什么用这些技术，为什么你偏好用这个技术。科里①建议，以下几个问题可以让你反省和思考你认为技术在辅导过程中所占据的地位：

● 你在辅导过程中提出的问题是开放性的还是封闭性的？如果是开放性的问题，那么你能激励当事人进一步深入探索面临的问题；如果是封闭性的，则不能使当事人进行深层的问题探索。

● 你使用的技术能强化还是封闭当事人的某些感受？

● 针对当事人的问题，你是怎样决定使用什么技术的？你如何评估所使用技术的有效性？

● 你是否以当事人的身份体验过那些技术？在体验过程中，你有哪些正面或者负面的感受？

● 你能想象自己不用某派别的治疗法或者专门的技术，仅仅透过对话就能进行辅导吗？

其实，本科或者大专层次毕业的同学，由于缺乏专业的实习和训练，在工作之初，很难用一些派别的治疗法进行辅导。我们只要掌握一些最基本的辅导技术并熟练应用就可以了，面对一些难度很大的当事人，我们不妨请教资深的辅导员或者督导，与他们一起商量解决问题的方法，不要勉强自己。要达到不是生硬地搬用技术而是自如应用、炉火纯青，绝不是一日之功，需要工作者竭尽一生的力量去奋斗。

二、面对困境的应对方法

（一）避免追求完美，坦诚面对自己所受的限制

新手的麻烦很多时候来源于自己，如害怕失去当事人的尊敬，认为“自己应该能够帮当事人解决问题”“自己作为专业工作者应该解决好自己所有的问题，否则如何帮助人”“当事人没有改变是我的无能”，等等。这种追求完美的想法就是将自己置于很大的压力之下，常常会导致挫败感和失落感。很多新手从理智上也不认为应该追求完美，但在实际的操作过程中往往苛求自己。

① COREY G. 咨商与心理治疗的理论与实务. 台北：扬智文化事业股份有限公司，1999：57.

其实，我们应该坦诚面对自己的错误和限制，如果我们说“我真的在这方面无法帮助你”这样的话，坦诚地承认自己的限制，从当事人的反应来看，总比死撑着伪装自己好。坦诚不但不会失去当事人的尊敬，反而会赢得尊敬。我们不可能成功解决每一个当事人的问题，即便是老的工作者也做不到。面对一位老人，我们认为自己因为年龄和阅历的差距而无法去理解他们，更无法辅导他们，但我们可以坦诚地接受这个限制，将这次会面看成对自己的一个挑战或者向老人了解他们经历的一个机会。如果这样做，那么彼此认同的程度要比原先想象的要深得多。同样的道理也适用于其他的工作人群，如孩童、吸毒者、同性恋等。

（二）避免因当事人而失落

新手常常犯的错误之一就是因为当事人而失落，他们常常会说“我真的因为自己无法为当事人提供帮助而感到郁闷和无助”，或者自己的情绪常常被当事人凄凉的情况影响，以致对社会工作专业开始怀疑，甚至与当事人一起怨天尤人，陷在某种情绪中不能自拔。我们必须学会当事人的问题就是当事人的，我们能做的就是在与当事人在一起的时候，体验他们内心的感受和他们生命中最艰难的历程，除此之外的时间让当事人自己解决和处理问题，直到下次来咨询前我们才关心他们的问题，绝不能因此影响自己的生活。如果我们也陷入其中，如何能帮助当事人走出生命中的黑暗？

因为当事人而失落的感受一出现，工作者首先就要警惕是否出现反移情现象，即工作者将自己的需要和没有处理的内心世界的问题带入专业关系，从而干扰辅导的过程。科里①认为，一些常见的反移情现象表现如下：

（1）需要当事人的喜欢、欣赏与赞同。

（2）害怕面质当事人，怕当事人离去或者给当事人留下坏印象。

（3）对某些能引发工作者旧情感的当事人产生极端的反应，如对跋扈的、控制性的当事人产生极度的反感，对温和的、很有判断力的当事人产生极大的好感，等等。

（4）在解决当事人内心的冲突和挣扎的过程中，唤起了自己未被处理的相似的情绪和冲突却没有察觉。

（5）强迫推销忠告，以上司或者专家的口气要求当事人应该如何生活。

解决反移情现象，要求工作者以当事人的身份与其他的工作人员或者督导进行探索。同时如前所述，工作者要不断地自我反省、检视自己的价值观和自我概念，不断地自我成长。

（三）与当事人分担责任

在辅导的过程中，当事人应该对自己的选择和行为负责，但是工作者如何安排辅导过程以及选用了什么样的方法，应该说对当事人所做的选择和所采取的行为也有一定的责任。到底双方的责任应该怎样分担，对新手来说是一个比较困惑的问题。如果

① COREY G. 咨商与心理治疗的理论与实务．台北：扬智文化事业股份有限公司，1999：50.

我们说工作者要对辅导的最终效果负主要的责任，这是错误的。因为这不仅剥夺了当事人对自己的生活做决定的权利，而且增加了工作者扮演专业权威的可能性。如果我们说工作者对辅导的结果没有任何的责任，又会减少工作者对辅导过程和方法选择上的责任心。另外，一些当事人会直逼工作者“你给我出个主意”“你说我该怎么办”等等，将他们对问题的责任完全转嫁到工作者的身上。

处理上述困境的最好的做法就是：在辅导之初，工作者要与当事人澄清各自应该有的责任、签订契约等等，表明工作者的服务最多到什么程度。这些将会在第五章中进行详细的论述。

（四）不要欺骗自己

有时候，我们会采取自我欺骗的方法，当然自我欺骗有时不是有意识的行为。有些新手想让辅导产生正面的效果，因此常常删去或者隐瞒负面的效果；或者，他们会尽量找到当事人进步的一面而隐瞒失败的一面，将当事人成长的一面归功于自己的付出，而将不成功归结为一些客观因素或者当事人本人的因素；等等。这种自我欺骗现象有违工作者起码的职业道德。如果不警觉这种做法，工作者会失去很多反省自己和工作的机会，不利于自己和专业素质的提高。

（五）对一些棘手的当事人的处理方法

我在培训工作者的经历中，常常遇到很多新工作者一旦碰到沉默的、不肯投入的和过度要求的当事人就感到焦虑和担心。

对新手而言，遇到当事人沉默几分钟，就会有像是过了几小时的感觉，自己因此变得焦虑起来，并且常常为了打破沉默，做一些产生相反效果的事。沉默的原因很多，学会了解沉默背后的原因以及意义是非常重要的。也许是当事人头绪太多，不知从何说起；也许是当事人没有明白工作者的话；也许是当事人对工作者不信任；也许当事人就是一个沉默寡言的人，非常不善言谈；也许是当事人在思考；等等。

因此在遇到沉默时，第一要了解和判断是属于什么意义的沉默，第二要与当事人一起探讨沉默的原因。在有些情况下应该容许当事人有短暂的沉默，给当事人思考的空间；在有些情况下可以与当事人探讨沉默的原因，这样处理可能双方都会感到舒服一些。

遇到不肯投入的当事人，是一种极端的情形。一般来说，当事人急于解决自己的问题，总会主动向工作者讲明自己的情况。不肯投入的当事人许多是因为种种原因被强迫来的，他们不肯投入可能是因为不了解辅导的性质，或许就是不愿意接受辅导。因此，要让当事人接受辅导和工作者，必须弄清楚当事人的需要和想法，尽量协助当事人满足一些合理的需要和愿望。一些工作者为了让无论怎样都不愿接受辅导的当事人接受辅导，过于努力去了解和接纳对方，投入比当事人更多的精力，对当事人过分迁就，反而毫无效果。对这些人采用单刀直入的方法，告诉当事人不接受辅导可能对他产生的不利后果，可能更加有效。

总之，新手不可避免地要面临很多的困境，这是一个工作者成长中必经的历程，失败一次可能就成长一次。但也要考虑对当事人的负面影响。因此，减少新手焦虑和不足的方法，最好就是不断地与同事、督导等一起探讨。新手自己也要时刻反省自己，降低由于经验不足而给当事人带来的负面影响。

三、做一个有活力的工作者

（一）工作者面临的压力

一位资深的香港社会工作者告诉我，想做好一名社会工作者，必须成为一位理想主义者以及有坚定的信念。对此我在实际工作中感触颇深，因为作为一名内地的社会工作者要面临更大的压力和挑战。这些压力首先来自[①]：

1. 职业身份没有得到广泛的社会认可

迄今为止，除了个别城市在个别的岗位有了社会工作职位外，在全国几乎没有统一的社会工作职业身份，导致社会工作专业的学生找专业工作难，因此也降低了对专业的认同和学习的积极性。

2. 薪水偏低

我常常会告诉社会工作专业的学生，你选择了社会工作这个职业，意味着你永远不会在物质上富有。社会工作行业是一个非营利的行业，因此薪水有限，对面临多种专业选择的学生来说或许不是一个吸引人的行业，对那些热爱社会工作专业的学生来说也是一个很大的挑战。

3. 心理压力大

社会工作大部分是帮助那些弱势人群和有问题的人群，比如吸毒者、残疾人、下岗人群、面临婚姻危机的人等，因此面对的问题都是负面的。当事人痛苦和不幸的经历往往会影响工作者的情绪和心理感受，并对工作者的生活产生一些负面的影响。例如：一位婚姻辅导员对婚姻的信心减弱；一位青少年工作者自己不愿意要孩子，因为觉得孩子在成长中问题和麻烦很多；等等。

4. 艰苦的工作环境

社会工作因为特定的工作对象和有限的办公费用，工作环境常常比较艰苦，比如到环境差、艰苦的社区工作等。

5. 非实质性的工作效果

一方面，当然社会工作一定是有成效的，否则就不能存在。但另一方面，在很多情况下它的成效并不是很明显，使我们对一些社会问题或者当事人的问题感觉到很无助。在有些情况下我们甚至会怀疑社会工作的有效性。这会使我们感到沮丧。

6. 价值观的冲突

社会工作者有一套自己独特的信念系统，这是这个专业赖以生存的支柱。但是在

---

① 秦炳杰，陈沃聪，钟剑华．社会工作实践——基础理论．香港：香港理工大学应用社会科学系，2002：140－151.

实际的工作中，我们常常感觉到这套信念与我们生活的商业化和实用主义的社会中所遵循的价值观有很多冲突、矛盾，不仅让我们的工作常常陷入两难的境地，更有甚者使我们自己的生活常常处在困惑之中。将社会工作的价值观内化得越彻底，与现实社会价值观的冲突也就越大。

（二）如何投入专业并保持活力

1. 找到投身社会工作的理由

在上述种种压力下，让自己能够愿意投身到社会工作专业并保持一定的活力，在社会工作者的训练中就很重要。

学习活动 3－7 投身社会工作的理由

专业既是一个谋生的手段，同时也是一个实现自己理想的途径。下面的图表中列出了一些希望和抱负，看看作为一个专业，社会工作是否真的能为实现这些希望提供机会。请用（♀）表示肯定，（♂）表示否定，并从 1 到 14 排出你喜欢的顺序，最后问问自己为什么有这样的排序。

社会工作能提供这一点吗？	喜爱的次序	原因
受尊重的地位		
成就感		
自由/灵活		
服务于人		
不单调		
领导角色		
结交新朋友		
工作时间短		
挑战性强，工作丰富多彩		
归属感		
收入稳定并有保障		
提升的机会		
培训/发展		
其他		

完成上述学习活动之后，你可能已经找出了几个选择做社会工作者的理由（也可能你没有找到理由）。也许你在与同学的讨论中发现，很多人选择了社会工作职业，但不同的人可能有不同的理由，这一点你必须了解，人们可以因为不同的动机从事同一项工作。

2. 保持活力，防止职业倦怠

也正是为了我们能够克服压力、投身其中，我们必须保持足够的活力。保持活力首先面临的问题就是如何克服耗竭问题。

人们承受压力的能力是一定的，个案工作者因为前面所述的种种压力，可能会出现耗竭的感觉，因此我们在辅导别人的同时，要考虑如何排解和治疗自己。其方法如下：

第一，做个自我肯定的人。

社会工作的价值观训练与社会所遵循的一些世俗的、实用的价值观在现实的生活中有些冲突，作为一个社会工作者，既要处理自己的困惑，同时又要面对案主的现实，所以不断地自我肯定显得非常重要。你时常要问自己：自己坚持的和追求的是否是对的？如何在坚守社会工作信念的同时，又理解和接纳人们的世俗要求？如何在坚守自己的信念与现实生活之间取得平衡？

第二，积极面对限制和挫折，避免完美主义。

做任何事，挫折都是难免的。我们要勇于承认自己的限制，不要对自己要求太高。我们对挫折、失败、成功的感受，完全取决于我们看问题的角度。如果你站在监狱的窗户向外看，你能够看到满天的星辰，也可以看见满地的泥泞。想看什么完全在于你的取舍。据说世界著名的发明家爱迪生，做了 3 000 次的实验才成功发明了电灯，助手在过程中感到沮丧，认为失败了 3 000 次。可爱迪生说，我发现了 3 000 个灯泡不亮的原因。挫折是人生的财富，同样也是丰富人生的一部分，只要我们对自己不苛刻，认识到自己的限制，宽容自己的错误，我们照样可以从失败、挫折中找到勇气和信心。

第三，不断给自己输氧。

我自己也经历过耗竭的历程，但是让我能够不断振作和充满活力的源泉之一是经常能够得到适时的培训，以及与国内外的同行们不断探讨和互相鼓劲。在这个过程中，我常常会学习到很多看问题的角度，不断清理自己的疑惑，从同行们身上得到继续工作的勇气和信心。一个社会工作者只有不断地学习和更新自己，才能持续地帮助别人；同时要建立自己的支持网络，不断地释放和清理自己。

下面这个学习活动是帮助你探究影响你工作的自我领域。

学习活动 3-8 探索影响你成为个案工作者的因素

1. 你为何被这个助人专业吸引？
2. 在你的成长过程中，你在家庭中的角色是什么？这个角色对你成为助人工作者的影响是什么？
3. 你是一个怎样的人？
4. 你带着什么样的伤痛或未完成的事进入工作状态？
5. 你是用什么方法治疗这些伤痛的？
6. 和当事人（别人）进行会谈时，有什么地方触动过你？
7. 你是真诚地相信你必须成为还是希望成为一名社会工作者？
8. 你和什么人之间有什么没有了结的事情（遗憾、恩怨）？
9. 你如何处理冲突？如何处理面质和被评价？
10. 当你遇到批评时，你用什么自我防卫机制？

11. 什么是你不断重复的主题？这些主题有没有影响你和别人的关系或者影响当事人接受服务？

12. 在你一向不喜欢的人身上你看到什么？你能否在自己身上发现相同的特质，而且承认自己“拥有这些特质”？

资料来源：CORMIER S. 助人者的晤谈策略：上．台北：心理出版社，2000：23.

四、工作者接受辅导的个人经验

工作者接受辅导的个人经验，也是成为一个工作者必备的条件之一。身为工作者，我们也必须面对自己从未探索过的内心障碍和冲突，如果我们不积极地体验自己内心伤痕的治疗，就很可能很难进入当事人的世界。我们带领当事人探索内心的深度，并不会深过我们对自己生活的探索。如果我们无法肯定探索内心世界的价值或者说辅导的价值，我们又如何要求当事人去探索和接受辅导？如果我们都无法对自己的生命有一种开放的态度、积极的信念和勇气，我们又如何去要求当事人开放？如果我们的视野受限，又如何去扩大当事人的视野，让他了解他还有很多的选择？只有在我们做过当事人之后，才可以体会到做当事人有什么样的感觉。

所以，作为一名准工作者的你，要寻找一些机会积极地探索自己的生命历程和反省自己，接受某种程度的心理辅导。例如为社会工作系的同学专门开设的“自我认识与成长小组”（一个团体心理辅导的课程），可以很好地帮助同学们去探索自己的成长经历。

很多工作者会有这样的想法，以为自己不需要别人的帮助，或者说认为自己应该有能力去解决自己的问题，让别人帮助无疑表示自己没有解决问题的专业能力。其实你要时刻牢记，作为一个工作者，你也是有喜怒哀乐的人，你也要遭遇悲伤、疾病和死亡等，你也会被这些情绪困扰。如果你在别人的帮助下或者在自己的调整中能够获得恰当地处理这些情绪的经验，你就能够有信心去帮助遇到这些情绪的当事人。

做一个有批判性、不断反省自己的工作者在现代社会中非常重要和必要。你要时刻牢记工作者也是一个普通的人，有着自己的局限，也要不断地适应新的环境和学习新的知识，也需要不断地成长！

第四节 小　结

本章主要讲述了在个案工作过程中，工作者的素质修养的重要性。一个优秀的社会工作者总是在其工作中持续不断地表现出某些个人的特质，而这些特质需要在专业训练的过程中不断地训练和加强。想成为一名合格的社会工作者，自我了解是第一步，也是最重要的一步。要清楚地认识到自己的原生家庭对形成今天的自己的影响；要清楚自己的价值观，以免将自己的价值观强加给当事人还没有察觉；要清晰地知道一个初出茅庐的工作者面临的困难和矛盾，学会保护自己；等等。只有在自我了解和自我接纳、自我不断成长的基础上，才有可能做到有信心去帮助别人。

本章要点

1. 成功的个案工作者的人格特质
2. 个案工作者的自我了解
3. 个案工作者的文化能力
4. 个案工作者的个人成长

基本概念

人格特质　家庭生态图　文化能力

复习思考题

1. 学完了本章，你是否希望自己成为一个专业工作者？为什么？

2. 要想成为一个具有个人魅力的工作者，你还需要什么样的修炼？你是否心中有了努力的目标？

推荐阅读书目

1. 秦炳杰，陈沃聪，钟剑华．社会工作实践——基础理论．香港：香港理工大学应用社会科学系，2002.

2. COREY G. 咨商与心理治疗的理论与实务．台北：扬智文化事业股份有限公司，1999.

3. 林孟平．辅导与心理治疗．11 版．香港：商务印书馆，2003.

4. 黄惠惠．自我与人际沟通．台北：张老师文化事业股份有限公司，1997.

5. 杨世瑞，李湘屏．辅导原理．台北：张老师文化事业股份有限公司，1998.

第四章
个案工作的技巧

本章概要

本章主要向你介绍在个案工作过程中经常使用的最基础也最关键的技巧、一些能让个案工作者达到目的的策略和方法、一些清晰的公式，能简洁明白地指出在一个既定的情况下我们应该做什么，以便实际有效地提供服务。

本章主要介绍个案工作者会谈的技巧、与家庭工作的技巧、个案记录的技巧等。通过这些技巧的学习，你会更清楚个案工作中所讲的会谈的技巧不同于一般日常生活中的会谈，它是专指主动与人会谈、精于会谈技巧、有特定目的的职业性会谈。而且你与当事人之间的关系也不同于一般的朋友关系、师生关系等，而是在一个特定情境中的为了达到一个目的所需要的专业关系。一个良好的专业关系本身具有治疗的作用。个案记录本身既是对当事人进行服务的进程的记录，以便工作者提供更有效的服务，同时也是考核个案工作者和进行研究的重要依据。因此本章在全书中起到承上启下的作用，即，将前面所讲的理论和价值观，通过一定的工作技巧在实务工作中体现出来，以提高服务的质量。

第一节 技巧的基本内涵

一个人当着几个人的面对她的朋友说："你穿的这件毛衣真难看，和你的肤色一点都不般配，看你的审美水准就不行。"朋友听后觉得很伤面子。在现实生活中我们常常发现，有些时候真诚并不能达到目的。这个人对朋友很真诚，但是缺乏表达真诚的技巧。

也许你有很多的乐理知识，但不能很好地演奏一样乐器。知识和能力之间存在着距离，需要技巧在其中牵线搭桥。

作为一名社会工作者，当我们称自己是专业聊天师时，我们通用的一个工具就是沟通。而技巧是理论、价值与实践的连接体，缺乏技巧，你就不能很好地将你所遵循的社会工作价值原则以及所学到的理论应用在实践中。

一、技巧的基本内涵

不同的学者对技巧有不同的含义界定，如表 4-1 所示。

表 4-1　关于技巧的不同含义

Barker (1991)	善于运用技艺、知识、才能、性格或其他的资源的方法。一位社会工作者的技巧包括：有效的沟通、评估问题与案主工作的能力、联结需求与资源、发掘资源与改变社会结构。
Johnson (2004)	是一种实务工作的内涵，结合知识与价值观，并转化成关怀与满足需求的行动；抑或是一种引导实现特殊目标或活动的组织行为。
Sheafor and Morales (1992)	社会工作者基于社会工作的价值观和知识与案主（包括社区、团体、个人）建立关系并引导社会心理变迁。当这些技巧性的介入建立在案主的优点与能力之上时，案主将开始改变。
Smalley (1967)	指社会工作者运用策略以实现社会工作的目的的能力。
Henry (1991)	指工作者在既定的时间且有特殊目的的情景下，所采用的一组行为或职务，是行动的知识。
Barry Cournoyer (1997)	一组独立且具体的认知与行动，它源于：(1) 社会工作的知识、价值观、伦理与义务；(2) 符合能促进行为改变的特质；(3) 在阶段性实务工作的脉络下，符合社会工作的目的。

资料来源：COURNOYER B. 社会工作实务手册．台北：洪叶文化事业有限公司，1997：3-4.

本章对技巧的界定采用约翰逊的定义，认为：技巧是一种实务工作的内涵，结合知识与价值观，并转化成关怀与满足需求的行动；抑或是一种引导实现特殊目标或活动的组织行为①。

强调技巧的重要性，并不是说我们在助人工作中将技巧作为一个器具，随时拿出来应付使用，用完了再装起来。而是在你的学习和实践中，将学到的知识、你自己与技巧统合在一起，使技巧成为你行为中自然而然的一部分，无论何时你都是一样的、真诚的。

学习活动 4-1　你认为什么是技巧？

了解了上述不同人对技巧的定义，你认为社会工作的技巧是什么？请写出来。

二、个案工作技巧的性质

个案工作技巧具有两个特性。

① JOHNSON. Social work practice. New York：Pearson Education，Inc.，2004：51.

（一）连接起特定的个案工作方法

个案工作有一系列特殊的方法，但无论何种方法，都有最基本的沟通、建立关系等等的通用的技巧。

（二）融合适用的知识和价值观

实施一个特定的技巧，需要三个过程①：一是需要有意识地挑选与手头的专业任务相关的知识，二是将这些知识与专业的价值观融合，三是在相关的专业活动中表现出这一点。除此之外，技巧的实施与个案工作者的个人风格密不可分。

三、学习技巧的四部曲

学习技巧和学习其他事物一样，都需要时间和过程，技巧的学习一般需要经过四个阶段。

（一）觉知

对自己的现状及行为有所了解，察觉到自己的状况，产生学习的动机。在你的成长过程中，你已经有了自己的行为模式、沟通习惯，说话的语速、语气、神态等都已经形成了一种习惯。在专业训练中，当你发现你的这些习惯常常使当事人产生误会甚至产生讨厌、厌恶的感受，当你发现老师所教授和示范的技巧的确对改善你的人际关系、对解决当事人的问题有帮助时，你就会产生学习的动机。

（二）笨拙

在社会工作者的训练中，每个人都会经历一个“照葫芦画瓢”、机械模仿和生硬使用技巧的过程。很多初学者有这样的感受，原本流畅的沟通因为刻意使用技巧而变得生硬、呆板。其实如同我们学习电脑打字，刚开始也是非常笨拙的，如果想达到熟练的水平则需要不断地实践。

（三）熟练

有了一定的训练和积累，你便会逐渐达到熟练应用技巧的阶段。在这个阶段，你已基本上将知识、你的价值观和个人风格比较自如地统合在一起，在整个的辅导或者服务的过程中，技术应用比较流畅。

（四）统整

在这一阶段，你可以不假思索、自如地运用技巧，达到了“心中有剑、手中无

① 秦炳杰，陈沃聪，钟剑华．社会工作实践——基础理论．香港：香港理工大学应用社会科学系，2002：96.

剑、人剑合一”的境界。当你面对一个当事人的问题时，你所拥有的知识、经验、价值观和你个人的风格完美地整合在一起，变成你的一部分。如同学习骑自行车的经历：因为种种原因，你有了学习骑车的愿望，一开始需要有人在后面扶着，过了一段时间你就可以自己骑了，但看见人或者前面有东西还是会紧张，注意力仍然集中在车把上，想的是如何把握好。再过一段时间你已经很熟练了，你的身体完全放松，注意力似乎集中在前面的路况上，但你不会完全集中在那里，也不会集中在你握的车把上，在躲避行人或者遇到紧急状况时是那么自如。是不是这样？请仔细体会一下。

学习活动 4-2

从你学习的经验中举出一个例子，看看你是否也经历了这四个阶段。

第二节 会谈的技巧

沟通在社会工作中有着极其重要的意义和作用。为了区别于一般意义上的沟通，在本书中，我们把社会工作中的沟通用“会谈”来表达。

对社会工作而言，我们不仅仅在一般意义上沟通。个案工作中的会谈是一种专门化的沟通形式。对社会工作而言，会谈是一个重要的活动。社会工作者要花费很多的时间去面谈，而且他所负责做的事，也要依赖面谈的结果。个案工作更是如此。

一、个案工作中的会谈

（一）会谈的含义

曾华源等在其《社会个案工作》一书中，认为个案工作的会谈，是一群专门的、精于会谈技巧的人，主动与会谈者做的相互接受且有特定目的的一种专业性的谈话①。

阿尔弗雷多·卡杜山②在其《社会工作会谈》中给会谈下了一个最简单的定义，即由参与者共同接受的，一种有计划、有目的的谈话。

会谈为当事人创造了一种沟通的机会和情境，在会谈的过程中，工作者和当事人可以交换信息、表达感受、分享情感、交流信息和影响行为改变等，期望能够解决当事人的人生困境。因此在会谈的过程中，工作者通过价值观、感受、态度和行动表达对当事人的关爱、支持，给当事人灌注信心，创造出一个能够助人自助的力量，提升

① 黄维宪，曾华源，王惠君．社会个案工作．台北：五南图书出版公司，1985：158.

② KADUSHIN A. 社会工作会谈．台北：桂冠图书公司，1974：1.

当事人解决问题的信心和能力。因此个案工作中的会谈是工作者与当事人之间“悟性知心”的谈话，一次有效的会谈常常会使工作者和当事人双方有一种“刻骨铭心”“柳暗花明”的感受。

（二）社会工作会谈与一般谈话的异同

社会工作的会谈与一般的谈话有共同之处：两者都是人与人之间借着言语和非言语的沟通，来表达彼此的感受、观念和态度；除了电话沟通之外，也都通过面对面的交谈来实现；都可能对对方产生影响，使对方发生改变。此外，一次良好的会谈和谈话都可以使人产生愉快的情绪。

会谈和谈话的重要区别在于，会谈是为了一个特别目的而设计的。会谈的核心是：

（1）双方使用口语、非口语的方式表达以交换意见、态度与感觉。

（2）借着面对面的交互行动以相互影响。

（3）会谈的内容具有选择性、计划性，以便达到会谈的目的。

（4）会谈双方是非互惠的关系。

（5）在会谈过程中，会谈者不能因为任何私人的理由中断会谈。

（6）会谈的地点和时间必须经过正式的安排。

（7）因为会谈的目的性，所以会谈中不可避免地会出现不愉快的因素。但在一般的谈话中可以尽量避免。

学习活动 4-3 比较会谈与谈话

步骤：

（1）两个人一组，互相进行随意的谈话，交谈的时间为5分钟。

（2）仍然是两个人一组，进行正式的有目的的谈话，一方扮演工作者的角色，另一方扮演当事人的角色，谈话内容自选。会谈的时间为5分钟。

（3）彼此或与全班同学分享对两次“谈话”的感受。

二、基本的会谈技巧

会谈的目的是与当事人建立良好的关系并对其整个人以及带来的问题进行探索、洞察以及找到促进改变的行动路径。

（一）探索阶段的主要技巧

探索阶段的主要目的是建立良好的关系以及发展出治疗关系，鼓励当事人说出自己的故事、情绪、想法等。这一阶段的会谈技巧主要是专注、倾听、小小鼓励、反映感受、开放式提问。

1. 专注——积极地与当事人同在

我们都有过这样的经验，当别人对自己付出关心和重视的时候，我们会衷心感激；基于同样的理由，当被别人忽视的时候会很痛苦，转过去的脸代表着转过去的心。我们对别人的重视或者漠视是如此敏感，也说明了在一个求助的关系中，人与人之间的互动需要工作者注意表达这种重视和关切。专注有助于你通过非言语的沟通表达你和当事人同在，并仔细聆听他们的事情和感受。

对于如何表达专注，我们通常将它总结为 SOLER（面对、开放、前倾、目光接触、放松）①。

S（squarely），指你与当事人座位的角度约成 90 度，这样可以使你看到当事人的整个身体，且不具压迫感。在北美的文化里，这表示“我在这里和你在一起，我全心全意对你”，表明你从身体上传达了一种关注当事人的讯息。当然面对当事人以及专注的程度一定要视当事人的文化而定。

O（open），指采取一种开放的姿势，使当事人感觉你是开放且不自我防卫的。如果你的身体绷得很紧，双臂与双腿交叉，身体靠后，就可能给别人一种你不能接近和比较想远离当事人的讯息。当然这种姿势也并非一定表明你不开放，但你要考虑的是怎样的身体语言才能向当事人表达你的接纳、开放，并创造一种开放的气氛。

L（lean），指身体前倾。

E（eye），指自然而然的目光接触。当你面对当事人的时候，比较固定的目光接触表明你正在专心倾听当事人的叙述，从你专注的、友善的、关切的、鼓励的目光中，当事人能感到受重视并有继续说下去的信心。但你的目光接触到什么程度合适，也要看你们两个人的文化。不要紧盯，但也不能游离不定。

R（relaxed），指你的言谈和行为要尽量保持放松。当你以一种放松的面目出现时，当事人会逐渐被你的情绪感染，会逐渐放松下来；如果你一直焦虑不安，当事人也就无法安心和你谈话。放松的姿势不仅表现了你的自信，也表示你的一种对待当事人的态度。你的姿态本身就有治疗的作用。

当然，使用专注的神态一定要建立在文化能力的基础上，不同的文化对一些身体语言有不同的理解，工作者要有高度的文化敏感度。

2. 倾听——站在当事人的立场上，设身处地理解当事人

所谓“倾听”，是指听当事人说了什么与观察当事人对问题所做的反应如何。在会谈的过程中，倾听是一种开放与接纳的态度，是个案工作者最重要的行为之一，是一种艺术，它需要你全神贯注。倾听本身就具有治疗的功用，因为它协助当事人说出问题。② 会听不亚于会说，而且更加困难，倾听和听不一样，听仅仅用耳朵，而倾听不仅要用耳朵，还要用心。

尼克尔斯将倾听称为“失落的艺术”，她认为一部分是因为现代的时间压力分散了我们的注意广度并耗尽了我们生活中倾听的特质，结果是在我们最重要的关系中也缺少倾听，导致人际的冲突③。

完全的倾听包括④：

---

① EGAN G. 助人技巧——问题管理取向．台北：五南图书出版公司，1996：132.

② 潘淑满．社会个案工作上．台北：心理出版社，2000：307.

③ CORMIER S，CORMIER B. 助人者的晤谈策略：上．台北：心理出版社，2000：185.

④ 同③.

（1）当事人的经验，他们所经历的发生在他们身上的事；

（2）当事人的行为，他们所做的或者未做的事情；

（3）当事人的感受，其经验与行为引发的感觉或者情绪；

（4）当事人说到经验、行为、感受时的观点。

倾听包括倾听当事人的口语表达以及对于所听到的、观察到的给予适当的反应，让当事人感觉到工作者听到、听懂了。倾听的四种反应就是不断地在会谈的过程中进行澄清、简述语义、反映感受和摘要①，同时这也是四种最基本的工作技巧。

澄清的目的就是鼓励当事人将问题说得更详细，检查你自己是否正确接受了当事人的话，厘清一些模糊的信息。

简述语义，即用很简洁具体的语言转述出当事人的问题，目的是协助当事人聚焦并明白自己的问题。

反映感受，指的是对当事人情绪的转述，目的是协助当事人更多地表达自己的情绪和了解自己。

摘要，也就是总结和当事人在整个会谈中谈到的一些重要的东西，确认一些共同的问题，以避免漫无边际地会谈。

当你在会谈的过程中，不断地对当事人做出上面四种反应，表明你正在积极地、有效地倾听。

学习活动 4-4　倾听练习

一位48岁的女性说，前半辈子家里很苦，这几年丈夫下海刚挣了些钱，家境好了起来，孩子也上了大学，原以为吃苦到了头，没想到丈夫得了癌症，也没有买医疗保险，家里顿时失去了依靠，自己早就下岗照料有病的公婆和女儿，不知道现在该怎么办。“看病需要很多的钱，女儿上学也要钱，公婆看病也要钱，自己的身体也不好，为什么自己的命这么苦，什么苦事都让自己赶上了？”她一边说一边低头擦着止不住的眼泪，全身的肌肉紧张，似乎在极力克制自己的情绪，却好像越来越控制不住。

你听到了什么？请写下来并与同学分享。

她的情绪是：

______

她的感受是：

______

她的问题是：

______

3. 小小鼓励——促进当事人开放自己

所谓小小鼓励，就是工作者用言语和非言语的方式鼓励当事人更多地表达自己。非言语的鼓励包括专注的神情、点头、前倾的身体、适当的目光接触等，表明你在专

① CORMIER S，CORMIER B. 助人者的晤谈策略：上．台北：心理出版社，2000：187.

注地、有兴趣地倾听他的讲话，让当事人感到被关注和尊重，增强他的信心。言语鼓励包括不断地发出“哦”“你真能干”“你真不容易”“是啊”等语气词或感叹句，表明你在专注聆听。

当事人：谢谢你的帮助，我今天终于和那个同学和好了。（语气很轻松，表情比较开朗）

工作者：是你自己有勇气面对的！（鼓励）

当事人：反正我也不知道我哪来的勇气。当然，甩掉了一个压在我心里的石头，突然觉得轻松多了。

工作者：你一直有这样的勇气，就是没发现而已。（鼓励）

当事人：也许吧，我以后面对类似的情况会有信心去面对的。

工作者：当然，你一定能。（鼓励）

…………

你千万不要小看小小鼓励，也千万不要因为小而不做，它像润滑剂一样注入整个会谈的过程，使会谈产生意想不到的结果。请你设想一下，当你接电话时，你在认真地给对方讲一件事情，但话筒的另一边非常静，对方一点回应都没有，你自己不知道是否要讲下去，你会小心地问：“你在听吗?”此时，你可能觉得你的话对方没有兴趣，至少对方心不在焉，你讲话的兴致减低。如果对方一边听一边回应你，有“是吗?”“嗯”等小小鼓励，语气中带着好奇和兴趣，就能让你感受到一种鼓励。所以小小鼓励在会谈中是非常重要的一个技巧。

4. 反映感受——促使当事人更加了解自己的情绪

这是会谈中非常重要的与当事人建立和增进关系的技巧。反映感受是指工作者站在当事人的立场上设身处地体会当事人的感受，把隐藏在当事人背后的情绪显露出来，以便让当事人更加清楚地认识自己①。

在会谈中常常出现这种情况，当事人十分愿意讨论他们发生的事情，而不愿意谈论他们的感觉和情绪。没有经验的工作者将注意力集中在如何解决问题上，忽视了当事人背后的情绪，而不能协助当事人宣泄自己的情绪，导致在会谈过程中让当事人感觉压抑。请看下面一段对话：

当事人：我一回到家，妈妈就唠叨，说奶奶的坏话，我就不爱听。我知道妈妈恨奶奶，因为妈妈生了个女儿，奶奶就欺负我们。我也理解妈妈，但是奶奶都走不了路了，也眼看不行了，我不愿意妈妈总是记恨奶奶这些事情。

工作者：那你怎么处理这件事情呢?

当事人：我不爱听，我妈就不高兴，说我不孝顺，不理解她。

工作者：你应该和你妈妈讲道理，告诉她应该孝顺一个即将离世的老人。

当事人：我妈妈还是很孝顺的，我妈妈是一个很好的人……

事后当事人觉得这个谈话很别扭，不畅快。她是希望从工作者那里得到一些支持

---

① 吴温淑芳，等．认识自我与沟通技巧．香港：香港理工大学应用社会科学系，2002：116.

以及弄清楚她对待妈妈的方式是否不好。她是关心妈妈才希望妈妈不要总是活在过去，同时她又觉得骂老人有一种罪恶感。她觉得这种矛盾的心情和感受工作者一点都觉察不出来。她从来没有觉得自己的妈妈不孝顺，她觉得工作者不理解她的苦衷。

让我们将反映感受的技巧用在上面的对话中，你比较一下，如果你是当事人，工作者这样的回应会不会让你感觉好受些？

当事人：我一回到家，妈妈就唠叨，说奶奶的坏话，我就不爱听。我知道妈妈恨奶奶，因为妈妈生了个女儿，奶奶就欺负我们。我也理解妈妈，但是奶奶都走不了路了，也眼看不行了，我不愿意妈妈总是记恨奶奶这些事情。

工作者：我感觉你处在两难的境地，能理解妈妈又不同意妈妈的做法，是吗？（反映感受）

当事人：我不爱听，我妈就不高兴，说我不孝顺，不理解她。

工作者：听上去你很关心妈妈，所以才希望妈妈可以对这些事情释然一些，是吗？（反映感受）

会谈中工作者的焦点不仅要集中在当事人的问题上，更重要的是借着反映感受将当事人背后的情绪探索出来，促使当事人不断地了解自己的情绪、感受，更多地了解自己所面临的问题。借着反映感受，当事人对工作者也会越来越信任。

学习活动 4-5 反映感受练习

当事人：我们一个宿舍大家处了四年，情同兄弟，快毕业了我却因病要退学，人生真的是世事难料。突然觉得生命很宝贵、太短暂，也太苦难……（低下头，沉默不语）

（1）当事人使用的描述感觉的词是什么？

____

（2）当事人的非言语行为暗示了怎样的感觉？

____

（3）你如何反映当事人的感受？

____

5. 开放式提问

在会谈过程中，工作者的任务是让当事人把他的处境畅通无阻地表达出来，运用开放式提问的技术就是邀请当事人自由地探讨他的问题。为了做到开放式地邀请谈话，你必须提出有用的问题，并且明白开放式和封闭式提问本质上的区别。

学习活动 4-6

细看下列问题，指出哪些问题可以让案主自由地表达心意（即开放式提问），哪些会使当事人的答案受到工作者所定的框架限制（即封闭式提问）。

你能否多谈一些你的婚姻？

你与丈夫相处得好吗?
你结婚了吗?
你的经济状况不佳，是吗?
你今天想谈点什么呢?
从面谈到现在，事情进行得怎么样了?
事情发生时，你有怎样的感受?
对他的所作所为你生气吗?
你心情低落时会哭吗?
你的意思是说你的父亲脾气很坏?
你说你的父亲很难相处，到底是指什么?
你找到工作了吗?
自我们上次谈话至今，你的情况如何?
做完上述功课，请比较开放式和封闭式提问有什么不同，并你写出自己的感受。

开放式提问可用于：
(1) 面谈开始的时候；
(2) 帮助当事人详细阐述某一个观点的时候；
(3) 帮助当事人列举某些行为的具体例子；
(4) 帮助当事人表达感受。
封闭式问题可用于：
(1) 获得实际的资料；
(2) 确定社会工作者的一些观点。

如果封闭式提问运用不当，会使当事人感到你对他的话兴趣索然，并且只顾事情本身而毫不关心他的感受。但范围过宽的开放式提问会使当事人在回答你的问题时感到模棱两可和不知所措。所以，不管是开放式还是封闭式提问，只有运用适宜，才能真正邀请当事人自由地倾谈。

(二) 洞察的基本技巧

洞察是建立在探索阶段的基础上的，它超越探索，进入了当事人的内在世界，在对当事人有深层的同理感受与相信的基础上出现。洞察是一点一点来的，是当事人发展出足够的心理强度、能够容纳新的观点时产生的。洞察能协助当事人对自己以及问题有新的认识。洞察阶段使用的技巧有询问、挑战、解释、自我坦露等。另外开放式提问的技巧则贯穿始终。

1. 询问——促进当事人探寻问题

询问的意思是工作者为鼓励当事人做更多的表达，在必要的情况下，提出相关问题，询问当事人[①]。成功的会谈建基于成功的询问，你询问得越详细，你获得的资料

---

① 许临高．社会个案工作——理论与实务．台北：五南图书出版公司，2003：223.

就越多，当事人就越能深刻地认识自己，解决问题的可能性就越大。

询问一般分为开放式和封闭式两种。开放式的询问给当事人一个充分自由地、自主地回答问题的空间，如："你想谈什么？""你对这件事情有怎样的感受？""什么事情困扰你？"封闭式的询问要求当事人对工作者所限定的问题进行回答，一般只要求回答"是"或者"不是"，如"你和父母是否关系不好？""你的情绪是否不好？"等等。

两种询问的方式用于不同的目的。开放式的询问常用于探索问题的阶段，协助当事人澄清、探索感受和问题，给当事人充分的空间讲述自己的故事。询问方式常常给当事人一种放松、没有压力、自由畅快的感觉。封闭式的询问常常用于收集一些基本的资料、澄清一些关键的问题和一些特定的准确的信息。

为了使询问能够发挥促进当事人探寻问题的功能，应用它时要注意以下问题，这些问题都是在会谈过程中常见的问题①：

（1）诱导性的问题。指在会谈的过程中。当事人在工作者的诱导下或者引导下，说出工作者所期待的和已经有判断或者结论的答案。这是初学者常常犯的一个错误。下面是一段初学者接待电话咨询时督导坐在一边做的笔录：

> 当事人：我们单位的女领导总是缠住我不放，我想和她分手。
> 工作者：你们什么关系？
> 当事人：嘿，就是那种婚外情吧。
> 工作者：你们有性关系吗？
> 当事人：怎么说呢，有过吧。
> 工作者：几次？
> 当事人：这个重要吗？
> 工作者：当然重要……
> 当事人：（挂断了电话）

电话结束后，督导问工作者（经过短期培训后的志愿者）为什么在一开始就从性关系这个敏感和很难开口的话题入手，工作者回答，根据她所了解的知识，一般来说，性关系程度和能不能分手成正比，性关系越密切，分手的难度就越大，因此工作者认为只要了解清楚了这一点，就可以判断他离开女领导的可能性，从而再给他建议。

这里且不说工作者在这方面知识的缺乏，从对话中你可以看到，工作者的询问全都采用封闭的方式，几乎没有给当事人主动陈述问题的空间，而且带着她对问题的强烈主观假设一步一步诱导当事人，而且将自己的判断强加给当事人。如果我们采用开放式询问，那么至少当事人不会这么快挂掉电话。比如：

> 当事人：我们单位的女领导总是缠住我不放，我想和她分手。
> 工作者：想必你一定很苦恼，能否多谈一些呢？

---

① 许临高．社会个案工作——理论与实务．台北：五南图书出版公司，2003：226.

如果你是工作者，你怎样回答？

因此，除了上述提到的在几种情形下使用封闭式问题之外，询问应尽量用开放式。这不仅是为了收集资料和探寻问题，更重要的是为了向当事人表达你对他的重视。

（2）多重问题。指工作者同时提出两个或两个以上的问题，且各不相干，让当事人无所适从。这是初学者容易犯的错误，而且初学者常常提自己感兴趣而与当事人想要解决的问题关系不大的问题。请看下面的对话：

当事人：我觉得自己的家人一直重视弟弟而不重视我。记得小的时候，好像五六岁的时候，妈妈和奶奶带着我和弟弟去公园，我们两个人因为喜欢一个玩具，就停了下来，结果我找不到弟弟，也找不到妈妈和奶奶，我急得直哭，一边走一边喊着弟弟、妈妈和奶奶，结果看见奶奶和妈妈领着弟弟在吃冰棍……

工作者：（没等当事人说完就急着问）那你是怎样找到他们的？他们是怎么找到你的弟弟的？他们没有找你吗？是不是你的妈妈指责了你？

工作者问的问题乍看起来与当事人说的事情有关，但与当事人所关心的主题——自己不被重视无关。工作者没有关注当事人此时此刻说这件事情的感受，也没有进一步询问当时走失的时候当事人自己的感受，而是急于想知道事情的结果，无形中加重了当事人不被重视的感觉。难怪当事人感觉工作者似乎更关心她弟弟而不是她。如果工作者听了这件事情之后说："你当时是不是觉得很伤心，似乎妈妈她们没有找你，给你一种自己不被重视的感觉？"这样的问话将话题集中在当事人想要表达的主题上，也许有利于进一步探索当事人的问题。

（3）转换"为什么"的问句。或许你已经很习惯用"为什么"问问题，但在一个专业关系中，尤其在一个关系的初期，当双方还没有建立信任关系的时候，"为什么"的问句加上比较重的语气，听起来会格外刺耳，给当事人很不舒服的感受，使当事人觉得自己被控诉，从而激发当事人为自己的行为辩解而不是反思。

对话一：

当事人：我觉得自己很笨，做妈妈太不合格，做妻子不够贤惠，做女儿不够尽心，好像什么也做不好。

工作者：你为什么会有这样的想法？

对话二：

当事人：我认为人不可信，我现在谁也不信。

工作者：你为什么这么想？

当事人：我为什么不能这么想？

如果我们将"为什么"改为"什么"或者"怎么样"来提问，同样可以邀请当事人谈话，同时也可以减少当事人防卫性的自我辩解。如将对话一中工作者的回应改为："是什么让你对自己有这样的想法，能够多谈一些吗？"将对话二中工作者的回应改为："我想一定有什么因素让你有这样的想法，能告诉我吗？"这样既用开放式的询问邀请当事人进一步地探寻问题，同时也不会引起当事人的不快和防卫机制。

学习活动4－7　练习询问技巧

设想你是工作者，面对下面的当事人，你会如何回应？请将你的回应写在右边。

当事人	工作者
我考研底子不行，找对象长相不行，找工作路子不行，找资源人际不行，我真没用。	
我不喜欢我的父母，他们什么都管，我都想到过自杀，压力太大。	
我常常担心我的家人离开我，每当想起这些就睡不着觉。	

2. 挑战

在有些书上也称之为"面质"。使用挑战技巧的目的是指出当事人没有察觉到或者不愿意改变的不一致或者不合理的信念，以处理当事人的抗拒，提升当事人对自己的问题的洞察能力。挑战是一种邀请，能让当事人察觉到他们不适应的议题、想法、感觉和行为。

工作者应用挑战性技巧，可以将当事人的问题聚焦在以下不一致的方面：

(1) 两种口语陈述之间。例如："你说没有问题，但你又说你对它感到困扰。"

(2) 在说法与行动之间。例如："你说想把成绩搞好，但把有限的时间花在了玩游戏上。"

(3) 两种行为之间。例如："你在笑，但你的身体在发抖。"

(4) 在价值观与行为之间。例如："你说你很接纳同性恋，但你说如果你发现你的家人有人是同性恋你就无法接纳。"

(5) 在个人的自我感受与经验之间。例如："你说自己是一个很有自信的人，但你有时又表现得很自卑。"

在运用挑战技巧时，一方面，工作者会担心当事人不能面对或者受到伤害，另一方面，也确实可能导致当事人因无法面对不一致而出现抗拒、逃避等负面情绪和行为。因此，运用此技巧，需要工作者和当事人建立起比较信任的关系，工作者在方法和态度上也要适当。

3. 解释

解释技术超越了当事人的描述和陈述，它可以给当事人的行为、想法或者感觉一个新的定义、理由，让当事人可以从新的或者另一个角度来看自己的问题。

解释有以下一些作用：

(1) 让似乎是独立的陈述和事件之间产生连接。例如："你对你先生的愤怒和你过度的悲伤是否有联系？"

(2) 可以提供了解行为、想法、感觉或问题的新框架。例如："你说你小时候被宠坏了才会有依赖感，我觉得你小时候被抛弃才让你有依赖感。”

（3）让防卫、抗拒等心理状况明朗化。例如：“你在说别人怎样，但我感觉你实际上是借着别人在说自己。”

使用解释的技巧，请注意以下几点：

（1）用同理、反映感受、挑战等为解释技巧铺路。

（2）解释要建基于对当事人动机、防卫、需求、风格及儿时经验的了解。

（3）解释必须是深度适中的，不能超越当事人能了解或能吸收的程度。

（4）解释之后必须做开放式的提问以及反映感受。

（5）解释时不做价值判断。

4. 自我袒露——建立良好的信任关系

在会谈中，最重要的是要建立良好的会谈关系，而只有在当事人感受到尊重、信任，工作者坦诚相待的时候，这个关系才能建立起来，当事人才能敞开心扉。

自我袒露主要指工作者要适当地与当事人分享自己对自己、对当事人、对他人以及对问题的看法和感受。自我袒露有下面的好处：

（1）有助于加深对自己的了解，反映自我接纳的程度。

你会发现，自我袒露的深浅实际上反映了你对自己的了解程度和自我接纳程度。同时自我袒露也能加深你对自己的了解和认识。你接纳自己多少，你就可以袒露多少，你适当的自我袒露可以让当事人很快对你产生一种信任，一种亲切感，一种觉得你坦诚、真诚的感觉。

一位当事人很苦恼自己的长相，为此不敢去追自己喜欢的男生。工作者小娟主动地、坦然地分享自己也因为长得不好看而不敢去追喜欢的男生的经历，她经过了很长一段时间才从这个经历中走出来，这个经历告诉她只有冲出自己设定的牢笼才能真正释然，为长相苦恼无疑是画地为牢。当事人很感动工作者坦诚的分享，从工作者真诚和自信的态度上也看到自己的希望和努力的方向。

小娟能够坦然地分享自己的经历，说明她对自己的长相已经有了接纳，她的自信不会建立在自己的长相上。我们一般不能接纳自己什么，就避讳提及它，如自己胖就怕别人说胖等，就是这个道理。自我袒露程度反映自我接纳程度就是这个道理。

（2）有利于创造开放的气氛。

真正的自我袒露有利于创造良好的会谈气氛，让当事人比较容易放松自己。人际关系像面镜子，你怎样对对方，对方就会怎样对你，你开放坦诚，对方也会变得坦诚。以心交心就是这个道理。

作为一个个案工作课的老师，我视整个教学过程为一个老师（工作者）和同学（当事人）一起工作和经历的过程。因此在第一堂课上，我重点在于和同学们建立一种比较信任的关系（当然师生关系和专业关系有相似之处，但很不同），秘诀之一就是自我袒露。我会主动告诉学生如果他们希望了解我什么都可以问，由于传统学生对老师的敬畏以及不了解这个老师的底细，学生起初都问一些很正经的问题，如：老师你喜欢社会工作吗？怎么看社会工作的发展？我坦诚地分享自己作为一名社会工作教育实践者的兴奋、挣扎、困惑。当我轻松开放地谈论自己之后，我发现学生的问题就越来越“不正经”了，如：老师你有几次恋爱的经历？怎么谈恋爱？从同学们轻松的表情中，我知道我的坦诚创造了一个大家可以轻松学习的氛围。在我的示范和感染下，同学们也比较坦诚地谈论自己对社会工作的看法。

当然，有些人很难去坦诚地分享自己，尤其在一个陌生的人际关系中。如果你是这样的人，你要问自己什么东西阻碍了你坦诚面对别人，是你的个性，还是你对专业工作者的认识。这些问题需要认真地思考和面对。

学习活动 4-8　如何自我袒露？

当事人：你对大学生同居问题怎么看？如果是你，在大学你和男朋友会同居吗？

你怎样回答上面的问题？

工作者：____

____

____

请思考为什么你要做这样的回答。

当然，因为工作者与当事人之间是求助关系，工作者的自我袒露一定要适当[①]，需要注意的是：

（1）自我袒露不是零散的、孤立的行为，而是关系中的一部分。在会谈和一个专业关系中的自我袒露一定和会谈的话题有关，目的是促进关系的建立，因此它不是一个孤立的行为。

（2）自我袒露是互利的，也就是说双方都要自我袒露，而不能仅仅是当事人进行自我袒露。不能将你自己隐藏在专家面具的后面，不见你的情感、看法和意见。

（3）自我袒露的深浅在于当下你们的关系以及是否有助于当事人的改变。自我袒露也使关系由浅入深。

下面这个案例是应用自我袒露技巧的对话片段，当事人进入辅导室刚刚坐好，开口就问：

当事人：你结婚了吗？

工作者：结了。

当事人：请问你有孩子吗？

工作者：（看着当事人认真的表情，无法不回答，但有点担心自己的回答会给当事人造成什么影响，不明白她想要了解什么）笑着说，有了（开始有点谨慎了）。

当事人：男孩女孩？

工作者：（停了几秒钟才回答，因为觉得当事人的问题可能与这个话题有关，但这个问题没有理由不回答）男孩。

当事人：你喜欢男孩还是女孩？

工作者：（注意袒露的分寸，转移话题）你好像对我很有兴趣，能不能告诉

① 吴温淑芳，等．认识自我与沟通技巧．香港：香港理工大学应用社会学系，2002：59.

我原因？

当事人：哦，是这样的，我婆婆嫌我生了个女孩对我不好，我想和你讨论一下，为什么高级知识分子还这么封建？

这是一个我经历过的真实的个案。在上面的对话中，自我袒露是必需的，要建立在真诚的基础上，但是袒露的程度要视建立关系的程度和对会谈是否有建设性作用而定。当事人告诉我说，因为我也是知识分子，所以她很想了解我的看法，当听到我的孩子是男孩时，她的即刻反应是我不能和她同病相怜。之后我真诚地分享了我当时面临的在生男生女问题上家人（包括我的婆婆）的态度问题，我们谈得很开心，就像两个朋友。我能感觉到如果我一开始说我喜欢男孩，很可能给当事人更大的压力，她担心我不能明白她。即便我坦诚地告诉她我喜欢男孩以及我的理由（就因为我只能生一个，而且恰好是男孩），我想当事人也会半信半疑，因为当时我和她还没有建立起信任的关系。

真诚的自我袒露是一种人格魅力的流露，反映了做人的态度和人际交往的态度，它的作用远远大过你给当事人讲的一大堆看不见你自己的空道理。

（三）行动——解决问题的技巧

1. 聚焦——界定问题的技巧

比斯曼认为，聚焦可以使工作者协助当事人关注其处境中最重要、最相关的片段，是社会工作者会谈能有效实施的关键[①]。聚焦问题有利于社会工作者在有限的时间内协助当事人将焦点集中在关键的问题上，从纷乱的事情中找出重点，增加当事人解决问题的信心。

聚焦的具体做法如下[②]：

（1）使用开放式的问句。

例如，工作者可以问："刚才我们谈了很多的问题，你现在最想谈的或者最想解决的是什么问题？"

（2）具体化。

使用具体化的技巧有助于你将一些泛泛的信息转化为具体的内容，如：

"你刚才说了很多关于你丈夫的不是，你的丈夫怎样做能让你觉得满意一些呢？"

"你常用这个词，你已经对她仁至义尽了，这是什么意思？能否再具体一些呢？"

（3）表达同理心。

同理心的表达在这里也可以起到聚焦的作用。随着工作者不断地表达同理心，当事人不断地认清自己的问题，随之也不断地明晰自己问题的重心。如问："我听下来感觉你实际上对自己目前的处境不满，但又为自己的无力感到沮丧，是不是？"当事人回答："是的，我就是这样。"这样可以协助当事人更加明白自己复杂的心情，确定自己的问题。

---

① 许临高．社会个案工作——理论与实务．台北：五南图书出版公司，2003：257.

② 同①259.

其实，会谈进行的过程，就是我们采用种种方法寻找当事人的问题及其解决方法的过程，因此可以说任何有助于找寻问题的方法都是聚焦的方法，而不限于上面所陈述的几点。

会谈开始后，为了收集足够的信息，工作者通常采用开放式的问句，尽量鼓励当事人多谈一些问题，避免漏掉关键的信息。但同时，工作者又要敏锐地察觉到问题的重点所在，这样有利于抓住重点，深入探讨。最难的就是如何掌握住重点。

聚焦问题需要掌握一些基本的原则。一是从当事人最危急的事情入手。二是聚焦在对当事人来说最痛苦和最想解决的问题上。三是聚焦在当事人有能力解决并能鼓励其信心的问题上（关于这个问题详见第五章“个案工作的程序”中目标的确定）。在这里无论如何你要记住，决不能武断地将个人的判断借着自己作为工作者的专业权力而强加给当事人。聚焦问题的重点一定是双方讨论的结果，最终的选择权在当事人手里。

资料 4－1

聚焦法：拉撒路法

拉撒路在一个有关其多样式治疗取向的影片中，使用了一个我认为很有用的聚焦方法。他要当事人用一个词来描述他的问题，当事人给了一个词，如“乌云密布”。然后他说你将这个词组成一个句子，来描述自己的问题，当事人写下了“我的心里乌云密布，没有办法好好思考”。再然后他要当事人对这个句子进行更扩大的描述，当事人写出了一段话：

“当我说我的心里乌云密布、没有办法好好思考时，我是指对我老板上星期告诉我的话的反应。我一直非常努力工作，而且学到了很多，……但是我一直运气不好，碰到经济不景气，他们就把我排挤了……”

这是一个可以让当事人聚焦到自己的问题上的一种方法，你可以参考。

资料来源：EGAN G. 助人技巧——问题管理取向．台北：五南图书出版公司，1996：319.

学习活动 4－9　聚焦问题练习

当事人：我现在真的不知道怎么办了，似乎所有的问题都在一瞬间出现。父母要离婚，弟弟不学好，眼看要考大学，还整天跟着一些人乱混，我自己面临毕业分配，回原籍我不甘心，因为我不愿离我的父母太近，可不回吧，我和弟弟感情很深，至少我回家后还可以督促他学习，看着他。回家后也能看着父母不让他们离婚，要离也要等着弟弟工作或者上学。但留在北京，我也是打工，没有户口。为这些事情我常常睡不着觉，整天萎靡不振，不知怎么办好。

请做角色扮演，三个人一组，一个扮演当事人，一个扮演工作者，一个扮演观察员。尝试将当事人的问题聚焦，观察员进行记录，之后全班分享。

2. 支持当事人的长处——有助于当事人解决问题的技巧

支持当事人的长处指的是工作者通过言语表达对当事人长处的支持，包括对当事人显现的能力、努力的肯定和欣赏、鼓励[①]，也包括把当事人自己没有看到的长处说出来，目的是让当事人积极地看待自己。当事人身陷问题之中，甚至很多当事人长期处在压抑、自卑的情绪当中，缺乏自信、贬低自己常常是他们面临的共同问题。支持长处可以减少当事人心理上的焦虑和困惑，提升当事人的自信心，提升当事人处理问题的自信，也可以让当事人换个角度看自己。

运用下面一些技巧可以达到支持当事人长处的目的：

（1）在会谈的过程中，始终关注借着挖掘当事人的长处并给予正面回馈，来帮助当事人提高自尊和能力感。

这一点很重要，要贯穿于会谈的始终。从一开始你就要留心当事人在细微之处表露出来的长处，把它作为正面支持的证据，然后找时机表达出来。当事人会心悦诚服地接受，从而提升他的信心和自尊。

（2）你的态度要真诚，自始至终保持言语表达和非言语表达上的一致。

当你向当事人表达他的长处的时候，不仅你的言语要表达出你对他长处的欣赏，非言语的表情和神态同样也要表现出你的真诚。有些时候，如果你仅仅为了使用这个技巧，而不是发自内心地这么认为，那么即便你的言语表达了你的支持，你的非言语的表情、语气所流露出来的一些你内心的东西，也会让当事人察觉出你表里不一，你的表达反而会起到相反的作用。

（3）你所提供的支持与当事人的需要和当下的对话要紧密相关，否则不能发挥支持的作用。

在会谈的过程中，如果你留意，你可能会发现当事人有很多的长处，但你要表达出来的东西，一定是当事人需要的、能够促进当事人的自信的、有利于会谈和当事人的改变的，否则不痛不痒的表达不但不能起到积极的作用，反而会带来一些负面的感受，如当事人感觉你在应付他或者不真诚。

例如，工作者观察到当事人穿着很干净整齐，说话的样子很招人怜爱，但当事人的问题是她工作中的人际关系很差，她苦恼找不到改进的方法。工作者希望给她一些鼓励，在会谈的初期说“你看上去是一个非常会打扮自己的人，而且你说话的语气很好听”。当事人听了之后仅仅淡淡地回应说“是吗”，低下头开始沉默。会谈结束后，工作者在检讨自己的做法时发现，此时的支持不但没有起到激励的作用，反而使两人的关系陷于尴尬，工作者所支持的长处与当事人的需要无关，工作者所看到的优点恰好是让当事人觉得使自己陷于困境的一个缺点（如她说话的样子，常常让同事们误会她装腔作势，觉得她在男同事面前卖弄风骚，从而常常引起女性的嫉妒等），这样不仅起不到提升当事人信心的作用，反而引发了当事人不良的情绪。

支持要发挥良好的正向功能，必须注意在给予当事人支持时态度要真诚、表里如一、适时恰当、符合当事人的需要，这样才能对提升当事人的信心和自尊有建设性的

---

① 许临高．社会个案工作——理论与实务．台北：五南图书出版公司，2003：257.

作用。

学习活动 4－10　案例分享（摘选）

当事人：有一件事情我到现在还耿耿于怀。高中的时候我有个最好的朋友，好到真的是吃一碗饭、穿一件衣的程度。有一次，快到期末考试，我的一门课很差，也不想复习，她说她的爸爸可以通过什么途径拿到模拟考试题，所以不用复习，到时候做做这些题准保能考试过关，说的时候有十足的把握。我相信她，因为我也相信她的爸爸可以做到。所以我们两个人白天还是疯玩。但临近考试的前一天她还没有拿来那个模拟的试卷，我看她也不像我这么着急，我心里有点纳闷，但明天就要考试，我慌了神，陷入极大的恐慌。当然你知道这门课我考得极差，通过补考才过关。你知道那种拿了试卷不会答的感受，这是我长到这么大唯一的一次尝到了地狱的感受。但我观察她很镇静地答卷，而且考试成绩比较不错，我就怀疑她已经拿到了模拟的试卷，事后我质问她，她吞吞吐吐，更加证实了我的猜疑是正确的。我大骂了她一顿，从此我和她一刀两断。到现在四年过去了，我们见面如同仇敌，我恨死她了。

工作者：我听你的故事，仿佛我也置身在你当时的情境中，感受到这件事情对你的伤害，我理解你的愤怒，你觉得你最信任的朋友骗了你，这是你最不能接受的，是吗？

当事人：是的，我知道考试考不好也有我的责任，我只是觉得朋友不应该这样。

工作者：这件事情对你后来的影响是什么？

当事人：后来我就发愤学习，一想到这次经历的恐惧，我就在平时努力学习，不能让这样的情形在考试的时候再发生。

工作者：你发愤学习之后的结果是怎样的呢？

当事人：结果就是我考上了大学，而且也是不错的大学，这一点连我的父母和老师包括我自己都没有想到。

工作者：这么说来你觉得让你耿耿于怀的事情，那个让你刻骨铭心的事情也成了你的一个动力是吗？

当事人：是吗？呃，真是的。我一直觉得我要好好学习，考上好大学，恶心恶心那个同学。真的，我恶心了她，因为她第一年没考上。

工作者：如果你没有这件事情给你的刺激和动力，你觉得能考上大学吗？

当事人：我想不会，因为我从不认为我是学习的料子。家里人和老师都这么认为。

工作者：哦，这件事情将你学习的潜能激发了出来是吗？你看到自己其实也是一块学习的料子。

当事人：真的，我对我的能力也很吃惊。

工作者：因此你觉得同学没有给你模拟试题是一件好事情还是坏事情？

当事人：从这个角度现在看来当然是一件好事情，但我不能原谅她欺骗我。

工作者：当你觉得这是一件好事情的时候，你对你同学的耿耿于怀是否减弱了一点？

当事人：嗯，有点，真的有点。因为我从没有想到我会感谢她的做法，如果不是她的做法，我不会有今天的结果。

工作者：你释然了一些吗？

当事人：心里好受一些了。很奇怪，我一开始给你讲她的时候还很愤怒，但现在似乎心情平静了很多，但我还是不能原谅她欺骗朋友。

工作者：这么说你已经原谅了她不给你试题，但不能原谅她欺骗你这个朋友，是吗？

当事人：是的。

工作者：好，如果这件事给你这么好的结果，那她到底有没有欺骗你，你觉得搞清楚这个问题仍然很重要吗？

当事人：但怎样也不能欺骗我，好朋友嘛。

工作者：……

从上述对话中，你能看到工作者是如何表现正面支持技巧的吗？请将你的分析和感受写下来与同学和老师分享。

动机性访谈（motivational interviewing，MI）是由威廉·米勒和史蒂芬·罗尼克在20世纪90年代初根据治疗酒精依赖患者的经验建立起来的一种以心理咨询对象为中心的访谈技术。由于在咨询的过程中，工作者主要通过挖掘和妥善处理心理咨询对象行为改变过程中的矛盾情感（ambivalence），进而增强其行为改变的内在动机，故被称为动机性访谈。

与传统的行为改变干预技术相比，动机性访谈将当代不少行为改变的研究理论应用融合在实践中。在行为改变理论方面，动机性访谈主要借鉴了迪克莱门特和普罗查斯卡提出的行为分阶段转变理论（the transtheoretical model and stages of change），该理论强调行为改变是一个连续和渐进的过程，这一过程可以分为前意向阶段、意向阶段、准备阶段、行动阶段和维持阶段五个阶段，不同阶段的个体对自身行为改变的心理活动亦不相同，为此，在辅导中应当根据不同阶段的特点采取不同的策略。根据上述理论，动机性访谈的整个访谈过程大致被分为两个阶段：第一阶段指向行为改变的前意向与意向阶段，主要是帮助心理咨询对象增强行为改变的内在动机；第二阶段则指向行为改变的后三个阶段，重点在于巩固心理咨询对象对行为改变的承诺以及制订并履行行为改变计划。在咨询策略上，由于求助者的矛盾情感和阻抗常常是咨询第一阶段面临的主要问题，基于罗杰斯的人本主义理论和费斯汀格的认知失调理论，动机性访谈强调运用同理心（empathy）和扩大认知不一致（cognitive dissonance）来激发求助者行为改变的内在动机。当求助者开始进入行为改变准备阶段后，能否做出有效的改变尝试是动机性访谈的关键。为了巩固求助者对行为改变的承诺以及制订并履行行为改变计划，动机性访谈强调提高求助者对行为改变的效能是咨询的重点。为此，根据班杜拉的自我效能理论，动机性访谈着重通过各种效能增强策略来增强求助者的效能信念。动机性访谈没有提出更多新的咨询理念和行为改变理论，但它将当代不少应用心理学研究成果有机地整合在一起，这也保证了动机性访谈的有效性并提高了这一访谈技术的应用价值。[①]

三、与家庭一起工作

根据“人在情境中”的个案工作理念，工作者在与当事人接触的过程中应该时刻记住当事人是一个家庭的、社区的、社会的一员。

家庭在一个人的成长过程中起着重要的作用，是一个人社会化的重要场所，家庭影响着一个人的自尊、自信和人际互动，家庭中的一些历史事件持续地影响着我们的感情、态度和行为[②]。因此，想要解决当事人的问题，必须和当事人所在的系统进行互动，了解家庭的功能、结构、历史、文化以及家庭的氛围、界限、人际互动等等。

（一）与家庭一起工作的原则[③]

（1）工作者要了解家庭的生活历史，了解家庭是怎样发展的，对于家庭也可以应用社会系统的知识。但家庭也有自己独特的发展特征，对其成员有自己的团结力和影响力。

（2）工作者必须将家庭作为一个整体看待，家庭中的每个成员都应该受到重视和尊重，每个成员的观点都很重要。

（3）工作者推动家庭成员将家庭所面临的问题和责任看成每一个家庭成员的责任，每个成员都要做出调整以减轻家庭的压力。

（4）避免谴责和怪罪，这样会将责任放在家庭中的某个人身上，而工作者要让家庭认识到问题可能是个人和家庭互动的结果以及家庭和社会大环境互动的结果。

（5）工作者要对家庭的文化有敏感度。

（二）家庭形式的变化

传统家庭是由父母（异性的）和孩子组成的。但在现代社会，家庭的形式已经发生了很大的变化，有同性恋的、夫妻无孩的、父母和孩子不在一起生活的、单亲的、祖父母带着孙子女的、重组的有继母或继父的，社会工作者通常不仅要面对这些不同的家庭，还要接受这些不同的家庭模式并提供适当的服务，而最大的挑战则来源于工作者自己对家庭的看法和他本人的家庭带给他的影响。因此和家庭一起工作的前提就是工作者自己要了解家庭对自己的影响。和不同的家庭一起工作需要有高度的文化敏感度和不同的策略以及工作重点。

和老年人的家庭一起工作，主要要帮助家庭发掘和利用社区的资源，这些资源能帮助生活受限制的老年人，帮助家庭持续地得到支持。

---

① 骆宏，许百华．动机性访谈：一种以咨客为中心的行为改变咨询技术．应用心理学，2005，Ⅰ（1）：85-89.

② GARVIN C D，SEABURY B A. Interpersonal practice in social work-processes and procedures. Prentice-Hall，Inc.，Englewood Cliffs，1984：147.

③ JOHNSON L C. Social work practice. New York：Pearson Education，Inc.，2004：325.

和单亲家庭在一起工作，重要的是要认识到缺席父/母的影响。对待不同原因，如离婚、一方过世或者未婚等导致的单亲，方法也不同，但共同的就是要关注单亲家长超负荷的角色负担和单亲父/母的需要、孩子的教育问题等等。这种类型的家庭更加需要社区的支持和资源。

混合家庭（有继父/继母的）是社会工作者面临的一个很大的挑战，尤其是这种家庭中的孩子面临更大的困难。这些家庭面临的问题就是如何适应在一起生活，很多这样的家庭又面临再次的解体，这是因为无法处理他们在一起生活的混乱情况。

有一些家庭中存在家庭暴力，如虐待儿童、老人或者配偶。面对这些家庭，社会工作者要与家庭建立良好的信任关系，评估受害者的安全情况，提供社区资源，等等。

同性恋家庭在欧美的一些国家和地区已经成为合法的家庭，在中国大陆，同性恋目前仍属于个人行为，不受法律的保护，但我们无法逃避。我们正在面临家庭形式的种种变化，更面临越来越多的成员来自患有艾滋病的家庭，所以不断地学习、丰富我们的知识是一方面，更关键的是作为工作者，你如何看待这些家庭，是否接纳这些家庭。因此和家庭一起工作最大的挑战来源于你自己的认识。

和不同的家庭一起工作，工作者必须了解家庭的不同文化以及家庭的结构和功能。

（三）了解家庭

1. 家庭的目标

家庭的目标是鼓励家庭成员合作和产生保持家庭活力的动力。家庭的目标可能是短期目标，如家庭的一个度假计划，也可能是长期的，如家庭成员的教育计划，还可能是很具体的，如买一台电视机等。工作者不仅要了解一个家庭的目标，更重要的是看家庭成员是否都了解家庭目标：家庭目标是否是在尊重成员目标的基础上家庭成员协商的结果？家庭目标是否满足家庭中每个成员的目标？家庭目标是否是强势成员强加给家庭的？

2. 家庭的规则

家庭是一个有规则的管理体系，成员之间是有组织的，它决定了各个成员的行为而不是人格特质。若能了解这些规则，你就可以了解家庭成员之间如何界定彼此的关系。大部分的家庭规则是看不见的或者没有说出来的，但是大家都遵守，如尊敬老人、出门要穿得干干净净、孩子要听命于父母而不能顶嘴等。了解这些规则，我们就可以了解这个家庭的权力关系、分工模式，这些规则对家庭成员可能产生的积极和消极影响，以及家庭成员的行为方式、与人沟通的方式，等等。

3. 家庭的气氛

家庭的气氛很重要，气氛好的家庭充满了宽容、幽默、善意，气氛不好的家庭则充满了谴责、吵架、沟通不畅等。气氛对一个孩子的成长有非常重要的作用。

4. 家庭的沟通

家庭成员之间的沟通模式是工作者要了解的，好的家庭成员之间的沟通是流畅的，大家都可以说心里话，形成比较强的支持系统。反之，无法沟通，父母不能了解子女的想法，子女也不能体会父母的心意，家庭的问题就会出现。

(四) 和家庭一起制订计划

工作者协助家庭开展工作，所要做的工作就是：

（1）界定家庭中每个人的目标。

（2）协助一起讨论家庭目标，形成一个包括每个人的利益的共同目标。在讨论的过程中关注家庭成员的归属感和合作精神。

（3）一些家庭如果已经建立了共同的目标，工作者的任务就是协助每个成员找到一种方法去实现个人的目标，工作者的作用就是中介者和谈判者。

举例来说，家庭中关于春游的计划，也许父母事先决定了，但孩子们不愿意，因此工作者就要在中间协调，让孩子们讲出自己的目标，协助父母和孩子们讨论，当然目标是皆大欢喜。另外一种情况就是有一个假期，希望怎样利用，大家一起讨论，最后订出一个能够让大家都接受的计划。工作者在其中的角色是推动者、中介者和谈判者，但绝不是主导者。在与家庭工作的过程中，让家庭学习平等、民主对话的方式和尊重每一个人的权益的态度，而不能忽视和淹没个别成员的声音。

(五) 和家庭一起行动

（1）发展关系：和家庭一起工作，关键是要建立家庭成员之间良好的、健康的关系。好的关系包括有效地沟通，建设性地解决冲突、做决定和解决问题。

（2）使家庭能够了解和利用资源。家庭之所以出现问题，很多的时候是因为缺少资源，工作者将资源和家庭连接起来并让家庭学习如何去得到资源，这对家庭满足它们的需要是非常重要的。

我们在第七章介绍“家庭治疗”和在第十一章描述“家庭辅导”时，对家庭工作方法会有更详细的介绍，在此就只点到为止。

第三节 记录的技巧

保留记录是社会工作实践的一个重要内容，不同的社会工作实践需要不同的记录，不同的记录形式也适合不同的服务形式、实践取向和组织的特征。个案记录是指工作者对其日常所服务的个案的会谈及有关联络的事项，以文字方式记载下来，并将其保存在特定的个案资料夹中[①]。

---

① 潘淑满．社会个案工作．台北：心理出版社，2000：319.

一、为什么需要个案记录？

撰写个案记录不仅是专业的技巧之一，而且是助人工作中重要的一环[①]。根据吉尔·多纳·卡格尔[②]以及黄维宪等[③]对进行记录的作用的描述，我总结出下面几点。

（一）有助于你跟进工作，检视你所提供的服务是否适合当事人

从当事人来到机构寻求服务并正式接受你提供的服务起，你就已经开始了建立这个当事人的档案的工作。你的记录是其中非常重要的一个内容，你所记录的内容包括当事人所要面对的问题和他的需要，对当事人与环境之间关系的评估，以及你每次对他所进行的干预，当事人的反应，等等。每当你重新看这些档案资料时，你就可能会发现一些新的东西，它们可能刺激你再仔细地了解当事人的问题，改进你的服务。仅仅靠你的记忆是绝对靠不住的。如果你能清晰地跟当事人聊你们在一起所经历的过程和变化，当事人会因为你记得这些事情而感到受重视。要做到这些，需要良好的个案记录提供帮助。

（二）保持个案的连续性

进行个案记录的一个重要作用就是所记录的资料可以用来保证服务的连续性。当工作者因种种原因缺席的时候，其他的工作者可以凭借这些资料了解当事人及工作过程，可以保证其他的工作者能继续为当事人提供服务。

（三）有助于和当事人分享资料和信息

在每次面见当事人的时候，你的手里应该拿着之前的工作记录，以便在需要的时候随时和当事人分享信息，也让自己能够了解当事人问题的发展情况，这些仅凭记忆是做不到的。

（四）有助于你反思自己的工作

记录是一个重要的反思自己的工作、提升自己作为一个工作者的实务经验的重要凭据。没有记录，你也可以凭借记忆对自己的工作进行反思，但记录能更清晰地告诉你具体的问题在哪里、哪里做得好、哪里需要改进，并可以作为你研究的一个基础。

（五）有助于对个案工作进行管理和监督

你的机构和同事不能仅凭你的口头汇报来对你的工作进行检查。一个运作良好的机构会建立和健全这些记录制度，作为对员工的工作进行绩效评估的依据。记录的保留不仅是为了对上级或者提供资助的资助方进行交代，更重要的是为了向当事人进行

---

① 黄维宪，曾华源，王惠君．社会个案工作．台北：五南图书出版公司，1985：295.

② KAGLE J D. Social work records. Wadsworth，Inc.，1991.

③ 同②295－296.

交代，以便在工作者和当事人出现纠纷的时候提供一个参考。

(六) 有助于教学和研究

记录也是你从事研究的一个重要的资源，切记你在使用资料的时候一定要为当事人保密，保护当事人的权益，并且对于涉及当事人的资料要用到什么程度、达到什么目的等，一般情况下要征得当事人的同意。如果研究会给当事人带来伤害，那么这个研究决不能做。

资料 4－2

个案记录的作用综述

作者	个案记录的作用
Hamilton（1946）	个案记录有行政、服务、研究和教学等目的。
Cline（1968）	提供行政报告、训练和督导、协调、评估研究、基础研究等。
Harries（1970）	寻求正确的诊断和有效的治疗、个案的连续性服务、研究和社会计划、教学。
Kagle（1991）	服务数与工作量的计算、督导、同辈们查阅、工作者的自我评估、专业间的沟通、组织间的沟通、专业间的自我保护、治疗的工具和资料的保存与订正。

资料来源：黄维宪，曾华源，王惠君．社会个案工作．台北：五南图书出版公司，1985：297－298.

二、一份好的个案记录的标准是什么？

写一份记录容易，但写一份好的记录不容易。一份好的记录能体现出一个工作者的专业态度和能力，根据黄维宪等[①]的总结，一份好的记录应该有下面几个要点：

（1）要有当事人的完整的基本资料。

完整主要是指尽可能详细地记录当事人个人的基本资料（这一点详见第五章关于资料收集的内容，它详细地说明了应该收集当事人的哪些资料）。潘淑满认为，一个资料夹中应该包括这些内容：个案申请表、接案表、服务登记表、个案服务记录、转介记录以及结案记录的资料[②]。资料越详细，就越有利于发挥上面所说的记录的种种作用，如有利于准确评估当事人的问题，有利于跟进工作，有利于研究和督导，等等。

举例来说，一位母亲经常抱怨自己的女儿越来越不懂事，整天懒洋洋的，学习开始退步，并且脾气越来越暴躁。工作者问母亲女儿多大，什么时候开始有这种情况发

① 黄维宪，曾华源，王惠君．社会个案工作．台北：五南图书出版公司，1985：297－298.

② 潘淑满．社会个案工作．台北：心理出版社，2000：319.

生，母亲告诉工作者女儿 17 岁，最近半年出现这种情况。工作者详细记录了母亲描述的孩子的种种现象，但工作者将辅导的重点放到了父母如何帮助高考前的孩子减压上。幸亏这个工作者有一个详细的记录，督导看过记录后，和工作者一起讨论当时的情景，并建议工作者打电话给那位母亲，带女儿到医院看医生。果然，检查发现女儿患有甲亢。

（2）记录的内容最重要的应该是能够协助工作者做出正确的诊断和拟定有效的处置计划的内容。

在记录中，最主要的是要对当事人提供的资料尽量进行详细的描述，但不是凡是和当事人谈话的详细内容都要记录在案。关于能够记下什么、什么是重要的很难有一个客观的标准，所呈现的东西主要依据工作者的专业判断和看问题的视角而定，与专业经验有很大的关系。

（3）应尽量准确地使用语言。

过程记录要尽量按照当事人的原话进行记录，因为不同文化背景下的当事人用的词表达的含义会不同，你如果改用你的词，很可能会对当事人所表达的意思产生误会。但是你的分析要尽量用专业的词汇，以有利于让你的同行和督导讨论和分享，避免自己杜撰生硬的词汇。如果一些话是当事人文化脉络中特定的一些表达方式，一方面要在当时向当事人澄清其中的含义，另一方面记录的时候尽量将原话写下来，并根据当事人的解释做注解。

（4）除非有特殊的目的，否则记录应以简明扼要为原则，并记下每次与当事人见面的时间、地点等，同时在每次完成记录之后工作者要签名，以示负责。

（5）每一个当事人必须有一个完整的自己的档案，按照时间顺序排列，以便检查和查阅。

（6）在每次会谈之后要立即进行记录，否则很快就会忘掉或者混淆一些细节。

三、个案记录的形式

没有一种记录形式能够完全满足多重的目的，潘淑满[①]主要描述了下面几种常用的记录形式。

（一）过程记录

所谓过程记录是一种叙事报告形式，针对从个案接触到结束个案的整个过程，详细记录当事人和工作者互动的过程以及言语的、非言语的沟通等。如果有可能，尽量逐字逐句地进行实际的记录，这样可以简单地浓缩整个会谈过程。黄维宪将这种方法称为浓缩式记录。过程记录常常用于社会工作的教育训练、实习和对新工作者的督导和训练课程。[②]

---

① 潘淑满．社会个案工作．台北：心理出版社，2000：329.

② 同①.

综合威尔逊[①]和我本人的日常的记录训练经验，过程记录应该包括如下内容：

（1）当事人的基本资料：会谈日期、时间，工作者和当事人的姓名，当事人的相关资料和会谈的次数，个案编号，当事人的健康和家庭状况，如居住状况、家庭成员、兄弟姐妹等。

（2）记录当事人与工作者的会谈内容，基本上要做到逐字逐句。

（3）记录双方的言语与非言语行为、当事人的感受和情绪反应。因为记录不像录像带，从中看不到双方的非言语行为，因此详细记录非言语的表现，让当事人和工作者的形象在纸面上活灵活现，有助于对当时的互动情景有更深入的了解。

（4）在最后，记录诊断性摘要、你的分析性思考、你的干预策略和方法、你对这次会谈的检讨和对下次会谈的思考及安排。

表 4－2 是我根据上面的内容帮初学者练习过程记录时常常用的一个表格，供你参考：

表 4－2　　过程记录范例（逐字逐句）

<table>
<tr><td colspan="3">日期/时间：</td><td colspan="2">工作者：</td><td colspan="3">个案编号：</td></tr>
<tr><td colspan="2">当事人详细资料：</td><td>姓名</td><td></td><td>年龄</td><td></td><td>职业</td><td></td></tr>
<tr><td>民族</td><td></td><td>婚姻状况</td><td></td><td>会谈次数</td><td colspan="2"></td><td>其他</td></tr>
<tr><td>身体状况</td><td colspan="7"></td></tr>
<tr><td>家庭状况</td><td colspan="7"></td></tr>
<tr><td>特别说明</td><td colspan="7"></td></tr>
</table>

<table>
<tr><td>对话过程</td><td>当事人的非言语</td><td>工作者的感受和反应</td></tr>
<tr><td>工作者：你请坐，我给你倒杯水……
当事人：谢谢</td><td>当时说话的声音很小，不敢抬头看工作者，双手紧握着杯子，全身紧绷</td><td>当事人很紧张，首先要舒缓紧张的气氛和当事人的情绪</td></tr>
<tr><td>……</td><td>……</td><td>……</td></tr>
<tr><td colspan="3">总结：
工作者对这次会谈的总体感受和建议：

工作者对下次会谈的计划和安排：</td></tr>
</table>

学习活动 4－11　过程记录练习

步骤：

（1）老师将事先准备好的过程记录表格发给大家。

（2）从同学中招募两个志愿者，一个做当事人，一个做工作者，选择一个话题，两个人进行个案辅导的角色扮演，时间大约 15 分钟。

---

① 潘淑满．社会个案工作．台北：心理出版社，2000：329.

（3）同学们在下面对15分钟的个案辅导过程做过程记录练习。

（4）将记录交上来，老师点评。

（二）摘要记录

摘要记录通常按照明确的主题将会谈的内容和分析以及干预策略、对整个会谈的反思总结性地记录下来。

摘要记录一定要包含当事人详细的个人资料，这一点和过程记录应该一致。但是就内容而言可能需要记录下面几个部分：

（1）当事人可能面临的问题。

（2）当事人产生问题的原因。

（3）当事人曾经做过的努力和支持系统。

（4）工作者提出的针对当事人问题可能有的解决策略。

（5）工作者对会谈过程的反思以及对下次会谈的安排。

根据摘要记录的不同目的，黄维宪将摘要记录细分为诊断记录、定期摘要记录、转案摘要记录和结案摘要记录等几种，你可能已经从字面上理解了它们各自的重点。

表4－3是我用过的一个练习摘要记录的表格，供你参考：

表4－3　　摘要记录范例

<table>
<tr><td colspan="3">日期/时间：</td><td colspan="2">工作者：</td><td colspan="3">个案编号：</td></tr>
<tr><td colspan="2">当事人详细资料：</td><td>姓名</td><td></td><td>年龄</td><td></td><td>职业</td><td></td></tr>
<tr><td>民族</td><td></td><td>婚姻状况</td><td></td><td>会谈次数</td><td colspan="2"></td><td>其他</td></tr>
<tr><td>身体状况</td><td colspan="7"></td></tr>
<tr><td>家庭状况</td><td colspan="7"></td></tr>
<tr><td>特别说明</td><td colspan="7"></td></tr>
<tr><td colspan="8">1. 当事人可能面临的问题：

2. 当事人产生问题的原因：

3. 当事人曾经做过的努力和支持系统：

4. 工作者对当事人问题提出的可能的解决策略：

5. 工作者对会谈过程的反思：

6. 工作者对下次会谈的安排：</td></tr>
</table>

对一个初学者来说，这两种记录的训练是一项最基本的训练，之后你可以根据机构、当事人的需要和问题，采用具有你自己风格的创新的记录方式。总之，形式要服务于内容而不能为形式所困，记录的训练也要经历一个由笨拙到熟练的过程。

表4-4是一个个案工作片段摘要记录表格。

表4-4　片段摘要记录

个案的主题： 日期：　工作者：　当事人： 会谈次数：　节选的长度（时间）： 其他参加人：
1. 简短描述这一节中发生的事情。
2. 列出所有新的问题、需要或者表面的问题。
3. 工作者做了什么介入？
4. 提供了什么新的资料、意见和计划？
5. 本个案的情况总体是怎样的？

资料来源：KAGLE J D. Social work records. Wadsworth，Inc.，1991：124.

第四节 小　结

技巧是非常重要的工作手段，多好的思想都要通过具体的行动体现出来，这就需要应用技巧。个案工作是与个人和家庭一起工作，因此掌握与他们沟通的技巧很重要。技巧有很多很多，因工作者和面对的服务对象不同而异。人在情境中，家庭是个人生活的一个重要场所，是个案工作中一项重要的内容，工作者不仅要认识到现代社会中家庭的各种形式，而且要用不同的策略和家庭一起工作。要与家庭一起工作，达到推动家庭满足他们的需要和发挥良好的功能的目的，工作者要对家庭进行评估，评估阶段包括将家庭作为一个系统，计划发展共同的目标和互惠的有分享的目标，推动家庭解决困难和训练他们解决问题的技巧，只要家庭有所进步，工作就结束了。

个案记录的重要性在于它有助于你跟进工作、检视所提供的服务是否适合当事人、评估工作、为教学和研究服务等。最重要的一点是，记录是检查你的技巧应用得是否恰当的一个重要的依据，所以在社会工作中记录非常重要。记录要有技巧性，以便保证能够比较翔实地记录整个服务的过程。

本章要点

1. 会谈的基本技巧
2. 和家庭一起工作的技巧
3. 个案记录的基本模式

基本概念

技巧　会谈　SOLER　反映感受　询问　聚焦　过程记录　摘要记录

复习思考题

1. 社会工作基本理论和技巧之间的相互作用是什么？
2. 影响社会工作者应用技巧的因素是什么？
3. 如何与家庭一起工作？
4. 不同的个案记录形式在什么情况下适用？你喜欢哪种？为什么？

推荐阅读书目

1. 黄维宪，曾华源，王慧君．社会个案工作．台北：五南图书出版公司，1985.
2. 许临高．社会个案工作——理论与实务．台北：五南图书出版公司，2003.
3. CORMIER S，CORMIER B. 助人者的晤谈策略：上．台北：心理出版社，2000.
4. GARVIN C D，SEABURY B A. Interpersonal practice in social work processes and procedures. Prentice-Hall，Inc.，Englewood Cliffs，New Jersey，1991.
5. KAGLE J D. Social work records. Wadsworth，Inc.，1991.

第五章

个案工作的过程

本章概要

本章会向你详细介绍个案工作的过程，也就是开展个案工作的具体步骤。个案工作者和当事人的关系是一种求助关系，在这一关系中你如何开始、发展、结束与当事人的关系呢？其中你的角色和当事人的角色是什么？你们各自应该承担什么工作任务和责任？在每个步骤中你工作的重点是什么？这一章将会对此做详细的介绍，以便让你了解和掌握完整个案的整个过程。前面几章所涉及的关于个案工作的哲学和价值观体系、个案工作者应具备的素质、个案工作的技术以及专业关系的建立等内容都要在这个工作程序中加以整合运用，以便达到有效助人的目的。

当然，将各个步骤和程序清晰地划分出来，一方面是要说明个案工作基本的工作步骤，另一方面是为了帮助初学者清晰地了解个案工作的各个环节。而在实际的工作中，各个阶段并不是这样泾渭分明的，它们之间相互联系，你中有我我中有你。

第一节 个案工作过程综述

一、什么是个案工作过程？

个案工作的过程是指针对个案问题所采取的问题解决过程，是由一连串连续的服务过程所组成的[①]。这个过程，始于当事人面对的个人问题或困扰，终于服务目标的达成或者专业关系的中断。

二、个案工作过程的不同模式

不同的学者对界定和划分个案工作的发展阶段有不同的看法，概括起来有下面这

---

① 潘淑满．社会个案工作．台北：心理出版社，2000：254.

些划分，详见表 5－1：

表 5－1　　个案工作过程综述

作者	定义	阶段划分
Perlman（1976）	认为个案工作的过程是一个解决问题的过程。	包括三个逻辑性的步骤： 研究（事实发现）、诊断（思考和组织事实）、处置（对问题该有哪些行动）。
Northen（1982）	认为助人过程包括三个阶段。	初期阶段、核心阶段、结束和转换阶段。
Compton and Galaway（1975）	认为解决问题分为三个大阶段，每一个阶段有它的主要工作。	接触阶段（包括问题认定）、中期或契约阶段（包括订立目标）、结束阶段（包括评价与结案）。
Brammer（1979）	认为助人的过程包括两个主要部分，每一个部分包括四个阶段。	第一部分，建立关系阶段，包括开始阶段、澄清阶段、结构阶段及关系建立阶段； 第二部分，催化及行动阶段，包括探索阶段、强化阶段、计划阶段以及结束阶段。
Whittaker（1974）	认为个案工作是社会治疗的直接服务方式，其整个过程分为三个阶段、八个步骤，之间相互关联，而不相互排斥。	开始阶段：包括接案、评估与社会诊断、目标的决定、社会治疗计划的选择、工作协议的建立； 中间阶段：包括持续社会治疗； 结束阶段：包括评估、结案和追踪。
Hepworth，et al.（1982）	认为个案工作过程分为三个阶段。	阶段一：订契约、评鉴和计量； 阶段二：履行和目标达成； 阶段三：结案和评估。
廖荣利（1983）	认为社会服务或治疗按部就班地实施，这就是个案工作的程序。	包括申请和接案、资料收集和情报研判、诊断与服务计划、服务与治疗、结案与评价以及持续服务。

资料来源：黄维宪，曾华源，王惠君．社会个案工作．台北：五南图书出版公司，1985：192．潘淑满．社会个案工作．台北：心理出版社，2000：247．

潘淑满在其《社会个案工作》一书中，综合斯奇摩在《社会工作概论》一书中的观点和多夫曼在《临床社会工作》一书中对个案工作的划分框架，参考其他学者的划分，认为个案工作分为四大阶段：初期阶段、预估阶段、干预阶段与结案阶段①。本书参照潘淑满的划分以及在实践中的经验，认为个案工作必须经过下面几个阶段：第一阶段，初步接触与建立关系；第二阶段，收集资料与问题评估；第三阶段，确定目标和制订工作方案；第四阶段，执行计划；第五阶段，结案与评估。

需要进一步说明的是，划分出这些阶段并不意味着各个阶段之间是截然分开的，而是希望展现各个阶段的主要特点和突出的作用。每个阶段之间都有逻辑关联，上一个阶段的任务完成得不好，就会影响下一个阶段任务的完成。同时要注意，在各个阶段，个案工作者都必须自始至终地贯彻和落实社会工作的价值观以及与当事人建立良好的专业关系。

① 潘淑满．社会个案工作．台北：心理出版社，2000：255．

第二节 初步接触与建立关系

此阶段的目的是通过与当事人初步的接触，对当事人及其带来的问题进行初步评估，并依据机构的功能和当事人进行讨论，以便决定机构是否可以为当事人提供适切的服务，并与当事人建立初步的专业关系。有些书将这个过程称为“接案”过程[①]。

假如你是一位当事人，你去一家机构求助，如果这家机构可以为你提供服务，那么你是否接受服务，很可能受对机构或者接待你的工作者的第一印象的影响。所谓良好的开端是成功的一半，对当事人的帮助和治疗以及专业关系的建立从第一次接触就开始了。有一个针对 17 个精神卫生中心的将近 14 000 名病患者所做的研究发现，将近 50%的未成年个案在第一次会谈后并没有再持续下去[②]。因此初步关系的建立非常重要，而要建立好关系，首先要做好充分的准备并了解和掌握当事人的求助心理。

一、做好会谈前的准备

会谈前的准备工作包括：回顾曾经与当事人接触过或者电话联络过的信息，可能的话，接触曾经与当事人接触过的专业工作人员；准备好场地、环境等；工作者的穿着、外表要整洁并做好自己的心理调整；等等。

（一）回顾

翻阅机构过去接待当事人的记录，如果当事人曾经来机构求助过，那么你可以从以往的资料中了解当事人的情况，避免在会谈中重复一些信息和资料。你熟知当事人的个人资料能让他感到受尊重和温暖，并能有效利用会谈的时间，有助于很快建立专业关系。当然在翻阅以往资料的时候，工作者必须用开阔的心胸对待这些资料，不要让其成为偏见的来源，否则就失去了回顾的意义。

（二）电话记录

一般来说，当事人要到机构寻求帮助和信息，会先打电话给机构进行询问和预约，机构的工作人员会做一个记录，这个记录为接待当事人的工作者提供了可以查阅的有关当事人的基本信息。

（三）工作者的准备

工作者的准备包括两个方面：一方面是物理环境，包括会谈的时间和地点，工作

① 潘淑满．社会个案工作．台北：心理出版社，2000：254.

② COURNOYER B. 社会工作实务手册．台北：洪叶文化事业有限公司，1997：89.

者的穿着、打扮，等等；另一方面主要指工作者的心理准备。

物理准备包括与当事人确定会谈的时间。一般情况下，会谈的时间应该是双方商谈的结果，不能仅仅考虑对工作者合适的时间，要考虑选择对当事人来说方便和安全的时间。会谈的环境要安静、温馨，避免嘈杂和电话的干扰，房间的布置也要适合当事人抒发自己的感受，一些不适当的张贴画和标语或许也会阻碍一些当事人的表达和情感的宣泄。工作者要注意自己的穿着和打扮，甚至要注意自己身上是否要洒香水，因为有些气味会引发某些当事人的过敏反应。工作者一些日常生活中不经意的小动作，可能也会引起当事人的厌恶等感受。对于这些，工作者都要进行事先的准备。

当你通过电话或者以前的记录等了解到当事人的问题与你自己的文化有很大的冲突时，比如你的当事人是一个同性恋者，或者是一个大男子主义者，或者是你深恶痛绝的强奸自己女儿的父亲，你将如何对待这些心理的冲突和文化的差异？你在情绪和心理上是否做好了准备？准备是为了警醒自己，不要把自己的价值观强加给当事人或者对当事人心存偏见。此外，如果自己没有准备好，应该把当事人转介给其他合适的工作者。如果你可以接待当事人，要准备对此文化的冲突和差异适当进行自我袒露。

二、暖身——缓解当事人的焦虑情绪

（一）求助并不是一件容易的事

当事人来到机构寻求帮助，常常有紧张、恐惧、担心、不信任、不安全等感觉，我们将这些反应称为当事人现实性的反应，这些现实性的心理反应可能由下列因素造成[①]：

（1）当事人可能不需要立刻接受服务，仅仅是进行询问和试探。

（2）对向陌生人讲出自己的问题尤其是很隐私的问题感觉非常难为情。

（3）当事人意识到要承认自己也是产生问题的一部分原因，感觉很痛苦和无法面对。

（4）当事人过去有一些成功和不成功的求助经验影响这次的求助。

（5）当事人的求助能力是不一样的，有些人很容易寻求帮助，有些人则很难。

（6）当事人是被强迫来到机构而不是主动寻求帮助的。

（7）当事人以前从来没有接触过专业的服务机构，对机构的服务很陌生，不知机构能够提供什么样的服务。

（8）当事人对机构抱有不切实际的希望和要求。

工作者了解到这些心理反应之后，需要做一些相应的工作准备。在初次会谈开始的几分钟，也称为“暖身”[②] 的过程，工作者要协助当事人减轻焦虑不安的情绪。比如工作者可以先从自我介绍开始，然后介绍机构的服务范围等，之后再邀请当事人进

---

① 黄维宪，曾华源，王惠君．社会个案工作．台北：五南图书出版公司，1985：131.

② 潘淑满．社会个案工作．台北：心理出版社，2000：256.

行自我介绍。如果当事人焦虑不安的情绪还没有缓解，那么工作者要用一些会谈的技巧引导当事人放松情绪，例如，你可以试着说："其实大多数人第一次接受辅导的时候也会这样紧张，我理解你有很多的担心……"或者可以进行自我袒露："我第一次接受别人辅导的时候和你的心情一样紧张不安……每一个人总会有困难需要别人帮助。"

（二）对不同的当事人给予不同的对待

如前所述，当事人来到机构后的心态很复杂，因此工作者必须详细了解，加以区分，对不同的当事人采取不同的处理方法。对不需要立刻服务的当事人，要对其问题进行一个简单的评估，看是真的不需要立刻服务还是有别的原因，不同情况应区别对待；对询问信息的当事人，工作者要尽可能地提供一些有帮助的信息；对有求助意愿以及本机构可以为其提供服务的当事人，应鼓励其接受机构的服务，树立其解决问题的信心和对机构及工作者的信心。在这里，建立初步的信任关系很重要，工作者要在从看见求助者的第一眼起到服务结束的整个过程中，自始至终地贯彻尊重、真诚、无条件接纳的工作原则。工作者亲切、和蔼的态度、眼神和语气，以及机构具有的能够给求助者提供帮助的资源，都具有治疗作用，也是鼓励求助者成为当事人的必要条件。

（三）对不适合本机构服务的求助者应该热情地给予信息支持或者提供转介服务

我曾目睹了一家服务机构的工作者接待当事人的经历。一位中年妇女来寻求法律帮助，她衣冠不整，衣服和头发脏乱，浑身散发着一股味道，战战兢兢地站在工作者的面前。工作者一见到当事人的样子，面部立即表现出厌恶的神情，搬了把椅子让当事人坐在离她办公桌一米远的地方，用很冷漠的神情听着当事人诉说她的问题。当听到当事人的问题不属于本机构解决的范围后，立即打断了当事人的话，告诉她找错了地方，并告诉当事人以后收拾一下自己。工作者的态度对当事人来说无疑是雪上加霜，当事人的神情显得更加沮丧和无助。

事后，工作者解释之所以这样，是因为每天接触太多这样的人，时间长了就没有了耐心。也许这是一个事实，但不是一个工作者（无论是否经过专业训练）应该具备的职业态度。

对待这样的当事人，尽管机构不能为其提供服务，但工作者应该了解到当事人的求助心理，用温暖的态度鼓励当事人树立解决问题的信心，并告知一些相关的信息。如果有合适的服务机构，尽可能地与那个机构取得联系进行转介。这种热情的态度和转介信息对求助者来说也是很大的支持。

（四）对一些当事人的期望给予澄清

一位当事人来到机构，告诉工作者，自己的丈夫有婚外恋，希望工作者能够帮她把丈夫从另外一个女人处拉回来。工作者用幽默的口吻澄清了当事人的期望："我不能帮你到那个女人那里将你的丈夫拉回来，但是我们可以共同面对和找一找有什么解决问题的办法。”

在一般情况下，当事人来求助时对机构抱有很大的期望，希望工作者能像一个魔术师那样解决自己带来的问题。然而，当事人的问题很复杂，问题解决的过程也很复杂，有很多因素在其中起作用。如果机构所提供的服务和当事人的期望之间存在很大的差距，或者机构不能提供当事人所希望的全部服务，也可能导致当事人更大的失望、沮丧等情绪。因此，工作者澄清当事人的期望对当事人来说是非常必要的。工作者可能要做到：

● 介绍机构的服务范围，告诉当事人机构可以做什么和不能做什么，以便为不适合本机构的服务对象及时提供适切的转介服务。

● 清楚地告诉当事人，问题的解决需要双方共同地努力，而不仅仅是工作者和机构单方的事。其中当事人自己也要努力配合，对自己的问题负责。降低当事人的依赖心理，增加他对解决自己的问题的责任心。

三、初步评估当事人的需要及问题

了解当事人的需要，对其问题进行简单评估，目的是决定机构是否为当事人提供服务。工作者需了解下面的问题以便做出初步的评估：

（1）当事人的求助意愿如何？是主动还是被动？

（2）当事人的主要问题是什么？问题是怎么产生的？当事人期望达到什么目的和得到什么结果？

（3）当事人曾经为此寻求过什么帮助？自己做过什么努力？

（4）服务机构所掌握的资源或工作者自己的能力能否为其提供服务？

（5）机构对当事人的要求和当事人对机构与工作者的期望是否可以互相协调？

当工作者对上述问题进行初步的探索之后，要与当事人分享，以便保证获得正确的结论和准确地确定问题。

在此，对当事人问题的确定需要工作者把握两个原则①：

（1）对“问题”的界定应该以当事人的界定为主，或者是双方讨论的结果，绝不是能工作者一方界定的结果。

（2）这个阶段当事人所呈现出来的问题，未必是当事人真正想解决的问题和真正要面对的问题。

当我们对当事人所带来的问题进行了初步的评估之后，认为机构和工作者可以为当事人提供适切的服务，同时当事人也希望与机构建立初步的口头或书面的契约关系，这个时候，求助者才真正成为当事人。

① 潘淑满．社会个案工作．台北：心理出版社，2000：257.

四、转介

转介是个案工作中常用的方法，它是针对一些非本机构或者个人所能提供服务的个案，经过一个程序，而转给其他机构或者合适的工作者，使当事人能够得到适当的服务。在个案工作过程中将转介作为一个工作程序或者服务手段，是因为对每个人来说，寻求帮助都不是一件容易的事，与别人谈论自己所处的困境的时候，也是最容易受伤的时候。因此工作者绝不能以“不适合服务”或其他的理由随意处置当事人，处置不当可能会给当事人带来第二次伤害，使当事人的自信心和寻求帮助的意愿受到打击。

通常在下列两种情况下可以提供转介服务：

（1）工作者判定当事人所要解决的问题不属于本机构服务的范围。

（2）服务机构仅仅为某一些区域的人提供服务，当事人不属于这个区域。

因此，转介服务在第一阶段是一个经常使用的工作程序和方法，获得转介并对转介感到满意对当事人而言也是一种心理安慰。

五、初步接触与建立关系的技巧

初步接触与良好关系的建立，基本上从与当事人见面的第一眼就开始了，之后便是收集身份资料，然后协助当事人说出他的困难和需要，最终双方一起决定是否接受机构的服务。在这个过程中，工作者要采用一些适当的技巧，主要包括：

（一）介绍自己

对初学者来说，最难的就是如何与当事人开始第一次会谈，或者不知第一次如何开口说话。第一次会谈可以通过介绍自己和机构的服务开始，也可以从谈论天气和交通开始。比如：“万女士你好，我是蒋文梅，是本中心专门从事家庭服务的工作者。”或者说：“你好，今天来到这里是不是天气很热，路上好走吗？”轻松的开场白，同时加上一张友善的面孔和热情有力的握手，可以缓解当事人的焦虑和紧张感。一定不要忘了注意文化的不同，在某些文化中，当事人可能不适应一个陌生人对他如此亲切，这反而带来不舒服的感受。

等介绍完了自己后，也邀请当事人介绍一下自己。你可以说：“我怎么称呼你？”工作者要善于从当事人的自我介绍中捕捉和收集一些信息，同时邀请对方谈一些对参加这次会谈的感受和想法。

（二）说明初次会谈的目的

在一般情况下，第一次到机构寻求服务的当事人，总是带着很大的期望，认为专业工作者有一种神秘感，把工作者尊为权威，比较倾向于依赖工作者，所以必须对会谈目的做一个简洁的说明。如果当事人不是很清楚在这里将能得到什么样的帮助，一时无法减轻已有的焦虑，也就不会有信心和希望继续接受服务。因此工作者不仅要简要说明会谈的目的，同时也要清晰介绍自己可能扮演的角色等，为进一步的会谈做准备，赢得当事人的初步信任。

（三）避免将当事人定义为“问题人”

尽量避免问当事人“你有什么问题”，因为这种提问有认定“当事人是问题”的嫌疑，使之产生不愉悦的心理感受。尽量转化为“你有什么需要跟我谈?”或者“需要我们为你做点什么?”等问句，让人觉得舒服、有安全感。

（四）专注地聆听

这是工作者在这个时期最重要的技巧。工作者借着专注的姿势、表情及眼神，一方面传达对求助者的关切，另一方面对当事人的陈述与动作给予谨慎的注意，关注其隐藏在话语后面的情绪和问题。

（五）简明扼要，具体化

此种方法可以帮助工作者使用清楚、简洁的语言描述当事人的生命处境，也可以帮助当事人准确地了解自己的问题以及会谈的目的，减少当事人求助的焦虑，让当事人感受到工作者听明白了自己陈述的问题，体会到一种受尊重的感觉。

（六）表达同理心和无条件的接纳

只有工作者对当事人复杂和矛盾的求助心情及带来的问题给予无条件的接纳和同理，才可以促使当事人有勇气进行无拘无束的自我袒露。

（七）激发求助者的希望和平衡不舒服感

增强求助者成为当事人的动机，这里包括将当事人的问题界定在一个能够解决的范围内等。

（八）避免盲目承诺

工作者提供给当事人的服务也要看自己的能力，不能过早或过多地承诺，避免当事人产生错误的期望。

学习活动 5-1　接案练习

文英是一位性工作者，她怀孕了，自己内心十分想留下这个孩子，但不知道将来如何让孩子面对自己的身份，也不知道自己能给孩子一个什么样的生活。她前来机构寻求帮助，假如你就是这个机构的工作者：

1. 你如何看性工作者从事的工作？与你的价值观有无冲突？

2. 你准备怎样表达你的同理心和进行自我袒露？

3. 你如何与她建立初步的专业关系？

4. 你对她的问题有什么初步的评估？

第三节
收集资料与问题评估

这一阶段的主要目标是尽可能详细地收集与当事人所带来的问题有关的资料，从中了解问题的成因，确定当事人问题的性质，发现解决问题的入手点。个案工作强调“人在情境中”，个人的行为是个人与外在环境互动的结果，因此收集当事人资料的重点是要了解当事人个人、环境的情况以及个人与环境互动的情况。

一、收集资料

收集当事人资料是为了更好地了解和理解当事人面对的问题，因此收集的资料一定要与当事人所面对的问题有关。收集资料并不是机械地询问当事人的个人资料，而是在与当事人探讨问题的过程中，收集与其问题相关的资料。特别要提醒注意的是，收集的资料要与问题有关，而不是对每一个当事人都要详细收集下面所有的资料。

(一) 个人资料

1. 基本资料

包括籍贯、年龄、性别、受教育程度、婚姻状况、职业、收入状况等。

2. 生理方面

人的心理问题可以导致生理的疾病，同样生理的疾病也能影响人的心理，排除生理方面的因素是非常重要的。尤其在当事人是青少年时，首先就要排除生理方面的因素。如一个女学生上高三，马上面临高考，但每天无精打采，学习提不起兴趣。父母非常着急，更加严厉管教，但不仅无济于事，孩子的脾气反而越来越急躁，学习成绩越来越差，家长都快要急疯了。后来家里来了一位从医的朋友，发现孩子的脖子有点肿大，建议到医院做一下体检。果然不出所料，孩子患上了青春期甲亢。家长后悔没有早一点发现，原来孩子的这些现象都是病理反应，而不是什么学习上偷懒或者不用功。

要了解当事人有无残疾、遗传病以及长期性疾病，目前的生理状况如何，等等。排除或者找出生理因素与当事人面对的问题之间的相关性。

3. 心理方面

通过运用一些心理测量工具以及工作者与当事人的会谈和观察，可以监测和了解当事人的智力水平、兴趣、人格特征、自我概念、自我防卫机制等。依我个人的经验看，一般没有必要进行心理测量，如果确有需要，可转介当事人去专门的心理机构。

4. 价值观

包括当事人对人和事情的看法，当事人的行为与其价值观是否一致，等等。

5. 其他

包括外表、穿着、外观的整洁度等。外表可以反映出当事人的心情或者心态，但也不是绝对的，不能以貌取人。

(二) 环境

这里包括当事人的家庭环境、朋辈环境、社区环境和工作环境等与当事人问题相关的环境。

1. 家庭环境

家庭是当事人最近的环境系统。主要应了解当事人与家庭成员之间的关系、家庭内的规则、家庭的历史等资料。

2. 延伸的环境系统

包括当事人的朋辈环境、社区环境和工作环境等。工作者要对与当事人问题有重要关系的人或系统（单位、社区）给予特别的关注，这些可能都是了解当事人问题以及解决当事人问题的重要资源。

(三) 当事人与环境的交互作用

交互作用是指个人与其环境发生作用的状况。当事人的问题有时候会出现在与环境的交互作用上。因此工作者需要了解：当事人与周围的人是如何建立关系的？在当事人遇到问题时，他们可以提供支持吗？当事人利用这些支持系统的经验和感受是怎样的？当事人处理与环境之间的关系的能力如何？

澄清这些问题有助于我们更深刻地了解当事人，并能提供一些解决当事人问题的信息和资源。

(四) 当事人为解决问题而做过的努力

我们相信，每一个当事人在遇到问题后都思考过解决的方法以及做过他认为力所能及的种种努力，了解这一点很重要。工作者可以更清晰地知道当事人的困境以及当事人解决问题的信心和能力，也能清楚地知道当事人用过什么方法，为什么这些方法不可行，以便为今后确定解决问题的方法提供参考资料。

二、收集资料的技巧

(一) 直接收集资料

在一般情况下，如果当事人有求助的意愿，就会主动说出与问题有关的信息和资料。有的时候，当事人没有提及或没想到要提及一些信息，但这些信息对工作者了解当事人的问题很有帮助，工作者可以直接提问。比如当事人说婚姻出现了问题，情绪非常不好，常常感觉全身乏力，甚至有自杀的念头。除了婚姻本身的问题之外，你就可以直接问他最近的身体状况如何、有无疾病、是否看过医生。因为当事人的心理困扰可能导致身体疾病，反之身体的疾病也会加重情绪和心理困扰等。

（二）间接收集资料

有些时候，当事人与工作者还没有建立起足够的信任和有安全感的关系，或者当事人本身有一些顾虑，并不能直接说出一些与问题有关的信息，而工作者认为这些信息对了解当事人的问题很重要，在这种情况下，工作者可以间接地提问。比如，当事人说自己希望离婚，但无法让丈夫同意，自己对婚姻感到很恐惧，工作者从当事人说话的神态、语气等非言语和言语信息中明显感到她遭遇了家庭暴力。在这种情况下，工作者可以寻找合适的机会间接地提及问题，如："据我了解，有些家庭常常发生家庭暴力，不知你是否也知道或者了解？你对此怎么看?"等等。间接提出问题可以避免当事人感觉尴尬，也能尽快地了解当事人的问题所在。

（三）应用反映感受、简述语义、总结等技巧帮助当事人和工作者进一步澄清问题

在与当事人探索问题的阶段，你要适时借助反映感受、简述语义、总结、对质等技巧，帮助你和当事人澄清问题，宣泄当事人对问题的感受，营造一个安全、舒畅、融洽的会谈气氛，让当事人可以无拘无束地释放自己。

学习活动 5-2　收集资料练习

当事人小王来到辅导中心寻求帮助。他说自己与丈母娘处不好关系，而且非常影响自己与妻子的关系。孩子主要由丈母娘看管，由于常常听姥姥唠叨她爸爸的不好，对他也很不尊敬。现在他们两口子工作很忙，没有自己的住房，不得不住在丈母娘家，不知如何是好。请问应该收集当事人哪些方面的资料?

步骤：

(1) 请按三四个人一组组成小组（小组的人数不宜过多）。

(2) 围绕上面提出的问题几个组进行角色扮演，几个组进行讨论。

(3) 全班分享。

(4) 老师总结。

三、问题评估

在社会工作实践中，了解当事人问题的过程被称为"评估"（有时也叫"社会诊断"），其目的就是了解当事人对服务目标的期望，识别形成和延续当事人问题的主客

观因素以及问题与环境的关系，运用这些资料形成对当事人问题的预测和假设，提出一个服务计划。

（一）评估的原则

1. 个别化

有些时候，当事人带来的问题似乎是一个很普遍的问题，如下岗女工这个人群可能会面临一些相同的困境和压力，但每个人下岗的原因以及对待下岗的态度和应对下岗的能力是不一样的。因此，当我们评估一个下岗的当事人的问题时也要因人而异、区别对待，不能用程式化的单一方法解决每个当事人的问题。

2. 双方参与评估过程

尽管工作者对当事人的问题有自己的专业判断，但是对当事人问题的评估一定要有当事人自己的参与和认定，谁也不能左右谁的意见，也不能单方认定。如果当事人执意要做的事情工作者觉得不妥当，双方就要协商解决。

3. 警惕价值观偏见

工作者要警惕评估过程是否在很大程度上掺杂了自身的价值观，从而影响了对当事人问题的准确评估。在收集资料时应尽可能用多种途径以便保证资料的准确性，在评估过程中要尽量多反省自己是否对当事人的问题认定过僵、过死，或者对当事人的问题过于积极和热情等。

4. 避免将问题简单归因

产生问题的原因很复杂，常常很多的问题交织在一起，而且当事人的问题是变化的，因此我们不能将当事人的问题归为一个简单的原因，要看到问题之间的相互的关联性。

（二）评估的视角

这是指工作者在评估的过程中所采用的立场和观点，不同的立场和观点会导致不同的对问题认定的角度和产生不同的解决问题的方法。

比如，有位当事人有与电影《廊桥遗梦》中的女主人公相同的经历，她前来求助。面对她的问题，女性主义价值观的工作者可能就会尊重当事人个人的感情需求，而不看重她在家庭中扮演的角色。一个“以家庭为本”（传统的以家庭稳定为己任的）价值取向的工作者可能就会更多地考虑家庭的稳定而放弃和牺牲当事人自己的情感需求。

因此，工作者要知道自己在评估问题时所用的视角是什么，要尽可能在对一个问题的评估中多用一些视角考虑问题，因为单一的视角一定有它看问题和解决问题的局限性。

（三）确定问题

在收集到了足够的信息，并对此进行了分析后，接下来便是确定当事人的问题。

1. 确定问题的内容

工作者收集资料仅仅是会谈的一个方面，在会谈的过程中，工作者同时有很多的心理活动，这个活动过程就是工作者整理当事人资料以及最终形成对当事人问题的临床预测或者假设的过程。这种心理活动被称为“概念化”①。不同的工作者依据当事人的问题会形成不同的概念化模式。目前有两种被广泛使用的“概念化”模式。第一种是由安斯沃思和鲍尔比提出的问题概念化的依附理论模式，详见表5－2：

表5－2 个体的四种依附形态

安全型	对自己和他人持积极的态度，在面临压力及不稳定状态时，能以建设性的方式与他人一起解决问题。
过度依附型	对自己持消极的认知或工作态度，但对他人持积极的态度。理智与感情不能平衡，将能力过于集中于他人，因而对自己的情感调节及客观的自我察觉较为缺乏。
逃避依附型	对自己持积极的认知态度或者内在的工作态度，但是对他人持消极的态度。察觉及评价过于集中于自己，对与依附有关的需要之察觉较少。
恐惧依附型	对自己和他人的认知或工作态度都是消极的，因此对自我产生脆弱无助或能力不足的感觉，对他人负向的观点则主张人际关系的疏离，并局限了对他人的察觉。

资料来源：CORMIER S，CORMIER B. 助人者的晤谈策略：上．台北：心理出版社，2000：294.

此模式常常被用来了解当事人的依附模式，强调当事人早年和主要照顾者之间的依附经验将影响当事人成人后社会能力及情感调节的内在工作模式。如早期不安定的依附经验可能转变为成人期安全的依附形式等。辅导的目标首先是唤起当事人察觉自己与他人相处时的主控模式，发展一个健康的、平衡的、内在的工作模式，取代现在与人交往中的不良模式。此概念化模式认为辅导关系也是一种依附模式，因此工作者不仅要提供一个安全的气氛，要有调控自己情绪的能力，而且要成为一个示范，使专业关系也成为当事人学习和改变的一个环境。

第二种概念化模式是由拉扎勒斯提出的问题的概念化模式，他认为对当事人的评估和介入，可以通过七种形式来探究，这七个领域用BASIC ID来表示，详见表5－3：

表5－3 评估当事人问题的概念化模式

行为（Behavior）	确定当事人所表现的行为，尤其是过分或者不足的行为，如微笑、谈话、抽烟等。
情感反应（Affect）	确定当事人所表达的重要情感（感觉及情绪）。
感观知觉（Sensation）	包括五种主要的感官对讯息的知觉过程：视觉、知觉（接触）、听觉、嗅觉以及味觉。有时当事人说出的问题也会通过身体的知觉来呈现。
心像（Imagery）	主张心像包括影响当事人生活的各种心理图像。如一个当事人怀疑自己的妻子与其他的男人有染，因此经常出现自己妻子与其他男人上床的心像图。
认知（Cognition）	即思考和信念，探索当事人的错误认知。例如：对他人不合理的要求；完美主义；外在的归因，即认为自己常常是外在环境的牺牲者；等等。
人际关系（Interpersonal Relationships）	认为当事人的人际沟通，不仅可以从当事人的自我陈述、角色扮演等中看出来，也可以从与工作者的关系中看出来。
药物等（Drugs）	显现当事人问题中的任何生理因素。因为神经或者生化因素会影响行为、情感反应、认知、感官知觉等。

资料来源：CORMIER S，CORMIER B. 助人者的晤谈策略：上．台北：心理出版社，2000：300.

① CORMIER S，CORMIER B. 助人者的晤谈策略：上．台北：心理出版社，2000：293.

在运用上述七个领域评估当事人的问题时，要考虑何者是改变的基本目标，何者是次级目标。

当然不同的心理学派有不同的评估问题的方法，如理性情绪治疗法的 ABC 评估法等。无论何种方法，无非都要了解如下几方面的问题（见表 5-4）：

（1）当事人的问题是什么？

很多时候，当事人面临多种问题并且问题相互交织在一起，而问题只能一个一个解决。因此要与当事人讨论，对问题的主次加以划分，先解决主要矛盾。

（2）问题产生的原因是什么？

导致当事人问题的原因有很多，要找到造成问题的首要原因，并加以解决，这样才可以对症下药。

（3）当事人为解决问题曾经做过什么努力？

从当事人曾经做过的努力中我们可以了解到他解决问题的动力是否很足，用了什么方法以及他所用的方法的效果，等等。了解了这些，工作者就可以对当事人应对问题和解决问题的能力有一个简单的评估，为制订切实可行的服务计划做好准备。

（4）当事人的生存环境如何？

表 5-4　　评估当事人问题的 11 大类资料

1. 解释评估的目的——向当事人说明进行评估晤谈的理由。
2. 确认问题的范围——使用引导语协助当事人确认主要问题和次要问题。
3. 排序并选择问题——使用引导语协助当事人排列问题的优先次序。
4. 确认目前的问题行为——使用引导语协助当事人确认问题的六个要素：情感、身体、行为、认知、背景及关系。
5. 确认先导事件——使用引导语协助当事人确认先导事件的起源及其对问题行为的影响。
6. 确认结果事件——使用引导语协助当事人确认结果事件的起源及其对问题行为的影响。
7. 确认附加的好处——使用引导语协助当事人确认使问题行为得以继续维持的控制变项。
8. 确认先前的解决方法——使用引导语协助当事人确认先前解决问题的实际方法或工具及其对问题的影响。
9. 确认当事人的因应技巧——使用引导语协助当事人确认过去及目前所使用的因应或适应技巧，以及这些技巧如何应用在目前的问题上。
10. 确认当事人对问题的知觉——使用引导语协助当事人描述其对问题的理解。
11. 确认问题的强度——使用引导语和/或当事人的自我监控，以确认问题行为对当事人生活的冲击，包括：（1）问题的严重性；（2）问题行为的频率与持续时间。

资料来源：CORMIER S，CORMIER B. 助人者的晤谈策略：上．台北：心理出版社，2000：353-354.

2. 确定问题的技巧

有些时候，当事人的问题比较单一，容易确定；有些时候，问题看似单一，其实背后有复杂的问题交织在一起；有些时候，当事人的问题很多，自己也理不清头绪。对带着复杂的问题的当事人，工作者由于能力和精力所限，不可能同时解决多个问题，加上人力、物力所限等，确定当事人的关键问题所在就显得至关重要，也直接关系到我们提供的帮助是否有效。下面几点技巧可以帮助我们确定当事人的问题：

（1）从多个问题中选择对当事人来说最急于解决的问题。

解决对当事人来说最急于解决的问题，是解决问题的一般性原则。但有些时候，工作者根据专业判断感觉当事人急于解决的问题也许并不是当事人问题的最主要的矛盾。遇到这种情况，我们要坚守以当事人为本的原则，与当事人一起讨论并策略性地处理这个问题，既要照顾当事人解决问题和看问题的能力，又要兼顾有利于解决问题的原则。比如一个当事人前来向工作者求助亲子关系问题，但工作者很快发现与之相关的问题还有婆媳关系和夫妻关系不和谐等，在这些关系中尤其是婆媳关系对她和孩子之间的关系影响很大，想解决亲子关系也必须解决婆媳关系。但当事人认为亲子关系是最急于解决的，因此我们不能强迫当事人解决婆媳关系，可能当事人认为解决婆媳关系有难度，在这种情况下我们必须尊重当事人的意愿，在多种关系中将焦点先集中在亲子关系上，但仍要以此为中心寻找解决夫妻关系和婆媳关系问题的可能。

（2）从多个问题中双方共同商议找到最主要的矛盾。

在有些情况下，当事人认为自己的苦恼很多，但也不清楚什么是主要的问题。此时可能需要工作者与当事人共同商量如何找到一个主要问题。比如一个当事人认为自己最近很不走运，身为长子，远在外地的父亲去世，自己却没有尽到孝心，为此内疚不已，陷入悲伤和愧疚中无法自拔；妻子留下 4 岁的孩子到外地工作，自己又当爹又当娘，精疲力竭；工作单位正在裁员，自己由于学历不高等原因很可能是被裁的对象。他的多种困扰交织在一起。工作者经过与当事人讨论，将问题的焦点放在如何不被单位裁员上，当事人表示认同。假如单位将他裁了，失业之后的他不仅无法帮助自己的母亲和孩子，婚姻也会因此而出现危机。

（3）从多个问题中找到对当事人来说最容易解决的问题。

在有些情况下，当事人和工作者都意识到解决问题的根源所在，但由于当事人的能力或者其他条件所限，当事人只能解决对他来说最容易的问题。比如一个当事人认为她与男朋友之间经常发生口角的原因是她觉得男朋友婆婆妈妈，管得太多，像自己的妈妈。她一方面觉得不能控制自己的脾气，另一方面又担心这样下去会失去男朋友，很矛盾，因此来寻求工作者的帮助。工作者发现她与母亲的关系也非常紧张，因为妈妈管她很多，她很讨厌，以致到不说话的地步。她将对妈妈的不满投射到男朋友的身上，与妈妈的沟通方式也投射到男朋友的身上，因此要解决她与男朋友相处的问题，根源可能是解决她对妈妈的看法和与妈妈相处的方式问题，而这一点也正是当事人自己最不开心和内心强烈希望解决的。但妈妈在外地，因此她决定将男朋友的问题作为主要问题，相对而言这一问题比较有条件解决。

第四节
确定目标和制定工作方案

在确定目标之前，你先问一下自己：你希望改变的一件事情是什么？假如你成功地完成这件事情，情况将会有什么不同？对你或者他人来说这个改变有什么风险？有了这个改变之后，你会做些什么？你认为成就改变所需要的条件是什么？可能的障碍是什么？……

这些问题有助于你开始思考如何制定一个行动目标和工作方案。

上一节我们主要谈了资料收集和问题评估，以确定问题的核心。当我们明确了当事人的问题之后，就可以制定明确的改变目标以及具体的实施方案。治疗目标代表当事人所希望的成效或结果。界定清楚的目标可以反映出当事人关心而且最需要注意的问题的范围，目标的建立也可以澄清当事人最初对服务的期待。

一、什么样的目标是好目标？

对于什么是一个好目标，不同的学者有不同的论述①。一个好目标基本上具备八个特征：(1) 不用行为手段的方式，而用成就或结果的方式陈述；(2) 明确、具体；(3) 可测量或可验证；(4) 实际；(5) 充分；(6) 被当事人拥有；(7) 符合当事人的价值观；(8) 设定于合理的时间架构。参考上述标准，我认为，一个好的目标应该考虑下面的因素。

（一）目标与工作者和当事人解决问题的能力一致

制定目标一要考虑当事人解决问题的能力和动机，二要考虑工作者的能力，两者合力才可以有效地解决问题。很多时候，当事人解决问题的动机和能力是随着问题的逐步解决而慢慢加强和恢复的，因此一开始的目标不宜定得太高，也就是说定出的目标要有层次之分——初级目标、中级目标和高级目标。或许在初级目标中也要根据当事人的能力定出不同的层级。另外工作者要认识到在有些情况下自己对当事人的问题有认识上的局限，解决问题的能力有限，因此制定的目标也要与工作者的能力一致。

（二）目标应该建立在环境资源许可的范围内

目标应该建立在环境资源许可的范围内，如果提供不了所需的资源，这个目标就是无效的目标。人在情境中，很多当事人产生的问题与环境和可用的资源有关。如一个面对婚姻危机的妻子前来咨询，如果要改变她的处境，丈夫的配合十分重要。但一般情况下丈夫很难一同前来接受婚姻辅导。一个单亲妈妈面对下岗、再婚等众多的困扰，如果社区中提供不了相应的工作机会、政策中没有可用的福利保障等，恐怕就很难解决单亲妈妈的问题。

（三）目标与机构的功能保持一致

解决当事人的问题与机构所能提供的资源和服务有关。如果定出的目标与机构的功能不一致，有可能使当事人得不到适当的资源支持和最有效的帮助。如果我们坚持

① EGAN G. 有效的辅导员训练手册．台北：张老师文化事业股份有限公司，1988：276.

以当事人为本以及对当事人负责的精神，所定的目标应该与机构的功能一致。

（四）制定的目标是当事人和工作者共同协商后一致同意的结果

目标不是当事人或者工作者单方面决定的，如果一方对所定的目标有意见，该目标就不能成为最后的目标。所定的目标必须是在双方充分讨论的基础上达成共识的结果，这样可以提高当事人解决问题的信心和能力，有效解决当事人的问题。

解决当事人问题的目标一定是和当事人讨论的结果，当发生矛盾的时候，也要以当事人的需要为主，工作者不能武断地决定工作的目标。表 5－5 是杰拉德·伊根提出的有效的目标。

表 5－5　杰拉德·伊根提出的有效的目标

1. 应以结果的形式加以描述。
2. 应以明确、翔实的字词做陈述。
3. 应以可测量或可证实的字词做陈述。
4. 应有成功的实际机会。
5. 若达到目标，应可改善现状。
6. 与当事人的价值和文化应具有一致性。
7. 应有完成目标的时间表。

资料来源：COURNOYER B. 社会工作实务手册．台北：洪叶文化事业有限公司，1997：215.

二、目标的类型

根据帕特森和伯恩的分类，目标可分为直接目标、中间目标和终极目标三种。

（一）直接目标

直接目标是针对当事人提出的现实性的问题进行探讨，促进当事人的自我了解和自决。直接目标与当事人的问题直接相关，这个目标一般是当事人亟须解决的，非常直观和明了。

（二）中间目标

中间目标一般是协助当事人认识自己、接纳自己和欣赏自己，建立健康的自我形象和适宜的生活方式等。对一个失恋的当事人来说，也许比较容易从失恋的情绪中走出来，但关键是当事人在失恋的打击中对自己没有一个正确的认识，也不再接纳自己，因此进一步让当事人恢复自信和自我接纳，对自己有一个正确的认知，便成为解决当事人问题的中间目标，否则他遇到其他的事情还会出现类似的问题。

（三）终极目标

终极目标就是达到当事人自我实现、自我认识、自我促进或致力于成为完美的人，自我接纳也接纳别人，有良好和深入的人际关系，有开放的态度，诚实，有创造力，有责任感，自己和理想的自己协调一致，等等。这是个案工作的最高境界，也是工作者最高的工作目标。当然这个目标也不是个案工作本身或几次辅导和治疗就能够达成的，而是每个工作者心中时刻要有并要准备持之以恒地长期为之努力和奋斗的工作目标。

其实在大多数情况下，我们针对当事人的问题所拟定的目标基本上都含有上述三个层次。比如一个女孩哭着说自己对恋爱失去了信心，更严重的是通过两次恋爱，她对自己失去了信心，对今后要和男生相处感觉恐惧。两次都是男方主动追求，她很被动，等她开始全身心投入的时候，发现男方对自己开始疏远，她也不知道发生了什么事情。

经过和这个当事人的会谈，工作者发现当事人对未来丈夫的要求很苛刻，带着原生家庭给她的很多影响，对婚姻的看法和选择丈夫的标准有些问题。但当事人目前最需要的是纾解失恋的情绪和树立对自己的信心。因此针对她的问题的工作目标可以分为三层：第一层是直接目标，纾解失恋的情绪；第二层是建立自我认识，重拾信心，改变一些不适当的认知；第三层就是自我实现，让当事人建立良好的生活态度、接纳自我。举例来说，一个女生很胖，严重地影响了自己的自信心，长期以来感觉非常自卑。因此对这位女生来说，直接目标当然就是减肥，中间目标是找回自信，终极目标是自我实现。

表 5－6 是供你参考的制定目标的引导语。

表 5－6　　制定目标的引导语

1. 假设一个很久没有见到你的朋友在你经过辅导之后见到你，这件事情在那个时候和现在会有什么不同？
2. 假设我们成功了，你将会做些什么？
3. 在我们的辅导完成之后，你希望发生什么？
4. 你希望我们的工作能给你带来什么？

资料来源：CORMIER S，CORMIER B. 助人者的晤谈策略：上．台北：心理出版社，2000：430.

三、制定目标要考虑的步骤

工作者可以通过下面五个步骤协助当事人制定出目标。

（一）工作者重述当事人的问题，以便再次确认问题

在工作开始阶段，当事人对自己的问题有一个认识，对机构和工作者也有自己的期望，但与工作者经过一段时间的讨论后可能会对自己的问题产生一些新的认识，对工作者和机构有一些新的期望，因此工作者在制定目标前再次与当事人一起确定问题所在就显得非常必要，这可以让当事人感受到工作者对他的关心和对问题的重视。

（二）协助当事人列出与问题相关的问题，以便再次确定问题的重点

根据系统论的观点，一个问题的产生必然与其他问题相关。如前所述，当事人很可能在一堆问题中找不到主要矛盾，或者当事人有自己认为要首先解决的主要矛盾，

或者工作者对当事人的主要问题有自己的专业判断，在这些情况下，工作者与当事人一起确定问题的重点很重要。

（三）协助当事人发展出解决问题的优先次序

工作者协助当事人找到问题的重心之后，就可以依次排列解决问题的优先次序。前面提到，问题之间是相互联系、相互影响和相互作用的。抓住了主要矛盾，其他的问题解决起来相对就容易一点。

（四）协助当事人明确想要的结果

明确当事人想要的工作结果，也就是明确工作者和当事人要达到的工作目标。当事人对自己想要的结果越确定，他就越有清晰的努力目标。清晰的目标能增强当事人改变的动力，同时工作者也能在此目标的基础上制订工作计划。

（五）制定目标的层级性

工作者和当事人的首要任务是将最终的目标层级化成彼此间具有关联性的细致的步骤，也就是将每个目标细化，明确在直接目标中第一步应该是什么，第二步应该是什么。比如，减肥的人在多数情况下缺乏毅力和耐力，因此要根据实际情况定出当事人可行的目标。如果你们一起商定的目标是半年内减掉 10 公斤，那么第一步就是第一周如何让他做到每天走路或者慢跑多少公里或者几小时，这还不够，还要在饮食等各种习惯上加以调整。第二周在第一周的基础上增加路程。只有通过每周或者每月的目标，才能达到半年的目标。

在确定目标的层级时，你可以问“什么事情将是你开始的第一步”或者“在现在的情况下，你觉得从哪里开始比较容易”。通过提出这些问题，鼓励当事人把对未来的期待变成思考现在的基础。

目标的选择带有很大的价值判断，交织着当事人和工作者的价值观和生活经验等。当事人与工作者在选择目标上有分歧的时候，工作者要坦诚地告诉当事人自己的理由和背后的价值观念，同时也要协助当事人明白自己的价值观。双方在充分讨论的基础上达成的共识，才可以成为工作目标。此时，工作者遵守专业伦理就显得很重要。

四、根据目标制订工作计划

制订工作计划是个案工作的一个重要步骤和内容。服务计划不是随意制订的，要考虑为当事人提供最合适的服务、机构所能提供的资源和帮助、工作者的能力以及工作者对资源的了解和掌握程度。

（一）计划书应该包括的内容

（1）描述当事人的基本情况。

包括姓名、年龄、婚姻状况、职业等。

（2）简洁准确地描述并列出当事人的主要问题和相关问题。

（3）描述当事人要达到的结果，即工作者的工作目标。

工作目标可分为直接目标和中间目标，每个目标又可分为多个子目标，对所有的目标按照轻重缓急依次排列。

（4）列出每个阶段需要采用的方法和需要动用的资源。

按照目标，我们会把工作划分为不同的阶段，在每个阶段所采用的方法是不一样的。当事人的问题或许可以用很多种不同的方法去解决，工作者也要尽可能地考虑并列出。工作者在列出这些方法的时候也要考虑当事人学习的能力、思维习惯、沟通能力等，以便所用的方法当事人可以接受并见成效。

工作者可以清晰地列出各个阶段可能要动用的资源，包括机构可以提供的资源以及从机构外可以寻求到的资源等。

（5）明确达到目标所用的期限。

工作者为当事人提供服务的时间并不是没有限制的，规定一个时间表有助于促进当事人珍惜和很好地利用资源，能使当事人有信心使自己的问题在一定的时限内解决。让当事人留下自己认为安全和方便的联络方式，以便工作者在需要的时候联络，联络方式可以有多种形式。

（二）签订工作协议

工作协议是由工作者与当事人共同承诺合作实现所同意的目标和计划，是促使双方关系具有承诺和责任要素的重要途径。签订协议对工作者和当事人双方都有一个约束。对工作者来说，协议提供了一个当事人参与服务的保证；对当事人来说，可以清晰地明确工作者提供的服务内容以及工作者的期望。协议的内容包括：

（1）服务目标。

（2）服务的内容以及采用的方法。

（3）双方应该享有的权利和义务，例如：工作者要遵守职业伦理，对当事人的问题保密；当事人要完成工作者布置的家庭作业，保证个案辅导的时限；等等。

（4）服务的时间、地点和次数。

（5）双方签字。

表 5－7 提供了一个工作协议的参考格式。

表 5－7　　DAC 模式签约部分的格式建议

签约 A. 问题 1. 案主定义的问题 在此部分，你应明确地概述案主所确认的问题。 2. 工作者确认的问题 在此部分，你应该概述你所确认的问题。 3. 标的问题 在此部分，你应摘述你与案主同意共同去探究的问题，除非你与案主再做商讨，否则这些问题将是工作的焦点。当然，你与案主中的任何一个人都可以要求重新讨论或修正标的问题。

续前表

B. 终极目标 在此部分，概述你与案主所确认的最终结果或目标，当然，目标应与标的问题有关。理论上，最终目标应以明确、详细的字词定义，使目标的实现程度可被测量。当然，有时候仅能做到一般目标的陈述，然而不论是明确的还是一般的目标陈述，在此部分皆需记录。 C. 计划 1. 工作途径 在此部分，略述你与案主计划完成的工作与途径，通常包括谁该融入计划，何时、何地、多久工作一次，每次工作多长时间或过程将如何进行等各种细节。同时也需确认对于特殊的案主应该选取何种理论观点、社会工作模式。 2. 案主的任务或行动步骤 在此部分，概述案主在试图实现目标时，认定的基本任务或同意采取的行动步骤。 3. 工作者的任务或行动步骤 在此部分，概述你在协助案主完成目标时，承诺完成的基本任务或采取的行动步骤。 4. 阶段性任务 在此部分，概述你与案主在会谈期间，同意去完成的基本任务或采取的行动步骤。 5. 评估进度的计划 在此部分，概述评估目标实现进度的过程与方法。

资料来源：COURNOYER B. 社会工作实务手册．台北：洪叶文化事业有限公司，2000：237 - 238.

有些时候，协议也可以是口头的。在实际工作中，常常会遇到即便签了协议当事人也不能履行的情况，工作者对此所能做的事情也不多，但协议在当事人和工作者或者机构发生纠纷的时候非常有用。

学习活动 5 - 3　订立目标练习

这个练习会帮助工作者和当事人建立“明天会更好”的心态。

请针对下面的问题，各写下两个陈述：

1. 你想改善的一种人际关系：
2. 你与家人的关系：
3. 你的时间管理：
4. 你的休闲安排：
5. 你的外形长相：
6. 你的社交生活：
7. 你的职业：

利用下列的词句帮助你思考远景和目标：

1. 如果改善现状将会如何？
2. 新的行为形态将会是怎样的？
3. 哪些行为将会被去除？
4. 哪些现在不存在的行为将会出现？
5. 哪些只有少许改善？哪些会产生相当大的改善？哪些会产生戏剧性的改善？
6. 谁是范例？谁的现状正是你理想的状态？

然后与同座或者分小组分享。

请接着做下面的练习。

学习活动 5－4　目标具体化练习

小杰，20岁，未婚怀孕。她就读大学三年级，住在家里。父母非常恼怒，觉得很丢人，责令她做流产手术。她希望能够找借口休学一年而将孩子留下来，但又害怕失去学业。男朋友面对这一情况也强烈要求她做流产，令她十分伤心。但她在经济上仍要依靠父母，无法搬出去另住。因此寻求辅导。

请讨论并列出针对小杰面对的情形的直接目标、中间目标和终极目标。

第五节 执行计划

本阶段是按部就班执行计划。这一阶段变数很多，因此无法很详细地描述具体的过程应该是怎样的。但不论其变数如何，仍有一些最基本的东西可以掌握。

一、工作者的角色

由于当事人的问题不同，所需要的帮助不同，因此工作者在其介入过程中，面对不同的工作阶段以及不同的问题，扮演的角色也不同。一般来说，工作者在介入过程中会扮演使能者、联系人、教育者、倡导者、治疗者等角色。

（一）使能者

使能者的意思是工作者利用自己的知识与技巧使得当事人发挥自己的能力，使当事人自身发生改变。社会工作者坚信人是有潜能的，因此工作者要做的就是协助当事人尽量表达感受，鼓励当事人的每一个进步，让当事人感觉到自己的价值和能力，进而调动起来，积极面对自己的问题并解决问题。

举例来说，一个妈妈陈述自己因为是学习学前教育专业的，同时从事学前教育工作，因此对自己的孩子有很大的期望并投入了很大的精力教育孩子，希望他与众不同。然而孩子的成长不如她想象的那样成功，甚至出现了一些行为问题，比如开始频繁“拿”商店的小东西。妈妈觉得这是天大的打击，变得非常沮丧，甚至怀疑自己的能力。工作者扮演使能者的角色，在辅导的过程中协助当事人看到自己在教育孩子上成功的一面，比如孩子的智力综合水平比同龄人高，同时协助当事人看到自己可以发挥研究方面的优势，对自己的儿子进行个案研究，研究经常“拿”东西是一种什么样的儿童心理，一方面找到孩子出现这种行为的原因所在，另一方面其研究成果对其他的家长有借鉴作用。这位妈妈在工作者的鼓励和协助下，不仅找到了问题的原因，而且发表了这方面的观察报告。在这个个案中，工作者扮演使能者的角色，协助当事人重新坚定了对自己教育孩子的信心。

（二）联系人

对当事人实施有效的帮助，在很多的情况下要动用一些资源。一方面工作者了解当事人的需求，另一方面工作者本身就是一个掌控一些资源的人，同时了解针对有些问题应该通过什么途径到哪里去寻找相关资源。工作者可以与提供资源的机构直接联系，因此在介入中常常扮演联系人的角色。

比如，一位单亲母亲前来求助，她因为身为单亲母亲和下岗有很大的心理压力，多次想自杀。当工作者了解到当事人下岗在家，自己没有钱让小孩上幼儿园等情况后，除了为这位母亲提供心理辅导外，工作者一方面联络机构的职业介绍所提供就业信息和机会，另一方面积极为其办理贫困证明并为其孩子找到可以减免费用的幼儿园。最后当事人放弃了自杀的念头，鼓起勇气开始生活。工作者在其中扮演了一个联系人的角色。

（三）教育者

社会工作者在与当事人的专业关系中扮演的教育者的角色与师生关系中的教育者角色不太一样。工作者不会主要发挥教育者的作用，而是在必要的时候作为榜样做一个人际关系的示范者，做一些角色扮演，做一些角色示范，甚至讲一些道理，等等。

举例来说，在一个亲子关系辅导中，工作者发现妈妈与女儿之间的沟通方式是导致双方关系紧张的原因之一。妈妈总是用怀疑和不信任的语气对女儿说话，如“你这次考得好，谁知道是怎么回事，或许瞎猫撞见了死耗子”“你们班那个男生喜欢你根本不是你好看，而是你傻可以欺骗你”等等，让女儿觉得很反感。因此在介入的过程中，工作者特意给妈妈示范她与其女儿沟通的方式，对妈妈启发很大。在这里，工作者就扮演了教育者的角色。

（四）倡导者

当工作者在协助当事人争取一些服务资源的时候，发现由于种种原因资源分配不合理或者缺少资源，使当事人不能得到合适的服务来解决问题。工作者此时要扮演倡导者的角色，利用自己的权利和身份，积极倡议机构实行一些改革或动员当事人一起争取一些合理的资源和权益。

举例来说，在处理前面所述的单亲母亲的个案中，工作者发现自己机构的职业介绍所并没有为下岗的单亲母亲提供一些便利条件，社区也没有任何政策为贫困的单亲母亲的孩子提供一些上学方面的减免费用，因此工作者积极向机构建议职业介绍所为单亲母亲提供优先服务，并写了政策建议书，建议为贫困的单亲母亲的孩子减免上学费用等。这些建议在工作者以及机构的推动下最终得以实现。在这里，工作者扮演的是倡导者的角色。

（五）治疗者

在很多情况下，当事人有很大的心理困扰，工作者运用自己的知识和所受的专业训练来帮助当事人，使其郁闷的情绪得到宣泄，提高对自己的认知能力，学习到一些新的处世技巧以应对生活中的困难，等等。工作者在这种情况下扮演了一个治疗者的角色，与心理辅导员的角色一致。

举例来说，当事人是一位大三的女生，与自己恋爱 4 年的男友突然提出分手，理由很简单：他爱上了另外一个女孩子。这个打击让当事人对自己没有信心，与别的男孩子不知如何相处，害怕投入感情会再次受伤害。在整个辅导过程中工作者应用了鼓励、同感、对质、澄清以及人本治疗的方法，对当事人表示了很高的同感、尊重和接纳。工作者一方面让当事人压抑的情绪充分得到宣泄，另一方面协助当事人重新恢复自信。在此个案中，工作者就扮演了治疗者的角色。

工作者扮演的各种角色并不是截然分开的，面对一个当事人，工作者可能就会在不同的问题阶段扮演不同的角色。

二、工作者的工作内容

虽然对于不同的当事人带来的各种不同的问题，解决的方法千差万别，各种治疗流派和理论都有自己的一套介入的方法，但在实际工作中，对于初出茅庐的工作者来说，至少应该给当事人提供下列一些基本的帮助。

（一）支持与鼓励

前来求助的人，很多时候怀疑自己的能力、自信心降低、比较自卑等。在介入的过程中，工作者可以通过言语和非言语的方式向当事人表达尊重、信任和接纳，对当事人的每一个进步都应该给予及时的鼓励，以便使当事人放下自我防卫，鼓起解决问题的信心和勇气；鼓励当事人从两方面看问题，既看到问题的消极一面也看到积极一面。同时工作者在此阶段是当事人有力的支持者和陪伴者，与当事人一起走过生命中艰难的时光。支持与鼓励要自始至终贯穿于整个介入的过程中。

尽量应用小小鼓励、反映感受、表达同感、正面回馈等沟通技巧，表现出工作者对当事人的鼓励和支持。

（二）情绪疏导

情绪的疏导比问题的解决有些时候显得更重要。当当事人沉浸在低迷的情绪中不能自拔的时候，常常影响对问题本身的客观分析。让当事人的情绪得到宣泄，有助于让当事人换个角度并比较冷静和客观地分析自己的问题。因此个案工作中非常重视对当事人情绪的及时疏导，工作者可以借助小小鼓励、反映感受、表达同感、正面回馈等技巧，及时疏导当事人的情绪。而情绪的及时疏导如同在专业关系中不断加入润滑剂，可以增进双方的关系，创造一个温暖安全的关系环境，让当事人自由地表达和宣泄自己被压抑的情绪。在有些情况下，我们也许不能解决当事人的问题，但疏导情绪可以让当事人的心情变得好一些。

(三）观念澄清

我们知道在很多情况下，解决当事人的问题不是改变发生的事件本身，而是改变当事人对事件的看法，产生问题的根源可能是当事人对问题的认识和看法。因此澄清观念就是工作者利用多种方法，如对质、总结、自我袒露、辨别非理性的信念等，协助当事人反省自己对事物的看法和态度，检视自己思考问题的方式，使当事人对自己的个性、情绪和问题有进一步的了解，澄清和修正以前非理性的信念，建立更合乎实际的逻辑思维方式。

一般来说，在介入阶段，工作者与当事人已经建立了比较良好的专业关系，但观念澄清仍要小心使用。有些多少年来已经定型的观念不是在短时间内就可以改变的。工作者在澄清当事人观念的时候既要考虑当事人对自己的问题的认识能力和改变能力，又要考虑自己与当事人建立的专业关系的安全和信任程度。

(四）行为改变

在当事人对问题有了一个客观的、合乎逻辑的认识之后，其行为也应该有很大的改变。工作者可能要借助一些行为治疗的方法，比如角色扮演、奖赏与惩罚等，帮助当事人减少或者消除不适当的行为方式，建立新的行为方式。行为改变不是一朝一夕的事，工作者要注意当事人的每一个进步并给予及时的鼓励，同时对当事人行为的倒退和维持原状等要有耐心，注意观察背后的原因。但很多时候，当事人已经形成多年的或者自己意识不到的行为习惯，改变起来有一定的困难，工作者要有足够的耐心和宽容度。

(五）环境改善

“人在情境中”，是社会工作的一个重要的理念。社会工作者认为当事人的问题常常与环境联系在一起，因此改善环境是个案工作的一个独特程序，同时也是个案工作与心理辅导工作的主要差别所在。

这里的环境指对当事人的问题有直接影响的环境，比如家庭、单位、社区、朋友、一些相关的政策等。工作者有责任帮助当事人获取和争取合适的资源，积极协助当事人改善产生其问题的环境，给当事人有效的帮助。

(六）提供资源和信息

在介入过程中，当事人有时需要工作者提供一些与其问题相关的信息和资源，使当事人对自己的处境有进一步的认识，增加其解决问题的信心和能力。提供资源是改善当事人困境和解决问题的重要支持和保证。如果我们相信人在情境中，当事人的问题与其所在的环境有紧密的关系，单纯的心理辅导并不能解决问题，那么就要尽可能为当事人链接资源和改善环境。在很多时候，改善环境比较困难，如改善当事人的家庭环境需要相关家人的配合，改善大的社会环境更不是一件容易的事情。这也提醒我们个案工作者要将个人和团体以及社区紧密地联系在一起，而不能单方面地面对个人，因此政策倡导和社会环境改善等都是我们要致力的目标。

提供一些咨询和信息，也是提供支持的重要方面。但工作者也要清楚地认识到，并不是当事人需要的所有信息工作者都要提供。提供信息要有几个方面的考虑，一要考虑提供的信息对解决当事人的问题是否有积极的或者正向的作用。比如一个面临离婚的当事人询问工作者现今离婚率的高低以及离婚有多少是婚外恋引起的。如果工作者知道当事人的问题是丈夫有婚外恋所致，那么在回答时可能要考虑信息能否对当事人起到正向作用、信息提供到什么程度，以及如何将信息用当事人可以接受的程度传达出来，等等。二是提供信息要准确可靠，讲明信息的出处。

（七）直接干预

直接干预也叫危机干预，一般用在当事人处在危机状况下时，在法律赋予权力的范围内，工作者采取一些直接的干预行动。有时候工作者的干预是在未征得当事人或其家人同意的情况下进行的。如把受虐待的孩子与父母分开，对正在采取自杀行动和有强烈自杀企图的当事人进行干预，对家庭暴力的受害者进行安全评估并采取保护生命的措施，等等。

在一般情况下，危机干预和处理都由专门的机构负责，因此如有可能，工作者要尽量将处于危机状况下的当事人尽快地转介到专门的危机干预机构，比如将正在经历家庭暴力的当事人转介到妇女避难所等。但目前中国专门的危机干预机构很少，加上一些服务机构的工作者缺乏危机干预的常识，没有经过专门的训练，因此对危机的干预一定要谨慎。

脑力激荡法是帮助当事人找出解决问题的策略的一种有用的方法，表 5 - 8 为你提供了这方面的参考。

表 5 - 8　　帮助当事人用脑力激荡法找出可能的策略

● 谁能帮助你？谁是你的资源人士？ ● 哪些事物、资源能协助你达成目标？ ● 哪里能协助你达成目标？ ● 何时、用多长时间最合适？ 应用此激荡法的原则： ● 不要批评任何想法。 ● 鼓励当事人竭尽所能，不论是搭别人的便车还是重组，皆可想出各种可能的方法。 ● 当他再也想不出来时，鼓励当事人即使再怎么怪异的念头也无妨。 ● 对当事人的想法予以鼓励，例如："那真的是好主意，再来一个。"多多益善，不一定非要很好不可。

资料来源：EGAN G. 有效的辅导员训练手册．台北：张老师文化事业股份有限公司，1988：135 - 136.

请接着做学习活动 5 - 5 中的练习，以帮助你更好地理解在执行计划过程中要考虑的问题。

学习活动 5-5　澄清执行计划的助力和阻力

这个活动主要是练习协助当事人认清各项影响计划达成的助力和阻力。

王女士想要戒烟，她很在乎自己在孩子和亲朋好友面前的形象，而且自己的丈夫和孩子们很愿意帮助她。但她戒了多次也未能成功，大家对她的信心不足，她自己也没有了信心，而且戒烟的滋味很难受。戒烟期间体重会大幅度增加，她也害怕别人抽烟自己经不住诱惑。工作者和她一起制订了一个戒烟计划，在实施这个计划前，你能不能帮她尽可能列出戒烟的助力和阻力？

可能的助力：

可能的阻力：

你的实施计划：

请分组讨论，全班分享。

现在把关注点转到你自己身上，尝试完成学习活动 5-6。

学习活动 5-6　筹划实现目标的步骤

请完成下列任务：

1. 列出一个你的目标。
2. 列出实现你的目标的阻力和助力。
3. 列出克服这些阻力和增强助力的因素。
4. 列出你达到目标的具体步骤，以一周或者一个月为限（视你目标的大小而定）。

第六节 结案与评估

任何助人的活动都有一个期限，结案与评估阶段的任务就是工作者结束与当事人之间的关系，并对整个服务过程进行一个回顾、总结和评估，其目的就是巩固已有的改变努力，增强当事人自身的解决问题的能力。结案和评估是一个事先计划好的活动。

结案与评估阶段是个案工作中一个重要的动态过程，是将整个助人过程加以统合的过程。处理适当，会使当事人将整个服务中的收获转化为正向的力量，但处理不当也可能出现前功尽弃的局面，因此处理结案对工作者而言是一个很大的挑战。

一、进入结案阶段

（一）多种原因可能导致结案

结案在有些情况下并不意味着当事人的问题得到了彻底的解决，进入结案阶段可能有多种原因。比如工作者和当事人双方感觉目标已经达到，或者当事人觉得自己离开工作者后有能力解决自己的问题，在这种情况下，双方都有结案的意愿。

当事人在接受服务的过程中，不断地与工作者讨论自己的问题，自己也不断地进行思考，不断理清问题的头绪，也许没等到完全解决问题，当事人就已经觉得自己很清楚问题所在，也找到了解决问题的方法，看到了自己解决问题的能力，决定提前结案。

也有的时候工作者和当事人感觉专业关系出现明显的不信任，双方都认为结案是一种比较好的选择。在有些情况下，工作者和当事人双方都觉得在服务的过程中，种种原因导致双方或者一方对另一方不信任，双方或者一方希望结案，在这种情况下，工作者就要结案或者根据需要进行转案工作。

出现这种情况后，尽管结案是一种不得已的选择，但工作者一定要处理好双方的关系，事后要检讨和反省在这个工作过程中什么时候、为什么、从什么事情开始双方出现隔阂，以便在今后的工作中吸取教训，而不是简单地结束工作。

还有可能工作者感觉当事人出现了一些新的问题，需要其他一些机构或者工作人员为当事人继续提供服务。在服务过程中可能会出现几种情况，一种情况是工作者已经完成自己机构范围内能够提供的服务，当事人的其他需求需要到另外的专门机构寻求服务，比如当事人的婚姻问题得到解决，但关于其性冷淡的问题则要转案到专门的机构进行辅导和治疗。

当然还有其他一些原因，比如工作者因为一些不可预测的原因要离开等导致结案。这种情况通常发生在工作者或者当事人一方因为种种原因要离开原地而不能继续工作下去，因此其中一方提出结案。在这种情况下，如果是工作者离开，而当事人的问题没有得到解决，那么只要当事人同意，也可以转案。

出现上述情况有时需要结案，但有时可能需要结案之后再进行转案工作。

（二）结案中当事人的心理

当事人一方面为自己的问题得到解决或者自己的能力得到提升而高兴，另一方面为结束一个可以信赖的关系而感到难过，也会因对自己的将来信心不足而感到焦虑。因此，面对结案当事人有一种矛盾的心理。当事人可能会出现：

1. 行为退化

有些当事人在面临结案时，表现出退化行为，尤其是儿童，可能认为比较信任的工作者也要离开自己，因此表现出退化行为或者恢复早期的行为模式、提出早期提出的问题等。

2. 否认结束或者拒绝接受结束的提议

在有些情况下也会出现当事人找借口，认为自己的问题没有得到解决，或者觉得自己仍没有能力面对以后的生活等，拒绝和否认工作关系将要结束。有时，当事人可能会指责工作者的判断是错误的，表达出愤怒或者悲伤、失望等情绪反应。由此可见，重视结案的过程和处理结案时当事人的情绪是非常重要的。

(三) 工作者处理的方法

当我们了解到当事人面对结案时的心理后，工作者要注意做以下工作：

1. 提前告知，让当事人有心理准备

工作者要根据服务的进程大概确定结案的时间，当确定之后，工作者应该提前告知当事人结案的时间，以便让当事人有充分的思想准备，避免在当事人毫无思想准备的情况下结案，导致前功尽弃。

2. 进行过程回顾，稳定并进一步增强当事人已经获得的成就

帮助当事人回顾整个个案的过程，从经验中肯定当事人日后处理问题的能力和适应生活的能力，稳定和增强当事人已经获得的成就，增强当事人结案后自己面对问题的信心。

3. 进一步探讨对当事人的问题有影响的因素

进一步探讨对当事人的问题有影响的因素，目的是协助当事人更深刻地认识到自己在离开工作者之后要面对的处境，对未来有更多的把握和信心。

4. 双方分享结束的感受并处理当事人与工作者分离的情绪

前面谈到当事人在离开工作者的时候有种种的情绪，工作者面对各种情绪，不要认为它们都是负面的，处理的过程对当事人来说也是一次学习的机会。工作者要鼓励当事人将结案的情绪表达出来，并与当事人一起回顾整个服务的过程，讨论结案的事情以及结案后的跟进计划，让当事人感受到并不是工作者放弃了自己，而是这个时候应该结束关系。同时工作者也要分享自己面对结案的感受，并把握自己的情绪。过度的情感介入，不但影响当事人独立的成长机会，也会让自己受到伤害。

请做学习活动 5－7 中的练习，体会如何处理结案时的情绪。

学习活动 5－7 处理结案时的情绪

要大学毕业了，同学们即将各奔东西，依依惜别的情绪随着毕业日期的临近而日渐浓厚。如果你是其中的一员，希望全班可以策划一个处理大家离别情绪的晚会，你将会怎样设计？同学们可能会出现什么样的情绪？你将如何发表你的离别演讲？

请写下来和同学分享。

(四) 转案

并非所有的结案都顺利，正如前面叙述过的，在几种情况下工作者要做转案的工

作。转案是指在有充分理由的前提下，将在本机构接受服务的当事人转交给其他的机构或者工作者继续为其提供服务。

有些当事人得知要转案后，可能会出现被抛弃、工作者不负责或者缺乏关心等感觉，加上怀疑接替者的工作能力，对转案表现出抵触的情绪。工作者也会因为转案表现出对当事人的内疚、对新的接替者不信任等情绪。新的接替者因自己不能提供像原来的工作者一样的有效帮助以及要与当事人重新建立一种信任关系等而表现出一些焦虑、担心的情绪。三方的情绪在转案的过程中都要认真对待和处理。

在涉及转案时，工作者要把接替者介绍给当事人，等接替者离开时与当事人讨论对接替者的看法。要当着当事人的面告诉接替者当事人的情况，避免当事人起疑心，不知道工作者向接替者说了自己的什么情况。

二、评估

评估是指对向当事人提供的服务的有效性进行评定。其目的是积累经验，作为以后工作的一个借鉴。评估的过程是一个收集社会工作实践效果的过程。

（一）评估的意义

评估的目的是了解整个服务的效果。对工作者来说，可以从中看到自己的工作经验以及成果和能力，促进自己的专业能力进一步提高；对当事人来说，可以从中学习一些解决问题的策略；对机构来说，可以更好地把握工作者服务的成效，以便为衡量工作者的工作绩效和改进机构服务质量提供依据。评估的过程是一个对工作者自己、当事人、机构、社会以及社会工作专业有所交代的过程，表明工作者对服务的严谨态度以及对人负责，是社会工作专业伦理的体现。

（二）评估的困难及策略

评估环节在工作过程中常常被忽视和不被重视。这一方面是由于机构或者工作者本人认识不到其重要性，另一方面是由于评估的技术不够，很难对一个复杂的过程做一个清晰的评估，加上有时候当事人也不配合，使得评估要么流于形式，要么干脆不做。

鉴于此，首先机构要制定出详细的评估制度和措施。其次工作者要学习和掌握一些评估的方法。同时工作者在服务的最后要根据自己的服务创造性地发展一些评估方法。在这里最重要的是工作者要突破自己的面子，勇于评估自己的工作成效，坦诚地分享自己的经验和不足。

（三）评估的原则

1. 当事人参与

当事人参与在评估过程中很重要，因为评估是当事人回顾自己成长过程的一个重要途径，同时也为当事人提供了一个再次学习解决问题的方法的机会。此外工作者的工作是否有成效，当事人最有发言权。一个经过当事人认可的工作成果才是真正的工作成果。当事人是评估工作者工作绩效的重要指标。

2. 保密

保密是工作者自始至终要遵守的职业道德，在评估中机构要用的一些资料，可能涉及一些当事人的隐私，工作者和机构一定要本着以当事人为本的思想，妥善处理。

3. 工作者要透明、坦诚

评估过程涉及对工作者工作绩效和态度等的反思和检讨，因此对工作者来说也许不都是一个愉快的过程。尤其是当同事和督导做评估时，工作者更要做到坦诚、透明，正确对待大家的评估意见。

(四) 评估的方法

因为本书的最后一章会专门谈论评估，所以在此只做简单的介绍。

评估的方法有很多，归纳起来主要有两类，即总结性评估和过程性评估。总结性评估主要依据制定的目标和达成的结果进行评估，目的是量度当事人目标实现的程度，因此明确每一步的工作目标很重要。过程性评估主要是对工作者在工作过程中运用的技术、方法和策略以及工作者的角色、态度，当事人与工作者的关系等进行评估，这一评估注重结果是怎么来的而不是结果本身。

常用的评估方法有基线评估、任务完成评估、实现目标评估和对当事人影响的评估。前面三种评估可以用前测或者后测的方法，设定一些指标。最后一种评估方法可以用问卷的形式或者口头表达的方式让当事人自我陈述工作过程对自己的影响。另外就是督导和同事对工作进展的评估。不同的机构都有一套自己的专业评估方法，以考量工作者的工作质量，此评估过程不免带入很多的专业判断，因此在评估过程中双方的讨论以及工作者本人抱着坦诚开放的心态很重要。

评估的具体方法多种多样，工作者可以根据自己的经验和服务现状灵活选用或者创造性地运用。但你要时刻记住评估的目的是什么。我们不是为了评估而评估，评估首先是为了改进服务质量、满足当事人的服务需求，其次才是为了评估工作者的工作成绩。

(五) 跟进计划

结案并不意味着完全终止了服务，一般来说，工作者要根据需要与当事人讨论结案后的跟进事宜，让当事人自己说出适合他的跟进方式。另外对工作者来说，跟进也是持续评估工作绩效的一部分。如果当事人离开工作者后仍能保持服务的效果，在某种程度上说明服务起到了良好的作用；如果当事人离开服务关系后很快恢复了原来的状况，可能工作者也要检视自己的服务效果。因此跟进计划应该是整个服务的一部分，而不能可有可无。但跟进的程度要根据当事人的问题解决情况和需要而定，可采用电话跟进、探访等方法。

第七节 小 结

本章我们主要探讨了个案工作的基本工作程序。尽管在实际工作过程中，各个阶段之间不是泾渭分明的，而是相互交织在一起，没有明显的分界，不同的学者有不同的划分，但我们仍然可以归结出几个最基本的阶段：初步接触与建立关系，资料收集和问题评估，制定目标和服务方案，落实服务计划，结束服务、评估和服务跟进，等等。每个阶段有其不同的工作目标、重点和方法，各个阶段的任务环环相扣，上一阶段的任务完成得不好可能会影响到下一阶段工作任务的完成，因此在整个过程中不仅需要将工作者个人的经验、技能完全整合在其中，而且需要工作者调动各方的资源进行配合，同时更需要工作者将当事人自身也作为资源的一部分充分调动其潜能，使当事人积极配合，保证服务工作的有效性。

本章要点

1. 与当事人建立初步关系
2. 资料收集与确定问题
3. 制订工作计划
4. 初步的介入技巧
5. 结案和对个案进行评估
6. 灵活、整合地应用各个工作阶段

基本概念

个案工作过程　转介　个人的依附形态

复习思考题

1. 在个案工作的过程中，每个阶段的工作重点是什么？
2. 在整个工作过程中，有哪些东西是贯穿始终的？
3. 制定目标应该掌握什么样的原则？应该采取什么样的步骤？
4. 在实施计划的过程中，工作者的角色是怎样的？
5. 面对危机如何进行干预？

推荐阅读书目

1. 翟进，张曙．个案社会工作．北京：社会科学文献出版社，2001.
2. 黄维宪，曾华源，王惠君．社会个案工作．台北：五南图书出版公司，1985.
3. 林孟平．辅导与心理治疗．11 版．香港：商务印书馆，2003.
4. COURNOYER B. 社会工作实务手册．台北：洪叶文化事业有限公司，1997.
5. EGAN G. 有效的辅导员训练手册．台北：张老师文化事业股份有限公司，1988.

第六章

个案工作的主要理论派别(上)

本章概要

在前面的章节，我们谈到了做个案工作通用的原理、原则、方法和技巧，它让我们了解了一般而言可以怎样开展个案工作。但是，个案工作所面对的人和家庭的问题是十分复杂的，常常扑朔迷离，让工作者如同雾里看花，理不出头绪。如果说那些通用的理论是给了你一双专业的眼睛去看待和处理问题，那么本章所要介绍的不同的个案工作模式则是给你提供不同的眼镜，让你在面对当事人的问题时能有更好的应变能力。它们如同功能各异的太阳镜、夜光镜、潜水镜、望远镜、近视镜等，让你能在不同的情形下有更适用的工具去观察和分析问题，能更好地解决问题。由于个案工作是社会工作专业最早发展出来的专业方法，所以有很多理论上的累积，目前至少有二三十种理论模式，限于篇幅我们不可能一一述及。本章和下一章所介绍的个案工作的主要理论派别都是比较经典的和比较新的理论，它们都从不同的视角诠释了人的问题，并提出了解决的方法。这一章我们介绍的治疗理论包括：心理社会派治疗理论、人本治疗理论和行为派治疗理论。我们会梳理一下这些理论的来龙去脉，并简要介绍应用的方法。相信本章的学习能为你做个案工作打下更加深厚的理论基础。

第一节 心理社会派治疗理论与方法

从某种意义上说，心理社会派理论是个案工作的第一理论。它是个案工作最早形成的理论派别，也是社会工作专业最常采用的传统治疗方法。尽管社会潮流在不断变化，但是心理社会派理论一直强调生物因素、内在的心理和情感过程、外部的社会和物理环境对人的问题的影响，以及这些因素间的相互作用所造成的影响。以这一理论为基石的治疗方法旨在帮助当事人减少由于自己和环境间的某种失衡而造成的问题。它的基本路径是研究个人、家庭，它们所处的环境，以及由于两者的相互作用而形成的“情境中的人”，从而做出评估或诊断。其工作目标是和当事人一道发现、增强和动员自身的长处和应对能力，落实资源，找到人与社会或物理环境的最佳结合点。下面我们来对这一理论做个简单的介绍。

一、历史脉络

心理社会派理论最早可以追溯到玛丽·里士满所做的具有开创性的工作。她在第一本书《友好访问穷人——慈善工作员手册》中，就已开始构想个人和家庭工作的概念和技巧。在其后出版的一系列书籍中，她一直在检验自己和他人一起构建的理论，不断根据实践检验的结果加以修正。玛丽·里士满最初提出的一些原则至今仍在指导着心理社会派取向的实务工作。比如，她发现把重点仅仅放在个人身上并不总是有用，根据自身的经验和当时社会学发展出的知识，她确信要使个人和环境有更好的交互适应，就必须处理人的外部影响因素。玛丽·里士满注重人和环境的双重焦点观，标志着当今心理社会派理论“情境中的人”这一取向的开始。再比如，她在《社会诊断》一书中提出如何收集“社会证据”并从中找到开展工作的参考资料。由此导出的社会研究、诊断和处置计划构成了迄今为止心理社会派工作者仍在使用的基本的工作流程。心理社会派理论从玛丽·里士满那里得到了许多原创性的思想和真知灼见。①

继玛丽·里士满之后，又有许多学者对这一理论做出了补充和完善。20 世纪 30 年代，美国史密斯学院的弗兰克·汉克斯首先使用了“心理社会”这一概念。之后，20 世纪 50 年代，戈登·汉密尔顿在她的著作里又再次引用了这个概念。到 20 世纪 60 年代，霍利斯把这一理论派别发扬光大，撰写了颇具影响力的《个案工作——心理社会疗法》一书，使这一派别有了更为坚实的理论基础。霍利斯的这本书再版了多次，成为社会工作培训常用的教材。

如同社会工作一直受到不同理论的影响一样，心理社会派理论也受到不同学说的锻造。它吸取养分较多的理论有心理分析理论、自我心理学、社会学的角色理论、人类学的家庭理论，以及学习理论和系统理论。可以说当今的心理社会派理论博采众长，自成一体。那么，在理论上它有些什么特点呢？

二、价值取向与假设

心理社会派理论模式有几个重要的价值取向和假设：

（1）人的成长受到生理、心理和社会三个方面因素的影响，而且这三个方面的因素又相互作用，共同影响当事人的成长过程。因此不能简单地把当事人的问题视为由单方面因素造成的，它们是各种因素综合作用的结果。基于这一观点，心理社会派治疗理论借用了系统理论的概念“情境中的人”，把人放到一定的社会环境中去认识，认为人不能遗世独立，要研究一个人，一定要同时了解这个人身处的环境，即他的家庭、亲友、

① WOODS M E，ROBINSON H. Psychosocial theory and social work treatment // TURNER F J. Social work treatment：interlocking theoretical approaches. 4th ed. New York：The Free Press，1996.

同伴、邻里、学校、工作单位等。这些方面因素的互动构成了个人的生活状态。

（2）个人过去的经历、所持的观念、习得的技巧、知识和态度，都会有意无意地影响他现今的一切。因此，了解一个人的早年经历对于了解这个人的现在和将来都有很大的帮助。与此同时，心理社会派理论也强调了解个人的自我调节作用。这也就是说，工作者不但要探索问题的背景和成因，也要重视现在的人格强度。从这里可以看出心理分析理论和自我心理学对这派理论的影响。更具体地说，这派理论认为，致使当事人出现问题的原因主要涉及三个方面：其一，当事人早年未被满足的欲望或者未被解决的情绪冲突压抑在心中，经常干扰当事人当前的生活，妨碍当事人的人际关系。其二，当前的社会环境压力过于强烈，使当事人早年未解决的问题呈现出来，从而导致他的行为出现偏差。其三，当事人的问题与不良的自我功能和不良的超我功能有关，在这些不良的自我功能和超我功能的影响下，当事人对外部环境的认识能力以及对自己情绪的控制能力减弱，最终导致心理困扰和人际关系的失调。所以，内外兼顾是解决问题的途径。①

（3）人际沟通十分重要。这一理论强调，人际沟通会影响当事人的家庭关系和当事人扮演的社会角色，而这些对当事人的超我和自我理想的建立都有十分重要的作用。个人的自我强度、自我防卫机制和知觉等都是对人际沟通技能有决定性影响的因素。

（4）每个人都是有价值的，具备发展的潜力，只是未被开发而已。所以，心理社会疗法的宗旨就是协助个人获得健康的发展，并充分发掘出潜能。②

基于上述假设，这一理论模式要求工作者在开展工作时采用七个原则：个别化、接纳、当事人自决、非评判的态度、表里如一、保密和有节制的情绪反应。这些原则在前面的章节已经提过，它们也是个案工作的基本原则，在此就不赘述了。但是，仅从这一点我们也可以看出心理社会派理论的影响。

三、基本方法

（一）心理社会研究

心理社会派理论深受弗洛伊德和里士满等大师的理疗模式的影响，采用了“研究—诊断—治疗”的框架开展治疗工作。心理社会研究是一个观察并把观察所得的资料系统整合的过程。这种研究从与当事人的初次接触就已开始，一直延续到整个辅导工作结束。研究的重点是对当事人、当事人所处的情境，以及当事人与情境的互动进行观察和了解。

工作者要了解当事人是如何看待自己的问题的，他为解决问题都做过些什么，他认为问题的成因是什么。除了引导当事人提供这些方面的资料外，工作者还要追溯当事人童年的经验、家庭关系、价值观念和对自己的看法等。工作者同时还要观察当事

① 许莉娅．个案工作．北京：高等教育出版社，2004：146－147．

② 高刘宝慈，区泽光．个案工作：理论及案例．香港：香港中文大学出版社，2001：2－7．

人的情绪状况和身体健康状况，比如，当事人是否忧虑、恐惧、畏缩，是否有失眠、疾病、伤残并正在接受治疗，等等。工作者要把这些资料间的联系找出来，发现其中的逻辑关系。在这一过程中，工作者不仅要关注当事人此时此地的现实问题，更要把这些问题与当事人过去的经验和其他生活体系的关系识别出来。不过，心理社会疗法所关心的重点仍然是当事人能意识到的东西，而不是其潜意识中的东西。

除此之外，工作者还会协助当事人进行自我发现，了解自己在行为方面可能存在的缺陷以及这些缺陷对面临的问题的影响。许多时候，当事人察觉不到自己的行为有什么不当，需要工作者加以引导，促使其反省，了解自己的实际状况。

（二）社会诊断

重视诊断是这一理论派别的一大特色，也是它区别于一度盛行的功能派个案工作方法的主要标志，因此，它也常被称为“诊断派”。按照霍利斯的观点，诊断是指整理、归纳和分析从研究中收集到的资料，以便对问题的性质做出一些评估和推理的过程。她强调诊断并非只是给当事人贴上一个标签，而应该是一个科学化的过程。她把诊断分为心理动态诊断、因由诊断和分类诊断三种。

心理动态诊断是研究形成当事人性格的三大动力，即超我、自我和本我之间的互动。弗洛伊德认为超我的强弱程度和自我的调节功能直接影响个人的心理平衡。虽然有时问题是环境造成的，但个人的自我强度，即理解力、判断力、冲动控制力、防御机能、自我理想、现实检测能力、与别人的关系是否成熟等，都会影响对问题的应变能力。除此之外，研究家庭成员之间的互动关系和个人与系统间的互动也是诊断当事人此时此地人与情境状况的重要步骤。

因由诊断是从纵向的视角判断当事人的问题。它对当事人的过去经历和现今行为间的互动做纵向分析。霍利斯认为，人的矛盾和冲突有现今的原因，也有过去的原因。所以要充分了解全面的“情境中的人”，就需要先对这些错综复杂的关系有所认识。可以说心理动态诊断是从横向视角审视当事人的问题，因由诊断则从纵向的角度对它做了补充。

分类诊断是将当事人的各方面情况分门别类，逐一进行临床评估。如对当事人的身体状况、情绪状况、心理表现、社会功能等方面分别进行诊断和评估，以便全面、综合、系统地考察当事人的问题。

使用“诊断”的说法和做法是受到这一流派形成时的社会意识形态的影响。社会诊断的标准常受到社会规范对社会行为常模和角色期望的影响。比如，在华人社会里，一般认为妻子应当比较柔顺和服从，而丈夫应当较为主动和外向。如果一位妻子总对丈夫指手画脚，支配性很强，工作者就应当警觉其中是否有问题。心理社会派理论还主张诊断不应只局限在有问题的部分，工作者应该同时评估个人的长处和实力，以便鼓励当事人动员自身的资源和潜能去解决问题。诊断应当是一个持续的过程，而不是工作之初的阶段性工作，这样才能更客观和有效地认识当事人及其情况。①

① 高刘宝慈，区泽光．个案工作：理论及案例．香港：香港中文大学出版社，2001：2-7.

（三）治疗

在这一阶段，工作者基于上述研究、诊断，对当事人的心理困扰和人际关系失调的各方面因素进行修正和调整，使当事人能有效适应外部环境，建立良好的人际关系，克服各种内心困扰，充分利用自身的潜能健康地发展。心理社会派疗法的目标可简单总结为以下几点：

- 减少当事人的焦虑和不安。
- 减少“情境中的人”系统的功能失调。
- 增强当事人的自我适应技巧和“情境中的人”系统的功能。
- 增强当事人的自我实现和满足感。
- 改善环境以解决问题。

四、基本技巧

心理社会派个案工作的技巧可以分为两大类：直接治疗和间接治疗。前者指的是当事人和工作者之间的沟通，也就是工作者直接跟当事人接触并进行研究、诊断和治疗。后者则可以细分为工作者和与当事人有关的人或机构的沟通、当事人之间的沟通（如同为当事人的家庭成员间的沟通）、工作者会同第三方与跟当事人有关的人的沟通、当事人会同第三方同工作者的沟通等。这些沟通都可能在一个个案中遇到，沟通的成效会对工作成效有重大影响。霍利斯总结出了一些工作者可以运用的重要技巧。

在直接治疗方面，工作者可以使用非反映性沟通动力技巧和反映性沟通动力技巧。非反映性沟通动力技巧有支持、直接影响、探索—描述—宣泄三种。反映性沟通动力技巧则包括情境中的人的反映、心理模式动力反映和人格发展反映。

在间接治疗方面，霍利斯在 20 世纪 80 年代把它更名为环境工作。所谓环境，指的是当事人周围重要的人物，比如父母、亲戚、朋友等。此外，还可能包括当事人的领导、房东、教师、邻居等。这些人对问题的理解、他们的态度、愿意为当事人付出多少等，都会对整个治疗产生重大影响。在环境工作方面，除了可以运用一些直接治疗中的技巧外，工作者可能还要扮演多种角色，如提供者、寻找者、创造者、传译者、中介者、积极干预者等，以此来帮助当事人。

限于篇幅，对这些技巧就不一一介绍了，要详细了解这些技巧，建议你去阅读霍利斯及他人的相关书籍，相信你会对如何把心理社会派理论用于具体的工作实践有更准确的认识。

学习活动 6-1　抢劫少年小奇

小奇出生在某市的一个普通家庭，父母虽然感情很好，但因性格原因常常发生口角。小奇出生后，家庭经济状况还好，父亲便整日带着小奇，培养他踢足球，看他做功课，母亲称小奇的父亲对孩子简直是“爱得不行”。但好景不长，后来小奇父母因感情不和最终离婚，小奇被判给父亲抚养。此后小奇便与母亲很少见面。然而随着小奇逐渐长大，父亲的重组家庭又有了小孩，家庭负担骤增，其父为了生计非常繁忙，经常出差，小奇再也享受不到以往的家庭温暖，经常与继母、父亲发生冲突。权宜之下，小奇去与母亲共同生活。

十年没与母亲共同生活，正值青春期的小奇十分不适应。小奇的母亲做一些零散工作，经济收入并不丰厚，而且本身脾气急躁，小奇称母亲“小孩脾气”，两人突然共同生活在一起，经常因琐事发生争吵，而后小奇的母亲也会因为忙碌或者生气不给小奇做饭。时间一长，小奇便不愿意在家居住，经常想“逃脱这样的生活环境”，于是开始经常出入网吧，通宵游戏，也会跟母亲争吵后摔门而出，几日不归。在此期间，小奇的母亲虽然着急，但因跟孩子赌气并不主动找他回家。小奇也会在几日后，因为实在无处可去而回家。这样时间一长，母子之间的矛盾更加突出，甚至几天都不说一句话，这时的小奇只是依赖母亲生活着，母子两人在感情上并无更多支持。

小奇感到孤独和茫然，与父母的关系让他觉得缺少温暖。他不喜欢学习，除了四处游荡或到网吧打游戏，不知道自己还能做什么。逐渐膨胀的自尊使小奇不愿意再面对父母的责骂和管束，也不想再去向他们要钱。因为法律意识薄弱，小奇与好友在身无分文后，便商议抢劫。2009 年，小奇在京某地将被害人踹倒，同案李某骑在被害人身上，两人共同对被害人实施了抢劫，后小奇被被害人制服后被抓获。

资料来源：首都综治委预防青少年违法犯罪专项组办公室，首都师范大学少年司法社会工作研究与服务中心．走出迷失的世界——司法社工帮教精品案例集汇编：第 1～10 期．内部资料．

你怎么看待小奇的问题？心理社会派治疗理论能为你处置这一个案提供帮助吗？

五、理论评述

心理社会派治疗理论是一个比较成熟的理论，受到很多人的赞扬，它的一些基本概念也被其他个案工作理论分析模式广泛采纳[①]。从精神分析理论入手，不断吸收其他学科的理论和见解，纳入自己的框架，使这一派理论持续得到丰富和发展。它既有自己的理论体系，又有开放性，这或许就是它历经数十载，至今仍能受到不少工作者青睐的原因吧。

从心理社会派治疗理论中生发出的方法和技巧丰富细腻，对于初学者而言，它们提供了良好的学习基础，特别是在关系建立方面，支持、保证等技巧能让工作者根据当事人的不同情况做出相应的调整。它的方法和技巧几乎涉及个案工作的各个层次。从横向看，无论对工作者、当事人，还是对相关人等都有相应的专门方法指导。从纵向看，技巧和方法贯穿了治疗模式全程。在技巧和方法上还充分体现出对当事人的关心和尊重。

心理社会派治疗理论可以广泛运用到有各种不同问题的当事人身上，如问题青少

---

① 许莉娅．个案工作．北京：高等教育出版社，2004：153.

年、酗酒者、吸毒者、问题家庭等。它可以应用的领域也很广泛，包括卫生、教育、福利、司法等等。但批评这一治疗理论的人指出，同其他指导性理论相比，它花的时间长，工作进展缓慢，工作者常常要通过漫长的反映讨论才能改善当事人的一点感受和行为。这一治疗理论中众多的反映和非反映技巧，似乎需要当事人有较强的沟通能力、内省能力和一个完整的自我，否则难有成效。因此，对于弱智人士、严重精神病患者或处于危急事件中的当事人，这一方法就难以发挥效用。还有，它在改变当事人的病症方面也没有行为修正疗法那么有把握。尽管这一治疗理论不是无懈可击的，但是它汲取了心理分析、自我心理学、系统理论、沟通理论等多个不同学说的精粹自成一家，仍是值得推许的工作理论。[①]

第二节 人本治疗理论与方法

人本治疗（person-centered therapy）又称当事人中心治疗（client-centered therapy），是美国心理学家卡尔·罗杰斯创立的一派治疗理论。他孕育并拓展了这一理论，历经数十载，使它成为具有全球性影响的一派理论。卡尔·罗杰斯直到 1987 年去世前还在孜孜不倦地探索把他的理论用于解决更加复杂的社会难题，并把其他心理和行为方面的思想家的精粹融会贯通到自己的理论中。时至今日，人本治疗理论还在不断发展。它在初期建立的一些原则和宗旨仍然是社会工作专业的标志性特点。社会工作界广泛接受罗杰斯用“当事人”取代“病人”的做法远比心理学界接受人本疗法要早。社会工作专业的先驱玛丽·里士满就是率先接受人本治疗理论所信奉的价值观的人之一。[②] 虽然人本治疗理论不是一个土生土长的社会工作理论，这一点在社会工作史上似乎是个异数，但是罗杰斯人本治疗理论中的许多原创性的原则受到了社会工作从业人员的影响。由于这一治疗理论非常注重对生命的投入和体验，以及对人的尊重和推崇，它被视为“存在-人道主义取向”的主流理论，与强调人是被潜意识控制的心理分析派和强调人是被环境控制的行为治疗派分庭抗礼，成为辅导界的第三势力。[③] 下面我们对这一治疗理论从几个方面做个简单的介绍。

一、历史发展

这派理论的建构深受罗杰斯个人经历和思想的影响。他于 1902 年出生在美国一

① 高刘宝慈，区泽光．个案工作：理论及案例．香港：香港中文大学出版社，2001：31.

② WOODS M E，ROBINSON H. Psychosocial theory and social work treatment // TURNER F J. Social work treatment：interlocking theoretical approaches. 4th ed. New York：The Free Press，1996：69.

③ 同①35－36.

个中产阶级上层的清教徒家庭，家里经营着农场。父母对孩子的管教非常严厉，家庭关系纽带十分紧密。父母高度强调刻苦、忍耐、自我约束和崇高的道德标准，使早期的罗杰斯内心常感到有强烈的压迫感，自信心低落，孤寂，与他人的关系疏远，不敢向人袒露内心的意愿，怕被家人指责为贪婪。所以，罗杰斯创建这一疗法的目的就是希望协助人卸掉内心的枷锁，扩展自己的自由感，重拾自身的活力，忠于自己、尊重自己。早年农场的生活使罗杰斯对农业有兴趣，喜爱大自然和栽种植物。农业中使用的科学的方法论和经验论对他以后建立当事人中心的理论产生了重要影响，也成为他的理论的重要特色。他认为人的成长好比植物的成长，最重要的是周围要有适当的栽培条件。所以，他在自己的理论中也制定了一些帮助当事人成长的核心条件，成为这派理论的精粹。此外，罗杰斯在求学过程中也受到一些学者的理论的影响，如约翰·杜威、威廉·基尔帕特里克、奥塔·兰克等，他们表述的注重现今的经验和状况、正面评价情感表达、看中个人的成长和意愿、不看重治疗中的权威关系等，都进一步丰富了罗杰斯的学说。[①] 从整体上看，人本治疗理论的发展可以分为以下四个阶段。

（一）第一阶段：20 世纪 40 年代

在这一阶段，罗杰斯发展出了所谓的“非指导性辅导”，其思想在他 1942 年出版的《辅导与心理治疗》中得到了表述，该书也奠定了人本治疗理论的基本概念。他在这一阶段提出的观点是要与个人辅导中传统的指导性精神分析取向对抗。他的理论强调工作者要创造自由的、不具有指导色彩的治疗气氛。他在向“工作者懂得最多”的基本假设挑战时，曾经引起极大的反响。罗杰斯还驳斥了深为一般人所接受的治疗方法的有效性，诸如劝告、建议、指导、说服、教导、诊断、解析等。基于他的信念，诊断的观念和程序是不恰当的、有偏差的、常常被误用的，所以他将这些都排除在他的取向之外。非指导性辅导要求工作者避免与当事人分享太多关于自己的事，而要将大部分的重心放在反映与澄清当事人所表达出来的言语或非言语的沟通信息上。在第一个发展阶段里，罗杰斯强调的是工作者应当接纳当事人所表达出来的任何感受，而核心技巧是澄清这些感受，目的在于从这些感受中获得洞察。

（二）第二阶段：20 世纪 50 年代

罗杰斯的著作《当事人中心治疗》在这一期间出版，使人本治疗法上了一个新台阶。此时，罗杰斯已不像早期那样重视工作者的技巧，书取名为《当事人中心治疗》，就是要强调这一治疗法的重心在当事人身上。在这一阶段，他强调当事人主观世界的重要性。他提出要了解当事人的行为，最好的方法是从当事人的内心体验入手。他更明确地强调了人们自我实现的倾向，认为它是让当事人做出改变的基本动力。他认为如果工作者能提供一种孕育当事人成长的气氛，如宽容、接纳、感同身受，并让他感受到这一切，疗效自然会产生。在这本书中，罗杰斯还建构了一些理论上的假设，指出了让当事

---

① WOODS M E, ROBINSON H. Psychosocial theory and social work treatment // TURNER F J. Social work treatment: interlocking theoretical approaches. 4th ed. New York: The Free Press, 1996: 70 - 71.

人发生改变的充分条件和必要条件，认为这些是增进辅导疗效的核心。

（三）第三阶段：20 世纪 60 年代

在此期间，罗杰斯出版了《个人形成论》一书，这可以称为人本治疗法的第三个里程碑。这期间罗杰斯及其同事广泛研究了心理治疗的过程和结果，不断测试当事人取向背后的假设。他积极研究人们在心理治疗中如何获得最佳的学习效果，并探讨辅导关系对于改变当事人人格的催化作用，从中他对自己的理论有了进一步的修正。① 在这本书中，他提出治疗的重点不再是纯粹反映当事人的感受，而是要提供一些可以协助当事人性格成长的核心条件，如表里一致、无条件的关怀和感同身受等。工作者要尽量投入整个辅导过程，利用他个人的本质来引导当事人探讨问题。工作者与当事人“此时此地”的关系和彼此的感受也十分重要。

（四）第四阶段：20 世纪 70 年代至今

在这个阶段，罗杰斯强调工作者在辅导过程中要更积极地参与和投入。除了以上所提及的技巧外，工作者更可以运用一些有影响力的技巧，如自我披露、反馈、提问等。工作者与当事人“此时此地”的动力仍然受到重视。大致上，这一阶段不强调技巧，而注重工作者的特质、信念和态度，赋予工作者更大的自由去建立与当事人的关系，尽量使当事人感到被接纳。罗杰斯在 1974 年把当事人中心治疗法改称为人本治疗法。更名后，更能反映他将个人放在首要地位的信念，以及需要辅导并不是病态的表现，而是成长中正常的需要的信念。

二、基本假设与特征

（一）人性观

罗杰斯对人性持积极乐观的看法，认为人基本上是善良、理智、仁慈、现实、进取、可信赖和有目标的。他还认为人有责任感，能与他人合作并迈向成熟。在适当的情况下，人有能力指引和掌管自己的生命。② 罗杰斯不赞同人是不可信赖的假设，以及人需要指导、激励、教导、惩罚、奖赏、控制，应有处于较高地位的他人及“专家”来管理的看法。他一贯主张工作者如果能做到表里如一的真诚，给予当事人无条件的正面的关怀，能深入他人的主观世界，准确体会和了解当事人，就可以使当事人获得成长。按照罗杰斯的观点，如果助人者能具备这些态度，那么接受协助的人就会减少防卫，能开放自己和自己的世界，并且会有融洽与建设性的表现方式。

对人本治疗法有所贡献的另一个重要理论是马斯洛的自我实现观。马斯洛认为，

---

① 科里．咨商与心理治疗的理论与实务．5 版．台北：扬智文化事业股份有限公司，1999：249.

② Rogers C. A theory of therapy，personality and interpersonal relationships，as developed in the client-centered framework//KOCH S. Psychology：a study of a science. New York：McGraw Hill，1959：184－256. 高刘宝慈，区泽光．个案工作：理论及案例．香港：香港中文大学出版社，2001：38.

心理学太注重敌视、攻击、神经症和不成熟，而太不注重爱、创造性、喜爱以及高峰体验。他认为人在满足了低层次的基本生存需要后，有追求高层次需求的倾向，会寻求更高层次的情感需要和实现自身的潜能。

这种积极的人性观对实际的治疗工作具有深远的意义。因为深信人类天生具有从适应不良向健康心理发展的能力，工作者便可以让当事人承担一些基本的责任。人本治疗法认为工作者不是无所不知的权威，而当事人也不是只能被动地听从工作者的指令。因此，辅导建基于当事人有觉察力和做决定的能力。从这些出发，工作者会注重人性中具有建设性的一面，重视对人而言什么是对的，珍视当事人在辅导关系中带入的有价值的东西。此外，工作者注重当事人如何在自己的世界中与他人相处，他们如何朝积极的方向迈进，以及他们如何成功地面对成长的内部和外部障碍。辅导不是让人"适应规范"或是解决问题就算了，而是会改变当事人，协助他们走向完满、真诚的生活，让当事人明白这需要不断地努力。他们认为，人永远不会达到已经自我实现的静止状态，而会处于不断自我实现的过程中。

罗杰斯的理论中的真知灼见是，最了解当事人的是他自己，工作者了解他人的窍门在于能否采取现象学的角度看问题，也就是能否重视当事人主观的参考框架。进入当事人的世界才能避免把旁人的看法强加到当事人身上。这是因为不同的人由于经历、性格和自我概念的不同，对同样的遭遇会有不同的体会。这些主观的体会对于当事人来说，不但是千真万确的，而且更会影响他的行为。

（二）自我概念

自我概念是人本治疗法中非常重要的一个概念，这是因为罗杰斯认为人的行为是由"自我概念"决定的。罗杰斯把自我和自我概念做了区分，认为自我是当事人真实、本身的自己，而自我概念是当事人对自己的看法，包括了当事人对自己的知觉和评价、对自己与他人关系的知觉和评价以及对环境的知觉和评价三个部分。用罗杰斯自己的话说，"自我概念"是"一套有组织、有连贯性的对自己的观感"[①]。自我概念的内容涉及九个方面，分别是身体、社交、性、感情、喜好、理智、职业、价值观和人生哲学。

自我概念是在成长过程中通过与周围重要人物的接触而得到的自我经验形成的。如他人对待我们的态度和反应会成为我们的自我经验，累积起来的自我经验便会让我们建立起一套对自己的看法，即自我概念。在这一过程中，个人的价值要得到他人的肯定往往是有附加条件的。也就是说只有满足了他人的要求、期望、规定等，个人才会被接受、尊重，受到关怀和赞赏。这被罗杰斯称为"被认为有价值的条件"。这些条件往往使当事人忽略或牺牲自己内在的真正需要，久而久之，自我概念变得模糊、紊乱。当事人为了博取他人的好感，让他人认为自己有价值，便会不自觉地内化他人

① ROGERS C. A theory of therapy, personality and interpersonal relationships, as developed in the client-centered framework//KOCH S. Psychology: a study of a science. New York: McGraw Hill, 1959: 184-256. 高刘宝慈，区泽光．个案工作：理论及案例．香港：香港中文大学出版社，2001：40.

对自己的要求而渐渐跟自己的真正需要脱节，让他也不能肯定自己的为人、理想和能力。严重的时候还会导致身份危机。

罗杰斯认为，我们很难完全避免不内化这些“被认为有价值的条件”。很多时候我们有错觉，以为这些条件是我们真正的需要而极力去追求。我们常听人说“考上好大学才有出路”“赚钱最最重要，赚不到钱什么都是虚的”。这不只是要求，而且涉及如果做不到会如何看自己。内化了的“被认为有价值的条件”往往会成为我们的第二个价值评判过程，指引我们的行动，并时常掩盖我们的真正需要和自我实现的倾向，让我们有压迫感。

（三）自我概念对行为的影响

罗杰斯认为人的自我概念决定了他接受和处理经验的方式和态度。他分析自我概念和现实经验会有三种对应关系：

第一种情况是理想的情况，我们的自我概念和现实经验相符。它让我们感到自身的价值，同时内心没有任何矛盾，这种情况很完美。

第二种情况是我们的自我概念与现实经验不相符或有冲突，我们歪曲对事物的看法，谋求心理上的平衡。

第三种情况是我们的自我概念与现实经验脱节。即自我概念本应和现实经验呼应，但我们可能片面地去解释或否定它的存在。

罗杰斯感到我们的大部分行为与我们的自我概念相符。我们会主动寻求去做与自我概念一致的事。但是一旦遇到与自我概念抵触的情况，我们便会因害怕惯常持有的自我概念遭到破坏而感到焦虑和威胁，于是便会启用防卫机制来保护原来的自我概念，以免因要改变自我概念而痛苦。但如果过度采用防卫机制，观察事物的态度就会变得呆板，容易将事情扩大化，并将事实和看法混淆在一起。

适应能力低的人常处于精神紧张状态，因为他们常要采取很多防卫机制去避免接触到不快或与自我概念相违背的事情。如果这种情况长期持续下去，或当当事人突然遇到一件对他很重要，但是与他的自我概念有严重冲突的事情时，防卫机制就会失去效力。当事人再也不能片面解释或否定他的遭遇，而是要面对面地承受他一直不能接受的事实。当事人因此可能会受到残酷的打击，在这样的刺激之下自我概念崩溃，严重的会成为精神病患者。①

三、辅导目标与方法

（一）辅导目标

人本治疗法的目标是帮助当事人更为独立和整合，能按自己的意愿办事。它注重当事人本身，而不是长久呈现的问题。罗杰斯认为，治疗的目的不仅在于解决问题，

① 高刘宝慈，区泽光．个案工作：理论及案例．香港：香港中文大学出版社，2001：44.

还在于协助当事人成长，这样他们就更能解决目前与将来所要面对的问题。[①]

罗杰斯提到，治疗的基本目的在于提供一种气氛，以协助当事人成为完全发挥能力的人。在当事人达成这一目标前，他们必须先除去自己在社会化过程中所形成的面具。在了解到自己因为一直戴着这些面具以致失去了真正的自我后，在安全的治疗气氛中，当事人会开始明白还有其他回旋的余地。卸去面具后的当事人应该是一个不断自我实现的人，他用开放的态度面对自己的经历，自我信任，心里有评价的尺度，乐于继续成长。[②] 具体地说，当事人能更直接地披露自己的意见和情绪，能更准确地评估自己的经历及周围的事物，能重整自我概念，并与现实经验更为调和。鼓励当事人发挥这些特质，就是人本治疗法的目标。

（二）辅导方法

1. 工作者的作用和角色

人本治疗法要求工作者把工作建立在自身为人处世的方式与态度上，而不是运用技巧去支使当事人“做某些事”。有关这一疗法的研究指出，工作者的态度而不是他的知识、理论或技巧，可以促使当事人改变性格。基本上，工作者要把自己视为促使当事人改变的一种工具。他们要让当事人体验到一种新型的人际关系，在这种关系中，当事人能体验到有足够的自由去探索他目前拒绝体察或扭曲的生活领域。他们会减少排斥，对自己和外在的世界更为开放，接受更多的可能性。治疗者要展现出真诚关怀的态度，尊重、接纳和理解当事人，为当事人创造一种具有支持性的治疗气氛，协助当事人在治疗中不断成长。

2. 当事人的角色

在人本治疗法中，当事人是主角，拥有人的尊严和价值。当事人的需要是辅导的落脚点，是当事人而不是工作者决定个案会谈的性质和走向。由于对人有十分积极的看法，认为人是改变的核心和动力，所以在这一疗法中，当事人而不是他的问题是工作的焦点。在治疗中，当事人要更广泛地探索自己的感觉，可以表现恐惧、焦虑、罪恶、羞耻、怨恨、愤怒以及其他自认为非常负面的、无法接受的感觉。在治疗中，当事人要逐渐打破对自己的一些限制和扭曲的看法，去接纳和整合一些冲突和混乱的感觉。随着治疗的深入，他们要去触摸自己隐藏的内心世界，开放地面对真实的自己，并以更正确的方式觉察外部世界，更能了解和接纳别人。通过治疗，他们要较能欣赏现在的自我，他们的行动也较具有弹性和创意，比较不把适合别人的期望作为自己行为的指南。因此，他们的行为也变得更忠实于自己，有能力主导自己的生命，而不会从自我之外去寻求答案。这也就是说当事人要发掘出内在的资源，发挥出自我引导的能量。

3. 辅导关系

罗杰斯认为：“如果能够提供某种特定形式的关系，以及其他人发现自己有能力

---

① ROGERS C. Carl Rogers on personal power：inner strength and its revolutionary impact. New York：Delacorte Press，1977. 科里．咨商与心理治疗的理论与实务．5 版．台北：扬智文化股份有限公司，1999：254.

② 同①.

去运用这种关系来促进个人成长及改变，个人的发展就会发生。”① 由此可见辅导关系的重要性。罗杰斯提出辅导关系要具备6个条件才能有益于创造一个适当的心理治疗气氛，使当事人能从中体验到必要的自由，在人格上有所改变。这6个条件是：

(1) 两人有心理上的接触。

(2) 当事人表现出表里不一，陷入焦虑或感到不安。

(3) 工作者在治疗中表现得表里如一。

(4) 工作者对当事人提供无条件的尊重或真正地关怀当事人。

(5) 工作者对当事人的内在参考框架有正确的了解，能深刻体会后者的主观经验和心理状况，并能尽力将这些有效地沟通给当事人。

(6) 当事人感到工作者能感同身受，有无条件的关怀。②

罗杰斯认为，倘若这6个条件都能具备，持续一段时间后当事人就会发生建设性的人格改变。工作者不需要任何特殊的知识和正确的心理诊断，因为它们可能反而会干扰治疗效果。

学习活动 6-2 工作者的态度和取向

罗杰斯谈到从工作者的角度出发，在面对当事人时他的角色是：“为了支持你，我把自己——日常交流时的自我——放在一边，我竭尽全力进入你感觉到的世界。我会变成——在某种意义上——你的另外一个自我——你自己的态度和情感的一个密友——有一个安全的机会让你更加看清楚自己，更真实深刻地体验你自己，更明智地进行选择。”罗杰斯还谈道：“对我来说，作为工作者，聚精会神、全力以赴地理解当事人所知所觉，是对我所坚信的当事人的价值和重要性的显著的实际性的证明。显然我认为最有价值的是，正如我的态度和行为所体现的，当事人本身存在这样的事实。我信赖这种深度理解的效果，也许至关重要的实践证据是我对个体的建设性改变和发展更充实、更满意的生活的潜在的信心。当一个严重困扰的当事人为全然不能做选择屈服，或者一个当事人在和自己自杀的念头做痛苦斗争时，我深深理解到那种绝望却不越俎代庖那种情感，这是最有意义地表达对人类机体不断发展倾向的基本信任。”③

你支持罗杰斯的观点吗？说出你的理由。

四、理论评述

自从1942年罗杰斯将他的革命性的理念引入辅导工作领域后，其观念便对这一

① ROGERS C. On becoming a person. Boston：Houghton Mifflin，1961：33. 翟进，张曙．个案社会工作．北京：社会科学文献出版社，2001：233.

② ROGERS C. The underlying theory：drawn from experiences with individuals and groups. Counseling and values，2011，32（1）：12-16. 科里．咨商与心理治疗的理论与实务．5版．台北：扬智文化事业股份有限公司，1999：257.

③ 罗杰斯．当事人中心治疗：实践、运用和理论．北京：中国人民大学出版社，2004：28-29.

领域产生了重大的影响。它改变了很多人对人性，当事人和工作者彼此的角色、相互关系，成功辅导的要素以及整个辅导的看法。罗杰斯的理论的主要贡献在于：

（1）重新认识了辅导的意义。这一流派转变了辅导工作的观念，使之由“问题化”转为“正常化”。罗杰斯倡导的是一种“成长模式”而非“疾病模式”，辅导是帮助当事人成长，并获得持续成长的能力，而不只是解决病态问题。这一趋向有利于提高当事人的参与度和责任感，也减少了当事人对求助的抗拒或羞愧。

（2）在治疗中减少了工作者误导当事人或在心理上伤害当事人的可能性。人本治疗法是一套相当安全的模式，因为它不需要工作者对当事人下定论或提出建议，不需要解释当事人的行为、分析他的潜意识和梦境，或者使他的性格有重大改变，而是需要工作者给予全神贯注的聆听、尊重当事人并了解他看事物的角度。

（3）容易学习和掌握，适用面广。人本治疗法所倡导的基本要素，如感同身受、无条件的关怀和真挚等，就算没有受过高深的心理学训练，也是相当容易明白和学习掌握的。它的基本技巧，如全神贯注地聆听、关怀、澄清及反映感受等，对于专业辅导关系以及其他的人际关系非常适用，因而得到了非常广泛的应用。这些要素也具有广泛的文化适用性，在许多国家都被借用。罗杰斯的著作畅行 30 多个国家，被译成了 12 种语言，远播欧、亚、非、拉美、大洋洲等地，足见其在全球的影响力和广泛的文化适用性。

（4）有助于处理危机情况。如果当事人处于危机状态，工作者能给予他真挚的、无条件的关怀和感同身受的接纳，并能让他倾诉遇到的困难和宣泄情绪，那么，即使不能立即解决问题，也对稳定情绪、防止发生危险情况，以及鼓励当事人其后寻找解决方法非常有效。如果在协助当事人处理危机时同危机干预方法一起使用，应当可以发挥相辅相成的作用。

（5）对帮助青少年尤为适合。罗杰斯对人持积极的看法，很多成长中的青少年缺乏自信心，自我形象低落，常感到受到成年人的伪善对待、自己得不到别人的喜爱或理解，人际关系欠佳。通过辅导关系，当事人可以感到被人关心和接受，感受到人际关系中的真诚和心与心的相通之处，可以与别人分享感受，并从工作者身上学习到与人相处的要素。

（6）推崇研究，重视治疗的实证依据。罗杰斯十分重视研究和试验，并在自己的工作中一直身体力行。他不仅提出了许多理念，而且尽量通过实证方法去加以验证，并根据验证结果修正和完善自己的治疗理念。他首创将研究技巧应用在工作者与当事人之间的对话上。他严谨的治学方式在辅导工作领域树立了良好的典范，引导和鼓舞了其他人对辅导结果进行多方面的研究。[①]

综上所述，人本治疗法是一个对辅导工作有重要意义和深远影响的理论流派，它的贡献是巨大的。然而，它也有些限制。对它的批评包括：只强调工作者的真诚特质，在各种解决特定问题的技巧上有所欠缺；认定每个当事人都能信任自己内在的方向感，并能找出自己的答案，这不见得正确；轻视工作者身为教导者的角色，使治疗

---

① 高刘宝慈，区泽光．个案工作：理论及案例．香港：香港中文大学出版社，2001：53－54.

效果有所限制；等等。①

运用这一治疗法在实践中常容易出现的问题是工作者只给予当事人支持，而未能触及他的问题。有些工作者对这一治疗法的基本理念有所误解，以为这一方法只是聆听当事人的心声，给予他情绪上的支持和情感反应。这固然重要，但是辅导工作的含义远不止于此。做到这些可能是建立良好的专业关系的先决条件，但并不是治疗本身。还有一个问题是工作者以为非指导性就是漫无目的地由着当事人引领一切，由于注重以当事人为本而失去了自己的个性和独特性，很难用积极的方式影响当事人。其实治疗者的坦诚与真诚一致在这种治疗法中扮演着非常重要的角色。工作者必须能很自然地表现他们的独特风格，并且找到一个方法向当事人表达自己的反应，才能帮助当事人。否则，人本治疗法就只能沦为一种温和、安全但是无效的治疗方法。

需要注意的是，在辅导属于弱势人群的当事人时，这一治疗法所推崇的内控价值观可能与当事人看重的外控的价值观不一致。比如，当事人可能把外控的传统的期望作为自己的生活指南，可能深受社会期望的影响，而不是由内控的个人的喜好决定如何为人处世。同样地，当文化价值观强调共同利益时，个人的发展常需让步，如果只考虑个人的成长而不以群体的利益为皈依的话，往往会被认为是自私的。所以在辅导中，工作者必须考虑当事人的文化背景和他对其中的价值观的认同程度，鼓励当事人探讨价值观对自己产生的影响，而不宜简单提出有关他应该成为怎样的人的看法。②还有一点是，许多求助者或当事人倾向于接受结构性的辅导，并学习具体的应对问题的技巧。所以，工作者应当视具体的情况，结合使用一些较为直接的、引导性的技巧，如模拟练习、诠释等来帮助当事人。此外，适时结合使用其他的较具有指导性的治疗方法，对帮助当事人也会有助益。

第三节
行为派治疗理论与方法

行为派治疗法是社会工作实践中常用的另一个重要理论方法，被广泛用于处理形形色色的需要改变的问题。大量文献表明，行为派治疗理论与社会工作的价值观和处置手法是并行不悖的。更重要的是，对于干预结果的研究表明，它在处理当今社会工作所面对的问题上是卓有成效的。③ 行为派治疗法以其客观性、科学性著称，相对于前面提到的人本治疗理论而言，它对于解决人的问题走的是完全不同的途径。下面我们对这一模式做个简单的介绍。

---

① 科里．咨商与心理治疗的理论与实务．5版．台北：扬智文化事业股份有限公司，1999：271.

② 同①273.

③ THOMLISON B，THOMLISON R. Behavior theory and social work treatment // TURNER F J. Social work treatment：interlocking theoretical approaches. 4th ed. New York：The Free Press，1996：39.

一、历史脉络

行为派治疗法的理论源头可以追溯到20世纪头25年中巴甫洛夫有关条件反射的研究，或者称为古典条件反射（classical conditioning）理论。桑代克、赫尔、华生和斯金纳创立的操作性条件反射（operant conditioning）理论，以及班杜拉提出的社会学习（social learning）理论，也都为它奠定了十分重要的理论基石。它的崛起是对当时盛极一时的精神分析理论的反动。

从历史沿革看，行为派治疗法在20世纪50年代同时出现在美国、英国和南非。这一阶段的工作重点是证明行为制约技巧的有效性，证明它可以取代传统的精神分析疗法，成为另一种治疗方法。进入20世纪60年代，班杜拉发展出社会学习理论，将古典制约与操作制约和观察学习整合在一起。激进的行为主义者斯金纳一直将认知因素排除在外，班杜拉则使认知因素在心理治疗法中占据了一个合法的地位。到20世纪70年代，行为派治疗法已成长壮大为心理学界的一大支柱，对于教育、心理治疗、精神病学和社会工作都产生了很大影响。行为技巧被陆续开发出来，应用到了许多领域。到了20世纪80年代，行为派治疗法开始寻找突破传统学习理论的新观念与新方法。它开始探讨治疗工作对于当事人和社会的影响，更加注意治疗改变中情感因素所扮演的角色，以及生物因素在心理异常中所扮演的角色。这一时期最大的两个发展是认知行为治疗法持续壮大，行为技巧被用于预防和治疗各种心理异常。到20世纪90年代，它成立了自己的专门组织——行为治疗法促进协会，拥有众多的会员。目前，有20多份这方面的专业期刊报道其理论和实践。尽管目前这一派疗法的观点和技巧纷纭复杂，分歧很多，但有一些共同特征，就是以治疗为导向，强调行为，重视学习的作用，强调严格的诊断和评估。

二、主要理论来源

行为派治疗法的理论主要有三个来源，分别是古典条件反射理论、操作性条件反射理论和社会学习理论。下面我们分别来看一下这三个理论。

（一）古典条件反射理论

这一理论由生理学家巴甫洛夫对狗的研究而来。他在19世纪末到20世纪初，因研究消化腺而闻名于世，曾荣获1904年的诺贝尔生理学奖。他的消化腺研究多半是以狗为实验对象的。在与研究助理做实验的过程中，他偶然发现了一件有意思的事。当研究助理将食物送到狗的口中时，狗的唾液开始增加分泌，这是自然的生理现象，不足为奇。但后来他发现这种现象逐渐改变，食物未送到狗的口中，狗见到食物即开始增加唾液的分泌，甚至还没有看见食物，只见到盛食物的器皿，或者只听到研究助理的脚步声，也会引起唾液分泌。这一现象引起了巴甫洛夫的兴趣，他开始了他著名的条件反射研究。他在这方面的研究，不久即成为心理学上研究学习的典范，他的研究得出的理论被称为古典条件反射理论。

巴甫洛夫的实验中有一些基本概念，食物引起狗的唾液分泌是刺激引起反应的自然现象，不需要经过学习，所以食物是非条件刺激（unconditioned stimulus），由食物所引起的唾液反应则被称为非条件反应（unconditioned response）。研究助理的脚步声所引起的狗的唾液分泌显然是习得的反应。因为脚步声对唾液分泌而言原本是毫无关系的中性刺激。中性刺激变得失去原来的中性，而能取代另一刺激所引起的反应，这两种刺激之间的彼此取代，即被称为条件与条件作用。因此，原属中性的刺激，即被称为条件刺激（conditioned stimulus），经条件作用后，中性刺激所引起的反应（指唾液分泌）则被称为条件反应（conditioned response）。巴甫洛夫研究的就是条件刺激如何取代非条件刺激的功用，引起个体同样的反应。

巴甫洛夫的古典条件反射理论在性质上讲的是最简单的联结式学习。这一学习是指将两个本来没有关系的事件连在一起，产生学习效应。在古典条件反射实验中，刺激有两种，包括上面提到的非条件刺激和条件刺激，反应也有两种，即非条件反应与条件反应。按现代心理学家们的看法，在这四者间，联结式学习所做的联结有两个。一个是观察可见的条件刺激与条件反应之间的联结，简称刺激与反应间的联结。另一个是不易见到的联结，那就是条件刺激与非条件刺激之间的联结。从前一联结中，个体学到反应，从后一联结中，个体产生学习。所以，反应与学习并非完全相等，前者只是外显的行为，后者包括内在的心理历程。①

（二）操作性条件反射理论

这一理论源于美国心理学家桑代克对于猫在有目的活动（出笼吃东西）中，如何学习解决困难问题的研究。基于这一研究，他建立了自己的学习理论。这一理论有两大要点：其一，学习是一个试误的过程，个体会在不断的试误中找到正确的反应，以解决问题。在多种尝试性的反应中，能有效解决问题，从而获得满足结果的反应，就是在该刺激情境中习得的特定反应。在某刺激情境中习得某特定反应后，其他尝试过的无效的反应就不会再出现。这种从多种反应中选择一个与特定刺激固定联结的历程被称为试误学习（trial-and-error learning）。其二，在试误学习的过程中，某一反应之所以能够与某一刺激发生联结，是因为该反应能够获得满意的效果。这是试误学习能否建立的基本原则，桑代克把它称为效果律（law of effect）。除了以效果律作为联结性学习的基本原则之外，桑代克又提出两个附属原则，用以解释影响刺激与反应之间联结强弱的条件：一个是练习律（law of exercise），指刺激与反应间的联结随练习次数的增加而加强。另一个是准备律（law of readiness），指刺激与反应间的联结随个体本身准备状态的不同而有所不同——个体在准备好反应的状态下，有所反应，则感到满足，在有过满足经验，以后遇到同样情境时，个体就会继续同样的反应。

桑代克的理论盛行于20世纪初，到20世纪30年代以后，斯金纳改进了桑代克的实验设计，以白鼠和鸽子等动物为研究对象，提出了著名的操作性条件反射理论

① 张春兴．现代心理学——现代人研究自身问题的科学．上海：上海人民出版社，1998：228.

（又被称为工具性条件反射理论）。在基本原理上，斯金纳的理论与桑代克的试误学习的理念相似。他的理论中的重要概念是行为的增强或强化。

如前所述，个体在学习情境中，因偶然出现某种反应（多数是预定要学习的反应），反应后带来满意结果（比如奖励），该结果就被称为强化物。因强化物的适时出现，增加了个体以后在同样情境下重复表现该反应的概率，表明强化物对个体的反应产生了加强作用。这种加强作用，被称为增强（作用）或强化（作用）。因为强化作用是由个体反应后带来的效果所决定的，所以又被称为后效强化（contingency of reinforcement）。在人与动物的行为中，有很多行为是受后效强化支配的。

强化物有多种类型，不同强化物所产生的强化作用也不相同。强化物与相对的强化作用的类型有四种：第一种，原强化物（primary reinforcer）与原强化（作用）（primary reinforcement）。前者指直接满足个体需求的刺激物，后者指原强化物的出现对反应所产生的强化作用。第二种，次强化物（secondary reinforcer）与次强化（作用）（secondary reinforcement）。前者指经学习而间接使个体满足的刺激物（如奖励），后者指次强化物的出现对反应所产生的强化作用。次强化物之所以有强化的价值，是因为以前条件反射过程中的习得。所以，这两个概念又被称为条件性强化物（conditioned reinforcer）和条件性强化（作用）（conditioned reinforcement）。一般来说，年纪较小、智力较低的当事人适宜用原强化物，而成年人以及智力较高的当事人适宜用次强化物。第三种，正强化物（positive reinforcer）与正强化（作用）（positive reinforcement）。凡是个体反应后带来的刺激物能强化该反应的，这一刺激物就被称为正强化物。正强化物的出现对个体反应所产生的强化作用，被称为正强化（作用）。第四种，负强化物（negative reinforcer）与负强化（作用）（negative reinforcement）。凡是个体反应能因厌恶性刺激物停止，因而强化了该反应的，这一刺激物就被称为负强化物。负强化物的消失对个体反应所产生的强化作用，被称为负强化（作用）。

关于负强化物或负强化（作用）有两点值得注意：其一，虽被称为“负”，但对个体的行为而言，这类强化物仍然有强化作用。其二，在性质上，负强化物虽然会使个体厌恶，但它在学习上的功用与惩罚不同，它更有教育或学习心理学上的意义。

在操作性条件反射理论中，强化物的安排也是影响学习效果的重要因素。强化物的安排有以下两种不同方式：一种安排是立即强化与延后强化。前者是指个体表现正确反应后立即给予奖励，其效果比较好。后者指正确反应后，过段时间再给予奖励，其效果较差。另一种安排是连续强化与部分强化。前者是指只要个体表现出正确反应就给予奖励，但连续给予奖励的结果是强化的效果逐渐下降。后者只选择在部分正确反应后给予奖励，效果较好。①

（三）社会学习理论

假如将条件反射学习中的正强化、负强化以及后效强化等观念说得通俗一点，那

① 张春兴．现代心理学——现代人研究自身问题的科学．上海：上海人民出版社，1998：236.

就是个体不是通过奖励，就是通过惩罚来学习行为，否则无法达到学习的目的。像这种靠直接经验学习的说法对动物来说，也许可以成立，因为动物的学习能力及行为的可变性是有限的。但对人类的学习而言，这未必成立，因为人类的认知、技能、态度、观念等，很多来自间接经验。所谓“近朱者赤，近墨者黑”“上行下效”“见贤思齐”，都超越了被动的奖与罚的外在控制，而带有主动学习的特点。这就是所谓的观察学习。它正式成为一派理论的核心则是在 20 世纪 70 年代，体现在班杜拉的社会学习理论中。观察学习是社会学习的基础，它的产生是由学习的人在社会情境中，通过观察别人的行为表现方式及其后果（得到奖励或惩罚）间接学到的。间接学习的历程被称为模仿（modeling），模仿的对象被称为榜样（model）。

学习者在模仿榜样的行为时，也许通过自己的外显行为表现出来，也许只在内心中记取，不管是哪种形式，多少总带有认知的成分。在对榜样的行为进行模仿时，学习者对自己的行为定下了一个标准，而该标准则是以榜样的行为为根据的。学习者在有了标准以后，就会时常拿来评估自己，修正自己，这被称作自我规范（self-regulation）。自我规范的结果是，如果觉得自己的行为符合了标准，就会感到满足，满足之后自然就加强了他所模仿的行为。这种心理效应被称为自我强化（self-reinforcement）。班杜拉和许多心理学家的研究表明，观察学习不但可以超越经过赏罚控制学习直接体验的限制，而且可以超越事先设计学习情境的限制，随时随地都可以学习。班杜拉总结出促成观察学习的条件有：

（1）榜样所表现的行为具有明确的后果（行为受到了奖励或惩罚）。

（2）在学习者的心目中对榜样有正面的态度（榜样是学习者的偶像）。

（3）榜样与学习者之间在人格特质上有相似之处。

（4）学习者对榜样的观察模仿的结果能获得强化（外在强化或自我强化）。

（5）所欲观察模仿的榜样的行为能够明确认定。

（6）所欲观察模仿的行为对学习者来说力所能及（看得懂并做得到的行为）。①

行为派治疗法的基本假设、治疗方法和治疗技巧就是以上述这些理论为基石的。这一点在使用这一方法的时候，你应当谨记在心。

三、基本假设与特征

（一）人性观

虽然激进的行为主义者如斯金纳排除了人自我决定及自由选择行为反应的可能性，但是现代的行为派治疗法采取系统化与结构化的做法，并不带有决定论的色彩。即不认为人只是社会文化制约下的产物，而具有主观能动性，人也有能力改变环境。环境对人的影响和人对环境的影响兼而有之。特别是班杜拉的理论反对机械论和决定

① BANDURA A. Social learning theory. englewood cliffs. NJ：Prentice-Hall，1977. 张春兴．现代心理学——现代人研究自身问题的科学．上海：上海人民出版社，1998：249.

论对人类行为的看法，因为它们未能充分考虑人类对环境的影响力。

在哲学上，行为取向和人本取向常被视为两个极端。但目前运用行为主义方法的人也在尝试建立融合两个取向的概念框架。在实践中要求当事人采取行动，而不只是被动地做出反应和长时间地反省自己的问题；关心刺激如何通过认知过程和主观的认定等中介变量产生影响；强调个人要学习并运用自我改变技巧，为自己的行为负责。

（二）基本特征

施皮格勒和格雷蒙特列出了行为派治疗法的六个主要特征，它们是：

（1）行为派治疗法根据科学方法的原理和步骤，将通过实验得到的学习原理用于协助当事人改变其适应不良的行为。所得的结论均来自观察，而非根据个人的信念。行为派治疗法突出的特征是坚持有系统地遵循明确的规范及测量方法。工作者用具体、客观的文字来叙述治疗目标，使干预措施以后能够照搬使用。在治疗过程中，他们会持续诊断问题行为以及造成这些行为的条件情况，也会使用研究方法来评估上述诊断与治疗历程的有效性。因此，行为派治疗法的观念与处理方法不但会明确说明，也会进行验证，并不断加以修正。

（2）行为派治疗法强调当事人目前的问题与造成这些问题的因素，不强调历史性的决定因素。工作者假定当事人的问题受到目前情况条件的影响，因此他们使用行为技巧来改变这些情况条件。

（3）在行为派治疗法中，当事人必须采取特定的行动，寻求改变，以解决自身的问题，而不是光谈自己的情况。当事人不论是在治疗中还是在治疗外，均须监视自己的行为，学习并演练应变技能以及对新行为进行角色扮演。本疗法以行动为导向。

（4）行为派治疗法在内容上大部分带有教育色彩，强调教导当事人学会自我管理的技能，并期望他们能将学到的东西应用到每天的日常生活中。指派家庭作业是本疗法的一个重点。

（5）行为派治疗法具有弹性，能依照不同当事人的不同问题而调整变化。

（6）行为派治疗法的实际工作以当事人与工作者之间的协同合作关系为基础，这有两方面的意义。其一，工作者所进行的每一项尝试，都会预先告知当事人治疗方法的性质和历程。其二，工作者通常会训练当事人自行提出、实施并评估自己的治疗。①

四、基本方法与技巧

（一）辅导目标

治疗目标是行为派治疗法中十分重要的组成部分。一般性的目标是创造新的条件

---

① SPIEGLER M D，GUEVREMONT D C. Contemporary behavior therapy. 2nd ed. Pacific Grove，CA：Brooke / Cole，1993.

使当事人能重新学习一些行为，而基本的假设是这种学习能改善问题行为。通常当事人在治疗初期必须自己设定明确的治疗目标，并在整个治疗过程中不断地加以评估，以测量目标达成的程度。治疗与评估同时进行。

当代的行为派治疗法强调当事人对于自己接受什么样的治疗要扮演积极的角色。工作者会协助当事人拟定明确、具体、可测量的治疗目标。治疗方法要有实证依据，要简短有力。治疗目标还应当配合治疗的进程，并在必要时做出调整。另外对于实现目标的有关条件也要明确，有相应的对策，并制订出实现目标的详细行动计划。

（二）工作者的角色

在行为派治疗法中，工作者扮演的角色在某些方面与其他取向的治疗法中的工作者并没有什么不同。他们会注意当事人提供的线索，并使用归纳、摘要、反映感受、澄清以及开放式提问等技巧。其独特之处在于会注意明确的事务，并会有系统地收集情境因素、问题行为的构成以及困扰所造成的结果。工作者会使用一些技巧，如不同的观察和记录，来掌握当事人的问题行为状况，为治疗设立基线标准，并设计适宜的评估方案。工作者的另一个角色是充当当事人学习新行为的榜样。由于当事人常认为工作者值得效仿，所以工作者示范出的态度、价值观、信念及行为，都会成为当事人改变问题行为的重要途径。工作者要意识到这一点，并善加利用。这在治疗中也十分重要。

（三）当事人的角色

当事人在辅导中有十分明确的角色。他要主动参与选择和拟定目标的工作，要有改变的动机，要乐于配合工作者在辅导场所和现实生活中尽力实现辅导目标。当事人洞察和领悟辅导目标固然重要，但更重要的是愿意付诸行动。如果不够投入，成功的机会就会打折扣。当事人能否尝试并接纳新行为是治疗成败的关键。当事人还要根据拟定的评估标准不断反省自己的行为，与工作者一起审视工作的进展，配合做出调整。

（四）辅导关系

实证研究指出，在行为取向的治疗中，辅导关系对行为改变有重要贡献。良好的辅导关系能提高治疗意愿；当事人有合作的意愿以及对治疗结果有正面的期待，都对治疗效果有帮助。善用技巧的治疗者能够从行为的角度去界定困扰，并利用良好的辅导关系去促进改变。

相对于其他辅导方法，多数的行为派工作者并不认为辅导关系有至关重要的作用。他们认为，需要有充满温暖、感同身受、真诚、宽容和接纳的专业关系，但是这些不是产生行为改变的充分条件。辅导关系虽然重要但不是重点，它只扮演着基础性角色，使辅导策略能够建立起来，以协助当事人按照自己的意愿做出改变。行为派工作者倾向于具有主动性和指导性，并扮演顾问和解决问题专家的角色。由于他们使用因应模式去诱导行为改变，使当事人能适应日常环境，所以给当事人支持鼓励是非常重要的。

（五）辅导技巧

行为派的一大特色是有众多的运用科学方法的辅导技巧。这些技巧适用于不同情况的当事人，工作者在选用的时候要仔细斟酌，并需要创造性地结合使用各种技巧。我们在这简要介绍其中一些重要技巧。要更详细地了解行为派辅导技巧，建议你去看专门的书籍，我们在此只是给你提供一个向导。下面介绍行为派技巧中的系统脱敏法、厌恶疗法、代币法、示范法、果敢训练、自我管理和多模式治疗，它们分别运用了前面提到的古典条件反射理论、操作性条件反射理论和社会学习理论。

1. 系统脱敏法

系统脱敏法是根据古典条件反射理论，使当事人对某种由平常刺激习得的异常反应（多指焦虑与恐惧）转变为正常反应的方法。它的基本假设是，有焦虑症和恐惧症的当事人都是对原本平常（不应引起焦虑或恐惧）的刺激表现出过度敏感的异常反应，这是一种不良习惯，是通过古典条件反射历程习得的一种条件反射反应。因此，要想去除习得的不良习惯，就得通过反学习历程，将对原本属于平常刺激的敏感性降低，从习得的恐惧反应转变为平常反应。在具体实施中，它包括三个基本步骤，分别是确定焦虑阶层、放松训练和进行系统减敏。

确立焦虑阶层是工作者和当事人对于各种会引起焦虑的刺激，诸如遭到拒绝、嫉妒、批评、耻笑等进行分析，然后按照引起焦虑的程度或逃避倾向的强弱排列顺序，从焦虑最重的情境排到最轻微的情境。确定当事人焦虑阶层的目的是，辅导时可以从最低层开始，在低层脱敏奏效后，再循序渐进去减缓高层的敏感反应。这也是这一治疗法被称为“系统脱敏法”的原因。

放松训练是让当事人把注意力集中在身体肌肉的活动和保持心境平静上，养成随时可以通过放松自己来抵御外在刺激干扰的习惯。目的是让当事人学会这一方法，在引起焦虑的情境中随时拿来用，以身心松弛的反应来代替焦虑反应。实施的方法是，工作者用非常轻柔、愉快的声调引导当事人逐渐放松肌肉，并想象自己正处于令人轻松的情境中，如静坐在湖畔，或在美丽的田野散步。当事人能否进入安静平和的状态是很重要的，因此，工作者会教给当事人如何放松身体的各个部分，特别是脸部肌肉。在治疗之外，当事人每天必须连续进行松弛活动半个小时。

在确定焦虑阶层并学习到身心放松技巧后，就可以先在想象中进行系统脱敏法的试验。在当事人完全放松自己的情况下，工作者提供一个中性的情境让他去想象，如果他仍然能够保持放松，就会接着要求他去想象焦虑阶层表上焦虑最轻微的情境，然后逐步升高阶层，直到他表示感到焦虑时即终止，并立即引导他放松。放松后再继续逐步提高焦虑层次，一直到能放松地想象以前最感到困扰和焦虑的情境为止。这表示系统脱敏法初步成功。这一过程是希望当事人通过放松身心去应付想象中的可怕情境，能从“想到就害怕”淡化到“想到不再害怕”。在此之后，再让当事人到现实中去验证。这样做的目的是让当事人通过放松身心去面对现实中原来引起惧怕反应的情境，从“遇到就害怕”淡化到“遇到不再害怕”。

系统脱敏法非常适合治疗恐惧症，此外除了治疗焦虑，也能有效处理噩梦、神经性厌食症、强迫性行为、口吃、抑郁等问题。

学习活动 6－3　系统脱敏法练习

乐乐是一个 3 岁的男孩，聪明伶俐，惹人喜爱。但前不久，他在院子里玩耍的时候，右小腿被邻家的小狗咬了一口。他的妈妈急忙带他到诊所打针包扎，打针时旁边有人议论，说被小狗咬了的人会得狂犬病，一旦发病就会死亡。乐乐听到这些话后十分害怕，一连几天夜里常被噩梦惊醒。从此，乐乐很害怕狗，甚至听到狗叫声或者别人提到狗，都会惊恐不安。

请为乐乐设计一个系统脱敏法的治疗方案。

2. 厌恶疗法

厌恶疗法（aversive conditioning）是采用古典条件反射理论的另一种心理治疗方法。厌恶疗法的基本构想是，一般不良习惯养成之后，最特殊的现象是，当事人对本不值得爱好的刺激，却表现出十分爱好的反应，如酗酒者的“嗜酒如命”。厌恶疗法则用不愉快的新的条件反应去取代原来愉快的条件反应，从而让当事人改变行为。如让酒与呕吐联系在一起，取代饮酒带来的愉快感觉，让酗酒者戒除恶习。

3. 代币法

代币法（token economy）使用具有交换价值的象征物，代替金钱的奖励作用，作为当事人出现适当行为后的（正）强化物，通过操作性条件反射作用中的后效强化原理，达到养成良好习惯的治疗目的。在这一治疗法中，“代币”为象征物，其要想发生强化作用，也要通过学习。因此，代币法所运用的操作性条件反射理论的强化原则，不是原强化作用，而是次强化作用。所以，也有些学者称这一方法为标记奖励法。

使用这一方法首先要认定行为治疗的目标，并逐一列出实现目标要完成的任务，然后循序渐进，逐步实施改进。辅导人员要与当事人约定代币使用的具体方式，如采用什么样的象征性代币（如印有星号的卡片），代币给予的标准是什么（如做到一项可以得到一个代币，连续做到三项，可以得到五个代币，已经做到而又退步，扣罚代币），以及代币交换的方法（如积累五个代币可以得到一个想要的奖励）。

代币法这种由外在诱因控制个体行为的办法，其效果可能是暂时的，外在诱因（代币）一旦停止，习得的习惯也可能会随之消失。但从另一个角度看，习惯在成为自然之后，也可能会继续保持。尤其是良好的习惯建立之后，除代币的直接奖励外，其他社会性的精神鼓励（别人的赞许）以及自尊心的提升，都可以从外部诱因的作用转变为当事人的自我控制，使其从此不再重犯以前的错误。

学习活动 6－4　代币法练习

小萌是个 14 岁的女孩，由于她过去的蛮横、盗窃和攻击性行为，正在少管所接受管教。管教的目标是使她保持良好的亲社会行为，消除与过去行为类似的反社会行为。她需要完成的行为是按时起床、洗漱、整理床铺、按时吃饭、按时上课、完成指定的一些杂务（如刷碗、打扫室内卫生）、参加治疗训练小组以及按时就寝。要消除的行为是在教室里说脏话、打架、偷窃、撒谎、拉帮结伙、欺骗、威胁及攻击管教人员、未经允许离队、外出晚归等。

请为小萌设计一个代币治疗方案。

4. 示范法

示范法是以某人或某团体的行为作为一种刺激（示范），使观察者发展出近似的想法、态度与行为。它运用的是班杜拉的社会学习理论。班杜拉认为示范有三种效果：一是让当事人学会新的反应技巧并表现出来；二是让当事人学会抑制恐惧反应；三是促进当事人的反应，即提供线索让当事人模仿，目的是让当事人表现出更多已学会而又不被禁止的行为。

示范可以有现场示范、象征性示范和多重示范三种。现场示范指的是示范者在当事人面前直接演示最希望当事人有的适当行为，以影响其态度与价值观，并教导其各种社会技能。象征性示范又称符号示范，即通过影片、录像带、录音带等记录装置示范行为。多重示范指的是当事人在小组治疗中，通过观察小组中成功的同伴，在态度上有所改变并学习到新技能。研究显示，示范者与观察者在年龄、性别、种族和态度上越接近，被模仿的可能性越大。有声望、有地位的示范者比那些声望低、地位低的人更可能被模仿。然而，示范者的地位也不能太高，否则观察者会认为其行为不切实际。此外，示范者如果表现得干练并能散发出亲和力，则会有促进示范的效果。①

5. 果敢训练

果敢训练是行为派治疗法中相当常见的社交技能训练之一。社交技能在人生的各个发展阶段都很重要。比如，儿童要学习如何交朋友，青少年需要学习如何与异性交往，成人必须学习如何有效地与配偶、同事以及领导相处。缺乏社交技能的人，往往在家庭、工作、学校和闲暇生活中遇到人际交往上的困难。果敢训练就是教给人成功地与人相处的方法。它特别适用于无法表现生气或愤怒的人、很难拒绝别人的人、过分有礼的人、常让别人利用的人、难以表达情感及其他正面反应的人，以及自己觉得无权表达想法、信念及感觉的人。果敢训练的一个目标是扩充人的"储备行为库"，使他们能够在某一情境中"选择"表现出果敢行为。果敢训练的另一个目标是教导人们敏锐地察觉到别人的感觉与权利，并做出相应的反应。果敢并非攻击别人，真正果敢的人不会执意坚持自己的权利而忽视他人的感受。

大部分的果敢训练计划把重点放在当事人负面的自我陈述、自我挫败的信念以及错误的想法上。人们的表现常常不够果断，是因为认为自己无权陈述自己的观点，无权要求自己想要或应得的一份，因此导致被动的行为。有效的果敢训练不仅提供技巧去处理困难情境，而且向人们缺乏果敢的信念挑战，教导人们做建设性的自我陈述，并且使人们能接受果敢行为的新信念。

① 科里．咨商与心理治疗的理论与实务．5版．台北：扬智文化事业股份有限公司，1999：378－379.

6. 自我管理

自我管理是通过学习和应用心理学的相关知识，让当事人提高自我管理的能力，并过上自我引导的生活，不再依赖专家处理个人的问题。在辅导领域它是一个新事物，从 20 世纪 70 年代才开始被应用到临床上。这一方法把认知和行为两个方面的方法结合在一起，协助当事人处理问题。自我管理策略包括自我控制、自我奖赏、自我约定和刺激控制等。目前它已经被应用到协助不同的群体处理不同的问题中。

在自我管理计划中，人们决定想要控制或改变哪些特定的行为，如酗酒、吸毒、不会有效利用时间等，然后明确改变的目标。一般一次只建立一个目标。这一目标应该是正面的、可以测量的、能够实现的、对当事人有意义的。当事人自定目标十分重要。明确了目标以后，再把它转换成一系列具体的标的行为。通过实施这些行为便可以实现目标。在实施过程中，当事人对自己的行为要做详细的观察和记录，最简单的方法是记行为日记，通过这一措施来进行自我监控，并根据监控的结果调整计划。此外，当事人还可以通过自我奖赏和自我惩罚等促进更好地实施计划。

有效的自我管理计划有以下特点：

（1）采取混合策略。

（2）持之以恒，实施计划的过程不中断。

（3）订立的目标切合实际，并能评估实现的程度。

（4）具备有效的自我强化措施。

（5）环境支持所做的改变。

7. 多模式治疗

多模式治疗法是拉扎勒斯提出的一个包罗广泛的、系统的、从整体出发的行为矫正方法。它假定当事人面临的情况受到各种不同问题的困扰，所以最好是使用多种策略来带动改变。多模式治疗法不认定使用单一的方法来解决当事人的问题，而是使用多种技巧，并会在辅导进程中不断调整方法，以便有效实现目标。

拉扎勒斯的多模式框架是整合了古典条件反射理论、操作性条件反射理论和认知取向的理论而发展出的多种行为治疗技巧。他认为人类的复杂人格可以区分为七个主要的功能领域，简称 BASIC ID。B 代表行为，A 代表情感反应，S 代表感官知觉，I 代表心像，C 代表认知，I 代表人际关系，D 代表药物、生物功能、营养以及运动。他认为人们的行为和人际互动都脱离不了这七个要素的领域。这七个要素彼此联系，是一个互动的系统。有系统地评估这七个要素及其之间的互动状况，才能做出正确的诊断。完整的治疗方法必须矫正这七个要素中的特定问题。个人心理上的困扰源于感觉上的冲突、认知上的误导、缺乏人际关系技巧、外部有压力源等，都与这些因素有关。治疗要从评估这七个方面的情况入手，然后设计相应的干预方案。在实施治疗的过程中，多模式治疗法借用了焦虑管理训练、行为演练、研读疗法、生物回馈、沟通训练、自我引导训练、催眠、冥想、示范、正面的心像塑造、社交技能和果敢训练、时间管理等众多的技巧。

五、理论评述

行为学派对辅导工作的贡献在于重视明确性，以及用系统化的方法来应用辅导技巧。它很强调“做”的功夫。相对于只谈论问题和获得洞察力的方法，行为派有许多行为策略，可以帮助当事人拟定改变行为的行动计划。目前，行为派治疗方法已被应用在处理各种不同的问题上，处理的领域已经超出了一般的临床治疗，深入到医学、老年病学、儿童问题、康复计划和压力管理等领域。在协助人们维护健康的生活方式和疾病的管理上，它也有相当出色的贡献。

美国心理学会临床心理学部门曾主办过一项广泛的研究，指出行为派治疗法是到目前为止，对于慢性疼痛、恐慌异常、一般性的焦虑异常、恐惧症、强迫性异常、压力造成的头痛、暴躁性格、男女的性异常问题以及其他问题的唯一“建立起良好实证效度的心理疗法”①。

行为派治疗法的另一个主要贡献是强调研究和评估治疗的效果。治疗方法是否有效，实务人员必须拿出实证依据。如果没有效果，他们就要仔细检查原始的分析资料和治疗计划，并加以调整。这种严谨的要求也许就是行为派治疗法自萌生后能有戏剧性改变的原因。行为学派比其他学派更重视研究，并且它所提供的框架也让研究者能够评价源自其他学派的技巧是否有效。

行为派治疗法注重职业道德的中立性。它只协助当事人改变他们想改变的行为，让当事人在决定治疗目标方面有很大的自决权和自由选择的余地。有些当事人因文化背景的缘故，不能自由地表达或与他人分享自己的感觉，行为派在处理这类问题上就比其他学派有优势。因为行为派并不强调经验的倾吐，而着眼于改变当事人的特定行为，并培养对方解决问题的技能，所以寻求行为改变和行动计划的当事人会乐于合作，以切实处理生活上的问题。

行为派的治疗过程也会周全地考虑当事人生活中的社会与文化因素。虽然拥有多种治疗技巧是行为派的一大特点，但单单具备多种技巧还不足以从事实务工作。行为学派的所有研究和论著都强调要考虑当事人的生活背景、价值观、生物特质及社会心理特质。他们也指出，各种不同的社会文化发展因素与心理困扰、人际关系中的暴力和虐待有关。很明显，行为派治疗法不只处理症状和行为问题，还强调要全盘考量当事人的生活环境，以确保不仅让行为发生变化，而且能真正改善当事人的生活情形。

对行为派治疗法的常见批评是：这一疗法也许能改变行为，但是不能改变感觉；忽视治疗中重要的关系因素；未能提供洞察力；忽视目前行为的历史原因；治疗者有操控之嫌。

行为派治疗法的大部分限制或许不在本身的理论上，而在某些实务工作者身上。

---

① CHAMBLESS D L. Training in the dissemination of empirically-validated psychological treatments：report and recommendations. The clinical psychologist，1995：48，3－24. 科里．咨商与心理治疗的理论与实务．5 版．台北：扬智文化事业股份有限公司，1999：378－379.

有些人过于强调使用多种技巧乃至狭隘地处理特定的行为问题，而且过于关注症状本身，忽略了当事人的社会文化背景，并漏掉了一些当事人生活中的重要因素，这样就使治疗难以让当事人发生有益的改变。所以，不能简单地使用这一派的疗法，而应当在充分理解它的原理和体系的基础上开展工作，这样才会有好的效果。

第四节 小 结

本章系统介绍了个案工作的三大理论派别：心理社会派治疗理论、人本治疗理论和行为派治疗理论。这些理论使个案工作摆脱了早期纯粹凭个人经验应对问题的模式，走上了以知识为本的干预之路。从这些理论中衍生出的一些重要治疗理念和原则已经成为当今个案工作中通用的理念和原则，发挥着重要的作用。这三派理论对个人问题成因的分析各有自己的角度，解决之道也不尽相同。心理社会派理论强调的是生物因素、内在的心理和情感过程、外部的社会和物理环境对人的问题的影响，以及这些因素间的相互作用所造成的影响。工作的方法是从了解和评估这些因素着手，做出诊断，制定相应的解决方案，然后付诸实施。人本治疗理论强调的是社会化过程中的一些问题导致了个人的问题。它对人持非常积极乐观的看法，提出“非指导性辅导”，认为辅导的目标是帮助当事人更为独立和整合，能按自己的意愿办事。它注重当事人本身，而不是长久呈现的问题。罗杰斯认为，治疗的目的不仅在于解决问题，而且在于协助当事人成长，这样他们就更能解决目前与将来所要面对的问题。行为派治疗理论关注的是人外显的偏差行为以及带来这些偏差行为的可以察觉的原因，并发展出一系列精细的技巧来改变人的偏差行为。它不重视内在的反省和洞察，重视用自然科学的一套方法来评估人的行为问题，协助当事人拟定明确、具体、可测量的治疗目标，然后力争实现。我们已经知道三种理论派别各有各的优势和不足，有它适用的人群和便于处理的问题，在实践中可以有针对性地酌情使用。

本章要点

1. 心理社会派治疗理论
2. 人本治疗理论
3. 行为派治疗理论

基本概念

心理社会派治疗理论　人在情境中　社会诊断　人本治疗理论　非指导性辅导　自我概念　行为派治疗理论　古典条件反射理论　操作性条件反射理论　认知学习理论　系统脱敏法　厌恶疗法　代币法　示范法　果敢训练　自我管理　多模式治疗

复习思考题

1. 心理社会派治疗理论有什么特点？
2. 如何运用心理社会派治疗法？
3. 运用心理社会派治疗法时应当有什么考虑？
4. 人本治疗理论有什么特点？
5. 如何运用人本治疗法？
6. 运用人本治疗法时应当有什么考虑？
7. 行为派治疗理论有什么特点？
8. 如何运用行为派治疗法？
9. 运用行为派治疗法时应当有什么考虑？

推荐阅读书目

1. 许莉娅．个案工作．北京：高等教育出版社，2004.

2. 翟进，张曙．个案社会工作．北京：社会科学文献出版社，2001.

3. 高刘宝慈，区泽光．个案工作：理论及案例．香港：香港中文大学出版社，2001.

4. 科里．咨商与心理治疗的理论与实务．5版．台北：扬智文化事业股份有限公司，1999.

5. 罗杰斯．当事人中心治疗：实践、运用和理论．北京：中国人民大学出版社，2004.

6. MILTENBERGER R G. 行为矫正的原理与方法．北京：中国轻工业出版社，2000.

7. CREER T L. 心理调适实用途径．北京：北京大学出版社，2004.

8. THOMLISON B，THOMLISON R. Behavior theory and social work treatment//TURNER F J. Social work treatment：interlocking theoretical approaches. 4th ed. New York：The Free Press，1996.

第七章

个案工作的主要理论派别（下）

本章概要

上一章我们介绍了个案工作的三大理论派别。这些理论派别在个案工作的历史上曾经盛极一时，而且至今仍发挥着十分重要的作用。这一章我们综合了多个个案工作的理论派别和模式，力图对传统上的三大理论模式有所补充。我们选取理论模式考虑了当前解决突出的社会问题的需求，同时也融入了能反映出本学科的一些最新动态的理论模式。在这一章我们会介绍危机干预模式，这是考虑到我们国家是一个自然灾害多发国，此外，我们正在进入一个高风险的社会，社会工作者会遇到许多当事人面临危机的状况，若不能采取有效的干预措施便会有非常严重的后果。另外我们还会介绍家庭治疗模式的几个具体方法。相对于以个人为着眼点的个案工作理论派别来说，它们扩大了工作者的视野，使干预有了不同的入手点。最后，我们介绍了个案工作理论上的一些新取向，包括叙事疗法、女性主义疗法和寻解疗法等。

第一节 危机干预

人们祈求平安，因为深知世事难料，不测随时可能会降临。亲人或朋友突然死亡或者与他们关系破裂，自己突然残疾或患急性严重疾病，恋爱关系破裂，失去心爱之物，破产或经受重大财产、住房损失，重要考试失败，晋升失败，遭遇严重自然灾害，等等，这些不测都有可能导致人生危机。2013 年，全国 432 个疾病监测点显示，伤害粗死亡率为 51.53/100 000，男、女分别为 70.09/100 000、32.24/100 000，城市、农村分别为 39.01/100 000、57.14/100 000，伤害死亡位列全死因顺位第五位，占全死因构成的 8.00%[①]。对社会工作者来说，危机干预已成了日常工作中经常要遇到的问题。让我们看一下社会工作领域有关危机干预的理论发展脉络、基本概念和干预手法。

① 王宇，孟群．中国死因监测数据集（2013）．北京：科学普及出版社，2015.

一、历史脉络

虽说“人有悲欢离合，月有阴晴圆缺，此事古难全”，但是对危机调适的研究并没有很长久的历史。追根溯源，这方面的研究始于一些先驱者的行动研究，特别是1943年林德曼对美国波士顿火灾难民及死亡者家属的适应研究。1946年，林德曼和卡普兰在有关社区精神健康的问题研究中首先提出了“危机调适”这个概念，他们认为压力、紧张、情绪的调节与危机有很大的关系。继此之后，精神病专家卡普兰的研究把林德曼的研究向前推进了一步。卡普兰将危机视为由危险事件导致的个人情感上和谐状态的暂时低落，他强调危机对个人来说是一个独特的契机，个人可能会因此获得更好的情感上的平衡，也可能会获得更糟的情感上的平衡。他倡导以社区为本，提供预防性的危机干预服务。卡普兰也被称为“现代危机之父”①。

早期对于危机的实际干预研究还有一个比较著名的家庭危机理论模式。它是由鲁宾·希尔基于对战争导致的家庭离散聚合的研究建立起来的。这一模式被称为ABC-X压力模式。A指的是事件，B指的是家庭应对危机的资源，C指的是家庭对事件的认知和界定，X指的是危机。ABC之间的互动导致了X。BC是存在于家庭中的危机的决定性因素，必须从家庭的结构和价值观的角度来审视。而A是家庭之外的第一位的决定因素，它的艰难程度对危机有影响。② 希尔构建的家庭压力理论成了当代有关家庭压力研究以及家庭危机干预理论的支柱。他的研究引发了数十年关于家庭对压力的反应方面的研究，其中一些研究力求解释和预测家庭的功能失调和家庭破裂。

危机理论还受到对压力的生理反应方面的研究的影响。这方面的研究发现，机体在自然状态下与环境保持着平衡。一部分机体有所改变会导致机体的所有组成部分失衡。要重新建立和谐状态会经历两个阶段。第一个阶段是发出警报阶段，机体会动员起来抗争或是逃离。第二个阶段是应对改变。如果假以时日机体还不能战胜威胁，就会出现耗竭状态，最终导致生病。

也有学者对危机进行了心理学方面的研究。提出在压力反应中存在着中介因素，比如个人对事件意义的认知评价、对事件所带来的威胁或挑战的看法，以及个人应付事件所能得到的资源等，都会对压力造成的后果有影响。应对理论认为人们很少会被动地对待生活事件，而是会积极地想办法，改变带来压力的事件，或者是调控个人给事件赋予的意义或对事件的情绪反应。罗斯福夫人曾说过，“没有人能让我不快乐，除非经过我的同意”，反映的就是这样的观点。

生态学取向的压力与应对研究强调了长久的紧张状态所造成的压力。还有些研究者指出社会经济地位会影响压力所造成的后果，提请人们注意社会地位、性别、年龄、婚

---

① 翟进，张曙．个案社会工作．北京：社会科学文献出版社，2001：193.

② HILL R. Social stress on the family：generic features of families under stress. Social casework，1958：139－150. WOODS M E H. Psychosocial theory and social work treatment// TURNER F J. Social work treatment：interlocking theoretical approaches. 4th ed. New York：The Free Press，1996：172.

姻状况等因素对压力及其应对结果的影响。①

除了这些对危机的研究，研究者们还识别出了人们经历创伤事件所付出的代价，制定、实施并评估了用来预防、减少和缓解伤害的干预措施②。社会工作者把危机干预用于社区精神健康服务项目、自杀预防中心、家庭服务机构、医疗护理系统的工作中，对早期推动危机干预的发展起到了重要作用。到 20 世纪 60 年代至 70 年代，危机干预理论和实践迅速发展，特别是在社会工作领域有了飞速的发展。1974 年，美国《灾害救济法》将危机调适模式与辅导协助列为应该提供的社会服务与心理治疗项目，危机调适模式成为重要的辅导与解决问题的方法。目前，社会工作专业还在儿童福利系统、学校、危机反应团队和员工援助计划中推广使用危机干预方法。

在 2008 年的汶川地震中，亲人的离世，家园的毁坏，使一些家庭陷入危机。灾害发生时，某些人群，如老人和儿童，更可能受到不利影响。比如儿童所受的影响可能涉及身体、心理和社会等各个方面：

（1）灾害会造成大量儿童伤亡。

（2）儿童因父母伤亡而流离失所，成为孤儿或无人陪伴的儿童。

（3）儿童因成人健康照顾不周，食物、衣物和生活用品匮乏而生病和死亡。在受灾人群中，5 岁以下儿童的发病率和死亡率最高。灾后有可能发生的疾病很多，而儿童是遭受这些疾病威胁的最脆弱的群体。儿童在灾后最容易发生的疾病包括腹泻、痢疾、急性呼吸道感染和肺炎、麻疹、流行性脑膜炎、乙型脑炎、病毒性肝炎、意外伤害、营养不良、烧伤、中暑、产科/新生儿并发症等等。而这些疾病一旦在儿童中发生，就很容易在人群中扩散。

（4）意外伤害。灾后，人们生活环境遭到极大破坏，临时居所、周边环境、设施存在一定的危险或安全隐患，一些成人也由于灾难造成一定的身体或心理伤害，对儿童照顾不周。加之儿童好奇心强、喜欢活动，对危险没有识别能力，自我保护能力弱，因此，非常容易发生意外伤害。灾后常见的儿童伤害包括砸伤、坠落伤、溺水、电击伤、中毒、烧烫伤、动物咬伤等等。

（5）心理与行为的改变。根据统计，在经历灾害的人中，至少有 50%会产生心理创伤。除灾难灾害幸存者外，还包括救援人员、医护人员以及经由媒体听闻灾害的人，这些人都有可能在情绪、认知、身体、人际等方面出现压力。由于经历家园被毁坏，目睹人群受伤或遇害，感觉到生命危险，接受救援之后出现恐惧、焦虑、担心等，儿童在灾后也会出现不同程度的心理和行为反应，大多数儿童灾后一周症状开始减轻，一至数月后基本恢复正常。但是也有大约 10%的儿童会出现持久、严重的心理疾病，而且一部分儿童的创伤后应激障碍的症状可能在几个月甚至几年后才比较明显。他们所遭受的创伤既有急性出现的，也有影响终生的。早期的灾害经历往往会导致他们长期的生理和心理问题。

---

① WOODS M E，ROBINSON H. Psychosocial theory and social work treatment//TURNER F J. Social work treatment：interlocking theoretical approaches. 4th ed. New York：The Free Press，1996：172.

② KOLSKI T D，AVRIETTE M，JONGSMA A E. 危机干预与创伤治疗方案．北京：中国轻工业出版社，2004.

因此，在灾害发生后的紧急救助中，对于儿童、孕妇、哺乳期妇女、老人和残障者等最容易受到伤害的弱势群体要特别予以关注。

二、主要概念

（一）危机的定义

对于什么是危机，学术界存在不同的看法。我们赞同的观点是，危机是一种认识，它指的是当事人认为某一事件或境遇是个人的资源和应对机制所无法解决的困难。除非得到及时缓解，否则危机会导致情感、认知和行为方面的功能失调。

（二）危机的分类

根据诱因的不同，危机可以分为不同的类型。主要有三类。

1. 成长性危机（developmental crisis）

伴随人生历程的一些急剧变化或转变，如迁徙、升学、升职、孩子出生、中年转折、退休等引起的危机。你可能已经熟悉埃里克森的生命周期理论。根据这一理论，人生的各个成长阶段都有其特定的危机，这种危机每个人都可能会遇到，有危机是常态。比如，在婴幼儿期可能会遇到缺乏适当照顾的危机，在儿童期会遇到学业适应方面的危机，在青少年期会遇到自我认同方面的危机，在成年期会遇到婚姻、恋爱方面的危机，在老年期会遇到丧亲、疾病等方面的危机，等等。

2. 情境危机（situational crisis）

当事人的外在情境出现了罕见和超常的事件，对此当事人无法预测和控制，因而造成了危机。这类危机可分为三类：第一类是由自然环境突变引发的危机，如地震、水灾、火灾等自然灾害造成的危机。第二类是由社会环境中的突发事件引发的危机，如车祸、亲人意外死亡、遭遇恐怖袭击、被强奸、被虐待等。第三类是个人的危机，如突患重大疾病、自杀等。情境危机的特点是，它没有规律、不期而至、给人带来震撼和灾难。

3. 存在性危机（existential crisis）

伴随着重要的人生问题，如关于人生目的、责任、独立性、自由和承诺等出现的内部冲突和焦虑。存在性危机有可能源自当前的现实状况，也可能源于对过往事物的追悔，或者是有一种排山倒海般的、挥之不去的感觉。

（三）危机的特点

我们每个人都有可能遇到危机。一般来说，危机的特点是：

- 有一个起关键作用的压力事件或长期的压力情境。
- 个体有悲伤经历。
- 存在损失、危险和羞辱。
- 有一种无法控制的感觉。

- 事情的发生是预料之外的。
- 日常工作遭到破坏。
- 未来具有不确定性。
- 紧张持续时间过长。

(四) 危机反应与应对

每个人对严重事件都会有所反应，但不同的人对同一性质事件的反应强度及持续时间不同。一般的情感反应过程可以分为三个阶段：

(1) 即时反应期。当事人表现出麻木、否认或不相信。

(2) 完全反应期。感到激动、焦虑、痛苦和愤怒，也可能会有罪恶感、退缩或抑郁。

(3) 消除期。接受事实并开始着眼未来。情感上的危机状态不会持续太久，如亲人或朋友突然死亡的居丧反应一般在 6 个月内消失，否则便应当看成是有问题的。

在危机应对上，一般会经历四个阶段[①]：

(1) 第一阶段：内心的基本平衡被打破，当事人开始体验到紧张。为达到新的平衡，试图用以前应对压力的策略做出反应。

(2) 第二阶段：以前的策略未能奏效，焦虑程度增加，又试图用错误的方式解决问题。

(3) 第三阶段：如经过错误的尝试未解决问题，当事人内心的紧张程度持续增加，会采取一些异乎寻常的无效行动宣泄紧张情绪，如酗酒、饮食起居混乱、无目的地游荡等。这时当事人求助动机最强，常常不分时间场合地发出求助信号，甚至尝试自己过去认为荒唐的方式。

(4) 第四阶段：如经过前三个阶段仍未解决问题，当事人会产生习得无助感，对自己失去信心和希望，甚至对整个生命的意义产生怀疑和动摇，很多人正是在这个阶段企图自杀的。有的当事人会产生情绪崩溃和人格解体。

(五) 危机干预的目的

危机可能会给当事人带来不同的结果。有的当事人不仅能顺利度过危机，而且能学会处理困境的新方法，整体心理健康水平得到提高，生命获得成长。有的当事人虽然度过了危机，但在心中留下了一块“疤痕”，有了偏见，“一朝遭蛇咬，十年怕井绳”，限制了自己今后的社会适应。更有当事人经不住情绪压力，对未来绝望，以死寻求解脱。还有些人未能度过危机，罹患神经症或精神病，心理适应水平明显降低。因此，危机干预的主要目的是防止过激行为，如自伤、自杀或攻击性行为等，同时还要避免由于经历危机而产生的心理上的创伤和损害。干预目标可以分为两个层次，即初级目标和终极目标。

初级目标又称基本目标。危机调适的基本目标是避免发生危难。具体包括：(1) 减

---

① 陆小娅．青春热线 10.0 版志愿者培训资料（之五）热线危机干预技巧．内部资料，2004.

轻当事人生理和心理上的不适感，如紧张、恐慌、焦虑、忧虑等。（2）帮助当事人恢复到危机前的状态，甚至比危机前更好。（3）协助当事人了解危机的原因。（4）协助家庭及社区支持当事人。

终极目标是协助当事人进一步了解现在的危机状态和曾经经历过的危机、冲突之间的联系，让当事人能够建立一种全新的思考和处理危机的方式①。

三、危机干预的基本技巧

（一）基本原则

若要成功应对危机，当事人必须对未来抱有希望，愿意寻求支持和帮助，能控制自己的情绪，有处理问题的能力，并且能主动面对问题而不是逃避。而身为社会工作者，能否给危机中的当事人提供有效的帮助取决于：

- 脑子里是否有危机的内在心理图式。
- 是否清楚应该怎样帮助处于危机中的当事人，才能调动他们个人的积极性。
- 对当事人所处的困境，是否有较深的同情。②

相应地，在危机干预中，基本的原则是：

（1）及时接案与处理。危机会给当事人带来即时的和长远的影响，处理不及时会造成严重的伤害。

（2）灌注希望。处于危机状态下的人往往感到没有希望。因此，要在整个干预工作的过程中不断输入希望。

（3）制定简短、有限的目标。减少危机症状是主要目标。要关注当前的问题，避免发生危难。

（4）工作者积极主动，帮助当事人发掘和寻找支持系统。利用当事人的人际交往资源，如家人、朋友、同事等向当事人提供支持。向当事人提供实用信息和有形的支持。工作者的支持要适度，否则会削弱当事人的独立和自尊。

（5）恢复自我形象。当事人在求助的时候往往会有焦虑不安的情绪，还会觉得缺乏自尊。工作者要鼓励当事人表达自己的感受，诉说症状和忧虑。工作者要善于了解当事人的自我形象，尽快帮助当事人恢复自信，这样才能着手解决危机。

（6）培养当事人自立。从开始到结束，工作者在进行危机干预的时候必须随时注意培养当事人的独立生活能力，尽量减少当事人对工作者的依赖感。工作者必须放弃“只有我能帮助这个人”的想法，危机干预最重要的一点是培养当事人解决问题的能力，而不是包办代替。

（二）基本步骤

（1）确定问题。工作者宜采用开放式的问题，了解当事人所处的情境，并了解当

① 翟进，张曙．个案社会工作．北京：社会科学文献出版社，2001：195.

② 帕里．战胜危机．北京：三联书店，1996.

事人近期的生活状况。这些对于了解危机的成因和问题的核心所在非常重要。对当事人生活状况的了解包括了解当事人的人际关系、与父母长辈的关系、工作和学业情况、背景资料、认知功能、冲动控制力等。①

（2）迅速做出危险性判断，保证求助者安全。危险性判断是指危机的危险程度，即当事人对他人、自我的生命及社会环境采取破坏性行为的可能性。可供判断的信息有三个来源，包括：当事人的陈述，即当事人是否在陈述自己的问题时表露出采取破坏行为的念头；当事人表现出的非言语信息，即当事人从眼神、语气、表情等肢体语言中表露出的意图；当事人以往的经历。当事人如果曾经有过危险性行为，那么再次采取该行为的可能性就比较大。

（3）给予支持，稳定当事人的情绪，获得当事人的信任。支持当事人、稳定当事人的情绪非常重要，它直接关系到能否成功处理危机。稳定当事人的情绪的主要目标是消除当事人的无助感、焦虑感以及易冲动的情绪状态，力求获取当事人的信任。在这一工作中要注意到当事人可能多次尝试过解决问题，但屡受挫折，会认为工作者也帮不了他。要敏锐察觉当事人的情绪、自我价值感等，并运用同感、聆听等技巧去处理当事人的情绪。工作者还要明了当事人对自己的期望，并向当事人保证会尝试跟他一同解决问题。与当事人的沟通要针对当事人的需要，运用好本专业的知识。当事人的思维可能受情绪影响，所以工作者的话要简单易懂，长篇大论的解释会让当事人感到更加混乱。②

（4）锁定问题，提出并验证可变通的应对方式。工作者要和当事人一道分析危机的成因。有些危机是单一因素引发的，如自然灾害、亲友的突然离去等。有些危机则有多重原因，单一的事件只是导火索。这类有多重原因的危机需要工作者透过表面现象去深入挖掘。

当事人对危机的认识也因人而异。有的人清楚导致危机的原因，但是缺乏解决危机的方法和手段，所以向机构求助。有的人对危机发生的原因有很多种解释，但是对究竟哪些是主要原因，缺乏分析和判断的能力。还有的人从未对危机仔细探究过，简单地把它归结为“命不好”“运气差”等。工作者在跟当事人一起分析危机成因的时候可以用启发的方式，也可以用协商的方式。在当事人无力寻找危机发生的原因时，工作者可以以专业身份做出自己的判断，直接告诉当事人。但除非是有十足的把握，否则应该慎用这种方式。

（5）制订计划。确定危机的成因后，工作者便要和当事人一起寻找解决当前危机的方法。在制订计划的过程中要鼓励当事人积极参与，要以解决当前紧迫问题为首要目标。计划要具体、有可操作性，并尽早寻求有关人士的帮助。

（6）执行和总结。工作者要鼓励并帮助当事人去落实应对危机的计划，确保当事人按计划行动。另外，询问当事人在每次行动中的感受并加以帮助和引导也会有助于完成计划。在实现初级目标后，工作者应当帮助当事人做总结，包括当事人对危机的

---

① 高刘宝慈，朱亮基．个人工作与家庭治疗．香港：香港中文大学出版社，1999：144－145.

② 同①.

看法，得到的经验教训，如何防止类似危机的进一步发生，个人还有哪些需要改善的地方，当事人对工作者的看法和意见，等等。工作者应当帮当事人通过安度危机获得成长。

（三）危机干预的重点

《中国青年报》青春热线在培训咨询员时提出了热线危机干预的几个重点，对于处理当事人的危机很有借鉴意义。这几个重点是：

（1）工作者的态度要温暖、镇定。

工作者要始终注意自己的语言、语音、语调，要用放松、平和、宁静、亲切、安全和关怀的语言、语音、语调去缓解对方的焦虑和恐惧，自始至终向对方传递这样的信息：我理解你，我关心你，我愿意帮助你，我有能力帮助你！

工作者易犯的错误：

● 自己先被吓住了，结果让当事人感到你也控制不了局面，你也帮不了他。

● 过于急切，还未建立充分信任的关系，就想解决问题。结果当事人感到不被理解，感到你似乎更关心自己而不是他。

（2）与当事人同感，帮助对方处理情绪。

陷于危机中的人情绪是混乱的，这些混乱的情绪使他的思维域变得狭小，无法理性地思考。工作者通过同感，帮助当事人宣泄和整理情绪，让他体会到，这些情绪是可以理解和接受的。

工作者易犯的错误是：

● 不处理情绪，马上就想改变认知。结果对方听不进去。

● 当当事人有某种情绪工作者接受不了时，就批评对方。结果当事人感到更加孤单和不被理解，甚至受到伤害。

● 在当事人说“我该做些什么呢”时，急于提供建议。结果你的建议被当事人否定。

（3）评估求助者的状态，采取一些措施以保证他的安全。

可以直接问：“你想自杀，能告诉我你准备怎样做吗？”“你在哪里？”坦诚地与对方讨论自杀方式，以了解对方目前的状态。

危机干预需要工作者分秒必争，主动参与指导。比如在电话中指导其进行放松，“套”出周围可以帮助他的人。

帮助当事人发掘社会资源。尽管当事人在做出自杀决定之前往往已用各种方式向亲友求助过，但由于他的求助信息不明确，亲友往往无法向他提供有效帮助，他有可能因此而对亲友失望。而我们的任务之一就是要帮助他重新发现他的社会资源，使他能够借助社会力量改善自身状况。

工作者易犯的错误：

● 不敢问当事人是否准备自杀，结果低估危险。

（4）帮助当事人重新认识他的处境，寻求建设性的解决方法。

重点应放在他怎样看待这件事（还能从其他的角度来看吗）、他做过哪些努力来改变（肯定他的努力，探索是否还有其他可努力的方向与渠道）上。鼓励对方再给自己一次机会，鼓励对方再耐心地做一次尝试，鼓励对方一起把商议的建设性方案具体化、操作化，并督促对方去做尝试。

工作者易犯的错误：

● 停留在事情本身，而不是“挪开”当事人的注意力，使其关注事情的另一面或解决方法。结果强化了当事人的无助感。

● 给当事人虚假的承诺或空泛的安慰，如“时间会解决一切”“你一定会好起来的”。结果当事人会产生不信任感，认为你站着说话不腰疼。

● 措施不具体、不可行。结果当事人不去尝试，因此也难以产生新的体验。

（5）必要时转介。

当事人的问题往往不能通过一次热线电话就解决，因此在必要时，要动员他去寻求心理医生的帮助。

工作者易犯的错误：

● 过分高估自己的能力，或者以为只有自己能帮助对方，把自己当成救世主。结果错过机会，导致悲剧。[①]

危机干预模式基本上是受系统论、适应论和人际关系论以及自我心理学等的影响，同时还吸收了其他一些社会科学知识。与上一章介绍的三个理论模式不同，危机干预模式没有专门的基础理论，而是建立在不同的理论和实践的基础上。所以，更准确地说它只是一种工作方法。危机干预的手法目前已经有了许多发展，包括以个人为着眼点的干预、家庭危机干预、小组危机干预、多模式危机干预等。未来，危机干预会在社会工作中占据重要位置，这方面的理论和研究还有待进一步地推进和完善。

学习活动 7-1　危机干预与创伤治疗方案：灾难处置[②]

阅读下面对灾难危机的描述和处置方法，与同学对比讨论我国现有的做法。你对此有什么建议吗？

灾难的行为界定：

（1）涉及自然灾害（如龙卷风、洪水、飓风、暴风雪、火山喷发、干旱、地震等）。

（2）涉及技巧或人为灾难（如火灾、空难或危险化学药品在空气中散布而导致的爆炸）。

（3）涉及社会、卫生灾难（如战争、经济衰退或爆发流行病）。

（4）破坏家居、社区、私有财产和/或日常工作极度混乱。

（5）肾上腺机能增高的搏斗或逃跑反应：感觉过敏、心跳加快和/或过度换气。

（6）情感反应：震惊、失去信心、困惑、无助、失控、易激惹、幸存者自罪、焦

---

① 陆小娅．青春热线 10.0 版志愿者培训资料（之五）热线危机干预技巧．内部资料，2004.

② KOLSKI T D，AVRIETTE M，JONGSMA A E. 危机干预与创伤治疗方案．北京：中国轻工业出版社，2004：41-43.

虑、绝望、恐惧和/或悲伤。

…………

长期目标：

(1) 重建家庭、社区、学校/或工作环境。

(2) 将灾难作为生活体验的一部分，而没有连续的痛苦。

(3) 在增强日常活动能力的同时，稳定身体、认知、行为和情绪的反应。

(4) 减少侵入的表象和由与灾难有关的刺激所致的活动水平的改变。

…………

短期目标	治疗性干预
(1) 建立避难所并持续满足基本的饮食、衣着、卫生和睡眠需要。	(1) 帮助当事人及其家庭到达由减灾组织设立的避难所。 (2) 尊重当事人隐私和独自悲伤的需要。在避难所中提供睡眠和一定的空间，尽量隐私而舒适。 (3) 鼓励当事人饮食平衡、吃温热的食物，如从社会资源获得的食物。 (4) 鼓励当事人在劳神的工作间歇小憩、休息，并在24小时内获得足够的睡眠。
(2) 与家庭成员、邻居和同事建立并维持联络。	(5) 使用红十字会联系热线或指挥部来帮助确定家庭成员、邻居、同事的位置。 (6) 指导当事人与在灾难区域内及远离灾难发生地的家庭成员间保持开放的交流渠道。
(3) 接受志愿者的帮助。 …………	(7) 鼓励当事人接受来自爱人、邻居、社区成员以及陌生人的身体和情感支持。 (8) 强化请求志愿者帮助的重要意义。教育病人如何帮助别人和如何获得帮助，形成集体优势、支持和积极帮助，以利于从灾难中长久康复。 (9) 提供肯定的培训，集中于向志愿者或其他帮助者寻求帮助。通过提醒病人每个人在这种情况下都需要帮助，对其脆弱或无助的观念进行重构。 …………

第二节 家庭治疗

家庭治疗是一个复杂的、处于发展中的领域，包括了许多了解和辅导家庭的取向。早在20世纪20年代，就已有学者开始尝试家庭辅导工作。这一流派直到20世纪50年代才初露锋芒，但当时仍然被视为发展中的治疗取向。到了20世纪六七十年代，心理动力、行为和人本取向掌控着辅导和心理治疗界，它们被称为心理辅导的第一、第二和第三势力。时至今日，各种家庭治疗派别纷纷崛起，代表着一种治疗风气的转移，所以也有人提出可以把它称为“第四势力”①。由于家庭治疗涵盖的流派比较多，限于篇幅，我们除了介绍一下家庭治疗的特点外，会重点介绍多世代家庭治疗法、联合家庭治疗法和结构家庭治疗法这三个影响较大的家庭治疗派别，特别是后两种治疗法在华人社会有比较大的影响，在香港和台湾地区得到了推崇和运用。本节在组织上会与介绍其他的流派有所不同，目的是让你有所侧重地深入了解家庭治疗。

一、概说

我们对家庭治疗采用了与前面介绍的几种治疗法完全不同的分析和解决问题的视角。这一治疗的基本观点是，通过评估一个人家中所有成员之间的相互关系，最能了解这个人。当事人身上出现的问题，可能是家庭运行状况的一个象征性表现，而不单是个人因素的结果。它所依据的假设是，当事人的问题可能源自家庭的因素，代表家庭无法顺利运转，特别是家庭在转型期出现了问题，或者是象征着代代相传、运行不良的形态。所有这些假设都向传统学界解释人类问题及其成因的概念体系提出了挑战。

家庭治疗法呼吁观念上的转变，认为应当把家庭看成一个运行单位，而不只是单个成员的角色组合。对于了解个人的所作所为，家庭提供了一个主要的参考背景。在一个家庭里，任何一个成员的行动都会影响到其他成员，而这些成员的反应又会回过头来影响原先的个体。只研究个人内心的动力，而未能充分考虑其人际关系中的动力，就不能对情况有完整的把握。戈德堡指出，治疗者要在家庭与社会的背景中审视所有行为，包括个体所表现出来的症状，同时指出，家庭系统导向并不排除处理个体内心的动力，但是这个取向拓宽了过去传统所强调的重点②。

从个人出发与从家庭体系出发开展治疗有显著的不同。从家庭体系的角度看，一个个体的功能运作情况会显示出其家庭功能运作的方式。比如，一个年轻女孩患胃溃疡，也许不只表示她承受着压力，感到痛苦，还表示她的家庭也承受着没有表达出来的痛苦。因此，如果这名女孩个人做出改变是治疗的目标，那么去了解其家庭如何持续影响她，以及她的改变会如何影响家庭的其他成员就显得十分重要。当然，个体的症状或异常也可能跟家庭无关。

家庭治疗的目的是协助家庭成员改变功能不良的关系形态，并创造功能良好的互动方式。从家庭系统来看，它有维持静态的倾向，并且抗拒改变。即使是在功能明显不良的家庭里，成员也往往宁愿安于熟悉的关系形态，而不想去做出改变。家庭治疗工作者相当熟悉的一种情况是，在有虐待问题的家庭里，受暴力虐待的子女宁愿安于

---

① 科里．咨商与心理治疗的理论与实务．5版．台北：扬智文化事业股份有限公司，1999：474.

② GOLDENBERG I，GOLDENBERG H. Family therapy：an overview. 4th ed. Pacific Grove，CA：Brooks/Cole，1996.

痛苦的“熟悉”的情况，也不愿冒险尝试较健康却“完全陌生”的生活改变。家庭系统的改变往往相当缓慢，需要耐心、体谅和详细计划好的干预措施。本取向的工作者要担任老师、教练、榜样或指导者等多重角色。

由于家庭治疗没有统一的理论，所以我们在此略去了理论阐述部分，直接介绍它的几种具体方法。

二、多世代家庭治疗法

默里·鲍恩是家庭治疗法主流的原创人之一，他的家庭系统理论被称为多世代（或跨世代）家庭治疗法。这是因为他认为要了解一个家庭，至少要分析三代，因为可以预测的人际关系往往联结着跨世代的家族成员。如果一个人希望拥有一个成熟而独特的人格，就必须澄清他与家族之间情感的纠葛。

（一）主要概念

鲍恩理论中有八项核心概念：自我的区隔化、三角关系、核心家庭的情感系统、家庭投射历程、情感的切断、多代传递历程、兄弟姐妹的出生排行和社会性退化。其中，自我的区隔化和三角关系是他的主要理论贡献。

自我的区隔化指的是自我在心智上和情感上与原生家庭的脱离和独立。这是鲍恩理论的基石。区隔化后的个体能够听从自己的感觉和意愿行事。未区隔化的个体难以脱离别人，而且会有家庭中那些具有支配性的情绪形态。这些人的自主性低、反应情绪化，而且对于事物无法有清楚的立场。跟自己的原生家庭未区隔的人往往会跟有同样情形的对象结婚。两个未区隔化的个体结为夫妇后，功能不良的家族动力会代代沿袭下去。按照家庭系统理论，要成为一个健全的人，必须同时拥有对家庭的归属感和脱离家庭的个体感。

三角关系指的是，在亲密的关系中容易产生焦虑，在有压力的情境下，两人也许会引进第三个人来减轻焦虑，增进稳定性。虽然三角关系在两人之间可以减轻情绪的压力，但是因为潜伏的冲突并未浮出水面，所以长期而言，情形会恶化。比如，如果一对夫妻存在着悬而未决的冲突，他们可能会把冲突转移到儿子身上，暂时缓解彼此的敌对状态。一旦儿子的问题解决了或者儿子离开家，他们就不再有维持系统平衡的缓冲物。此时他们可能会吵架，甚至离婚，因为他们的差异和冲突不曾解决过。家庭不是一个静态的实体，因此系统中的一部分发生改变，就会牵扯到其他成员的行为。

（二）治疗目标

这一派的家庭治疗的主要兴趣是在家庭系统的背景下改变个体。它认为家庭目前所显现的问题，要等到家庭中的关系形态被了解并且直接受到挑战之后，才会产生显著的改变。而附着在家庭形态上的情绪问题在得到有效处理前，会代代传递下去。改变必须有其他家庭成员的参与才会有效。

在实务上，这一派别的治疗有两个目标：一是消除焦虑与减轻症状，二是提高各个家庭成员自我区隔化的程度。为了让家庭系统有显著的改变，必须打开封闭的家庭死结，并积极地进行化解三角关系的工作。由于问题出在家庭而不是个人身上，所以要改变一个人就必须改变他与家庭其他成员的关系。[①]

（三）工作者的角色

工作者是个客观的研究者，目的在于协助个体评估并了解他在家庭系统中形成的关系。在治疗中，工作者担任着教师、教练和中立的观察者的角色。工作者会教个体或其配偶了解三角关系的现象，并期望他们返回家庭中去解开这样的关系。工作者还会教个人或夫妻如何成为一位较好的观察者，如何减少情绪性的反应并增加客观性，引导他们解开自己与家庭成员之间情感上纠缠不清的关系。辅导可以看成是提升自我区隔化的程度的一种预演。

根据这一理论，在辅导中，工作者保持中立十分重要。如果他与家庭的某个成员有情感上的纠葛，辅导就会丧失疗效，并且他将会成为三角关系中的一部分。工作者自己应有非常高的区隔化程度，因为如果自己仍有一些未解决的家庭问题，并对此仍带有情感上的纠葛，那么在辅导家庭时很可能会带入，影响治疗的进行和效果。为此，这一疗法还专门发展出了一套培训工作者的方法，协助他们做好与家庭成员的区隔化，并减少扯入三角关系的可能。

（四）技巧

鲍恩相信，了解一个家庭如何运作，远比使用特殊技巧重要。因此，这一派倾向于使用提问题、追踪情感历程、教导等干预措施。他们把过去的关系看成是相当有价值的资料，在这些资料的基础上可以设计出有效的干预措施。这一派的代表性技巧是使用家族图和提问题。

家族图是收集和整合家庭中至少三代人的重要资料的工具，也被称为世代图。家族图用图示的方式标示出核心家庭中配偶双方延伸三代的家族成员的情况。家族图中纵向排列为由高到低的不同世代，水平排列为由长到幼的同一代人。它既能显示家族的结构，也能显示家族的演变历史。通过标示出家族成员的出生、死亡、结婚、离婚等重大事件发生的日期，工作者和家庭成员能够了解家族情感历程中的转折点。家族图还会注明属于家族的重要特征的一些信息，如文化传承、社会经济地位、家族成员间的接触形态、家族成员间的接近情形等。由于家族图能描绘出核心家庭演变的情形，所以能作为一个工具，用来评估配偶双方与扩大式家庭的融合程度，以及配偶双方彼此融合的程度。鲍恩认为家族图能呈现多代的关系形态及其影响力，是了解目前核心家庭的功能状态的关键。要说明的是，不仅在鲍恩的家庭治疗中会使用家族图，不同取向的家庭治疗法都会使用家族图。

---

① NICOLS M P，SCHWARTZ R C. Family therapy：concepts and methods. 6th ed. Boston：Allyn and Bacon，2004.

学习活动 7-2　绘制家族图

家族图有一些基本的符号，代表不同的意思。下面对几个常用符号加以说明：

□ 代表男人 ○代表女人 ≡ 代表非常亲密的关系

--- 代表关系疏远　/\/\/\ 代表冲突关系

——||—— 代表分居或关系中断

请用这些符号绘制你自己的家族图并与同学交换讨论。

请与同学结对互访，运用前面提到的对家族图的描述和上面的符号互画对方的家族图并讨论你们的家族图。你对自己的家庭有什么新的认识吗？

提问题在所有的治疗法中都会使用，在这之所以称之为一个技巧，是因为在使用上有些特别之处。鲍恩要求问题的设计要能促使当事人去思考他们在家族的互动中扮演的角色。在治疗风格上，工作者要有操控性，不轻易受人影响，思路清晰。比如，在辅导夫妻时，夫妻双方要跟工作者讲话，而不是直接与对方讲话。工作者用冷静的询问风格，协助当事人思考家族的特殊问题，解开过去自己纠缠不清的关系形态，提高自我区隔化程度。工作者所提的问题应该强调个人的选择，要把当事人作为某个关系中的一部分，围绕这一点来提问。比如对于丈夫提出离婚的妇女，工作者的所有问题可能都围绕着夫妻关系来展开。这种方式又被称为“循环”问法。这样问是因为当事人处于特定的关系形态中，改变的焦点跟其他人有关，必须加以处理。

（五）评述

鲍恩提出的一些概念和视角对于理解和处理家庭问题具有启发性，他的理论可以看成是理性思考在贯穿情感的家庭系统中的应用。但他的一些做法受到了女性主义者的批评，认为他强调想法与感受的分离，强调在治疗中工作者应该不受影响，他把理性和自主性看得比关系性、整合性以及相互依赖性更为重要。在选用这一模式时，工作者对这些要仔细把握。

三、联合家庭治疗法

联合家庭治疗法的创始人是维吉尼亚·萨提亚，所以这一模式也常被称为萨提亚模式。萨提亚从 20 世纪 50 年代开始私人执业后便尝试家庭治疗，并取得了良好的效果。她是第一代家庭治疗师，在美国的家庭治疗发展史上占有重要的地位，在世界范围内也声名卓著。萨提亚的治疗模式源于她在每个家庭身上，都看到了各种潜能，她取向就是要把这些潜能激发出来。她所建立的一套治疗模式的最大特点是注重提高人的自尊、改善沟通，并帮助人活得更圆满，而不是只求消除症状。她一生著述颇丰，代表性的著作有《联合家庭治疗》《家庭如何塑造人》《心的面貌》《萨提亚进阶》《萨提亚的家族治疗模式》等。下面我们简单看一下这个模式。

（一）基本假设与主要观念

萨提亚认为人活在三个系统中。第一，个人本身是一个系统，在身心上由不同部分构成。第二，家庭是一个系统，由不同的成员组成。第三，个人和家庭所处的生活环境是另一个系统。这三个系统不停地互动，并产生各种影响，特别是每个人都会从互动过程中不断对人对己进行诠释，并且按照自我评价的高低和对别人评价的高低，形成个人的自尊。所以自尊是各系统互动的产物，而每个人的行为其实也是系统之间互动的产物，通常也反映出个人自尊的高低。

萨提亚对人、对问题、对家庭有一些特定的看法。这些看法构成了她的治疗理论的基石。

她对人的看法主要有以下四点：

（1）每个人都有各种能力和资源，使他能过快乐的、有建设性的生活。但由于各种缘故（如成长过程中个人的能力经常被否定），个人的能力和资源可能并未被意识到或发挥出来，所以造成了问题。辅导就是要帮助当事人重新发现自己的能力和资源，并加以运用，以处理面对的问题。

（2）人由身体、心智、情绪、精神、感觉、互动等不同的部分组成，这些部分不是孤立的，而是相互联结在一起的。个人若要圆满地发挥功能，这些不同部分就必须取得和谐。

（3）每个人不管年龄、种族、文化和教育背景如何，都有生存、成长、与人亲近的渴求，而人的行为都可以视为想要满足这些渴求的表现。所谓病态行为是一个人在渴求得不到满足的情况下“呼救”的声音。

（4）人必须和其他系统（包括家庭、社会）不断接触，并从互动的体验中逐渐建立起自我概念和形成特别的行为模式。与其他系统间的健康的互动能帮助人建立健康的自我概念和行为模式。

她对问题的基本看法是，困难本身不是真正的问题，处理困难的方式才是问题所在。因为同样的事对有的人和家庭构成问题，而对其他的人和家庭就不构成问题。有些人和家庭处理困难的方式有问题，所以任何风吹草动都会演变为危机，而每次勉强度过危机后，因为应对方式没有改进，实际上没有经历成长，所以在下次有困难的时候，马上又产生另一次危机，形成所谓的“危机循环”。萨提亚认为，健康的处理方式有以下特点：

- 对现实有正确的评估。
- 对自己的能力、需求和其他状况有充分的了解和掌握。
- 能充分运用自己所拥有的全部资源。
- 有弹性，能够按事情的变化修改处理的方法。

与此相反，病态的处理方法是：

- 不能正确地评估现实，不是受制于过往的经验，就是沉醉于对未来不切实际的幻想中。

● 不能察觉（包括忽略或否认）自己的身心状况和行为反应。

● 只动用部分资源。

● 处理方法是一成不变的。[①]

在健康的处理方式下，危机可以成为挑战，变成促进个人和家庭成长的机会。但在病态的处理方式下，任何新的事物都被视为威胁，会被加以抗拒，所以产生种种心理和行为上的问题。

对家庭，萨提亚认为它是一个影响强大和深远的重要系统。家庭有两个主要的功能，一是满足成员的生存需要，二是提供机会让成员可以发挥潜能。不同家庭成员存在着需求上的差异，这难免会导致矛盾和冲突。家庭在处理它们的时候会有两种不同的方式，即封闭式和开放式。

封闭的家庭在处理矛盾和冲突时的特点是：

● 每个成员的角色都是僵化的。

● 成员间的任何差异都被看成是破坏性的。

● 坚持某种行为是唯一正确的标准，而解决成员间的差异靠努力维持这个标准。

而在开放的家庭中，处理差异的方式是：

● 家庭成员的角色和责任是富有弹性的，在面对新处境时可以做出改变。

● 差异是可以接纳的，成员之间虽有一致的地方，但每个人仍可以保持自己的独特性。

● 不诿过于人，家庭中每位成员都尝试了解自己的需要和感受，并且按照环境的适合与否去做各种决定，每个人都对自己的决定负责。

这两种处理方式，后者对自我实现有帮助，前者却使人长期生活在焦虑之中，妨碍自我实现。萨提亚认为，家庭采取封闭式的处理方式是由于家庭中某些成员受过去经验的限制，不知道还有更好的处理方式。特别是父母，会受到自己人生早年经验的影响。

萨提亚还指出，家庭中的关系常比我们想象的要复杂得多。成员之间的关系不单是双向的，还是三角形的。比如夫妇关系会受到父子关系、母子关系的影响，而父子关系、母子关系会受到夫妇关系的影响。甚至已经去世的家庭成员也可能在现有的成员关系中扮演角色。家庭中的成员越多，三角关系就越多、越复杂。

萨提亚十分重视个人和家庭的沟通形态，并且在这方面有非常深入、独到的分析。她还特别指出了一些有问题的家庭沟通形态，即讨好型、责备型、超理智型和打岔型。在这些形态中，沟通所涵盖的自我、对方和范畴这三个重要方面没有全面兼顾到。它们或者是忽略了自我（即自我的需要和自我要表达的意思），或者是忽略了对方（即对方要表达的需要和意思），或者是忽略了范畴（即情境对沟通的要求），文不对题，或者三者都有所忽略。这些表里不一致的沟通形态实际上是低自尊的人在压力之下的自我防卫方式，要付出很大代价，往往带来失望、憎恨，使人际关系受到破坏。

---

① 高刘宝慈，区泽光．个案工作：理论及案例．香港：香港中文大学出版社，1999：78.

（二）治疗目标

联合家庭治疗法的主要目标是在家庭中建立清楚的沟通，扩大觉察力，提高成长的潜能（特别是在自尊方面），并让家庭能调整自己，应对各种要求和改变。萨提亚指出，家庭就像所有的系统一样，倾向于保持现状，即使这一现状有问题。辅导要使家庭接受和适应改变，并呈现新的面貌。萨提亚的模式以个人和家庭的成长为核心，而不只是让家庭在改变的混乱中稳定下来。目标是使家庭成员彼此间变得更具敏感性，能分享彼此的经验，并建立崭新的、真诚的互动关系。治疗的任务在于转化防卫性的、功能不良的规定，使人们易于接受新的展望，并整合具有滋养性的家庭生活经验。具体来说，要做的工作包括：

● 使家庭成员对于新的选择产生希望和勇气。

● 评估、强化、提高或培养家庭成员的应变技能。

● 鼓励成员们去执行那些能促进健康的选择，而不是单纯消极地减轻问题症状。

这一流派的家庭治疗主要有三项目标：

● 家庭中各个个体能坦诚地表达所听、所看、所感以及所想。

● 家庭中的决定能事先探查每个人的需要并加以讨论，而不是由权力来支配。

● 彼此间的差异能公开地指出，并用来促进家庭的成长。

（三）工作者的角色

工作者的角色和作用在于引导家庭成员进入改变历程。他的为人远比特定的干预技巧更重要。工作者对于家庭成员有能力成长与自我实现的信心，是本治疗取向的核心。家庭工作者的角色包括：

● 反馈者。通过反馈帮助当事人及其家庭的成员了解他们中间存在的沟通问题。

● 示范者。通过表里一致的沟通形式向当事人及其家庭成员示范开放、诚实、直接的沟通方式。

● 引导者。利用治疗过程去引导当事人及其家庭的成员学习改变，达到彼此接纳和建立更好的关系。

萨提亚把治疗者看成是一个随时能给予支援的人，特点是能够观察到家庭中的各种情形。他好比是带有广角镜的摄影机，能够从每个家庭成员的立场去了解一个家庭。在这方面，萨提亚曾讲述过治疗者担任的角色和采用的技巧，包括：

（1）创造出一个安全的环境，让人们能清楚、客观地查看自己的行为。

（2）协助家庭成员建立自尊。

（3）协助当事人确认自己的优点。

（4）整理出家庭的历史，指出过去的成就。

（5）设定边界，减少威胁，并减少进行防卫的需要。

（6）指出痛苦和受到禁止的心事是可以被探索的。

（7）使用某些技巧去修复当事人应负起责任的感觉。

（8）协助家庭成员了解过去的模式如何影响他们的期望与行为，并致力于改变其期望。

（9）记述家庭成员的角色与功能。

（10）填补沟通的鸿沟并解析信息内容。

（11）指出沟通中的重大矛盾之处。

（12）确认非言语的沟通。①

相对于上述技巧性的东西，萨提亚更强调工作者本身的为人对治疗的重要性。工作者必须表里一致、触觉敏锐、态度积极。他对自己要有深入的了解，对别人要关怀、诚恳、开放和接纳。他必须相信人有改变的可能，并且尊重人的尊严。萨提亚认为工作者最重要的资产并非他的技巧，而是他的人性。要成为一个称职的工作者，本身要不断追求成长。

（四）主要技巧

萨提亚发展出来的评估和干预技巧包括：家庭重塑、家庭雕塑、沟通游戏、模拟家庭、家族图（类似世代图）、家族年表（列出家族三代的历史大事）、部件聚会等。其中比较有代表性的是家庭重塑、家庭雕塑和部件聚会。

1. 家庭重塑

它是联合家庭治疗法中萨提亚发展出的最重要的技巧。工作者在一个模拟的情况下（如角色扮演），引导当事人重演家庭中曾经发生过的一些事情，从而使当事人明白并整理自己过去的经验。在整个过程中，当事人可以用成人的眼光重新观察童年的经验，通过核实和澄清所得到的新资料去建立新的观点，并且通过观察角度的改变而改变对自己的感受。

家庭重塑强调的是“发现、了解和接纳”，所以当事人有机会在这一过程中探讨家族内一些“缺失的片段”，比如以前家庭中禁止谈论的事情。在沟通有问题的家庭中，很多事会被认为是“禁忌”和“家丑”，不能直接谈论。诸如家庭中有人犯罪、酗酒、有婚外情、患精神病等。但避而不谈的结果是使这些事情蒙上了一层神秘的面纱。不少儿童因为在这样的环境中长大，个人成长受到损害，比如产生种种偏见、误会和恐惧。在家庭重塑的过程中，当事人可以在不需要恐惧的情况下，澄清家庭的禁忌和神话。

家庭重塑的另一个目的是将家庭中的人还以本来面目。不少人由于种种原因对于家庭内的某些人存在歪曲的印象，特别是对父母的印象，往往有更多的歪曲。三代的家庭重塑能帮助澄清这一切。班曼指出，家庭重塑提供了机会，让当事人能用新的眼光去看过去的经验，释放积压的感受，建立新的和有用的联系，将旧的决定转成新的、恰当的，完成未了的事，提高人的自尊。②

在具体实施上，家庭重塑分两个阶段。一开始，当事人需要准备家族图、家族年

① SATIR V. Conjoint family therapy. 3rd ed. Palo Alto，CA：Science and Behavior Books，1983. 科里．咨商与心理治疗的理论与实务．5版．台北：扬智文化事业股份有限公司，1999：378－379.

② BANMAN J. Virginia Satir's family therapy model. Individual psychology，1986. 高刘宝慈，区泽光．个案工作：理论及案例．香港：香港中文大学出版社，2001：78.

表和影响轮。家族图要包括当事人的核心家庭以及父母的核心家庭等三代人的资料，包括每个人惯常的沟通方式以及当事人对他们的感受和评价。家族年表包括的内容有：每位家庭成员的生日，家庭的重要事件（如搬迁、结婚、离婚、死亡、重聚、悲剧等）和成就（如毕业、升迁）发生的日期，重要历史事件（如战争、自然灾害、经济大变动）的日期。影响轮呈现出在当事人的童年及青少年期，对其理智、情感或身体状况方面产生影响的每个人。在此之后进入实际进行阶段。在这一阶段要选定足够的人来扮演不同的角色，重演一些重要的生活片段，包括当事人父亲、母亲的家庭生活史，当事人父母的相识、相恋和结婚的历史，当事人的家庭的演变，当事人的出生及当时的环境，当事人的家庭成员的离开或死亡。

2. 家庭雕塑

这项技巧是用来提高家庭成员对于他们在家庭中如何互动，以及其他成员如何对待他们的察觉力。萨提亚会把每个成员跟家庭的关系用雕塑的方式做准确的定位，为了强调成员在这样的情形下该如何调适应对，她常常会提出自己对沟通的看法，并付诸实施。通过使用这一技巧，家庭的生活历程、边界与互动情形会变得清晰，使各个成员从中获得重要的资讯。家庭雕塑使成员们有机会表达对彼此的看法，同时也表达他们希望彼此的互动关系能如何改变。

3. 部件聚会

萨提亚认为，每个人都是一个由各种部件组成的系统，这些部件有的好，有的不好。人们往往会扭曲和否定那些对于青少年生活与成人生活用处比较少的部件，但这些部件在人的幼年时期有助于满足心理上的安全需要。部件聚会是一种心理剧，一般在小组中使用，目的是协助人们认清并整合自我的不同面貌。使用在配偶或家庭身上时，它是让家庭成员了解彼此互动中的内涵的一种工具。部件聚会在用在配偶身上时，可能会让夫妇双方各列出六项特质，并分别以不同的公众人物来代表它们。然后让夫妇双方各自任选一个代表某一品质的人物，让他们碰到一起沟通，构想效果。这样的方法是想让夫妇了解为什么他们的沟通有时困难，而有时不会。

学习活动 7-3 萨提亚讲述的家庭故事

曾有一个生活在一起已经 20 多年的小家庭，包括爸爸、妈妈、女儿和儿子，他们形成了固定的沟通形态。有一次，我和这个家庭的成员聚在一起约 10 分钟的时间，我觉得身体越缩越小，心里的温度降到零下，肩膀逐渐发酸，这种感觉与爸妈的声音语气连接起来，使我觉得身体萎缩。

爸爸已经 50 多岁了，他一直有个愿望，孩子必须是出类拔萃的，最重要的是他怕别人批评孩子。偏偏女儿未婚先孕，儿子未考上大学。爸爸内心充满失望、生气和无力，常在生活中用责备来表达他的感觉。他尤其不能面对女儿纠缠了七八年的病，他觉得疲惫，出口常有不耐烦和攻击，紧接着夹杂歉疚和爱惜。妈妈的感觉与爸爸相似，也是失望和无力，但妈妈的表现是否认和不理睬，为了让家庭少些责备，偶尔讲些风马牛不相及的话。爸爸骂女儿时，妈妈觉得骂得不必要，但爸爸若在生气，妈妈的插话就无丝毫用处，只好表示冷漠及无可奈何。儿子也有自身的挫折，面对家庭气氛的压力，有时会站在爸爸这边来责怪姐姐行为的不是。

这时我的脑海中呈现了一幅景象，是由他们四个人雕塑而成的：爸爸的姿势是责备，妈妈的姿势像部冷漠的电脑，女儿一脸乞求爱护的样子，儿子站在父亲旁边也是一副责备的姿态，他们保持这样的姿态构成了一幅家庭图。

结果，女儿先不由自主地哭出来，说："我在家里常常感觉是这个样子！"他们各自猛然意识到七八年来，这个家庭都处于这样的情况。这是他们想要的吗？他们再度坐下来，第一次互相交谈和倾听彼此的感受。①

（五）评述

多年以来，萨提亚是发展出完整的家庭治疗模式的唯一女性。她的取向因为强调关系而受到大众的欢迎，因为其他的家庭治疗法不是太超脱，就是太强调权力取向。她相信改变深植在我们内心中，往往会延伸到与别人的关系上，最后则会改变世界。萨提亚注重实践。她辅导过的家庭超过 5 000 个，这使她的治疗法有坚实的实践基础，广受欢迎。早在 20 世纪 70 年代，美国精神医学会已把她列为最具影响力的治疗师。她的疗法重视人的内在过程和与他人的互动，在治疗技巧的运用上富于弹性和创意。过去 10 年间，在亚洲各地，包括中国香港、中国台湾、新加坡、泰国、韩国，甚至中国大陆，学习和使用她的治疗模式的人越来越多。实践经验证明，它不是一套只适合西方文化的心理治疗法。② 她的治疗模式除了被运用到一般的婚姻与家庭治疗中外，在美国或其他地方也被应用到青少年辅导工作、防止酗酒和吸毒、精神病康复、矫治等工作领域。

四、结构家庭治疗法

结构家庭治疗法的起源可以追溯到 20 世纪 60 年代，创始人是萨尔瓦多·曼纽琴。当时他在纽约的维特维克学院治疗、训练和研究来自贫困家庭的少年犯。他发现当时极为流行的心理分析治疗法在帮助这些青少年时效果并不好，于是他和同事从家庭入手，进行了一些具有开创性的家庭治疗工作，并取得了成功。在此基础上他出版了这派治疗法的开山之作《贫民窟的家庭》。后来，由于曼纽琴在家庭治疗实务领域声名渐起，他担任了费城儿童辅导中心的主任，当时这一中心只有不到 12 人。基于这一小小的团队，曼纽琴把这一中心办成了世界上最大规模的、最负盛名的儿童辅导中心之一。到 20 世纪 70 年代，结构家庭治疗法成了最具影响力的、应用最广泛的家庭治疗法。

本取向的基本理念是，大多数的问题症状是家庭结构有缺陷造成的。治疗的重点是协助家庭调整刻板的关系形态，并重新定义关系。曼纽琴的核心想法是，从家庭互动关系形态的角度，最能够了解个体的问题所在，并且必须在家庭结构发生良性的改

---

① 萨提亚．家庭如何塑造人．台北：张老师文化事业股份有限公司，1994：74－76.

② 高刘宝慈，区泽光．个案工作：理论及案例．香港：香港中文大学出版社，2001：109.

变之后，个体的问题才能够减轻或消除。这一派的主要著作有《家庭与家庭治疗》《家庭治疗技巧》和《心理生理疾病家庭》。下面我们对这派理论做个简介。

（一）重要概念

结构家庭治疗法的重要概念包括家庭结构、家庭子系统、家庭系统边界等。下面简要介绍一下这些概念。

1. 家庭结构

家庭结构是由家庭成员在日常生活过程中慢慢形成的，它通过家庭成员之间的一些行为角色和互动规则表现出来，并制约着家庭成员的交往过程，家庭结构可以说是固定化了的互动关系。[①] 通过观察家庭的活动或查看家庭成员在治疗回合中互动的情形，可以了解家庭的结构。观察的重点是，看谁以什么样的方式向谁说些什么，结果是什么，是否有重复出现的家庭历程。这些会透露出家庭的结构形态。特别重要的是，要观察家庭中的等级结构，思考其是否恰当。

2. 家庭子系统

在整个家庭系统中，按照功能、世代的不同，可以把它分为若干个较小的单位，称为家庭子系统，包括配偶子系统、父母子系统、兄弟姐妹子系统、祖父母子系统及亲属关系子系统等。子系统通常由性别、年龄、爱好以及角色功能等因素决定。这些子系统同时也由家庭的规定与边界来定义。各个家庭成员会在不同的子系统里扮演不同的角色。各个子系统有其自身的任务和功能。

3. 家庭系统边界

家庭系统有自身的边界，使之可以与周围的环境区别开来。家庭的子系统也有边界。边界的存在决定了子系统内成员之间、各子系统成员之间的角色分工和权利义务的关系。如果家庭内没有形成一定的系统边界，在分工上就会出现混乱。当一个子系统的家庭成员占据或侵犯一个不属于他的子系统时，家庭结构在运作上就会出现问题。

（二）治疗目标

治疗目标的拟订是与对家庭问题的基本认识联系在一起的。结构家庭治疗法认为，不良的家庭结构是造成家庭成员问题的真正原因。最常见的不良家庭结构主要表现在纠缠（enmeshment）、脱钩（disengagement）、联合对抗（coalition）、三角关系（triangulation）、倒三角关系（perverse triangle）等方面。[②]

所谓的纠缠和脱钩指的是家庭的各个子系统之间的边界模糊或不当，以致成员之间的关系建立不当，或者成员过度地卷入彼此的生活，或者彼此缺乏联结的纽带，相互孤立，而且与社会系统也疏离。纠缠和脱钩往往表现为家庭某些成员结成同盟，而与其他成员相对疏远，甚至对立。如果他们长期与家庭某成员结成同盟而不分是非地

---

① MINUCHIN S. Families and family therapy. Cambridge，MA：Harvard University Press，1974.

② 高刘宝慈，区泽光．个案工作：理论及案例．香港：香港中文大学出版社，2001：184－185.

去与另一个成员发生冲突，家庭便会出现联合对抗的现象。在联合对抗时，对阵双方往往感情用事，不分是非，只求压倒对方。而三角关系指的是两个家庭成员的互动要通过第三方来实现。比如夫妻间的沟通要通过子女来传话，或者对夫妻关系的不满通过打骂子女来发泄。倒三角关系描述的则是由于父母不合或者性格软弱等，家庭违反常态，不是父母支配子女，而出现子女支配父母，或子女与家长互相争权的现象。

针对上述问题，治疗有两个目标。一是减少功能不良的症状，二是通过调整家庭的互动规则并建立更恰当的边界来引发家庭结构的改变。一般来说，对家庭的治疗目标在于创造一个更有效的分层结构。父母负责照料子女，并且当子女逐渐成熟时，给予子女更多独立的机会和自由。家庭应努力改变那些控制互动形态的规则，使成员们有清楚的边界。在辅导纠缠状态的家庭时，目标在于协助个体增进个人独立的程度。在辅导脱钩状态的家庭时，目标在于增进成员间的互动，使僵化的边界能够松动，并建立起另一个畅通的边界。通过结构上的改变也能解决联合对抗、三角关系和倒三角关系等问题。

（三）治疗者的角色与功能

曼纽琴指出，本取向的治疗者有三个功能：一是以领导的姿态融入受辅导的家庭，二是详细探讨家庭的结构，三是采取干预措施①。在不同的治疗阶段，治疗者要扮演许多不同的角色。在一开始，治疗者先融入受辅导的家庭，随后便成为舞台的导演，根据不同的剧本而排演凸显问题的情节。治疗者会给特殊的问题情形加上背景，创造情节，分派角色与任务，向各个家庭成员下达指令。然后，治疗者坐回原位，观察家庭成员互动的情形。治疗者必须在提供支持的同时提出挑战。并且对于好的互动形态要加以保留，对于不好的互动形态则加以扬弃。治疗者必须在包容和挑战之间找到一个恰当的平衡点。②

（四）技巧

曼纽琴的治疗法是行动导向，而非洞察力导向的。他的技巧具有主动性、指导性和思考周全等特性。它所采用的技巧有很多，倾向于折中主义。治疗者要按照具体情形、所辅导的家庭的状况和治疗者本身的特点来选用。除此之外，这一治疗法还强调治疗者自己的重要性，要求治疗者必须对于各种不同程度的参与都能感到轻松自如。有些时候，治疗者想距离受辅导的家庭成员远一点，于是指派一些行动任务让他们去执行；有时候，会跟某位家庭成员联合，把自己的权力借给他，借以打破家庭系统中已经形成的僵持状态。曼纽琴的主要技巧包括：融入、家庭图示、情境扮演、辅导家庭中的互动关系、形成边界、重建边界、提供新的诠释框架等。下面对其中的家庭图示、情境扮演、提供新的诠释框架三项技巧做个介绍。

---

① MINUCHIN S. Families and family therapy. Cambridge，MA：Harvard University Press，1974.

② COLAPINTO J. Structural family therapy// HORNE A M，PASSMORE J L. Family counseling and therapy. 2nd ed. Itasca，IL：F. E. Peacock，1982：77－106. 科里．咨商与心理治疗的理论与实务．5 版．台北：扬智文化事业股份有限公司，1999：512.

1. 家庭图示

这是曼纽琴表示家庭结构所用的方法。在画出一张家庭地图时，治疗者会确认家庭边界是僵化的、扩散的还是畅通的。他还会指出互动形态是处于纠缠状态还是脱钩状态。画图的方式可以根据实际情况定夺，有各种家庭图可以凸显家庭中互动关系的功能运作与性质，在治疗中可以发挥很好的效果。

2. 情境扮演

这一技巧是治疗者要求家庭成员将家中的一些冲突情境扮演出来，使治疗者可以观察成员间的互动情形，进而评估家庭的结构。在上述历程中，治疗者也会阻止业已存在的互动形态，确认家庭适应不同互动形态的能力，并鼓励家庭成员尝试较好的互动形态。通过情境扮演并处理其中的问题，改变就会逐渐产生，这是仅仅讨论问题所达不到的效果。

3. 提供新的诠释框架

这一技巧是指治疗者对于家庭中的问题提供全新的、不同的诠释。用这种方式来探索现存的问题，可以使家庭成员从各种不同的角度去了解原先的问题。通过尝试建立新的诠释框架，可以掌握家庭结构中导致个人问题的根本性原因。这样一来，每位家庭成员都不必为某个问题担起全部的罪名，也不必为解决该问题背负完全的责任。

学习活动 7-4　曼纽琴的个案

麦克莱恩一家找到曼纽琴，要他帮忙解决“无法管教”的孩子——一个两次被学校开除的讨厌鬼的问题。曼纽琴揭开了这对夫妇隐藏的分歧，他们对此一直闭口不谈以保持表面上的相安无事。这个 10 岁男孩的行为问题是显而易见的，他是又踢又叫地被父亲拖进咨询室的。而他 7 岁的小弟弟凯文却带着讨人喜欢的微笑安静地坐着，这是个乖孩子。

为了把问题的关注点从“难以忍受的孩子”身上扩展到父母的控制和配合上，曼纽琴把问问题的焦点转向了不声不响但有了失当行为的凯文身上——他把尿尿在了厕所的地上。按他父亲的说法，凯文的行为是“不经心”的。在曼纽琴说“没人的准头会这么差”时，凯文的母亲笑了。

曼纽琴告诉孩子狼是怎样给自己的领地做记号的，建议他在家里房间所有四个角撒上尿。

曼纽琴问：“你有狗吗?”

凯文说：“没有。”

曼纽琴说：“哦，那你就是家里的小狗了。”

在讨论凯文撒尿问题的过程中，随着父母对此的反应，曼纽琴让父母在对待问题态度上的南辕北辙凸显出来。

曼纽琴：“他为什么会这么做?”

父亲：“我不知道他是不是成心这么做。”

曼纽琴：“可能他有些迷糊?”

父亲："不会，我认为是不经心。"

曼纽琴："那他的准头一定非常差。"

父亲认为孩子的行为是不经意的，而母亲却认为是有意违抗大人。父母管教不了孩子的一个原因是他们避免直面两人的不同看法。有不同看法是正常的，但是因看法不同而阻断另一方管教孩子便有害了（这是有未化解的不满情绪而笨拙地采取报复措施）。

曼纽琴和缓但是坚定不移地给这对夫妇施加压力，讨论他们对待孩子问题的方式，而没有把焦点转向孩子的所作所为，让这对夫妇说出了很少表达的积怨。

母亲说："鲍勃为孩子的行为找借口，因为他不想触及问题，帮我想办法解决问题。"

父亲说："是这样，但是当我确实尽力帮忙的时候，你总是批评我，所以后来我就放弃了。"

这对夫妇的问题就像显影液中的相纸一样变得清晰起来。为了不让父母感到尴尬（也为了不给孩子增添负担），曼纽琴让孩子先离开房间。不用考虑照管孩子，这对夫妇便能面对面地，作为男人和女人谈自己受到的伤害和怨恨。结果这是一个令人悲哀的孤独无靠的故事。

曼纽琴问："你们两个有什么一致的地方吗？"

孩子的父亲说有，母亲说没有。他是个大事化小、小事化了的人，而她是个凡事较真的人。

曼纽琴问孩子的母亲："你是什么时候跟鲍勃离了婚，跟孩子结了婚的？"

她不说话了，而他眼睛望着空无一物的地方。她轻轻说："大概是10年前。"

接下来便是个让人伤痛的并不陌生的故事，讲的是婚姻如何在做父母和因此而导致的冲突中被扼杀。冲突从未得到解决，因为从来就没摊开来解决过。夫妇间的裂痕从未修复，而是日益扩大。

有了曼纽琴的帮助，这对夫妇轮流讲述自己的伤痛，并学习倾听对方。通过打破表面上的平衡，曼纽琴给这对夫妇施加巨大的压力，从而帮助他们有所突破，摒弃分歧，彼此敞开心扉，争取想要得到的东西。最后，作为丈夫和妻子，作为父母，他们开始携手并肩走到一起。①

从这个个案中你学习到了什么？

（五）评述

曼纽琴或许可以说是最知名的临床治疗师之一，对临床技巧的把握和运用有超凡的能力。由他创立的结构家庭治疗法也成了家庭辅导领域应用得最广的一个概念模式。他的结构家庭理论之所以如此受欢迎，是因为它简洁、包容性强、实用。其基本概念边界、子系统、结构等易于掌握和应用。这一疗法对个人、家庭和社会环境都有

---

① NICHOLS M P，SCHWARTZ R C. Family therapy：concepts and methods. 6th ed. Pearson：Allyn and Bacon，2004：197－198.

所考虑，并提供了一个清晰的组织框架。它所提供的从家庭结构入手分析解决问题的视角，以及丰富的治疗技巧，对实务工作者来说深具启发意义。

批评这派观点的人认为，这一疗法的治疗者在融入家庭时往往以家庭中的父亲为主轴，因此具有强化父权与男权的倾向，认为它的取向特别适合重视男权的文化①。此外，对它的另一个批评是，它以西方中产阶级核心家庭为家庭的理想模型，使治疗方法有相当的保守性。

实证研究证明，结构家庭治疗法对于儿童精神异常、心因性厌食症、戒毒等都有相当好的治疗效果，这也是这一治疗法长盛不衰的重要原因。在 1996 年曼纽琴退休后，为了纪念他，由他创办的纽约家庭治疗中心被更名为曼纽琴家庭治疗中心，并成为世界的家庭治疗中心。这一治疗派别人才辈出，至今仍是家庭治疗领域中的主流模式。

第三节 个案工作新取向简介

前面所介绍的几种家庭治疗取向都有一个共同点，就是相信家庭系统有一些非常重要的功能。各种取向都认为自己的看法揭示了“事情的真相”。比如，鲍恩强调个体区隔化的必要，家庭问题具有世代传袭的威力，以及三角关系所造成的困扰。萨提亚重视真诚的沟通、抚育、关系，以及在改变历程中提供支持。曼纽琴强调家庭结构的基础特性，并且认为可以利用家庭系统中的问题来修复家庭结构，以及或多或少地改善家庭历程。这些取向所依据的假设是家庭系统存在着某种重要而又可以发掘的规律性的东西，并且一旦发掘出来，就会是共同的原理，可以用来解释家庭系统中所有的人的行为。但由于存在着多种往往对立的“事实真相”，我们越来越怀疑能否找到足以解释所有人类行为以及人们所组成的系统的真正唯一的真理。后现代理论为此提供了另一个看问题和解决问题的途径。

与现代主义者崇尚存在客观的事实真相不同，后现代主义者相信主观的事实真相，也就是说，事实真相会随着使用的观察历程的不同而改变。对于后现代建构主义者来说，事实真相取决于使用的语言，并且大部分因人们所处的背景环境改变而发生变化。法国哲学家福柯曾研究过许多领域里的知识见解，发现这些知识见解并非各自不同的真理，而只是关于人生的各种“故事”。他还注意到，某个时期流行而广为接受的故事会成为“强势文化”，而这些故事在设计时是为了自身的永垂不朽，以及尽量压制其他不同版本的故事抬头。哲学家维特根斯坦认为，社会现实只是一种生活形式，是人与人之间的互动关系，而这种生活形式是通过语言赋予意义的。也就是说，社会现实本身在语言之外是没有任何意义的，正是有了语言，才赋予生活形式不

① 科里．咨商与心理治疗的理论与实务．5 版．台北：扬智文化事业股份有限公司，1999：515.

同的意义，也才意味着社会现实是存在的。不仅社会现实是社会建构的，作为所谓的社会主体的人也是社会建构的结果。格根认为个人的身份是一个流动体，个体是在一个不断运动的对话中存在的，所以身份是处境化的，会随着字句、语调和姿势的变化而发生微妙的变化[①]。正是因为语言是流动不居的，所以社会现实和社会个体的状态也是历史的、动态的和变化着的。

后现代主义的想法是，语言和故事中所使用的语言会创造出意义来。有多少说故事的人，就会有多少不同意义的故事，并且对于说故事的人而言，他们的故事都是真实的。换句话说，牵涉在某一情境中的每个人，对于此一情境的“真相”都有自己的看法。假定每项看法都具有主观效度，那么放之四海而皆准的单一真相概念就会演化为多重真相的概念。在社会建构论看来，社会问题也好，个人问题也好，都是人们在用一种语言、一种规范把一种社会生活状态说成是有问题的。在社会建构论中，对于家庭的观点是多元化的。性别的察觉、文化的冲击、发展的历程，甚至精神病对家庭的冲击等，全都是了解个体与家庭如何建构其生活的重要层面。这种取向的治疗者否定专家的角色，偏爱那种较重视合作或辅导的风格，并认为同理心与治疗历程要比评估或技巧重要。叙事与语言历程已成为了解及协助家庭朝着良性改变的焦点。下面我们对基于社会建构理论发展出的三个家庭治疗方法做个简单的介绍。

一、叙事疗法

叙事疗法是在后现代思潮中诞生的治疗法。澳大利亚家庭治疗家迈克尔·怀特是其代表人物。怀特在澳大利亚阿德莱德的登维奇中心（Dulwich Centre）工作。在 20 世纪 80 年代至 90 年代，他在这一机构的《登维奇中心通讯》上发表了大量的有关叙事治疗模式的理论和实践的文章。北美的一些家庭治疗师对此深感兴趣，并积极实践这一模式，发表文章和出版书籍，从而使这一模式在家庭治疗领域发挥了越来越大的影响。

这一治疗法很受法国哲学家福柯的思想的影响——在治疗中使用叙事。福柯认为，必须利用每一个机会，在每一个层面上挑战那些成为强势文化的叙事观点，因为它们有一部分作用就是尽量消除各种有可能取而代之的知识见解和叙事。由于这种强势文化拥有强大的叙事力量，即使这些东西对个人和家庭并没有益处，也往往会整合吸收这些立场，仿佛这是唯一的选择。怀特的观点与福柯一脉相承，相信强势文化是为了使自身的观点、历程以及故事永存，进而为那些因此而获利的人服务，但是同时也可能阻碍了个体与家庭的自由与功能发挥。在大多数国家里，社会性叙事强烈偏袒男性，并且通常都会排斥不同的见解立场。这些叙事非常强大，使得即使在故事中受害的人也相信它们。因此，许多女性“接受”她们跟男性是不平等的，弱势群体的成

---

① GERGEN K J. An invitation to social construction. New York：Sage Publication，1999.

员们彼此歧视并鄙视其他弱势文化。①

叙事疗法认为，家庭也会吸收强势文化中关于家庭“应该”如何如何的叙事，并且认定如果碰到的问题能够依从叙事的结构去解决，生活似乎就可以过得平顺一些。当强势的故事失去其力量，未能满足家庭的需求时，问题就出现了。因为在家庭里，强势的叙事受到维护，以使每个成员及家庭系统根据它们来构筑生活的意义以及成员间的关系。

根据怀特的说法，个体根据强势的叙事来构筑生活的意义，并视它们为“真理”。这种意义的构筑可能自行进行，也可能以对话的形式进行，并且后者对生活的影响更大，因为人们都是必须与别人接触的社会性动物。从这一层意义来看，个体每每都是社会互动构成的叙事系统。“过着自己的故事”并不是一种隐喻，而是非常“真实的”，在家庭与社会系统中都有实际的影响与实际的结果。家庭是个微观系统、小型的社会系统，家庭成员们会有一套公用的叙事脚本，表达着他们的价值观，同时家庭也被笼罩在较大的宏观系统之下，诸如文化和社会。正由于人们生活在大系统中的小系统里，所以会很容易就失去自由。治疗的部分作用在于，使个体与家庭摆脱外在问题与较大系统的强势故事的压抑，能够重获自由。

具体来讲，叙事疗法的基本假设是：

（1）个人经验在意义方面根本上是模棱两可的，可以有多种理解和解释；人们理解自己的经验并不是简单分析，而是将经验的若干组成部分以有意义的方式组织起来，构成自己的故事，而正是这些故事决定人们会注意和记忆经验的什么部分，从而也决定人们如何面对未来。

（2）个人根据自己在社会结构中的位置、所在社会关于自我和关系的语言表述和风俗习惯来给自己的亲身体验赋予意义。个人生活就是围绕这一意义展开的。

（3）个人故事受到社会的主导文化影响。主导文化所传递的关于人和关系的观点会成为个人编写自己故事的依据，从而成为个人痛苦的来源。

（4）因个人故事是以主导故事的有关论述为框架的，所以是早就被决定的。但是个人故事充满间断、不一致和矛盾之处，因而，促使个人主动参与到特定意义的构建中，就能带来生活的某种决定性中的非决定性，从而赋予个人对生活的一定程度的控制感。这就是治疗的切入点。②

叙事疗法的治疗步骤包括：

（1）与当事人或家庭一起对于困扰问题做出彼此均同意的定义。

（2）将问题拟人化，并指出其压迫当事人的意图与方式。

（3）探讨困扰问题如何干扰、支配或阻挠当事人与家庭。

（4）发掘出哪些时候当事人并未受到困扰问题的支配或阻挠，或生活未受到

---

① WHITE W. Deconstruction and therapy // EPSTON D, WHITE M. Experience, contradiction, narrative, and imagination: selected papers, 1989 - 1991. Adelaide, South Australia: Dulwich Centre Publications, 1992: 109 - 151. 科里. 咨商与心理治疗的理论与实务. 5 版. 台北：扬智文化事业股份有限公司，1999：531.

② 张宇莲. 叙事疗法的技巧与方法//王思斌. 中国社会工作研究：第1辑. 北京：社会科学文献出版社，2002：203.

干扰。

（5）找出过去的证据来表明当事人与家庭有足够的能力站起来，应付或解决所面临的问题的困扰。

（6）引导当事人与家庭去思考在有上述能力的情况下，未来将要过什么样的生活。

（7）找出一群听众来听取当事人表达新的认同感与新的故事。

叙事疗法主要包括三个阶段：外化困扰问题、发掘独特结果和重写故事、巩固新故事。

（1）外化困扰问题。它是指鼓励当事人把他们深受其苦的问题客体化和拟人化，从而使困扰人的问题成为一个与自己分开的“身外之物”。怀特发现，来见治疗师的家庭通常会把家庭生活描述成充斥着问题，处于“问题饱和”（problem-saturated）状态。他称这是“家庭生活的主导故事”。这些“主导故事”不断使家庭成员相信，他们自己、他们彼此间的关系具有很多负面特点。外化困扰问题的过程就是让家庭成员不再继续把问题与人合二为一，而是把它与人剥离开，认识到问题本身才是问题。这样便使困扰人的问题变得不那么牢不可破，不那么让人绝望。

外化困扰问题还有其他的好处：第一，它能减少家庭成员间非建设性的冲突，诸如谁要为困扰问题负责等，给家庭成员间的合作铺平道路。第二，它能摧毁家庭成员长期以来形成的失败感。第三，它让当事人看到重建生活的种种可能性。第四，它让家庭成员能自由选择更有效和压力更小的方式应对严重的问题。第五，它能给家庭成员提供关于困扰问题的对话而不是独白。第六，它能帮助家庭成员看到自己有责任，也有能力去应付问题。外化困扰问题被认为是叙事疗法的最具代表性的特征。

（2）发掘独特结果和重写故事。通过外化困扰问题让当事人把自己与困扰问题分离，个人开始有可能发现与这种主导故事相矛盾的亲身体验，从而利用这些新发掘的亲身体验编写新的个人故事。这些与困扰问题故事相矛盾的亲身体验被称为独特结果，包括事件、感觉、意图、思想、行动等，而利用独特结果编写新故事的过程被称为重写故事。

值得注意的是，一定要让当事人来决定什么样的亲身体验是独特结果。当找到与困扰问题故事相矛盾的事件后，治疗师要引导当事人评估这个事件的意义。当当事人认定这个事件含有对自己有利的意义，而且意义重大时，治疗师才可以把它看成独特结果，并在此基础上重写故事。不要把发掘独特结果看成通常意义上的“指出积极的地方”，而是要带出细节，这些细节与事件的独特联结方式有关。重写故事的过程就是利用细节所透露的信息重现事件的独特联结的过程。

（3）巩固新故事。重新写就的故事如何存在下去是叙事治疗师非常重视的问题，特别是考虑到当事人无时无刻不处在主导文化的影响下，如果找不到方式支持其新发展的关于个人、关于生活的故事，当事人还是会重新为问题故事所控制。所以叙事治疗师发展了一些技巧去巩固新故事，如利用书面材料和引入当事人认为很重要的人物去见证和参与新故事的生存和发展。叙事治疗师还会积极组织当事人通过大众传媒表达心声，以对抗主导文化对某些弱势群体的压迫。

二、女性主义疗法

女性主义疗法是从基层发展起来的，反映了女性面临的挑战和需要。这一疗法没有一个单一的创始人，产生的历史也相对比较短暂，最早可以追溯到 20 世纪 60 年代的妇女运动。早期使用这一疗法的是一些女性团体，后来其原则开始在许多女性治疗师与当事人的工作中体现出来。她们认为治疗应该脱离对内部心理病理观点的依赖，把注意力转向了解文化中伤害和限制女性的病态力量。20 世纪 70 年代出现了大量有关性别偏见的研究，促进了女性主义疗法在思想上的成熟。一些组织开始支持女性主义疗法的发展，其中包括心理学中的女性学会和美国心理学会，它们在多方面推展了这一疗法。

20 世纪 80 年代的标志性事件是承认了女性主义疗法是一种正式疗法。女性主义疗法最常用的形式是个体治疗。吉利根有关女性的不同声音的著作和养老伦理方面的著作、米勒的著作、斯通中心（Stone Center）关于女性发展的“关系中的自我模式”（现称为“关系-文化模式”）对女性主义个性理论的发展有很大影响。这一时期还出现了推崇女性的人际关系和合作特点的新理论。女性主义疗法开始考察女性主义理论和传统心理治疗体系的关系，提出对现存的各种体系进行整合。这些工作特别倾向于建立女性主义精神分析、女性主义家庭治疗、女性主义职业咨询。

到了 20 世纪 80 年代，女性主义团体治疗发生了很大变化，它变得更加多样化，逐渐注重具体的问题，如身体形象、暴力关系、饮食障碍、乱伦和性暴力，指导治疗实践的女性主义哲学也开始变得更加多样化。有四种持续时间较长的女性主义哲学常被称为“第二代”女性主义，它们分别是自由女性主义、文化女性主义、激进女性主义和社会主义女性主义。

近年来，有色人种女性主义和后现代女性主义发现传统女性主义理论有缺陷，提出了新的理论视角，聚焦于多样化、性别主义的复杂性、了解性别问题时社会背景的核心作用等问题。1993 年，赞同多种女性主义视角的心理学家聚集在全美女性主义实践教育和培训大会上，在一系列影响女性主义实践的基本主题和前提上达成了共识，因而在将几种女性主义理论整合起来的工作上迈出了一大步。这被称为女性主义的“第三次浪潮”。它包括了多样化的观点，主要有：后现代女性主义、有色人种女性主义、同性恋女性主义、国际女性主义等。女性主义疗法还在不断地发展和成熟中。对这一疗法感兴趣的人可以去查阅简·贝克·米勒、卡洛琳·泽比·恩斯、奥莉维娅·M. 爱斯平和劳拉·S. 布朗的著述。

女性主义治疗的根本目标是建立一个不存在性别主义和其他形式的歧视和压迫的社会。就个体而言，女性主义工作者帮助男女当事人认识到自己的个人权利，并宣讲和信奉这一权利。通过对当事人充权，使其解除性别角色在社会化过程中受到的局限，并对现存的机构压迫提出挑战。治疗师会帮助当事人做到相互依靠、强大、有弹性、信任自己和他人。工作者常常让女性重新思考与自己身体的关系。通过考察传媒灌输不现实的社会期望所带来的灾难性影响，让女性不那么看重容貌，而把注意力更多地放到使自己愉快上，而不是去服从社会的理想。

女性主义疗法是一个讲求良知的政治事业，目的是用女性的觉悟代替当前的父权制，建立一个相互依靠、相互合作、相互支持的社会。女性主义工作者会帮助男女当事人认识到性别角色期望怎样影响了他们如何看待自己和与他人建立关系。虽然社会在性别主义和其他形式的压迫上已经有所改变，但是仍然存在大量的不平等现象。女性主义提出“个体是政治性的”，认为女性不仅要学会解放自己，而且要让所有的人从压迫和刻板的角色定型中解放出来。工作者要帮助当事人：

- 认识到自己性别角色社会化的过程。
- 找出内化的信息，用更加有自我提升性质的信念替代对个人有损害的信念。
- 了解性别主义和压迫性的社会信念和实践怎样对自己产生了消极的影响。
- 获得改变环境的能力。
- 对社会设置进行改造，去除歧视做法。
- 让行为可以在更大的范围内自由选择。
- 评价社会因素对自己生活的影响。
- 建立个人权利和社会权利意识。
- 认识到关系和联结的力量。
- 相信自己的体验和直觉。

在运用女性主义疗法时，工作者会用性别分析和权力分析来了解当事人和他们的问题。他们会不断审视自己是否带有偏见、是否在理解上有不当之处，特别是在对于女性体验的文化方面。女性主义工作者还会尽力了解所有形式的压迫，并考察压迫和歧视对心理健康的影响。他们重视对当事人有同理心，在治疗过程中愿意与当事人分享自己的体会，以身作则，并且自己也在治疗中不断地提高对当事人问题的理解和感悟。工作者与当事人的关系是平等的、充权的。工作者会明确说明自己的价值观以尽量避免把自己的价值观强加给当事人，由当事人决定是否跟工作者合作。

在治疗技巧上，女性主义疗法既借鉴了一些传统的手法，也有一些创新性的手法。比较有代表性的是①：

（1）充权（empowerment）。它也被译为赋权、增权、权能激发等。充权是一个过程，通过这一过程，个人或集体使自己的生活或社团获得权力和能力。它强调的是当事人增强自己的力量。这种力量不是统治别人的力量，而是当事人提高自己内在力量的能力。充权在个人层面是提升个人的自信及自我形象，重新掌握自己的生命及生活；在人际层面是与别人建立平等的关系和联系；在政治层面是争取资源及制度上的改变，强调平等合作，以关怀代替压迫和竞争关系。女性主义方法的核心是给当事人充权。工作者注重当事人的知情权，会向其解释治疗进程，并把当事人当成治疗的伙伴，使其平等参与工作过程。当事人会知道治疗的方向、好处和不足以及实施的步骤，并承担责任。

（2）自我披露。女性主义工作者运用治疗性的自我披露来使当事人和工作者之间有平等的关系。他们认为适当的自我披露有助于降低权力上的不平等，可以给当事人

---

① Corey G. 心理咨询与治疗的理论及实践 . 7 版 . 北京：中国轻工业出版社，2004：246 - 248.

提供支持，解放当事人。自我披露不只是分享信息和自身的经历和体会，还包括工作者在进行治疗时表现出的专注。一个好的工作者会披露真实的、互有所感的信息，还会考虑当事人的情况和对当事人的影响。

（3）性别角色分析和干预。这是女性主义疗法的标志性技巧。它会探索性别角色期望对当事人的健康或问题造成的影响，并根据这一探索来决定如何扮演未来的性别角色。工作者会帮助当事人找出社会、同伴、媒体、家庭等对自身扮演性别角色的影响，进行反思，并确定哪些带来了消极后果，需要改变。比如工作者会把当事人的问题放到社会期望的大背景中去看待，并让当事人了解这些如何导致了自己的问题，鼓励其与有同样问题的人联合采取行动。

（4）权力分析和权力干预。权力分析包括认识当事人具有的或可能得到的各种权利，挑战妨碍当事人行使自身权利的信息。让当事人学会欣赏自己，基于自己所具有的个性特征重新获得自信，树立能使自己满足的目标。比如，帮助当事人认识到社会中男性和女性的权力差异，给当事人充权，使其可以控制自己和自己的生活。

（5）文献疗法。把非文学作品、心理学和咨询书籍、自传、自助书籍、教育性录像和电影等作为治疗的工具，让当事人认识到性别角色的刻板印象是怎样形成的、性别主义是怎样出现的、性别不平等有何影响等。同时，让当事人从中学到具体的应对技巧，扩大自己可以选择的行为的范围。

（6）果敢训练。通过传授和促进果敢行为，让当事人开始认识到自己的人际权利，超越刻板的性别角色，改变消极信念，在生活中进行改变。工作者会考虑文化适用性问题，对有些当事人在某些情境中可能不要求其表现出果敢行为。

（7）重新定义。与文献疗法、工作者自我披露和果敢训练一样，重新定义并不是女性主义特有的治疗方法。然而，女性主义疗法在运用重新定义上有自己的特色。重新定义意味着将“责备受害者”转为考虑引起当事人问题的环境中的社会因素。在重新定义时，治疗不是着眼于内部心理因素，而是考察社会或政治维度。

除了这些技巧，女性主义疗法还常采用小组治疗和社会行动方法帮助当事人。

学习活动 7-5 性别敏感做法如何协助家庭[①]

马丁内斯夫妇有四个小孩，年龄分别为 9 岁、7 岁、5 岁和 3 岁。邻居通报说，最大的孩子（9 岁的安娜贝拉）在父母工作时被放在家里扮演主要的照顾者角色，这个家庭因此受到家庭社会工作机构的关注。家庭社工约翰·普雷斯顿了解到马丁内斯先生是市政府的职员，马丁内斯太太则是全职的法务秘书。两人都被要求长时间工作，每个星期都要加班好几天。马丁内斯太太说自己觉得被工作压得喘不过气。除了工作，她还要负责做家务和照顾家人。她转而向女儿安娜贝拉寻求协助。

马丁内斯先生觉得他的太太应该把家里打点好，就像小时候他母亲做的一样。他相信他对家庭的贡献就是保持一份稳定的工作，每星期带薪水回家，并且整理院子和

① COLLINS D，JORDAN C，COLEMAN H. 家庭社会工作．台北：洪叶文化事业有限公司，2009：356.

修理车子。马丁内斯先生解释，毕竟他自己的母亲抚养了九个孩子，家里保持一尘不染，而且从不抱怨。

家庭社工要求马丁内斯先生和太太列出一张自己做的事情的清单，以及每项事情花的时间。马丁内斯先生惊讶地发现，他太太每星期都要花四小时洗衣服，他自己保养车子一个月只花费四小时。家庭社工也协助马丁内斯先生重新评估他对家庭生活的传统期望，在妻子有全职工作的这种非传统情况下。尽管马丁内斯先生对于从事“女人家的事情”仍感到不自在，他却开始了解他太太的负担。这个家庭的余钱不多，但他们决定付钱给马丁内斯先生的16岁侄女在放学后担任保姆并帮忙做家务。

请与同学讨论，并从女性主义角度设计一份介入方案，解决马丁内斯家的家庭分工问题。

女性主义疗法强调要在社会政治和文化的背景中，而不是在个体的水平上看待问题，认为当事人对自己的生活最了解，是自己生活的“专家”。工作者应当通过自我披露和知情同意努力建立一种平等的治疗关系，并在所有评估和治疗过程中尽可能多地吸收当事人参加，减少治疗的神秘性，以增加当事人的力量。工作者会从独特的角度看待女性经历的本质，了解和重视不同女性的生活和视角，向评估女性心理健康的传统方式提出挑战，认为个体的改变只有通过社会的改变才可以实现。它强调工作者要倡导和促进个体的改变，鼓励当事人采取社会行动来对抗环境的压迫。女权主义的主要贡献是让辅导工作有性别敏感，并认识到文化背景和多重压迫对当事人的影响。在质疑传统的辅导理论和人类发展模式上，女性主义疗法有重要的贡献。它提醒我们，治疗的核心工作应包括改变社会中的压迫因素，而不是期望个体去适应社会对自己的角色期望。这一流派的工作者不采取中立的立场。他们倡导社会结构的改革，特别是自我决定的权利、受教育权等。这些可能会导致与持不同观点的当事人难以合作。工作者也有可能不经意地将自己的价值观强加到当事人身上，这是在运用这一治疗理论时应当注意的问题。

三、寻解疗法

寻解疗法在许多方面类似于怀特的编写新故事取向，不过其源自美国精神病研究协会的策略治疗取向。它把治疗由注重解决问题转到注重解决的办法上。谢泽和伊苏·凯姆·伯格等人在20世纪70年代晚期，在美国密尔沃基的短期治疗中心（Brief Therapy Center）发起了这一转变。到20世纪80年代，谢泽跟许多心理治疗师合作，包括伊夫·利普奇科、约翰·瓦特、简·派勒和米歇尔·韦纳-戴维斯。他们都写了大量的关于寻解疗法的文章，并且开始创建寻解疗法的培训机构，后来，斯科特·米勒加入了伊苏·凯姆·伯格的培训机构。韦纳-戴维斯后来加入了比尔·奥汉隆的培训机构，后者曾经接受过米尔顿·埃里克森的指导和训练。这些人共同拓展了谢泽开创的寻解疗法。

寻解疗法不同于传统的治疗方法。它不重视过去，而重视现在和将来。谢泽是这一疗法最激进的成员，他认为工作者不需要为了解决问题而去探寻问题的成因，问题和解决办法之间也没有必然的联系，没必要为了促成改变而去获取有关问题的资料，每个人都会想出多个解决办法。对一个人来说正确的办法，对另外一个人来说，可能就不对。在寻解疗法中，当事人自己选择治疗目标。工作者很少关注诊断、谈论过往的情况或者对问题的探索。聚焦于问题与聚焦于寻解的思维倾向之间的比较见表 7－1。

表 7－1　　聚焦于问题和聚焦于寻解的思维倾向的比较

聚焦于问题的思维倾向	聚集于寻解的思维倾向
问哪里做错	问哪里做对
放眼过去	放眼未来
追究责任	改善现状
相信问题是复杂的	相信问题是可以简化的
问题在某人身上	问题在人与人的互动上
往缺点和负面经验看	往优点和正面经验看
重复失败的方法，在没有效果时，加强力度	重复成功的经验，发展更多可能
由过去的失败出发	由过去的成功出发
使用标签、判断、抽象概念	使用简单语言

资料来源：杨家正．迎刃而解——寻解聚焦辅导．北京：清华大学出版社，2016：12.

寻解疗法假定人们都是健康的、有能力的，能够建构自己的答案，并提高自己的生活质量。伯格认为，不管当事人刚刚进入治疗时处于什么状态，他们都是有能力的。工作者的目的就是帮助当事人认识到他们拥有的能力。治疗过程提供了一种情境，借助这一情境，个人可以集中精力恢复和创造答案，而不是谈论他们的问题。

由于当事人常常带着关注问题的心态寻求治疗，他们所考虑到的几个少数答案也会受到这一心态的限制。当事人所讲的故事常常表达出这样一个确定的观点，即过去发生的一些事情会影响到他们的未来。

寻解疗法的工作者与当事人的态度相反。他们通过乐观的谈话使当事人相信，当事人期望的目标就在眼前。工作者可以帮助人们摆脱只关注问题的状态，从而去关注新变化出现的可能性。工作者会鼓励当事人写出不同的故事，并就此向其发出挑战，认为这种新故事会带来新的结局。

典型的寻解疗法有四个阶段：

（1）了解当事人想要什么，而不管他们不想要什么。

（2）不寻求问题的病理学基础，不尝试通过给当事人贴诊断的标签来贬低当事人。相反，工作者会寻找当事人正在从事的有效的工作，并鼓励他们继续下去。

（3）如果当事人正在从事的工作是无效的，那么鼓励他们尝试一些不同的做法。

（4）通过把每次治疗都看作最后的、仅有的一次机会，尽量使治疗简短。

与女性主义疗法一样，寻解疗法强调工作者和当事人是合作的关系。当事人是自己生活的专家。当事人能够很好地认识到过去哪些东西有用，哪些东西没用，以及将来哪些东西有用。如果当事人从头到尾都参与到治疗过程中，治疗成功的机会就会增加。

寻解疗法注重让当事人自己设立有意义的治疗目标。如果认识不清当事人的喜好、目标和期望的结果，工作者和当事人之间就会出现裂痕。所以在治疗的开始阶段，就要了解当事人想要什么以及他们想探索什么问题。寻解疗法关注能够引起积极结果的小的、现实的、可以完成的改变。由于成功往往建立在成功之上，所以实现小的目标可以看作改变的开始。工作者会引导当事人在态度和语言上逐渐由谈论问题转变为谈论答案，谈论自己可以胜任的事情、拥有哪些资源和力量、已经做了哪些有用的事情、还可以做些什么等，帮助当事人确定着眼于未来的可以实现的目标。

在治疗上，寻解疗法有一些很有特色的技巧。主要包括：

（1）询问例外情况。寻解疗法认为困扰绝对不会与当事人形影不离，总有例外的情况。而这些例外情况特别有意义。工作者会询问当事人是否出现过应该有问题，却并没有出现问题的例外情况，并让他们注意到那时的情形。工作者会提醒当事人问题并不总是那么严重，也不会永远存在下去。这些例外情况提供了开发自身资源、运用自身力量寻找答案的线索和机会。工作者会询问当事人要怎样做才能让例外情况再次出现，以找到问题的转机。

（2）询问奇迹问题。工作者会问："如果发生了奇迹，你的问题一夜之间解决了，那么你怎么知道问题已经得到了解决？问题解决前后有哪些区别？"这样的问题是让当事人不再去考虑困扰他们的问题，而是考虑有什么区别。如果当事人认为他想感到更自信和安全，工作者可能就会说："你想象自己今天离开这间办公室的时候变得更自信、更安全，那么你要做的事情会有什么不同吗？"寻解疗法认为改变对现有问题的做法和看法会改变问题本身。让当事人假设奇迹发生增加了未来的许多可能性。奇迹问题鼓励当事人通过梦想来找到他们最需要的改变类型。这类问题还可以将关注焦点指向未来，因为当事人会开始考虑不受某个特殊问题控制的不同的生活方式。这一干预技巧强调把重心由过去和现在的问题转向未来更满意的一种生活。

学习活动 7-6　一位单亲母亲的奇迹

当事人："我会找到一份工作，穿好看的衣服，找到一个非常爱我和照顾我的丈夫。"

工作者："唔！听起来是一个很美好的大奇迹的结局。那么你想象明早起来，第一个出现的一小步会让你对自己说：'唔，我生命开始有些好的改变，使我往奇迹的方向发展了！'"

当事人："那一定是我比平时早起床，给自己留一点时间整理心情，自我鼓励一番然后叫醒子女，微笑着对他们说早安，再一起吃早餐，然后开心地送他们上学。"

工作者："假如你想象的奇迹真的已经出现了。你觉得你第一件会做的事是什么？"

当事人："我会早一点起床，那我就需要晚上快一点做完家务，放下一些琐事，让自己不要心烦。"

工作者："在未来一个星期，也就是我们再次见面之前，你有机会至少有一天可以做到你希望的比平时早起床吗？"

当事人："我真的很想做到。我觉得这样挺好的，想想都感觉很好！"

工作者：“那我们下周一一起看看效果如何，好吗？”

资料来源：杨家正．迎刃而解——寻解聚焦辅导．北京：清华大学出版社，2016：65－66.

（3）询问量化的尺度问题。当体验到的改变不容易察觉时，工作者会使用量化的尺度来提问。比如，一个女士说自己感到恐怖或焦虑，工作者可能会问：“假如有一个0到10的标尺，10代表当你第一次来治疗时的焦虑感，0代表发生了奇迹、你的问题突然解决了之后的焦虑感，那么请告诉我现在你的焦虑感可以定在哪儿?”即使当事人的焦虑感仅仅从10变成了9，那么也表明他已经进步了。工作者会问当事人是怎样取得进步的，要怎么做才能在标尺上把焦虑再降一级。标尺问题可以使当事人更加注意他们现在的行为以及采取怎样的措施才能引起他们期望的改变。标尺问题技巧可以创造性地应用到加深当事人对一系列体验的理解上，比如，自尊、治疗前后的改变、自信、为改变付出的努力、改变的意愿、需要解决问题的优先次序、希望感和对进步的评价等。

（4）第一次治疗任务。它是工作者在第一次和第二次治疗之间给当事人布置的任务。工作者会说：“从现在起到我下次见到你之前，我希望你仔细观察你的家庭、生活、婚姻和人际关系中发生的改变，并在下次告诉我这些改变。它们是你希望有的改变。”在第二次治疗时，工作者会问当事人观察到了什么，以及希望将来发生哪些改变。谢泽认为这一技巧可以增加当事人对自己的情境抱乐观的态度和希望。

（5）治疗时对当事人的反馈。寻解疗法的工作者常常在每次治疗快要结束的时候，留出5到10分钟的时间对当事人的情况做个总结。然后，工作者会把这些信息反馈给当事人。反馈由三个基本部分组成：赞扬、过渡和提出任务。赞扬是对当事人引发有效答案的行为给予由衷的肯定。赞扬会起到激励作用，带出希望，并把期望传给当事人。这样可以帮当事人通过发掘自身的潜力来完成自己的目标。过渡是将最初的赞扬和随后的任务联系起来。它解释了给当事人提出任务的缘由。提出任务是给当事人布置家庭作业。观察性的任务要求当事人注意他们生活的某些方面。这些自我监察过程帮助当事人注意事情变好时会有什么不同，尤其是在他们的思考、感觉或行为方式发生改变时，情况会有什么不同。付诸行动的任务能让当事人去做一些工作者认为对当事人建构解决问题的答案有帮助的事情。

（6）终止治疗。从第一次治疗开始，寻解疗法的工作者就开始留意终结治疗的工作。一旦当事人能建构一个满意的答案，治疗关系就可以结束了。工作者第一个要提的问题常常是：“你的生活要发生什么不同，我们见面才值得?”另一个让当事人思考的问题是：“解决了问题，你要做的事会与现在有什么不同?”通过使用标尺问题，工作者会帮助当事人查看自己的进步，并最终决定什么时候可以不再来治疗。在结束治疗之前，工作者会帮助当事人确认可以做些什么，以便能在将来保持现有的改变。[①]

寻解疗法至今只有30多年的历史，目前仍在发展完善中。与前面介绍的叙事疗法和女性主义疗法一样，它也受到了后现代主义，特别是社会建构主义的影响，在本质上认为当事人的问题并非独立客观的事实，而是通过与当事人的交谈，在言语间逐

① Corey G. 心理咨询与治疗的理论及实践．7版．北京：中国轻工业出版社，2004：267－269.

渐呈现出来的，这个互为主观的现实才是最重要的①。所以，治疗的过程也是发掘问题的多种可能性和建构社会现实的过程。语言的作用、当事人主体性的作用得到了强调。它解决问题的新视角对个案辅导是很有启发意义的。

学习活动 7－7　马露的个案

马露自出生后，就成长在父母身边，她还有一个哥哥。说起哥哥，马露的心情便复杂起来。在马露的心里，父母曾经一直偏宠哥哥，对此她也曾感到羡慕、嫉妒。但是哥哥长大后越发不听父母的话，经常伤父母的心，所以父母将期望又转移到了马露身上，希望她听话，今后能够有美好的未来。曾经和哥哥争宠的马露，因为得到了父母的关注，开心不已，却也增添了很大的心理压力。那时候她常想："哥哥已经让父母失望了，我要在父母面前表现得好一点。"于是马露在生活中尽量多关心父母。

与枯燥的学习相比，马露更喜欢闲散、无拘无束的生活。初三时，马露坚持不下去了，开始逃课、辍学，尽管如此，马露依然希望自己不成为家里的负担。离开学校后，她便随同舅舅去了广东打工，第一个月马露还给家里寄回了 200 元工资。后来，她听一个在北京的朋友说，在饭店上班工资更高，于是，马露带着希望到了北京。可是当上了饭店的服务员后，她开始觉得，这份工作还不如之前在广东的电子厂。

那时的马露是个自制力差的孩子，一个人离家在外无人看管，很快就暴露了懒惰与闲散的缺点，她开始对工作挑剔起来，于是一直无业，在北京闲逛着。她依靠着朋友生活，居无定所，经常在网吧过夜，每天享受娱乐和自由。但为了生存和继续享受生活，马露始终面临着经济的压力，她唯一想的，就是怎么能够"来钱快点"。在 17 岁生日过后的第四天，她跟着另外三个好友在北京某美食店内盗取现金 18 000 元，之后四人将盗窃所得的钱款挥霍。马露被判处有期徒刑十个月，刑满释放后一直在广东打工。马露觉得没有面子，给家人丢了脸，伤了父母的心，也断送了自己的未来。

资料来源：首都综治委预防青少年违法犯罪专项组办公室，首都师范大学少年司法社会工作研究与服务中心．走出迷失的世界——司法社工帮教精品案例集汇编：第 1～10 期．内部资料：143－145．本书编写者做了小的改编。

请与同学讨论若分别采用叙事疗法、女性主义疗法和寻解疗法来处理马露的个案，会制定怎样的工作方案，采用哪些手法。

第四节　小　结

本章我们介绍了多个治疗方法，包括危机干预、多世代家庭治疗法、联合家庭治

① 杨家正，游达裕，梁玉麟．解困之道．香港：香港大学出版社，2001.

疗法、结构家庭治疗法、叙事疗法、女性主义疗法、寻解疗法等。这些疗法进一步拓展了个案工作的视野和你可以在工作中运用的工具。危机干预模式可以帮助我们处理许多紧急情况，对于常与脆弱人群打交道、不时要处理危机情况的工作者来说，无疑十分有帮助。个人的问题与家庭有千丝万缕的联系，对此已经有了广泛的共识。但是真正关注这种联系，把它运用到个案工作中却是始于家庭治疗方法的创立和运用。默里·鲍恩的多世代（或跨世代）家庭治疗法提请我们注意家庭多代人之间的关系对个人的影响。要了解一个家庭，至少要分析三代。个人要拥有一个成熟而独特的人格，就必须澄清他与家族之间情感的纠葛。自我的区隔化与三角关系是鲍恩重要的理论贡献。联合家庭治疗法的创始人是维吉尼亚·萨提亚，它也常被称为萨提亚模式。萨提亚对健康家庭和病态家庭特点的分析、对家庭沟通形态的总结、富于创意的治疗手法，都给个案工作留下了浓墨重彩的一笔。她最富代表性的工作手法是家庭重塑、家庭雕塑和部件聚会。结构家庭治疗法的创始人是萨尔瓦多·曼纽琴。它的基本理念是，大多数的问题症状都是由家庭结构有缺陷造成的，治疗的重点是协助家庭调整刻板的关系形态，并重新定义关系。曼纽琴认为必须在家庭结构发生良性的改变之后，个体的问题才能够减轻或消除。结构家庭治疗法的重要概念包括家庭结构、家庭子系统、家庭系统边界等。家庭图示、情境扮演、提供新的诠释框架是这一疗法使用的重要技巧。作为“第四势力”，家庭治疗已在助人工作中显示出了效力，受到许多工作者的喜爱。

本章最后介绍的叙事疗法、女性主义疗法和寻解疗法受到了后现代思潮，特别是社会建构主义的影响。叙事疗法认为，个体每每都是社会互动构成的叙事系统。从一定意义上说，“故事里的事说是就是，不是也是”是对这一疗法的观念的生动描述。外化困扰问题、发掘独特结果和重写故事、巩固新故事是这一疗法的基本工作技巧。女性主义疗法追求用女性的觉悟代替当前的父权制，建立一个相互依靠、相互合作、相互支持的社会，根本目标是建立一个不存在性别主义和其他形式的歧视和压迫的社会。它提出的充权、性别角色分析和干预、权力分析和权力干预等工作手法，对帮助当事人发挥了积极的作用。而寻解疗法不同于传统的治疗方法，它不重视过去，而重视现在和将来。它把重点放到了找寻解决问题的答案，而不是分析问题成因上。过去的都已过去，重要的是找到新的视角和起点，过好现在和将来的生活。这是它的精粹。询问例外情况、询问奇迹问题、询问量化的尺度问题等是这一疗法的标志性特色。

个案工作理论是个大家族，在此我们只是择其要者做了简单的介绍。应当说每个理论都是一个洞察我们工作的世界的新窗口，都有独特的风景。若对此有兴趣，建议结合章后的推荐阅读书目去做更广泛的阅读。

本章要点

1. 危机干预
2. 多世代家庭治疗法
3. 联合家庭治疗法

4. 结构家庭治疗法
5. 叙事疗法
6. 女性主义疗法
7. 寻解疗法

基本概念

危机干预 多世代家庭治疗法 联合家庭治疗法 结构家庭治疗法 叙事疗法 女性主义疗法 寻解疗法 家族图 自我的区隔化 三角关系 家庭沟通形态 家庭重塑 家庭雕塑 部件聚会 家庭结构 家庭子系统 家庭系统边界 外化困扰问题 充权 性别角色分析和干预 例外情况 奇迹问题 量化的尺度问题

复习思考题

1. 危机反应和应对有何特点？
2. 危机干预的基本原则和实施步骤是什么？
3. 你怎样看待家庭中的自我区隔化和三角关系？
4. 萨提亚对人、对问题、对家庭有哪些看法？你是否赞成？为什么？
5. 你是否赞成结构家庭治疗法对问题症结的分析？为什么？
6. 叙事疗法有哪几个工作阶段？你对其解决问题的过程有何看法？
7. 你是否赞成女性主义疗法的观点？为什么？
8. 你是否赞成寻解疗法的取向？为什么？

推荐阅读书目

1. 许莉娅．个案工作．北京：高等教育出版社，2004.
2. 翟进，张曙．个案社会工作．北京：社会科学文献出版社，2001.
3. 高刘宝慈，区泽光．个案工作：理论及案例．香港：香港中文大学出版社，2001.
4. 高刘宝慈，朱亮基．个人工作与家庭治疗．香港：香港中文大学出版社，1999.
5. 科里．咨商与心理治疗的理论与实务．5版．台北：扬智文化事业股份有限公司，1999.
6. 科里．心理咨询与治疗的理论及实践．7版．北京：中国轻工业出版社，2004.
7. Kolski T D，Avriette M，Jongsma A E. 危机干预与创伤治疗方案．北京：中国轻工业出版社，2004.
8. 帕里．战胜危机．北京：三联书店，1996.
9. 萨提亚．家庭如何塑造人．台北：张老师文化事业股份有限公司，1994.
10. GOLDENBERG I，GOLDENBERG H. Family therapy：an overview. 4th ed. Pacific Grove，CA：Brooks/Cole，1996.

11. THOMLISON B，THOMLISON R. Behavior theory and social work treatment // Turner F J. Social work treatment：interlocking theoretical approaches. 4th ed. New York：The Free Press，1996.

12. NICHOLS M P，SCHWARTZ R C. Family therapy：concepts and methods. 6th ed. New York：Pearson（Allyn and Bacon），2004.

第八章
儿童辅导

本章概要

香港有家三只猫出版社，1998 年它出版了一本很有趣的关于儿童的儿童原创书。书里收录了 128 个小孩希望告诉爸爸妈妈的关于怎样对待他们的真心话。

一名 8 岁男孩写道："叫爸爸妈妈天天都亲亲我。"

一名 11 岁女孩写道："我会要求他们不要样样追问我、常常督促我温习，不要以他们童年时的心理来了解我，不要以他们的眼光来阻止我所喜欢的事物。"

一名 9 岁半男孩写道："我会告诉爸爸妈妈他们二人每次都吵闹，我想他们不要见面都是吵闹，不想他们打架，想他们和和气气一起生活，但是我们找他的时候，也找不到他，就算他回来从（亦）都会不高兴。因为他时（常）都不回家，害到他自己的家人都不喜欢他。"

童眼看世界别是一番景象。这些纯真的话语让我们看到了生活在成人世界中的孩子的所感、所想。他们需要爱和关怀，需要被尊重和理解，需要有安全感和保障。对不少孩子来说，童年远不是无忧无虑的快乐时光。他们有很多的挫折和无奈，甚至受到最亲近的人的伤害。儿童辅导就是要帮助我们社会未来的主人翁有一个适宜的生活环境，能健康成长。在这一章，我们会向你介绍儿童当事人的特点，让你了解儿童在身心和社会生活方面的发展状况，让你更容易理解儿童，进入儿童的世界。我们还会介绍儿童有可能遇到的一些问题，如虐待问题、压力与丧亲问题、学校适应问题、伤残问题、特殊学习障碍问题等，并会介绍这些问题对儿童的影响和儿童的基本应对方法。接下来我们会向你介绍儿童辅导的主要工作方法——游戏治疗。然后会讨论做儿童辅导应该注意的一些问题。通过本章的学习，希望你对如何保护和帮助儿童能有些基本的认识。

第一节
儿童当事人

2011 年，国务院颁布了《中国儿童发展纲要（2011—2020 年）》，从儿童健康、教育、福利和社会环境四个领域提出了儿童发展的主要目标和策略措施。近年来，国家加快完善保护儿童权利的法律体系，强化政府责任，不断提高儿童工作的法制化和科学化水平，我国儿童生存、保护、发展的环境和条件得到明显改善，儿童权利得到进一步保护，儿童发展取得了巨大成就。

然而，受社会经济、文化等因素的影响，儿童发展及权利保护仍然面临着诸多问题与挑战。全社会的儿童优先意识有待进一步加强，儿童工作机制有待进一步完善。城乡区域间儿童发展不平衡，贫困地区儿童整体发展水平较低；出生缺陷发生率上升，出生人口性别比偏高；学前教育公共资源不足，普及率偏低；义务教育发展不均衡，校际、城乡、区域间存在较大差距；对贫困家庭儿童、孤儿、弃婴、残疾儿童、流浪儿童的救助迫切需要制度保障；人口流动带来的儿童问题尚未得到有效解决；社会文化环境中仍然存在不利于儿童健康成长的消极因素；等等。进一步解决儿童发展面临的突出问题，促进儿童的全面发展和权利保护，仍然是今后一个时期儿童工作的重大任务。

我们在本章所说的儿童指的是12岁以下的孩子。儿童辅导是以这一年龄段的孩子为对象开展的工作。在接触个案工作之前，你应该已经学习了社会学、心理学、人类行为与社会环境等课程，对儿童期的当事人在身心和社会发展方面的特点已经有所了解。这些学科的理论是开展儿童辅导工作的基础。在进入下一节“儿童辅导的主要问题与应对要点”前，我们先来简单地回顾一下这些理论，做个热身。

一、弗洛伊德的心性发展理论

弗洛伊德的理论强调生物因素对人格的塑造作用。除了他著名的对人格做本我、自我和超我三部分的划分以及对人的意识、潜意识和无意识的研究之外，他流传最久、广为人知的理论贡献或许就是他关于儿童期的事件对于后来人生阶段的生活的影响的学说。或许你已经从一些电影和文学作品中对此有所了解。儿童辅导学者还根据弗洛伊德的理论发展出了特定的治疗技术，这些我们会在后面提及。

弗洛伊德的理论中包含在儿童期内的发展阶段有四个，分别是口欲期（0～1岁）、肛门期（2～3岁）、性蕾期（4～5岁）和潜伏期（同性期）（6～11岁）。下面我们来简单看看根据这一理论，这些时期儿童的特点。①

（一）口欲期

这一时期婴儿基本的欲望和需要是得到好好喂养，包括饮食、睡眠、排泄方面的适当照顾，在身体上感到舒适。在心理上需要通过他人抱、接触、关心、安慰、保护而感到安全、满足和舒适。在这一阶段，假如得不到他人的关怀、照顾和保护，婴儿在身心各方面都容易受到挫折与打击。比如母亲生病无法照顾婴儿，婴儿被遗弃或忽略，甚至被虐待，对婴儿来说都是较大的应激事件。缺乏呵护、关怀，婴儿也会有敏感反应。在这一阶段因为语言表达能力还不够，也不会用剧烈的行为来示意，婴儿对

① 曾文星．儿童的心理与辅导．北京：北京医科大学出版社，2001：12-17.

于挫折或应激事件只会静默、被动地反应，如心身发育迟缓下来，对外界反应较慢，显得麻木没知觉，顶多变得常哭泣吵闹，要人拥抱、关心。有些婴儿变得很贪吃贪喝，身体超重。在人格发展方面，婴儿对自我的界限和功能还没有明确。

（二）肛门期

这一时期幼儿已经发展出了基本的自主生理功能，能自己吃喝、排泄，也能采取行动，可以说具备了基本的生存能力。这一时期的特点是练习与训练幼儿对自我欲望和冲动的控制，包括大小便的排泄训练和各种行为动作的管理与控制。这一时期的幼儿运动神经与肌肉逐渐发达，而且知觉上对周围环境特别感兴趣，喜欢到处乱跑、乱动，可是由于其运动反应尚未完全发育成熟，仍然容易摔跤，身体受伤，或者把东西打破弄坏。因此，父母及周围的人往往不让幼儿自己乱动乱碰，力图使幼儿受控制。所以这一时期的幼儿的主要心理挫折与自我约束问题有关。遇到这方面的挫折，幼儿或者表现出反抗，变本加厉地更加乱跑乱动，或者过分谨慎，事事要按一定的程序进行。对抗外界的控制，达到自主、自律是这一时期特殊的心理课题。从人格上说，这一阶段的幼儿已能大致区分“我”和“你”，认识到“自我”的界限，常常会为了自己与他人之间的约束和控制而争执。

（三）性蕾期

这一时期少儿在生理、运动及神经系统方面都已发育完备，作为一个个体已可以生存。他们也开始渐渐参与对外的社会活动，在各种机能上基本上已经是完备的“小”人。在人际关系方面已有能力使用撒娇等情感手腕来引起别人的关心，采用手段指使他人。因为在知觉和情绪上的发展，他们不但能区分男女性别，而且对性有了初步的萌芽。这一时期会出现男孩跟母亲要好、女孩跟父亲要好的情形，即所谓的“恋母情结”（“俄狄浦斯情结”）和“恋父情结”。从人格发展的角度来说，这一时期的少儿在观念上已能区别“自己”“你”“他”三种人格的差别和界线，完成“自我界限”的划分。

（四）潜伏期（同性期）

这一时期少年专门跟同性朋友要好，有时甚至排斥异性朋友。孩童逐渐疏远异性父母，而去模仿自己的同性父母，经过这样的模仿，准备成长进入青春期以后的“异性期”。假如这一时期没有同性的父母，或者同性的父母经常不在身边，或者跟孩子关系不好，就会减少或容易剥夺少年向自己同性父母模仿和学习的机会，直接或间接地影响性别上的心理认同与成熟。具体来说，儿子没有父亲，女儿没有母亲，到了这个阶段就会发生缺少同性父母的心理困难。除非家长能鼓励孩子跟同性而年岁大的对象接触，补偿孩子的需要，否则就容易出现性别认同的问题。即男孩不像男孩，女孩不像女孩，不能建立性别上的角色与认同。

要说明和澄清的是，小孩的思考与语言跟神话故事一样，是富于象征性而不考虑逻辑与现实的。比如，孩子生气时可能嘴里说希望那个人“死”掉，但这并不表示真的想把那个人干掉，而只是表示不希望看见那个人，希望那个人暂时消失。同样，小孩说“爱”那个大人，只是表示对那个人有好感，并不是成人所说的恋爱的“爱”。小孩所感兴趣的“性”，在本质上与成人所指的性有所不同，只是喜爱的感情与兴趣。

二、埃里克森的心理社会发展理论

埃里克森深受弗洛伊德的影响，但对弗洛伊德的理论有所修正，他主要关心的是更为理性的自我世界。通过观察不同民族、不同社会里的人生发展历程，他提出了人生发展的八阶段说，其中更多的是融合了社会与文化的角度来说明人在心理上的发展。下面介绍他的理论中与儿童有关的四个时期：婴儿期（0～1 岁）、幼儿期（2～3 岁）、少儿期（4～5 岁）和少年期（6～11 岁）。①

婴儿期：“信任”与“不信任”。从刚出生到 1 岁左右的婴儿，其主要依靠母亲或保姆的喂养保育来获得基本的满足感，进而建立基本的信任感。饿了有人喂饱，不舒服了有人帮忙，让自己感到舒服，婴儿便会对这个世界和人建立起可以信任的基本感觉，对于今后的生活也会有受保护的感觉，建立起可以依赖并且信任他人、环境与社会的基本态度。相反，如果在婴儿期没有得到良好的照顾，得不到喜爱和保护，被遗弃，被忽略，常挨饿，得不到温暖，不舒服，婴儿就会缺乏基本的安全感，留下“不信任”这个世界与他人的心理。

幼儿期：“自主”与“怀疑”。到了两三岁的幼儿，随着运动机能与大脑智能的发展，便要试着在生活中展示自己的能力，做力所能及的事。比如，学习如何自己吃饭、上厕所、找玩具玩，开始自己照顾自己。能这样做的时候，他们便会感觉能控制自己的肌肉、冲动、自我以及周围的环境，有“自主”感。否则便会对自己产生怀疑，或者产生羞耻感。当父母没有耐心而代幼儿去做他们自己能做的事情时，幼儿的怀疑意识便会被强化，在进入其他发展阶段后，就会更加感到羞耻和怀疑而不是自主。

少儿期：“主动”与“内疚”。到了四五岁左右，少儿由于运动和知觉机能有很大的发展，生活的范围大为扩展，所以喜欢自己到处去探索、试探，了解外界环境，并试图自己处理问题。比如，翻看大人的包，打开玩具或钟表看里面的结构，帮受伤的动物包扎，吃完饭帮妈妈收拾桌子，等等。这一阶段的少儿思考和幻想的能力也大为增长，但仍没有完全弄明白社会上的规律，搞不清什么是对与错。假如不能按照自己的意愿行动，少儿便会觉得自己可能不对。特别是在幻想世界里，他们常幻想一些事，如跟父母生气、反抗权威、处理实际生活上的不愉快。可是因为这些幻想，少儿又会觉得自己不应该，容易产生“内疚感”。要再长大一些，他们才能把现实和幻想分开，才不会因为有这种幻想而感觉自己不好。

少年期：“勤奋”与“自卑”。在多数的现代社会里，孩子到了 6 岁前后就要入学读书，接受基本的教育。这个阶段包括了整个小学阶段。不管是在怎样的社会环境里，孩子在进入少年期之后，生活方式都会大大改变，从游戏进入学习、劳作。在这

---

① 波普诺．社会学．北京：中国人民大学出版社，1999：151－152.

一阶段，如果成年人鼓励儿童努力去制作、构筑某些实际的东西，允许他们完成自己的计划，对他们获得的成果给予表扬，就会加强儿童的勤奋感。但是，如果父母把孩子努力制作的东西或做的事情看作“捣乱”或“搞得乌七八糟”，或者老师要求孩子遵守像成年人那样的规则，就会使儿童产生自卑感。

三、皮亚杰的认知发展理论

皮亚杰被许多人推崇为研究儿童如何学会思考和推理的先驱，他的理论帮助我们了解了儿童在不同的发展阶段是如何思考的，即儿童认知的发展。根据他的理论，儿童的智力发展是个循序渐进的过程，这一过程由不同的阶段组成，每个阶段有其确定的特点。尽管儿童走过这些阶段的速度有快有慢，但是所有儿童都会按照同样的顺序走过这些阶段。皮亚杰认为，“可以在任何时候教任何孩子任何东西”的说法不仅是错误的，而且事实上也是荒谬的。他认为儿童的智力发展要经过以下几个阶段①：

（1）感觉运动阶段（0～2 岁）。孩子从出生到 2 岁左右对世界的了解主要依靠感觉器官。婴儿对于能看到、吃到或者摸到的东西，都能知道这些东西的存在。比如，眼前可以看到妈妈，就知道妈妈在。视线之外的东西，就意味着不存在。所以如果想用语言告诉婴儿妈妈要出去一下，过一会儿就回来，他是无法了解是什么意思的，只要看不见妈妈，他就认为妈妈不存在，哭着要妈妈回来。

（2）前操作阶段（2～4 岁）。2 岁以上的幼儿认知开始进入“前操作阶段”。这一阶段的幼儿还没有建立理解抽象概念的能力。他的判断和思考主要依赖于自己对人、物、事件直接观察和体验到的结果。他是高度的自我中心主义者，即几乎完全是从自己的角度来看待世界的，因而也就不能领悟他人的角色并从他人的角度来看待世界。一般来说，这一年龄的幼儿多少可以使用语言，也会想想事情，做象征性游戏，但是还是难以接受象征性的概念。比如，看到爸爸妈妈经常吵架，会知道是不愉快的事情，可是在他们幼小的头脑里却不懂得离婚、分居这些概念。

（3）直觉思维阶段（4～7 岁）。到了 4 岁以后，儿童的认知有了进一步的发展，虽然仍然无法用抽象的概念来思考，但能凭直觉做出判断。比如，让孩子把一串有不同颜色的珠子放进长筒里，先是红色珠子，接着是黄色的，然后是黑色的，然后问小孩把这串珠子拉出来时，哪些珠子会先出来。4 岁以上的孩子多半凭直觉会说对，说珠子会按黑、黄、红的顺序出来，但不会说明这是按原来的红、黄、黑入筒后颠倒过来的顺序。即仍不会用抽象概念来说明，只能靠自己的观察，通过头脑中的影像及直觉来提供答案。

（4）具体操作阶段（7～11 岁）。在 7～11 岁之间的少年已经不需要完全靠自己的知觉和观察来了解一切。他们可以通过说明、解释、举例来获取许多资料和知识。可以谈论使用飞机、军舰、坦克车来打仗，可以说明如何看病、打针，等等。可是要理解的事情需要具体，对于抽象的概念，如人格、责任、合同等，他们不容易理解。

---

① 曾文星．儿童的心理与辅导．北京：北京医科大学出版社，2001：25－26.

四、依恋理论

依恋（attachment）是人与人之间形成的一种相互关爱、支持并保持亲密的关系。英国心理学家鲍尔比在习性学和精神分析理论的影响下，结合进化论及动物行为学的观点，创立了依恋理论。鲍尔比认为，依恋是孩子与其照料者（通常是母亲）之间一种强烈而持久的情感纽带。依恋是人类适应生存的一个重要方面，是在漫长的进化过程中自然选择的结果。[①] 依恋的生物功能是维持生存，其心理功能则是获得安慰与安全感。大概 2 岁以后，婴儿的分离焦虑会逐渐减轻，并借着探索环境的方式发展自我独立的能力。

依恋关系从婴儿期就开始形成，其发展过程可以划分为四个阶段：前依恋关系阶段、形成中的依恋关系阶段、鲜明清晰的依恋关系阶段和纠正目标的依恋关系阶段。在每一个阶段，婴儿的行为好像为单一的最重要的原则所指导：与提供依恋关系的对象紧密联系在一起。

（1）前依恋关系阶段：这个阶段包括出生后为数不多的几个星期，其典型特征是具有"预先适应性"，这种适应性好像为婴儿预先安排了人类的交流，例如，他们对人类声音与脸孔有偏好，他们的运动与成人的言语保持同步性，他们建设性的视力容纳范围大约是到母亲脸部的距离。

（2）形成中的依恋关系阶段：这个阶段的典型特征是强调促进与重要成人保持联系的行为，如哭叫、微笑、吸吮、固定不动、黏附依靠、观看以及跟随眼睛移动。在生命第一年的下半年期间，这个阶段在非常清晰可辨的依恋关系中达到高潮。此时，婴儿显示出"选择性的社会微笑"，这发生在认出熟悉脸孔的过程中。而对不熟悉的脸孔做出微笑反应具有更少的普遍性。

（3）鲜明清晰的依恋关系阶段：随着婴儿运动能力的发展，鲜明清晰的依恋关系变得十分明显。婴儿能够通过微笑、哭叫、伸手接近等方式去吸引母亲或者父亲的注意；也能够爬行并且抓住一条腿；还能够向上攀爬，并且用双手抱住他人的脖子。简单来说，他们能够清晰地指明他们依恋关系的对象是谁。

（4）纠正目标的依恋关系阶段：在第二年的某个时间，婴儿进入纠正目标的依恋关系阶段。此时，婴儿获得了自我观念，并且已经开始理解其他人的某些观点。婴儿学会对他人行为的结果以及父母的行为结果做出推断，学会通过例如哭叫、呼喊或者蹒跚地走过来并且紧紧抓住父母等更加微妙的方式来影响父母的行为。

安渥斯及其同事研究了 1 岁大的婴儿，得到了母子依恋关系的三种类型：安全依恋型（securely type，最常见，约占 66%）、逃避型（avoidant type，约占 12%）以及矛盾型（ambivalent type，约占 12%）[②]。安全依恋型的儿童在母亲离开时会哭、焦虑，当母亲回来时很高兴；当母亲在场时，他们通常以母亲作为探索外在世界的基点，在玩耍时不时回到母亲身边寻求安慰。他们通常比较合作，很少生气，对陌生人

---

① 龚晓洁，张剑．人类行为与社会环境．山东：山东人民出版社，2011：101－102.

② 彭聃龄．普通心理学．修订版．北京：北京师范大学出版社，2001：504－505.

较友善。逃避型的儿童在母亲离开时很少哭泣，在母亲返回时，他们不太高兴并设法逃避母亲。这些孩子在需要时不会寻求帮助，经常有愤怒情绪，对陌生人不在意。矛盾型的儿童在母亲离开之前就开始焦虑，他们紧张地关注母亲的行为，生怕母亲离开，因此不能尽兴地玩游戏。母亲离开后他们更加不安，而当母亲回来后，他们的行为很矛盾：一方面想亲近母亲，另一方面又以尖叫踢打来拒绝。这样的儿童很少对周围环境进行探索，很难安抚，对陌生人也不友好。

依恋关系的类型既取决于母亲对待婴儿的方式，也受到婴儿自身人格的影响。安渥斯及同事的研究发现：安全依恋型婴儿的母亲，在婴儿出生后的第一年中对孩子很敏感。她们能根据孩子的需要来喂食，对喂食的时间、速度和方式等都非常敏感。而逃避型婴儿的母亲易发怒，她们不会表达自己的感情，羞于和孩子有亲密的身体接触，紧张、不安、缺乏自信，和孩子间的距离常引起孩子的愤怒。

依恋关系对儿童以后的社会性发展非常重要。在其生命的第一年，尤其是 6 个月到 1 岁间，形成依恋关系似乎最重要。当婴儿从稳定的家庭和照顾者那里获得较好的照料时，他们更容易形成积极的人格品质；如果婴儿得不到稳定的、高质量的照料，他们就可能逃避母亲，并在以后出现情绪和社会性的问题。

上面我们对几个与儿童发展有关的理论做了介绍，你能否尝试做个总结呢？

学习活动 8－1　理论综述

请用图表的方式总结比较弗洛伊德的心性发展理论、埃里克森的心理社会发展理论、皮亚杰的认知发展理论，以及依恋理论。比如，比较它们在年龄段的划分、核心概念、主要特点等上的异同，并与同学讨论这四种理论对于儿童辅导的意义。你认为在我们国家，这些理论适用吗？

儿童期是人生最关键的成长阶段，对人的一生有深远的影响。在这一阶段，由于身心和社会交往与适应能力的发展水平还比较低，儿童还没有独立生存的能力，在满足基本需求、获得健康成长方面要仰仗成人的照顾和保护。此外，由于受语言表达能力和认知水平的限制，儿童在与成人交流的时候会遇到许多障碍，需求可能得不到理解和关注。他们对受到的一些伤害可能表达不出来，加上他们的自我保护能力极为有限，因而所受的伤害会更深、更久。儿童是社会的未来，对社会工作者来说，帮助他们渡过危机，应对困难问题，如受虐待、家庭变故、学校适应不良、行为障碍等，有着十分重要的意义。下一节我们重点讨论儿童期有可能会遇到的主要问题，让你对辅导儿童有所准备。

第二节
儿童辅导的主要问题与应对要点

儿童辅导有很大一部分工作涉及儿童养育方面的问题。有养育人的养育方式不当造成的问题，也有养育人本身的变故导致的问题。前者比较典型的表现是虐待和疏于照管儿童，后者则是由于养育人离婚、去世、遭遇意外事故等给儿童带来丧失和创伤。另外，随着儿童脱离家庭，入学就读，还可能会遇到学校适应和行为障碍方面的问题。这一节我们会分别来看看儿童的虐待问题、压力与丧失问题、学校适应问题和特殊的儿童问题。

一、虐待问题

儿童虐待问题在人类社会有长久的历史，它普遍存在于不同文化背景的社会中，涉及多方面的影响因素。目前对儿童虐待问题还没有统一的定义，1999 年世界卫生组织把虐待儿童描述为：对儿童有义务抚养、监管及有操纵权的人做出的足以对儿童的健康、生存、生长发育及尊严造成实际的或潜在的伤害的行为，包括各种形式的躯体或情感虐待、性虐待、忽视及对其进行经济性剥削。在各种虐待形式中，躯体虐待所占的比例最大，并且在大多数情况下都有两种或两种以上形式的虐待，比如任何形式的虐待都会包含一定的情感虐待。孩子挨父母或他人的打骂，在生活中屡见不鲜，大家习以为常，很少会想到这是一种虐待，甚至认为这有助于管教孩子，对他们有好处。然而，联合国儿童基金会与全国妇联等机构 2005 年三四月份在北京等 6 个省市进行的首次虐待儿童情况调查显示，儿时被打骂，会对孩子产生长远的不良影响。大家往往觉得孩子挨打挨骂，事情过去就完了。但调查显示，这一阴影其实一直伴随着孩子，影响到他们长大后的生活。匿名调查的对象是近 4 000 名大、中专学生，问卷列出了 17 种不同程度的身体、情感和性虐待情形。结果显示，74.8%的孩子曾受到过不同形式的虐待，有 4.4%的孩子受到过多种严重的虐待。男孩、女孩中挨过打的比例分别是超过一半和近 1/3，约 1/3 被当众羞辱过，约一成被性侵犯。①

下面我们来看一下与儿童虐待有关的一些问题。

（一）儿童虐待的分类

一般来说，常见的虐待儿童问题被划分为以下几类：

（1）身体虐待。指故意使用暴力对待儿童，造成儿童身体上的伤害，如烧伤、烫伤、撞伤、投毒等。

（2）性虐待。指让尚未发育成熟的儿童参与他们不完全理解、不能够表示同意或违法、违反社会公德的性活动。

（3）情感虐待。指危害或妨碍儿童情绪或智力发展的行为及态度，使儿童自尊心受损害的拒绝、漠不关心、批评、社会隔离或恫吓行为。最常见的形式是辱骂或贬低。

（4）忽视。指任何一个儿童的父母或其他对该儿童福利有责任的人，并未提供对其适当或必需的支持、法定教育、医疗或其他法律认定儿童福利必要的相关照顾；或

① 调查显示全国 74.8%的儿童被虐待，一成被性侵犯．(2005-05-27) [2018-05-05]．http//news.sina.com.cn/c/2005-05-27/15236768372.shtml.

者儿童遭受其父母或其他对该儿童福利有责任的人的遗弃。最常见的是缺少双亲与子女的依恋，父母无能力认识婴儿或儿童的需要，也不能对这些需要给予满足，任由儿童经常无人照顾，或不合理地剥夺儿童受教育的机会。忽视还包括对那些有生命危险或其他严重疾病的儿童不寻求必要的医疗服务。

（二）虐待给儿童造成的影响

（1）躯体伤害。即导致儿童躯体受伤，由轻（如多处青肿、擦伤等）到重（如骨折、硬膜下血肿等），更有甚者终身残废。儿童由于被忽视而造成烧伤者屡见不鲜。反复受损伤，尤其是中枢神经系统受伤害的儿童可能会发展为智力低下、器质性脑综合征、发作癫痫、脑积水等，在严重的情况下会危及生命。严重的虐待能破坏儿童正常的生理功能，导致免疫力下降，可继发多种疾病。

（2）精神伤害。虐待会影响儿童的心理健康，受虐待儿童常常出现情感方面的异常，如胆怯、逃避、有攻击行为、缺乏被信任感、缺少自尊心、有反社会行为、容易滥用毒品。许多受虐待儿童会离家出走，以此逃避躯体或性虐待，影响了家庭的和睦。儿时躯体受过虐待的成人易患焦虑症、酒精依赖、反社会性人格及其他精神障碍，且对女性的影响大于男性；儿时遭受过性虐待的女性患焦虑症、抑郁症、酗酒、吸毒及其他精神病性障碍和出现反社会性行为的可能性较高。儿时曾遭受虐待的人，其人格障碍发生率是没有受过虐待的人的 4 倍。虐待还可能导致创伤后应激障碍（PTSD），在家中反复遭受性虐待的儿童更是如此。在儿时受过言语虐待的人，成人后患边缘性人格、偏执型人格、自恋、强迫观念及冲动的危险比没有受过虐待的人明显更高。

（3）社会适应问题。这方面像前两个方面一样，虐待对儿童造成的创伤有即时的，也有长期性的，到了成人期才显示出来。一个小孩在被虐待的家庭环境中成长，可能会在处理人际关系问题、学业问题等方面出现障碍。他长大后可能会认为整个社会“充满危险”，如果他不想受到攻击或剥削，就必须先攻击或剥削别人，最终加入帮派团伙的活动或从事非法活动；他也可能在长大后变得十分胆怯，不断逃避外界，不敢跟别人沟通，缺乏自信心，有强烈的自卑感。

（三）儿童虐待的甄别

有些线索可以提示儿童是否受到了躯体上的虐待。如父母不愿提供儿童受伤的病史，父母的反应与外伤的严重程度不符，孩子受伤后延迟就诊，等等。常见的体征是皮肤损伤，如有不同愈合阶段的瘀斑、血肿、灼伤、鞭痕和擦伤（例如，香烟头烧伤、长条形或弓形鞭笞伤、上下肢对称性烫伤），或有单发或多发性骨折。在医学体检中具有重要诊断性参考价值的是：（1）有不同愈合或发展阶段的多发性损伤；（2）有一些特殊原因造成的皮肤特异性损害；（3）有反复发生的伤害，提示可能存在虐待或缺乏监护。

性虐待的躯体体征可以表现为有行走或坐下困难，生殖器损伤，阴道有流出物或瘙痒，泌尿生殖器感染或性病感染反复发作，然而躯体可能没有受伤害的表现。凡

12 岁或 13 岁以下儿童患有任何一种性传染性疾病，都必须看作性骚扰的结果，如能排除，则另当别论。

情感虐待的表现不如躯体的体征容易确定。就婴儿而言，生长发育障碍是情感虐待的一个常见现象。父母对婴儿没有足够的刺激和交流是社交和言语技能发育落后的常见原因。年幼儿童在人际关系方面可能表现出不信任他人、多疑、被动，并过分在意取悦成人。情感对儿童的影响通常在学龄期变得比较明显，受情感虐待的儿童在与老师和同伴的相处中会有一些困难。往往只有将儿童换一个环境后他们的精神状态有所好转，才能证实他们受到过情感的伤害。

儿童受到性虐待，若无躯体伤害，他的行为（如易激惹、惊恐、失眠）可能是唯一可以诊断的线索，而专业人员与受害儿童细致地交谈可能是进一步获取所需详情的唯一方法。年龄大的受害儿童，如果受到犯罪分子“告发”就要遭到人身伤害的威胁，多次被奸污的罪行就可能被隐瞒下来。

忽视的表现是尽管照顾人有足够的财力，但儿童仍然经常因为缺乏食物、衣物或避难所而营养不良、疲劳、不卫生或衣着不当。极端严重的情况是被遗弃或因饥饿而死亡。在婴儿生长发育障碍的病例中，有高达半数的孩子的生长发育障碍是因为忽视造成的。

在婴儿早期，情感发育迟缓可能伴有感情迟钝和对周围环境缺乏兴趣。这种情况常伴随生长发育不良，并经常被误诊为精神发育迟缓（智力落后）或躯体疾病。大龄儿童情感剥夺的表现包括注意力不集中、学习成绩差、与同伴和成人的关系不好。

此外，不关心医疗预防措施和口腔卫生，如不进行预防免疫、常规的保健性检查以及有病不及时就医，都可能是缺乏家庭关心的线索。

(四) 施虐的高危因素

一些环境因素和儿童自身的因素都有可能导致儿童受虐待。主要有：

(1) 社会因素。不同的国度、不同的文化背景和经济模式都会产生不同的子女教育观，这种教育观有可能导致虐待儿童。如我国社会“棒打出孝子”的观念，在亲子关系中强调父母的权威和子女的服从，某种程度上可能会造成虐待儿童行为。另外，养育儿童的人若没有亲戚、朋友、邻居或同伴的物质和心理上的支持，可能感到孤立无助而变得脆弱，容易迁怒于儿童。

(2) 家庭因素。家庭有暴力的历史，养育孩子的人吸毒、抑郁、生活压力大、经济困难、有严重的精神疾病、年龄过小、妊娠间隔短、是单身母亲、有心理问题或婚姻关系不良，容易有施虐行为。另外，童年时期曾受过虐待，对孩子有不切实际的期望，管教孩子不得法、缺乏技巧，相信体罚是唯一的教育方法，也会导致施虐。

(3) 儿童本身的因素。儿童固执、我行我素，多次劝说仍不服从，容易招致虐待，但这些行为也可能与家庭的管教方式不妥有关。与父母期望值相去甚远而招致受虐待的儿童也不在少数。那些有心理或行为问题、有反叛性格或过分活跃、学习成绩不佳、智力或身体有残疾、患慢性疾病的儿童容易被虐待。另外，儿童智力低下或患有先天性疾患是其受歧视、被抛弃甚至被虐待致死的原因。在婴儿早期与父母分离的早产儿或患病儿以及无血缘关系的儿童（如收养子女），可能与他们的父母或监护人没有形成强有力的情感联系纽带，后者可能对他们抱有不现实的期望，会因孩子的举止不合自己的愿望而严厉惩罚孩子。

（4）危机。遭遇意外变故的应激情况常会促成虐待行为，尤其在得不到及时的支持的时候。

（五）虐待儿童辅导①

对受虐儿童的辅导是儿童社会工作介入的第一步，它优先考虑的是儿童的安全，进而协助儿童沟通及表达他们的感觉。除此之外，社会工作者还应当与家庭、学校、医院、司法部门、警务部门、儿童和青少年保护机构以及社区有关力量或社会资源密切配合起来，对受虐儿童给予积极的介入。例如，警察介入逮捕施虐者对降低儿童暴力的发生率有显著影响，学校及其老师通常能够比较早地察觉受虐儿童的异常情况，医院则能够提供受虐儿童在生理上遭受伤害的医学诊断。所有这些社会力量都需要社会工作者与之密切联系，相互商讨如何对受虐儿童采取干预措施，主要目标是把对受虐儿童的伤害降到最低限度。

虐待儿童辅导要做的主要工作是：

（1）了解儿童受虐待的细节情况，如受虐待的类型、程度、相关的家庭和环境情况。

（2）了解受虐待儿童对暴力责任的看法，让儿童认识到发生暴力不是他们的错。

（3）引导儿童表达对受虐待经历的感受，如惭愧、孤立无援、自责，害怕家长会坐牢，害怕失去父母，或者害怕父母不再爱自己，等等。

（4）帮助儿童制订自我保护计划，学习新的自我保护方法。

（5）认识可以协助自己的正式与非正式资源。

（6）帮助儿童确定性别角色的认定。

（7）帮助儿童建立自尊。

受虐儿童辅导应当注意的是：

（1）不要询问引导性问题，多问开放性问题。例如：发生了什么事？什么时候发生的？在哪里发生的？

（2）使用儿童可以理解的语言。

（3）照顾儿童注意力较低的特点。

（4）在一个能让儿童放松的环境中会谈。如果是家庭内性虐待事件，与儿童会谈时需要避开家庭成员及住所。

（5）做好相信儿童的准备，即使儿童可能无法对有些事情有准确的认识。工作者可以给儿童提供参考点，协助他建立相关事情的概念。例如：当时外面是冷还是热？当时你住在哪里？

---

① 部分参见范明林编著的《社会工作实务（下）》（上海市社会工作员资格考核培训试用教材，内部资料）。

（6）可以用娃娃做媒介了解性侵害情况，让儿童指出身体部位（嘴巴、眼睛、手、腿、脚等），以查看儿童对身体部位认识的能力。儿童可以碰触娃娃，并说出其感受。

（7）了解儿童保护的相关法规，必要时采取法律行动。《宪法》明确规定："国家培养青年、少年、儿童在品德、智力、体质等方面全面发展""儿童受国家的保护""禁止虐待……儿童"。《未成年人保护法》《预防未成年人犯罪法》明确禁止父母或者其他监护人虐待儿童，对于父母或者其他监护人不履行监护职责或者侵害被监护的未成年人的合法权益，经教育不改的，可以撤销监护人的资格，另行确定监护人。对于虐待儿童情节恶劣的，处 2 年以下有期徒刑、拘役或者管制。但把父母告上法庭可能破坏亲子关系，造成家庭破裂。通过法律途径解决问题一般应为迫不得已的最后选择。

（8）尽可能同时向施虐者提供辅导，消除造成虐待的家庭和环境因素。

学习活动 8-2　受虐待的丢丢

这是媒体报道的一个真实个案。丢丢是个男孩，1997 年，当他年仅三岁时，从河南到北京打工且身染毒瘾的母亲，就把他抵押给毒贩还所欠毒资，从而使这个幼小的孩子遭受了非人的摧残。媒体的报道使丢丢的命运引起了人们的广泛关注，很多人愿意收养他，但因丢丢生母的反对而未能实现。大家寄希望于经过劳教戒毒的母亲能够重新做人，善待自己的亲生骨肉。然而，七年过去，丢丢依然没有得到亲人的关爱，生母先是带着他混迹北京，后又将他抛弃在河南老家，不曾尽到抚养的责任，而老家的舅舅和姥姥也因贫困而不愿承担照顾他的义务。丢丢逐渐地长大了，长期被母亲遗弃，遭他人虐待的生活，对孩子的心灵和健康已造成很大伤害。

丢丢可以被收养吗？他可以进孤儿院吗？请查阅我国的相关法律规定，与同学讨论怎样才能帮助丢丢。有哪些资源有可能可以利用？有什么难题需要解决？

二、压力与丧失问题

儿童的生活远不像文学作品描述的那样无忧无虑。除了我们上面提到的虐待问题外，儿童的生活或家庭生活中的一些事件或变故，也会给他们带来压力，他们也有可能经历多种丧失的痛苦。这些压力事件可能导致儿童发育过程的脱轨，引发"反应障碍"。

比较常见的给儿童带来压力与丧失的事件有：

- 家庭中的死亡事件（父母、兄弟姐妹、亲属）。
- 家庭中的离婚事件。
- 家庭成员的身体或心理有了严重疾病。
- 家庭成员自杀。
- 父母的"生活危机"（工作、私事等）。

- 与抚养者长远分离。
- 家庭混乱。
- 儿童动外科手术或有其他住院治疗。
- 儿童本人得了重病。[①]

上述事件绝大部分发生在家庭成员身上，少部分直接发生在儿童自己身上。儿童会直接、间接地受到影响。那些人格整合较好的儿童只会感到有些压力，需要做出改变，过段时间就能够控制，但有些儿童会表现出持久的、显著的变化。

有多方面的因素会影响到儿童对这些事件的反应，如儿童的年龄不同、所受的影响会不同。比如，抚育孩子的母亲因病长期跟孩子分离，这对 2 岁处于学步期男孩的影响比对 6 岁处于“恋母期”男孩的影响要大。2 岁儿童要与丧失和生存的问题做斗争，而 6 岁儿童更多的是负罪感，他觉得可能是因为自己的错把妈妈赶走了。6 岁的儿童能够更好地利用其他客体（如爸爸）处理丧失问题，而 2 岁儿童还会驻留在无可逃避的失去依靠的强烈痛苦中。[②] 特定的年龄阶段还会使儿童对于丧失的反应不同于成人。成人会经历五个阶段，即否认与隔绝、愤怒、妥协、抑郁，并最终接受；而儿童的悲伤反应会经历四个阶段，即否认、抗议、绝望和解决。儿童可能在其中任何一个阶段里沉湎很长的一段时间，而且有可能出现混乱，颓丧，丧失自我，自责，负疚感，恐惧，失去控制，感觉受到背叛，觉得需要去照顾父母，有未表达出的悲哀、愤怒、羞耻以及误解。父母对事件的反应往往也会间接影响到儿童。丧偶的父亲或母亲可能自己陷入悲哀，无力顾及成长中的孩子。这一改变会使孩子难以接受。工作者必须评估这些事件对儿童的不同影响，决定是否需要干预，以及如何干预。下面我们重点来看一下对丧亲儿童、父母离婚儿童和寄养与收养儿童的辅导工作。

（一）丧亲

1. 问题与应对方式

毫无疑问，丧亲这一创伤事件可以使生活变得很糟。儿童与成人一样，在经历重大悲惨事件后，会表现出创伤后症状以及创伤后应激障碍。心理学上对此有四个诊断标准：

（1）暴露于一个具有伤害或死亡威胁的事件，表现出恐惧、惊吓、无助感。

（2）侵入性的重新体验，包括创伤事件的反复重演、噩梦以及场景闪回。

（3）回避，包括回避对创伤事件的讨论。

（4）唤醒水平增高，包括高度警觉、惊跳反应、睡眠障碍以及注意力集中方面的困难。在进行创伤后治疗时遇到的大的挑战之一是，受创伤后应激障碍影响最严重的儿童经常会对引起创伤回忆的活动表现出极大的回避，包括在治疗中拒绝讨论创伤性事件。[③]

---

① CHETHIK M. 儿童心理治疗技术——心理动力学策略．北京：中国轻工业出版社，2002：206.

② 同①207.

③ KADUSON H G，SCHAEFER C E. 儿童短程游戏心理治疗．北京：中国轻工业出版社，2002：90.

面对痛苦，儿童会表现出各不相同的行为风格，并采取他们自己最喜欢的应对模式或者应对风格。因所处的情境不同，自身的发展阶段不同，每个儿童特定的应对行为也会发生变化。有许多重要的因素可能会影响创伤后的调节过程，这些因素包括儿童对他人的依恋关系、气质、乐观与悲观倾向、社会支持、对紧张刺激的判断能力以及进行反应时利用资源的恰当性，最后还有应对行为本身。

要重点说明的是，人们在遭遇创伤性事件时会采用问题取向的应对方式或者情绪取向的应对方式，或者两者兼有。当人们采用问题取向的应对方式时，就会试图去改变或驾驭事情本身的某些方面，或者是他们对事情的看法。在问题取向的应对过程中，对紧张刺激的处理过程可以分解为一系列有待完成或克服的任务。情绪取向的应对过程则是针对情感方面而不是紧张刺激本身，当人们采用情绪取向的应对方式时，他们会试图去处理或调解与事情有关的消极情绪。

如果事情是可以改变的，采用问题取向的应对方式就比较有效。而如果事情不可能改变，情绪取向的应对方式就更为有效。随着儿童的认知技能逐渐成熟，他们就能够更好地分辨不同的情境，了解在什么情境下他们能够对紧张情境进行一定的控制，在什么情境下做不到。与对成人的研究发现一致，在紧张情境中采用问题取向应对方式的儿童感觉自己更有控制能力，而采用情绪取向应对方式的儿童则感到环境是不可控制的，而且表现出比其他儿童更少的行为问题。总的来说，随着儿童从婴幼儿成长为青少年，他们解决问题的途径也从单纯依赖于问题取向的应对方式发展为同时使用问题取向与情绪取向的应对方式。①

年幼儿童的特定的应对方式主要取决于他们的认知能力发展。大部分专家一致认为，应对过程中的多样性与灵活性，而不是年龄，比使用某个单一的应对策略对于缓解紧张有更重要的作用。学龄前儿童所能采取的应对手段相对较少，他们的很多应对策略是无效的，他们要到青春期以后才能有更多的有效策略。

从儿童和单亲死亡的文献来看，普遍一致的观点是儿童不具有有效应对死亡的能力，认识不到死亡的不可逆转性和不可避免性。沃尔夫指出，只有到了 10 岁或 11 岁，儿童才能够认知、理解死亡的全部含义②。沃尔芬斯坦注意到儿童即使理解了死亡，也不能在情绪上悲伤哀悼，去体验心爱的父母撒手而去的痛苦，而是倾向于“在远处”悲伤，间断性地加以控制③。纳吉拉补充认为，儿童由于发育的压力，需要持续拥有对他们重要的客体。他们经常用理想化的方式产生新的客体。④ 儿童可能会防护和限制自己，将自己包裹起来，抑制自己，并且阻断健康的自我表达。随着儿童的成长，丧失性的体验逐渐累积起来，如果没有适当的悲伤表达过程，就会破坏、影响

---

① KADUSON H G，SCHAEFER C E. 儿童短程游戏心理治疗．北京：中国轻工业出版社，2002：91.

② WOLF A K M. Helping your child understand death. New York：Child Study Association，1958. CHETHIK M. 儿童心理治疗技术——心理动力学策略．北京：中国轻工业出版社，2002：216.

③ WOLFENSTEIN M. How is mourning possible? Psychoanalytic study of the child，1966：93 - 123. CHETHIK M. 儿童心理治疗技术——心理动力学策略．北京：中国轻工业出版社，2002：216.

④ NEGERA H. Children's reactions to the death of important objects// The developmental approach to childhood psychopathology. New York：Jason Aronson，1983：363 - 404. CHETHIK M. 儿童心理治疗技术——心理动力学策略．北京：中国轻工业出版社，2002：216.

儿童的健康发展。在经历某个丧失几个月甚至几年以后，儿童才表现出焦虑、担忧的症状和行为，这并不罕见。当然儿童具有天然的度过悲伤的能力，但是他们通常会将许多感受投射到自己的内心，而不是把它们表达出来。他们会认为“哭是不好的行为”，并且不能接受自己对丧失感到愤怒。儿童感到自己对身边成人的幸福负有责任，也许还在心理上恐惧自己应为这种丧失负责。

面对丧失，回避、自责、灾难预测性思维、退缩、责备他人以及一厢情愿的思维通常不能有效帮助儿童，而问题解决、情绪表达与自我安慰、分散注意力、重新组织思维结构以及社会支持则能产生比较积极的效果。

2. 干预

已有的共识是，对创伤儿童在早期及时干预比在创伤事件过去很长时间之后再提供干预要有效得多；以创伤事件为取向的治疗比非指导性的治疗方法更为有效；目的在于引导儿童建立对恐惧事件的控制感的治疗方法比仅仅帮助儿童表达情感的技术更为有效。

当父母亲也同时接受临床干预时，对儿童的治疗效果就会更加显著。照顾儿童的人也许要认识到，儿童的创伤后反应是正常现象。他们或许还需要解决因为自己没能保护好孩子而产生的歉疚感和悔恨心情。大人需要认识到自己不可能护着孩子，让他在生活中没有一点痛苦经历。如果大人能与儿童分享内心的痛苦，而不是回避、转移注意力或者有意淡化儿童的痛苦，就能给儿童最有益的帮助。当大人理解自己不可能让儿童脱离痛苦感受时，就能更自如地用感同身受的、真诚的态度对待儿童。

在具体的干预技巧上，辅导的重点是给儿童抚慰，让儿童感到有足够的保护和安全感；通过使用游戏道具帮助儿童将创伤性经历表演出来；帮助儿童表达对创伤经历的感受；帮助儿童找到自己可以控制带来创伤的事件的途径；运用行为治疗减少儿童由创伤事件带来的警觉反应；举行治疗性的悼念仪式、制作纪念品；做孩子身边人的工作，允许孩子表达经历创伤的感觉。此外，如果是学龄儿童，还应当让学校的老师和同学一起配合工作。

学习活动 8-3 “小小”的飞行故事

这个故事讲述了小鸟小小的妈妈飞出去寻找小小最喜欢吃的多汁红色莓果，结果遇到了暴风雨。故事有两个不同的结局——一个结局是暴风雨过后小小的妈妈安全归来了，另一个结局是小小的妈妈没能在暴风雨中生还——但是共有一个快乐而积极的结果，那就是小小战胜了恐惧，学会了在天空中翱翔。对那些可能还没准备好或者还不能正确面对死亡的孩子们来说，你可以使用小小的妈妈安全归来了的结局；然而对于那些对死亡存在疑惑的孩子们来说，小小的妈妈没回来这种结局，能够帮助他们知道，虽然我们深爱的人逝去了，但是他们的爱和关怀会永存于我们的心中。两个不同版本故事的相似之处是，小小独自学会了面对孤独与恐惧，并在伙伴的鼓励下学会了飞翔。

资料来源：国务院妇儿工委，联合国儿基会．儿童友好家园工作指南．内部资料，2018-12.

（二）父母离婚

1. 问题与应对方式

对于一个孩子来说，只有死了亲人才比父母离婚更痛苦、更伤害身心。离婚的创伤仅次于死亡。孩子们感到有重大损失，发觉自己突然遭到一些无法控制的力量的伤害。比如，黛安娜王妃的出生并未给家里带来应有的快乐，因为她的母亲必须承受生男孩的巨大压力，这也是日后她爸妈离婚的原因之一。母亲的离开是黛安娜遭受过的最严重的打击，她将所有的过错揽到自己身上，宁愿自己没来到这个世界。后来在被问到死后想在墓碑上刻什么时，她说："一个在婴儿时期就已经失掉希望的人。"尽管她的父亲不断地请保姆照顾孩子，满足孩子的物质需要，但是在给予亲情关怀方面做得不多，这也为戴安娜的童年蒙上了一层阴影。

有相当多的文章和书籍讨论离婚和分离对儿童的冲击。一般来说，人们普遍认为父母离婚是儿童发展的障碍，会对儿童产生强大的内在压力。受到父母婚姻破裂的冲击，儿童通常要处理好四种主要的情绪：（1）愤怒/发怒；（2）丧失/悲哀；（3）内疚/自我谴责；（4）恐惧。

家庭生活破裂会让儿童感到自己受了欺骗，认为安全感是虚假的现象，他们的一个典型反应就是内心被激怒。愤怒可能外显出来，例如，通过对抗或直接的反社会倾向表达出来；也可能会因为害怕有更大的丧失，感到表达愤怒有危险而尽力抑制愤怒。

父母离婚，儿童一般都会体验到实实在在的丧失。儿童与父亲（一般不监管孩子的一方）或者母亲的关系发生了实质性的变化，感到家庭不再完整。他会直接表现出消沉或其他消沉症状，需要进行内在的调控。

父母分居和离婚常会让儿童产生"负罪感"。这有几个方面的原因。大多数幼儿处于自我中心的认知阶段，会认为自己是父母离婚的主要原因。这种自我谴责常常导致丧失自尊（感到自己很坏）和需要惩罚。"忠诚冲突"常常加重了负罪感。父母之间通常有较深的积怨，许多儿童常常感到自己有要表示认可某一方的压力，而与此同时，他们内心希望与被诋毁的另一方父母加强爱的联系。这种斗争导致了不忠的感觉和负罪感。

在父母中断婚姻和离婚的过程中，儿童内心会有许多"恐惧"。尽管他们害怕不监管自己的爸爸或妈妈会抛弃自己，但更担心的是监管自己的爸爸或妈妈也会抛弃自己。因此，我们经常看到儿童黏着大人，有分离焦虑症状。他们生存的恐惧很突出，表现为很在意金钱或是非常关心吃东西。

相关资料显示，孩子的年龄越小，在父母离婚后的适应情况越差。美国的一项研究将父母离婚后的子女按年龄分为四组，了解不同年龄组子女在面对父母离婚时的应对方式和结果，最后发现年龄越大的孩子适应恢复得越好。其中属于儿童的三个年龄组的详细研究结果见表8－1。

表 8-1　　父母离婚对不同年龄组孩子的影响

	2.5～6 岁	7～8 岁	9～12 岁
情感	易怒、激烈、分离焦虑、攻击	伤心、悲痛、害怕、被剥夺感、失落感与愤怒	失落感与拒绝、无助和孤独、可耻、担心和受伤
表现	幼儿退化行为；攻击与破坏行为；幻想	哭泣、幻想、独占不与他人分享	直接反抗父亲、母亲或双亲；易怒、要求多且态度自大；偷小东西；出现躯体症状；与父母关系紧张
儿童应对方式	无适当应对方式，因而常有攻击行为	没有健康的避免痛苦的应对方式	认真并清楚地看待父母的离婚；用许多应对方式掩饰感受；沉溺游戏
学业成就	未上学	跟其他儿童没差别	明显变差
对父母离婚的归因	自责	大部分认为离婚与自己有关	只有一些人认为离婚与自己有关
认知	对发生的事感到困扰	对发生的事感到困扰	跟其他儿童没差别
父母离婚一年后的影响	大部分情况不好	65%有改善或接受父母离婚的事实；约23%情况变差	25%担心被双亲遗忘或抛弃；75%在教育和社会适应上变好但孤独感更强

资料来源：TEDDER S L，LIBBEE K M，SCHERMAN A. A community support group for single custodial fathers. Personnel & Guidance Journal，1981，60（2）：115-119.

虽然大部分的文献指出父母离婚对孩子产生的负面影响比没离婚的家庭多，但仍有人持比较乐观的看法，认为离婚对孩子造成的后果是偶然的、暂时性的，并非不可避免。也就是说离婚事件对孩子的心理发展影响而言并不是唯一的关键因素，离婚后孩子的生活环境对孩子的发展也有相当大的影响。

2. 干预

与双亲一起生活在一个高度冲突家庭里的儿童，可能比生活在一个低冲突水平的离异家庭里的儿童要面临更多的挫折与困难。如果父母离婚后能够保持家庭成员之间的联系，孩子拥有四个父母、两个更幸福的家庭，那么并没有什么不好。这样的父母将为其他的离异父母做出一个好榜样。从持续上升的离婚率，我们可以看到离婚已经成为一个常见现象。工作者自己加强对离婚的正确认识并改变对离婚的态度可以更好地支持并指导离异家庭的儿童。如果我们承认离婚是一种正常现象，就可以帮助儿童认识到，安全感以及是否能被社会接受并不取决于他们的父母是否维持着婚姻。假如我们能够消除对离婚的社会偏见，儿童的自我评价和自信心就可以免受伤害。他们会懂得，无论父母的婚姻状态怎样，他们自己仍然是正常的。

工作者淡化对家庭结构的关注，强调家庭的积极变化过程，是干预工作有益的开端。事实上，并非离婚本身，而常常是围绕着离婚所发生的种种事件，决定了儿童所面临的挫折与困难。孩子可能对离婚有些错误认识，帮助他们纠正这些错误的认识可以解除他们内心的耻辱感。比如，孩子认为“我们这个家庭要离婚了”（事实上只是父亲和母亲要离婚），“这是我不好”（离婚与孩子无关，只是由于夫妻双方已经无法继续共同生活下去），“我必须在父亲和母亲之间做出选择”（孩子是父母的共同结晶。

孩子不是非好即坏，父母也不是非好即坏。父亲和母亲依然可以继续爱孩子，孩子也可以继续爱父母）。工作者也可以运用指导性和非指导性游戏，发现儿童在游戏中投射的问题，并给予适当的处理。可以计划安排一些家庭成员在一起的家庭游戏活动，并为家庭提供指导服务以满足家庭特殊的需要。服务包括家访、指导家庭、家庭会议以及与儿童的学校进行协调等，防止儿童出现危机状况。

此外，工作者还应当做离婚父母的工作和儿童生活环境中的其他人的工作，为儿童创造良好的调适氛围。比如：帮助离婚后的父母注重自身的适应状况，及时调整生活方式，克服消极情绪，在家庭中培养至亲和谐的气氛；强化非监护父母与儿童的关系；帮助家庭保持稳定的收入；建立正确的儿童教养方式；妥善安排家庭生活，使儿童的生活稳定、有规律；帮助离婚父母避免自我封闭，积极投入生活，接受来自亲戚朋友、同事等各方面的真诚帮助；帮助孩子有效地利用学校、社会的资源，接受来自老师、同学的支持；等等。

（三）寄养与收养

1. 问题与应对方式

儿童寄养是儿童社会工作的一项重要工作，它为因各种原因短期内陷入困境的儿童提供照护。2003 年 8 月，旨在为流浪儿童重返家庭、融入社会做准备的国内第一个“类家庭”在中国郑州建立。

“类家庭”是民政部和联合国儿童基金会的一个合作项目，通过在社区建立一个集寄养、看护、教育于一体的家庭，营造完全类似于正常家庭的生活氛围，对流浪儿童的行为与思维方式进行干预，帮助流浪儿童养成良好的生活能力和行为习惯，为其今后重返家庭、融入社会做准备。每个“类家庭”配备两位辅导员，在“家”中扮演父母的角色，每个家庭中流浪儿童的数量不超过 7 人。进入“类家庭”的儿童，必须来源于郑州市救助保护流浪少年儿童中心。他们可以就近入学，也可以进入职业学校学习。

根据郑州市救助保护流浪少年儿童中心的回访结果，从“类家庭”返乡的儿童的稳定率达到了 84％。

在“类家庭”项目的基础上，郑州市救助保护流浪少年儿童中心又尝试开展了国内第一个以流浪儿童为寄养对象的家庭寄养项目。经过类似家庭环境的熏陶和培养，流浪儿童成长和发展的能力大大增强，为回归主流社会奠定了坚实的基础。

我国每年都有 3 万以上的儿童被收养。收养工作可以使那些失去父母和家庭的孤儿、弃婴回归家庭，融入社会，在正常的家庭环境中得到抚育，有利于这些孩子人格的健全发育和身心的健康成长。相对于机构而言，家庭是更受推崇的儿童抚育单位。但是，被领养的儿童绝大多数经历过丧失，如同前面提到过的，这样的经历会给儿童带来许多问题，而许多儿童并没有机会及时得到有效的治疗，这些问题势必会被带到收养的家庭中。不少儿童还有不同程度的伤残，在成长发育上有所迟滞。部分儿童在被收养前已经在社会福利机构中生活了一段时间，要转换到家庭生活环境中，需要有相应的调适。从儿童发展的眼光来看，婴儿在 6 个月之前对熟人和生人的辨识能力还没有发展好，此时被收养会比较容易习惯新的养育者。一般来说，到了两三岁的幼儿长大之后会模糊地保留幼时的片段记忆，包括原来家庭与亲生母亲的事。到了四五岁的孩童，就会有意识地了解而且记得自己离开亲生父母、被收养的事。因此小孩对被收养的记忆和反应，可以说与年龄有密切关系。

很多被收养的儿童不但在情绪方面由于经历丧失而表现出明显的发育迟缓或停滞，而且有许多行为方面的问题，这些问题反映出儿童力图应付不可预测的、没有反应的、经常是带来伤害的、忽略自己的世界。他们的“问题”行为大致可以划分为五种类型：

（1）接受结构性生活和成人控制方面的问题。很多被收养的儿童将他们周围的世界看作不可预测的、无法信任的、恐怖的、难以应付的。他们对这些体会的通常反应是需要掌握控制权，坚持每件事情都按照一种可预测的、“安全”的方式去做。他们通过发脾气、攻击性的爆发行为或者退缩到自己的世界里，迫使环境接受他们的这种结构。他们经常会跑开，或者拒绝遵循家里的规矩。这些问题在年龄较大的被收养儿童身上表现得非常突出。

（2）形成信任的人际关系方面的问题。被收养的儿童经常在建立信任的人际关系方面存在困难。他们有时会不加区别地对人表示友好，急切地靠近任何一个他们看见的陌生人，但是拒绝自己的新父母的进一步接近，因为他们害怕自己再一次被抛弃。他们竭力想回避一种确定的相互关系，因此会避免眼神接触，冷漠地躲开，或者抵触身体接触。他们表现出一种表面上的友好，显得心烦意乱，仿佛并没有真正“和你在一起”。他们可能冲动、不可预测、很难相处，而且不容易结交新朋友和维持朋友关系。他们经常回避交互性的有趣活动、关注和开玩笑，他们与别人交往的技能也非常有限。

（3）接受照顾方面的问题。很多被收养的儿童在接受他人的照顾方面表现出巨大的困难。如果他们受伤了，很可能会说“没关系，我很好”，而拒绝父母提供的帮助。还有一些儿童有足够的能力照顾自己，甚至还能照顾别人。相反，另外一些儿童则显得粗心大意，很容易出现意外，但受伤后又不接受别人的关心照顾。有些儿童在他们自己提出要求时能够接受照顾，但是只能以他们自己的方式来进行。这些儿童仿佛在努力回避被人爱，感到自己是特殊的，或者不需要任何人。儿童似乎在对自己说“我不能依靠任何人来照顾我，所以我必须自己做一切事情”或者“我不值得别人来照顾我”。

（4）自我评价、自信感和自我价值感方面的问题。很多被收养的儿童感到自己没有力量，是坏孩子，没有价值。这些感受一部分是由于他们坚信自己应该承受发生在自己身上的坏事，还有一部分则是由于他们从来没有被别人爱过、从未受过悉心照顾。某些被收养儿童，尤其是那些早年受到大人疏忽和缺乏刺激的儿童，同时还会有认知和发展方面的问题。这些儿童可能会认为自己没有价值，表现出好像他们不配拥有更好的生活或者取得成功。他们仿佛在说：“我一无是处。人们伤害我，或者不想要我，我不可能有多大的价值。”

（5）调解和表达情绪方面的问题。被收养的儿童在调节和表达情绪方面常常遇到很大的困难。他们有时会出人意料地、没有明显原因地突然情绪失控。他们会大发脾气、冲动性地攻击或伤害他人，或者跑开。在另一些时间里，他们则表现出没有感情，或情绪上没有反应，仿佛超脱了情感，所以有时才会以不可控制的方式突然爆发出来。这些儿童经常只能感受到惊恐害怕的情绪。他们中有很多人情感隔离非常严重，以致无法辨别自己的情感反应到底属于哪一类。①

2. 干预

辅导被收养的儿童的主要目的是建立和加强儿童与养父母之间的依恋关系。这个过程中最重要的因素，就是帮助父母识别并满足年幼儿童的需要，同时也帮助儿童接受这些与养父母增强依恋感的交流。儿童应该能接受父母的指导，通过调节情绪从父母那儿获得愉悦感、安全感以及支持帮助，并以此为“安全岛”，出发去大胆探索外部环境。为了与收养的孩子建立起这种安全的依恋关系，父母必须给孩子提供和谐的、周到的关心照顾，跟孩子进行有趣的交往，营造健康的亲子关系结构。

依恋关系并不是一朝一夕就能建立起来的，它是父母与孩子在孩子出生第一年里逐渐发展起来的。在这一过程中，他们之间的关系通过共同生活不断得到加强。干预治疗可以启动发展这一依恋关系的系列活动，并为父母和孩子提供工具，使他们在直接治疗结束后仍能继续发展良好的依恋关系。

根据上述目标，针对前面提到的被收养儿童的五方面的问题，可以有以下一些具体的干预措施：

（1）对控制问题的干预。父母需要明白在家庭中建立结构与可预测性的重要性。这方面的工作包括：简明的规则，明确的限制，仔细的监控与指导（如对 2 岁的孩子要时刻有成人陪伴左右），识别迁移和变化对儿童的影响作用。父母要学会忽略那些分散注意力的事情，坚持自己的立场，完成必要的活动，从而维持明确的家庭结构。他们还必须帮助孩子学会在父母营造的可信赖的照顾和安全环境里放松自己。干预技巧包括设计一些特定的父母主导的游戏活动，帮助儿童接受成人的控制，让儿童体验到遵循成人的指导是件让人满意的、有趣的事。

（2）对关系问题的干预。种类繁多的治疗游戏是帮助家庭解决关系问题的最佳方法。游戏中的大量的互动，对儿童来说是新颖有趣的与人打交道的方法。它鼓励父母坚持不懈地去“讨好”不情愿的、不信任他人的儿童，在面对儿童拒绝关心照顾时仍能保持自信。父母需要有多种参与性的活动来应付儿童的阻抗。比如用身体接触、眼神接触、交互性的游戏、情感表达和调节等与孩子交流。这些是一般做父母的经常对孩子使用的方法。一开始的时候，儿童也许只能在很短的时间内参与这些活动，但是不断让孩子感受这种真诚可靠的联系、接触，最终会让他体会到更多的愉悦和信任。工作者也可以亲身示范如何与孩子建立关系供父母模仿，例如，关注孩子身上的特殊标记，如斑点、伤痕等，并给予呵护。父母还可以跟儿童玩拍手、捉迷藏、拔河（要求父母把孩子拉到他们那一边）等游戏，促进儿童的人际关系。

---

① KADUSON H G，SCHAEFER C E. 儿童短程游戏心理治疗．北京：中国轻工业出版社，2002：251-257.

（3）对照顾问题的干预。完成滋养性的照顾工作是收养成功的关键因素。这方面干预的一个重点是找到滋养和照顾儿童的适当方法。建立依恋关系的基础是对儿童细致周到的照顾，因此治疗的重点要放在注意儿童表达出的非言语的情绪线索上，了解他们的情感，并有与之相呼应的反应。对任何年龄的被收养儿童，父母都应该利用每次机会在吃饭、穿衣、日常起居方面给予照顾，及时满足他们的需要，并且务必保证孩子的安全。对那些不愿意接受直接关心照顾的儿童，工作者可以设计一些治疗性游戏。例如：让父母在孩子手上画画或者做脚印；用彩纸把儿童装饰起来，作为礼物送给父母，由父母来打开；在儿童身上藏个棉花球，要求父母去找出来；等等。通过这些游戏让孩子习惯跟他人有身体接触，接受他人的关爱。

（4）对能力、自信感和自我评价问题的干预。帮助养父母对孩子建立合理的期望，这样儿童才有可能获得成功。父母应当鼓励儿童参加非竞争性的、容易建立自信的活动，并接受儿童受情绪影响在行为表现上有起伏。工作者要帮助父母从管教、推测、等待儿童做出恰当的行为，转变为理解、期望以及主动满足儿童相对幼稚的需要。这意味着父母要更多地提供滋养和照顾活动，少给些挑战。若有挑战性活动，就要保证儿童能成功，这样才能帮助儿童感到更加自信。

（5）对调解和表达情绪问题的干预。在儿童的早期经历中，很重要的一点是形成自我调节能力和集中注意力，并对紧张刺激做出反应。缺乏这一早期经历的儿童很难保持一种平和的情绪状态。养父母的照顾、抚慰和喂养活动有助于儿童逐渐培养能力去集中注意力、控制冲动以及识别自己的情感反应。为了克服儿童情绪调节方面的困难，工作者可以同父母一起，使用游戏治疗中的滋养活动和多种情感体验活动，认识并接纳儿童的情感。在这个过程中，工作者可以专门设计一些游戏帮助儿童学习怎样调节自己的兴奋程度（让儿童学习舒缓或快速、猛烈或轻柔地进行活动，或者等候开始的信号），这些游戏能让儿童有机会练习怎样进行自我控制和自我调节。通过帮助儿童识别自己的情绪并解释情绪的意义，帮助儿童更多地接受自己的情感。通过辨认彼此的面部表情的含义，让父母和孩子更多地注意和了解情绪的表达方式及其原因，并学会处理。①

最后要注意的是，除了做被收养儿童及其父母的工作外，还要做一些环境方面的工作，让儿童生活的新环境中的亲友、伙伴、老师都能给他积极的关怀和支持，使其能尽快适应新家，与父母建立起有安全感的依恋关系。

学习活动 8-4 娜娜和她的养父母

娜娜今年 6 岁，两年前一场突如其来的车祸让年仅 4 岁的娜娜成了孤儿。几经辗转，娜娜在社区工作人员的帮助下被当地一所福利院收留。几个月后，经过一系列的程序，娜娜被一对来自上海的夫妇收养。到了上海后，娜娜总是一个人默默地坐在沙发上发呆，不爱讲话，对同龄儿童喜爱的动画片、洋娃娃也丝毫提不起兴趣，对养父

① KADUSON H G，SCHAEFER C E. 儿童短程游戏心理治疗．北京：中国轻工业出版社，2002：251－257.

母的关心也爱答不理。娜娜夜里还经常做噩梦，整个人丝毫没有小朋友的活力与朝气。

到了上学的年纪，养父母托关系将娜娜送到当地一所知名幼儿园。养父母想让娜娜多和其他小朋友接触，慢慢开朗起来，可娜娜在幼儿园里也很少与其他小朋友玩耍，总是一个人坐在教室角落里。有一次放学，妈妈由于有事耽误，晚到了十几分钟，面对妈妈的连声道歉，娜娜头也不抬地说了句“反正你也不是我妈妈”。

请与同学讨论，假如你是娜娜所在社区的社会工作者，娜娜的养父母向你寻求帮助，你打算如何帮助娜娜走出阴影并与养父母逐渐建立亲密关系？

三、学校适应问题

（一）逃学

儿童逃学的原因非常复杂。逃学往往不是单一因素造成的，有时只是一种惯性或不自觉的行为。不过，大部分时候逃学背后的原因，涉及儿童本身、学校、家庭以及社区诸多方面的因素。

从儿童本身看，儿童可能因为智力缺陷、身体缺陷、健康状况不好、注意力缺陷、多动障碍、特殊的功能发育障碍（如诵读发育迟缓、动作发育迟缓、计算发育迟缓、言语发育迟缓等）而在学校生活中遇到许多困难。他们缺乏适当的应对方式，在学业方面以及与同学的交往方面饱受挫折，觉得自卑、受歧视、被冷落，因而会逃学。儿童缺少朋友、怕迟到、怕考试、怕老师问问题、未能及时完成作业、功课跟不上，也可能逃学。此外，由于儿童的人格发展还不健全，本我行为比较强烈，忍受挫折的能力较低，也比较容易稍遇挫折就逃学。

从学校方面看，一些因素会导致儿童逃学。例如：学校对学生的管理方式过于僵化，歧视学业成绩低的学生；教学方法枯燥乏味，考试过多，作业量过大；老师对学生管得过严或过松；学生间的关系紧张，受他人排斥、恐吓；等等。

从家庭方面看，家中发生父母离异或死亡等变故、父母管教不当、经济上存在困难等也会导致儿童逃学。

从社区方面看，环境中有不正当的娱乐场所，受不良人士的引诱、胁迫等，也可能使儿童逃学。

对儿童逃学进行干预，首先要澄清是什么原因导致了这一行为。个案辅导的要点是澄清儿童的角色，使儿童认识到逃学的后果，帮助其建立正确的学习态度与学习方式，为其提供心理需求支持、提供选择朋友或拒绝朋友引诱的果敢训练、提供身体疾病或心理疾病方面的转介服务，等等。此外，还要做家庭的工作，比如，通过家访、召集家庭会议、运用家庭治疗等来帮助儿童。为儿童和相应的社区服务牵线搭桥也应当被纳入逃学儿童的辅导工作。系统脱敏法、行为管理技术也常被用来协助儿童减少上学的压力，改变逃学的不良习惯。

（二）学校恐惧症

儿童有学校恐惧症最初的表现也是逃学，但是与一般逃学的儿童不同的是，这类儿童常伴有明显的生理和心理方面的症状，如头痛、头昏、腹痛，甚至会发生歇斯底里、呕吐或拉肚子等现象。有学校恐惧症的儿童会先出现这些生理上的慢性疾病，然后出现一些不固定的焦虑，例如：对在校吃午餐显得苦恼烦闷，食欲不振；对集体活动或上体育课感到浑身乏力、无精打采；有时会没来由地担心父母来学校，或者害怕留在教室里。之后，儿童把不固定的焦虑迁移成对学校的一切都感到害怕，教室、校园，甚至校车，无所不怕。

学校恐惧症有多种原因。许多精神医学专家认为它属于分离焦虑。这类儿童通常在过度保护的家庭环境中成长，以致养成强烈的依赖性，无法单独适应外界的环境。当他们要与父母分离，尤其是离开母亲时，内心就感到焦虑，因而拒绝上学，仍然想逃回到有保护、可依赖的家里。换句话说，母子关系过度的相互依赖，可能造成了恶性循环：儿童的焦虑促使母亲过度关心，而母亲的过度关心又增加了儿童的过度依赖，以致儿童上学的时候感到恐惧、焦虑不安。此外，情境改变的压力，如刚刚入学进入一个新环境、休学后复学、家中发生大的变故、觉得在学校实际的自我与理想的自我差距太大、力所不及、家族遗传因素等，也可能导致学校恐惧症。

一般对于症状较轻的儿童当事人，工作者可以采用本专业的方法或运用其他社会资源为当事人及其家人提供服务或干预，比较重的则要转介给心理学家或医生接受相关的治疗。社会工作者可以做的工作包括：

评估儿童当事人缺课的理由，如果有生理疾病的症状，要求家长带当事人去接受医生的检查，以确定是否真正有生理疾病，如有病则尽早治疗。还应澄清的是儿童是一般逃学还是有学校恐惧症。在通常情况下，没有合理的理由而缺席的儿童有可能有学校恐惧症。因为学校恐惧症的发生原因主要在家庭，所以对家庭的评估也很重要，如亲子关系、家庭对儿童的期望、成员是否有变故等。工作者可以通过联合会谈、治疗性游戏等协助家庭改善亲子关系，减少子女对父母的依赖，并逐步消除亲子的分离焦虑。还可以通过做教师的工作，让教师理解这样的儿童，为他创造良好的教室气氛。

对于儿童本人，大多采用系统脱敏法来帮助其消除学校恐惧症。比如，对一个在城市乘车上学的儿童可以采用这样的脱敏步骤：

（1）家长或工作者陪同儿童乘坐开往学校的车辆。

（2）下车，走到人行道边。

（3）走上人行道。

（4）走向通往学校的步行道路。

（5）走到通往学校道路的尽头。

（6）走到校门口。

（7）进入学校。

（8）走到每天进教室要经过的走廊。

（9）进入教室。

（10）与教师同时出现在教室。

（11）与教师及一两位同学待在教室里。

（12）与教师和全班同学待在教室里。

这些步骤必须先取得学校人员与儿童家长的配合，然后循序渐进，连续实施 20 天以上，每天 20 分钟到 40 分钟。每次都用赞赏的方式给予强化，逐渐减少孩子焦虑不安的心情及对学校的恐惧，同时在儿童顺利上学之后，继续进行两年追踪辅导。[①]

工作者也可以使用其他辅导技术或行为治疗法做学校恐惧症儿童及其家长的工作。

四、特殊的儿童问题

（一）残疾儿童的问题

残疾儿童和家长面对的主要问题有：

（1）长期照顾问题。这是一个最大的问题。残疾儿童必须得到持续不断的长期照顾。

（2）社区偏见问题。许多人对残疾儿童及其家庭存有偏见，认为孩子残疾是上天的报应，是家里祖上没有积德。有时家长的过度保护也会助长社区对他们的孩子采取拒绝的态度。

（3）担心孩子入学不被接纳。残疾儿童和家长面对的一个重大危机就是儿童在入学就读时，他的残疾暴露无遗，可能会遭到学校和老师及同学的拒绝。

（4）儿童与其他兄弟姐妹争宠的问题。父母一般会更关注有残疾的孩子，因而会引起其他孩子的嫉妒或不满，带来手足关系、亲子关系方面的问题。

（5）残疾儿童的训练问题。父母大多不忍心在已经受到许多缺陷束缚的儿童身上再加上一些负担。有些家长潜意识里可能害怕孩子受不了生活常规训练或学校教育的苦头，不放手让孩子做这些事情。

（6）担心孩子未来独立生活的问题。父母普遍担心失去自己孩子将怎样生存。此外，学业成就问题、伙伴问题也是孩子和家长必须面对的。

针对上述问题，工作者可以做以下的工作：

（1）帮助家庭获得照顾服务。如组织社区机构或人员帮助临时照顾孩子或提供课后照顾服务。

（2）鼓励家长积极面对社区的负面态度。对家长进行辅导，鼓励家长以平常心对待孩子，鼓励孩子与他人交往，促使社区转变态度接纳残疾儿童。

（3）协调学校接纳孩子。工作者可以做学校的工作，为残疾孩子入学创造适当的条件，如安排方便出入的座位、安排适宜的桌椅、让老师和同学在孩子需要时给予帮

---

① 林胜义．学校社会工作．台北：巨流出版社，1988：194.

助等。

（4）让父母了解每个家庭都或多或少会有孩子争宠的情形，帮助其学会如何处理。还可以通过做其他孩子的工作，帮助他们理解和体会手足之情，使其体谅父母、帮助父母。

（5）向家长介绍儿童康复和受教育的重要性，帮助家长联络这方面的机构和服务。

（6）同家长讨论孩子的未来，考虑可以做些什么。此外，还可以讨论在父母出现危机状况的时候，如何妥善安排孩子，制定出应急方案。

此外，工作者还应当联络和协助其他学科的专业人员一道为儿童提供适宜的服务。

除了在家中生活的伤残儿童外，还有相当大一部分伤残儿童生活在福利院中，帮助这部分儿童也常常是社会工作者的责任。在做这类工作时，除了了解儿童的需要，掌握相关的政策法规和机构文化也很重要。

学习活动 8－5　自闭症儿童龙龙的艰辛入学路

龙龙今年 16 岁，患有自闭症，生活在单亲家庭中，与妈妈（赵女士）住在一起，没有其他兄弟姐妹。赵女士在宝安区一家医院做护士，其工资收入是两人所有的经济来源。龙龙于 2001 年在广州某医院被确诊为自闭症，主要表现是语言发育迟缓，不懂得与人交往，智力属正常，无暴力、自虐等倾向，喜欢唱歌，钢琴已过国家六级。

赵女士向社会工作者求助是因为 A 小学不再让龙龙继续上学，原因是他扰乱课堂秩序，影响其他学生的成绩。龙龙的班主任以“学校假如继续留服务对象就读，我就休假”之态，命令学生撤走了龙龙的桌椅和书籍，并拿出了班上 19 名家长的联名信告诉赵女士，其他家长不希望服务对象继续留在原班级。赵女士对此表示不能理解，并一再表示龙龙各方面能力都非常好，在学校学习完全可以胜任，并不会对学校秩序造成多大的影响。①

假如你是这所学校的社会工作者，你会怎么帮助赵女士和龙龙？

（二）特殊学习障碍儿童的问题

特殊学习障碍主要包括阅读障碍、特殊语言障碍、发展性协调障碍、特殊数学运算障碍、视觉空间感知障碍等影响学生学业成就的因素。

阅读障碍的主要表现是：儿童在认字和默写上会遇到特别大的困难——每个字都要重复学习多次才可以记住，但转眼又会忘记。认字、默写、连句会成为他们学习的大问题。由于认字方面存在困难，所以他们很难理解文字题目。但如果有人帮助念出题目，他们就能轻易解答出来。

---

① 民政部社会工作司．优秀社会工作案例精选（2014）．北京：中国社会出版社，2014.

特殊语言障碍的主要表现是：儿童口头语言的组织、表达和识别、处理能力差，在讲述事情的时候显得混乱、很难让人明白意思，而在非口头语言方面能力很好，表述和理解都没有问题。这些儿童在课堂发言和理解老师口头布置的作业和下达的指令上有相当大的困难。

发展性协调障碍的主要表现是：儿童的动作协调能力差，平衡感差，与同龄孩子相比显得特别笨手笨脚，容易打翻东西，磕磕绊绊，发生意外；写字十分费力又写不好，常常出格；上体育课时花很大力气也掌握不好某一动作要领。

特殊数学运算障碍的主要表现是：数学计算上的能力与其他科的表现相去甚远，常常弄错加减乘除等数学符号，在数学运算和推理上经常出现让人吃惊的不应有的错误，难以将数字正确排列，难以对数字进行空间组合或不能掌握运用乘法口诀表，等等。

视觉空间感知障碍的主要表现是：对于任何空间的辨识都有困难，不能正确地把字组合在一起，写出的字会“缺胳膊少腿”，甚至“造字”。此外，字会“支离破碎”。儿童还会辨识不出形状相似的字，如“日”与“目”，“土”与“士”，“未”与“末”，等等。

有上述特殊学习障碍的儿童，还可能同时有注意力缺陷和多动症，表现出不能专心，难以集中精力完成手头的事，常常丢东西和忘记自己要做的事，容易冲动，不遵守课堂纪律，等等。儿童可能仅有一种学习障碍，也可能同时有多种学习障碍。因为学习困难，儿童还可能会出现情绪和行为紊乱、自尊心低下、学校适应不良、与同学相处不好等问题。儿童特殊学习障碍的轻重程度会有所不同，多在小学期间出现，也有可能持续到成年。早发现、早干预十分关键。

特殊学习障碍的儿童常被家长和学校的老师误解，认为是孩子不努力，才会导致功课不理想，常常盲目花费很多力气却不能解决好问题。身为社会工作者应当掌握这些问题的判别标准，以便帮助儿童自己、儿童的家长和学校的老师正确认识这一问题，并妥善应对。目前已经有一些有针对性的训练方法可以帮助儿童改善遇到的学习障碍，工作者可以通过学习这些方法和技术来帮助儿童。此外，工作者也应该了解相关的其他学科，如心理学和医学在这方面的资源，以便通过协作和转介给儿童提供更适切的帮助。

第三节
儿童辅导的主要方法

上一节我们介绍了儿童辅导的主要问题与应对要点。结合第一节的内容，我们可以看到，由于儿童期的特点，不可以简单套用成人的治疗模式来做儿童辅导工作。在成人治疗中，大多数技巧是针对成年当事人相对稳定的结构化的人格和自我形成的。而儿童的特征是他的人格还处于发展变化的状态中，自我还是不成熟的。儿童不是一个自觉的思考者，因此与青少年和成人具有根本性的区别。在本质上，儿童的头脑是具体的、单纯操作性的、对当前负责的。儿童从来不会思考他正在思考什么，从而限制了他思考的能力。对于儿童来说，在时间和空间相距较远的想法和实践之间建立自然的联系，还比较困难。[①] 儿童的发展特点可能会在多个方面影响到辅导工作。从接案、建立专业关系、探索问题、评估问题、制定干预方案、落实干预方案，直至最后的结案，在整个个案工作的流程上对于使用的方法和技巧要有特殊的考虑。在这一节我们会描述一下针对儿童的特点而发展出的主要辅导方法——游戏治疗。

一、游戏治疗的意义

游戏治疗是借助游戏探索、评估、诊断和治疗儿童问题的一种方法。游戏治疗在西方已有数十年的历史。近年来，国外越来越多的学者将游戏治疗用于治疗儿童心理障碍与行为异常，并取得了满意疗效。1986 年，国际儿童游戏治疗学会成立，至 2000 年止，该学会已有 2 000 多名会员。

游戏治疗被广泛用于处理儿童的焦虑症、恐惧症、抑郁症、退缩行为、攻击行为，还有儿童遭遇的性虐待和家庭暴力、各种精神创伤和被忽视、学习困难以及各种生活适应问题。通过游戏治疗，儿童可以学到什么呢？

- 儿童学会自我控制并有责任心地自由表达。
- 儿童学会去尊重自己，尊重别人，与别人融洽相处。
- 儿童学会接纳自己的情感，也学会更开放地表达情感并恰当地控制情感。
- 儿童学会为自己负责。
- 儿童学会更有创造性、更有方法地处理成长道路上的危机、创伤。
- 儿童学会自我控制及自我指导。
- 儿童学会在情感层面上接纳自己是一个有价值的人。
- 儿童学会做选择，并为自己的选择负责。

在成年人辅导中，工作者与当事人基本的沟通方式是言语交流，通过它能传递出当事人的生活状况及问题。但对儿童来说，与言语沟通相关的思考功能和符号构建能力尚未发展完备，要用言语表达自己是困难的，尤其困难的是用言语表达情感。儿童倾向于用身体语言来释放所有的不安和紧张。儿童通过行动的（部分是言语的）方式——游戏来自然地发展并间接表达他们的情感世界。游戏源自儿童的内在生活，因而能够典型地说明主要的冲突或防卫。在游戏的语言中，儿童当事人能够更加自由地交谈，较少设防，这是因为儿童在潜意识里认为在游戏这一特殊领域不用考虑日常生活的压力和要求。因此观察儿童在游戏中的表现等于开了一扇窗去了解儿童的想法和感觉。一个在生老师气的儿童会用蜡笔画出一张愤怒的脸，或者在玩木偶游戏的时候丢掉象征老师的木偶。一个在家中受到虐待的儿童，会在玩过家家的游戏中展现家中的情况。给儿童提供一些玩具，让他随意去玩，工作者就能从观察孩子和与孩子的交

① CHETHIK M. 儿童心理治疗技术——心理动力学策略．北京：中国轻工业出版社，2002：9.

流中了解他发生了什么事。

儿童的游戏能力对于评估儿童的问题有许多启示。儿童玩得好不好，是不是很自在？他是不是受到抑制——游戏是不是僵化的、重复的或是老套的？游戏是不是过于冲动、狂乱、失控？理论上说，游戏应该是行动和思想的混合体。在辅导过程中，观察儿童的游戏，并通过追随他游戏的本质来评估他的发展，我们可以对该儿童有许多了解。他能否展示出想象力、装扮的能力和游戏的能力？另外，由于按想象做游戏的能力表现出内在与外在生活的和谐度，游戏也可以作为辅导是否有效的晴雨表。

由于游戏处于内部与外部世界之间的特殊位置，工作者还可以在辅导中通过有意识地设计使用一些游戏，帮助儿童成长。比如，让幼儿园的儿童通过玩扮演“妈妈”“爸爸”“宝宝”“老师”“警察”等他人的游戏，体会别人做什么、想什么和有什么感受，帮助儿童从自恋的自我转向体会他人的感受，让儿童通过游戏发展同情心。通过玩娃娃看病的游戏，让儿童搞清楚自己在医院的经历。儿童可能认为看病是对自己的惩罚，通过游戏可以让他逐渐认识到这是对身体不适的治疗，游戏能让他更好地处理看病这一令人烦扰的事件。让儿童做半个小时的“超人”能够帮助儿童克服渺小和脆弱的体验。对于日常遭遇到困难和贬低，总是接受父母或老师的命令的儿童来说，游戏中的“超人”具有安慰和加油的作用，也能够提供特殊的快乐来源。

游戏有如此重要的作用，儿童辅导工作者应当拓展充当“玩家”的能力，和儿童一起做“自我的退行”，使展示出的材料生动有活力。这个能力能形成儿童和工作者之间的主要联系，加强并发展出两者的工作联盟。儿童会潜在地把工作者与以前令人愉快的、喜欢玩耍的玩伴联系在一起。儿童还会感到他在一个特殊的“游戏空间”里玩耍，这里有人能理解并使用他的语言。在“游戏空间”里，工作者能够对儿童在游戏中展现出的内在的世界赋予意义，并能让儿童思想中负载恐惧最多的领域都表现出来。

游戏不仅在治疗时间内重要，父母还需要理解游戏在儿童生活中的重要性。游戏可以帮助儿童欣赏自己在治疗过程中的游戏角色。但更主要的是，了解该父母的游戏能力能使工作者洞察大量的家庭生活：这个家庭中有什么禁令和限制？在家庭中是否有机会进行愉快的沟通？显而易见，帮助父母和儿童发展共同的游戏领域能够加强亲子纽带，从而显著影响治疗过程。

二、游戏治疗的基本原则

非指导性游戏治疗提出了如下八个基本原则，这些原则在儿童游戏治疗中有广泛的适用性：

（1）必须和儿童建立温暖友善的关系，也要尽快与儿童建立起良好的默契。

（2）必须接受儿童的本来面目。

（3）在与儿童的关系中，要建立宽容的态度，让儿童能自由自在地表达他的感受。

（4）敏锐察觉和辨别儿童的感受并做出反应。工作者反应的方式、态度能使儿童对自己的行为有深刻的了解。

（5）尊重儿童把握机会解决自己问题的能力，给儿童解决自己问题的机会，让他做选择和着手改变。

（6）不要试图用一些方法诱导儿童的行动和谈话，让儿童带领，工作者跟随。

（7）明白治疗是一个渐进的过程，不能人为加速治疗进程。

（8）只有在为了让儿童在治疗关系中负起应负的责任以符合现实生活世界的要求时，才可以对儿童设立限制。

工作者对儿童应有的态度是：

（1）接受儿童的原貌，不指导或暗示，要对儿童感兴趣，要能接受模糊或沉默，要先接触儿童而非问题。

（2）尊重儿童的选择权和自由，对尚未做的事不做限制，让儿童明确表达自己，容许儿童选择，鼓励儿童自己做决定。

（3）专心陪伴，对儿童有足够的反馈、丰富的表情，以表达出欣赏与鼓励。

（4）尊重儿童，跟随儿童的步调，预先告知儿童有关治疗的种种事宜，以儿童为本。

三、游戏治疗的主要理论与方法

基于不同的理论，目前已经发展出了许多游戏治疗的派别，较有影响力的是心理动力学派的游戏治疗、人本学派的游戏治疗、认知行为取向的游戏治疗，此外还有阿德勒学派的游戏治疗、荣格学派的游戏治疗、完形学派的游戏治疗、问题解决取向的短期游戏治疗等。在此我们重点介绍一下心理动力学派的游戏治疗、人本学派的游戏治疗和认知行为取向的游戏治疗。

心理动力学派把游戏作为潜意识表演的舞台，通过面质点出儿童的行为、游戏主题以及所观察到的重要线索，并尝试把这些东西外化、明确表达出来，以增强儿童自我观察的能力。当然工作者会谨慎使用面质的技巧，在显示问题的同时避免让儿童感到受伤害。比如，在点出儿童情绪状态的同时，也表达对儿童的同感。这一学派还会运用澄清的技巧，加强儿童的觉察力，协助儿童了解问题的来龙去脉，以及了解在治疗过程中出现的防卫、内容以及驱力，让儿童通过获得领悟来处理自己的问题。在游戏中，儿童有权控制如何玩玩具，可以通过游戏自由地反映内在世界，并从中得到能量的释放、宣泄，而工作者则从旁主动地“诠释”出这些象征的内在意义，提升儿童对自我的觉察，进而强化自我的功能。此外，工作者始终如一的、积极正向的、包容的态度，会让儿童有稳定的参照物，可以放心地探索治疗室中的玩具，以达到自我的独立成熟。

人本学派游戏治疗的宗旨是为儿童提供一个无条件正向关怀的游戏环境，而工作者在治疗过程中的角色和任务是陪伴、表达同感和接纳。工作者坚信儿童的能力，认为具备了这些关怀条件，儿童就能获得更好的成长。这一学派强调工作者应当与儿童建立友好的关系，完整地接纳儿童，让儿童自由表达所有的情绪，协助儿童辨识自己的情绪，由儿童主导治疗的内容与步调，让儿童处理自己的问题，而仅为儿童设定符合法律和伦理规范的、安全方面的限制。在设定限制性规则上，首先会让儿童知道工作者了解他的感受、期望、需要与行为，然后针对儿童破坏规则的行为进行沟通，再指出其他可以接受的替代行为。在这样的条件下，儿童能体会到工作者接受他的真实面目，觉得安全、不需要防卫、可以自由表达任何想法、可以向人敞开自己的世界，由此逐渐形成对自我的肯定，有更积极的自我概念。

认知行为取向的游戏治疗借用的是认知行为疗法。这一疗法认为个体的问题源自错误的思考以及适应不良的应对行为，所以治疗的重点便是改变错误的思考方式，减少不良的应对方式，代之以更恰当的应对行为。儿童的认知能力有限，工作者无法用对成人常用的谈话方式来进行治疗，所以要选用其他的沟通方式。借助游戏，工作者可以与儿童进行言语和非言语的沟通，以达到传达认知信息的目的。有时还会辅之以行为治疗技术以弥补儿童认知发展上的不足。认知行为取向的游戏治疗一方面修正认知，另一方面改变行为，以此来解决儿童的问题。所用的技巧包括用游戏示范和角色扮演，做行为联结、正强化与负强化等。在进行游戏治疗的过程中，工作者主动和孩子一起建构游戏，让儿童一次又一次地重演出现问题的情境，并在情况发展上做不同的编排，让儿童在相同的事件中体会到不同的结果与反馈，从中学习到解决问题的方式。认知行为取向的游戏治疗还会使用行为评估表，掌握儿童实现治疗目标的进程。

我们可以看出，不同的学派大多是把游戏治疗作为一种工具，借助它来更好地实践自己的治疗理念。一般而言，游戏治疗都有结构性。一个治疗游戏常包括四个阶段。在第一个阶段，工作者的反应局限在鼓励或描述孩子的探索性游戏，说出自己观察到的情况，如“让我们看看这里有什么”，或者“娃娃藏在床下面”。在第二个阶段，反映儿童的感受，比如说“这个娃娃很害怕一些东西”。在第三个阶段，用第三人称做解释，不针对小孩的感觉描述他的经验：“如果有一个小孩独自待在家里很久，就会感到很害怕。”在第四个阶段，直接陈述小孩在游戏中表达的经历：“如果你一个人在家，你会感到害怕。”很明显，第四阶段最有可能引导到讨论儿童实际的生活经历。但是由远到近的方式有助于儿童接受工作者对游戏含义的解释，减少他的防卫。①

工作者还会考虑具体的情况来确定使用指导性还是非指导性游戏。指导性游戏是工作者有指定要求的游戏，非指导性游戏是工作者没有指定要求的游戏。非指导性游戏常能反映出儿童的一些隐秘问题，比如一个孩子，他的父母已经离婚，正在争夺对他的监护权，他在玩游戏的时候反复让一个玩具娃娃在医院的病床上死去，这透露出他的困扰。在指导性游戏中可以有意识地设计情境，帮助孩子应对问题。比如在上个例子中，工作者在游戏中加入了一个法官角色，由法官来裁决，这样就减轻了孩子被夹在父母中间的两难困境。这个法官还教孩子说“不要把我夹在中间”“不要在我面前争吵”“你自己去问妈妈”。指导性的游戏让儿童通过法官角色的教育和鼓励获得心理上的力量，不再需要通过身体不适和逃学等来表达自己的感受。

---

① PATTERSON L E，WELFEL E R. 咨商过程．台北：五南图书出版公司，1996：167.

四、游戏治疗的场地和主要工具

游戏场地的气氛应该有益于儿童做游戏，这样他的内在生活才能展示出来。它应该是一个开放的舞台，儿童可以无拘无束地表达所思所感。场地应该让儿童有足够的安全感；有明确的界限，不会被打扰；相对固定，可以有所选择；空间不宜过于空旷或局促；最好有软垫或地板。工作者可以发挥创造力和儿童一起建构游戏场地。它可以是一间专用房间，也可以是教室的一角、一块儿地毯上、桌子底下、大的纸箱中或是一张大图画纸上。

游戏治疗的工具是玩具，玩具是儿童的语言载体，选择适当的玩具十分重要。玩具要不易损毁、安全；要有利于与儿童建立正面的关系，做广泛的情感表达，探索真实的生活经验，试探治疗关系中的限制，发展正向的自我概念，发展自我了解，提供建立自我控制的机会。

具体来讲，玩具可以分为：

● 表达类玩具：各种绘画笔、书写笔、图画纸、彩纸、橡皮泥、剪刀、鼓、摇铃、黑板、沙盘、沙滩玩具组合等。

● 攻击类玩具：玩具兵、怪兽、超人、战斗车辆和武器、手铐、充气锤、沙袋等。

● 交通工具类玩具：玩具摩托车、汽车、卡车、救护车、警车、校车、火车、飞机等。

● 扮演类玩具：玩具房屋、家具、娃娃家庭成员、公园游乐设施、餐点水果、盛水的容器、医疗设备、收款台、钱包、假钱币、电话、面具、木偶、木偶戏舞台等。

● 动物类玩具：玩具恐龙、老虎、鳄鱼、大象、多种昆虫等。

● 抚育性玩具：奶瓶、水碗、抱枕、婴儿用具等。

● 竞赛类玩具：跳棋、扑克牌、游戏卡等。

● 其他玩具：积木、塑料球、不倒翁等。

玩具在使用的过程中如有破损要及时更换，以免对儿童造成伤害。玩具的使用可以具有弹性，工作者应鼓励儿童创造性地来玩玩具，使儿童的内在人格活起来，从而投射出儿童的内心世界，使他的故事显现出来。

学习活动 8－6　游戏治疗

美国一位学者在谈到帮助被领养儿童增强对养父母的依恋感时说，当我们试图与一个其希望曾被阴影覆盖的儿童形成依恋关系时，将会面临特殊的挑战。在这种失望的前提下，与儿童形成依恋关系需要领养父母付出时间、耐心、精力和行动。在正常的依恋形成过程中，我们面对的儿童是一个热切的、信任他人的积极参与者。而在被领养儿童的依恋关系形成当中，我们面对的是一个小心谨慎的儿童，他随时会倒退到他所发展起来的依靠自己生存的策略中去。由于面对这样的儿童是如此困难，领养父母在这个过程中需要得到大量的支持。

无论儿童的年龄大小，游戏治疗都假设儿童是特殊的、可爱的，现在这个儿童的世界是随时能够得到反应的，充满了生动的体验与成长经历，儿童可以信任和依赖他人。但是这些保证不是用语言说出来的，而是通过治疗过程中父母与儿童的交互活动表现出来的。通过重点解决儿童相对幼稚的情绪需要问题，治疗游戏重新建立起父母与儿童之间的早期依恋关系。正如亲生子女依赖和信任他们慈爱的父母一样，被领养儿童也开始体验到他们的新父母是可以依靠和值得信任的。[①]

我国自2004年1月1日起施行《家庭寄养管理暂行办法》。暂行办法共分8章27条，对被寄养儿童、寄养家庭、家庭寄养服务机构、寄养协议的履行、监督管理、责任等做出了明确的规定。目前在许多地方已实施家庭寄养。寄养儿童也常会遇到上面提到的领养儿童的问题，这些问题还可能表现得更为强烈。你能设计一个增进寄养儿童与养父母的依恋感情的游戏吗？

第四节 儿童辅导的注意事项

儿童辅导与成人辅导的过程大体上是一样的。真诚的、具有同感的关怀态度有助于儿童当事人做自我披露；深度的感同身受及面质能促进儿童的自我洞察；行动计划能改善当事人的应对策略。然而，做成人辅导工作的人在辅导儿童当事人时还是要掂量自己掌握的工作理论和技巧是否能胜任儿童辅导的要求。因为儿童辅导确实有其特殊性，工作者需要谨慎对待。

一、儿童当事人的独特之处

儿童就像皮亚杰最早指出的那样，为自我中心所控制。他不是一个自觉的思考者，因此与青少年和成年人具有根本性的区别。在本质上，儿童的头脑是具体的、单纯操作性的、对当前负责的。儿童对任何事情的叙述都可能只能用简短的语句，对于问题的原因及周围的环境仅能抓住极少的线索。事实上，被带来辅导的儿童（相对于成年人）可能不同意或不认为有什么问题或者有什么值得忧虑的地方。成人接受辅导会有自我反省能力，能构想解决问题后的良好状态，但是儿童当事人根本不具有这样的能力。对幼小的儿童而言世界是不变的，而辅导最大的责任是帮助当事人思考和计划未来，这样的概念儿童理解不了。

儿童最早发展“对与错”的概念是为了逃避惩罚和满足即时需求。他们的内在标

① KADUSON H G，SCHAEFER C E. 儿童短程游戏心理治疗. 北京：中国轻工业出版社，2002：236.

准是“别人要受限制，而我可以不负责任”。在这个阶段要儿童用内控（个人的价值及标准）来自制似乎不大可能，因为他还没有发展出这样的能力。儿童会顺从父母亲或老师的要求，或自己想办法使需要得到满足。过了这个阶段，儿童的道德判断才转移到别人如何看待自己，以及自己如何看待自己上。在儿童期的最后阶段，也就是道德发展到达巅峰时，儿童会达到以对社会有贡献为准则来控制自己的行为。到了儿童期的后期，儿童才能达到按社会的准则来控制自己的行为，判断对与错。① 所以工作者不能指望儿童像成人一样“按常理出牌”。

由于第一节提到的儿童在身心发展上的特点，所以他们的人格还处于发展变化之中，自我还不成熟。他们的防卫能力还很脆弱，认知能力还很低。他们没有太大的自由和能力去改变自己的生活空间，而且人生经验的不足也使他们解决问题的策略不够成熟。此外，儿童也无法选择自己的父母、换一所学校或改变环境。儿童只能调整自己去应对生活处境的改变，而不是一个能改变生活处境的人。他们仅有很少的力量去减少或避免环境所带来的压力，焦虑很容易被激发。

儿童处于发展之中，他们的表现往往展示了发展过程中的多个方面。工作者不仅要针对导致儿童前来治疗的核心冲突开展工作，而且要处理好儿童随着正常发展而出现的压力。做儿童辅导，你要能很快意识到儿童在成长过程中正在快速变化：他们的自我正在拓展；他们的意识和自我知觉正在提高；他们正在尝试着建立认同，而且他们正在形成一整套防卫方式和应对技巧。由于儿童新的心理结构正在形成过程中，工作者处于非常重要的位置——可以帮助满足儿童发展的需要。对于儿童来说，社会工作者是一个“全新的真实的对象”，因为儿童渴求所有的新经验、新关系。在开始慢慢培养言语化的过程中，工作者就能够帮助儿童拓展和控制自我。

二、治疗关系的特点

儿童很少能够建立起早期的治疗联盟。很多刚做社会工作的人把自己看成有良好愿望的、帮助并且关心儿童的人，但是儿童对于工作者的印象很少能与工作者的想法一致。在他们看来，工作者只是企图哄骗他们不再惧怕陌生的新环境的人。他们的反应可能是惊恐和攻击。他们最清晰的愿望就是离开让他们感到焦虑的环境，逃避治疗。他们可能会把自己的内在感觉归因于工作者，从而攻击工作者。儿童的自我状态造成他们常常是不情愿接受辅导的当事人。一般来说，由于儿童自我尚未成熟，还相当脆弱，儿童辅导工作者一定要尊重这种脆弱，还应当了解儿童忍受挫折的程度，必须与儿童的感觉状态达到同步。早期治疗关系中的一项任务就是帮助儿童意识到自己的困难所在，愿意配合工作者开展工作。

儿童辅导工作有非常大的压力，这些压力可能会引起工作者对儿童当事人的许多反应，包括反移情。这些常见的反应会让治疗过程变得困难，并阻碍对儿童做到感同身受和理解。儿童可能突然爆发出一些行为，这些行为让工作者找不出前因后果。儿

① PATTERSON L E，WELFEL E R. 咨商过程．台北：五南图书出版公司，1996：167.

童也很少能提供理解他的线索，工作者可能会对儿童感到困惑并完全摸不着头脑。儿童当事人常见的冲动性的“捣乱”行为也很容易让工作者感到恼怒。那些在辅导中暴露出暴力倾向、在游戏中恃强凌弱的儿童当事人容易让工作者担心他们离开工作者后会怎样。有时，由于儿童依赖父母和家庭，儿童辅导工作者在工作中会有“无助感”。家庭的消极因素会明显地影响辅导的成效，让工作者有强烈的挫折感。认识到父母对儿童的问题负有责任，可能会使工作者产生“拯救欲”，唤起工作者做父母的愿望，想保护儿童不受“坏父母”的负面影响。这种潜在的冲动会破坏治疗过程。工作者可能会责备儿童的父母，从而干扰了与儿童的父母建立工作联盟。工作者也许会不恰当地去“弥补”当事人所受到的剥夺，使治疗关系的性质有了不当的改变。所以，做儿童辅导的人特别要小心反省自己对儿童当事人的反应，并恰当处理，才能更好地应对儿童的问题。

三、在评估与诊断方法上需做的考虑

在评估儿童的问题时要有一些特殊的考虑。年龄大的当事人主要的信息来源是他们在辅导过程中所做的自我披露。然而，由于年幼孩子的认知和语言技巧尚未发展成熟，你便需要通过游戏等途径增进对儿童的了解和对问题的探索。还因为儿童的现实检测能力尚未发展好，分不太清楚现实世界和想象的世界，所以对于儿童用言语表达的东西，要辅以其他方法验证。除了在儿童来治疗的时候认真观察外，你也可以选择在自然的环境下（儿童受照顾的地方、教室等）观察儿童，了解儿童在生活中的表现、责任感以及与同伴和长辈的互动。与儿童周围的人，如父母、老师、亲友、手足等谈话，往往会获得更丰富的、儿童没有提供出来的资料。另外，查阅学校的记录、让儿童做补充句子的完形填空、绘画、接受相关的心理学的测验等，也有助于评估儿童当事人的问题。

工作者还应当了解时间对于儿童的不同的意义。有人提出成人与儿童生活在不同的时间度量体系中，成人所建立的时间度量体系对儿童来说并不适宜。在成人概念中很有限的一段时间，在儿童的生活里可能就变成非常重要的一个时期。在很短的时间里儿童就会发生很大的变化。所以在评估儿童当事人的时候，工作者应当详细掌握每个年龄的儿童在身心发展和社会适应技巧上该有的表现水平，建立评估的基线。了解儿童发展进程的常模有助于判别与同龄儿童相比，当事人的发展是否迟滞或有所偏离，是否需要采取干预措施。

四、父母参与干预行动的重要性

在制定干预方案和实施干预时让父母参与十分重要。如前面所说，儿童本身没有太大的自由和能力去改变自己的生活，需要依靠他人的帮助，家长在这方面是最有力的资源。儿童对家庭，特别是父母有着明显的身心依赖，父母的问题会造成儿童的问题。儿童接受辅导也离不开家长的支持和配合，与儿童当事人的父母建立良好的工作联盟至关重要。此外，调整亲子关系中存在的问题也常常是儿童辅导中要做的一项工作。若能适当开展父母指导和“移情做父母”工作，会使对儿童问题的干预更加有效。

在父母指导方面，有以父母的问题为主的工作，包括：

（1）就任何一位父母的生活中存在的普遍问题开展工作，这些问题如果不改善就会影响到他（她）为人父母的能力。

（2）就父母之间管教孩子方式上的差异开展工作。

（3）就父母因孩子进行治疗而产生的压力开展工作。

还有以儿童的问题为主的父母工作，包括：

（1）从父母那儿了解儿童和家庭事件目前的真实情况。

（2）告知父母有关儿童成长的知识和儿童内在的情感生活。

（3）告知父母对儿童当事人的症状或所出现的行为改变的“特定”理解（目的是帮助父母妥善对待这些行为或症状，或者儿童在治疗中出现的一些变化）。

（4）向父母澄清他们在与儿童当事人的相互作用中存在的问题（通过聚焦于亲子间的相互作用、建议加以改进、为改变做出解释等方式，改善父母的管教）。①

在有些情况下，许多父母要么是因为以前生活中的困扰，要么是因为当前严峻的压力，需要工作者给予更多的支持，对他们仅仅进行父母指导还不够。有些时候，工作者要为这些受困扰的成人提供帮助，给他们父母般的滋养，使他们能够为孩子提供足够的支持，让孩子得到解决问题所需要的滋养。这被称为“移情做父母”。

总之，对于儿童当事人不可以简单套用成人辅导的方法，要考虑儿童体验到的世界的特点，去探索问题、建立关系、评估和诊断问题，并做出适当的干预。

第五节
小　结

儿童并不是小大人，他们有自己的语言、自己的世界，儿童辅导与成人辅导有很大的不同。在本章我们首先回顾了有关儿童当事人的身心和社会发展方面的理论，重温这些理论是想让你在接触儿童的问题前先对儿童当事人的一般特点有所了解。我们重点回顾了弗洛伊德的心性发展理论、埃里克森的心理社会发展理论、皮亚杰的认知发展理论和依恋理论。在此之后，我们就儿童辅导要面临的主要问题及基本应对方法做了较为详细的描述，包括虐待儿童问题、丧亲问题、父母离婚问题、寄养与收养问题、逃学问题、学校恐惧症问题、残疾儿童的问题、特殊学习障碍问题等。虽然解决各种儿童问题在手法上会有些不同之处，但也有共同点，特别是在儿童辅导中广泛使用了游戏治疗方法。我们对这一方法，特别是对它的基本原则、三大理论派别和实践

---

① CHETHIK M. 儿童心理治疗技术——心理动力学策略．北京：中国轻工业出版社，2002：69－70.

中的环节做了集中介绍。在本章的末尾，我们特别提醒你注意儿童当事人的独特之处，儿童辅导关系中会出现的问题，在对儿童的问题做评估和诊断时需要考虑的一些因素，以及吸收父母参与干预行动的重要性。需要说明的是，这一章只是简要介绍了儿童辅导工作的方方面面，要更深入地了解儿童辅导工作，建议你阅读章后的推荐阅读书目，你会发现儿童辅导是个很有意义的、引人入胜的、充满挑战性的领域。欢迎你做进一步的探索。

本章要点

1. 儿童当事人身心和社会发展方面的理论
2. 虐待儿童问题的干预方法
3. 儿童压力与丧失问题的干预方法
4. 儿童学校适应问题的干预方法
5. 特殊儿童问题的干预方法
6. 游戏治疗
7. 儿童辅导的注意事项

基本概念

弗洛伊德的心性发展理论　埃里克森的心理社会发展理论　皮亚杰的认知发展理论　依恋理论　虐待儿童　创伤后应激障碍（PTSD）　学校恐惧症　阅读障碍　特殊语言障碍发展性协调障碍　特殊数学运算障碍　视觉空间感知障碍　游戏治疗　心理动力学派的游戏治疗　人本学派的游戏治疗　认知行为取向的游戏治疗　父母指导　移情做父母

复习思考题

1. 试比较弗洛伊德的心性发展理论、埃里克森的心理社会发展理论、皮亚杰的认知发展理论和依恋理论，四者各有什么特点？
2. 你认为我国的虐待儿童问题有哪些主要因素？辅导这类儿童会遇到哪些难题？
3. 比较在处理丧亲问题、父母离婚问题、寄养和收养问题上工作者的手法会有何异同？
4. 对逃学的处理与对学校恐惧症的处理各有何特点？
5. 残疾儿童面临哪些主要问题？如何应对？
6. 特殊学习障碍主要涵盖哪些问题？如何应对？
7. 游戏治疗的基本原则是什么？主要理论派别有何特点？
8. 儿童辅导主要需注意哪些问题？

推荐阅读书目

1. 曾文星．儿童的心理与辅导．北京：北京医科大学出版社，2001.
2. 林胜义．学校社会工作．台北：巨流出版社，1988.

3. CHETHIK M. 儿童心理治疗技术——心理动力学策略. 北京：中国轻工业出版社，2002.

4. KADUSON H G，SCHAEFER C E. 儿童短程游戏心理治疗. 北京：中国轻工业出版社，2002.

5. PATTERSON L E，WELFEL E R. 咨商过程. 台北：五南图书出版公司，1996.

第九章

青少年辅导

本章概要

青少年，一个充满魅力和生命力的字眼，不仅意味着朝气和希望，也意味着冲突和困惑。青少年时期是人生的重要时期，是身体、智力、心理的飞速发展期，是定位自我形象和自我价值的反思时期，又是充满矛盾和危机的时期。生理的急速发育，社会化过程的进行，社会角色的转换，社会文化发展带给青少年的压力和挑战，都使青少年时期成为生命发展阶段的狂风暴雨期——一切都发生得特别快速而又如此关键。

青少年是一代新人，是人类的未来和希望。正如毛泽东所说：世界是你们的，也是我们的，但是归根结底是你们的——青少年承担着艰巨的历史使命。他们能否健康成长和良性发展不仅关系到他们自己一生幸福与否，也是人类社会能否进步和走向文明的关键。世界各国都十分重视对青少年开展教育和辅导。

辅导是通过人际互动，一方对另一方产生积极作用的关系过程。青少年辅导主要是由学校教师、专业心理工作者和专业社会工作者针对青少年成长需要而展开的互动、引领活动。针对青少年的辅导主要包括心理辅导、成长辅导、学习辅导、能力辅导等常见形式。“我国心理健康教育起步较晚，一些学校对学生心理健康教育工作的意义认识不足，没有把这项工作放到应有的位置上，对新形势下学生心理健康教育工作的任务、特点和规律缺乏足够的认识和研究。”[①] 这样一种状况使得青少年辅导工作在理念上、方式上、内容上和渠道上都不够丰富和成熟。

自 20 世纪 70 年代改革开放以来，社会急剧变迁，经济快速增长，经济全球化、信息化时代的到来以及对传统价值的颠覆，都对青少年造成了巨大的挑战和震撼，造成他们面临的成长问题日益突出。与此同时，学校原有的思想政治教育、道德教育暴露出低效、不适应的不利局面，简单粗暴的说教和控制已经无法满足青少年成长的需要。因此，以帮助青少年健康成长、促进青少年自我整合、提升青少年生活技能为取向的辅导模式开始引起人们的重视，并已在部分地区开始运作。在这个过程中，学习和吸收西方已有的理论和方法，借鉴其成功的经验，是非常必要的。与此同时，我们需要注意中国文化、社会、教育模式、家庭关系等因素对青少年的心理发展的诸多影响，并根据这种影响所带来的变化，研究和探索符合中国国情的、体现中华文明的、适合我国青少年身心发展特点的辅导模式，走出一条适合中国青少年的本土化的辅导

① 钟庆杰，吴金秋．构建大学生心理健康教育模式．中国高等教育，2001（18）．

和治疗之路。

第一节
青少年当事人

“青少年”是一个人们常用但又很难准确定义的概念[①]，不同的学科对其有不同角度的解释。在中国古籍中，少年和青年往往分开。较多使用“少年”一词，或“少”与“年”分开使用，泛指年轻、年幼或不满 30 岁的人。如梁启超的《少年中国说》一书中的“少年”就是指青少年。

生理学、心理学、社会学、法律等不同的学科对青少年都有不同的界定。“按照发展心理学的划分，对于人的发展来说，14 岁至 20 岁为青少年期，并且在社会学的论述中认为，这一时期是指人的成长在生理上和心理上走向成熟的时期，也是社会化的成熟阶段。”[②] 青少年时期是从儿童到成人的过渡时期，是人成长的最困难阶段。德国心理学家斯普兰格认为：青少年期可被称为人的第二次诞生。有学者主张从生理发展、年龄阶段、社会现象三个角度来界定青少年。青少年期又被称为“青春期前期”。由于体内激素分泌的大变动，青少年在该阶段经历着生理的急剧变化：身体迅速长高，体型改变，第二性征和性冲动出现，开始出现月经和遗精。在社会性方面，青少年重新评估自己，形成新的自我意象。随着身体的逐渐成熟和日益广泛地接触社会，青少年的自我意识迅速发展，独立意识不断增强。他们喜欢幻想，对新鲜事物充满好奇，容易受外界事物的诱惑和受他人尤其是同辈群体的影响。人民生活水平的不断提高，饮食结构的改善，使青少年群体的身体发育早于心理发育，出现了许多矛盾和不稳定的心理状态，如思维敏捷和缺乏恒心，自我形象形成和不能自我接纳，情感丰富和易冲动行事，性意识苏醒和性烦恼，等等。青少年对自己生理、心理的快速变化，成长过程中的种种烦恼，学校和家庭的期望，以及社会的巨大变迁带来的政治经济文化的冲击表现出诸多的不适应，从而导致适应危机。一些青少年出现心理问题、人格障碍、情绪困扰等，甚至走上犯罪的道路。因而这一时期耐心引导、亲切关怀、有的放矢的辅导就显得尤为重要。

一、青少年时期的生理发展特点

我国古人把青少年时期看成成阴或成阳期。女子 14 岁，男子 16 岁，“天癸至”，便进入所谓的成阴或成阳期。《小儿卫生方微总论》说：“十四岁以下为小儿治，十五岁以上者，天癸已行，婚冠即就，则当大人治。”我国古代把 14 岁以下的人当成“小

---

① 王思斌．社会工作概论．北京：高等教育出版社，1999：167.
② 韩明谟．社会学概论．北京：中央广播电视大学出版社，1997：109.

儿”、儿童；15岁以上的人就被认为已经性发育成熟，可以男婚女嫁，是“大人”、青年。《黄帝内经》分析青年期的生理特征：“二十岁，气血始盛，肌肉方长，故好趋。”认为青年期的特点是身体强壮、血气方刚、精力充沛、充满活力。

进入初中、高中阶段的青少年刚好处于青春期，下丘脑、腺垂体、性腺轴等内分泌系统活跃，使甲状腺、肾上腺、性腺等增生、合成、分泌的激素逐渐增加，身体发生显著变化：身高、体重明显增加；代谢旺盛、精力充沛；体态、声调改变；第二性征出现并维持，男性出现梦遗，女性有月经来潮；等等。

青少年时期是生命发展的第二个高峰。这一阶段的青少年具有以下特点：(1) 身高和体重陡增，身体各个系统和器官的生长发育很不平衡，原本匀称可爱的童子身材变成了行动笨拙的“豆芽菜”。(2) 第二性征出现和性成熟开始，对两性之间的关系更加关注。(3) 抽象思维能力迅速发展，使他们能对未来的事情做出假设，能从不同的角度去看待同一个问题，能进行自我反省。(4) 对自己内在的心理特征有更多的了解。(5) 老师与同伴对他们的影响开始逐渐超过父母，有与同伴保持一致的需要。(6) 重视他人和社会对自己的认可与接纳。可以从以下几个方面对青春期的青少年的生理发展特点进行描述。

(一) 体态特征

1. 身高

青少年身高与体重的发展最常被当作外显的成熟指标，不过由于不同人种、不同经济环境、不同文化与世代之间的身高与体重常有明显的改变，因此青少年的身高与体重发展并非永远一致，常需要多方面考虑各种变数的影响①。青少年在性成熟后，生长迅速，生理功能逐渐加强。女孩的身高增加先于男孩两年左右；无论男孩女孩，他们的身高每年增长6～8厘米。

2. 体重

很多青少年很关心个人的体重，女生的体重与男生相比有较多的过重或过轻现象，高中女生与初中女生相比有较多过重或过轻现象。婴幼儿时期身体的重量主要来自躯体，直到进入青春期，由于四肢骤长而分担了体重的比例。女生体重骤增发生在10～14岁，男生晚两年左右。在青春期结束时，男生的脂肪会减少，女生脂肪则会增加。因此在青春期阶段，女生不管饮食习惯如何，常有肥胖情形，这属于正常生理现象。但是很多女生不了解此现象，常担忧过度肥胖进而减肥。

3. 骨骼

人体骨骼的发展从出生开始，不论长度、大小、密度、硬度一直处于改变之中，而且形状也不断地改变。有些小骨骼在出生时仍未发育，有些大的骨骼事实上是软骨。婴儿出生时骨骼较松软，以便能顺利通过母亲的产道。探讨骨骼成长最方便而有效的方法是利用X光照射手与腕，再据以估计骨骼的成熟程度。年龄并非估计骨骼成熟程度的最好方法，年龄也并非推论个体生理成熟度较为准确的方法，因为骨骼发

---

① 黄德祥．青少年发展与辅导．台北：五南图书出版公司，2001：80.

育顺序较不受绝对年龄与性别差异的影响。骨骼是成人体格的支架，主要可以支撑、保护人体器官，并便于运动。

青少年骨骼发育的硬化或骨化程度是判断其成熟状况的重要指标，因此，由骨骼的硬化程度可以获知骨骼年龄。未成熟的儿童，其骨骼组织较为宽松，并且有很多软骨。随着个体成熟程度的提高，软骨逐渐硬化形成硬骨，并且填补了骨骼间的空隙。

（二）神经系统的特征——脑成熟

人体的神经系统与消化系统相似，都在青少年期以前即可发育完成。大脑、小脑以及脑干神经在10岁左右即发育完成。也因此，青少年神经系统并不像其他身体系统那样出现较大突然增长的现象。不过人体的神经网络系统在青少年阶段一直在发育中。青少年初期，脑部组织不论质与量都已达到成熟状态，因此有助于青少年高级心智能力的运作。人体神经系统共有三类：（1）中枢神经系统；（2）周边神经系统；（3）自主神经系统。大脑是人类生命中枢，青少年的智力、思考、记忆、性格与行为表现都靠大脑控制。大脑属于中枢系统的一部分，它与青少年的学习状态、学习效果关系密切。周边神经系统则与人体的运动机能、动作能力、身体协调性等有关。自主神经系统主要控制身体的内在功能，对人体各生理系统的正常运作和整合发展十分重要。

（三）生殖系统的特征——性成熟

青少年期开始，男女生第一性征的各个器官日益成熟。男生的睾丸与阴囊开始变大，其改变发生在身高骤增高峰的前一年。男生的性器官在13岁左右开始发育，至14～18岁发育成熟。通常男生在13.5岁至17岁之间各性器官可以发育完成，但是有个别差异现象。女生11岁左右子宫平均重量有5.3克，到16岁时子宫平均重量可达到50克，增加近九倍。输卵管与阴道也快速成长，阴道在青春期中期会有带酸性的分泌物产生，大小阴唇也逐渐变大，并转变为暗红色。卵巢早于9岁左右开始发展，并在16岁左右发育完成。[①]

性器官的快速发育与接近成熟，引发青少年的性敏感与性好奇，对性、两性特征、两性关系的探索成为这一阶段的重要课题。性器官发育日益成熟，性功能不断增强，加之社会传媒相关信息的刺激与诱导，促使青少年自我探索或体验性生活，与同伴讨论性知识、性态度、性经验的频率随之提高。青少年会出现诸多与性、性爱有关的活动，如性冲动、性幻想、手淫、约会与恋爱、爱抚、婚前性行为等。[②]

总之，个体想在社会上自由幸福地生活，首先必须接受个体的存在，必须对自我形象有充分的认知和接受。“自我是人格生成的基础和前提，是个体对自身进行审视和反省时产生的观念系统。”[③] 进入青春期后，面临着身心两方面的巨大变化，青少

---

① 黄德祥．青少年发展与辅导．台北：五南图书出版公司，2001：87.

② 同①.

③ 郑荣双，严全治．试论人格形成的选择机制．河南师范大学学报（哲学社会科学版），1998（2）.

年往往感到难以适应，普遍经受着不同的压力，因而青春期也是问题的多发时期。青少年由于处于人生发展的第二个高峰，生理发展快速，短短数月，身体外形变化很大，第二性征明显：女孩出现隆起的乳房，还会出现身体的暂时性肥胖；男孩喉结突出，变声。同时，女孩、男孩可能分别会有月经、遗精现象出现。这一切变化都向青少年提出了了解自己、解释自己、认识自己并把握自己生命的课题；要求青少年能够科学认识自身身体结构的发展，了解自己的生理发育特点，接纳并理解自己的身体变化，清楚自己生理变化的特性；同时，有能力对由生理发育引起的心理变化进行恰当的调适，积极面对并主动接受，而不是惶恐莫名，以为自己得了不治之症，或者是充满罪恶感，羞愤难当；更重要的是，在健康心态的基础上，养成健康的生活方式与生活习惯；科学饮食，理性起居，生活规律，锻炼身体，为自己打下良好的物质基础。不然的话，颓废无章、放纵无度的生活习惯，不但干扰和影响身体生理层面的发育与协调，而且由此导致心绪不宁、情绪混乱、性情古怪。这既不利于个体的身心整合，也不利于人与人之间的良性互动。结果是生活杂乱无章，人际两败俱伤，学业难以投入，状态影响成长。

二、青少年时期的心理发展特点

（一）智力

智力又称为智慧，不同心理学家对智力的界定各不相同。韦克斯勒认为智力是个体了解他的世界与他的资源，以面对挑战的能力。智力测量的鼻祖比奈则将智力看成个人整体适应环境的能力，也有人将智力当作特殊能力、学习的讯息处理历程，以及所有认知能力的复杂组织。国内心理学界一般认为，智力是保证人们有效地进行认知活动并间接地适应环境的心理特点的有机综合，其主要因素包括观察力、记忆力、思维能力、想象力、注意力和操作活动能力，其中以抽象思维能力为核心。[①]

（二）情绪

情绪与情感是指人对现实事物的态度体验。我们在接触一种事物时，总是对该事物有一定的评价，并根据它对我们的价值产生一种内心感受，这就是态度的体验。而这种态度体验又是以它是否满足人的需求为中介的。青少年整个身心发展都处在从儿童期向成年期过渡的时期，这种过渡的地位和发展状况决定了他们的情绪和情感的发展常常具有双重性，既有儿童的某些特征，又有成人的某些特征：（1）稳定性与冲动性并存。青少年的情绪比儿童稳定，主要表现在情绪、情感的持续性及转换性上，但是他们的情绪又具有冲动性。（2）内向性与表现性并存。儿童丝毫不会掩饰自己的情绪和情感，但是青少年的情感、情绪，不仅受自己主观体验的制约，而且受自己意识到的客观需求的影响。（3）自卑与自尊并存。青少年正处在努力确定成年型自我的时

---

① 赵淑文．心理学新编．北京：首都师范大学出版社，2000：176.

期，极力维护自己的成年形象和地位，但是又极易从自尊、自信变为自卑、自弃。(4) 高层次与低层次的情绪、情感并存。一般来说，由生理需要引起的情绪、情感是低层次的，由社会需求引起的情绪、情感是较高层次的，由社会政治生活和自我完善的需求而引起的情绪、情感是高层次的。青少年不仅有低层次的情感、情绪表现，还有高层次的情绪、情感表现，如求知感、友谊感、集体主义等。

(三) 人格特质

在日常生活中，我们常将人格等同于人品。戴维·波普诺认为，人格“指特殊的思想、感觉和自我观照的模式，它们构成了特殊个体的一系列鲜明的品质特征。人格可以分为认知（思想、知识水平、知觉和记忆）、行为（技能、天赋和能力水平）及情感（感觉和感情）”①。郑杭生认为，人格作为专门的社会学术语或社会心理学术语，就是个体心理特质和行为特征的总和。

青少年人格发展历程实质上就是个体与社会环境在相互作用中不断积累和建构价值经验体系的过程。当社会道德、理想、审美、主流价值体系等被个体价值经验体系所整合时，就会产生相应的情感、态度，并内化为个体人格结构。“人格是个体在行为上的内部倾向，它表现为个体适应环境时在智力、情绪、兴趣、态度、价值观、气质、性格和体质等方面的整合，是具有动力一致性和连续性的自我，是个体在社会化过程中形成个人特色的心身组织。”② 成长于多元化社会的青少年，其人格社会化进程就显得更加复杂且具有时代特性。在多元的中国社会里，经济成分、利益主体、利益关系多样化，传统价值陨落，社会意义系统杂陈，学校坚持的以主流集体主义道德为核心的道德价值导向和社会上流行的利己主义、金钱至上的矛盾、冲突，不仅使青少年的价值观念呈现出多元化的特点，而且使其在心理上困惑、迷惘，其人格整合系统和机制面临极大的危险。

(四) 性心理

青少年要认识和接受的身体发育的情况很多。青少年时期的身体发育一个最明显特点是两次性特征的出现。生殖发展或性发育，是十分重要也是给青少年带来困扰最多的一个发育情况。青少年正处于性生理和性心理迅速发育的时期，青春期的提前、性知识的匮乏、性观念的混乱以及性道德教育的滞后，使青少年自身成长受到影响，青少年性心理困扰也给家庭和社会带来危害。具体体现为以下几个方面：

(1) 性体像意识的困扰。主要表现为青少年男女不能正确、客观地认识自己的身体及其第二性征。有学者在调查研究中发现，有 50%的女生和 16%的男生对青春期出现的第二性征感到害羞、不安和不理解。女性对自己的乳房发育不满意，为形体的胖瘦而烦恼。

(2) 性意识的困扰。个体在进入青春期后，伴随着生理的发育成熟，性意识也开

① 波普诺．社会学．10 版．北京：中国人民大学出版社，2003：147.

② 黄希庭，范蔚．人格研究中国化之思考．西南师范大学学报，2001 (6).

始觉醒，常见的有被异性吸引、常想到性问题、性梦幻及性梦等。这些性心理活动在青少年学生中十分普遍。但部分青少年由于学校性教育的缺乏，不能科学理性地解释自己性意识的出现，认为自己低俗、下流，导致不必要的道德上的压抑和自我谴责。有些青少年表现为性意识过度，不能自拔，又无法从正规的学校教育中获得知识，就去看黄色小报、黄色影视作品，结果身心受损，也给社会、他人带来危害。

(3) 性行为的困扰。青少年的性行为主要表现为自慰行为、边缘性行为和婚前性行为，其中以自慰行为最为常见。自慰行为（手淫）是构成心理困扰的重要原因之一。由于长期的性教育不足，关于自慰行为会导致痤疮、精神失常或不育等种种荒诞的说法仍然到处泛滥。有自慰行为的青少年常常处于巨大的心理压力之中，他们常常为自己染上自慰习惯而担忧，不知道自慰行为是否会对身体和情感产生有害的影响，不知道这是否是一种少有的或不正常的活动，不知道其他人是否也有过自慰行为，也不知道这是否会损害以后的性生活。而且其他的边缘性行为（如游戏性性交、亲吻、拥抱、抚弄性器官等）对当事人的困扰亦不能忽视。有关大学生性行为的调查研究显示，约有25%的男生和50%的女生事发当时就有心理上的困扰，且在时隔多年后仍有困扰的男生为12.5%，女生为28.8%。这种心理上的不安、焦虑、自卑、自责等严重影响了大学生们的学习、生活、交往等。有婚前性行为的大学生事发当时即有82.2%的男生产生严重不安、自我否定和恐惧焦虑，可见婚前性行为的影响和危害之大。①

学习活动9-1 青少年访谈

试着找三个青少年聊聊，与上面对青少年特点的有关描述做个比较，然后与同学讨论比较的结果。思考一下，青少年的这些特点对做辅导工作有什么影响呢？

三、青春期的社会适应问题

每一个个体都生活在一定的社会环境（包括生活环境、工作环境、人际关系以及个体的内环境等）中，青少年群体不仅经历着个体的生理、心理的飞速发展和急剧变化，也体味着社会变迁带来的动荡和冲击。个体的生理、心理上的不适应会带来不良的社会适应。整个社会的高度竞争和高速的生活节奏给青少年的情绪带来了一定的紊乱和无所适从。单一的人才评价标准和应试教育机制，只重成绩不重全面素质培养的教育模式，也影响学生的情绪稳定。一方面是身体外形的快速变化，陌生的心理体验特别是性心理的困扰，另一方面是升学的重压、以父母教师为代表的成人社会文化价值观的期望。面对冲击、动荡，叛逆的青少年群体表现出无所适从和迷茫无助。沉重的心理压力使许多青少年陷入痛苦，表现为社会适应不良。美国的犯罪社会学家威廉·沃纳等对芝加哥监狱的犯罪青少年进行卡特尔16项个性因素的测量，结果发现

---

① 陈舒怀．实施创新教育 走教学管理现代化之路．中国高教研究，2001 (1)．

犯罪青少年大多存在社会适应问题[①]。针对青少年群体的社会适应性研究，许多理论流派提出了自己的观点。

(一) 生物进化理论

英国学者田纳主要从生物进化论角度对青少年的社会适应性展开研究。他研究青少年生理发展的顺序和时间、类型和变异的状况，通过对身体生长、阴毛生长、女性胸部和男性生殖器生长，特别是青少年成长发育的顺序和骤增现象的研究，指出男女在青少年发育过程中的个别差异现象。他提醒青少年工作者关注青少年各个阶段生理发育的特点，对个别晚熟和早熟个体给予个别的关怀和辅导。

(二) 弗洛伊德的精神分析理论

该理论认为人的行为受本能驱使，由人格结构中的“本我”“自我”“超我”所控制。本我（id）受本能驱使，是与生俱来的，是个人心理能源、本能的源泉。它包括生死、繁衍、毁灭和破坏，遵循快乐原则。自我（ego）是从本我中分化出来的，是人格中唯一的理性成分，能够控制意识，并提供现实、逻辑和计划，指导个人朝着目标前进，同时维持个体与环境的和谐，遵循现实原则。超我（superego）是从自我中分离出来的，是人格中的理想、理性和道德的部分。它形成自我理想和良心，约束个人行为，遵循完美原则。自我和超我属于意识层面，本我属于潜意识层面。不良行为的产生源于由各种集合而成的“本我”“自我”“超我”之间的关系的失衡。

弗洛伊德把人格发展的过程分为口欲期（0～1 岁）、肛门期（2～3 岁）、性蕾期（4～5 岁）、潜伏期（6～11 岁）、生殖期（青春期及以后）五个时期。他认为前三个时期对人格发展非常重要，一生的人格在这三个时期基本已经确定下来。弗洛伊德的理论因过于强调性欲的作用而被称为“泛性论”，因此受到批评，但他对无意识的发现和早期社会化的强调也深受重视。青少年工作者要重视早年挫折经验对青少年的影响，理解和发现当事人的早年未被满足和压抑的“儿童需要”，帮助青少年当事人达到人格结构的平衡，恢复心理动力，理解当事人的冲突、叛逆、否定快乐、过度理想化等现象。

(三) 青少年发展理论

1. 马斯洛的需要理论

马斯洛把人的自我实现的需要看作人的最高级的需要，也是人的终极目的。自我实现的需要与审美的需要、认知的需要和尊重的需要均属于高层次的需要，他称之为“成长的需要”。这些需要就是人充分发挥自己的潜能，不断超越过去的需要，是人努力的最高境界。人的自我实现需要的满足，构成了一个人的生活主题，人的生活风格就是在这个过程中体现出来的。

除了以上几种成长的需要之外，还有一些较低层次的需要，如生理需要、安全的

---

① 沃纳，等．心理问题及其科学测量．美国社会生活问题，1987（2）．

需要、归属感和爱的需要，这些需要直接关系到个体的生存，马斯洛称之为“缺失的需要”。缺失的需要是满足个体生理和心理平衡的需要。这些需要分为不同的等级，某一水平的需要得到满足或者部分满足之后，才会萌发下一个水平的需要，才会去追求高层次的需要。

马斯洛还提出了“高峰体验”的概念，这种感受是人感到自己与外在世界完全和谐统一时的微妙的瞬间体验。在高峰体验中，人们处在高度自律、自由自在、敏感的境界中。并且高峰体验在忘却周围存在和自己所处的一定情境时才能体验得到。

青少年时期，各种需要层次最不稳定，最高层次需要是不断发展的，很多成长问题源自各种需要的变化与满足。我们可以根据这一理论去解释和揭示青少年各种行为的内因。在具体工作中，满足或者主动迎合一些必要的需要，引导青少年向需要的正确方向发展，就会促进青少年的健康发展。①

2. 皮亚杰的认知发展理论

皮亚杰把个体的发展分为：感觉运动阶段、前操作阶段、直觉思维阶段、具体操作阶段、形式运算阶段（正式运算阶段）。他认为青少年的年龄属于形式运算期。他们已经学会用思想考虑任何事情，学会推理、分析、回想等，能做许多的假设，并会运用一些创造性的思考。皮亚杰的理论有助于青少年工作者把握青少年的认知特点，调动青少年认知发展的能力。

3. 埃里克森的生命周期理论

该理论认为青少年面临着两个发展任务：获得勤奋感，克服自卑感；建立自我认同感。此时，青少年的主要社会身份是学生，其基本任务是学习。为了完成学习任务，他们必须勤奋努力，但同时又害怕失败。当创造活动和学习表现受到老师与成人的支持、赞扬和奖赏时，其勤奋感就会产生并得到加强；如果被看作捣乱，或者在学习上经常失败，就会产生或加强自卑感。这种勤奋与自卑的矛盾就构成了这个阶段的危机。自我认同（self-identity）则是青少年时期心理发展的另一中心主题。青少年在这一时期特别注意观察和认识各种社会角色的意义，学会扮演不同的角色，实现角色的自我认同。如果个人在这一时期的社会交往活动缺乏主动和自信，就不能正确理解各种社会角色的意义，而在互动中出现角色混淆不清的现象。身份意识要求青少年将许多身份整合起来。如果身份整合得不好，就会发生身份与角色的混淆，导致身份危机、产生同一性混乱，如时间混乱、自我肯定的混乱、两性混乱、权威性混乱等。此时，随着其自我意识的增强和自主性的增加，青少年开始从以下六个层面去思考关于“自我”的问题：我现在想要什么？我有何身体特征？父母对我有何期望？以往的成败经验如何？现在有何问题？希望将来怎样？所有这些问题，都是围绕着回答我是谁、在社会上有何地位、将来会怎样等等而展开的，这些问题的答案决定了青少年如何看待自己、如何评价自我形象等。该阶段青少年有关身份和角色的困难在于：第一，原有的角色是否继续，对哪些角色需要继续、哪些需要放弃难以分辨；第二，社会认同其延缓承担责任，因为他们尚未真正选择某种行为方式；第三，如果其积极性

① 陆士桢，王玥．青少年社会工作．北京：社会科学文献出版社，2005：104.

未予发挥，其消极性就会产生。青少年社会工作者要帮助青少年当事人实现两个任务：能认识和解决勤奋和自卑的矛盾，培养勤奋的习惯，建立多元化的评价标准；实现自我认同，客观看待自我形象。

4. 哈维格斯特的发展阶段和任务理论

哈维格斯特的发展阶段和任务理论认为，人生发展的任务是一个人在一生中的某个时期应该获得的知识、技能和态度，也是社会对各个发展阶段的人们所提出的要求，人的成熟正是由完成各个发展阶段所分配的课题而实现的。具体到青少年时期，他们面临的发展任务是：学习与同龄人相处；能扮演符合自己性别的社会角色；认识自己的生理结构，接纳自己的身体容貌；情绪趋于独立，不再事事依赖父母；学习专长，为将来的职业做准备；建立自己的良心、道德观和价值标准。青少年工作者应该理解和深刻认识青少年群体的发展任务，帮助他们实现人生特定阶段的任务。

5. 科尔伯格的道德发展理论

科尔伯格认为，青少年处于习惯期，需要遵守成人或他人的命令，实现社会期望的行为。青少年能觉察到良好的行为可以取悦他人，从而有强烈的动机去获得他人的赞赏。他们对于法律有强烈的信念，行为服从于较高的权威，认识到社会秩序的重要性。青少年社会工作者应该认识到青少年的道德发展特点，对合乎主流价值观的行为给予增强。对青少年进行普法教育，引导青少年发展并养成合法的、符合社会行为标准的行为。

（四）青少年社会化理论

狭义社会化研究主要以青少年为研究对象，重点在如何从一个“生物人”转变为一个“社会人”。广义社会化认为，社会化不仅是从“生物人”到“社会人”的转变过程，而且是一个内化社会价值标准、学习社会角色技能、适应社会生活的过程。

1. 库利的“镜中我”理论

库利认为自我或人格是社会的产物，是通过社会互动而产生的。他将自我意识的形成分为三个阶段：第一，我们设想自己在他人面前的行为方式；第二，在做出行为之后，我们设想或理解他人对自己行为的评价；第三，我们根据自己对他人的评价的想象来评价自己的行为，并据此做出下一步反应。在这样的一个循环往复的过程中，每个人逐渐形成自我意识和人格。库利形象地把通过观察别人对自己行为的反应而形成的自我概念称为“镜中我”，即每个人的“自我”观念其实是他人这面“镜子”的反射。库利还注意到“初级群体”在个性发展和个体社会化过程中的重要作用。

2. 米德的“角色扮演”理论

乔治·米德是社会学中符号互动论的代表人物之一，主张自我意识是随着符号使用能力的发展而发展起来的。米德认为社会化的实质是“角色扮演”，即学会理解他人对于角色的期待，并按照这种期待实施角色行为的能力。社会化过程可以分为三个阶段：模仿阶段、嬉戏阶段、博弈阶段。每个阶段的“角色扮演”能力是不同的。在模仿阶段，孩子简单理解和模仿父母的动作，“角色扮演”非常有限，自我意识弱。

到了嬉戏阶段，孩子开始扮演一些特定的、重要的角色。角色往往在孩子周围，在孩子生活中占重要地位。客我的内涵和外延已经开始扩大。到了博弈阶段，孩子需要和能够扮演的角色的范围更加扩大，他们开始观察、理解和模仿“一般化他人”的角色。“客我”范围已经覆盖了整个社会。社会化过程就是一个人从只能扮演有限的、特定的角色到能够扮演普通的“一般化他人”角色的演进的过程。

（五）学习理论

学习理论认为观察学习是获得知识的重要途径。青少年的行为和人格是学习得来的，而朋友就是重要的学习对象。当自己的想法或行为得到朋友的赞同或认知奖励时，青少年就能学到新的行为规范。

1. 操作学习理论

斯金纳将行为区分为应答性行为和操作性行为。前者是由特定的、可观察的刺激所引起的行为，后者是指在没有任何能观察到的外部刺激的情境下的有机体行为，受行为的结果控制。在个体心理发展中，斯金纳持一种无阶段的观点，他把个体发展看成一个连续的、渐进的过程，在不同的发展时期并不存在明显的、质的不同，只是有微小的变化。他提倡在从婴儿到青少年逐渐成熟的过程中，根据年龄或时间的不同来研究人的言语行为。他只是认为将发展的过程分为更细小的部分会更精确些，同时可以避免研究者仅仅将目光集中在某一特定阶段，而忽视了其行为发生的原因。同时他也非常重视遗传与环境因素对于个体发展的影响。

2. 社会学习理论

社会学习理论探讨的主要课题是社会化，即社会是如何影响个体以使他们掌握社会规范，并向着社会要求的方向发展的。班杜拉是社会学习理论的重要代表人物。与激进的行为主义者相比，班杜拉认为不仅环境能决定个体的行为，个体的认知因素也能够影响个体的行为，而且个体也可以通过行为来改变环境，即行为、环境与认知因素之间是相互作用的。随着理论的逐渐完善，班杜拉给予认知越来越多的关注。他指出个体在发展过程中，并不仅仅通过与环境的相互作用来学习知识，同时能够在头脑中对知识进行操作以形成新的理解，能够畅想未来，并制订计划。另外，班杜拉提出观察学习是人类最主要的一种学习方法。

观察学习又称替代性学习。在班杜拉看来，人有通过言语和非言语形式获得信息以及进行自我调节的能力，这使得个体能够通过观察他们（榜样）所表现的行为及其结果进行学习。即学习者不必亲自参与活动，也无须亲自体验强化，而只需通过观察他人在一定的情景中的行为，以及他人接受的强化来进行学习。

（六）其他相关理论

此外，人际沟通理论、标签理论、人文主义思想以及小组动力学理论也都对青少年的社会化、社会适应特点做了特别的探讨。

以社会心理学、人类学和社会语言学为基础的关于人际沟通的理论认为，许多人的行为问题出在沟通方面，如不能恰当地接受、选择与评估信息，不能很好地给予或接受信息反馈，等等。沟通意识的淡化、沟通能力的低下、沟通技巧的缺乏等都会妨碍青少年融入社会，最终影响他们的社会适应进程。

标签理论认为许多人被称为“有问题的人”，这与周围环境中社会成员对他及其行为的定义过程或标定过程密切相关。将某人标定为“正常人”或“不正常人”，就相当于给他贴上了一个标签。这种标定过程正是青少年与社会环境互动的过程，青少年被贴上“问题”的标签意味着其社会适应过程的不顺利。如果周围的成年人随便地、不负责任地乱贴标签，等于是在扼杀青少年的成长动力。

人文主义思想认为每个人都生活在一个“意义世界”中，而每个人的“意义世界”都是通过自己对这个世界的“理解”或“解释”建立起来的。当人们的“理解”或“解释”过程发生困难（如现在和过去的理解不一致，自己和他人的理解不一致）时，问题就会出现。理解“意义世界”及其内在矛盾，解构并重构自己的“意义世界”，是青少年社会适应过程中的主要任务。

小组动力学理论由心理学家勒温创立，它的内容包括小组的形成、维持、发展，小组内部的人际关系，小组与个体的关系，小组的内在动力，小组间的冲突，领导方式对小组的影响，小组行为，等等。勒温始终强调小组是一个动力整体，应该把小组的每个部分放在整体中进行研究。小组动力学理论对小组工作有直接和重要的影响，其中影响最为深远的理论内容包括：场域理论、小组气氛的研究、小组凝聚力、小组规范等。青少年都生活在一定的小组当中，观察他们在小组中的表现，引导他们学会与小组成员相处，并使他们有能力成为小组中积极有力的成员，这一过程本身就是在帮助青少年理解和思考社会适应。

学习活动 9－2　课外阅读

关于青少年适应问题，还有许多学者和理论有所论及。请你查找课外资料，再补充 2～3 个观点和解释，并与你的同学分享。看看各理论观点之间有什么关系。

第二节
青少年辅导的主要问题

由于其生理、心理发展的特殊阶段，由于我国所处的特殊的社会变迁时期，经受时代冲击、倍感竞争压力已经成为当代青少年必须面对的时代背景。当前，我国青少年群体在社会环境适应、自我认识、人际关系、社交（包括恋爱）、同辈交往、家人关系等方面都存在不同程度的发展难题或障碍问题。个别青少年还表现出偏差行为，饱受抑郁、焦虑、沮丧等情绪困扰之苦。

青少年产生问题的原因主要来自社会、学校、家庭和个人四个方面。青少年工作者要适应时代发展，转变思想观念，重视社会文化的影响，改进学校和家庭教育的质量，同时针对青少年开展形式多样的心理辅导活动，努力提高青少年的心商。

问题行为是指在严重程度和持续时间上超过了相应年龄所允许的正常范围的异常行为，临床分为五级：一级为犯法行为；二级为虞范行为；三级为问题行为征兆群（如缺课、不愿学习、作弊反抗等）；四级为不适应行为征兆群（如孤立、首领欲、粗暴、不爱说话等）；五级为不适应性格特征（如攻击性、非社会性、冲动性、不安性、自卑感等）①。据报道，美国具有问题行为的青少年占12%左右，我国占11%左右②。本节所列出的青少年的问题行为分别属于五级中的某一级，为了描述方便，将其归纳为下述几个方面。

一、学习问题与考试焦虑

青少年群体由于其所处的年龄阶段，学生身份是他们所承担和扮演的主要角色。大部分人要接受我国的九年制义务教育，从而进入高中以及职业高中、大专以及本科院校等读书。学校生活无疑是他们生活过程中极其重要的一部分。顺利适应学校生活不仅能使他们能够顺利接受教育，学习内化社会规则，接受主流价值观的社会化，也可以防止个别青少年游离在社会上，被不法社会团伙利用，预防青少年犯罪的发生和教育期望的落空，从而导致学习上的种种问题。

当前社会考试竞争异常激烈，升学考试的压力犹如乌云压顶。素质教育虽然已经搞了很多年，但是单一的评价机制、分数决定一切的考核标准还是给学生带来沉重的压力。在青少年学生中广为流传的“考，考，老师的法宝；分，分，学生的命根”就是对当前广泛存在于学生之中的分数压力、考试压力的真实写照。其中最为常见的是考试焦虑。

我曾接待过一名中学生，她正读高中，每次考试之前都会恶心，还伴有腹泻现象。而且这种现象普遍存在于她的同学当中，吃药也作用不大。这是一种典型的考试焦虑的表现形式。考试焦虑包括考前焦虑和考后焦虑，也包括考试中因为过度焦虑而导致的考试过程中的种种焦虑情绪反应。考试焦虑常伴有躯体症状，如头晕、心悸、失眠、食欲下降等应激综合征。

精神分析理论研究表明，焦虑是自我遭遇威胁的信号。焦虑是生命有机体在面对自我难以抵御的压力或危机时表现出来的一种功能，有自我防御和自我保护的作用。由此看来，焦虑是正常的，过度焦虑是不正常的。青少年学生在考试时因担心失败、害怕压力、过度紧张而表现出的较强程度的行为困扰和心理障碍，并因此形成的一些心理卫生问题，看来是不正常的。考试焦虑会使学生处于失助和紊乱状态，对考试结果的担心以及由此引发的对某种潜在威胁的恐惧，导致强烈的不愉快的情绪体验，它不仅影响学生的继续学习，而且威胁到学生的身心健康。开展对考试焦虑的研究和心理辅导工作，不仅是教学工作的需要，也是增进学生身心健康、促进学生智力和人格全面发展的一项重要内容，对培养高素质的人才具有十分重要的意义。

---

① MILTENBERGER R G. 行为矫正的原理和方法．北京：中国轻工出版社，2000：16－22.

② 同①.

个体自身的遗传素质、认知素质会影响不同个体对同一问题的主观感受。不同的个体对考试焦虑的感受程度不同，情绪反应也不同。现代遗传学和心理学的研究表明，遗传因素的特点决定着神经系统（特别是大脑）、酶系统和生物化学变化的特点，从而决定大脑皮层分析与综合的特点，因此制约个体心理活动的进行和发展。由于父母遗传基因不同，每个人对环境刺激产生的紧张程度亦有区别。神经类型弱而不稳定的学生个体，对弱刺激敏感、体验深刻，对考试结果很容易产生情绪波动，因此焦虑水平较高。个体的认知评价在考试焦虑的形成过程中居于主导性的地位，对情境的知觉和认知重估都属于认知评价的范畴。心理学家拉撒路认为：对应激源的认知可分为两个阶段。第一阶段为初级评价，即个体对应激源的性质和重要程度所做的评价，如学生对考试后果的预测等。它决定个体有无必要对这种刺激进行防卫。第二阶段为次级评价，指个体在对应激情境的危害性做出肯定识别后，随即形成的对有关应对策略的权衡和分析，如学生对自身应付能力的评估。假如学生的次级评价正确，分析出了引起最初状态反应的真正原因，并找到了理性的应对方式，那么其最初状态的反应就会减弱，乃至消失，从而顺利地克服考后焦虑；假如次级评价错误，找不到理性的应对方式，相应地，其焦虑反应便会加剧，或者出现逃避行为。因此，个体的认知评价对控制考试焦虑具有十分重要的作用。家庭、学校和社会等外部环境因素也会影响考试焦虑水平。

二、人际交往

人际交往是个体生活的重要组成部分，也是青少年社会化的重要内容。处于学习年龄的中学生，生活的主要时空是学校，同学相处、同伴关系是中学生每天都会面对的。教育教学离不开教师，学习生活中相当一部分是师生共同参与、一同运行的，师生关系也是青少年人际交往的一部分。青少年正处于身心发育发展的高峰阶段，身体的快速成熟，心理的急速变化，促使青少年对异性交往产生好奇，或迷茫、或无措、或一意孤行，都会导致人际交往的不正常，使青少年的成长出现偏差。家庭是孩子身心成长的关键环节，父母与孩子的关系会影响孩子的一生，家庭关系的扭曲、亲子交往的不良会导致青少年身心整体受挫，甚至冲击他们的人格整合。协调家人关系，和谐亲子交往是青少年成长内容中不可或缺的主题。

（一）交友（同辈关系）

米德认为，自我与他人互动构成社会。同辈群体是自我的重要他人。个人在同辈群体中学会如何与人沟通、如何平等对人、如何与他人交换、如何博弈。个人的自我身份认同也需要通过同辈群体实现。然而，青少年在同伴交往中存在着一些不容忽视的问题。中国青少年研究中心对大学生进行的多次调查显示，大学生中精神行为检出率已超过16%，心理不健康或处于心理亚健康状态的比例更高。2005年的一次调查结果显示，有四成以上的大学生认为自己由于就业、学习和经济上负担沉重而面临巨大的心理压力，还有10.6%和6.8%的大学生认为心理压力来自“人情冷漠”和“人际关系紧张”[①]。

瑞士心理学家皮亚杰提出了“自我中心主义”的概念。该概念原指婴幼儿的判断和行为有受自己的需要与感情强烈影响的倾向，后来被引用为指青少年及成年人也有的这种倾向。他们的判断和行为受到自己的需要和感情的强烈影响，表现得极为自私，心目中只有自己，不能容纳别人，无爱心，无责任心，无羞耻感。这种倾向较稳定，有一定的惯性，甚至可能成为一种性格。青少年的自我中心性格有多种表现：以我为中心，我行我素；不懂得进行换位思考，不考虑别人和集体，视我的一切为神圣不可侵犯的，稍有侵犯，睚眦必报；以我为判断是非的标准；内向，自我封闭，不合群，就算有朋友也没有深交的，喜欢独来独往，不喜欢参加集体活动；自私自利，损人利己，侵害别人和集体。

同辈群体在儿童、青少年的社会化进程中扮演着十分重要的作用。哈里斯认为，儿童的社会化过程，就是学习社会的价值观念体系和行为方式的过程。他认为儿童在家中习得的行为，在家庭之外并没有很大的作用，儿童独立地在家庭内外习得两套行为系统。[②] 根据他的理论，人类由于进化的原因倾向于加入和适应一个群体：儿童在婴儿期就获得了分类的能力，儿童通常按年龄和性别分组；青少年则使用不同的标准，如按学术兴趣、能力等组成团体。哈里斯认为，家庭外的社会化就发生在同龄群体或青少年团体的各自性别群体中。儿童、青少年加入同辈群体的心理需要，群体内部的发展过程的同化与分化，加大了群体成员个人之间的差异。

认识到同辈群体的重要性，正视和理解青少年交友面临的不良表现，要求青少年工作者致力于推动青少年之间良好关系的建立，推动同辈群体文化的建设。因为青少年问题可能就是青少年群体的问题。

（二）异性交往

青春年华，情窦初开，由于性的成熟和学校生活中两性交往的可能性，青少年会注意到异性，会彼此关注、互相愿意靠近。个别青少年还会想在爱河中寻找自己的白马王子或白雪公主。但由于青少年年龄、心理的不成熟，以及社会阅历浅和学习任务重的特点，他们的恋爱之花往往是无果之花，以失恋和单恋为最多。而且无论恋爱成功还是失败，都会消耗大量的精神能量和时间，使当事人常处心神不宁状态，也会使家长、老师因为过度紧张而想加以干涉，导致亲子、师生关系紧张，矛盾重重。

生理发育、身心需要导致青少年愿意接近异性。学业紧张、传统文化习俗却限制青少年与异性接近。一边是强烈的生理渴望，另一边是强大的社会阻力，使处于青春萌动的青少年无所适从。自由、放纵的孩子就会不计后果，铤而走险，甚至偷吃禁果，酿成苦果。自制、胆小的孩子不敢接近异性，甚至连正常的男女生交往都胆战心惊，不知所措。这两种现象都是不正常的，都不是青少年成长的正确选择。引导青少

---

① 中国青少年研究中心，团中央学校部课题组．“大学生思想政治教育”调研报告．中国青年研究，2005（7）．

② 郭培方．群体社会化理论述评．山东师范大学学报（社会科学版），1998（5）．

年了解异性交往的必要性；懂得异性交往的特征；学会在异性交往中尊重对方，理解对方，使彼此心情舒畅；掌握异性交往的礼节和技巧；既展示自己的性别特征，又接受对方的性别特点，彼此学习，相互借鉴……这些都是青少年工作者亟须思考并熟知的课题，也是这一代中学生成长中不可跨越的生命主题。

（三）亲子交往

家庭是社会的细胞，家庭作为人类社会化的第一场所，是青少年获得关爱、体验亲密、学习施爱、融入社会的基本环境。然而，身体的发育、心理的丰富、独立性的增强、社会文化对主体性的强调，使得当代青少年比历史上任何一代都渴望独立、想自己把握时间和生活。他们宛如笼中的小鸟，既想飞出笼子，又对外面世界的风雨险恶难以抵御。于是乎，代际冲突出现了。他们与爸爸妈妈的关系开始紧张——日记上了锁、独立、叛逆、与父母对着干。但他们又无法摆脱对家庭的经济依赖和情感需要，遇到风雨就会退缩，遭遇挫折就一蹶不振。父母对他们不放心，时时看着，处处关照，给他们一种被控制、被监视的感觉。有的父母忙生计、拼事业，对孩子无暇顾及，冷暖不知，给孩子造成被冷落、被抛弃的感觉。任何过度或极端的做法都影响青少年和家人的关系。

心理学的研究表明，健全完整的家庭对子女的身心发育有着积极重要的作用，父母的教育方式、亲子关系对子女的身心健康发育及行为塑造无疑起重要作用①。青少年工作者要重视良好家庭氛围的作用，同时也要帮助家长理解孩子的开始独立和孩子内心的挣扎与痛苦；引导父母理解孩子对交往的渴望，对尊重和理解的珍惜；改变家长的教育思维方式。大人和孩子的关系，不是“管与被管”的关系，而是尊重与被尊重的关系。家长对孩子可以提出要求，孩子可以对要求提出异议，但须说出理由。家长可以有策略地改变自己的要求，提出一个更适合孩子的要求，彼此互相了解对方的思想和愿望。要给孩子发展的空间，“在孩子遇到困难时，家长要不惜时间给予陪伴，细心倾听，积极回应，这样才能给孩子以必要的精神支持，也能帮助家长认识孩子的个性特点。家长的自我反省能力、较稳定的情绪反应模式及对外界的敏感性都是教育和帮助孩子的最重要的成分”②。家长经常保持良好的、稳定的情绪状态，能给孩子带来温暖、心灵的安宁与安全感。

（四）师生交往

随着独立意识的增强，青少年已有主见，从顺从型过渡到批判型。教师在他们心目中的权威地位动摇了。他们不再全盘接受教师的评价，而是批判地看待教师的评价。如果教师评价学生不客观、不公正，处理事情感情用事、不尊重事实，学生就会产生对立情绪。这种对立情绪又因教师的威压，而不能理性地宣泄，从而造成压抑。由于自我意识的迅速发展，青少年的自尊心越来越强，对教师的批评很敏感，常常心

---

① 翟静，刘金同，陈修哲．中学生家庭因素与行为问题的对照研究．中国行为医学科学，2001（3）．

② 马志国．中小学心理咨询实践中存在的问题及对策．大众心理学，2002（9）．

烦意乱或记恨在心。

在升学压力之下，教师关注的是学生的学习成绩，偏爱学习成绩好的学生。教师很少有机会与大多数学生进行沟通，不能了解学生的内心世界。一些学生认为，教师对他们不了解，大多只关心他们的成绩，并且教师只关心个别同学，有许多教师甚至认不全自己的学生。上海市教科院副院长顾泠沅教授说，中小学师生关系状况用一句话来概括，是指导传授的渠道在拓宽，感情沟通的大门在缩小。师生之间仅以知识传授为纽带，很少有感情的交流，这造成师生关系紧张。而师生关系紧张是青少年产生负面情绪的重要原因之一。

师生关系紧张已经演化到师生冲突，师生关系对立、教师打骂学生、学生报复教师的事件屡见不鲜。有学者研究表明，师生冲突主要是非现实性冲突。即师生双方不存在势不两立的对立与矛盾，也不存在根本的利益冲突，师生冲突主要是由负面情绪导致的。师生一方或双方因为情绪状态不佳，会将自己的负面情绪发泄给对方，表现为对对方的指责、抱怨、批评甚至谩骂，师生冲突由此引发。“在学校实际工作中，师生冲突多数表现为非现实性冲突。非现实性冲突的发生与情绪、情感有关，是一方或双方为发泄不满、释放紧张情绪的需要而引发的。因此，非现实性冲突往往伴有强烈的负面情绪。”[①]“师生冲突的大多数是一种‘替罪羊’现象，师生互为替罪羊。教师的不满发泄给学生，学生的怨气指向教师，表现出来的就是非现实性冲突。事实上，教师与学生不存在根本对立，没有不可调和的矛盾。”[②]

三、偏差行为

从心理健康的角度来看，人们的心理状态可以分为三种：第一种是正常状态，即“常态”，是个体在一般的没有困扰的情况下，心理所处的正常状态。第二种状态是不平衡的状态或危机状态，简称“偏态”。个体一旦发生“生活事件”，即扰乱正常生活、引起人们的消极情绪反应的事件，如受挫折、欲求不能满足、受到威胁等，则会进入一种不平衡状态。不平衡状态是不可避免的，也是必要的。个体在处于该种状态时，会自我调节，弗洛伊德称之为“自我防御机制”。个体如果不能自我调节，就要借助他人的疏导，以消除不平衡，恢复正常状态。第三种是不健康状态，包括“不健康状态”和“变态”两种情况。前者是轻度变态。个体如果进入不健康状态，固然有可能经过心理咨询和心理辅导恢复到正常状态，但这个过程比从心理不平衡状态恢复到正常状态难度大得多。个体处于不健康状态，会非线性地发生不适应行为，包括反社会行为和异常行为。而且这些行为的发生往往没有明确的、直接的原因，找不到因果关系，不可预测。

处于“追求自我同一性危机中”的青少年，在社会变革的震荡中经历着最强烈的“社会心理阵痛”与由价值观冲突引发的迷茫。在信息污染、毒品诱惑以及不良家庭

---

① 田国秀．师生冲突的概念界定与分类探究．教师教育研究，2003（6）．

② 同①.

环境的影响下，青少年面对着越来越多的挑战。不少青少年在与同学交往、与家人相处、性的诱惑、学业压力及自我形象的建立等方面，因为无法承受这些挑战或压力而产生了“偏差行为”——比如早恋、逃学、离家出走、吸烟、酗酒、偷窃、说谎、打架、纵火、虐待等攻击他人、违抗不服从、破坏性等问题。这些行为违反了社会行为规范和道德准则，影响青少年本身的学习和社交功能，损害他人或公共利益。

多数研究者认为，青少年偏差行为的产生是个人与环境交互作用的结果，环境因素（包括家庭因素、学校因素、同辈群体因素、社会因素、邻居状况及法令因素等）可能使青少年发生偏差行为，并认为偏差行为产生的原因往往很复杂。就社会工作者对青少年偏差行为的观点看，主要有如下争论：一方认为青少年偏差行为是青少年成长（youth development）的过程，为正常的自然现象，应予以辅导协助或为青少年充权；另一方则认为，青少年偏差行为应以犯罪防治（delinquency prevention）视之，应予以惩处矫治。因此便有重视辅导、充权与重视社会控制的对待问题青少年的两种方式。①

从社会工作研究的视角看，偏差行为青少年是不良社会环境的受害者，即失去功能的家庭、不良的教育制度及社会环境，造就出了今日的偏差行为青少年。解决青少年问题，应先从健全家庭功能、改进教育制度、改善学校环境及革新社会做起。② 学校社会工作者普遍赞同此种观点，认为要解决青少年问题，从辅导青少年入手，运用社会工作方法改造社会，才是根本之道。而仅仅控制或处罚青少年，采取严厉惩罚措施，并不能竟其功效。同时，青少年偏差与犯罪防治工作者也在前线实务中常面临这样的难题：在特殊环境下通过控制解决了的青少年偏差行为，一旦当事人回到原有环境，常常故伎重演，重蹈覆辙，使得防治工作前功尽弃。因为不少青少年问题，症结在于问题家庭、同辈群体、社会环境的诱惑。若仅仅治疗了青少年本身，而未改造其社会生活环境，则徒劳无功。所以，在青少年偏差行为的辅导介入策略中，学校社会工作辅导者认为，除了要辅导青少年本身外，还需要从家庭、学校、社会着手。

学习活动 9-3　个案访谈

找一名面临一些人际问题的青少年，运用个案工作的理念与方法，帮助他（她）对问题做一定的处理，并在面谈之后写一篇反思报告，总结自己在个案访谈中的经验与局限。

四、青少年犯罪

打开网页搜索，你会发现青少年犯罪的条目让人十分震惊。青少年犯罪的比例越来越高，一张张年轻的面孔，却残忍漠视生命。这是为什么？一个个鲜花般的生命为

---

① 赵维生．社会变迁下的少年偏差与犯罪．台北：桂冠图书股份有限公司，1997.

② KYAN W. Blaming the victim. N. Y.：Vmgtage Books，1971.

何走上犯罪的道路甚至不归路？

学者邵道生提出了游民层犯罪理论。他认为当今犯罪的青少年实际上属于未成熟的游民层，它的主体是因经济等原因没有条件上学的青少年，即小学毕业升不了初中、初中毕业升不了高中以及被开除学籍、退学或者辍学的所谓流失学生。[①] 邵道生1999年主持的调查表明，在青少年犯罪成员中，流失学生占到70%～80%的比例，而且还有上升趋势[②]。

近年来，青少年犯罪多为性犯罪和财物犯罪，还有一定比例的伤害他人身体的犯罪。这与青少年的社会角色和社会地位有关。身心发展迅速，道德教育、性教育落后，社会变迁，外界吸引力巨大，对繁华成人世界的向往，对物质、金钱的渴求，都是青少年犯罪的诱因。青少年正处于身心发展的不稳定时期，身体发育的速度和水平超过了心理发展的速度和水平，对行为的自我控制能力较弱，对外界刺激反应敏感，容易受影响。这些都决定了犯罪青少年的犯罪原因与成年罪犯有很大差别。而正由于青少年的可塑性较强，有针对性地加强对犯罪青少年的教育改造工作，也就可以收到更好的实效，更具有现实意义。

另外，青少年犯罪与家庭教育的失职、父母教育的缺位关系紧密。绝大多数犯罪青少年来自问题家庭。父母离异、家庭解体、父母有犯罪经历、父母长期与孩子分离或者父母管教扭曲，都造成了青少年不能得到恰当的、持续的、稳定的亲情，使青少年有明显的情感缺失。情感缺失容易导致青少年情绪不稳定，认知偏激，往往以过激行为解决问题。而且，他们缺少亲情，很少得到积极的、正向的感情交流，受到的往往是负面的情感影响，使得他们习惯于以攻击的、伤害的方式对待别人，甚至通过攻击别人、伤害别人达到自我宣泄、自我平衡。这正是青少年应激性犯罪的常见机制。因此，帮助青少年远离犯罪，学会以积极的、良性的方式对待他人、对待挑战，必须从和谐家庭关系、凝结美好情感入手。

五、情绪困扰

情绪困扰是青少年人群的多发现象。青少年在这一阶段本身就容易情绪不稳定，容易受到外界刺激的影响和左右。由于青少年生活阅历少，生活经验简单，遇到自己没有碰到过的挑战或挫折，他们往往首先表现出负性的情绪反应。情绪是行为的导火索，负性情绪很容易导致破坏性的行为方式。青少年常见的情绪困扰有如下一些方面。

（一）沮丧

沮丧是指向自我的痛苦、无助的情绪体验。沮丧的青少年看上去很悲伤。他们常

---

① 邵道生．转型社会犯罪发展的变化与青少年犯罪的防治//香港青少年问题论文集．香港：香港青年协会，1999.

② 邵道生．转型社会中国犯罪问题的社会学思考//中国社会的困惑．北京：社会科学文献出版社，1996.

说自己很伤心、高兴不起来，容易哭、感到孤独和悲观、有一种无助感；又觉得无力控制自己周围的世界，尤其是一些消极不利的事情，其外显形式主要表现为自我退缩、回避外界。他们不愿意参加活动，不敢与人交往，缺乏自信。他们总认为自己不如别人，总认为自己什么事也做不好，总怕别人耻笑，特别害怕在公共场合说话或做事。沮丧源于害怕被抛弃和孤立，是社会性嫌弃的内在化，是对自身的嫌弃。他们有了问题过分自责，对生活和前途感到渺茫。

（二）压抑

压抑是情绪和情感被过分克制约束、不能适度表达和宣泄时所产生的内心体验。它混合着不满、苦闷、烦恼、空虚、困惑、寂寞等多种情绪。它常表现为精神萎靡不振，对生活失去兴趣，不愿主动与人交往，感觉迟钝，容易疲劳、不满和牢骚满腹。

（三）抑郁

抑郁是一种持续时间较长的低落消沉的情绪体验。处于抑郁状态的青少年的视线中的一切仿佛都笼罩着一层暗淡的灰色。他们常常感到精力不足，注意力难以集中，思维迟钝，并伴有痛苦、羞愧、自怨自责、悲观抑郁的情绪体验，自我评价偏低，对前途悲观失望。

青少年抑郁有两种表现形式：一是缺乏感情，有一种空虚感，仿佛是遗忘了儿童期的自我却未能以发展着的成人自我取代它。这种空虚酿成高度焦虑和抑郁，而使青少年处于类似悲观的状态。二是以长期的、反复的挫折体验为基础的抑郁，它很难消除。

（四）冷漠

冷漠是个体受到挫折后的一种自我保护性的消极情绪反应，表现为对外界刺激不关心、冷淡、退缩。冷漠往往是个体压抑内心情感与情绪的一种表现。他们表面冷漠，内心却备受痛苦、孤独、寂寞、不满、愤恨情绪的煎熬，有着强烈的压抑感。

（五）嫉妒

嫉妒是一种既羡慕又敌视的矛盾情感状态，源于与他人的比较。培根说：没有比较的地方就没有嫉妒。嫉妒是一种企图缩小和消除与他人的差距，恢复原有平衡关系的消极应对方式。它包含着焦虑、忧惧、悲哀、失望、愤怒、敌意、憎恨、羡慕、羞耻等不愉快的情绪，是一种错综复杂的情绪体验。嫉妒情绪在青少年中普遍存在。有的青少年的嫉妒情绪强烈，容不得别人比自己强。当看到别人在学习成绩、处事能力、人缘、荣誉、衣着等方面超过自己时，他们就感到愤怒、痛苦、愤愤不平，甚至采取不正当手段进行报复。当别人遭遇不幸或灾难时，他们不是伸出援助之手，而是幸灾乐祸。嫉妒者往往期望着别人失败，因此不仅影响人际交往，而且使自己生活在负累之中。

（六）焦虑

焦虑是一种复杂的综合性的负面情绪，是青少年在社会生活环境中对可能造成心理冲突或挫折的某种事物或情景进行反应时的一种不愉快的情绪体验，即预测到一些可怕的、可能造成危险或需要付出努力的事物或情景将要来临，而又感到对此无法采取有效的措施加以预防和解决时心理上产生的期待情绪，表现为不明原因的焦躁和不安。有严重焦虑反应的青少年会突然感到害怕，仿佛有什么不幸的事情即将发生。他们会变得心神不宁、烦躁不安、容易受惊，还会体验到如头昏眼花、头痛恶心或呕吐等症状。他们的注意广度受到限制，还可能出现精神错乱。

（七）孤独

孤独是一种感到与世隔离、孤单寂寞的情绪体验，表现为沉默寡言、孤僻离群、常常不能与人友好相处、消极悲观、在新的生活环境中难以适应、敏感多疑。

（八）浮躁

浮躁是常见的一种情绪体验，包括：轻浮急躁，做事静不下心来；没有耐性、见异思迁、好大喜功、反复无常；没有稳定的目标，行为常捉摸不定，为幻想、欲望所支配。

第三节 青少年辅导的常用方法

青少年阶段是生命发展的特殊阶段，生理发育加快，身体变化明显，心理需求多元。走过儿童期、少年期，生命成长的许多课题与内容，或顺利解决，或遗留空缺。按照心理动力学理论的解释，6～12 岁是心理动力的潜伏期，之前没有良好解决的成长课题以滞留的方式存在。进入青春期后，伴随身体发育的突飞猛进，心理成长同时加快，而且会连带起早年所有滞留的问题，一并出现。于是，青少年阶段是生理与心理的双重“饥渴期”，青少年特定的社会地位与尚未成熟的心理水平，形成了青少年的基本矛盾，身心需要的渴求与心理成熟水平及社会地位水平的矛盾，导致他们极易进入心理不平衡状态。他们自己解决问题的经验较少，能力相对较差，并且不善于通过他人的疏导得以改进。社会变革、家庭结构、家庭气氛、教养方式都会对他们产生影响、构成挑战，针对青少年的辅导需要多元化、全方位。

一、心理分析（心理动力）疗法

（一）理论模式简介

心理分析疗法又称“精神分析治疗”“心理动力学治疗”，它通过对潜意识、防御机制、心理冲突、移情与反移情等基本概念的界定与分析，运用倾听、解释、移情和反移情、修通等技术处理心理问题的基本治疗因素，构成心理分析治疗模式，也是其他社会工作理论模式的基础。心理分析疗法的主要代表人物有弗洛伊德、阿德勒、伍兹和贺理斯等人。这一理论认为人的成长受到了心理、生理和社会三方面因素的影响，它重视这三个因素的影响以及三者之间的交互作用，把人放在情景中（person in situation），认为人不能被认为是一个完全独立自存的个体，研究一个人，一定要同时理解他所身处的环境，即他的家庭、学校、同辈、工作场所等社会组别因活动所产生的状态。个人以前所经历的事物、所持的观念、所习得的技巧以及知识、态度都会有意无意地影响个人目前的状态，因此了解早年经历、理解个人的自我调节功能和人格强度至关重要。早年没满足的欲望或没有解决的冲突，会深藏在个人的内心（或潜意识）中，并经常干扰当前个人的情绪和社会适应。现代社会的环境压力，会激发早年的情绪问题，使人产生偏激反应。人类的行为可以被了解、被预测、被影响、被改变，人过去的经历会影响现在的行为和情绪。个人与周围环境的互动，他的家庭、社会角色的影响，对超我、自我理想的建立都有重大的意义。社会工作认为每个人都是有价值的有待发展的个体。促进个人的健全成长，增进个人活动心理和社会适应的平衡与满足，致力于满足个人的内在需要和社会关系功能的正常发挥，都是个体成长的需要。

贺理斯特别重视沟通，认为沟通是个体与他人互动的不可或缺的媒介。个人的自我强度（ego strength）、自我防卫（ego defense）机能及知觉力等因素，对个人沟通技巧的优劣有决定性的影响。不良的自我功能和超我功能，削弱了个人的情绪力量，使个人对他人的态度和行为出现困惑。

（二）工作程序与方法

1. 开始接触

在这一阶段，咨询师与当事人展开初步的工作关系；让当事人感受到咨询师的关心及接纳；让当事人察觉到咨询师对他的话题感兴趣，能够把握他说话的重点；让当事人在没有压力的情况下积极表达自己的感受及想法；让当事人得到支持与鼓励，愿意参与辅导过程，主动配合，积极改变。

2. 建立关系

建立关系是心理分析治疗的关键环节，换句话说，没有良好的关系就没有顺利的治疗。建立关系的重点是做好“设置”（setting），即对咨询师与当事人的工作关系规定好边界和条件。主要设置包括时间、地点、咨询进程、频次、沟通方式、双方责权、费用等。这个过程要咨询师与当事人共同协商进行，双方要就具体问题进行讨论，要对不同见解进行协商，要对彼此的权利义务加以明确。所有这些的出发点在于保证咨询关系的专业化和职业化，保证咨询过程行进在一个明确、科学的框架之中。

3. 心理社会研究

根据对当事人的“人在情境中”的理解，引导当事人把自己放在情境中看待问题。理解当事人如何看待自己的问题，曾经如何处理这些问题，是什么使他遇到这些问题。追溯当事人的童年经验、家庭关系、价值观念、对自己的看法等。观察当事人的情绪状态和身体状况，协助当事人与自己的“此时此地”的现实接触，了解他和其他系统的关系。

4. 治疗过程

（1）移情发展。随着咨询的进行，当事人往往会出现对咨询师的移情。移情实质上是当事人把对过去生活中重要人物（如父母、老师等）的情感投射到咨询师身上。咨询师要引导当事人明白这一点，使当事人懂得此时此刻的知觉、理解、反应方式是过去对父母反应方式的再现。当事人如果能够理解过去的行为和经验怎样影响着他当下的生活方式，就能选择或变换方式，做出灵活而不是刻板的反应。

（2）修通工作。修通（working through）实际上是移情处理的继续和深化。运用以解释为主的各种技术，结合自由联想的材料和移情表现，向当事人揭示他的无意识欲望和无意识冲突，使当事人了解症状的真意，获得并加深对自己的理解和领悟。对阻抗的克服也是修通的重点。修通意味着有反复、有曲折，是漫长、艰苦的过程。在修通过程中会不断出现一些新的联想、新的回忆，会挖掘出某些重大的早年生活事件，对此咨询师要随时给予分析和解释，加深、通畅当事人的领悟，尤其是情感性领悟。只有不屈不挠地坚持，才会逐渐获得咨询效果。

（3）移情处理。在主要的无意识冲突修通后，就可以确定大致的移情处理目标。但是，往往在面临结束时，当事人的移情会反弹，变得明显或加重，如症状再度出现、推翻已经获得的解释、放弃领悟等。这是当事人不愿意离开咨询师，对咨询师产生情感依赖的移情表现。处理移情主要靠解释，一旦当事人真的明白了移情并开始勇敢地面对现实，已有的领悟就会恢复。

5. 评估

评估内容有很多，包括咨询师和当事人之间的关系、咨询师接纳并尊重当事人的表现、当事人的福利状态的获得与保证、相关资源的挖掘与使用、当事人能力的提升和问题的解决状况等。

心理辅导评估要注意过程评估与结果评估的统一。在辅导的整个进程中，咨询师都要关心当事人的反馈，密切关注当事人的状态变化，细心捕捉当事人的细微变化，保证辅导进程与目标的吻合。在辅导临近结束时，结果是双方都关心的，咨询师既要将结果与当事人的起始情况做对比，更要评估当事人的现实生活质量、生命发展状况，使当事人清楚只有与当下的生活情景良性适应，才是功能恢复的标志。

二、认知行为疗法

（一）理论模式简介

认知行为理论是建立在学习理论、行为治疗、人格理论、结构主义基础之上的理论。认知行为理论认为人们的困扰源自本身的非理性思考，而非外在世界的影响。人生而具有理性与非理性的特质。人具有改变认知、情绪及行为历程的天赋能力。人们的感知和如何建构自己的经验决定他们的感觉和行动。认知行为理论包括贝克的认知治疗（CT）、艾里斯的理性情绪治疗（REBT）、麦克安波姆的认知行为治疗（CBT）等主要流派。

贝克的认知治疗理论的主要目标是协助当事人克服认知的盲点、模糊的知觉、自我欺骗、不正确的判断，及改变其认知中对现实的直接扭曲或不合逻辑的思考方式。治疗者通过接纳、温暖、同理的态度，避免采用权威的治疗方式，引导当事人以尝试错误的态度，逐步进入问题解决的历程。通过探讨想法的可信性、减轻问题的严重性、教导当事人“学习如何学习”（learning to learn），与当事人建立起“治疗的合作关系”，协助其认知自己的“规则、前提、信念”（rules、premises、beliefs）的思考模式，并落实信念形成历程中取得证据的步骤，以跨越“认知的陷阱”（cognitive traps），改变原有不良的想法。贝克的认知治疗的主要技术包括：识别自动化思想（identifying automatic thoughts），即识别介于外部事件与个体对事件的不良情绪反应之间的思想；识别认知错误（identifying cognitive errors）；真实性检验（reality testing）；去中心化（decentering）；监测苦闷或焦虑水平（monitoring distress or anxiety level）；等等。认知治疗主要用于治疗情绪抑郁、神经性厌食症、性功能障碍、酒精中毒、焦虑障碍、社交恐惧、偏头痛、考前紧张焦虑、情绪的激怒，以及慢性疼痛病人等。

艾里斯的理性情绪治疗强调认知、情绪、行为三者有明显的交互作用及因果关系。它认为情绪困扰（包括悲伤、懊悔和挫折的感觉）主要是非理性思考的产物。A-B-C［A：activiting events（外界诱发事件）；B：beliefs（观念或信仰）；C：consequences（结果或后果）］理论是理性情绪治疗的理论和实务核心。A-B-C 理论认为个体的不良情绪或行为问题，不是直接由外界事件导致的，而取决于个体的观念与信仰如何看待和解释这一外界事件，也就是说，同一外界事件会因为个人认识的不同而产生完全不同的后果。理性疗法的运作步骤由 A-B-C-D-E-F 六步构成。咨询师面对存在非理性观念的当事人，工作重点是与当事人的非理性观念辩论（disputing intervention），帮助当事人认识自己的错误观念，以理性观念看待世界，从而带来积极有效的结果（effect），由此产生新感受（new feeling）。理性情绪治疗的目标是以获得更实际的生活哲学，来减少当事人的情绪困扰即自我挫败的行为，以降低因为生活中的错误而责备自己或他人的倾向，教导当事人有效地处理未来的困难。因此，理性情绪治疗基本上不以症状的消除为目标，而是要引导人去检视和改变一些基本价值观，尤其是使他们困扰的观念。它的治疗技术包括认知技术、情绪技术、行为技术。认知技术包括驳斥非理性信念、认知的家庭作业、改变自我等；情绪技术包括理性情绪心像、角色扮演、羞恶攻击演练、强力与气势的使用；行为技术包括操作制约、自我管理原则、系统减敏感法、松弛技术、示范。

麦克安波姆的认知行为治疗是认知重建的一种形式，旨在改变当事人的自我语言（self-verbalizations）。行为改变的先决条件在于当事人必须注意他们如何思考、如何感受、如何表现及如何对别人产生影响。为了产生改变，当事人必须介入其行为的内部对话，如此他们便能够在各种情境中评估自己的行为治疗技术。认知-行为评定对行为的机能分析包括对影响反应的环境因素以及反应的结果进行分析。机能-认知分析主要关心认知在行为中的作用和当事人内部对话的缺陷。行为治疗技术中的认知因素即既重视矫正行为，也可用于矫正当事人的思想（内部对话）过程。麦克安波姆的认知行为治疗的具体技术包括：焦虑-解除条件反应、系统敏感递减 、楷模作用、厌恶条件反应、压力-免疫训练；教育阶段 ；重复阶段。训练的内容是应用认知重建技术，即注重对当事人的思维和推理——前提、假设（信念），以及在认知中包含的态度等——进行矫正。麦克安波姆的认知行为治疗特别适于处理和焦虑有关的问题，如考试焦虑、人际焦虑及演讲焦虑等。

(二) 认知行为疗法的优点与局限

认知行为疗法的优点是：整合思想（thought）与行动（action）、了解（understanding）与实行（doing）；积极主动的人性观与处遇态度；与心理学中的认知心理学这一研究主流相近；开放吸收其他学派与技术，使治疗方法多元化，一些认知理论学者在相关领域有重要的贡献，如贝克在焦虑、恐惧、沮丧领域有先驱性的贡献。该疗法的缺点是：重视认知与情绪关系之分析，因此，认知程度低的个体，如幼儿、智能不足者、严重失常者等，不适用此理论；惯用面质与驳斥，会使当事人产生抗拒；相信由谈话、训练、教导可改变一个人的思考，有过度简化咨询与心理治疗之嫌；较不关心潜意识的因素与自我防卫，同时对于教育性和指导性的方法是否有效仍有争议；工作者可能不自觉地将主流文化价值观强加于当事人。人的行为受控于理性思考，而不是意识中的本能。不良行为的产生是由于认知上的错误或理性思维能力的缺乏。行为理论认为，心理分析和认知理论将关注的焦点放在难以观察和验证的内心世界是一种不明智的行为，我们真正能观察到的是个体的外显行为。行为是个体对当前环境所做出的反应，不适当的行为就是对当前的环境的不恰当的反应。学习掌握恰当的反应模式是这一疗法的突破重点。

(三) 认知矫正法——纠正考试焦虑

认知偏差是情绪困扰的重要根源。根据美国心理学家艾里斯的 A－B－C 理论，一些负面情绪体验如自卑、抑郁、焦虑等是个体对事物的非理性的观念造成的。虽然人们可能意识不到这些观念的存在，但它们可能对人的心理和行为产生影响。而事实上人很难满足这些非理性的期望和要求。

贝克认为：焦虑障碍的认知内容是以“危险”为主题的，涉及对个人躯体或心理完好状态受损的担忧。认知评价活动在产生焦虑的过程中扮演了重要角色。认知矫正法是在汲取艾里斯于 20 世纪 60 年代初提出的理性情绪疗法的思想观点的基础上提出的一种辅导方法，是通过指导学生察觉个人的非理性的思想观念、态度，并通过自我质辩、假设最坏可能性、角色倒换等方式形成理性认知的一套操作程序，借以减弱或消除学生的考试焦虑。其具体操作步骤如下。

(1) 自我觉察。首先，让学生把想起的一切担忧都记下来，不要分析这些担忧好不好，也不要怕重复。其次，让学生整理写出的“担忧”，去掉重复的内容，把实质相同的合并起来。最后，让学生按“担忧”程度的大小依次排列各项目。这种做法有利于学生心理沉淀的释放，使担忧明确化，使学生以一种理智、现实、不逃避的态度正视自我，增强自我克服的信心。

（2）自我质辩。对消极的自我意识中的非理性成分进行自我质辩，其中包括指出这种消极的自我意识的不现实性和不必要性，阐明由此对个人所造成的危害，并明确今后应采取的态度。下面以实例说明如何向消极的自我意识挑战。例如：“我预感在这次考试中我将一败涂地。”自我质辩：“这种担心有必要吗？没有必要！我认为这不是真的，除非我一点儿也没有准备。此种担忧有危害吗？当然有！我这样说易于使自己按照消极的观念期待生活，把注意力更多地集中在可能出现的消极后果，而不是当前的继续学习上，从而使自己难以取得更好的分数。我应采取怎样的态度？要牢记当前最重要的是有条不紊地继续搞好学习，既要对以后的考试充满自信，又要扎扎实实地做好各项准备工作。这就是我应采取的态度。”

（3）正确的自我意象。在得出理性的反应后，可以使用积极的内在对话，通过前两步的分析、辩驳，帮助学生消除非理性的认知，形成对考试焦虑的正确认知及相应的态度、反应。同时，指导学生使用积极的内在对话。

放松技术：

（1）最早提出并使用放松训练这种技术的是舒尔茨。放松训练被成功地运用于各种领域，主要帮助一些情绪异常的人。同样，我们可以借用系统放松技术对付考试焦虑，消除一些由考试焦虑而引起的身体反应，进而达到集中注意力的目的。放松练习就是通过指导学生循序交替收缩或放松自己的骨骼肌群，从脚肌肉、大腿肌肉、臀部肌肉、腹部肌肉、胸部肌肉、背部肌肉、肩部肌肉、颈部肌肉到头部肌肉，每一次放松一个骨骼肌肉群并保持 20～50 秒，同时仔细体验个人肌肉的松紧程度，从而最终达到缓解个体紧张和焦虑的状态。工作者可采用如下指导语：“深呼吸——吸气，保持一会儿，再保持一会儿。好，慢慢地把气呼出来。伸出你的前臂，握紧拳头，用力握紧，注意手的紧张感”“注意头部肌肉，请绷紧额头的肌肉，皱紧眉头，保持一会儿，再保持一会儿”等等。

（2）系统脱敏是利用对抗性反向原理，在放松的基础上，循序渐进地使患者的神经过敏性反应逐步减弱直至消除的一种行为治疗法。它对考试焦虑的情绪性成分具有明显的疗效。其主要操作步骤如下：首先，搞清引起学生焦虑反应的那些具体刺激情境。其次，把学生的各种焦虑反应按程度轻重由弱到强排列成“焦虑等级”。系统脱敏的“系统性”，就是从“焦虑等级”的排列顺序中体现出来的。再次，按照放松训练的方法，帮助学生形成一种与焦虑反应相对应的松弛反应，进入放松状态。最后，在松弛状态下，按照“焦虑等级”由弱到强的顺序，想象焦虑情境，以松弛反应抑制焦虑反应，从而达到脱敏的目的。需要注意的是，对所列“焦虑等级”的脱敏，每次数量不宜过多，一般每天进行一次脱敏，每次脱敏所包括的“焦虑等级”不应超过三种。在每次进行新的脱敏之前，一定要先做一遍放松训练。只有全身都处于松弛的状态之下，才可进行想象脱敏过程。此外，当完成“焦虑等级”所列情境的脱敏以后，可根据学生自身的实际情况，设计一个新的“焦虑等级”脱敏程序，直到学生把认为引起考试焦虑的各种刺激情境全部想象脱敏一遍后，对考试情境的敏感性焦虑反应才会最终被抑制和消除。实践证明，坚持进行系统脱敏治疗，可明显减轻学生对考试情境的敏感性焦虑反应。

学习活动 9-4　伙伴咨询

许多人都出现过考试焦虑，尝试使用理性情绪疗法为你本人或同学解决考试焦虑问题。完成一篇反思作业，对自己的工作做反思。

三、社会生态系统视角

（一）理论描述

生态理论认为，多重环境对人类行为与发展具有明显影响。该理论依据人的空间与社会距离，将环境分成一层套一层的系统：个体被置于最中间层，而环绕他的是一层层愈来愈大的体系，从内到外分别为微系统、中间系统、外系统与宏观系统。人与环境通过相互交流（transaction）共存，每一次的交流累积使人与环境得以相互模塑、相互改变、相互影响。生态理论强调适应（adaptedness），即人与环境之间的交流，形成正面支持，提升人的成长、发展的满足感。某一部分所承受的要求、紧张由另一部分的能量予以满足，从而产生一种功能性的平衡作用。

在实践工作中，应注意依靠人的生态系统开展个案工作，可以采用的介入方法包括：（1）问题评估：工作者必须决定介入问题的生态系统——个人、团体、社区或社会——及有效介入的可能；（2）介入策略：工作者必须发展介入策略，以缓和现有的问题，如认知、行为介入等；（3）实施：工作者着手介入策略的实施；（4）评估；（5）终结。

（二）整合家、校、社会资源——以提升抗逆力为重点的学校社会工作

1. 发现抗逆力，学校社会工作转换视角

（1）抗逆力带来范式变革。

“优势”“抗逆力”是近年来在西方社会工作领域中运用得越来越频繁的词语，它们都强调对案主所具有的特征进行积极的、正面的描述，它们是“以人为本”服务模式和原则的进一步细化和发展。优势视角反对将案主问题化，塞利贝认为问题的标签对案主具有强化的作用。当问题被重复的次数多了之后，就改变了案主对自己的看法，同时也会改变周围人对他们的看法。长远来看，这些变化融入了个人对他们的自我认同。与此相反，优势视角认为每个人都是有能力的，认为个人和社区的发展应该重视能力建设。优势视角的基本信念包括：（1）赋权（empowerment）。西门将赋权的概念建立在五个理念之上，它们分别是，与案主和委托人之间的合作伙伴关系，对扩大案主能力和优势的强调，关注个人或家庭与环境，将案主视为积极的能动主体，

将个人的精神指向一直受到剥夺和压制的人群。(2) 成员资格 (membership)。优势视角承认我们服务的所有人如同我们自己一样，是一个种类的成员，并享有随成员身份而来的自尊、尊严和责任。(3) 抗逆力 (resilience)。越来越多的研究和实践正在使得人类的这样一个规则清晰可见——人们在遭遇严重麻烦时会反弹，个人和社区可以超越和克服严重麻烦的负面事件。它是一种面对磨难而抗争的能力。(4) 对话与合作 (dialogue and cooperation)。在对话中，我们确认别人的重要性并开始弥合个人、他人和制度之间的裂缝①。

为此，优势视角强调：每个个人、团体、家庭和社区都有优势（财富、资源、智慧、知识等）；创伤和虐待、疾病和抗争虽然具有伤害性，但它们也可能是挑战和机遇；那些为生活、工作和住房而抗争的人们是具有抗逆力和资源的，即便在痛苦之中，他们也期望取得成就；与案主合作，我们可以最好地服务于案主；所有环境都充满资源；注重关怀、照顾和脉络②。

抗逆力是优势视角基本信念中重要的一部分。抗逆力的基本思想是个人或者家庭虽然面临比正常情况严重的问题和危险，但能够很好地适应所面临的危机状态，并达到比预想结果积极的发展状态。它侧重于对案主的“保护性因素”的挖掘。作为一种新的视角和工作手段，在这两个概念发展的过程中，一场革命在静悄悄地发生，那就是对案主的“病态”的解释开始减弱，对案主所具有的抗逆力的信仰慢慢崛起。

抗逆力概念的界定与理解：抗逆力是个人具有的某些特质或能力，使个人在处于危机或压力情境时，能发展出健康的应对策略；抗逆力是一种适应能力，纵使面对不幸的生活经验，个人亦能克服而有成长的能力；抗逆力是指克服不利环境的能力，纵使每日在复杂的环境下面对一连串的挑战，仍能实际地做出有建设性的生活抉择；等等。虽然各学者对于抗逆力的具体表达不尽相同，但都强调了一个共同点：抗逆力是指个人在面对生活逆境时，能够理性地做出正向的、建设性的选择方法和应对策略的能力。

20 世纪 70 年代中期，儿童精神病学家安东尼在其研究中发现，出自父母精神异常家庭的儿童、青少年，并不像早期研究所说的那样都会出现精神问题或成长障碍，他们仍然保持良性健康的情绪和生活适应能力，表现出较高的免疫力和成长胜任力，安东尼称其为“适应良好的儿童” (invulnerable child)。其后，沃纳、拉特、帕特森等人的研究也得出了相近的发现，即有些生活在高危环境中的儿童、青少年具有良好的适应性和抗压能力，不但没有被危机和挫折压垮，反而能够自我调整，克服危机，发展良好。这种抵御逆境、抗击压力的能力受到众多研究者的关注，并逐渐成为一个相对独立的研究领域，学者们称其为抗逆力 (resilience) 研究。

抗逆力研究源自对处境不利儿童的危险性研究 (risk research)。早期的儿童危险性研究遵循的是线性解释范式，注重因果分析。研究从问题个体入手，如吸毒者、学业失败者、犯罪者、精神疾患者等，重点聚焦在探询他们的个人经历，挖掘他们的家

---

① SALEEBEY D. 优势视角：社会工作实践的新模式．上海：华东理工大学出版社，2004.

② 同①.

庭背景，找寻他们成长过程中的危机或风险，如早产、遗弃、忽视、贫穷、性伤害、父母冲突、家族疾病等。结论是成长中的风险因素是导致儿童消极发展的根本原因，心理疾病或行为问题是风险因素的结果。

这一研究范式的局限性在于，任何个体的成长都会经历十分复杂的因素，既有个体自我的内在因素，如人格特质、心理倾向、情感特征，又有大量的外在因素，如家庭结构、父母状况、亲子关系、社会地位、经济条件等。如果按照因果分析解释，一个少年离家出走，到底是哪个因素导致的呢？再有，这个离家出走的少年还有吸毒问题，那么是离家出走导致吸毒，还是吸毒导致离家出走呢？事实上，个体发展的消极结果与单一的危险因素之间并不存在必然的、单一对应的关系，每一个体的心理疾病或行为问题都是多种因素综合作用的结果。更重要的是，现实生活中有很多个体虽然经历了许多磨难和创伤，却表现出良好的适应能力、积极的恢复力和自我调整力。将注意力放在他们身上，探究个体具有的正向的、积极的、健康的一面，成为近20年来新的研究取向。

（2）抗逆力是能力、过程与结果的统一。

抗逆力是一种能力。“抗逆力的核心因素在于复原，即重新回到压力事件之前所具有的适应的、胜任的行为模式的能力。”① 抗逆力是个体所具有的抗御困境并恢复正常适应的能力，是一种在生命的各个发展阶段能以不同行为表现出的促进并修补健康的能力。

抗逆力是一个过程。抗逆力是个体与环境的互动过程，环境中的危机与挑战是激发抗逆力的先决条件，换言之，抗逆力是危机的伴生物。“抗逆力并非一种绝对的能力，拥有抗逆力并不代表个人就能抵抗压力。一个人的抗逆力适用于何种压力情境，是增加、减少还是改变，取决于个人与环境的互动。”②

抗逆力是一个结果。抗逆力的结果抗击了困难，恢复了良好的适应功能和行为结果，比预期的结果积极。“抗逆力是一种现象：尽管这种现象可能会给个人的适应和发展带来严重的威胁，但最终会有一个好的结果。抗逆力可以理解为处于危险中的个体获取幸福时的一种状态，也指一个人要获取幸福所应具有的特点和心理机制。”③

在现实中，一个面对危机的个体，抗逆力的体现实际上是能力、过程与结果的统一。正如加拿大研究者昂加尔所说：“抗逆力意味着个体面对明显的危机事件时，体现出的符合健康结果的能力、行为和保护过程。”④ 专门研究中学生抗逆力的学者亨德森和米尔斯坦认为：“抗逆力可以被定义为面对逆境时的回弹、回复和成功的适应

---

① GARMEZY N. Children in poverty：resilience despite risk. Psychiatry，1993：56.

② RUTTER M. Pathways from children to adult life. Journal of child psychology and psychiatry，1989：23-51.

③ MASTEN A A S. Resilience in individual development：successful adaptation despite risk and adversity// Educational resilience in inner-city：challenges and prospects. Hillsdale，NJ：Lawrence Erlbaum Associates，Inc.，1994：3-25.

④ UNGAR M. Handbook for working with children and youth：pathway to resilience across cultures and contexts. Canada：Dalhousie University，2005.

能力，即面对当今世界各种各样的压力，能够发展出社会的、学术的和职业的竞争力。”① 学校教育的重要任务之一是提升并激发学生的抗逆力，使其即使身处逆境也能健康成长。

2. 激活抗逆力，学校社会工作的运作机制

（1）抗逆力运作模型。

抗逆力视角提出以后，欧美学者进行了大量的、卓有成效的探索。1990 年理查森及其同事们通过总结前人的成果和自己的实务研究，提出了“抗逆力模型”（Resiliency Model）（见图 9－1），用以说明个体的抗逆力是在什么情况下出现的，抗逆力与哪些因素有关，抗逆力如何影响人的发展。

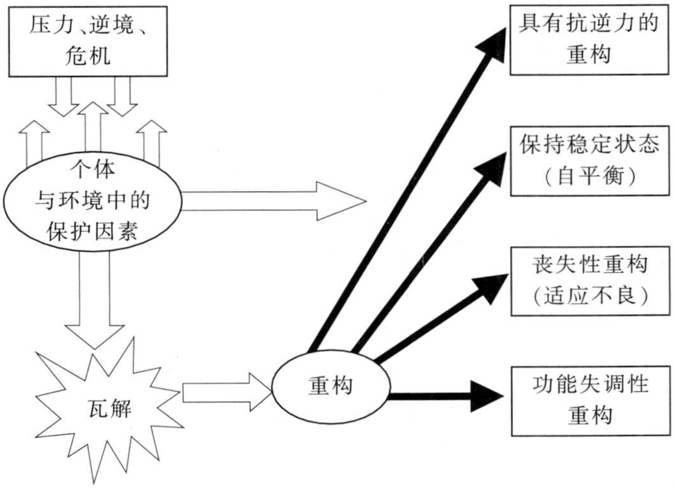

图 9－1 抗逆力模型

资料来源：RICHARDSON G E，NEIGER B L，JENSON S，KUMPFER K L. The rsiliency model. Health education，1990，21（6）：33－39.

抗逆力是激发的结果。抗逆力是个体与生俱来的一种潜力，人在平安顺利的时候抗逆力得不到激发，以一种潜伏的状态存在。它犹如人格中的一种宝藏，没有逆境与压力的刺激，也许就永远沉睡了。当危机、困难袭来的时候，抗逆力被激活，并迸发出巨大的力量，帮助个体面对危难、聚集力量、渡过难关。每个人都有抗逆力，也许被唤醒，也许被埋没，逆境与压力是帮助个体唤醒抗逆力、展示潜能的一种外在条件。

保护因素对生命历程具有决定作用。当外在压力、危机袭来时，个体自身和环境中拥有的保护因素会做出自动化反应，与外在压力构成交互作用。如果个体自身或其环境中具有适配的、得力的、恰当的保护因素，直接就可以产生两种能力。一种是自我平衡（homeostasis）能力，保证个体在压力和逆境面前能维持舒适、平稳重构

① HENDERSON N，MILSTEIN M M. Resiliency in schools：making it happen for students and educators. Thousand Oaks：Corwin Press，2003：7.

（reintegration to comfort zone）。另一种是抗逆力的启动，使个体能调整自我，应对压力，重构生命，获得良性发展。如果个体自身缺乏积极的保护因素，其生活环境也不具备有效、良性的保护因素，个体就会遭遇混乱，充满焦虑、纠缠、扭曲，心理瓦解。

功能失调不是逆境的唯一结果。心理扭曲、生命瓦解意味着个体保护因素作用不利，没有抵御和应对压力与逆境的能力，但并不意味着生命的终结。混乱之后的生命仍然需要重构，会出现四种可能。一是功能失调（dysfunctional reintegration），比如酗酒、吸毒、犯罪或自杀企图。二是丧失性重构（reintegration with loss），如自我价值感丧失、低自尊、自卑、自我否定、能力缺失等，这些都是非适应状态的重构，不利于个体走向良性发展。三是平衡性重构（reintegration to comfort zone），个体保持稳定状态，继续拥有安宁舒适的生活。四是抗逆力的重构（reintegration with resiliency），个体激活生命潜能，适应性应对，体现胜任力，战胜逆境，健康成长。

抗逆力是个体与环境的交互作用。环境因素对个体抗逆力的形成至关重要，协助个体形成抗逆力的内在保护因素也是环境作用的产物。抗逆力犹如生命中的一粒种子，正向的、和谐的、健康的生活环境，有利于这粒种子生根、发芽、开花、结果。当个体面对危机与挑战时，会表现出抗逆力，能主动调整，积极应对，渡过难关。负面的、混乱的、恶劣的生活环境，会导致这粒种子过早地夭折、枯死，当个体面对逆境和压力时，会束手无策，无计可施，酿成问题。个体面对危机时，是出现功能失调还是非适应反应，是表现为自我平衡状态还是抗逆力状态，取决于个体与环境的交互作用。平稳反应，积极应对，就是抗逆力的表现。

（2）优化保护因素，促进抗逆力启动。

"抗逆力模型"的研究表明：个体自身或环境中的保护因素是影响抗逆力形成和生命历程的决定性条件。多数研究者将保护因素分为两大类：内在保护因素和外在保护因素。内在保护因素指的是个体自身具有的能够应对危机情景、减少问题行为、帮助个体成功克服压力的心理能力和人格特质。外在保护因素指的是个体以外的环境中所具有的促进个体成功调适，积极应对，克服危机，获得良性适应的条件与资源，主要涉及四个领域：家庭、学校、同辈群体和社区。

A. 内在保护因素的内容与特征。

内在保护因素由个体心理能力与人格特质决定，具有明显的个性特征。内在保护因素是个体面对危机和压力事件时，即时性、情境性、特定性的反应，会受到时间、地点、事件、人物关系等具体因素的影响。其表现状态十分多样，呈现动态性和交互性。亨德森主张，内在保护因素包括协助他人、生活技巧的运用、社交能力、幽默感、自制力、自主独立、乐观的未来观、弹性人格、学习潜能、自我动机、专长、自我价值感、自信等[①]。2001 年，沃纳和史密斯在他们的研究中指出，内在保护因素包

① HENDERSON N，BENARD B，SHARP-LIGHT N. Schoolwide approaches for fostering resiliency. San Diego，CA：Resiliency In Action，2000.

括积极倾向、正视问题、生活乐观、寻求新奇、积极的生活态度、独立、能从积极关注中获益①。麦卡恩和珀尔曼认为以下要点属于内在保护因素：独处、冷静、忍受强烈情感、内省力、意志力、进取、对人格成长的需求、觉察自我欲望、先见之明、成熟的人际关系、界限清晰、自我保护的判断。还有研究者列出的细目是：对生活的承诺、自信、适应性、资源、冒险精神、承担个人责任、未来意识、积极性、接受新观念。总起来看，以下内容是研究者们比较有共识的：能够建立亲密的人际关系、合作能力、自我价值感、自控性、能够延迟需求、富有弹性、问题解决能力、良好的思维能力、幽默感等。这些因素的共有特征是：积极正面的取向，自我功能的强大，内在自我与外在资源的有机结合，良性的发展结果。

内在保护因素涉及的范围很广，层面也很多，心理要素的认知、情感、行为和人格特征的态度、特质、能力都涵盖其中，既与个人特征有关又受现实环境影响。个体在遭遇危机与挑战时，需要多个因素的组合和交互作用，才能激发抗逆力。哪些因素启动，各因素如何排列组合，这本身就是抗逆力的体现。“促进抗逆力的内在保护因素的功能在于为个体提供安全、情感支持、沟通、认同，帮助个体解决问题和获得收益、调整人格和应对危机。”②

B. 外在保护因素的内容与特征。

外在保护因素存在于与个体关系密切的外在生活环境中，家庭、学校及同辈群体、社区生活中都有保护因素。家庭是个体成长的起点，亲子关系的血脉连接、密不可分使家庭成为首当其冲的外在因素。家庭当中能否富含保护因素，能否在个体心中种下积极的、良性的、建设性的抗逆力种子，取决于家庭自身是否为正向存在，如是否有温暖的亲子关系、有感情、不苛责批评、有支持性等。1955—1987 年，沃纳及其同事对 505 名被试进行了长达 32 年的追踪研究，考察了他们的成长经历、生理与心理经受的危机、生活压力事件，并从中寻找这些因素对个体社会适应性的影响。研究认为，家庭当中有几种因素有利于形成个体的外在保护：家庭结构适当（子女不要超过 4 人）、照顾者有积极的持家理念、母子分离少、幼年时受到足够关注、母亲的工作压力适当、青少年时期在家庭中的角色、家庭凝聚力强、亲戚朋友的多代联结、压力性事件较少。③ 具有这些特征的家庭，能够为孩子提供安全、稳定的家庭氛围，搭建亲密、和谐的亲子关系，使孩子获得正向的情感支持，使孩子有机会结交他人、建立关系、形成清晰的人格界限，有利于孩子介入他人，适应社会，弹性地处理事务。

学校经验及同辈交往是个体形成外在保护因素的另一关键领域。在学校生活中，教师扮演着极其重要的角色，是个体形成人格的重要他人。学校的教育教学、人际活

---

① WERNE E E，SMITH R S. Journey from childhood to midlife：risk，resiliency，and recovery. New York：Cornell University Press，2001.

② WOLIN S J，WOLIN S. The resilient self：how survivors of troubled families rise above adversity. New York：Villard，1993.

③ WERNER E E. Protective factors and individual resilience，handbook of early childhood intervention. New York：Cambridge University Press，1990：77－116.

动是个体成长的大背景，以潜移默化的方式渗透个体的心灵。同辈交往的方式、交往的地位、交往的感受会深深影响个体的内心状态。较多获得正面感受的个体，对自己充满信心，有肯定性的自我评价，能够自我接纳，拥有乐观的人生态度。

学校经验、同辈交往及社区生活是一个极其复杂的外在环境，很难一一列举各种因素的保护性与风险性。研究发现，有三项指标对形成保护性外在环境至关重要。(1) 生活环境富有关怀：在生活经历中获得他人的关怀、真诚的爱、无条件的接纳。至少获得一位成人的关心与爱抚，使个体体验过被爱的幸福。(2) 给予积极期望：寄予高度的期望，相信成功的可能，现实而有目的地支持。(3) 提供参与机会：在社会活动、集体生活中，有参与的机会，并能在其中发挥作用，个人才能得到体现。以上三项是形成外在保护因素的必备条件，每一项都可以依据具体的社会空间加以分解、具体化和情景化。总之，如果个体的生活环境具有这些特点，那就有利于他们外在保护因素的形成，并与内在保护因素结合。在内外保护因素的良性互动下，个体的抗逆力机制得以诞生。

3. 提升抗逆力，学校社会工作的操作方法

(1) 抗逆力视角带动学校社会工作的理念创新。

首先是理论范式上，从医学治疗范式转向社会心理范式。早期的学校心理健康教育主要遵从的是弗洛伊德的精神分析取向，将学生等同于身患心理疾病的病人，完全采用一套医疗机构的治疗流程。在医疗模式下，诊断成为重点环节，花费大量时间了解学生的成长经历、早年生活、父母关系、家庭状况、重要生活事件等，依据这些确定学生的问题（得了什么病），并给予解释和分析，告诉学生他的致病原因，而后提供建议和改进措施，问题严重的还建议学生到医院开药。当代欧美各地的学校心理健康教育逐步走出了医疗模式，取而代之的是社会心理模式。社会心理模式关注学生的心理潜能与人格特质，充分挖掘学生内在的心理力量；帮助学生优化成长环境，使家庭、学校、社区的各种资源和谐匹配、优势互补、扬长避短；推动学生以正向心理能量与周边资源良性互动，达到适应性、恢复性、抗压性、胜任力等方面的综合发展。

其次是工作理念上，从回避逆境转向面对挑战。以往学校心理健康教育的假设是，心理问题、行为障碍是由危机处境引起的，遭遇危机的学生比没有遭遇危机的学生发病率高，逆境生活必然导致发展受阻。基于此，学校心理健康教育的重点放在了设法帮助学生回避或避免面对危机与压力上，一旦遇到就通过学校、救助组织、慈善机构或使用司法手段将学生保护起来，以使学生免受影响。重新认识危机与心理问题的关系是当代心理健康教育的显著变化。“危机一定造成心理问题”已经受到学术界的普遍质疑，危机对个体心理能量的激活，对抗逆力的启动得到普遍重视。研究表明，恰恰是压力与逆境唤醒了沉睡状态的抗逆力，推动了个体调动内在潜能，挖掘外在资源，灵活组合，积极应对，这是生命意义的更大体现。因此，引导学生分辨逆境，在逆境面前展示力量，通过自己的能力克服危难，更新发展，已经成为当代学校心理健康教育的主流取向。

再次是工作流程上，从线性运作走向生态整合。基于医疗范式的学校心理健康教

育，主要的工作流程是线性的：发现问题—诊断确定问题—找寻原因—做出解释或分析—提建议或开处方。整个过程基本是个体的、静态的、平面的。当代心理健康教育在每个环节上都会把学生放到具体的生活时空中，注重个体与社会的交互作用，注重内在心理与外在环境的整合；强调学生时刻处于发展状态，任何行为与问题都是多因素组合、排列、糅合的结果；帮助学生在一个立体、动态、建构的环境中调整心理，开发潜能，弹性应对，主动适应。

最后是工作重点上，从关注问题转向提升力量。以往的心理健康教育把心理疾患、行为问题看成危机的结果，为了减少疾患或问题，注意力往往专注在问题本身。抗逆力视角的提出使人们意识到，逆境或危机有可能带来问题，也有可能激活生命的潜能，唤醒生命中沉睡的部分，推动生命走向更高的发展。有很多经历过生命创伤或生活磨难的人，展示出的生命力量远远超出了预先的想象，他们将自己的生命带到了相当的高度。当代学校心理健康教育，处于一个高速发展、变幻不定、压力遍及、挑战充斥的历史发展阶段，回避压力是不可能的，可能的是帮助青少年发展出应对挑战的能力和技术。

（2）提升学生心理抗逆力的操作方法。

学校是帮助青少年提升抗逆力的关键场域，从逆境中恢复、适应压力、解决问题、发展竞争力都是美好生活的必需，学校生活可以促进学生在社会适应、学术水平和职业竞争等方面发展抗逆力。“抗逆力轮”可以成为学校落实心理健康教育的操作方法。

“抗逆力轮”设计了六个步骤，分属两大部分：第一至三步属于危机缓冲系统，重在帮助学生在危机与压力面前学会缓冲，做出调整。第四至六步属于抗逆力建构系统，重在促进学生建构抗逆力，提升心理能量。

第一步，促进亲社会联结。研究证实，富有良性人际关系的学生陷入危机与逆境的概率相对较低，身边的亲人与朋友以正面因素为主、做人积极，等于在其周围建立了正向保护因子。一旦遭遇危机或挑战，环境中的保护因子能够为当事人构筑一道安全屏障，帮助其缓冲因危机而面临的挑战，有利于促成抗逆力。

促进联结的方法有很多，学校教育者应重视三个方面。一是积极组织学生活动，通过文艺、体育、学术、社会实践等丰富多彩的活动，使学生之间多接触、多交流，相互学习，彼此鼓励，建立健康的同辈关系。二是创造机会吸引父母参与学校工作，鼓励父母为学校出谋划策，倡导父母参加孩子们的活动，在活动中增进亲子联结。教师、管理者充分利用多种渠道与父母沟通，使他们及时、全面地了解孩子。甚至可以聘请父母做学生社团的顾问，使孩子与父母在共同工作中加强联结。三是在教育、教学环节中促进老师与学生的沟通，增进信任，加强关系，形成和谐、民主、美好的师生关系。

第二步，建立清楚一致的界限。有的学生之所以陷入风险与危机，是因为他们界限模糊，超越边界，发生问题行为，如酗酒、吸毒、暴力、团伙犯罪等。使学生明确是非界限，保持清醒头脑，把握好行为做事的分寸与尺度，是避免问题行为的关键措施。常见的做法有：学校制定纪律规范的基础是关怀而不是惩罚；让学生参加学校纪律的制定，包括制定执行步骤与奖惩措施；以文字、图画、海报、录音影像等形式不断向学生传播，保证持续不断的强化；将学生制定的纪律规范送到家长手中，保持家庭教育与学校教育的一致。

第三步，教授生活技能。学生需要掌握的技能有：与人合作、冲突解决方法、抵制、决策、沟通、解决问题、自我决定、压力管理等。这些技术有必要充分地、不断地教给学生，促进他们真正领会、掌握、使用。通过学生讨论和同辈活动，将生活技能一一列出。然后将这些技能按照一定的逻辑排序，每年一定的数量（如第一年15个），逐年增加。也可以在15个的基础上，每年增加8个。不仅要让学生明白、领会，而且一定要有行为训练，确保学生真正掌握了这些技能，并转化为自动化行动。①

第四步，提供关怀与支持。关怀与支持是抗逆力形成的基础与关键因素，缺少关怀的人几乎不可能克服逆境。关怀不只是亲人才能提供，老师、邻居、青年工作者、同辈伙伴，甚至宠物都可以提供关怀。诺丁斯指出："显而易见的是，受到关注的时候，孩子们愿意为他们喜爱和信赖的人而努力学习，积极工作。"② 具体做法是：关注每个学生，迅速记住每个学生的名字，倾听学生，多用鼓励性话语，确认学生的积极力量，组织激励性活动，当学生处于困境时及时介入，等等。

第五步，建立和表达高期望。强调合作，淡化竞争。充分调动学生的内在动机，激励学生积极参与教育教学，做决定，对自己负责。教师通过关怀每个学生，表达对学生的殷切希望，个别对待，因材施教，创设和谐的师生关系。绝不放弃任何学生，帮助学生获得优异成绩，鼓励学生做课堂的主人。绝不给学生贴标签，接纳每个学生的独特性，使班级和校园成为多元智能、多元方式、多种学生类型和谐共处的乐园。

第六步，提供机会，促进参与。一定要把学生看成资源而不是被动的物品或麻烦，"学校不要做学生能做的事"应该成为教育者的座右铭。充分利用一切资源为学生提供参与机会，包括服务学习、参与管理、制定策略、社团活动、社会实践等。在美国，有一些学校把社区杂志、环境监督、学校管理的项目交给了学生。还有学校对学生进行领导力培训。有的学校将实践与课程教学结合，如围绕着商品的制造与买卖开设课程，学生在一个学期中持续参与，主导确定产品项目、购买材料、烘烤、装瓶、营销、分售和使用利润等全部环节，使学生能力得到大幅提高。

学校将"抗逆力轮"（见图9-2）涉及的六个方面逐条分解，制定为学生的行为界限、学校对学生的期望、教育者如何配合学生以及行动建议，向学生公布。学校以纪律和权利的方式将行为界限具体化，明确规定学生可做什么，不能做什么；与每个学生签协议，内容包括享受的权利、承担的责任、奖励条件、惩罚规定；还有教师与学生之

① BOTVIN G J，BOTVIN E M. Adolescent tobacco，alcohol，and drug abuse：prevention strategies，empirical finding，and assessment issues. Journal of developmental and behavioral pediatrics，1992，13 (4)：29.

② NODDINGS N. School face crisis in caring. Education week，1988 (32).

间的协议，对教师如何关爱学生、学生如何履行责任都有严格规定。①

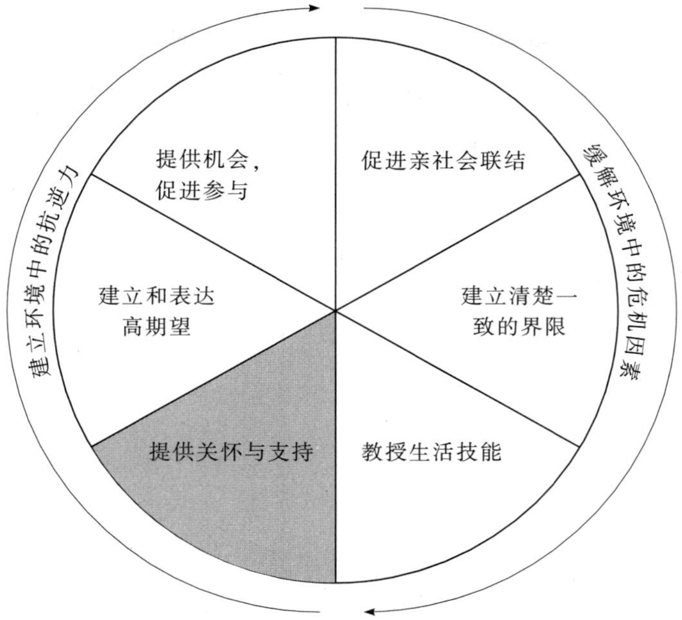

图 9-2　抗逆力轮

资料来源：HENDERSON N，MILSTEIN M M. Resiliency in schools：making it happen for students and educators. Thousand Oaks：Corwin Press，2003：12.

学习活动 9-5　课外阅读

“抗逆力”是一个新颖的研究课题，请通过互联网查找三篇补充材料，加深对抗逆力的学习和理解，完成一篇阅读笔记或书评。

四、对个案管理方法的运用

（一）理论描述

1992 年，美国社会工作者协会理事会批准了新的社会工作个案管理标准，将干预工作描述为：一种提供服务的方法，运用这种方法，专业社会工作者评估当事人及其家庭的需要，在适当的时候安排、协调、监管、评估和争取包括多种服务的一揽子服务，满足特定当事人的多种需要。

① HENDERSON N，MILSTEIN M M. Resiliency in schools：making it happen for students and educators. Thousand Oaks：Corwin Press，2003：90-103.

个案管理的一个主要过程就是分析案主的社会生态系统，系统地搜集和案主有关的资料，找出各个系统之间的相互作用关系，找出社会生态系统中的资源和支持力量，帮助案主联系资源、落实和协调服务。

青少年社会工作的主要对象是学生。在中国，影响学生的社会生态系统包括家庭、朋辈群体、学校、社区等等。个案管理方法承袭了传统社会工作的各种方法和技巧。不仅能考虑到学生在学校的处境和遇到的问题，而且学生的家庭和所在的社区的问题也在它的管理之下。因此，运用个案管理的方法，能帮助学生理清脉络，从全盘入手考虑和解决问题。学校社会工作者进行个案管理的对象应是那些处境不利的学生。所谓处境不利，指的是由于处于不良的家庭环境中，或者在家庭、朋辈群体中长期受不良对待，如虐待、忽视、欺负，而出现或可能出现心理、行为问题的儿童。

（二）工作程序与方法

1. 识别服务对象

学校社会工作者进行个案管理的服务对象来自以下四条途径：

（1）班主任或者任课老师的推介。

作为班主任和任课老师，他们和学生们朝夕相处，对每个孩子的性格特点、学业成就都了如指掌，因而，他们很容易发现学生们的反常之处。一般来讲，当一个学生出现学习困难、情绪低落、举止反常、攻击行为、同伴关系恶劣等问题时，老师们都会很快觉察到。因此，班主任和任课老师的推介是学校社会工作者选择服务对象的最主要途径。

（2）朋辈的推介。

这里所指的朋辈包括潜在案主的同学和朋友。毫无疑问，当代的青少年和同龄人群体在一起的时间要比以往更多。因此，他们和潜在案主有着比老师更亲密的关系，也比老师们更容易发现潜在案主在情绪、情感、家庭方面等学业成就之外的问题。

但是，由于他们自身的认知尚不成熟，他们对问题的看法和意见可能夹杂了许多主观的因素。所以，学校社会工作者应慎重对待朋辈的推介，并对他们所提供的信息进行详细的审查和评估。

（3）案主或者其家庭主动寻求帮助。

在中国社会工作发展的现阶段，要求案主与其家庭主动向学校社会工作者寻求帮助，并非一件容易的事情。要想达到这个目的，需要社会工作者们前期进行大量的工作，获取他们的信任。

（4）社会工作者主动发掘。

学校社会工作者通常会对学校提供个案工作、小组工作，以及一些拓展型的社区工作。在这个过程中，受到过专业训练的学校社会工作者很容易发现那些生态系统功能失调的潜在案主。这时候，社会工作者应主动出击，帮助案主解决问题。

2. 对案主的生态系统进行评估，确定案主所需要的资源

前文中提到，学生的基本生态系统包括社区、学校和家庭。因此，学校社会工作者在确定自己的服务对象后，应去广泛收集这三个系统的资料，评估究竟是某一系统的问题影响了案主，还是几个系统共同作用的结果，从而确定案主所需要的资源。

在这个过程中，案主并非被动地等资源的到来。某些时候，问题的出现可能是案主和环境的协调不一致所造成的。这时候，就需要案主做出某些改变，来符合环境的要求。因此，学校社会工作者还应对案主为了适应环境需要做出的改变做出评定。

3. 评定案主的社会支持网络

学生的社会支持网络来自学校、家庭和社区三个系统。如家长、兄弟姐妹、其他亲属、学校老师、社区领导、左邻右舍、同学朋友都是这个社会支持网络的一部分。

在这里，学校社会工作者的主要任务是分辨出在解决案主的问题时，哪些支持网络是可以利用的，且能被利用的程度如何。

4. 完成资源-社会支持网络-案主的对接

在这一阶段，学校社会工作者最重要的任务是调动学生解决问题的能力。否则，在这个环节学校社会工作者就仅仅承担了一个行政协调的任务。

因此，学校社会工作者应与学生及其家庭一起工作，就他们的目标和期望进行协商，并在充分考虑社会支持网络的基础上，制订出一个切实可行的工作计划，共同去探求、获得和运用所需要的资源。

5. 监管服务的运输

在与学生及其家庭共同工作的过程中，可能同时需要为他们提供专业技巧上的服务，如个案服务、小组工作等。通过这种专业技巧，帮助学生和家庭发现他们的优势所在，从而实现他们的增权。

6. 评估

评估应包括两个方面：当事人的评估和服务系统传输的评估。

对当事人的评估可以从当事人的生活状况、情绪状况和学习状况来进行前后比较。对服务系统传输的评估，可以通过学生及其家庭对其社会支持网络的利用率以及资源与需求对接的程度来判定。

（三）外展行动及外展社会工作

社会工作者以“外展”这个概念推行工作，在我国始行于香港地区（1976 年 6 月），我国内地尚无先例。所谓外展服务，就是由专业社会工作者到青少年常去的地方（如社区中的网吧、球场、公园等），去识别和接触那些因不同原因而产生家庭、社会、心理问题的青少年，通过面对面的交流、辅导、谈心和服务，改善和消除青少年存在的问题，从而达到帮助青少年健康发展的目的。外展工作的对象为自信心不足、孤僻、抽烟、喝酒、讲粗话、无所事事的青少年，大致分为四类：一是受到不良影响的青少年；二是经常单独在外游荡的青少年；三是与家庭关系紧张及经常离家出走的青少年；四是已经辍学或存在退学可能的青少年。外展工作挑战性很强，对社会工作者的要求更高，一名合格的外展社会工作者除了需要具备正直、热情、性格开放、乐于与人交往、不怕挫折、敢于承担责任和压力等前提素质外，还需要了解以下知识和具备以下能力：社会工作的价值观，社会工作相关法律，青少年辅导技巧，行为修正理论，危机介入理论，犯罪理论，青少年次文化，帮派小组动力，如何与青少年的父母合作，等等。

第四节
青少年辅导的注意事项

一、学习成就与完人教育

人是发展的第一主角，又是发展的终极目标。教育要为社会发展和人的终身学习服务，理应对人的生命历程予以整体的动态的把握，即观照学生作为独立的生命个体的整个生命历程——他的过去、现在和未来。教育从人的根本属性出发，促进人的发展，强调以学生为本，做到目中有人、心中有人，注重对学生健康人格的塑造，开发学生的创造潜能，这不仅是我国教学改革努力追求的目标，也符合世界教学改革发展的趋势。

香港辅导专家林孟平博士提出，要了解自我，应对自我形象有整体的认识。自我形象包括学业自我形象、群体自我形象、情绪自我形象、体能自我形象，对自我的认识和评估以此为根据，才有助于自尊、自爱、自重的形成。辅导作为教育的组成部分，理应以全人教育为宗旨，而培养健全人格，是全人教育的核心。人格是个体的体质、气质、智慧和性格等方面的总和。近年来，世界各国愈加强调树立全人的整体观念，注意促使学生知、情、意、行几个方面的协调发展。教育的目标应该是促进成长和学习，培养能够适应环境和知道如何学习、具有个性和充分发展的人，即培养完整的人。“完人”（wholeperson），内容包括知识教育、认识能力教育和情意的发展。罗杰斯指出，学校要培养这样的人：能从事自发的活动，并对这些活动负责的人；能理智地选择和自定方向的人；是批判性的学习者，能评价他人所做贡献的人；获得有关解决问题的知识的人；更重要的，能灵活地和理智地适应新的问题情境的人；在自由地和创造性地运用所有有关经验时，能融会贯通某种灵活地处理问题的方式的人；能在各种活动中有效地与他人合作的人；不是为他人的赞许，而是按照他们自己的社会化目标工作的人。通过积极的师生关系，学生获得积极的生命体验和生活态度，并影响他周围的人，影响他整个的生命。这样，师生关系就构成了一种生活关系，一种对话关系，成为生活的一部分，由此而构筑起一个自由对话的平台。

二、自我意识与学校辅导

学校辅导是在正常的学校教学之外对学生所做的有系统的支持与援助行动，是利用各种资料和技术帮助学生自我了解、自我指导，以达到自我实现的目的的过程[①]。

① 王宏芳．台湾地区“教训辅三合一”学校辅导体系述评．中小学心理健康教育，2004（10）．

学校辅导以班级为管理单位，但并非都要以班级为单位开展活动。学校辅导活动的基本形式是小组活动。小组活动形式灵活，易接近学生的兴趣需要，而且便于学生参与投入，发挥学生的主体作用。

进入青春期的青少年是容易出现问题，特别需要帮助的群体。学生需要辅导，这是学校辅导工作存在的根本理由。在国外，学校心理辅导经过近百年的发展，已经形成了一个完整的流程：对本校或本地区的学生辅导需要进行评估（needs assessment）—根据评估结果及辅导目标制订辅导计划（program planning）—实施辅导计划（intervention）—对辅导效果进行评价（evaluation）—根据评价结果，制订下一阶段的辅导计划（feedback）。在这个流程中，学校心理工作者必须依据所在学校和地区的实际情况来确定其辅导目标和计划，只有这样，其提供的服务才能真正满足学生的发展性需要。这个实际情况就包括了学生的辅导需要。因此，需要评估是整个学校辅导工作的起点。

肖认为学校辅导模式主要应该回答三个问题：谁应接受辅导，为什么要进行辅导，怎样进行辅导。据此他提出了一个学校辅导的一般通用模式（a general model for guidance），该模式主要包括三个方面：价值观、目标和功能。这三个方面涵盖了对上述三个问题的回答。①

学校辅导模式应该在两个层面上确立明确的理念：哲学层面，如人性观、价值观、目标；心理学层面，如人的动机系统、人的发展历程、决定行为的因素、人格和行为改变的条件。学校辅导是面向全体学生还是部分学生，是直接面向学生还是通过对教师和家长的咨询影响学生。学校辅导的目标在于协助学生克服他们在适应和发展上所遇到的困难。另有一种观点是把辅导区分为发展性的、预防性的及治疗性的，以此来描述不同的辅导目标。其实，这一区分不仅涉及目标，亦涉及辅导内容、对象和辅导方式。多数研究者同意把学校辅导的内容区分为生活辅导、学习辅导以及生涯（职业）辅导。学习及生涯辅导的内涵较为明晰，唯生活辅导包罗甚广，需要进一步说明。学校辅导的途径和方式是实践工作者最感兴趣的问题，目前各地自主创造或从台港借鉴已经出现了不少辅导形式，吴增强对此做了较好的概括和说明。一般（通用）的辅导模式不一定要详细罗列各种辅导形式乃至措施，但要强调两点：一是辅导途径或形式必须与辅导的基本目标一致；二是它们应该有验证性研究或经验支持，证明有达到目标的功能。②

三、赋权与社会整合

弱势群体（vulnerable groups）是指由于自然、经济、社会和文化方面的低下状态而难以像正常人那样去化解社会问题造成的压力，导致陷入困境、处于不利社会地

① SHAW M C. School guidance systems：objectives，functions，evolation and change. Boston：Mifflin Company，1973.

② 吴增强．论现代学校心理辅导模式．教育研究，1998（1）．

位的人群或阶层。在社会变迁进程中，这个群体是社会援助的对象，是社会福利的接受对象。青少年中的弱势群体主要是校园中的残疾人子女、特困家庭子女、低收入家庭子女、单亲家庭子女等等。他们在校园中处于经济上或心理上的相对弱势，是一个处于不利地位的群体。经济利益上所面临的困境，决定了他们生活质量的低下和心理承受力的脆弱。当弱势群体陷入困境却求助无门时，网络就可能成为他们寻求安慰和解脱的出路。而这个群体中的个别人在自身利益被严重忽略乃至侵害的绝境下铤而走险，以制造社会突发事件来宣泄自己不满的可能性也加大。

从某种程度上讲，青少年群体相对于社会其他群体也是弱势群体，他们社会地位低下，在经济上、感情上、决策上都依赖于远远强于自己的成人群体。没有人真正关心过青少年究竟想要什么，只知道社会要求青少年去做什么。去上学，去考试，去考大学，而不问其兴趣、爱好、理想。因而需要为青少年群体赋权，给他们以话语权。必须引导青少年群体参与推动社会行动，进入社会政策制定的必要环节，影响决策层，这样才能真正制定出符合青少年群体利益的社会政策。

社会工作因为主要是以机构为本（agency-based）的专业，因此容易使工作人员成为社会控制的媒介（social control agent）。但由于社会工作专业价值观主张尊重个人的尊严及独特性，重视自我决定（self-determination）及当事人参与（client participation），并相信每个人都具有解决问题的潜力，因此整体来说，社会工作偏向于淡化青少年偏差行为、强调青少年成长的观点，比较倾向于辅导、充权，以协助适应不良的问题少年重新回归社会为工作重点。

社会工作取向的充权使能模式主张增加青少年的技能，增强其所需部分，凸显青少年本身的主体意义，不再将游民学生与一般主流教育目标同等看待。因此情绪管理、自我成长、心理咨询服务以及生活技巧教育等，都是为了给青少年提供一套较为完整的社会支持服务系统（服务整合）。具体看来，社会工作取向的思维逻辑传达的操作性概念包括需求取向（need-oriented）、去罪化（decriminalization）、重建（rehabilitation）、发展（development）和自立（self-reliance）。教育取向的论述策略主要以学校机构和司法单位为运作主体，强调采取预防性的方案，通过多元的联合预防行动，有效地遏止青少年问题产生的可能性。社会工作取向的论述策略，则是以还原青少年个人的主体价值为要旨的，相关的机制体系包括警政保护体系、医疗保健体系、社会福利体系、职业训练体系以及少管所矫治体系等。

四、专业关系中的伦理问题

青少年辅导实际上是一个沟通交流过程。对交流双方发出的各种信息，个人理解程度的差异很大，有的人能够理解信息的深层含义，有的人只能了解其表层含义，即视而不见、听而不闻，这样便常常失去和浪费咨询进程中存在或不断出现的各种有价值信息。在辅导过程中，理解接受并利用各种信息，是重要条件之一。心理辅导效果直接取决于工作双方的关系，如合作与否、合作积极性的高低等。在辅导过程中双方的关系大致可分为：合作并积极主动的关系、合作但消极被动的关系、不合作的关系和被动消极的关系等。双方关系的临床意义在于工作者的建议是否能够被积极有效地接纳、认同并转化为青少年求助者希望得到的家庭环境的有益变化。

有效辅导关系的建立有赖于专业伦理关系，工作者自身的伦理意识、伦理素质和伦理言行，是保证辅导效果的第一要件。基奇纳和米拉等人指出，实现最高伦理层次的助人专业工作，以下六条道德原则是必不可少的①。

（一）自主性

强调自我决定和当事人有选择自己方向的自由，当事人有选择并依照自己愿望行动的权利，专业助人工作者有义务赋予当事人这个权利。因为工作者以促进利益与福祉的方式鼓励当事人成长，必须避免造成当事人过度依赖的关系。

（二）无害性

避免造成伤害，包括防止产生伤害当事人的危险行为。专业助人者有责任避免任何造成伤害或可能造成伤害的一切行为。在辅导关系中，工作者必须了解源于此种关系的亲密与责任，尊重当事人，避免为满足个人需求而牺牲当事人的利益。

（三）获益性

指增进他人的福祉。理想上，社会工作者应促进当事人在其文化背景中获得成长与发展，无论工作者做什么都要以此为标准。社会工作者的最高职责就是尊重个人尊严，促进当事人的福祉。

（四）公正性

意味着对所有当事人一视同仁，每一个人不论年龄、性别、种族、族群、能力、社会经济地位、文化背景、宗教信仰或性倾向如何，都有权接受社会工作服务，以确认所有族群获得平等的对待。

（五）诚信

指专业助人者真诚承诺并履行对当事人的承诺，以维护相互信任的关系。辅导工作一旦开始且将继续下去时，工作者必须将工作的目的、目标、技术、程序、限制、潜在危机、利益及其他有关讯息告知当事人。

（六）真实性

就是诚实，没有工作者对当事人的信任，形成良好的工作关系是不可能的。工作者必须逐步确保当事人了解诊断的意义、使用测试与报告的目的、收费标准及账单安排等，告知当事人他们有权要求保密，并对咨询的限制加以说明。当事人有权调阅治

① COREY G，COREY M S，CALLANAN P. Issues and ethics in the helping professions. Califcrnia：Brooks/Cole Publishing Company，1993.

疗记录，持续参与治疗计划，拒绝任何推荐的服务，并能知道拒绝后的影响。

学习活动 9-6　小论文

专业伦理在青少年心理辅导中地位重要，完成一篇小论文，对比青少年辅导伦理与另一人群辅导伦理的不同之处。

第五节 小　结

青少年群体是成长中的人，是变化的，要解决的问题也是动态的。青少年社会工作有一整套的专业理论指导，包括工作内容、工作方式、专业教育、研究方法等。它的服务性质强调非营利性，以助人为宗旨。它的工作方法讲究艺术性和技术性。它的工作过程具有周期性和变动性。青少年工作者面对的直接任务是解决青少年人生发展中的需要与求助，促进青少年群体作为人类大家庭中的一员的充分发展和自我成才。这也是为了人类的福祉。

青少年社会工作具有前瞻性和可持续性，有助于社会稳定和经济发展。青少年是社会的未来、社会持续发展的依赖，因此，满足青少年群体生活、学习和工作上的需要，关系到社会安定、经济增长和持续发展，以及和谐社会的构建。青少年群体特别是 18 周岁以下的青少年，是生活中的受人驱动的群体。在社会中倡导一种关怀他们的学习、生活和工作的氛围，有助于净化人伦精神，倡导一种关心弱者、立志于国家未来发展的良好风尚，有助于青少年群体的自身发展。青少年作为一个特殊的年龄群体，具有一系列的生存和发展需求。青少年工作者不仅要帮其完成学习任务，促进其个人成长，协助其生活富足、拥有充实稳定的未来，还要解决其发展困难和满足其心理需要。青少年个案工作要真正有助于青少年群体的健康成长、问题青少年的社会化和再社会化，以及帮助特殊青少年解决生活之需。青少年社会工作具有丰富的社会资源和可开发性。党和国家都十分关心青少年一代的发展与未来，生育政策使得每一个孩子都受到父辈的无限关心。社会发展了，物质丰富了，人们的精神生活也日益丰富。这些都为青少年社会工作提供了丰富的政治、经济、文化资源。青少年工作者要积极整合社会资源，调动社会各方力量，为青少年提供更为广泛的关心和服务，开拓更加广泛的发展空间。

本章要点

1. 青少年的生理特点
2. 青少年的心理特点
3. 青少年社会适应上的特点

4. 青少年辅导的主要理论
5. 青少年辅导的主要问题
6. 青少年辅导需要注意的问题

基本概念

青少年　智力　情绪　人格特质　性心理　生物进化理论　弗洛伊德的精神分析理论　马斯洛的需要理论　高峰体验　皮亚杰的认知发展理论　埃里克森的生命周期理论　哈维格斯特的发展阶段和任务理论　科尔伯格的道德发展理论　库利的“镜中我”理论　米德的“角色扮演”理论　学习理论　标签理论　人文主义　考试焦虑　偏差行为　沮丧　压抑　抑郁　冷漠　嫉妒　焦虑　孤独　浮躁　心理分析疗法　社会个案工作　认知行为疗法　抗逆力　社会生态　外展社会工作　自我意识　青少年亚文化　赋权与社会整合

复习思考题

1. 请描述青春期的生理发展特点。
2. 请描述青春期的心理发展特点。
3. 请用理论来解释或者描述青春期的社会适应问题。
4. 青少年主要的问题有哪些?
5. 青少年辅导理论主要有哪些? 各有什么特点?
6. 青少年辅导要注意哪些问题? 为什么?
7. 青少年社会工作需要遵从的价值伦理。
8. 青少年社会工作的社会地位与意义。

推荐阅读书目

1. 文新．青少年发展心理学．济南：山东人民出版社，2002.
2. 陆士桢，王玥．青少年社会工作．北京：社会科学文献出版社，2005.
3. 黄德祥．青少年发展与辅导．台北：五南图书出版公司，2001.
4. 钱铭怡．心理咨询与心理治疗．北京：北京大学出版社，1994.
5. 金生鈜．规训与教化．北京：教育科学出版社，2004.
6. 谢维和．教育活动的社会学分析：一种教育社会学的研究．北京：教育科学出版社，2001.
7. 陈映芳．在角色与非角色之间——中国的青年文化．南京：江苏人民出版社，2002.
8. SALEEBEY D. 优势视角：社会工作实践的新模式．上海：华东理工大学出版社，2004.
9. 范梅南．教学机智：教育智慧的意蕴．北京：教育科学出版社，2001.
10. 贝克．世界风险社会．南京：南京大学出版社，2004.

第十章

老年人辅导

本章概要

《中国健康事业的发展与人权进步》白皮书指出，中国人均预期寿命从 1981 年的 67.9 岁提高到 2016 年的 76.5 岁，而在新中国成立时，我国人均预期寿命仅有 35 岁①。截至 2017 年年底，我国 60 岁及以上老年人口有 2.41 亿人，占总人口的 17.3%②。

俗话说“鸦有反哺之情，羊有跪乳之恩”，中国文化中一直崇尚尊老，有“百行孝为先”“老吾老以及人之老，幼吾幼以及人之幼”等古训，更有“家有一老，如有一宝”之说。但在当今社会，强制退休制度、收入上的减少、合法权益受到漠视、自身价值和作用受到忽视等，使社会中长者的地位已有所下降。③ 风气的转变，给老年人带来很多困扰与社会生活适应问题。更有甚者，造成老年人失去对生命的寄托和希望，以致放弃生命。据 2002 年的一篇报道，全球老年人自杀率最高的前三个国家及地区，均是以华人为主的社会。新加坡每 10 万名 60 岁或以上长者中，约有 36 人自杀，排名榜首；中国内地排第二，约有 26 人；中国香港则以 25 人排第三，远高于澳大利亚的 14 人及加拿大的 12 人。④ 性别、民族、童年贫困、受教育水平、代际差异等都与老人的健康差异和社会公正问题有关⑤。

如何让我们的长者安度晚年，不仅是考问社会如何对待其以往奠基者与创造者的问题，更是考问每个社会成员如何善待给了我们生命和辛勤养育我们的人的问题。本章将向你介绍老年期生命发展的特点、长者会遇到的主要个人和家庭问题、处理长者

---

① 中国健康事业的发展与人权进步．(2017-09-29)［2018-06-05］. http://www.gov.cn/zhengce/2017-09/29/content_5228551.htm#1.

② 我国 60 岁及以上老年人口数量达 2.41 亿占总人口 17.3%. (2018-02-27)［2018-06-05］. http://www.xinhuanet.com/health/2018-02/27/c_1122457257.htm.

③ 邬沧萍，等．社会老年学．北京：中国人民大学出版社，1999：107-198.

④ 全球第三高 香港每 33 小时一长者自杀．(2002-03-11)［2018-06-05］. http://news.southcn.com/hktwma/jingji/200203110786.htm.

⑤ ALWIN D，WRAY L A. Life-span developmental perspective on social status and health. Journal of gerontology：psychological sciences，2005 (60B)：7-14. O'RAND A M，HAMIL-LUKER J. Processes of cumulative adversity：childhood disadvantage and increased risk of heart attack across the life course. Journal of gerontology，2005 (60B)：S117-S124. WHITEFIELD K E，HAYWARD M. The landscape of health disparities among older adults. Public policy and aging report，2003 (13)：1-7. WILLIAMS D. The health of U.S. racial and ethnic populations. Journals of gerontology，2005 (60B)：53-62.

问题要注意的事项，帮助你更好地为长者提供辅导服务。

第一节
老年当事人

说到老年人，你会联想到什么？你对老年人（如父母、祖父母等）应该并不陌生，你可能曾与他们朝夕相处，也可能在日常生活中接触了许多长者，还可能从电视、报纸杂志、互联网上了解了许多他们的故事，这些都使你或多或少懂得如何同老人打交道。这些生活积累很重要，它是走进当事人世界的重要储备。但是身为社会工作者，仅有这些是不够的，要更好地帮助老人，你还应该对他们有更全面系统的认识。让我们一起来看看进入老年后，人在生理、心理和社会生活上会有哪些主要变化。

一、老年人的生理特点

《黄帝内经》讲人的衰老有发鬓颁白（斑白）或脱落、荣华颓落、目昏不明、齿槁、言善误、皮肤枯、身体重、行步不正、喜卧、不能生育等表现。经史百家对身体的衰老也有描述，如唐朝张师锡《老儿诗》说："无病常供粥，非寒亦衣绵""胶睫干眵缀，黏髭冷涕悬"等。《千金翼方》和《养老奉亲书》认为，"心力减退，志失前后""性气不定，止如小儿"，都是衰老的重要特征。明代李梴《医学入门》有对衰老"七窍反常"的记载："鼻不嚏而出涕，耳无声而蝉鸣，吃食口干，寐则涎溢，溲不利而自遗，便不通而成泻，昼则对人瞌睡，夜则独卧惺惺。"

许多人在进入老年后身体有明显的变化。研究显示，把平均年龄 30 岁的人的功能发挥水平算作 100%，平均年龄 80 岁的人各生理过程都有衰退。80 岁人的基础新陈代谢率大约为 30 岁人的 85%，而心脏每分钟压出的血量只有 30 岁人的 65%，最大呼吸量只有 30 岁人的 40%，肾脏原形质的流量为 30 岁人的 45%，神经传导速度为 30 岁人的 90%，手抓力量为 30 岁人的 65%。[①] 衰老在人体的不同组织器官系统上都有表现。

从骨骼肌肉和牙齿系统看，衰老常跟开始出现关节炎和风湿病连在一起。虽然不是人人都会有这些病情，但衰老与骨质减少、有些关节不能活动和关节软组织衰退有关。失去骨质会导致骨质疏松，而使骨折的危险性增加，人的高度会降低，出现拱背。女性得骨质疏松病的人比男性多。40～80 岁之间的女性骨质失去大约 40%，而男性出现骨质减少一般在 55～65 岁之间。老年人一些牙齿可能已经脱落，有可能带来咀嚼某些食物的困难和消化不良。

从皮肤及其附属组织来讲，进入老年，皮下脂肪萎缩，弹性组织减少，接近皮肤

① 德克尔．老年社会学．天津：天津人民出版社，1986：64.

表面的毛细血管停止发挥作用。最显而易见的变化是皮肤开始松弛并出现皱纹，肤色变得苍白、失去光泽，干燥易痒，等等。此外，皮肤及其附属组织的变化还会使老人皮肤的体温调节功能下降，让老人既易感冒，又易中暑。老人指（趾）甲生长变慢，甲体通常变薄变脆，失去光泽或变得混浊，可有纵嵴。指（趾）甲体变弯呈爪形，如修剪不当或穿鞋过紧，会造成嵌甲。

从心脑血管系统看，老年人心脏仍与中年时期相同或稍变小些，有时由于脂肪组织沉积而略微变大，也可能会由于肌肉总数减少而萎缩。但心脏的衰老往往与老年心脏疾病带来的改变并存。心脏衰老的主要改变是心肌细胞有不同程度的萎缩，细胞内脂褐素堆积使心肌呈棕色。心内膜因不同程度的纤维化而增厚，心瓣膜也随增龄而出现肥厚和变硬等。血管方面，老年人由于血管硬度增加、弹性降低和管腔狭窄，血管中的阻力增加。此外，老年人血管内膜增厚和脂质沉积，使老人易患动脉粥样硬化。动脉粥样硬化的主要后果是冠心病和脑中风（包括出血性脑中风和缺血性脑中风）。毛细血管的上述改变，使老年人微循环功能降低。据推算，中国心血管病患病人数为 2.9 亿，其中，脑卒中患者 1 300 万，冠心病患者 1 100 万，肺原性心脏病患者 500 万，心力衰竭患者 450 万，风湿性心脏病患者 250 万，先天性心脏病患者 200 万，高血压患者 2.7 亿。因心血管病死亡占居民因疾病死亡构成的 40%以上，居首位，高于因肿瘤及其他疾病死亡。①

从消化系统看，除了因牙齿变化引起的进食困难与消化吸收问题外，消化道黏膜和各种消化腺也会随年龄的增加而有所萎缩，从而带来消化不良、营养不良和排便困难等问题。

从呼吸系统看，它是人体功能衰退出现得最早的系统。随着年龄的增长，呼吸系统各组成部分的衰老变化比较明显。总体上，老年人的肺生理功能，如肺容量、通气功能、换气功能及免疫功能均逐渐降低，使肺部及呼吸道非常容易受外界刺激而受损，或发生感染性疾病。

从泌尿系统看，多数学者认为肾脏重量和肾小球数量随年龄增长而减少。人到 70 岁时，肾小球数量只有年轻时的二分之一，而且因玻璃样变性而退化，肾小球和肾小管基底膜增厚，肾重量和体积减少，肾小管细胞出现脂肪变性，肾小动脉硬化，肾血流量随年龄的增长而明显递减。肾清除率降低，肾小管重吸收功能下降，膀胱的充盈扩张能力和排空能力也随增龄而下降，膀胱容量变小，容易发生尿频及膀胱炎。

从内分泌系统和生殖系统看，随着年龄增长，衰老的最明显改变是生殖功能的终止和对外界适应能力的下降。内分泌腺衰老的一般规律是腺体萎缩、重量减轻、纤维化、血管改变、伴有或不伴有腺瘤形成。伴随内分泌功能的显著变化，不但激素水平普遍降低，而且某些靶组织对特异激素的应答能力也会下降。激素活力下降导致代谢功能降低或引起代谢紊乱和多种代谢病，如糖尿病、前列腺增生等。

此外，神经系统在进入老年后的变化可能导致帕金森病和老年期痴呆等疾病。后者又分为阿尔茨海默病、血管性痴呆和混合性痴呆三种。阿尔茨海默病是一种原发性

---

① 国家心血管病中心．中国心血管病报告 2017.（2018－05－04）［2018－06－05］. http：//www.nccd.org.cn/Sites/Uploaded/File/2018/5/%E4%B8%AD%E5%9B%BD%E5%BF%83%E8%A1%80%E7%AE%A1%E7%97%85%E6%8A%A5%E5%91%8A2017%EF%BC%88%E4%B8%AD%E6%96%87%E7%89%88%EF%BC%89.pdf.

退行灰质脑病，起病缓慢，呈进行性发展。血管性痴呆是由脑血管病变所导致的痴呆综合征。它起病较急，症状日益明显，呈阶梯状发展。记忆障碍是老年期痴呆的初发症状，首先是近期记忆力受损，随之远期记忆力也受损，最终远近记忆力均有障碍，使日常生活受到影响。另外，还会出现视空间技能障碍、语言障碍、书写困难、失用和失认、计算障碍、判断力差、注意力分散等问题。患有阿尔茨海默病的老人可出现智能的全面减退直至智能完全丧失，而血管性痴呆患者的智能减退是呈“斑片”性的，有人观察到其最常见的是时间定向力、计算力、近期记忆力、自发书写及抄写能力降低，其智能衰退并非全面性的。而由于血管病变引起的脑损害，根据部位不同可出现各种相关的神经精神症状。一般来说，位于大脑左半球皮层的病变，可能有失语、失用、失读、失书、失算等症状；位于大脑右半球皮层的病变，可能造成对空间知觉上的障碍；位于皮层下神经核团及其传导束的病变，可能出现相应的运动、感觉及锥体外系障碍，也可出现强笑、强哭的症状，有时还可出现幻觉、自言自语、木僵、缄默、淡漠等精神症状。

从感觉器官看，年龄的增长会使视觉、听觉、味觉和痛觉等发生退行性变化。老年人有可能出现听力减退，语言辨别能力会出现障碍。他们的视力下降，视野缩小。他们对酸、甜、苦、咸四种原味觉阈值均随增龄而提高，但嗅觉会下降。此外，触觉、温度觉、振动觉等躯体的感觉功能随增龄也有逐渐减弱的趋势。

整体上讲，衰老会使人出现下面一些机能上的变化：

（1）储备力下降。在正常情况下，人体各器官均有一定的机能储备以应付各种紧急情况，老年人的肌肉、心、肺等储备力较年轻人低，故在快步行走或活动量较大时会出现气短、心悸等不适感。老年人的心脏血流出量较年轻人低 35%，因此，当老年人遇到一些额外负荷（如寒冷、发热、疲劳、感染等）时，常会出现心绞痛、心肌梗塞、心力衰竭等严重后果；而在同样负荷下，年轻人则完全可以承受。所以，老年人的机能储备减少是机体疾病易感性提高的原因之一。

（2）适应能力降低。老年人对内外环境的适应能力大大降低。在正常情况下，机体在神经-体液调节下维持正常生命过程必不可少的内环境的稳定，如使体温、血压、血糖、血脂、体液 pH 值、离子浓度等常能保持比较恒定的水平。然而随着年龄增加，老年人体内各器官系统，特别是神经内分泌系统机能衰退而导致稳定内环境的能力下降，不能有效地调整各种“不稳定因素”，往往因此而成为许多老年期疾病的诱因或原因。如老年高血压、糖尿病等，实质上是机体内环境稳定性下降的表现之一。人体对外环境的抵抗力包括免疫防御、自稳、监视等免疫机能和对高温、寒冷、创伤、射线、疲劳等非特异性伤害性刺激的承受能力。老年人的这种抵抗力大大减弱，适应环境的能力降低，使老年人疾病的易感性大大增加，这是老年期感染性疾病、肿瘤等常见病的发病基础。

（3）反应迟钝，活动能力下降。老年人的各种感觉器官的结构与功能都有不同程度的衰退，记忆力下降、体力减弱，运动的灵敏性、准确性降低，从而使老年人反应迟钝、活动能力减弱，稍有不慎，跌倒、骨折、外伤等意外事故常会发生并产生严重后果。①

① 邬沧萍，等．社会老年学．北京：中国人民大学出版社，1999：66.

我们前面谈到的是一般人进入老年后躯体上会发生的一些变化，但具体到个人，不同的人出现衰老变化的年龄又不同。一个特定的人的生物年龄可能会与其他同龄人的生物年龄相去甚远，正如一些孩子成熟的速度比其他孩子快或慢一样。对你来说，这些知识只是让你对可能有的情况有所准备，但在具体面对每个老人的时候，还应仔细甄别。

学习活动 10-1　老人访谈

试着找三个不同年龄段的老人聊聊他们的身体健康状况，与上面对老人生理上的特点的有关描述做个比较，然后与同学讨论比较的结果。思考一下，老人在生理上的这些特点对做辅导工作有什么影响呢？

二、老年人的心理特点

伴随老年而来的生理上的变化常常是可以看得到的最明显的变化，而在认知和情感功能方面的变化常常成为老年人最恐惧的变化，他们会认为那是头脑变得不清楚的前兆。要了解老人，掌握这方面的知识十分重要。

进入老年，许多人在智力、记忆力、学习能力和人格特质上会发生一些变化。变化的大小、速度因人而异，遗传因素、社会经济状况、教育背景、生活模式等都会造成个体间的差异。但总体上看，老年人在心理方面还是有些共同特点的。下面就让我们来看一下老年人在智力、记忆力、学习能力、情绪和人格特质上的一些特点。

（一）智力

智力是大脑的功能，是由人们认识和改造客观事物的各种能力有机组合而成的。它包括了人们收集信息、处理信息、生成想法，把信息用于熟悉的或不熟悉的情境中，以及处理日常事务的能力。智力主要包括注意、观察、想象、思维、实际操作和适应等能力，以思维能力为核心，它保证了人们有效地进行认识和实践活动。有的学者提出，智力可以分为两大类，一类为“结晶智力”（crystallized intelligence），另一类为“液态智力”（fluid intelligence）。前者主要是后天获得的，它与个人是否能有效地积累知识有关，同时也在某种程度上受到遗传因素的影响。老年人阅历广，经验多，结晶智力易保持（甚至会增长），直到 80 岁以后才有明显减退。就这方面而言，人老之后会更有智慧。[1] 后者主要与大脑、神经系统、感觉和运动器官的生理结构和功能有关，如记忆力、注意力、思维敏捷性和反应速度等，这种智力减退得较早也较快，一般在 50 岁以后就开始下降，60 岁以后减退明显。以上两种智力的变化并不是平行的，也就不能笼统地说智力随年龄增长而减退。老年人的智力并非人们所以为的那样会全面退化，只是在某些方面有所衰减。

---

① MCINNIS-DITTRICH K. Social work with elders—a biopsychosocial approach to assessment and intervention. Boston：Allyn and Bacon，2002：61.

利用追踪法把天赋极高的人，自儿童期研究到中年、老年期，发现这些人智力的衰退比一般人所认为的要迟[①]。老年人的分析能力、判断能力和思维能力的精细程度，对复杂事物的高度洞察力，与中、青年人相比并不逊色。许多事例证实，很多人在晚年依然保持着旺盛的创造力。有人对自然科学、社会科学等各个领域内的名人进行过年龄统计分析，结果显示，60 岁以后出成果的人数比例从高至低依次为：哲学、医学、美术、文学、自然科学等。可见，与人生阅历和实践经验（即结晶智力）关系密切的领域较多出现大器晚成的学者和科学家。换句话说，老年人的智能有很大的可塑性和提升的空间，活到老、学到老是可以增进老人的智力水平的。坚持不懈的学习、锻炼和积累，往往可以使老年人的智力水平发挥得更好、更充分。

（二）记忆力

记忆是指人们将感知过、思考过、体验过、操作过的事物的印象保持在头脑中，以后又在一定的条件下以再认、再现的方式表现出来或者回忆起来的心理过程。老年人记忆的主要特点是瞬时记忆（即保持 1～2 秒的记忆）随年老而减退，短时记忆（即保持 1 分钟以内的记忆）变化较小，主要是长时记忆（即所记内容在头脑中保持超过 1 分钟直至终生的记忆）衰退。相关研究显示，老年人对最近发生的事务记忆力很差，对旧事则记得较牢。动机对记忆能力很重要，老年人较不喜欢记忆事务，所以记忆力显得更不好。老年人的注意力也比年轻人差。因此，一切所见所闻均很少给他们留下深刻印象，所以更可能被遗忘。[②]

年龄对回想能力的影响比对认知能力的影响更大。比较老年人与年轻人，会发现前者回想的能力丧失了大约一半。我们可以用种种暗示来帮助他们追忆事务，例如，声音、可以看到的东西以及种种动作暗示等。[③] 老年人的意义识记（即在理解基础上的记忆）保持较好，而机械识记（即靠死记硬背的记忆）减退较快。例如，老人对于地名、人名、数字等属于机械识记的内容的记忆效果就不好。

老年人的再认活动（即当所记对象再次出现时能够认出来的记忆）保持较好，而再现活动（即让所记对象在头脑中呈现出来的记忆）则明显减退。

综上所述，老年人的记忆衰退并不是全面的，而是部分衰退，主要是长时记忆、机械记忆和再现记忆衰退得较快。根据以上生理规律，如果能够经常提醒老人回忆往事，是有助于减缓记忆力的衰退速度的。

（三）学习能力

研究发现，在各种心智能力中，衰退最厉害的是学习与组合新经验的能力，衰退最少的是一般见闻与词汇。就学习来说，老年人比较谨慎，他们需要较多的时间来组合反应，对没有经验过的新事物，其组合能力比年轻人差。[④]

---

① 赫洛克．发展心理学．台北：桂冠图书股份有限公司，1991：801.

② 同①803.

③ 同②.

④ 同②.

面对比较复杂的事务，老年人就需要较长的时间学习，学得也不准确，并且比较难理解。如果太复杂了，他们就更糊涂，因此，更难用逻辑方法来加以归纳。对太复杂的事务，他们不仅学习速度很慢，而且经常会犯错。老年人的推理能力比语言意义、数字方面的能力衰退得快，年龄越大，越难以从事抽象的工作。

此外，在学习方式上，成人与孩童不一样。孩童会像海绵一样吸收知识，而不一定会质疑为什么要学习这些东西。成人不然，他们在所学的东西跟自己的生活非常相关的时候，会学得更好。他们学东西的动机在于这一知识能满足特定的需要，而不只是为大脑储存知识。[①] 如果有机会能演练所学习的新行为或者得到的新信息，成人就能更为有效地学习。强化是成人学习很重要的一环。对老人来说，与自身生活有关，并有机会演练新行为，是影响学习能力的重要因素。这也就难怪为什么在实验室的要求记忆长串单词或数字的学习实验中，老年人表现得差。[②]

感觉器官和记忆力方面的问题也会对老人的学习能力产生重要影响。如果老人听不见别人讲的话或是看不见视觉材料，就很难学习新知识。另外，如果短时间内提供太多信息，老人在信息处理上就会有问题，就会难以记住这些信息。

学习活动 10－2 “西雅图纵向研究”讨论

K. 华纳·沙依是现代美国心理学界和老年学界最有影响力的大师级学者之一。他选择了成人的 5 种基本认知能力——语言理解、归纳推理、空间定向、数字和言语流畅——进行横断面和纵向的数据收集和分析，共完成了 6 轮测试（分别在 1956 年、1963 年、1970 年、1977 年、1984 年和 1991 年），每轮测试历经 7 年。在这大约 35 年期间，沙依及其研究小组成员，对 5 000 多个年龄介于 25 岁至 88 岁之间的成年被试进行了认知能力的追踪调查和评估。经过 35 年的数据收集，他们发现，在 60 岁以前认知能力衰退的平均年龄不可能得到确证（言语能力除外，其他从 53 岁开始表现出明显的衰退）。然而，确实发现在 67 岁之前所有能力均有衰退的迹象[③]。这种衰退很缓慢，延续到 80 岁，并且对于绝大多数个体来说，其衰退不是线性的，而是阶梯式的[④]。甚至到了 81 岁，在所有被观察的个体中，只有不到一半的人在随后的 7 年中表现出明显的衰退。

请阅读沙依所做的研究并扩展阅读有关成人认知能力发展方面的研究。跟同学一起讨论这些研究发现对于开展老年人辅导工作的意义。

---

① LUMSDEN D B. How Adults learn//MCINNIS-DITTRICH K. Social work with elders—a biopsychosocial approach to assessment and intervention. Boston：Allyn and Bacon，2002：61.

② Willis S L. Everyday problem solving//Birren J E，Schaie K W. Handbook of the psychology of aging. 4th ed. San Diego，CA：Academic Press，1996：287－307. MCINNIS-DITTRICH K. Social work with elders—a biopsychosocial approach to assessment and intervention. Boston：Allyn and Bacon，2002：61.

③ SHAIE K W. Intellectual development in adulthood//BIRREN J E，SCHAIE K W. Handbook of the psychology of aging. 3rd ed. San Diego，CA：Academic Press，1990.

④ SCHAIE K W. Individual differences in rate of cognitive change on adulthood//BENGTSON V L，SHAIE K W. The course of laterlife：research and refletions. New York：Springer，1989.

(四) 情绪

情绪是人基于客观事物是否符合自己的需要而产生的态度和体验。人在认识世界和改造世界的过程中，与周围环境不断互动，与现实事物发生多种多样的关系，对现实事物也会产生一定的态度，这些态度总是以带有某些特殊色彩的体验的形式表现出来，如喜、怒、哀、乐、惧、爱、恨等，情绪、情感指的就是这种内心的主观体验。

进入老年期后，随着生理机能的老化和健康状况的衰退，老年人离退休后脱离了原有的工作岗位，家中子女又逐渐独立并成家立业，老年人的生活环境和角色地位发生了较大改变，因此，老年人的情绪和情感也呈现出新的特点：

其一，老年人关切自身健康状况的情绪活动增强。随着年龄增长，健康状况日益下降，老年人变得更加关注自己的身体，对于疾病较为重视。尤其是老年女性，怀疑自己患病和有失眠现象的明显多于男性。

其二，老年人对于自己的情绪表现和情感流露更倾向于控制。老年人在日常生活中常常会掩饰自己的真实情感，如遇喜事，他们不再欢呼雀跃，如遇悲事，也不易痛哭流涕。

其三，消极悲观的负性情绪逐渐开始占上风。例如：提及社会中的腐败和不道德现象，老人就常抱怨世风日下，今不如昔；谈到舒适享受，老人往往感叹“只是近黄昏”。在描述自己情感的用词中，老年人用的表达喜悦情绪的用词明显少于中青年人。

一般来说，老年人会比较多地表现出失落感、孤独感、疑虑感、抑郁感、恐惧感等消极的情绪。

(五) 人格特质

人格是个体在对人对己及对一切环境中的事物适应时所显示的异于别人的性格；个体的性格是在遗传与环境交互作用下，由逐渐发展的心理特征所构成的；而其心理特征表现于行为时，则具有相当的统合性与持久性①。人在出生时就开始表露出自己独特的人格。一些人生性随和、开朗，而有些人情绪不外露、不大合群。尽管人们无法选择自己的人格，但是可以控制自己的行为。从某种意义上说，人格既是一种结构，也是一个过程。说它是结构，在于个人的人格终其一生是相对稳定的。说它是过程，在于人格总是因环境的状况而发生变化。在童年期、青少年期和年轻成人期，人格相对来说是有弹性的，处于不断与环境互动的过程中，并渐趋成熟。进入成年期，成熟的人格变得较为稳定，不大可能会变化。②

进入老年阶段，人的生理活动逐步趋向衰退。多数人在青少年时期意气风发、活泼向上，到了老年会变得低沉、缓慢、沉默、冷淡。老年人由于经历复杂，经验更丰富，因此性格特点也就更加突出。之所以人的性格到了老年常常会发生明显的变化，

---

① 张春兴．现代心理学——现代人研究自身问题的科学．上海：上海人民出版社，1998：449.

② KOGAN N. Personality and aging // BIRREN J E, SCHAIE K W. Handbook of the psychology of aging. 4th ed. San Diego, CA: Academic Press, 1996: 287－307. MCINNIS-DITTRICH K. Social work with elders—a biopsychosocial approach to assessment and intervention. Boston: Allyn and Bacon, 2002: 61.

是因为人老了，身体和生活条件以及社会环境会发生诸多变化。如果老年人离退休后，身体还十分健康，经济条件、环境、文化生活等没有发生重大变化，或者虽然有某些变化，但总体上是有利的或者基本能够良好地适应，那么他们的性格通常不会发生重大改变。相反，如果老人体弱多病又缺乏亲友照顾、医疗条件差、经济拮据、家庭矛盾多、居住条件差等，那么其性格就容易变得暴躁、易怒、情绪低沉、忧郁、焦虑不安、孤僻，甚至不近人情、厌恶与人来往。

总之，老年人的性格比其他年龄组更容易受疾病和心理、社会因素的影响而发生变化。另外，遗传因素不仅与一个人性格的形成有关，而且对性格的发展变化起着相当大的作用。

学习活动 10-3 你怎么看待老人的心智能力？

刘汝常老人生于清朝光绪三十一年（1905 年），按虚岁到 2004 年已是百岁高龄。他早年毕业于沈阳医科大学，在医疗岗位上辛勤工作了 56 年，直到 83 岁时才退下来。退休后，他先在江苏彭城老年大学学习，后又来到徐州市宣武老年大学京剧班学习。尽管刘老年事很高，但他学习十分认真，虚心向 80 岁的京剧老师张金谭请教。每次上课他都打的往返，从不无故旷课。他学习进步很快，每次京剧演唱会他都登台表演，或独唱，或参加合唱。2002 年在徐州市举办的“风采老人”大赛上，他凭借一段京剧清唱博得观众一致好评，并获得了特别奖。[①]

我们时常能看到有关高龄老人学习和掌握新技能的报道。你怎么看待这样的报道？你认为这是特例还是老人都有这样的潜力？为了应对高龄社会的来临，许多国家制定和颁布了高龄教育政策，请与同学查阅相关资料并讨论这些政策对于老人辅导的意义。

三、老年人的社会适应

从社会学的角度看，一个人的生命周期包括了与人生重要的社会事件相伴随的一系列角色变化。在生命周期的不同阶段，人们都假定会有新的角色和地位，并有随之而来的需具备新技巧的新责任。在成年期后期和老年期，个人一般要经历成年的孩子离家、自己退休、成为祖父母、配偶死亡及最后自己死去。他们在生命周期的各个阶段对人生任务的反应可以成为他们步入老年阶段时会有的反应的参考。老年人的角色发生最大变化的时候，是丧失与家庭、职业和社区相关的角色和地位。年老时人们要调整自己，适应由于退休、丧偶、健康状况下降而不能履行公共角色而带来的职责和任务上的缩减。尽管社会阶层不同的同龄老人经历过相似的社会历史事件和人生大事，但他们所能得到的用来应付步入老年而出现的社会需要和健康需要的资源不同。有关老年的社会适应有许多理论，它们都描述了进入老年在社会生活方面会发生的一

① 百岁老人风采不俗 打的进课堂接受再教育．（2004-03-04）［2018-05-06］．http：//www.sohu.com/2004/03/04/55/news219295586.shtml.

些变化，这些对于理解老人的问题很有帮助。主要的理论有：

（一）角色理论

角色理论是有关较年老的人的角色变化和角色丧失的影响的理论。当个体经历老化过程所带来的变化时，他们会丧失象征中年的社会角色和社会关系，如寡居或同辈人死亡所带来的关系和角色的变化。他们会因为强迫退休而失去职业角色。他们需接纳象征晚年的新的社会角色和关系，如做祖父母、依靠后代。这一理论认为老年成功与否在很大程度上取决于对角色变化和角色丧失的调适程度。

（二）活动理论与撤离理论

活动理论认为老年的生活满足感与活动间有积极的联系。成功适应老年生活的人是能够保持活力、力争不从社会生活中退出的人。老年人如果能尽可能地保持中年时的活动，就能很好地调整和适应晚年的生活，并对晚年生活感到满意。老年人可以找到其他东西来替代工作，用新人代替旧友，代替逝去的自己钟爱的人。这一理论是角色理论的扩展。而撤离理论是由卡明和亨利提出的，他们声称老年个体接受甚至渴望减少与社会的交往，老年个体逐渐退出社会对社会是有价值的。这一理论与角色理论和活动理论正好相反。

活动理论和撤离理论描述了两种个性的老年人在老化过程中的调适。按照这两个理论，在规划老人中心和老人院为老年人提供的活动方案时，涵盖面要广，方案要兼顾高低不同层次参与水平的老人，以满足有不同个性、不同早年经历的老年人的需要。

（三）交换理论

交换理论认为老人与他人间会有些互惠性活动。一方面，老人接受家人、朋友和邻居的协助，以保持日常生活能力，如做家务、购物和出行。他们在生病和有困扰时也接受他人的情绪支持和社会支持。另一方面，老人也会支持协助他人，帮助家人和邻居处理情感问题和事务性问题。非正式的社会支持网络是社会互动的交换途径，能增强老年人对老年生活的适应。

（四）延续理论

延续理论认为老年不是一个独立的阶段，而是人生延续的一部分。老人若能延续其一生所从事的活动的水平，就能在社会中生活得好。[①] 与其他社会老年学的理论不同，这一理论认为，进入老年不是一个全新的生活阶段，而是一生活动形态的继续。能保持以前的活动形态、人格成熟的老人对生活最满意。中年时社会生活活跃的人，进入老年若仍能保持活跃的社会生活，就会感到特别幸福。若中年时便不活跃，进入老年仍会如此。根据延续理论的观点，割裂地看待老年阶段，认为老年的标志是脱离

---

① ATCHLEY R C. The social forces in later life. Belmont，CA：Wadsworth，2000.

社会或活力水平下降，是过于机械地简单化、片面化地理解人的生命。此外，与前面提到的活动理论和撤离理论不同，延续理论重视老年人的体力活动和社会活动，同时也考虑到了个性与价值观的差异。延续理论认为人们在年老的时候，不是自然而然地退出工作和社会生活，相反，他们选择能让自己继续获得满足感的生活方式，终止那些没有带来满足感的生活方式。

（五）社会建构理论

社会老年学中一个较为新近的理论是社会建构理论，它突破了角色理论、活动理论、撤离理论和延续理论视角的局限。这一理论提出，所有年龄的人都是按照自己赋予事物的社会含义来参与日常生活的[①]，对所有个体来说并不存在所谓“固定不变的现实”。人们建构了自己的现实，这些现实会随着时间的改变而改变。年轻时建构的东西，到了老年会有所改变。人们对现实的建构决定了他们会怎样行动。如果老人把老年视为减少社会活动、从事更多内省活动的时期，他就会这样做。如果老人认为老年是自己去做所有以前没时间做的事的时期，那么，他很可能会积极从事许多活动。这一理论不认为老年阶段的某个特定取向就一定是发挥功能的或功能失调的，健康的或病态的，而是认为它只是个人对这一人生阶段认识的反映。

社会建构主义者不太关注调适形态，更关注人们怎么看待自己的经验。丧偶对一个女性老人来说可能是自我发展的新机会，而对另一个女性老人来说，则可能是等待死亡的开始。退休对于某个男性老人来说可能是颐养天年，不再做什么事，而对另一个男性老人来说可能是用其他闲暇活动替代与工作有关的活动。社会建构主义者认为老年及其随之而来的调整是一个独特的个人过程，取决于每个人自己的社会认识。按照这一理论，社会工作者要尽量了解老人自己建构的世界是什么，帮助他们参与与自己的世界观相一致的活动，在采取干预行动时也要考虑老人的世界观。

（六）老年亚文化理论

当社会中有共同背景和兴趣的特殊成员彼此间的交往明显多于与其他成员的交往时，就可能会形成亚文化。老年人数量的不断增长，老年人社会服务的不断增加，老年人集中住在一起形成老年人社区，以及老年人独特的行为方式，都有助于形成老年亚文化。

发展老年亚文化既有积极作用，也有消极作用。积极的一面在于，老年人可能会形成群体身份和群体意识，具有采取社会行动的可能性，可能有助于捍卫老年人的福利并争取社会资源。消极的一面在于，可能会形成年龄歧视，也可能会形成消极的自我概念。

（七）现代化理论

考吉尔描述了现代化与老人角色和地位变化的关系。由于日益现代化，年老的人

---

① RAY R E. A postmodern perspective on feminist gerontology//MCINNIS-DITTRICH K. Social work with elders—a biopsychosocial approach to assessment and intervention. Boston：Allyn and Bacon，2002：61.

地位不断下降，他们拥有的领导角色和权力减少，越来越多地脱离社区生活。有四个渗透到社会生活中的现代化因素与老人的社会地位较低有关：（1）健康技术；（2）经济技术；（3）都市化；（4）教育。①

防病治病方面的健康技术延长了成年期的生活，使老年人口有所增加。在注重年轻人和新兴职业的工业化社会里，年长的人被迫退休，他们的社会地位便会有所下降。经济和工业技术的应用为年轻人带来了新职业。年老的人由于缺乏再培训的机会，会被要求提前退休。在农业社会里，年轻人要仰仗老年人的智慧，但是在工业社会里，年轻人由于工作的关系，会有更多的机会进行区域流动和社会流动。老年人饱受依赖他人和地位下降之苦。现今经济和工业技术的发展导致了都市化，这意味着工作要与家分离。年轻人与父母的家距离增加，即与老年父母的社会距离增大，这改变了代际关系和代际联系的性质。年轻人的向上流动导致了老年人的地位降低。经济和工业技术的发展要求倡导读书识字和受教育，这也使子女所受到的高等教育比父母要多。社会资源直接向年轻人倾斜而远离老年人，加剧了老年人地位的下降。

（八）年龄分层理论

年龄分层理论强调影响老化的社会进程和社会变化。社会不仅可以按阶级分层，而且可以按年龄分层。社会阶级划定了对不同阶级的成员不同的行为期望、不同的获取社会认可的报酬的途径，而年龄分层则为不同年龄的人厘定了不同的社会角色期望。处在同一年龄层的成员有类似的人生大事，如结婚、育儿，经历了类似的历史事件，有共同的人生经历和前途。

不同理论尽管有其局限，但都为我们理解老年人群体和老年人个人提供了有用的视角和工具。下面是一个练习，它有助于你进一步掌握这些理论。

学习活动 10-4　有关老年的社会理论

比较主要的老年社会理论，总结下表中的理论的主要特点以及它们对于从事老年人辅导的意义。

理论	特点	对社会工作的意义
角色理论		
活动理论与撤离理论		
交换理论		
延续理论		
社会建构理论		
老年亚文化理论		
现代化理论		
年龄分层理论		

① COWGILL D. Aging and modernization：a revision of the theory// GUBRIUM J. Late life：communities and environmental policy. Springfield，Ill：Charles C. Thomas. Publisher，1974.

第二节
老年人的主要问题

对老年阶段会遇到的问题已有许多讨论，比如疾病问题、生活照料问题、抑郁症问题、丧亲问题、收入保障问题、再婚问题等。这些问题大多与上面提到的老人的生理、心理和社会生活特点有关。在了解了老年人一般的特性后，让我们把视线转向老年人普遍遇到的一些问题。我们把这些问题仍按生理、心理和社会三个纬度来划分，以便学习和掌握。

一、身体健康方面的问题

身体方面的问题是老年人遇到的比较普遍的问题。1995 年一项对北京、上海、苏州和广州四城市新城区 60 岁以上老人的调查表明，在 2 002 名受访老人中，无问卷中所列的 11 种慢性病伤的有 892 人，占 44.6%，有一种及以上慢性病伤的 1 110 人，占 55.4%，同时患有两种及以上慢性病伤的 498 人，占 24.8%。老年人慢性病伤的构成以运动、循环和呼吸系统疾病为主，风湿性关节炎占据首位，其次是高血压和心脏病，同时慢性肺病、骨折、各种过敏症也威胁着老年人的健康。在受访的 2 002名老人中，评定自己健康状况“很好”的有 240 人，占 12%，“较好”的有 369 人，占 18.5%，“好”的有 333 人，占 16.7%，认为“还可以”的占 35.2%，“不好”的 353 人，占 17.7%。与慢性病相似，老年人倾向于多种医学症状并存。仅有 25.9%，即约 1/4 的老年人没有明显的症状。换句话说，至少有一种医学症状的老年人约占 3/4（74.1%）；至少有二、三、四、五种医学症状的老年人分别占 53.6%、37.6%、25.6%和 17.0%。被调查老人同时存在的症状平均为 2.35 种，最多的同时存在问卷中所列的全部 11 种症状。症状的平均数目随着年龄的增长显著增加，在 60～69 岁年龄段相对稳定，70 岁以后基本上呈线性增长。①

病患给老人带来的不仅是躯体康复的问题，而且会有心理上的问题、经济方面的问题、生活安排上的问题等，一些疾病甚至会完全改变老人的整个生活。伤残使人晚年生活丧失自立。当老人不得不对丧失独立性和丧失对环境的控制做出调整和适应时，他们的典型反应是对未来感到焦虑和不踏实。伤残引起的角色变化和性别分工上的调整，可能会导致夫妻间、家人间的不合。

汉考克描述了住院治疗可能会给老人带来的后果，主要有以下三点：

（1）害怕死亡、伤残和对事情失去控制。

每个人对住院都或多或少有些害怕。一些年长的人尽管已八九十岁，但可能从未住过院。一些老年人可能会把医院与死亡和被人遗弃联系在一起。他们可能会对医院治疗

---

① 齐铱．中国内地和香港地区老年人生活状况和生活质量研究．北京：北京大学出版社，1998：123.

的前景感到焦虑、恐惧和压抑。一些老年病人可能不熟悉医疗检查和治疗的程序，可能会认为这些过程是非人的，表明自己对正发生的一切失去控制。这些经历可能会引起焦虑。年长的人对于残疾比死亡更恐惧，因为残疾会让他们在日常生活上依赖他人。

（2）由于环境变化、药物治疗或者其他的不利因素引起思维混乱。

由于视力和听力的减弱，在熟悉的环境中，老人更容易调适自己。入院会让老人，特别是高龄老人处在不熟悉的环境中，因而老人可能会出现思维混乱。此外，疾病、虚弱、疼痛，有时是药物治疗可能会助长入院引起的恐惧和精神上的混乱。所以老年病人住院治疗自始至终都需要他人的开解。

（3）住院压力带来焦虑。

住院对年长的人来说可能是一个受伤害的经历，因为要做一些技术性检查，要做可能会影响到自身生命的决定。这可能包括手术或是会影响到生活质量的事，或是转到康复机构。这类压力对老人的应对能力是一个很大的挑战，特别是在老年病人刚手术后或开始病后的恢复便遇到要马上做决定的情况，更可能产生压力。①

在帮助患病老人方面，个案辅导可分为医院内的辅导和医院外的辅导两大类。

（1）医院内的辅导。

医生解释治疗的目的和效果，身为社会工作者，要配合医生在康复期间帮助和教育老年病人及其家人。可能要帮助那些受慢性病和疼痛折磨的老年病人，如患风湿性关节炎的病人，改善他们的生活质量，并在医院或日托机构为他们提供参加社交活动的机会。

社会工作者可能要同老年病人及其亲属讨论出院后的计划，帮助他们落实这一计划，为他们提供社会服务，如调整居住格局，安置家居康复辅助设施。

社会工作者可能要在开老年残疾病人出院计划会时，通过转介社区资源来为病人提供辅助康复措施，保证老年人在家中能得到足够的支持，平安地生活。社会工作者可能要帮助病人的家庭处理住院治疗所带来的事情，如经济问题和生活方式问题。他可能要发动一些社会服务，如儿童照顾中心的服务和家务助理服务，来减轻家庭的负担。

（2）医院外的辅导。

老人出院后，社会工作者要协调提供康复服务，如提供交通或陪送服务，如果必要的话，变换家庭环境。社会工作者要为一些家庭照顾人提供辅导服务，他们因为要照顾老年病人、满足病人巨大的生理和心理需求而感到压力重重，或是由于病人带来的压力而遇到了婚姻冲突问题或手足间的关系问题。社会工作者能够帮助亲属根据他们提供照顾的能力为老年病人的病后康复制定现实的目标。社会工作者还可能要安排缓解性服务，让家庭照顾人能做短暂的休息，缓和承受的压力。社会工作者还要尽量利用其他专业人员，如护士、物理治疗师、语言治疗师的专长，帮助老人康复。社会工作者还可以帮助老人牵线搭桥，让老人加入病人自助组织，使老人通过与同样际遇的人交往，减少孤立无援的感觉，鼓舞斗志。

死亡对于老人来说并不是什么意外的事，大部分人都想过很长时间。人们常忌讳

---

① HANCOCK B L. Social work with older people. New Jersey：Prentice-Hall International，Inc.，1990.

谈论死亡，认为老人也是如此，而实际上老人并不那么忌讳。老年人常常提到“好死”和“赖死”，他们可能惧怕实际的死亡方式或濒临死亡。“好死”多指死得快、死得容易，或是濒临死亡的人能得到朋友和家人的照顾。“赖死”多指死得很慢，死得痛苦，或是濒临死亡的人成了亲属的“包袱”。库布勒-罗斯在研究濒临死亡的人对死亡的态度时，识别出有五个阶段：最先的反应是否定。当最初的震惊过去后，接着的反应是愤怒。然后濒临死亡的人可能会试着讨价还价，要求延长一点生命。知道不可能康复后，反应可能是抑郁。第五个阶段是接纳，代表抗争的终结。濒临死亡的情绪反应不一定完全循着这一轨迹，老人也可能会有其他的感受。①

对于濒临死亡的老人，工作者要帮他缓解病痛，做相关的决定。在情绪和心理上，要让老人感到仍能对自己的生活有所把握，让老人宣泄自己的悲伤、愤怒、怨恨、恐惧或惊慌。老人可能要与自己牵挂的人告别、回味自己的一生。他们需要时间来接受自己濒临死亡的现实。他们可能会经历库布勒-罗斯所说的五个阶段，但也不一定人人如此。他们需要家人的支持，以感觉没被遗弃。个案工作者要给老人情绪上的支持，并处理家人强烈的情绪上的反应，还可以向老人提供治疗机构和照顾机构方面的信息，让老人能有适当的安排。

与疾病有关的另一个问题是老人的亲人去世。帮助老年人应付丧亲之痛，特别是突然地、意外地失去亲人，需要了解老人对失去亲人的反应及其后果。帕克斯在研究丧偶的影响时提出了“悲伤轮”模式，或悲伤的生理和心理后果模型。失去亲人最初的状态是震惊和麻木，有时这种感受相当令人心绪不宁。当丧亲的人认识到死者已不在尘世时，现实是痛苦的、无能为力的。只有当丧亲的人缓解了痛苦，并能注意其他事时，他才能解除悲伤。并不是每个人都经历所有这些阶段，这些阶段的前后次序也不一定是固定不变的。②

塞德尔指出，悼念仪式为丧亲的人提供了社会接纳的宣泄方式。在中国人的文化中，悼念仪式和悼念时间的长短表明了丧亲的人与死者的关系的远近。它使丧亲的人能公开表达自己的痛苦，逐渐适应生活中的这种丧失和变化。礼节和习俗也使丧亲的人能有社会支持，避免孤独和与外界隔离。对于丧亲的老人来说，他人来探望、他人的亲近和其他的非言语形式的支持十分重要。③ 工作者要帮助老人宣泄丧亲的悲伤，协助他们重组或建立社会支持网络，避免丧亲带来不利影响。

二、心理健康方面的问题

老年人心理健康方面的问题可以区分为功能性失常和器质性失调。功能性失调是指行为问题不是由潜在的生理疾病引起的。而器质性失调，是指脑功能有较严重的损

---

① KUBLER-ROSS E. On death and dying. London：Tavistock，1970.

② PARKES C M. Bereavement：studies of grief in adult life. 2nd ed. London：Tavistock，1986.

③ SIDELL M. Death，dying and bereavement // COLEMAN P B J，PEACE S. Aging in society：an introduction to social gerontology. 2nd ed. London：SAGE Publications，1993.

伤，致使记忆力、情绪控制能力、社会行为和解决日常生活问题的能力等受到损害。[①] 功能性失调发生较多的有抑郁症、疑病症和妄想症。下面简单介绍这些疾病的特点和应对原则。

（一）与功能性失调有关的疾患

1. 抑郁症

抑郁症是指以持续的情绪低落为特征的一种情感性的心理障碍，是老年人常见的精神病患之一。抑郁症大都在60岁以后发病，有的人虽然会在青壮年时发病，但进入老年期后病情常加重或发作次数增多。

老年抑郁症的临床表现主要是：情绪压抑、沮丧、痛苦、悲观、厌世、自责甚至出现自杀倾向或自杀行为，食欲下降，失眠早醒，等等。老年抑郁症在症状上有其特殊性，具体来说有以下几个方面：（1）持续悲伤、焦虑或感到“空虚”；（2）对日常活动丧失兴趣或感受不到乐趣；（3）精力减退、易疲倦、感觉“放缓”；（4）睡眠欠佳（失眠、嗜睡、早醒）；（5）存在饮食问题（食欲不振、体重明显减轻或增加）；（6）注意力不容易集中，记忆力下降，难做决定；（7）对前途悲观失望，有厌世心理；（8）觉得自我毫无价值、无可救药、内疚、自责自罪；（9）有想死的念头或自杀倾向，试图自杀；（10）易怒、烦躁；（11）过多哭泣；（12）反复出现疼痛症状，对治疗没反应。[②]

老年人抑郁的后果是极其严重的，甚至有可能危及生命。由于抑郁是长期情绪低落的结果，因而很容易引发心肌梗塞、高血压、冠心病和癌症等身体疾病。同时，抑郁又是自杀的最常见原因之一。据研究，在抑郁的第一年，实施自杀的人数为1%，而抑郁反复发作者，其终身的自杀率为15%。所以对抑郁症不能等闲视之。[③]

爱丁伯格总结出了帮助这类老人的指导原则，具体如下：

（1）注意抑郁的老年病人的无助感、内疚感或放弃一切的想法，这是了解抑郁的十分重要的方面。

（2）帮助老人扩展与他人交往的社会技巧和与重要他人的关系，或是改变强化低自尊感的行为模式。

（3）帮助老人改变能产生抑郁感的想法。

（4）帮助老人建立积极的自我概念。[④]

2. 疑病症

老年疑病症是以怀疑自己患病为主要特征的一种神经性的人格障碍。它的临床表

---

① EDINBERG M A. Mental health practice with the elderly. New Jersey: Prentice-Hall International, Inc., 1985.

② MCINNIS-DITTRICH K. Social work with elders-a biopsychosocial approach to assessment and intervention. Boston: Allyn and Bacon, 2002: 61.

③ 陈杏铁，张正义．老年社会工作．北京：中国人民大学出版社，2003：179.

④ 同①.

现有下面几大特点：

（1）患者长时间相信自己体内某个部分或某几个部分有病，求医时对病情的诉说不厌其详，甚至喋喋不休，对病因、首发症状、部位、就医经过，均一一介绍，深怕自己说漏一些信息，唯恐医生疏忽大意。

（2）患者对自身变化特别敏感和警觉，哪怕是一些微不足道的细小变化，也表现得特别关注，并且会不自觉地加以夸大和曲解，形成患有严重疾病的证据。

（3）患者常常感到烦恼、忧虑甚至恐慌，其严重程度与实际情况极不相符。他们对自己的病症极为焦虑，别人劝得越多，疑病就越重。

（4）即便客观的身体检查结果证实患者没有病变，他仍然不相信。医生的再三解释和保证不能使其消除疑虑，患者甚至会认为医生故意欺骗自己，隐瞒情况。

老年疑病症如果不能得到及时缓解和治疗，老人在心理上就有可能从怀疑自己有病发展为对疾病的恐惧，甚至是对死亡的恐惧，即所谓的“老年恐惧症”，这对老年人的身心健康将会产生更严重的不利后果。

在疑病症能准确无误地确诊之前，应对老人进行医疗检查，以防身体确实有病。由于疑病症不是躯体上的问题，所以你应该了解老人的“病”症的意义，帮助他们识别并满足自己的需要。

要帮助这类老人，爱丁伯格提出了下述指导原则：

（1）尝试了解当事人的“疾病”的象征性意义，如寻求关心、自我惩罚、惩罚他人等。

（2）不要争辩是否“真的”有病，而是关注行为的后果。一些老人可能会内省自己的问题。

（3）与老人一道工作，满足察觉到的老年病人的需要，如赢得关心、减少内疚感、控制环境等。①

3. 妄想症

患有妄想症的人有一个单一的支配他的幻想，影响到他各方面的思维。受迫害和性幻想是最常见的症状。此外，虚妄的信念会引起愤怒、怨恨或暴力行为。患妄想症的人十分多疑，且很少寻求帮助。帮助这些老人的指导原则是：

（1）对当事人由于虚妄的信念引起的愤怒、孤独和挫折等感受给予同情。

（2）让当事人把注意力集中到行为的结果，而不是幻觉是真是假上。

（3）帮助家庭避免这一问题。②

（二）与器质性失调有关的疾患

这类疾病主要是老年痴呆症。它是人体脑功能失调的表现，是以脑组织的退行性变化和智力衰退损伤为特征的一种高级神经活动功能障碍。痴呆是老年人常见的一种

---

① EDINBERG M A. Mental health practice with the elderly. New Jersey: Prentice-Hall International, Inc., 1985.

② 同①.

比较严重的精神障碍，患者整个心理活动包括记忆力、智力、情绪、人格等都受到了损害，病情呈进行性发展，社会功能逐渐丧失。

据报道，60 岁以上老人痴呆患病率为 3%左右，65 岁以上为 4%，75 岁以上急剧上升，每增龄 5 岁，痴呆的患病率增加 1 倍，到 80～85 岁时的患病率已达 20%以上。到 2003 年时，全世界就已有老年痴呆病人 2 900 万，而我国已达到 400 万。专家们认为此症已构成世界性的健康危机，应引起全社会的关注。①

按照格雷和艾萨克斯的观点，人到晚年有两种器质性的脑功能失调较为常见：脑变性痴呆和多发梗塞性痴呆②。前者较为常见的是阿尔茨海默病，包括早老年性痴呆（指 65 岁以前发生的痴呆）和老年性痴呆（65 岁以后发生的痴呆）。因此，脑变性痴呆和多发梗塞性痴呆是不同的，经常容易混淆。两者的区别在于多发梗塞性痴呆会使老人精神能力大幅丧失。在大多数情况下，这种脑功能失调发病很突然，而且显而易见。它与脑血管疾病，诸如高血压、中枢神经病学的迹象和其他外表的症状，如肢体无力和反射作用异常有关。而脑变性痴呆，即阿尔茨海默病病人的特点是，大量的影响脑神经细胞的异常结构在数年内缓慢发展起来，特别是在影响近期记忆功能的部分发展起来，并产生病症。爱丁伯格于 1985 年提到了多发梗塞性痴呆和阿尔茨海默病的其他不同点。与患有阿尔茨海默病的老人不同，患有多发梗塞性痴呆的老人个性特点或行为方式没有太大的改变。有多次中风的老人情绪上可能会变得外露，诸如大笑和哭泣。但患有多发梗塞性痴呆的老人的认知功能，诸如记忆力、注意力和理解力有可能会恢复。③

爱丁伯格注意到器质性脑功能失调的主要行为症状是：

（1）智力和认知能力不健全。老人进行抽象思维有困难，明白指令或问题迟缓。

（2）缺少定向感。老人先是缺少对时间的定向感，接着是缺少对地点或人的定向感，他们会在熟悉的环境里迷失自己。

（3）丧失记忆。老人有时会把过去和现在混淆在一起，忘记近期的事远胜于忘记很久以前的事。

（4）判断困难。老人难以做计划、做决定，或是判断相关的要求。他们在生病期间和处置现有的问题中缓慢丧失自我照顾能力和对日常活动的兴趣。这些表现得十分明显。

（5）情感的变化。痴呆发展到较为严重的阶段后，老人可能表现得情绪“平稳”。可能是由于头脑中较多地被自己而不是他人占据，以及个性慢慢分裂的缘故，他们对处理社会情境表现得越来越焦虑。

（6）个人照顾和个性的变化。这包括渐渐丧失自我照顾能力和个性特点表现得越来越突出。脾气温和的老人可能表现得越来越焦虑、易怒。由于老人可能会用错误的思维逻辑来理解这个世界，所以他们有可能突发妄想。

除了对老人进行医学上的治疗外，爱丁伯格建议对病人的行为症状采用下述调适

① 陈杏铁，张正义．老年社会工作．北京：中国人民大学出版社，2003：179.

② GRAY B，ISAACS B. Care of the elderly mentally infirm. London：Tavistock Publications，1979.

③ EDINBERG M A. Mental health practice with the elderly. New Jersey：Prentice-Hall International，Inc.，1985.

方法：

（1）控制环境。院舍中的环境或家庭中的环境设施应该调适得对老人有意义。应该鼓励当事人识别房间中的个人物品，如影集、珠宝等。

（2）保持身体健康。艺术治疗和活动治疗对于让身体持续发挥功能十分重要，老人要常做身体运动，感受自己的身体，这对于自尊和自我概念有积极作用。

（3）与早年生活保持联系。讨论过去的生活能让老人获得重要的身份感。

（4）保持日常生活规律的延续性。日常生活要有规律，包括定时吃饭、洗澡和有适当的社会活动刺激。这样做的时候应该与老人的损伤程度相适应，它会为老人识别方位和时间提供巨大的支持。

（5）鼓励独立和自尊。应该鼓励老人尝试运用剩余的感官能力完成日常生活事宜。记忆力的增强和生活事宜的妥善处理会让老人建立起自尊。

（6）帮助老人应付幻觉。照顾人可以识别出有哪些身体刺激会导致老人出现幻觉。如果可能的话，从老人的环境中去除这些刺激。工作者还可以通过讨论和增强现实感来告诉老人他所受到的外来刺激。

（7）帮助老人保持现实感。通过现实定向活动，使当事人接触到有关自我、重要他人、时间、地点和这个"世界"的信息，保持现实感。

（8）支持家庭成员和其他照顾人。照顾人的家庭生活可能会由于要照顾老人而发生重大的改变，而且可能会持续许多年。所以，应该为家庭提供范围广泛的支持性服务，既应该有实质性的，也应该有精神性的。[①]

三、社会生活方面的问题

老年阶段的社会生活有许多变化，较为普遍的或突出的社会生活方面的问题有退休问题、虐待问题和照顾人的压力。

（一）退休

工作对绝大多数人来说有重要意义。它不仅为个人和家庭的衣食住行提供了物质上的保障，而且让个人与社会建立起了诸多的联系，并确立了个人的社会身份和地位。退休所带来的重要变化是失去了与工作有关的东西：收入减少，失去地位，失去伙伴，失去从工作中获得的乐趣，失去与工作联系在一起的生活规律。对于没有准备的人来说，退休常带来困扰和不满。无聊是许多退了休的人普遍感受到的一个问题，他们可能会用增加闲暇时做的事情来打发多余的时间。一些老人出于经济上的原因急于继续工作，而另一些老人由于健康原因想要退休。

目前有关退休调适的心理社会后果的研究识别出了几个重要概念，包括"退休综合征""身份危机理论""身份延续理论"。

---

① EDINBERG M A. Mental health practice with the elderly. New Jersey: Prentice-Hall International, Inc., 1985.

“退休综合征”是巴特勒识别出来的。它的表现有头痛、急躁、神经质和嗜睡。[①]它是指老年人由于离退休后不能适应新的社会角色、生活环境和生活方式的变化而出现的焦虑、抑郁、悲哀、恐惧等消极情绪，或因此产生偏离常态的行为的一种适应性的心理障碍。这种心理障碍往往还会引发其他生理疾病，影响身体健康。

“身份危机理论”是由米勒提出的。他指出，退休后个人失去了职业身份，这影响到他所担当的父母角色、配偶角色和朋友角色。闲暇角色无法取代职业角色身份所带来的价值感和自尊感。米勒强调，危机之所以出现，是因为个人以前拥有的声望和地位被退休否定了，而且没法替代。[②]

学习活动 10－5　我是谁?

美国有位 75 岁的女作家描写了她所经历的角色丧失：

我是谁？我丈夫 8 年前就去世了，所以我已不再是妻子。

我是谁？我的孙子女们都已长大成人，住得数里远。所以尽管我是祖母，却名不副实。

我是谁？20 年前我是个教师，一个有作为、有职责的人，但从那时起我就退休了。

我是谁？我的家务天天有人来做，所以我想我也不再是个管家。

我是谁？我不再是莱斯利的姐姐，不再是卡尔文的第一个外甥女，也不再是祖父的长孙女，因为他们都去世了。

我是谁？我不再是那个热衷时髦衣着的人，因为我无处可去。

我是谁？谁知道呢？谁又会在乎呢？[③]

访问你身边的老人，请他们谈谈经历的角色丧失对自己的影响。

针对米勒提出的“身份危机理论”，阿奇利提出了“身份延续理论”。他认为，首先职业角色不是个人确立身份的唯一角色。相反，大多数人的身份是建立在数个角色上的，这些角色在老年仍会完好地保留下来。其次，退休的人只要有足够的经济实力和朋友圈子，仍会认为自己近几年做的事情是有意义的。最后，许多人在职业生涯中逐渐掌握了一些技能，这些技能在退休后仍然有用，而且的确为他们带来了一定程度的身份上的延续。[④]

在调整适应退休上，社会工作者可以帮助老人：

（1）分析退休所带来的角色改变上的得失。

（2）寻求延续已有角色或建立新的角色身份。

---

① BUTLER R. Why survive? Being old in America. New York：Harper and Row，1975.

② MILLER S. The social pilemmas of aging leisure participant // ROSE，PETERSON W. Older people and their social world. Philadephia：F. A. Davis Co.，1965.

③ FRADKIN L G，Heath A. Caregiving of older adults. Santa Barbara，CA：ABC—CLIO，1992.

④ ATCHLEY R. Retirement and leisure participwtion：continuity or crissis // Gerontologist，1971（2）：13 -17.

（3）调整生活规律。

（4）发展新的兴趣、爱好。

（5）扩展交友的圈子。

对于有严重的身体不适症状的老人，如严重焦躁不安和失眠的离退休老人，要考虑转介老人向医生求助，让其服用药物或者接受心理治疗。

（二）虐待

老年人有可能受到成年子女的虐待和疏忽，因为他们常常要依赖子女。有时，暴力行为可能出自老人自己，因为他们恨自己要依赖他人。按虐待偏重的方面粗略地分，虐待老人有四种类型：

（1）身体虐待，包括身体上的攻击和疏忽。

（2）日常生活虐待，包括限制老人的大部分日常活动，或老人在日常生活中许多方面被疏忽。

（3）经济虐待，包括剥夺老人的积蓄或财产。

（4）心理虐待，包括对老人不闻不问，或互相推诿，把老人当成“人球”传递。

老年人最常见的五种受虐待的情况是：

（1）生活中处处不方便。

（2）频频受到攻击。

（3）被迫做许多不合理的家务。

（4）被剥夺了积蓄和财产。

（5）被子女推来推去。

一般而言，老年人受虐待的关键因素是身体状况、身体功能和自我照顾能力不佳。但香港的研究还发现，年龄在 70 岁及以上的老人、女性老人、受教育水平较低的老人，比较脆弱，容易受到虐待。老人若有较多的消遣、较多的亲属和良好的家庭关系，就不大可能会受虐待。①

国外的相关研究发现，照顾人、家庭成员或其他熟人有可能虐待老人的高风险情况是：

（1）照顾人长期吸毒或酗酒，或者有精神疾病。

（2）老人和照顾人都与他人疏远、抑郁，或者与社会隔离。

（3）照顾人不成熟、总体上对生活不满。

（4）照顾人并非自愿承担照顾老人的责任。

（5）照顾人在经济上依赖老人。

（6）照顾人公开对老人表露出敌对态度，或者不大关心老人。

（7）照顾人指责老人自作自受。②

---

① CHAN P H T. Report of elderly abuse at home in Hong Kong. The Hong Kong council of social，1985.

② QUINN M J，TOMIKA S K. Elder abuse and neglect：causes，diagnoses and interventions strategies. 2nd ed. New York：Springer，1997.

受虐待对老人的影响是多方面的。在心理方面，老人会害怕再受到虐待，精神焦虑不安，会有沮丧、愤怒和认命的情绪反应，内心会交织愧疚、遭他人背叛等感受，会产生厌世的想法。在健康方面，会有身体伤害以及精神创伤的症状。在家庭生活方面，会缺乏关怀、缺乏爱与尊重、失去陪伴的人、缺乏照顾和协助、生活不便和沮丧、生活充满冲突与不安。在社会生活方面，老人会孤立无援，要依赖施虐者生存，丧失社会地位。

受虐待老人普遍有生理疾病问题，日常生活需要协助，还会需要生病、住院和康复方面的照顾。在心理需求上，渴望得到接纳、爱与尊重，期待关怀和照顾，期待他人陪伴和给予情绪上的支持。他们没有安全感，希望得到保护、不受威胁。社会工作者要针对这些需要向老人提供支持性辅导、支持性服务，还可以设法调整老人的生活环境，同时要熟悉《中华人民共和国老年人权益保障法》等相关法律法规的内容，必要时诉诸法律，维护老人的权益。

如果确定老年人眼下有受到严重伤害的危险或者已经受到虐待，就需要社会工作者采取危机干预措施。需要注意的事项主要有以下几点：

第一，确保老年人安全。社会工作者要第一时间将施虐者与老年人暂时分开或把老年人转移到安全的地方，以保证老年人的生命安全。同时社会工作者需要根据对受虐待老年人安全状况、心理状况、受暴力状况评估的结果来确定老年人与施虐者未来相处的危机级别，并制订相应的安全计划。

第二，安抚老年人与施虐者情绪。社会工作者需要给予老年人精神支持，平复老年人因受到虐待而引发的情绪波动，引导老年人表达内心积郁，发泄情绪以达到心理上的平衡，在必要时也可在征得老年人同意的情况下让老年人使用镇静药物或进行短期的医院治疗。对于施虐者而言，施虐行为可能是在长期面临某种压力而得不到排解的情况下做出的一时的冲动行为，社会工作者也要关怀施虐者的情绪，努力使其恢复理性，并引导其反思自己的行为。

第三，调动老年人的社会支持系统。例如：协调老年人的其他子女、亲属、朋友为其提供危机照护；与老年人商议是否选择报警；老年人如果需要使用医疗服务，社会工作者可帮助联系医生；等等。同时，注意留存老年人受虐待的证据，包括报警处理记录、病历、照片、视频等。

第四，如果确定老年人正受到经济剥夺，那么应迅速采取行动保护老年人的财产安全，并协助老年人联系警察、律师、公证人员等，帮助老年人运用法律保护自己①。

学习活动 10－6 虐待老人个案的干预

李老伯今年 77 岁，老伴李奶奶今年 75 岁，老两口生活均能自理。儿子结婚后与老两口共同住在一起，最近儿子准备买房子，要求老两口拿出 50 万元。但老两口确实没有这么多钱，儿子要求将现在住的房子卖掉，李老伯拒绝了，双方发生争执，闹得非常不愉快，其后儿子、儿媳多次因为房子问题对老两口出言不逊。有一次，趁

① 隋玉杰．老年社会工作教程（中级）．北京：中央广播电视大学出版社，2017：78－79.

李老伯不在家，儿媳与李奶奶发生争吵，并辱骂、殴打了李奶奶，导致李奶奶身体多处被抓伤，左脸浮肿，左腿跌倒后骨折，经医院救治后回家休养。

李奶奶出院回家后，社会工作者小赵来到了李奶奶家，发现李奶奶神情恍惚、精神颓废。在与李奶奶的交谈中，李奶奶经常长吁短叹，直说“太丢人了”，甚至表达出轻生的念头。

在本案例中，完整的服务方案应包含接案、收集资料、拟订计划、执行、结案、评估等环节。对李奶奶的介入应包括危机初期干预与长期的支持辅导两方面。危机初期干预侧重于稳定李奶奶的情绪，避免意外发生。长期的支持辅导则应针对李奶奶关心的实际问题而展开，如李奶奶可能会有“自己没钱才导致挨打”“在街坊邻里面前太丢人了”等心理负担。社会工作者应及时发现问题，引导、帮助她卸下心理负担，恢复心理平衡。社会工作者还应与李老伯、李奶奶商议是否选择报警，并帮助李奶奶收集被虐待的证据。

在处理服务对象家庭关系时，为避免发生继续伤害的可能，社会工作者应建议小两口搬离出去，并对儿子、儿媳进行劝导，指明利害，帮助修复家庭关系。社会工作者应对此家庭持续关注，并进行追踪评估。①

(三) 照顾人的压力

照顾负担最早由格瑞德和赛恩斯伯里于 1966 年提出，用来描述家庭成员照顾患病的成员所付出的代价②。扎利等将其定义为照顾者因照顾患者而感受到失落、失望、孤独等情感变化，并付出身体、精神、情感、社会和经济等方面的代价，强调的是照顾过程中产生的负面结果③。目前对照顾负担的分类多采用蒙哥马利的分类方法④，即包括主观负担和客观负担。前者指的是照顾者在照顾过程中的主观情感和心理反应，如抑郁、焦虑等；后者指的是照顾者生活、家庭和社会中身体活动受限或须提供物质性帮助所带来的负荷，如身体疲惫、经济花费等。后来诺瓦克等⑤将负担细化为生理性负担（身体倦怠感）、情绪性负担（负性情绪）、时间性负担（自由时间安排受限）、发展性负担（发展任务完成受限）和社会性负担（角色冲突及社会活动受限）五类。国内外学者一致认为照顾工作不可避免地会对照顾者的生理、心理、经济、社会等方面造成不同程度的负担，其中主观负担水平较客观负担水平高⑥。

---

① 隋玉杰．老年社会工作教程（中级）．北京：中央广播电视大学出版社，2017：80.

② LIDELL E. Family support—a burden to patient and care giver. European journal of cardiovascularnursing, 2002, 1 (2): 149-152.

③ ZARIT S H, FEMIA E E, KIM K, et al. The structure of risk factors and outcomes for family caregivers: implications for assessment and treatment. Aging & mental health, 2010, 14 (2): 220-231.

④ MONTGOMERY R J, GONYEA J G, HOOYMAN N R. Caregiving and the experience of subjective and objective burden. Family relations, 1985, 34 (1): 19-26.

⑤ NOVAK M, GUEST C. Application of a multidimensional caregiver burden inventory. The gerontologist, 1989, 29 (6): 798-803.

⑥ GRAESSEL E, BERTH H, LICHTE T, et al. Subjective caregiver burden: validity of the 10-item short version of the burden scale for family caregivers BSFC-s. BMC geriatrics, 2014, 14 (1): 14-23. 毕瑨．城市老年人家庭照顾困境研究——基于 12 个家庭的老年人及其照顾者的经验．济南：济南大学，2010：1-63.

照顾负担源于个体在应激源作用下产生的各种生物、心理、社会、行为方面的变化，是人与环境相互作用的结果。照顾负担的形成受到人格特征、社会环境和文化等多种因素的影响。

“久病床前无孝子”是句老话，它反映出长期照顾他人可能会导致退缩行为。老人，特别是高龄老人许多患有慢性疾病，需要长期照顾。1998 年遍布全国 22 个省、市、自治区的一项中国高龄老人健康长寿监测服务调查表明，老人在生病时主要照料者第一位是子女、孙子女或其配偶，占 78.38%，其次是老人配偶，占 10.82%，而社会服务、保姆仅占 6.77%，尚有 1.04%的老人没有人照料。可见，子女和配偶是老人生病时的主要照料者。

分年龄组来看，80～89 岁、90～99 岁和 100 岁以上年龄组老人的主要照料者均为子女，分别占 65.86%、83.99%和 90.08%。并且随着老人年龄的增长、老伴的去世，比例呈上升趋势。其次是配偶，三个年龄组分别占 20.92%、6.3%和 1.37%，并且随着老人年龄的增长，配偶作为主要照料者呈下降趋势。

可以看出，家庭成员仍然是老人的主要照顾人。照顾老人有多方面的压力。研究发现，这些压力源于在照顾人与被照顾人的关系中缺乏双向性，特别是照顾患痴呆症的老人，更缺乏双向交流。这与通常的家庭关系中成员间提供相互支持有所不同。照顾老人还可能使照顾人不能离开老人身边，导致照顾人社会交往减少、与社会隔离。由于很少能得到缓解服务，照顾人会疲于应付，导致出现身心问题。他们还可能会因为照顾老人而影响工作、影响履行做妻子或丈夫或是为人父母的责任。若家中原本就有一些问题，照顾老人有可能会使问题加剧。此外，照顾人与被照顾人之间的关系质量、被照顾人本身的情况，也会影响照顾人所承受的压力。照顾人最常出现的心理上的问题是抑郁。他们中抑郁症的发生率远远高于未承担照顾责任的同龄人。① 照顾人的问题与干预方法可总结为表 10－1。

表 10－1　　照顾人问题与干预

问题类型	推荐的干预
受照顾人的行为问题	参加照顾人小组的照顾技能训练
抑郁	个人辅导
其他情绪问题	个人辅导
社会隔离/孤独	参加照顾人小组的照顾技能训练
照顾辅导和超负荷	喘息服务、日间照顾、个别辅导
照顾人的福祉	关于给予照顾方面的资讯、链接服务

资料来源：RICHARDSON V，BARUSCH A. Gerontological practice for the twenty-first century：a social work perspective. New York：Columbia University Press，2006：209.

个案工作者可以为照顾人提供多种服务。如设法让家庭内外可以得到一定范围的

① MCINNIS-DITTRICH K. Social work with elders—a biopsychosocial approach to assessment and intervention. Boston：Allyn and Bacon，2002：61.

缓解性和暂时性的社会服务，帮助家庭使用方便照顾老人的康复器具。老人和家中照顾人的关系一般都建立了很长时间。如果长期以来关系就充满痛苦，或感情冷漠，或照顾负担过重，可能就要帮助照顾人尽量少些愧疚地卸去照顾任务。同时，在尽可能减少痛苦、抑郁和被抛弃的感受的情况下，帮老人尝试在老人照顾设施中住些时候，可能有助于老人和家庭照顾人重建关系。

第三节 老年辅导理论

老人的身心与社会生活特点，使之面临着一些特定问题，而解决这些问题，除了前面谈到的一般工作方法和原则外，从业人员和研究者还总结出了用于老人的一些专门的方法和理论。比较有代表性的包括认知行为治疗法、缅怀往事疗法和人生回顾疗法。下面我们对这些疗法做个简单的介绍。

一、认知行为治疗法

认知行为治疗法是一种常见的干预方法，被用于各个年龄段的人，用来处理多种多样的情绪上的问题，包括抑郁症和焦虑症。认知行为治疗法假定对事情和行为的反应是后天习得的。所以通过重新学习，人们就能改变自己对事情和情境的情绪反应以及随后的行为。学习包括识别自己对事情的情绪和行为反应，代之以更具调适性的、更有效的反应。这一疗法的最终目标是改变人的情绪状态和行为模式。这一方式的治疗被视为心理教育取向的治疗老人抑郁症和焦虑症的方法，但这一方法并非适用于所有有抑郁症和焦虑症的老人。它最适合的老人是：

（1）有较好的口头表达能力，认知没有受到损伤或只受过轻微的损伤的老人。因为这一方法要求老人能识别自己的想法，并加以讨论。老人能进行抽象的思考和分析是治疗的基石。

（2）愿意自我披露，并愿意在社会工作者面前表露自己的老人。但对于自主性非常强的老人或难以向他人求助、得到他人帮助的老人，这一方法的作用十分有限。

（3）在记忆力或集中注意力方面没有严重问题的老人。因为老人要学会识别引起痛苦想法和感受的情形，并在以后能识别出这些情形。这不仅要求老人能高度集中注意力，而且要求老人愿意这样做。

（4）没有酗酒、药瘾等问题的老人。因为这些问题会干扰老人正常的认知功能。但是一旦老人摆脱了这些对思维有影响的物品，认知行为治疗法不仅对治疗抑郁症和焦虑症有帮助，对处理成瘾行为也会有帮助。

用于老年人群，认知行为治疗法可分为四个阶段：

（1）准备阶段。在这一阶段要花时间同老人建立良好的关系，这一点十分重要。

你要让老人十分清楚用这一方法可以期望有什么样的效果。在准备阶段，你要跟老人讨论抑郁症和焦虑症是什么，有什么表现，以及常见的致病原因。你还要向老人详细说明什么是认知行为治疗法，为什么识别情形、想法、感受和行为之间的关系很重要。这样做有利于老人明确自己在工作进行过程中的角色，并澄清自己的期望，还可以让双方都明了是否要用这一方法。

（2）合作识别阶段。一旦你和老人决定使用认知行为治疗法，相互合作就十分重要。这一方法要求你比用其他方法多些自我披露。对你个人的了解会让老人感到自在，并建立起对你的信任。在工作进行过程中，你要探索老人强烈意识到会带来抑郁或焦虑的情形，帮助老人看到特定的情形和伴随而来的特定的感受，发现两者间的联系。你可以用图把这一情况记录下来，并让老人在结束面谈后，在家中也去识别这样的情况。当老人能独自识别两者的联系时，再要求他弄明白对特定的情形产生某些情感反应前都有些什么想法，也就是他怎么看待事件的意义。通过这一活动，老人要意识到事件、对事件的想法和其后的感受之间的关系。你可以用图展示出三者之间的关系。这能让老人发觉是一些不良的想法导致了负面的感受，他必须找寻更积极地看待事情的方法，从而获得正向的感受，并通过这一方法来把握自己的生活。在此之后再引入行为变量，让老人逐步建立积极的应对行为。向老人提供感到抑郁或焦虑时具体的应对工具是认知行为治疗法重要的行为元素。

（3）改变阶段。老人能认识到事件、想法和感受之间的联系后，就能识别和纠正自己认知上的扭曲。比如，将事情的意义扩大化与“恶劣化”、妄加猜测、自责、对他人有不切实际的要求、对自己有不切实际的期望、夸大自我的重要性等。我们很容易看到错误的想法怎样给老人带来极为痛苦的情绪反应。比如：假日没接到子女的电话，就认为孩子不关心、不惦念自己；认为打错的电话都是骚扰电话，有不良企图；等等。认知行为治疗法就是要帮老人找出这些认识上的不当之处，并用正确的认知加以取代。这一阶段的工作方法包括控制引发不良情绪的情形，并做行为上的演练。前者包括重新安排、消除或尽量减少带来不良刺激的情形。比如，一位新近丧偶的老人假日感到特别难过，因为原来每到此时，她都是与老伴一起过的。你可以帮助她重新界定这些日子该怎么过——不是待在家里独自难过，想过去这样的日子怎样怎样，而是可以走出家门会亲访友，做其他让自己能开怀的事。这样，假日就不会成为导致抑郁的事情。后者包括让老人学习和演练新的行为模式。你可以向老人提出处理老问题的新方式，尽管有时老人一生都是这样处理问题，他们不知道该如何改变。

（4）巩固和结束阶段。在这一阶段你要帮老人巩固已经取得的成效，让老人看到自己的成就，看到自己在运用这一方法上获得的能力，强化老人能自己处理问题的信念。如果能向老人提供一些遇到麻烦时具体的处理问题的方法，会有助于减缓老人对没有工作者协助，自己处理不了问题的担心。在结束工作关系前，应当有些过渡性措施，如减少见面的频率，改面谈为电话交谈，并对彼此的关系有一个总结，让老人能顺利地过渡到自己解决问题。

二、缅怀往事疗法

即便不是用于严格意义上的治疗，回忆往事，也就是记起以前的生活事件，对老人也会起特定的作用。老人常回忆往事，心理学家认为这是老年的一种调节机制，随着年龄的变化，人们对过去和未来的看法有所改变，许多老人感到要探索和找出自己一生的意义。适当加以引导的往事回顾对老人来说，能有机会弥补自己的缺憾，完成未了的心愿，能与自己的局限和失败取得和解，完成“自我完整”这一埃里克森所说的老年期的人生任务，避免陷入绝望。通过回忆一生的成就和成功的事，老人能增强自己进入老年后的自尊，这是成功的老年的一个重要因素。而且，老年人对于过往的兴趣可以弥补目前探索和把握自己面对不断变化的环境所受到的能力和机会上的限制。回顾过去痛苦的经历或者一直未能解决的冲突，能使老人通过接受专业辅导，重整对这些事的看法，从而接纳过去，或者采取行动，解决问题。

我们把缅怀往事和人生回顾分开来讲，是因为两者有不同的作用。缅怀往事是用回忆帮助老人追忆正面的事件和感受，它的着眼点不是帮助老人解决一生的冲突或处理未竟的事情。缅怀往事方法特别适用于指导老人回忆能增强自身价值感的事件。它是用来改善老人的情绪状态，而不是想要让老人洞察自己的一生。

缅怀往事的第一个目的，就是让老人回忆过去愉快、幸福的事，帮助改善当前的情绪。它不只是让老人回忆“旧日的好时光”，而是尽力营造一个更好适应现有状况的情绪状态。比如回忆儿时家中过节的情形，能帮助老人生发出积极的情感，缓解当前的抑郁感或焦虑感。这种类型的缅怀往事被称为叙事型缅怀往事，它是重新讲述能激起愉快感的事件。

缅怀往事的第二个目的是通过查看过去老人是如何成功地应付了困难的，来改善老人的自尊和应对能力。这一过程是回忆面对人生挑战所取得的胜利。这种类型的缅怀往事也被称为工具型缅怀往事，是拿过去的经验解决当前的问题。比如，通过让老人回忆以前经济拮据的时候自己是如何走过来的，让他树立信心解决当前面临的经济上的问题。工具型缅怀往事可以有特定的主题，如老人置身于一个新环境时如何交朋友，如何处理人生大事，等等。它的目的是激发老人解决问题的主动性，恢复老人的自信。老人可能能重拾很多年没有用过的技能。

缅怀往事的第三个目的是改善老人的社会交往技巧。老人在与他人疏远或隔离时，会很容易失去社会交往技巧。他可能只会诉说自己的病痛。谈论以往的社会事件、跟他人的交往或是抚养孩子的经历，能帮老人用更积极的方式与他人沟通，重新与他人连接到一起。

缅怀往事疗法对于老人的抑郁症、自尊和社会化有积极的作用，但起作用的机制还没有探讨清楚。对于认知有严重问题的老人，如患痴呆症的老人，这一方法不适用，但对于有轻微痴呆症的老人，这一方法可以有好的成效。因为缅怀往事借助的是长远记忆而不是短期记忆，许多患轻微痴呆症的老人长远记忆没有受损。行为错乱的、有严重精神疾患的老人和失禁的老人也不适宜用这一方法。

缅怀往事的主题可以按人生的不同时期来组织。如果目的是改善老人的自尊，就要帮助老人找出人生各阶段取得的主要成就。如果目的是发现老人应付问题的长处，可能就要让老人回忆在人生的具体阶段他是如何应付艰难时刻的。如果目的是让老人得出正面的、快乐的家庭生活记忆，就要让他细数人生阶段中这方面最快乐的事。对特定的老人，每个人生阶段选择什么话题取决于特定的干预目标。人生回顾疗法也使用按人生阶段来组织回忆的方法，但目的截然不同。使用缅怀往事疗法要明确自己为什么不选结构性更强的人生回顾疗法，而用缅怀人生不同阶段往事的方法。你也可以选择不与人生特定的阶段挂钩的主题来讨论。如果重点是愉快的感受，你可以让老人把缅怀往事的重点放在过去喜欢吃的东西、怎么过节、个人爱好等上面。要注意的是，你选择的主题应当是老人感兴趣的，而不是你自己感兴趣的。在缅怀往事时，你可以选择一些能激起老人的回忆的东西，如旧报纸、照片、收藏的东西等，也可以通过一些活动，如整理老照片，来做缅怀往事活动。

三、人生回顾疗法

基于缅怀往事是老年期自然而然的一部分的假设，巴特勒发展出了一套人生回顾概念体系，来帮助老年人重新评估一生中的好事、坏事，调和失败和成功。通过这一方法，老年人能从过去的经历中发现新的意义，从积极的角度来看待这些经历，并获得老年生活的满足感。[①]

巴特勒的人生回顾疗法是以埃里克森的理论为基础的。根据巴特勒的理论，人生被分为八个阶段，每个阶段都有特定的任务，要解决特定的冲突。如果特定阶段的冲突得不到解决，就会在以后的人生阶段重新出现问题，妨碍个人获得心理上的成熟和社会生活上的适应能力。也有学者基于自己对人生历程的看法提出了另外一套人生回顾概念体系，强调个人的同期群体和家庭成员是标志社会角色转变的指针，提出人生有一系列的时钟。生物时钟标志着从婴儿到老年身体上成熟的过程。身体上的特定变化，如青春期、生殖期和身体上的老化等，标志着时间的流逝。同期群时钟指的是在历史和社会学背景下塑造一个人的身份的社会力量。同一年龄群有共同的参考框架，使他们有独特的看待自己的人生的方式。家庭时钟指的是个人感觉的与原生家庭和自己组建的生殖家庭的关系。特定的年龄标志着要建立自己的家庭，而随着孩子长大成人、离家，年龄又意味着卸去家庭责任。最后一个时钟是与年龄相连的时钟，它指出在人生的不同年龄通常该做什么事。无论是埃里克森的理论，还是时钟理论，都可以成为组织人生回顾的指针。

与缅怀往事不同，人生回顾疗法的重点既有一生中的正性事件，也有负性事件。它的目的是重新建构老人对人生历程的感悟。通过直面负性的情绪和事件，老人有可能找出早期人生阶段没有解决的问题，确定哪些可以改变，哪些不能，并在有生之年

① BUTLER R. Successful aging and the role of the life review. Journal of the american geriatrics society, 1974, 12 (XXII): 529 - 535.

做些力所能及的弥补。若问题涉及已去世的父母，则要帮助老人重新看待过去的伤害，让自己释怀。人生回顾疗法也用来帮助老人整理一生的成就，识别自己成功的应对技巧，以处理当前的问题。

人生回顾疗法可以用来帮助经历人生危机之后的老人建构对自己的新看法。比如，帮丧偶的老人看到没有伴侣之后如何生活。习惯了多年以来生活都有人陪伴，在丧偶以后老人可能无法想象自己怎么能单独生活。回顾一生中个人拥有的力量和财富能帮助老人重拾开始新生活的自信。人生回顾疗法还能帮助老人面对人生危机，如患上慢性疾病或伤残。让老人从一生的角度来看待现有的疾病，会让他们看到身体不好只是自己一生中很小的一部分，避免他们以此否定自己的整个人生，陷入自卑自怜。

人生回顾疗法对于要找寻人生意义和目的的老人或许最有帮助，他们可以从过去的成就中肯定自我。但是要特别注意，重点应当是鼓励老年人回忆美好的经历和成就，避免陷入太多的令人困扰的回忆，得出一生一事无成的结论。在使用这一方法前要仔细掂量可能的后果，并且要清楚对于一些老人这一疗法可能并不适用。

在实施人生回顾疗法时，最好先做一下前测，了解一下老人对生活的感受。比如可以运用相关量表了解老人的生活满足感和抑郁症状，建立评估的基线。人生回顾不是要更好地了解老人的一生，而是通过回顾获得领悟，让老人现有的生活摆脱过去的阴影，从而生活得更满意、更有建设性。所以建立评估的基线很重要，它让你和老人在工作结束的时候可以评估干预的成效。

人生回顾疗法所用的时间，可以根据老人做人生回顾的目的、老人的健康状况、个人的偏好等决定。一般每个重要的人生阶段会用两次活动的时间来讨论。在内容安排上，可以制定一套方案，明确探查的领域。比如，可以探查死亡、悲伤、恐惧、读书生活、艰难的事情、性、工作和与他人的关系等。这些在有的人生阶段可以是重点，但不是每个阶段都要探讨这些话题，你可以根据自己面对的老人的情况加以删减。在回顾过程中，要特别留意老人没有提及的在特定人生阶段一般会有的事。要弄清楚老人是记不得了，还是有意这样做。若是有意，那么很可能表明有没有解决的冲突。你要放慢节奏，帮助老人仔细回忆过去发生的事，并给一些事赋予新的意义。在回顾过程中，你还要帮助老人发现人生历程中的一些主题，让他了解这些主题如何影响他过去和现今的生活。特别要发现让老人失去权能和得到权能的一些主题。前者包括焦虑、否定、绝望、无助、孤立、孤独和丧失等，后者则包括联结、应对、效能、希望和信任等。让老人逐步识别自己的权能是人生回顾疗法的部分目的。

你可以和老人设计制作具体的成果来总结和结束人生回顾，如做一个相册或录像带等，但并非一定要这样做。必须做的是，对整个工作做后测，并对比前测，评估干预的效果。对老人来说，通过评估整合一生的经历，得出明确的结论是非常重要的。在此之后，就能帮助他讨论剩下来的时间可以做些什么，以便超越过去，在现在和将来生活得更好。

学习活动 10－7　设计人生回顾方案

赵老先生退休前是单位食堂里的大厨，会做一手好菜。家里家外他都很受欢迎。

退休后他仍然很活跃，积极锻炼身体，参加各种社会活动。他和老伴有一儿一女，他们都挺孝顺，时常来探望。75岁以后，赵老先生渐渐感到做事情有些力不从心。特别是半年前因中风半边身体行动不便后，他的情绪一直很低落，感觉自己很没用，很无助。

请你根据对赵老先生的简要介绍，尝试设计一个运用人生回顾疗法的服务方案。

学习活动 10-8　老年辅导理论

比较上面介绍的三种老年辅导理论，按下表总结其主要特点以及适用的老人。

理论	特点	适用老人
认知行为治疗法		
缅怀往事疗法		
人生回顾疗法		

第四节 老年人辅导的注意事项

做老年人辅导不是件容易的事。老年是人生的最后一个阶段，对老人来说时间是有限的，但一般年轻人都会认为时间是无限的，往往难以体会到老人那种忧虑以及对生命的看法。也是这个缘故，很多工作者会感觉到与老年人一起工作特别困难，自己风华正茂，对老人风烛残年的焦虑很难感同身受，而且对自己的工作也会有疑问，不知其是否有价值。社会中一些对老人的负面看法也会有意无意地影响到辅导工作。在辅导老人的时候，除了要留意前面提到的老人的身心和社会适应状况，采取适当的措施外，还应注意下面几个问题。

一、价值观

社会的价值观会影响我们对待老人的态度和行为。当今社会日益趋向高度城市化、现代化，高科技在社会中被广泛运用，人们越来越崇尚成就、成功和赚钱的能力，重视工作和生产力、能力、进步和技术。身强力壮的、有活力的、能为经济发展做贡献的人受到高度重视。那些伤残的、不能工作的、不能运用先进技术和丧失青春活力的人常被视为没有价值，所以社会对于老人常会有贬损的看法。强迫退休和总体上健康状况的下降，使年长的人被迫放弃工作，失去自尊和地位的主要来源，失去对许多人来说也是唯一的收入来源。如此一来，老年就常与贫困、消极被动、脆弱和走下坡路联系在一起。助人专业常常要接触较年老的人中境遇最惨和伤残最严重的群体，他们大多体弱多病，危机重重，生活在很大的压力中。因此，尽管接受社会工作服务的老人的数量占老年人口总量的比例并不高，但工作者根据自己的经验，仍可能对老年人形成消极的看法。

洛伊发现对老年人普遍存在的成见是：

（1）老年人常常糊里糊涂，身体上和精神上都很衰弱，尽管事实上大多数老年人身体健康。

（2）老年人在身体老化方面没有什么大的差异。

（3）较年老的人更可能会健忘、迟缓、不活跃、压抑和孤独，而不管他们的年龄如何、能力和社会背景有何不同。

（4）老年人不能学习任何新东西。尽管事实上只是一些较年老的人以前具有的学习经验、智力水平和个性会有变化。较年老的人的学习进程也可以有所改变。

（5）退休对于男人来说比对于女人来说问题更多；大多数老年人与家庭疏离，受到家人的忽视；老年人对活跃的性生活没有兴趣，或是缺乏这方面的能力；等等。[①]

老年问题的普遍化和消极看待老年的普遍化，可能会剥夺老年人成长和学习的机会。年轻的专业工作者会不自觉地接受社会中对老年的许多刻板看法，并纳入自己的价值观系统。他们可能会认为接受这方面的工作没有太大价值，有挫折感，因而在工作中对老人表现出厌恶、歧视、不耐烦，认为做老人工作低人一等、是退而求其次。所以，当你在开展老人工作时，要认真反思自己的价值观，对老人要有正确的认识。

二、反移情

与做其他人群的工作不同，做老人工作的人对自己的工作对象往往并不陌生。我们从小到大会接触不少老人，他们可能是我们的家庭成员，也可能是邻里、同事和朋友，所以我们对老年人的认识不仅受到社会上的价值观的影响，而且受到自身的家庭背景和个人接触老年人的经验的影响。举例来说，我们可能会受到与老年父母或祖父母打交道的经验的影响，可能会把老年人与自己的父母、祖父母相提并论，把对他们的感受、态度或反应转移到当事人身上。不幸的是，我们可能意识不到自己的反移情，直到问题一目了然，已经破坏了工作关系时，才会发觉。

反移情不仅会表现为对老人不好，缺乏耐心和关怀，还会表现为对老人过度保护，想要“拯救”老人。我们对伤残老人常常会衍生出过度保护的态度，这会侵蚀掉老人独立做事和自我决断的能力。即使是伤残很严重的老人，也有可能有能力料理自己某些方面的生活，并决定自己的日常生活，如自己做饭、洗澡和上厕所。缺乏对日常生活的控制会给伤残老人在情绪上、身体上和心理上的安康带来消极的影响。他们会因失去发挥作用的能力、失去地位和对居住环境的控制而感到压抑、悲伤、绝望和

① LOWY L. Social work with the aging：the challenge and promise of the later years. New York：Harper & Row Publishers，1979.

焦虑。不成熟地表露同理心会扼杀老人最大限度地发挥独立性的能力，对治疗性工作有破坏作用。斯普朗提出了所谓“弥赛亚情结”。它指的是当面对一个在生理、心理和社会生活上有多重丧失的老人时，助人专业的人自己感到有压力，想要“做点好事”“让事情好一些”[①]。当无法缓解老人面对的不可避免的丧失时，同情就变成了怜悯，助人工作便会失去成效。当挽救老人的努力失败后，工作者很容易把挫折感转成对老人的愤怒和敌意。注意反移情问题，时常反思自己对老人的反应，这一点对你来说很重要。

三、死亡焦虑

当我们的工作对象是儿童和青少年的时候，我们处理的是自己未必会遇到的问题，但当工作对象是老人时，就很不同。同老人打交道会时刻提醒你生命的进程，让你看到由生到死的不可逆转。当事人经历的死亡和丧失，必然会让你联想到自己将来也要经历这一切，因而感到痛苦。有时你甚至害怕辅导工作还没有做完，老人就会与世长辞。这样的情形会给工作者带来很大的心理压力，使他们感到自责或力不从心。所以在做老年人辅导工作时，你应该审视自己对老年人、对垂死和死亡的感受。有时这些感受来自过去的生活经验和遭遇，你要先把自己的问题梳理好。

正如前面所说，死亡对老人来说并非那么可怕，他们已经思量过好多遍。不逃避这一问题，把它看成人生的必经之路，面对现实，客观地评估和接受辅导工作对老人的意义，才能看到老年人辅导工作的价值，自己的工作也才会变得更有动力。

四、自立与依赖

老人最常表达的一个心愿就是想要尽可能保持自立。这与社会工作专业所致力的推动自决和保持人的尊严是相吻合的。从表面上看，两者没什么冲突。但是在现实生活中，随着老人需要越来越多的支持性服务，体会到要独立生活越来越困难，老人的愿望和家人的看法、社会工作者的看法会有所不同。你可能会赞赏老人为留在家中生活而做出的不屈不挠的努力，但对于完成一些简单的日常起居活动都有困难的老人，你可能会感到难以支持他继续这样做，他的家人也可能不赞成老人费力维持自己的独立。但对于一生都自立的老人而言，要依赖别人并不容易，特别是因一场病就要依赖他人，老人的心理上没有准备，会很难接受。所以即使有危险，他也要勉为其难，自己做事，不依赖别人。他们可能会对家人和社会工作者提出过分的要求。所以，帮老人自立是件复杂的事，要有不懈的努力。

也有些老人并没有什么身体上摆脱不了的问题，但早早想要依赖别人，让自己充当被动的、受照顾的角色。他们把与自己有关的事的决定权全都交托给他人。对社会

① SPRUNG G M. Transferential issues in working with older adults. Social casework，1989，70（10）：597-602.

工作者和家人来说，为这样的老人做安排可能要容易些，但是也会有其他的问题。老人可能会答应你做这样那样的安排，但并不想真的这样做。他可能不会直接拒绝，但会找借口，不做计划好的事。尽管你的本意是好的，是为老人着想的，但决定是你做出的，不是老人做出的，很可能你认为的目标并不是老人的目标。做老人工作的人常会因为老人逃避为他着想的事而烦恼，但身为个案工作者，你要反思自己，可能正是你的包办代替减少了老人做事的动力。你应该给老人改变的机会。一个年届七十的人可能仍有 15 或 20 年的寿命，甚至更多。获得老年生活的满足感是与接纳自身不断的变化联系在一起的。你应该给老人成长和进步的机会，以此来克服障碍。在与身体虚弱、需要照顾的老人一道工作时，你要审视自己对给老人机会做决定的感受，审视自己对于充当保护人或监护人角色的认识和感受。一般认为，作为成年人，老人有权保持独立。要维护个性和独立性，老人有权自决，只要他们的愿望和要求与他们周围的人不相矛盾就可以，这对老人维持自尊和感到自己有价值十分重要。

五、专业关系中的其他问题

在通常情况下，做老人工作的专业人员都比老人年轻，老人有可能会把社会工作者当成孩子，对他不信任。老人还有可能因为社会工作者受教育程度高，是机构的工作人员而把他视为社会权威。而年轻的专业人员可能没有觉察到老人对自己的消极看法，认为老年人是聪明的、知识渊博的导师。这些认识上的偏差，会导致专业关系中双方角色期望上的不一致，给沟通带来问题。所以，在工作中澄清彼此的角色十分重要。

此外，你应该认识到在做老年人工作时，家人参与的重要性。一般来说，人们都认为家庭有责任照顾老人，但也有许多家庭拒绝承担这一责任。实际的情况是，许多家庭接受照顾老人的责任，并会尽力而为，无需什么理由。我们的社会政策法规和社会文化，都很强调家庭对于老人生活安康的作用。家人的关爱，不仅能为老人解决生活中的实际问题，而且能给老人带来精神上的慰藉。此外，除了这些法律和道德上的原因外，老年人个人的问题是与他周围的人联系在一起的。从长远看，忽视家庭成员可能会引起更大的问题，特别是如果子女不能照顾老年父母，可能会触犯法律。所以，只要可能，你就应该吸收家庭成员参加老人辅导工作，这对老人的福祉、家人的福祉都会大有裨益。

六、自我意识与督导

与老人一起工作面对的一些问题，如伤残和死亡，可能会让你感到透不过气来。你应该通过找同事和其他专业人员咨询和督导来缓解这方面的压力。你应当敏锐体察自己的情绪状态。长期做有些当事人的工作，比如患老年痴呆症的当事人的工作，可能会让你感到透支了精力和情感，会让你觉得自己的工作没有价值。即使是自我调节得很好的、经验丰富的工作者也难免有这样的问题。建立支持小组充电对你十分重要。困难的个案可以争取通过建立工作小组来解决。

大部分做老人工作的人会认为做老人工作有巨大的回报。你能时时接触那些亲历历史的人，听他们讲人生的故事；你能看到深陷困境的人如何自强不息，使生活变得更美好；你能体会和见证人类精神上的力量和生命的奇迹。老人，特别是高龄老人，是同龄人中的幸存者，他们经历过许多人生中的风风雨雨，才走到今天，他们的心得对于你丰富自己的人生会有很大的帮助。做老人工作需要多方面的知识，这一领域的研究相对而言还比较薄弱，需要去开拓，这会迫使你不断去努力、去进取。做老人工作常需要多学科的合作，这会培养你的团队工作能力，让你经受更多的锻炼。所以，无论是在个人生活上，还是在专业上，老人工作都能给你带来很多收获。一位多年从事老年工作的人的话或许对你有帮助：

> 做老年人工作，特别是做那些不再能为社会和他人贡献什么的人的工作有某种纯洁性。这一工作不能用预防犯罪，发掘未被开发的、潜在的生产力，为被压迫的人解压以避免动乱，或是其他什么工具性价值来评判。评判这一工作的唯一立足点是每个人都有价值——内在的价值，即作为人的意义和尊严。有许多人我们之所以为他服务就是因为这一点。这也是社会工作之所以那么关心我们社会不再感兴趣的人的原因。
>
> 我认为老年人工作是那类把价值观问题清楚摆在面前的社会工作领域，它给工作者提供了一个机会去检验、锻造和确认我们专业的核心价值观……
>
> 做年轻人工作的时候，世界敞开着大门，人是往前看的。工作者可能要通过艰苦卓绝的努力让当事人正常——不管他心目中的正常究竟是什么。做老年人工作的视角就不同，人是往回看的。此时已不再有生活会怎样的梦想，而是生活是什么的一览无余。人们会搜寻那些让生命有意义的事……①

第五节
小　结

本章我们先是一同察看了老人在生理、心理和社会适应方面的特点。在生理方面，我们主要了解了进入老年，人的身体上会有哪些明显的变化。衰老在人体的不同组织器官系统上都有表现。我们重点察看了人的骨骼肌肉和牙齿系统、皮肤及其附属组织、心脑血管系统、消化系统、呼吸系统、泌尿系统、内分泌系统和生殖系统、神经系统和感觉器官在老年期的变化。在心理方面，我们看了老人在智力、记忆力、学习能力、情绪和人格特质上的特点。在社会适应上，我们介绍了一些主要的老年社会

---

① SOYER D. Reverie on working with the aged. Social casework，1969（50）：292－294.

理论，包括角色理论、活动理论和撤离理论、交换理论、延续理论、社会建构理论、老年亚文化理论、现代化理论和年龄分层理论。有关老年人的身心特点和社会适应方面的知识和理论，能为我们开展老人辅导工作打下良好的基础。

在此之后，我们察看了老年人的主要问题。包括身体健康方面的问题，如医院内的辅导工作、医院外的辅导工作、濒临死亡与丧亲问题的处理等。还察看了一些心智能力方面的问题，包括与功能性失调有关的疾患，如抑郁症、疑病症和妄想症，以及与器质性失调有关的疾患，如老年痴呆症。另外，对退休问题、虐待老人问题、照顾人的压力问题等老人社会生活方面的主要问题也做了探讨。

对于老人的问题，除了可以使用前面章节谈到的通用的个案工作方法外，还有些特别的方法，我们在此给你介绍的是认知行为治疗法、缅怀往事疗法和人生回顾疗法，相信这些疗法能帮你更好地做老人的工作。在本章的最后，我们特别提醒你在开展老年人辅导工作时要注意的一些问题，比如价值观问题、反移情问题、对死亡的焦虑问题、老人的自立与依赖、专业关系中的角色期待、家人的参与、工作者的自我意识和督导等。

本章浓缩了老年人辅导工作的主要内容，力图让你对老年人辅导工作有个全面的了解。但是由于老年人辅导涉及许多学科的知识，限于篇幅，在此不可能一一述及。我们建议你在课后结合其中的内容做些补充阅读，相信一定会对你做好老年人辅导工作有所帮助。

本章要点

1. 老年人的生理特点
2. 老年人的心理特点
3. 老年人在社会适应上的特点
4. 老年人身体健康方面的问题
5. 老年人精神健康方面的问题
6. 老年人社会生活方面的问题
7. 老年人辅导的主要理论
8. 老年人辅导要注意的主要问题

基本概念

角色理论　活动理论和撤离理论　交换理论　延续理论　社会建构理论　老年亚文化理论　现代化理论　年龄分层理论　抑郁症　疑病症　妄想症　老年痴呆症　退休综合征　身份危机症　身份延续理论　认知行为治疗法　缅怀往事疗法　人生回顾疗法

复习思考题

1. 老年人在生理上有什么特点？
2. 老年人在心理上有什么特点？

3. 老年人在社会适应上有什么特点?
4. 如何做好医院内老年人的辅导工作?
5. 如何做好医院外老年人的辅导工作?
6. 怎样帮助老年人处理濒临死亡的问题和丧亲之痛?
7. 老年人常见的心智方面的问题主要有哪些? 如何给予帮助?
8. 老年人辅导理论主要有哪些? 各有什么特点?
9. 老年人辅导要注意哪些问题? 为什么?

推荐阅读书目

1. 陈杏铁，张正义．老年社会工作．北京：中国人民大学出版社，2003.
2. 隋玉杰．老年社会工作教程（中级）．北京：中央广播电视大学出版社，2017.
3. 崔丽娟．老年人心理与保健．上海：华东师范大学出版社，2002.
4. 邬沧萍，等．社会老年学．北京：中国人民大学出版社，1999.
5. 肯尼迪．老年心理与精神保健指南．北京：中国轻工业出版社，2003.
6. 德克尔．老年社会学．天津：天津人民出版社，1986.
7. MCINNIS-DITTRICH K. Social work with elders—a biopsychosocial approach to assessment and intervention. Boston：Allyn and Bacon，2002.

第十一章
家庭辅导

本章概要

家庭是社会的细胞，家庭的和睦，直接关系到社会的稳定，因此，开展家庭工作成为个案工作的重要组成部分。为了帮助大家更好地理解家庭系统，本章将系统介绍家庭的生命周期、家庭在其生命周期过程中将面临的主要问题、家庭辅导应对这些问题的理论和技巧、如何接待家庭个案、从什么角度入手开展家庭辅导工作。希望本章能够将你引进个案工作的另一个重要的领域，充实你的工作内容。

第一节 理解家庭

一、家庭是一个有生命的有机体——家庭的生命周期

24岁的万丽与27岁的李勇在一次聚会中相识，彼此互有好感，于是便开始了频繁的约会。接触了一年之后，双方就谈婚论嫁，进入了婚姻的殿堂。婚后一年，他们就生下了一个可爱的女儿。女儿活泼可爱，聪明伶俐。女儿18岁那年，顺利地考进了一所重点大学，20岁时就与一位博士结了婚。44岁的万丽与47岁的李勇又开始了二人世界的生活。在45岁那年，万丽的单位不景气，她索性办了内退，提前过上了退休生活。4年后，当万丽49岁的时候，李勇在一次车祸中受了重伤，不久就离开了人世。寡居的万丽独自一人在家乡生活了两年，在女儿生下孩子后，就搬来与女儿同住，一边照顾外孙，一边料理家务。

在这个个案中，我们看到了一个典型的中国核心家庭的成长过程。家庭就像人一样经历了建立、成长、成熟和衰退阶段，从萌芽到结束经历了差不多几十年的时间。对于家庭生命周期概念的划定，学者们的观点各不相同。有的学者将家庭生命周期划分为八个阶段：没有小孩的夫妻阶段，养育幼儿阶段，学龄前儿童阶段，学龄儿童阶

段，青少年子女阶段，子女离家阶段，中年父母阶段和老年阶段①。在对华人家庭生命周期的研究中，学者们最常用的划分方式是四个阶段：建立期，繁殖期，空巢期和完结期②。下面，我们分别来看看各个阶段的特点和常见的问题是什么。

二、建立期

家庭的建立期始于婚姻的开始，直到第一个孩子出生。婚礼之后，恋人就变成了夫妻，夫妻二人开始生活在同一个屋檐下。由于夫妻双方来自不同的家庭，具有不同的生活经历，他们对婚姻的理解和感受都存在差异，学习如何适应对方并扮演好各自在新的家庭中的角色，成为这个时期夫妻双方的必修课程。因此，有学者将这个阶段称为"婚姻的磨合期"。

在家庭的建立期，最常见的问题主要包括：夫妻在家庭生活中的角色定位，姻亲关系，夫妻之间的沟通模式，性生活模式，日常生活适应，等等。由于夫妻成长环境不同，教育背景存在差异，特别在中国社会中，女性一般会选择上行婚，这样，会导致夫妻双方在社会地位等方面存在一定的差异，这些差异会影响夫妻双方对夫妻角色的期望和表现，成为夫妻冲突的危险因素。对于建立期的夫妻双方而言，主要的角色包括：家务角色，养家的角色，性角色，亲属角色，娱乐角色和慰藉角色。家庭一旦建立，夫妻双方需要就各自在婚姻中扮演的角色达成一致的看法，双方需要明白，在家庭中各自的责任和义务是什么，以及如何扮演一个令人满意的丈夫或妻子的角色。

新成立的家庭与公婆（岳父母）的关系也成为影响婚姻磨合的重要因素。很多国内外的研究表明，婚姻是否得到双方父母的同意和祝福，是影响婚姻稳定和幸福的决定性因素③。因此，在家庭初期，建立良好的姻亲关系是新婚夫妻面临的一个重要话题。

性生活和谐是帮助家庭安全度过这个时期的一个重要因素。近年的研究表明，性生活不和谐成为离婚的主要原因之一，而和谐的性生活模式的建立，就开始于家庭的建立期。

夫妻之间的沟通模式，也是一个重要因素。人际冲突很多时候就是沟通的问题，夫妻之间不良的沟通可能会导致婚姻的破裂。刚刚进入家庭的青年人，需要特别关注夫妻之间的沟通，要学习表达自己的需要和感受，关注对方的需要和感受。发展并建立好的沟通模式是家庭稳定、婚姻幸福的一个法宝。

三、繁殖期

很快家庭中的二人世界将会由于孩子的降临而结束。在中国的现行条件下，大部

---

① CARTER E A. The family life cycle：a framework for family therapy. New York：Gardner Press，1980.

② 谢秀芬．家庭与家庭服务．台北：五南图书出版公司，1989.

③ 上子武次，增田光吉．理想家庭探索．北京：国际文化出版公司，1987：99. 埃什尔曼．家庭导论．北京：中国社会科学出版社，1991.

分的新婚夫妻会很快怀孕生孩子，家庭的建立期很快就过渡到了繁殖期。随着孩子的降生，家庭的关系发生了一系列的变化。首先是随着妻子的怀孕，妻子的生理发生了很大的变化，夫妻之间的角色平衡发生了变化，妻子在生活上需要丈夫更多的关照和呵护，夫妻之间不再是简单的丈夫与妻子的关系，夫妻双方都需要学习怎样做准父母，并开始准备做父母。其次，婴儿出世以后，夫妻关系的中心开始转移到了小宝贝身上，家庭关系出现了变化，在原来的横向的夫妻关系基础上，增加了纵向的父子（女）、母子（女）关系，以及由此而延伸出了祖父母、外祖父母的关系。再次，随着关系的复杂化，家庭冲突的可能性也日增。夫妻之间就如何照顾、教养孩子会产生不同意见，出现冲突。此外，这个阶段的年轻夫妻还面临着“上有老，下有小”的局面，同时，在工作和事业发展上，也处在一个上升时期，因此，这个阶段的夫妻承受的压力最多也最大。最后，随着孩子一天天长大，父母与子女之间的关系中的冲突会越来越多。特别是当子女进入青春期后，代沟会表现得日益明显，冲突的机会也日益增加。这个阶段一直要到孩子离家时才告一段落。

四、空巢期

当孩子高中毕业、离家求学后，家里就剩下父母了，这个时候就是我们常说的空巢期。由于中国曾经的独生子女政策，每对城市夫妻只能生一个孩子，因此在绝大部分的城市家庭中，如果一个孩子高中毕业后，能够考上大学、参军、就业的话，那么，整个家庭的生命周期，从繁殖期到空巢期一般只会经历 18～19 年。按照这个方法计算，一对夫妻在 25 岁结婚，到孩子上大学开始，进入空巢期的年龄为 43～44 岁。再按照中国目前的平均寿命 76 岁来计算，现在的夫妻在空巢期阶段将经历 30 多年的时间。在这个阶段，夫妻将面临这些问题：适应孩子离家独立生活，与子女在感情上疏远，家庭关系由坐标式的立体关系回到了横向的夫妻关系。随着子女的结婚生育，夫妻的角色又会由父母上升为祖父母角色。

在适应了这些变化之后，夫妻又要面临和适应自己社会角色的变化。按照现行的退休规定，从 2018 年开始，女性退休年龄每 3 年延迟 1 岁，男性退休年龄每 6 年延迟一岁，直至 2045 年同时达到 65 岁。因此，在空巢阶段，夫妻还要适应自己社会角色的改变，即从工作者变成“无业”人员。进入退休年龄之后，调整自己的心态，适应这种变化，建立丰富多彩的退休生活，成为空巢期父母的主要任务。

五、完结期

家庭的完结期是伴随着夫妻一方的去世而开始的，等到双方都离开人世时，整个家庭的生命周期就彻底完结了。这个阶段的长短取决于夫妻的健康状况。一般来讲，女性的平均寿命长于男性，因此，在很多家庭中是丈夫先于妻子离开人世，在丈夫离开人世后，妻子要面临丧亲的痛苦、晚年生活的孤独、病痛和生活自理的困难等。

学习活动 11-1 父母亲的家庭生命周期

访问一下你的父母，看他们在家庭生命周期的各个阶段都经历了些什么重大事件，遇到的主要问题是什么。跟同学分享一下，看彼此有什么相似处和不同处。

第二节 家庭形式和常见的问题

从时间顺序来看，家庭是有生命周期的，是一个从发生到结束的动态过程。从存在的形态来看，在每个发展阶段，家庭所处的生理、心理和社会环境各不相同，因此，所面临的问题也各不相同。家庭的主要形式可以分为：联合家庭、主干家庭、核心家庭、单亲家庭，以及再婚家庭等。由于形式的不同，不同的家庭所面临的问题也各异。有的家庭面临的是姻亲关系（婆媳关系和翁婿关系）问题，有的是继父母与继子女之间的关系问题，有的是夫妻之间的价值观、角色期望的冲突甚至使用暴力的问题，有的是关系破裂带来的离婚问题，还有离婚后的适应和再婚问题，等等。下面，我们来系统讨论一下不同的家庭形式以及常见的家庭问题。

一、家庭形式

在国内外的家庭研究中，学者们发现，最主要的家庭形式有：联合家庭、主干家庭、核心家庭、单亲家庭、再婚家庭、领养家庭、丁克家庭等。下面我们将主要介绍其中的几种家庭形式。

（一）联合家庭

指父母与多个已婚的成年子女共同居住、共同生活的模式。这个家庭形式是传统的中国大家庭的居住形式，即兄弟姐妹婚后不分家，与父母共同生活。它的特点是在这个大家庭中，有多对同代或隔代夫妻共处，人口多，关系复杂。

（二）主干家庭

指父母与一对已婚子女共同生活组成的家庭，也就是我们常说的三代同堂的家庭。父母与唯一的子女，或者多子女中的一个，共同居住，共同生活，其他子女分家单过。主干家庭的特点是，只有两对隔代夫妻，家庭有两个中心，人口不多，关系相对联合家庭要简单一些。

（三）核心家庭

指夫妻与未婚子女组成的家庭，它的特点是一对夫妻，一个中心，家庭关系比较简单。

(四) 单亲家庭

指夫妻双方因丧偶或离异，留下一方（父或者母）与未婚子女组成的家庭。它的特点是没有夫妻关系，只有亲子关系。

二、常见的家庭问题

(一) 婆媳关系

在中国的家庭中，婆媳关系是一个非常重要的关系。婆媳原本是没有关系的，通过婚姻的结合，来自两个不同家庭的女性——婆婆与媳妇，需要生活在同一个屋檐下，久而久之，难免会出现一些矛盾和冲突。这些冲突的表现形式为争执、口角、断交，甚至动手等，它们常常会引起夫妻不和，甚至婚姻解体。

在对于婆媳矛盾原因的探究中，学者们提出了很多的看法和解释。有学者认为：婆媳之间没有血缘关系，只是由于一个男人才不得不互相接触；婆媳分别以母亲和妻子的身份爱同一个男人，必然产生母子之爱和夫妻之爱的感情争夺①。有人提出，影响婆媳关系的因素包括：居住方式、经济因素（婆婆经济条件好坏决定了婆媳关系的好坏）、文化因素（婆婆文化水平高低影响婆媳关系的好坏）以及交换关系（婆婆是否照顾孙辈直接影响婆媳关系）等②。还有学者认为，婆媳冲突是中国传统父权家庭制度的体现，是制度性冲突，不可避免。影响婆媳关系的变量包括：男尊女卑观念，这种观念越强，冲突越大；妇女职业的变化，妇女经济越独立，冲突的可能性和强度越小；婆媳群体界限的明显程度，也就是说婆媳群体越发达，冲突的频率和程度越高③。

(二) 家庭暴力

家庭暴力指的是，发生在家庭之中、家庭成员之间的暴力行为。对家庭暴力的定义有很多，最常见的定义是：家庭暴力是发生在家庭成员（如配偶、夫妻、同居伴侣等）之间的暴力行为，造成其中一方生理或心理上的伤害。所谓暴力行为，指的是会引起害怕、恐惧、不安全感、冲突等后果的行为。④

而在华人社会的研究中，我们常常将家庭暴力扩展到所有家庭成员之间。因此，华人学者对家庭暴力的定义更加广泛：家庭暴力通常指的是发生在家庭成员之间的暴力行为。从暴力的受害者来看，家庭暴力又可分为以下几种。(1) 配偶暴力或婚姻暴

---

① 裴烽．妇女伦理学．沈阳：辽宁大学出版社，1987.

② 张萍．中国妇女的现状．北京：红旗出版社，1995：52.

③ 李博柏．试论我国传统家庭的婆媳之争．社会学研究，1992 (6)．荣维毅．婆媳冲突//王行娟，等．社会变革与妇女问题．北京：中国社会科学出版社，2002.

④ 刘梦．中国婚姻暴力．北京：商务印书馆，2003：27.

力：指配偶一方遭受另一方的语言、身体和性暴力伤害。在这种暴力行为中，大部分受害者是女性，少数受害者是男性。（2）儿童暴力：儿童的父母或家庭成员对儿童施加身体或精神伤害、忽视、虐待，导致儿童的健康和心理受到严重伤害。（3）老人暴力：指引起家庭中老人生理和心理伤害、恐惧和不安的言行，如殴打、恐吓、拒绝赡养或照顾不当等。（4）手足暴力：指发生在兄弟姐妹之间引起生理和心理伤害的言行，包括殴打、恐吓、性攻击等。①

在关于家庭暴力产生原因的研究中，中外学者提出了很多的理论和观点。在国外的研究中，当探讨虐妻产生的原因时，很多学者提出了既要考虑个人的生活历史特征（如角色模式、童年的受虐经验、沟通技巧等），又要结合某些环境因素（如沮丧、压力、受到外界的刺激），同时还要考虑特定的社会规范（如暴力、男性主导），这么多的因素共同作用，才导致了男性对女性暴力的发生。奥尼尔指出，人类的系统是由多方面构成的一个综合体：生物的、心理的和社会的，人的行为受到来自这三方面的限制。这些限制可能是：人格发展的极端化，过高的性别角色期望，无法应付婚姻冲突和人际冲突，特别需要得到同辈的认同，生物性的冲动，童年受到的虐待，妒忌，追求权力，等等。当一类限制出现时，发生暴力的可能性会很小；而当几类限制同时出现时，暴力行为就可能出现。②

在中国的研究中，有学者认为男人施暴的主要原因为：（1）大男子主义。（2）丈夫家庭有使用暴力的习惯。（3）丈夫有外遇。（4）丈夫有嗜赌或吸毒的不良嗜好。（5）心理问题、自卑、低自尊等。（6）精神障碍，无法控制自己，等等。③另一些原因为：（1）丈夫有酗酒、赌博等恶习。（2）夫妻之间的沟通模式有问题。（3）夫妻之间的生活态度和价值观有矛盾等。还有一些原因为：（1）施暴者的心情不好，酗酒，赌博，外遇，工作压力，等等。（2）婆媳关系紧张。（3）夫妻意见不合等。④

也有学者认为，婚姻暴力发生的原因有：丈夫大男子主义思想严重，男女两性存在生理差异，社会对婚姻暴力的容忍，女性素质低下，丈夫社会地位低、文化程度差，家庭经济状况差，施暴者早年的受虐经验，男性对女性的控制欲太强，女性软弱、接受丈夫的暴力，妻子的言语攻击和唠叨引发了丈夫的暴力，等等。

还有学者发现，社会的容忍和默认，传统观念的影响，政府和法律的忽视，社会支持系统的缺乏，在男权思想的指导下人们对离婚表示否定，对女性角色的期望定位在经营婚姻和家庭之中，在社会化过程中女性被要求以家庭利益和子女利益为重，所

---

① 周月清．婚姻暴力：理论分析与社会处置．台北：巨流图书公司，1995. 陈若璋．台湾婚姻暴力高危因子探讨．国立台湾大学社会学刊（台北），1992（21）.

② O'NEILL D A. Post structuralist review of the theoretical literature surrounding wife abuse. Violence against women，1999（4）：457－490.

③ 罗萍．论中国家庭暴力的现状、原因和法律措施．新疆大学学报，1997（4）. 佟新．家庭暴力面面观．社会学和社会调查，1995（3）.

④ 高鸣鸾．围墙内的暴力．太原：农民出版社，1998. 徐安琪．世纪之交中国人的爱情与婚姻．北京：中国社会科学出版社，1997.

有这一切构成了暴力婚姻的一个保护性机制，从而有效地维护了暴力婚姻的存在和发展①。

上述发现，将帮助我们进一步理解家庭暴力发生的原因，为干预和解决家庭暴力问题，提供了一个理论指导。

学习活动 11－2 董珊珊案

董珊珊，女，26 岁，北京人，2009 年 10 月 19 日因家庭暴力死亡。

董珊珊与丈夫王光宇于 2008 年下半年结婚，2009 年 3 月，她第一次向家人和警察披露婚后经常遭到王光宇的殴打。从这时到她死亡，短短几个月中间，她及家人曾先后八次向警方报告王光宇的暴力行为，曾提起过离婚诉讼，也曾经离开亲人独自在外租房躲藏，但所有这些努力都未能挽救她的生命。

王光宇曾这样描述对她的最后一次残酷殴打："用拳头打她，用脚踢她，从卧室门口，一直踢到床上，哪都打、哪都踢，直到她倒在床上为止，也不知道踢了她多少脚。"这次或许致命的殴打发生在 2009 年 8 月 5 日。董珊珊于 8 月 11 日逃出，8 月 14 日住院治疗，两个月后去世，尸检认定死亡原因为"被他人打伤后继发感染，致多脏器功能衰竭死亡"。董珊珊的朋友及父母也透露，董珊珊不仅长期被殴打，而且还被王光宇逼迫夜晚脱光衣服趴在客厅无窗帘遮挡的落地窗上，用强光照着，长达 2 个小时，让其备受侮辱。

请收集更多有关董珊珊案的资料，跟同学讨论董珊珊的悲剧是怎样造成的，怎样才能有效地帮助遭受家庭暴力的妇女。

(三) 婚外情

随着社会的开放，社会流动增加，行政干预和舆论作用明显下降，自 20 世纪 80 年代以来，婚外情已成为全社会普遍关注的家庭问题和社会问题。婚外情也称婚外恋、外遇，它是指已婚者与其配偶以外的异性发生感情或性关系。有研究者将婚外恋与婚外性行为区别开来，前者指无性行为但有过份的亲昵或感情关系。② 婚外情是当今婚姻破裂、夫妻离异的主要原因之一。

徐安琪主持的在上海、广州、哈尔滨和甘肃的调查指出，夫妻有一方或双方首肯自己有婚外情、认定对方有婚外情、与异性交往过甚，三项总计占比 7.9%，其中坦陈自己有婚外情的男性为 2.3%，女性为 1.5%。李银河在对婚外情进一步深入研究后推断：上述结果很可能受到问卷调查这种方法的影响，其结果并不准确，婚外情在人们的行为中不只占这样小的比例。男性发生婚外情的比例可能远高于女性。③

有学者认为下列因素可能与婚外情的发生有关系：寻求刺激，夫妻关系不良，社

① LIU M, CHAN L W. Domestic violence in China: the research and its trends. Journal of international comparative social welfare, 2000 (XVI): 74－87.

② 卢淑华．婚姻观的统计分析与变迁研究．社会学研究，1997 (2)．

③ 李银河．中国女性的感情与性．北京：今日中国出版社，1998：39.

会风气败坏，个体在感情上不成熟，婚姻矛盾和冲突不断，以及夫妻需要的未能满足，等等。男人的婚外情行为并不是简单的婚姻事件，而是男权社会中两性角色分工固定化（男主外，女主内）和男尊女卑思想在转型社会婚姻关系中的反映。男性在改革开放中获取物质利益的同时，希求重新得到传统社会的纳妾权（妻子和情人都要）。①

（四）离婚

中国自20世纪80年代初形成第三次离婚高峰后，至今仍没有出现离婚率下降的迹象。2010年，全国15岁及以上人口的离婚比重达1.38%，在离婚人口中，女性占比44.08%，男性占比55.92%。而2000年全国15岁及以上人口的离婚比重是0.90%，还不足1%，在离婚人口中，女性占比37.35%，男性占比62.65%。10年间，离婚率上升很快，增长了0.48个百分点，增速达到53.33%。同时，在离婚人口中，男性所占比重有所下降。②

离婚的一个后果就是婚姻的解体。另一个附带后果就是孩子将不得不与父母中的一方组成家庭，这样的家庭被称为"单亲家庭"。调查显示，在中国，女性单亲家庭的数量高于男性单亲家庭，离异是造成单亲母亲家庭的最主要原因。离异造成的单亲母亲家庭占被调查单亲家庭的76.7%。③

通过对于离婚原因的分析，国外的学者们发现，很多时候离婚是因为性格不合、家庭暴力、遗弃、通奸、酗酒、性无能、经济问题等。中国的研究表明，离婚的主要原因为：婚姻基础不好，婚后一方或双方有过错，性格不合，性生活不和谐，等等。④

（五）再婚

再婚即离婚或丧偶后再次结婚。随着离婚率的上升，再婚的比例也在上升。再婚家庭中的两性关系，比初婚选择和初婚家庭中的两性关系更为复杂。再婚与初婚的不同在于：（1）离婚的经历和创伤使当事人不可避免地在婚姻目标与期待上有所改变；（2）与初婚家庭比，再婚家庭带有更多旧家庭的痕迹，矛盾多、人际关系难调适；（3）再婚恋爱周期短，迫于社会舆论和家庭压力匆忙再婚是近年再婚率上升的重要原因之一。⑤

离婚女性再婚多。不考虑年龄和文化程度等因素，仅就性别而言，我国2000年15岁及以上离婚人口性别比为167.76，远高于100，说明相对于男性，女性离婚者

---

① 王凤仙．婚外情与女性的自我重构//王行娟，等．社会变革与妇女问题．北京：中国社会科学出版社，2002.

② 孙炜红，张冲．中国人口十年婚姻状况的变化趋势——基于六普和五普的数据分析．四川理工学院学报（社会科学版），2013（4）．

③ 侯志瑾．单亲母亲的扶助．第四次世界妇女大会非政府论坛"妇女体与社会救助"论坛上的发言，1995.

④ 李银河．中国女性的感情和性．北京：今日中国出版社，1998：44.

⑤ 吴宗健．走进浪漫世界女性情爱新论．北京：中国人民大学出版社，1993：80.

再婚的可能性更大，故仍处于离婚状态的男性多于女性①。

由于人们观念的改变，社会环境更加宽松，女性再婚已成为平常之事。但是，由于再婚家庭中的家庭关系比较复杂，可能出现继父-继子女的关系、继母-继子女的关系、继祖父母与继孙子女的关系、继外祖父母与继外祖孙子女的关系、继兄弟姐妹之间的关系，同时，还要处理与前妻、前夫的关系。因此，在这样的家庭中，家庭成员之间就经济问题、照顾问题和情感问题而发生冲突的可能性，比一般的家庭要多一些。

（六）其他问题

除了上述问题之外，我们还发现，在家庭中还存在一些常见的问题，包括：酗酒，破产，贫困，突如其来的疾病和伤亡，失业，不育，艾滋病感染，青少年离家出走，家庭成员犯罪，家庭成员出现情绪和行为问题，等等。

学习活动 11－3　电影讨论

观看电影《香魂女》，跟同学结成小组讨论其中都涉及哪些方面的家庭问题。

第三节 家庭辅导对家庭的理解

在开始学习有关家庭辅导的技巧之前，有必要梳理一下我们对家庭的认识和理解，以及家庭辅导的一些特点。从字面上来看，家庭辅导与一般的个案辅导是有很大的区别的，具体的区别，我们会在下一节中详细讨论。这里我们特别强调的就是，在开展家庭辅导的过程中，治疗师是从家庭系统、家庭的结构和家庭的沟通模式的角度，来深入理解和认识家庭的。这种角度就把家庭辅导与一般个案辅导区别开了。

一、家庭系统观

与个别辅导相比，家庭辅导的一个明显的特点就是，将家庭看成一个相互影响、相互关联的系统，当系统内某个成员的情绪、心理和行为出现问题时，需要通过与家庭系统的工作来共同解决。在家庭辅导过程中，治疗师们坚信，家庭作为一个系统，具备了这样的特点：它由附属于主系统的次系统所组成，系统内部各组成部分是相互连接的，并发挥各自独特的功能，以保持系统内部的平衡，使整个系统稳定地向前发

① 石人炳．中国离婚丧偶人口再婚差异性分析．南方人口，2005，20（3）．

展，整个主系统大于各个次系统的总和。而作为家庭系统的一个组成部分的个人，他们的行为、性格特征受到了家庭整个系统的影响、制约和塑造，个人的特点反映代表了系统的特点，系统的衰退也将导致个体特点的改变。因此，在家庭辅导中，如果只关注某个家庭成员的行为，而不关注整个家庭系统的行为特征，这样的辅导是没有意义的。举一个简单的例子，在一个孩子有经常性逃学行为的家庭中，常常会发现有一个严厉的父亲（母亲），也必定会有一个溺爱孩子的母亲（父亲），他们之间会在管教孩子方面存在严重的分歧。每次当父亲（母亲）得知孩子逃学后，就会严厉责骂甚至殴打孩子，而每次打骂之后，母亲（父亲）都会过来安慰孩子，这样，孩子由于得不到来自父母方面的正确统一的信息，他（她）会我行我素，表现得越来越差。在这样的情况下，如果只开展对孩子的行为治疗，效果是不会明显的，因为这个孩子生活的家庭系统不改变，孩子的行为改变是不可能的。

在家庭辅导中，治疗师们还特别关注另一个方面的问题，即他们相信，家庭不仅仅是家庭成员的总和，更是一个关系网络。当家庭成员聚在一起，构成一个家庭系统时，同时还会出现一些新的东西，这就是一个关系网络。这个网络实际上还包括，这个家庭所处的社区和文化环境，以及家庭中的权利关系分配。因此，在提供家庭辅导的时候，需要重视家庭成员之间的互动、家庭作为一个系统与外部环境的互动，而不仅关注个体的性格特征，同时，也需要关注问题产生的过程，以及是什么因素导致问题的延续，还要理解问题产生的原因。

理解家庭是一个系统，使得家庭辅导与个人辅导明显区别开来了，因为在个人辅导中，人们更多地关注的是如何帮助个体面对自己生命中的担忧和恐惧，学习做一个真正的自己。在个人辅导中，治疗师也重视家庭对个人性格的影响，但是他们相信，这些影响是个体在社会化过程中内化的东西，个体的心理机制是个体行为的主导因素，因此治疗的重点应该放在个体的个性构成上。

二、家庭结构

在家庭辅导中，除了从系统的角度来分析家庭问题外，还需要从家庭结构上来分析家庭问题。前面的章节已有叙述，在此我们简单地提一下。

在这里，家庭结构指的是在家庭中持续起作用、对系统进行调控的家庭成员之间的互动模式。这些模式约束和指导了家庭成员的行为方式。家庭结构中包括了以下这些内容。

次系统：指家庭系统中因为功能和代际的不同，而形成的比较小的单位，如夫妻次系统、亲子次系统、兄弟姐妹次系统等。

界限：指家庭与外界区别、家庭成员之间区分的无形的规则，这些规则决定了家庭内部的分工和角色责任等。如果家庭内部与外部之间的界限模糊，就会出现分工上的混乱，没有固定的权利分配模式，家庭一定会出现不正常和病态现象。

角色和分工：指家庭成员在家庭系统内应该承担的角色和责任。家庭成员对自己的角色和分工明确，家庭结构才能正常发挥作用，反之，就会出现问题。

权利分配模式：与家庭结构中的角色和责任分工相匹配的就是家庭内部的权利分配模式。如果家庭当中缺乏一个清楚、有效的权利分配模式和架构，家庭内部就一定会出现问题。

一个正常的家庭与有问题家庭的区别就在于，两类家庭在家庭结构上出现了不同的发展方向。在正常家庭中，家庭的次系统功能正常，与外界的界限是半开放式的，家庭成员之间的分工明确，权利分配合理且有效。而在不正常家庭中，最常见的问题就是纠缠（enmeshment）、疏离（disengagement）、联盟（coalition）、三角关系（triangulation），从而造成次系统混乱，分工和权利分配不清楚，家庭无法正常运作。

三、家庭的沟通模式

在家庭辅导中，家庭成员之间的沟通模式，是治疗师关注的一个重要方面。一般来讲，正常家庭的沟通，基本上有以下几个特点：

第一，家庭成员能够经常讨论每天所经历的快乐和不快乐的事情。

第二，能够感觉到自己传递给其他家庭成员的信息为对方所理解。

第三，有兴趣互相讨论和分享。

第四，很少中断沟通或停止谈话。

第五，常常谈论个人的问题。

第六，能领会其他成员的感受。

第七，常用身体语言。[①]

而在不正常家庭中，沟通模式常常是“Y”形、三角形或直线形（见图 11-1）。

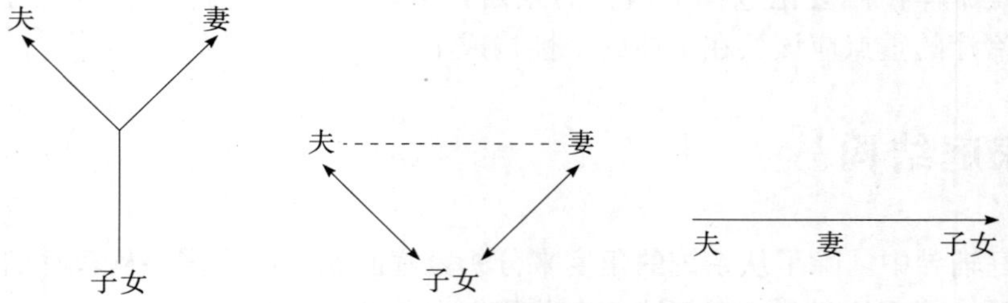

图 11-1 不同的家庭沟通模式

但是，需要注意的是，在家庭辅导中，促进家庭成员间改变旧的沟通模式，学习新的沟通技巧，只是家庭辅导的一个载体和手段，而远远不是目标，因为家庭辅导最后的目标是帮助家庭成员解决冲突，改变家庭系统，并将这种改变维持下去。

学习活动 11-4 原生家庭分析

反思一下自己成长的家庭，说明在那个家中家庭系统、家庭结构和家庭沟通有什么特点。

① 关俊棠．现代婚姻的危机与出路．香港：香港家庭计划指导会，1996：98.

第四节
家庭辅导的主要模式

在家庭辅导中，根据当事人的不同问题和需要，我们常常会采用个人辅导的方式，如采用行为治疗、认知治疗、危机干预等方式，来满足当事人的需要。但是，由于家庭问题的出现常常与家庭成员之间的互动和家庭结构有关，因此，在家庭辅导中，家庭治疗作为一个有效的工具和方法，在 20 世纪中期开始发展起来了。下面，我们来探讨一下家庭治疗的基本概念、技术和适应范围。

一、什么是家庭治疗？

如同前面章节所介绍的那样，家庭治疗经过几十年的发展，已经成为与个案辅导并列的一种治疗模式。下面我们一起来看看这两种治疗模式的区别。

个案辅导的基本出发点在于，它重视帮助个人面对自己的顾虑、恐惧和不安，帮助他们学习成长，以成为一个完整的我。个案治疗师强调家庭生活对个人个性的形成产生决定性的作用，他们同时相信，是个人的心理机制控制了人的行为和习惯。因此，个案辅导工作的重点在于以个人为中心，直接针对个人的性格特征。而家庭治疗则认为，人们生活中的主导力量来自家庭，因此，只有改变了家庭结构，才能帮助人们改变自己的行为。他们坚信，家庭的改变，一定会导致家庭成员的改变。

在很多情况下，个案辅导能够帮助人们改变认知和行为上的问题，但是，有一些特别的家庭问题，必须采用家庭治疗的方式，才可以解决。比如，家庭暴力，婚姻冲突，亲子关系紧张，儿童行为问题，以及家庭在面临重要转变过程中出现的种种问题，比如，新生儿的到来引起的夫妻关系紧张问题、空巢之后夫妻的适应问题等。

二、家庭治疗的主要概念

在家庭治疗中，不管何种流派，都具备一些共通的概念，下面，我们逐一进行介绍。

（一）人际情境（interpersonal context）

家庭治疗的一个核心概念认为，人是自己所处的情境中的产品。在日常生活中，与我们交往最密切的就是家人，因此，个人的行为在很大程度上受到自己与家庭成员之间的互动的影响，同时也受到了与他们密切接触的人的影响。所以，在家庭治疗中，人际情境意味着帮助人们解决自己的问题的一个最好的方式，就是与这些人一起工作，找到他们生活中的重要的人物，帮助他们重组互动形式。

（二）互补性（complementarity）

在家庭结构中，家庭成员的角色和行为存在着一定的互补性，例如，阴柔与阳刚，严父与慈母，内向的妻子与外向的丈夫，胆小的父母与反叛的儿子，等等。互补性的概念，帮助治疗师在了解某个个人行为的时候，去挖掘是谁造就了他的行为、这个行为产生的原因是什么。比如，在夫妻关系中，丈夫很容易抱怨自己的妻子唠叨，治疗师会从互补性的角度来探讨是什么原因造就了妻子的唠叨。通常唠叨行为的出现是长期以来自己的表达得不到公正的、应有的倾听的结果，当妻子发现自己的声音不被重视和倾听时，她会生气，因此，她会不断地重复表达，以期得到重视。

（三）循环因果关系（circular causality）

在过去的心理治疗中，人们喜欢使用一些模式来解释事件的成因。而家庭治疗则采用了一个新的视角，即循环因果关系——在家庭关系和个人行为问题上，所有参与互动的人，都互为因果。因此，在治疗过程中，探讨谁先挑起问题，变得不重要，重要的是探讨问题出现之后一系列的行为和反应是怎样将问题延续下来的。

（四）三角关系（triangles）

在一些存在问题的家庭结构中，常常会出现一些三角关系，例如，夫妻共同批评孩子没有规矩、不听话，实际上，夫妻是在间接指责对方管教不当，而儿子成为他们互相攻击的手段。这种指桑骂槐式的三角关系，成为家庭结构和家庭关系有问题的一个典型标志。

（五）过程/内容（process/content）

在家庭治疗中，治疗师更多地关注家庭成员之间的沟通过程和形式，而不是沟通内容。治疗师需要关注某个家庭中家庭成员之间的互动和沟通怎样助长了问题的发生和延续，治疗师的工作重点是如何帮助他们打破这个循环不息的过程，让问题不再延续下去。

（六）征兆的意义和功能（the meaning /functions of symptoms）

当家庭成员的需要受到忽视、得不到满足时，他们会在情绪上和行为上出现一些征兆，这些征兆反映的不是人的问题，而是家庭系统的问题。征兆有时会发挥一些正面的、保护性的功能。在某些情况下，当某个家庭成员（通常是小孩）的行为或情绪出现征兆之后，常常能起到维持婚姻关系稳定的功能。因为当孩子行为或情绪出现问题后，夫妻会放下自己的冲突，把注意力放在孩子身上，因此促进了夫妻的沟通。当治疗师看到征兆的功能时，可以尝试发掘征兆的正面功能，使之成为改变的动力。

（七）家庭生命周期（family life cycle）

当家庭生命周期的概念被运用在家庭治疗中时，它不只是指家庭中个人的成长，还意味着当家庭成员面临一个新的发展阶段或周期时，不仅个人需要重新适应，整个家庭也面临着调整和适应的问题。例如，成长中的孩子在经历重要转变时，不仅孩子自己会受到影响，他们的父母也同样受到影响。

三、家庭治疗的程序

鉴于家庭治疗有很多不同的流派，各个流派在指导思想和具体步骤上有一定的差异。为了向读者提供一个明确的工作流程，我们综合各家之说，对家庭治疗的流程做一个笼统的介绍。

（一）接案

通常我们会接到一个人的求助电话，或者接待一个来访者，他会向我们描述自己的苦恼和问题。在这个时候，治疗师需要了解这些信息：问题或苦恼的内容；家庭成员的情况，以及与问题或苦恼有关的其他人的情况，比如公婆、岳父母、邻居等；家庭成员是否愿意参加整个治疗过程；等等。然后，确定第一次的正式面谈。有时候，丈夫、妻子或者父母在描述自己家庭的问题或苦恼时，会只认为问题出在某个人的身上。他们可能会只希望有问题的人参加治疗过程。这时需要特别小心，要向他们解释清楚家庭治疗的形式和要求，确保每个人都能够参加第一次会谈。

（二）第一次会谈

第一次会谈的主要任务是在治疗师与家庭成员之间建立一种信任的合作关系，通过与家庭成员的接触，收集信息，并建立一种有关家庭问题产生原因的假设。

在第一次会谈时，治疗师需要介绍自己、自己的治疗室和治疗安排计划，同时，也要求案主全家人逐个介绍自己。接下来，需要讨论家庭面临的主要问题，请家庭成员逐个表达自己的看法。通过观察家庭成员之间的互动，了解家庭的互动模式和机制，同时，逐渐建立自己对问题形成原因的假设。

当所有成员都介绍完了自己对家庭面临的问题的看法后，治疗师需要决定自己是否接这个个案，了解自己是否能够帮助家庭解决问题。如果答案是肯定的，接下来就需要与家庭签订一个治疗合同，确定面谈的时间和次数、参加者是谁、是否使用录音录像设备，以及保密等问题，需要特别强调家庭成员参与的重要性。

第一次会谈的目标是：

（1）与每位家庭成员建立关系，接受他们各自不同的对家庭问题的看法，并与他们建立一种工作联盟。

（2）对面谈的结构和节奏进行控制，从而建立自己的领导地位。

（3）对家庭成员表达感同身受，并尊重家庭的做事方式。

（4）讨论具体的问题，以及可能的解决途径。

（5）提出自己对家庭问题产生和延续的假设。

（三）治疗早期

在家庭治疗早期，治疗师需要明确家庭的问题所在，并开始寻找办法来解决这些问题。这个时期的工作重点需要从建立关系转向挑战行动和假设。治疗师在治疗早期，需要特别明确这个家庭的问题是什么，工作重点是调动家庭成员的改变动机，推动家庭发生改变。

早期的工作要点包括：

（1）发现家庭中的主要冲突，并将这些冲突在咨询室中再现。

（2）发展出一个假设，来解释家庭出现问题的原因，可能是家庭过程、家庭结构、家庭规范、三角关系或界限的问题等。

（3）将治疗重点放在最基本的人际关系问题上。

（4）布置家庭作业，将问题及问题背后的原因表面化。

（5）帮助家庭成员明白自己对问题的出现应负的责任。

（6）在各节治疗中，推动改变的出现。

（7）运用导师的督导来检验自己的假设的合理性和准确性。

（四）治疗中期

进入治疗中期之后，治疗师的工作重点应该放在鼓励家庭成员自我表达、达成相互谅解上。在这个阶段中，治疗师应该保持一个低调的角色，把机会更多地交给家庭成员，促进和鼓励他们之间的互动，学习用非指责、非批评的方法与其他成员沟通，并利用自己的现有资源来解决自己的问题。治疗师应该更多地观察，及时指出他们互动过程中的问题。

治疗中期的主要任务有：

（1）避免指导和控制家庭成员，鼓励他们学习改进自己的表达和沟通方式。

（2）培养家庭成员的责任感和互相谅解。

（3）保证家庭成员之间关系的改善对表达方式不会产生负面影响。

（4）对家庭成员的改变程度有一个全面认识。

（5）对整个治疗进展有一个全面、正确的认识和把握。

（五）治疗结束期

在家庭治疗中，结束阶段主要是进行回顾、评估和强化家庭成员在治疗过程中学习到的东西，帮助家庭成员准备应付未来的可能出现的问题反弹现象。最后，还要安排一个跟进回访。

结束期的主要任务有：

（1）评估问题改进的水平。

（2）评估家庭成员的满意度和改变动机。

（3）评估家庭成员是否具备能力解决未来的问题。

四、主要流派

因为对家庭治疗的流派在前面已有介绍，所以我们在此只简要回顾总结一下几个主要流派的特点。

（一）经验模式

经验模式家庭治疗是从人本心理学中发展起来的，它注重此时此刻的经验。它的代表人物是怀特克和萨提亚。我们常说的萨提亚模式，成为经验模式的主要基础和来源。这个治疗方法特别强调重视情感经历，其假设就是家庭问题的根源在于情感压抑。儿童在其成长过程中需要学习守规矩，不能为所欲为，但是，家长在教育孩子的过程中，还是混淆了情感的工具性和表达性功能，他们试图通过控制孩子的情感来控制他们的行为，结果是，孩子们学会了忽视自己的情感经历。而在那些功能紊乱的家庭中，人们对情感的忽视程度非常高，从而导致了子女对外界厌倦、充满敌意、焦虑。[①]

治疗的介入点就是帮助家庭成员正视自己的感情——希望、愿望、担心和焦虑等，通过揭示自己最真实的情感感受，来重建家庭成员之间的亲情关系。这个治疗模式的一个特点是承接了经验-人本主义的传统，强调自由和经验的直接性，重视个人自我实现的观点。经验模式的治疗师们相信，人的自我实现取决于家庭的凝聚与和谐，因此，治疗的重点放在帮助家庭建立良好的沟通模式，促进个人的自我表达，并帮助成员找准各自的角色和责任，协助成员获得个人成长之上。

近年来，两个新的治疗模式在经验模式家庭治疗的基础上发展起来了，它们分别是以情感为中心的夫妻治疗（emotionally focused couples therapy）和内部家庭系统模式（internal family systems model）。

（二）鲍恩的家庭系统治疗模式

早期的家庭治疗师们一致认为，人是自己社会环境的产物，而这些环境主要指的是人们所处的核心家庭这个小圈子。而对究竟是什么力量导致了环境对个人行为的影响、夫妻之间为什么会出现问题等，传统的家庭治疗师们无法回答。而以默里·鲍恩为首的家庭系统治疗师们，根据家庭关系的支持网络回答了这些问题。

鲍恩认为，人际关系受到两个对立的生活力量的驱使：个人主义和集体主义。人既需要伙伴，又需要独立自主。生命的乐趣和艰难就在于在这两者之间寻找一种平衡。在夫妻关系中，当一方需要更多的亲密时，另一方可能就会感到压抑从而选择逃跑。随着时间的推移，一方的追求和另一方的撤退，使得这对夫妻处在一个亲密和疏离的圈子之中。如何处理好这两者之间的关系，关键在于人们把握自己情感的能力，用鲍恩的术语来说就是自我区隔化（differentiation of self）。人们离家外出，实际上

---

① SATIR V M，BALDWIN M. Satir step by step：a guide to creating change in families. Palo Alto：Science and Behavior Books，1983.

是逃避家庭给自己带来的烦恼和伤害。鲍恩认为，不管我们走到哪里，家庭对我们的影响总是存在，人们内在的对父母的种种不满如果没有机会处理的话，就将永远成为我们生命中重要的、没有完成的事宜。因此，治疗的重点一直与家庭网络有关。鲍恩发展出了八个互相联系的概念：自我分化，三角关系，核心家庭情感过程，家庭投射过程，跨代传递过程，兄弟姐妹位置，情感阻断和社会生活方面的情感过程。①

在家庭系统治疗中，治疗师关注的不是改变人，也不是解决问题，而是通过从修正家庭中的最重要的三角关系（通常是夫妻关系）入手，为人们提供一个机会来学习了解自己、了解自己的关系，从而可以承担起自己为自身问题应负的责任。整个治疗过程是一个积极探索的过程，治疗师帮助家庭成员发现过去的错误和问题，协助他们正视和探索自己在问题中的角色和责任。通过培养分辨自己的思维、感受和学习的能力，来提高个人解决自己关系的能力。

这个疗法的六个主要技术包括：家族图，治疗三角关系，过程问题，关系实验，教导，“我-立场”表达法。

(三) 结构家庭治疗法

结构家庭治疗法的创始人是萨尔瓦多·曼纽琴。这个治疗模式的指导思想是，家庭是有结构的，家庭是由角色、功能、权利架构组织起来的一个单位，家庭成员间必须有明确的分工、界限和组织结构，才能正常运作，否则，就会出现问题。因此，当家庭成员的行为出现问题时，仅仅解决家庭成员个人的问题，并不能够彻底解决问题，因为，家庭成员的问题是家庭结构问题的反映。所以，在结构家庭治疗中，治疗师关注的是过程而不是内容，即关注家庭成员的沟通方式，而不是问题；它注重此时此地的感受，而不去翻历史陈账；治疗过程不是单一的、直线式的谈话，而是多元的、多层次的家庭动力系统的再现。②

结构家庭治疗以次系统、结构、功能失常、正常运作等基本概念，帮助治疗师清晰了解家庭交往的过程，从而制定出介入的方向和策略。它的目标不是直接解决问题，而是通过改变家庭成员的交往方式，使家庭能够正常发挥其功能。这个治疗方法相信，一旦家庭能够正常发挥功能，它就可以解决家庭成员的问题。结构治疗师常常会采用隐喻、空间、距离等手法来描述问题，并找到解决的途径。

(四) 叙事治疗模式

叙事治疗模式以建构主义为其哲学基础，认为并没有关于家庭的客观的共同原理，人们所具有的是个人观点和这些观点的作用，其代表人物为澳大利亚家庭治疗家米歇尔·怀特。

叙事治疗理论中的核心概念是故事。即将特定的过去事件、特定的现在事件和预

① BOWEN M. Theory in the practice of psychotherapy // Guerin P J. Family therapy: theory and practice. New York: Gardner Press, 1976.

② MINUCHIN S. Families and family therapy. Cambridge: Harvard University Press, 1974.

计未来要发生的事件，以线性顺序联结起来，从而发展出某种关于自己、关于关系、关于生活的解释，这个解释就是“故事”或称“自我叙事”。故事是意义的最基本单位。故事具有结构，包含行动景况和意识景况。行动景况由事件、顺序、时间、情节构成，展示事件围绕主题展开的过程。意识景况由愿望、个性、意图、信念构成，是个人故事中的较长久的、意义的层面。

怀特认为，当事人感到自己的经验充满困扰，是因为他在故事化或被他人故事化的亲身体验过程中，没有充分表达那些亲身体验。在这种情况下，亲身体验的重要方面是与主导故事相矛盾的。而未充分代表亲身体验，或与亲身体验相矛盾的故事，是个人为了配合主导文化中关于人和关系的阐述而主动编写的。所以治疗过程就是治疗师和当事人一起辨识和编写另外的、对当事人更有益的故事的过程。①

叙事治疗师的主要方法就是“解构方法”（deconstructive methods），即意在摧毁被普遍视为当然的现实和做法，包括与情境分离的那些所谓“真理”，那些隐藏偏见和歧视的说法，那些奴役人的生活的有关自我和关系的做法。“解构”可以通过将上述现实和做法与自我剥离并使其实现客体化，这就是它的外化困扰问题的过程。

叙事模式偏重认知，忽略关系，虽然避免了谴责家庭的倾向，但这样做避开了有些家庭中长期存在的有害冲突，长远来说，并不能彻底帮助这些家庭。

第五节 对不同家庭问题的处理

在本节中，我们将系统讨论如何处理不同的家庭问题。

一、对家庭暴力的处理

家庭暴力问题是一个复杂的社会问题。在处理这类个案时，治疗师还需要具备有关家庭暴力的基本知识，比如，家庭暴力的暴力循环，有关家庭暴力出现的社会学、心理学和社会工作的理论解释，等等；特别需要理解家庭暴力作为一种亲密关系中的暴力行为，受害者对施暴者怀有一种矛盾的心态，即既希望对方能够受到某种惩罚和限制，改掉动手打人的毛病，又不希望对方受到太严重的惩罚。因此，在与家庭暴力的受害者一起工作时，需要特别关注他们真正的需要。

在处理这类案例时，需要特别注意如下几个方面。

（一）治疗师的立场

在整个治疗过程中，治疗师必须明确自己的立场，即在夫妻关系中，任何形式的

① WHITE M. Reauthoring lives：interviews and papers. Adelaide：Dulwich Center Publications，1995.

暴力都是不可以接受的。

（二）评估

在治疗初期，治疗师需要对夫妻双方的状况进行评估，评估的内容包括：夫妻双方的暴力程度，特别是男方的暴力程度，他是否在外面施暴，他在家施暴的频率、手段和后果是怎样的，他是否酗酒，等等。此外，还需要评估夫妻双方在治疗中的合作程度，如男方是否有改变的动机和动机水平，女方是否愿意采取一些行动，等等。

在评估的基础之上，制订一个合适的治疗计划，包括：以何种方式开展婚姻治疗，即将夫妻放在同一个咨询室进行辅导，还是分开？整个咨询需要多少次会面？是否需要帮助妻子制订一个安全计划？是否有法律的问题？采取哪种治疗方式？在治疗过程中，如何处理治疗师与夫妻双方的关系？如何评估？等等。

（三）理解当事人矛盾的心态

在家庭暴力的案例中，夫妻对对方的感情是充满了矛盾的，既有爱又有恨，既指责又自责。治疗师在这个过程里面需要注意，不要偏向某一方，要坚持与双方建立关系，向他们表达对他们人格的尊重，尽管不能接受他们的某些行为。

（四）治疗方向

不管采取哪种治疗方法，整个治疗的路径包括：关系建立—形成一个治疗安全区—促进夫妻之间的对话—帮助夫妻承担各自的责任（丈夫需要控制自己的情绪，妻子需要对自己的安全负责）—探索夫妻关系（互动模式和沟通方式）—解决互动和沟通问题—学习新的互动和沟通技巧—咨询结束。

（五）转介与跟进

在某些个案中，经过一个周期的婚姻辅导之后，夫妻关系会有所改进。但是，在很多时候，我们会发现，夫妻关系中出现的暴力行为，除受夫妻之间的因素影响之外，还受外部系统因素（如工作压力、姻亲关系紧张等）的影响。因此，夫妻关系的改变，通过一个周期的辅导之后，问题得到了部分的解决，在进行结案评估时，根据夫妻的需要，治疗师还应该提供一些转介服务。

另外，在结束辅导关系之后，如果有条件，还应该提供跟进服务。通过跟进，一方面可以了解当事人在结束辅导之后的现实生活情况，另一方面，也可以了解当事人对治疗师服务的评价和建议，以便在以后的服务中加以改进和提高。

学习活动 11－5　处理小王夫妇的问题

小王结婚12年，有一个儿子，今年8岁。丈夫是一个很顾家的人，就是脾气暴躁，经常为一些小事发脾气，只要小王开口解释，丈夫就会动手打她。开始几次小王总是回娘家，丈夫每次都会买礼物，向丈母娘赔礼道歉，保证下次不再打她。但是，每次脾气上来时，丈夫又会旧病复发。这种情况已经维持了几年，最近小王提出离婚，丈夫坚决不同意，并当着双方父母的面表示，坚决改掉打人的毛病。最后，在朋友的建议下，他们夫妻决定寻求专业人士的帮助，来解决他们的问题。

身为个案工作者，你准备怎样解决小王夫妇的问题？

二、对婚外情的处理

在现代社会中，婚外情成为一个越来越普遍的问题。有研究发现，夫妻有一方或双方首肯自己有婚外情、认定对方有婚外情、与异性交往过甚的，约为 7.9%。[①] 由此可见，对专业人士而言，帮助夫妻处理婚外情已成为一个越来越重要的领域。

如前所述，发生婚外情的主要原因有：寻求刺激，夫妻关系不良，社会风气败坏，个体感情不成熟，婚姻矛盾和冲突不断，需要未能得到满足，等等[②]。

在处理婚外情的个案中，我国台湾的学者简春安提出了一个吸力-推力模式（见图 11－2）来解释婚外情的原因：

图 11－2　婚外情的原因

资料来源：简春安．外遇的分析与处置．台北：张老师文化事业股份有限公司，1992.

简春安认为，造成婚外情的原因有很多，但有一种情况是：原配身上的某些不足或缺点，导致了外遇者从婚外情中寻找安慰，这就是推力，而第三者身上正好具备了原配不具备的特点，这就构成了吸力。

针对这种情况，在解决方法上，简春安提出，原配需要减少吵闹行为，改善夫妻关系，美化自己，加强夫妻间的沟通，减少推力，增加吸力；另外，还需要争取经济的控制权，使得外遇者有经济压力；等等（见图 11－3）。

图 11－3　处理婚外情的方法

但是，由于婚外情发生的原因和情境不同，在一些突然得知对方有婚外情的个案中，婚外情常常使得婚姻关系处在危机当中。针对这种情况，贾科布森和古尔曼提出了以下几个步骤，来处理婚姻危机[③]：

---

① 徐安琪．世纪之交中国人的爱情与婚姻．北京：中国社会科学出版社，1997.

② 彭驾骍．婚姻辅导．台北：巨流图书公司，1994.

③ JACOBSON N S，GURMAN A S. Clinical handbook of couple therapy. New York：the Guilford Press，1995.

第一，采取应急措施，来保护那些企图自杀、杀人、仓促离婚的原配。这些应急措施包括危机干预药物帮助、联系外遇者，同时，要让原配有信心度过危机期。

第二，让所有的当事人一起接受辅导。治疗师需要提供一个平和的、安全的场所，使夫妻双方（有可能的话，甚至第三者）坐在一起讨论到底发生了什么事。在这个阶段，治疗师需要让夫妻双方都明白，当事人可以共同讨论婚姻关系中的问题。

第三，定位问题。这个阶段是治疗的开始阶段。治疗师需要帮助当事人明白，在什么情况下婚外情发生了，有什么原因导致了婚外情的发生。治疗师应当使得当事人双方建立这样的看法，即人是会犯错误的，婚外情是可以得到理解的。

第四，使得所有当事人都保持冷静。让夫妻双方冷静的最好的方法就是，外遇者结束婚外情，承担对婚姻的责任。治疗师需要帮助当事人双方相信，婚外情可以被原谅，也可以得到控制和改变，相信人们可以经受婚外情的伤害，可以度过这个伤害期。

第五，找出解决问题的方法。治疗师帮助当事人双方选择改变行动的策略，学习如何面对婚外情、如何面对婚姻、如何面对夫妻关系。在婚姻治疗中，最常用的一种方式，就是协助外遇者放弃婚外情，学习一种新的、更直接的解决夫妻矛盾的方式。

第六，探讨抵制性因素，即来自原配的不满和愤怒。外遇者终止了婚外情，并不意味着问题的解决。治疗师还需要与夫妻双方重新探讨他们的关系，从而使得外遇者能够得到原配的原谅。但是，很多时候，原配选择了继续惩罚和抵御外遇者。因此，需要帮助当事人对照双方对婚姻的需求，帮助双方达成妥协，并且帮助他们相信问题是可以解决的，相信夫妻关系会朝着好的方向转变。

第七，结束治疗。当上述六个步骤完成后，治疗师需要了解双方的担忧，帮助他们决定如何面对夫妻关系中今后可能出现的问题，确定应该做出什么样的改变，接受什么样的治疗。

这里我们着重介绍了处理婚外情案例的基本步骤和原则，至于如何将这些步骤运用到实践当中去，需要我们进行大量的实践活动，只有这样，基本步骤和原则才会有实质性的内容和意义。当然，由于本章的篇幅所限，我们不可能将处理各种家庭问题的方法都一一罗列，有兴趣的读者可以进一步阅读本章结尾的推荐阅读节目。

第六节 小　结

本章我们系统地讨论了家庭形式、家庭的生命周期、家庭的特点、家庭在其生命周期中常常容易出现的问题。在中国，随着计划生育政策的推广、人口出生率的下降，家庭的规模日益小型化，越来越多的核心家庭取代了几代同堂的大家庭，与此相应的是家庭的生命周期在内容上也出现了变化，空巢家庭增多，空巢时间也不断提前，所有这些变化都给中国家庭带来了新的挑战和问题。

这些问题包括离婚率上升，婚外情的发生率提高，此外，家庭暴力也被当成一个社会问题，越来越受到社会的关注。这些问题的解决，需要有更多的社会工作者的帮助，因此，家庭辅导作为对个案工作的一个补充工作方法，也迅速发展起来。

在家庭辅导中，人们通常采取家庭治疗的方法。我们详细介绍了家庭治疗的基本概念、主要的治疗流程和流派，同时介绍了经验模式、家庭系统治疗模式、结构家庭治疗法、叙事治疗模式等的具体内容，还讨论了如何运用家庭治疗的方法来处理家庭暴力和婚外情个案。本章后面提供的推荐阅读书目，将为读者提供一个深入学习和探讨的资源。

本章要点

1. 家庭的生命周期
2. 家庭的主要形式
3. 常见的家庭问题
4. 家庭辅导与个案辅导的异同
5. 家庭治疗的主要技术和概念
6. 家庭治疗的主要流派
7. 如何运用家庭治疗技术来处理家庭问题

基本概念

家庭生命周期　家庭治疗　过程/内容　家庭结构　三角关系　循环因果关系　互补性　人际情境　经验模式　家庭系统治疗模式　结构家庭治疗法　叙事治疗模式

复习思考题

1. 家庭的生命周期过程是怎样的？
2. 当今中国家庭面临什么样的问题？
3. 家庭治疗有哪些流派？它们的特点是什么？
4. 在处理家庭问题个案的过程中，采用家庭治疗模式有哪些基本要求和注意事项？

推荐阅读书目

1. NICHOLS M P. 家庭治疗——理论与方法．上海：华东理工大学出版社，2005.
2. 彭驾骍．婚姻辅导．台北：巨流图书公司，1994.
3. 徐安琪．世纪之交中国人的爱情和婚姻．北京：中国社会科学出版社，1997.
4. 简春安．外遇的分析与处置．台北：张老师文化事业股份有限公司，1992.
5. 高刘宝慈，朱亮基．个人工作与家庭治疗．香港：香港中文大学出版社，1999.

第十二章 残疾人辅导

本章概要

残疾人社会工作是针对残疾人所做的社会工作。它不同于一般的残疾人服务，而是社会工作者运用社会工作方法帮助残疾人补偿自身缺陷，克服环境障碍，使他们平等地参与社会生活、分享社会发展成果的专业活动。

据统计，目前全世界残疾人总数约为5亿，占世界人口的1/10。在我国，2007年第二次全国残疾人抽样调查公布的数据显示：中国有残疾人的家庭户共7 050万户，占全国家庭户总户数的17.80%；其中有2个以上残疾人的家庭户876万户，占残疾人家庭户的12.43%。有残疾人的家庭户的总人口占全国总人口的19.98%。有残疾人的家庭户户规模平均为3.51人。在总数超过7 000万的残疾人口中，按照残疾类型划分，肢体残疾、听力残疾、多重残疾、视力残疾人口位居前四位，其中：肢体残疾者2 412万人，占29.07%；听力残疾者2 004万人，占24.16%；多重残疾者1 352万人，占16.30%；视力残疾者1 233万人，占14.86%。① 因此，残疾人的社会福利需求的满足成了整个社会不容忽视的重要方面。专业残疾人社会工作的发展也应需而生，日益成为重要的残疾人社会福利的发送机制，其中残疾人个案辅导是重要的工作方法之一。本章就在描述残疾人群体特征的基础上，重点介绍残疾人个案辅导的内容、方法、理论基础、工作模式，以及其他注意事项。

第一节 残疾服务对象

一、残疾的界定标准

残疾现象和问题由来已久。中外历代对此有不同的认识和应付的方法。这与各个

① 参见中国残疾人联合会官方网站公布的数据公报，网址：http://www.cdpf.org.cn/sytj/content/2007-11/21/content_74902.htm。注：全国残疾人口数未包括中国香港特别行政区、澳门特别行政区、台湾地区残疾人口数。

历史阶段，各国的文化背景和经济、社会发展水平不同直接相关。传统上，对于残疾问题的认识多局限于疾病的范畴，对其的定义和分类也很简单和直接，例如：盲、聋、哑、跛、疯等都属于残疾。以缺陷为标准，残疾人一般可分为听力言语残疾、智力残疾、肢体残疾、视力残疾、精神残疾等多种。不同的残疾人定义归纳起来有下面几种：

1980年，世界卫生组织首次编写出版了一本关于残疾的国际分类手册，精细地区分了疾病引起的不同后果，即不同的残疾对人的生理和社会功能的不同影响。根据这本手册，残疾具有三方面的含义：（1）功能、形态残疾。是指因意外伤害和疾病的后遗症，使人体结构和功能发生缺陷或异常的状况，通常以损害（impairment）来表示。（2）丧失功能残疾。指人体的结构缺陷和功能障碍使人丧失应具备的能力（如与其性别、年龄、文化程度和职业等相应的能力）。这些损害必定会导致身体功能丧失或减少，通常以失能（disability）来表示。（3）社会功能残疾（handicap）。指由于身体的形态和功能的缺陷或异常而影响个体参加正常社会活动的情况。这些失能者，倘若遭受社会的歧视或环境的限制，就会形成障碍，使其无法发展潜能或独立生活，从而成为残疾人。

世界卫生组织对残疾所做的分类，反映了身体器官组织损伤给相关器官组织功能所造成的不良影响，也反映了身体器官组织损伤及其功能失调对个人生活乃至对家庭和社会造成的诸多不便。

国际劳工组织对于残疾人的定义是：由于经正式承认的身体或精神损伤，在适当职业的获得、保持或提升方面的前景大受影响的个人。由该定义可以看出，国际劳工组织对残疾人的定义强调身体和精神损伤的可测量性与和可识别性。

国外学者汤逊德根据世界上23种残疾的专业定义，归纳出了5类残疾。（1）畸形或损失：可能是解剖的、身体的或心理的损失；也可能是损失某一肢体、某一部分神经系统或某一部分感觉器官。（2）临床症状：这与改变生理过程、阻碍生理过程或者改变心理过程的疾病有关。关节炎、癫痫、支气管炎、精神分裂症等都属此类。（3）日常活动功能限制：这与无能或至少与能力受限有关，如不能正常地完成本人的活动或社会工作。（4）由于异常而造成的残疾：这包括两个方面，第一，与公认的生理标准和健康标准不符，第二，在行为上与某特定的人物的身份不符，或与特定集团社会地位不符。（5）由于不利条件而造成的残疾：在等级制社会的某些地方，在向公民分配物资时，残疾人得到的份额经常少于与他对等的正常人，这就使残疾的概念扩大了。

根据国际社会的普遍提法，并结合我国的实际情况，《中华人民共和国残疾人保障法》修订版（2008）指出：残疾人是指在心理、生理、人体结构上，某种组织、功能丧失或者不正常，全部或者部分丧失以正常方式从事某种活动能力的人。我国的这一定义与国际社会及其他国家的提法是一致的。具体而言，我国将残疾人分为视力残疾、听力残疾、言语残疾、肢体残疾、智力残疾、精神残疾和多重残疾的人，并提出了各类残疾的标准。

(一) 视力残疾

视力残疾，是指由于各种原因导致双眼视力低下并且不能矫正或视野缩小，以致影响其日常生活和社会参与。

视力残疾包括盲及低视力。根据国家标准《残疾人残疾分类和分级》（GB/T 26341—2010），按视力和视野状态分级，盲为视力残疾一级和二级，低视力为视力残疾三级和四级。视力残疾均指双眼而言，若双眼视力不同，则以视力较好的一眼为准。如仅有单眼为视力残疾，而另一眼的视力达到或优于 0.3，则不属于视力残疾范畴。视野以注视点为中心，视野半径小于 10 度者，不论其视力如何，均属于盲。

（二）听力残疾

听力残疾，是指人由于各种原因导致双耳不同程度的永久性听力障碍，听不到或听不清周围环境声及言语声，以致影响日常生活和社会参与。一般来说，聋人的语言频率平均听力损失大于 71 分贝。另外，重听也属于听力残疾，语言频率平均听力损失大于 41 分贝。但社会上对老年人耳聋习以为常，老年人即使听力严重丧失也不被认为是残疾人。

（三）言语残疾

言语残疾，是指由于各种原因导致的不同程度的言语障碍（经治疗一年以上不愈或病程超过两年者），不能或难以进行正常的言语交往活动（3 岁以下不定残）。

言语残疾包括构音障碍、发声障碍、口吃、儿童言语发声迟滞、失语及听力障碍所致的语言障碍。

（四）肢体残疾

肢体残疾，是指人体运动系统的结构、功能损伤造成四肢残缺或四肢、躯干麻痹（瘫痪）及畸形等而致人体运动功能不同程度的丧失以及活动受限或参与的局限。

肢体残疾包括：（1）上肢或下肢因伤、病或发育异常所致的缺失、畸形或功能障碍；（2）脊柱因伤、病或发育异常所致的畸形或功能障碍；（3）中枢、周围神经因伤、病或发育异常造成的躯干或四肢的功能障碍。

（五）智力残疾

智力残疾，是指智力显著低于一般人水准，并伴有适应行为的障碍。

智力残疾包括：在智力发育期间（18 岁之前），由各种有害因素导致的精神发育不全或智力迟滞；或者智力发育成熟以后，由各种有害因素导致的智力损害或智力明显衰退。

（六）精神残疾

精神残疾，是指各类精神障碍持续一年以上未痊愈，病人的认知、情感和行为障碍影响其日常生活和社会参与。

（七）多重残疾

存在两种或两种以上残疾为多重残疾。多重残疾应指出其残疾的类别。多重残疾按所属残疾中最重类别残疾分级标准进行分级。

二、残疾人社会工作的定义与基本模式

与儿童、青少年、老年人等一样，残疾人也是社会工作的重要服务群体之一，它不同于一般的残疾人服务工作。下面我们重点讨论残疾人社会工作的概念，及其不同的理解模式。

（一）残疾人社会工作的定义

在大多数情况下，由于残疾不是一个个人问题，英国社会工作专家迈克尔·奥利多主张从比较宽泛的角度来给残疾人社会工作下定义，即所谓的残疾人社会工作指的是对残疾人个人或残疾人集体进行的组织起来的专业性活动。这些专业性活动为相应的各个团体或社区提供服务。“专业性”意味着提供服务的人是通过鉴定、被认为具备了进行服务的能力以及领取薪资的人员。提供这类服务不仅需要运用已有的人力、物力以便与社会需要相配合，而且要求专业人员去查明这些需要并争取适当的人力、物力以满足需要。这些活动的相关部门包括社会服务部、医院、居住设施、有关的非政府机构等等。

与其他群体的社会工作相比，残疾人社会工作具有它的特殊性，这种特殊性表现在以下两个方面：

（1）残疾人及其群体自身的特殊性。除了受社会或者自然条件的限制而使自己生活在困境之中外，残疾人及其群体更由于自己的身心缺陷或损伤而难以像正常人一样生活，他们所遭受的痛苦和不幸是双重的。

（2）残疾人社会工作过程的特殊性。在大多数情况下，残疾人社会工作者通常是身心健全者，他们一般很难具有与残疾人相似的生活经历或创伤遭遇。因此，社会工作者在具体的实务工作过程中，对服务对象的“同理心”的表达以及服务需求适切性的考虑，远远比对其他群体的社会工作服务要困难得多。在工作中如果处理失当，对残疾人所造成的伤害性后果也更加严重。

正因为上述特殊性的存在，残疾人更需要政府、社会的帮助，更需要专业人员所提供的各类服务。对社会工作者而言，也需要清醒地认识到残疾人社会工作的重要性和艰巨性。

（二）残疾人社会工作的基本模式

1. 个人模式

个人模式是对应于个体型残疾的工作模式。个体型残疾的理论解释是个人责任论，即某个人的残疾是由其个体的原因造成的，个人要为之负责。由于残疾属于个人（或家庭）悲剧，个人也要承担在治疗残疾中的痛苦。残疾人在治疗过程中的痛苦既是肢体上的，也是心理上的。而个人因由不幸所导致的肢体或其他器官的残疾（严重创伤）使他由一个正常人变为与常人不同的残疾人。这种突如其来的变化会使服务对

象及其家人难以适应。有人提出个体型残疾的哀痛理论，认为在个体型残疾发生之后，服务对象及其家人常常会经历这样一个心理过程：震惊—怀疑或否认—愤怒或焦躁—忧伤和沮丧。

当残疾现象发生之后，服务对象、其家人、医疗工作者和社会工作者对残疾的评估可能是有差异的。服务对象及其家人常常会把残疾程度评价得轻些，即期望不会太坏。在这方面服务对象的期望成分更大些。但对医疗工作者和社会工作者来说，他们则要面对现实，即客观地评估残疾事实。这样，服务对象—其家人—医疗工作者和社会工作者就形成了一个由期望向客观过渡的序列。社会工作者首先面对的就是这样一个认知差异的状况，并要设法弥合这种差异以帮助服务对象及其家人理性地对待现实。在这种情况下，社会工作者常常采取渐进沟通模式，即不但在关于残疾程度的沟通渠道方面是由服务对象的家人到服务对象，而且残疾真实状况的告知过程也是渐进的，以利于服务对象及其家人有思想准备，更易于接受现实。

而对个体型残疾，社会工作者采取的主要是个案工作方法，社会工作者要同服务对象及其家庭一起工作。而在服务对象及其家人认同了残疾现实之后，运用小组工作方法促成服务对象之间（或服务对象的家庭之间）的互相支持就是必要的。

2. 社会模式

社会模式是对应于社会型残疾的工作模式。社会型残疾的理论解释是社会责任论，即认为某个人的残疾是由社会原因导致的。社会在结构上、制度上存在问题，使得某些个人受损，因此，社会应该为受损的个人承担责任。当然，即使被界定为社会型残疾，其直接后果也是由某些个人来承担的。即某些人因社会问题而变成残疾人，痛苦发生在这些人身上。与个体型残疾不同的是，对社会型残疾来说，个人所承受的痛苦和损失应该由社会来补偿。

由于伤残发生在个体身上，因此，即使社会型残疾也会造成个人的哀痛。个人哀痛理论在解释社会型残疾时也是用得上的。但是在度过承认残疾这一阶段之后，在涉及残疾康复、残疾人日后生活等问题时，社会模式就表现出它的独特之处：社会工作者要站在残疾人合法权益的立场上，代表残疾人去同导致残疾的社会部门——单位、机构乃至政府打交道，促成社会部门对致残责任的承担。实际上，在残疾人社会工作的社会模式中，社会工作者所面对的是残疾人及其家人的创伤，他们保护自己权益的强烈要求，社会部门的复杂状况及程度，以及有关规则、法律及制度。社会工作者要面对这些复杂因素，找出解决残疾人问题的现实的合理的方法，并非易事。

三、国内外残疾人社会工作的发展

残疾人是具有特殊需要的社会群体。从古至今，社会一直面临着如何看待、如何对待残疾人的问题。古人对残疾人持有“宿命论”“无用论”等观点，残疾人处于被漠视甚至被歧视的境地。伴随着社会发展及人们意识的不断提升，社会大众才逐步对残疾人有了更正确、更包容的认识，残疾人社会工作也由此得到发展。

（一）国际残疾人社会工作的发展历程

从国际范围来看，残疾人社会工作的发展大致经历了如下进程[①]：

（1）在文艺复兴之前，残疾人处在不被关心的“自然”状态。文艺复兴运动的开展，使人们开始了对残疾人的特殊关怀。

（2）工业革命初期及以后，各国开始关心残疾人的保障，这个时期也是残疾人社会工作的初创时期。例如：1780年，瑞士人奥比创立了第一家为残疾人服务的机构。1820年，第一个“残疾人之家”在德国慕尼黑成立。之后，欧美各国相继成立了招收残疾儿童的学校。

（3）20世纪初期以来，“保障残疾人生活，帮助他们回归社会”的理念逐渐被社会大众接受，这个时期也成为残疾人社会工作的发展时期。例如：1922年第一个为残疾人服务的国际组织——“国际康复会”成立。在此前后，一些国家颁布了有关残疾人保障的政策，如1887年德国的《残疾保险法令》和1935年美国颁布的《紧急救济法》。

（4）第二次世界大战以后，国际社会和各国政府纷纷通过立法保护残疾人利益，残疾人社会工作得到较快发展，这个时期可称为残疾人工作的立法期。例如：1948年公布的《世界人权宣言》规定“残疾人有接受社会保障的权利”。此后，各国纷纷立法保障残疾人的权益，联合国及有关国际会议其后通过了一系列纲领性文件。联合国于1970年公布了《智障者权利宣言》，又于1975年公布了《残疾人权利宣言》，规定残疾人有基本的生活权利、政治权利、康复权利、劳动权利、受教育权利，以及获得人格尊严、平等待遇的权利。这被认为是继种族解放、妇女解放、民族解放之后人类的又一次解放运动。

（5）20世纪80年代以后，“平等、参与、共享”成为残疾人社会工作的新理念，残疾人社会工作进入新的发展时期，可称为平等发展时期。1981年，残疾人的世界性组织——残疾人国际（DIP）成立并得到联合国的承认与支持，其宗旨是呼吁各国政府采取切实措施，动员、帮助残疾人以平等的权利和机会参与社会生活。

（二）我国残疾人社会工作的发展历程

在中国封建社会及以前的漫长历史进程中，家庭几乎承担了所有残疾人生活照顾的责任。政府和社会对残疾人给予关怀与救助始于宋代。宋神宗时期曾设置福田院，收养幼老废疾者，设置漏泽园，凡老弱废疾者死后无力为葬，由漏泽园予以掩埋。清代设养济院，以收容麻风病人及残疾人为主。

20世纪40年代，为残疾人服务的民间机构开始涌现。我国出现中国盲民福利会、中华聋哑协会等组织，但由于得不到政府的支持，不久即夭折。新中国成立后，残疾人获得了政治权利和基本生活权利。为开展残疾人工作，1953年中国盲人福利会成立，1960年中国盲聋哑协会成立。大部分省、自治区、直辖市建立起地方协会

---

① 张福娟．残疾人社会工作——案例评析．上海：华东理工大学出版社，2010：5.

和基层组织。

改革开放以来，中国的残疾人事业得到较快发展。1979 年，上海开办了第一个弱智儿童学习班。1987 年，长春市长春大学首次开办了专门招收残疾人上大学的特教部。1984 年，辽宁沈阳市皇姑区发动街道力量，开始对残疾人进行知识教育、技术培训、医疗康复工程，在街道开设福利工厂，逐步形成一套“社区康复”办法。1988 年，全国各类残疾人的社会组织——中国残疾人联合会成立。相继，全国各省、地、县、乡也成立了地方分会和基层组织。这种官办非政府组织极大地促进着中国残疾人事业的发展。1990 年 12 月 28 日，第七届全国人大常委会第十七次会议通过了《中华人民共和国残疾人保障法》。同时，确定了每年 5 月的第 3 个星期日为全国助残日。自 1991 年起，国家陆续制定实施了关于残疾人事业的三个五年计划，使残疾人事业从较低的起点走上系统的、有特色的发展轨道。1993 年，由 34 个部委和团体组成了国务院残疾人工作协调委员会。这些政策推进和事业发展促使中国的残疾人社会工作发展到一个新的水平。

学习活动 12－1　理解残疾人的相关概念

谈谈你对以下观点的看法：

1. 世界上没有能力残缺的人，只有能力不同的人。
2. 没有残疾的人，只有残疾的环境。

第二节
残疾人辅导的内容与方法

一、残疾人辅导的主要内容

结合残疾群体的特点，残疾人辅导的主要内容大致可以归纳为康复、教育、就业、婚姻家庭辅导、社会参与等几个方面，下面逐一加以介绍。

(一) 康复

残疾人社会工作主要是围绕“康复”这一核心内容而展开的。残疾人康复是指综合地和协调地应用医学、社会、教育等措施对残疾人进行训练或再训练，减轻致残因素造成的后果，以尽量提高其活动功能、改善其生活自理能力，以便其重新参加社会活动。康复能最大限度地恢复残疾人的各种功能，因而从某种意义上来说，它是对残疾人的解放。残疾人康复工作具体可以从医疗康复、教育康复、社会康复和职业康复等四个方面入手。

康复即最大限度地恢复残疾人的生物机体的功能或进行功能补偿，以增强他们参与社会生活的能力。在康复过程中，社会工作发挥着医学不能替代的作用，例如社区康复就是动员社区资源促进残疾人康复的有效活动。残疾人康复社会工作把社会工作原理、方法和技巧运用到康复工作中去，协助残疾人恢复和发展他们的潜在能力，实现他们在现代生活中的社会适应功能。广义的康复社会工作的服务对象包括各种残疾人和行为上的残障者，它通过专业化的程序和技术对生理的、心理的、行为的残障者实施再教育和再塑造，增强他们适应社会的能力，使他们介入正常的社会生活，乃至成为具有建设性的社会一员。对行为上的残障者，康复社会工作通过再造改变其动机和态度，促使其自觉接受社会规范和法律规章的约束。残疾人康复社会工作是一种讲目标的专门技术，必须借助各种性质特殊的专业技术，运用必要的社区资源，协助残疾人充分恢复或实现其生理功能、职业能力和情绪适应能力，帮助其顺利地参与社会生活。

康复包括医疗的、教育的、社会的和职业的几个方面的服务。在康复机构和社区里，这几个方面都有所体现。残疾人康复辅导可以根据不同地区和其他条件在某些专业领域有一定侧重。①

1. 医疗康复

医疗康复应在发病或受伤后尽早开始，不应该仅仅被作为治疗结束之后的一种“后续疗法”。对残疾人来说，应抓住早期康复的有利时机，尽量减少或降低治疗过程中各种继发性障碍所增加的难度。个案工作要及时配合机构或社区的医务工作者开展服务。

康复治疗根据对残疾人康复评定的结果，规划和设计康复治疗方案。全面的康复治疗方案包括协同、合理地使用各种可能的治疗手段和措施。目前常用的康复治疗方法有：

（1）物理和运动治疗。包括利用电、光、声、磁、水、蜡、力等物理因子治疗和通过徒手或借助于器械对残疾人进行的各种改善功能的运动方法。各种物理治疗对炎症、疼痛、瘫痪、痉挛和局部血液循环障碍有较好的效果。各种改善功能的运动方法包括体位变换、姿势改善、关节活动度和肌力维持与增强、移乘活动能力的获得、呼吸排痰训练等。这些能有效地恢复残疾人丧失了的运动功能，同时也可预防和治疗各种并发症，如防止肌肉萎缩、关节僵直、骨质疏松、局部或全身畸形等。另外，运动治疗还可改善不正常的运动模式，增强肌肉力量，改善机体的协调性和平衡性以及对运动的耐力等。

（2）作业治疗。作业治疗的内容包括：功能性作业治疗、心理作业治疗、日常生活活动训练、就业前评价和就业前训练。作业治疗主要通过一些日常生活活动、手工操作劳动或文体活动等具有一定针对性、能恢复患者功能和技巧的作业进行训练。作业治疗不但可使残疾人看到具体的作业成果，有些还可获得经济效益，因而易引起残疾人的兴趣。具体作业项目应根据服务对象的性别、年龄、兴趣和残疾程度的情况来

---

① 马洪路．残疾人社会工作．北京：中国社会出版社，2010.

选择。常选用的有进食、梳洗、穿衣、各种转移和移乘等日常生活活动，手工艺品制作等手工操作，以及套环、七巧板、写字、绘画和各种有价值的游戏等文体活动。作业治疗人员还要通过制作一些自助具、简单夹板帮助残疾人克服肢体功能的障碍。训练装配上肢假肢、矫形器和特殊轮椅（气动、电动、颌控等）的残疾人，使他们能正确、灵活地操纵和使用这些辅助用具；对于有心理和认知能力障碍的残疾人，要对他们进行心理素质和认知的作业训练。

（3）语言治疗。是对颅脑外伤或小儿脑瘫等引起语言交往障碍的残疾人进行评价、治疗和研究的学科。常见的语言障碍的种类有：听觉障碍、语言发育迟缓、失语症、言语失用、运动障碍性构音障碍、器质性构音障碍、机能性构音障碍、发音障碍和口吃。通过评价，明确诊断，决定康复治疗的方针和具体的计划。常用的检查方法包括：听觉检查、语言能力检查、口语检查等。对于鉴别出的言语障碍如声音异常、构音异常、言语异常或流畅度异常，可分别选用发音器官和构音结构练习、单音刺激、物品命名练习、读书练习、会话练习、改善发音等方法来治疗，帮助语言障碍残疾人恢复其交流能力。

（4）心理治疗。大多数残疾人常因心理创伤而存在种种异常心理状态，因而需要心理治疗师参与工作。心理治疗师通过观察、谈话、实验和心理测验（性格、智力、意欲、人格、神经心理和心理适应能力等）对残疾人进行心理学评价、心理咨询和心理治疗，常用的心理治疗有精神支持疗法、暗示疗法、催眠疗法、行为疗法、松弛疗法、音乐疗法等。

（5）文体治疗。体育和文娱活动不但可增强残疾人的肌力和耐力，改善其平衡和运动协调能力，还可增强残疾人的信心，使其得到娱乐，从而改善他们的心理状态。

（6）中医治疗。在我国还要发挥传统医学的优势，将中药、针灸、推拿、按摩、药膳等治疗手段合理地应用于残疾人的康复治疗中。①

社会工作者在开展康复辅导时，最好与医生、护士以及其他专业的人员组成小组，康复辅导最好与个案工作同步进行。

2. 教育康复

教育康复，通常泛称为特殊教育。从内容上它可分为两种情况：其一是对肢体功能障碍的残疾人进行的普通教育，包括从初级到中高等教育；其二是对盲（含低视力）、聋、哑、精神或智力障碍的残疾儿童、少年和有需要的残疾人进行的特殊教育。教育康复主要在各地各级盲校、聋哑学校、启智学校、儿童福利院以及社区康复站点开展，在特殊教育师资缺乏的情况下，康复护理人员应该承担一部分教育康复的工作。此外，对住院的大龄残疾孩子，应该结合教学实际有针对性地开展职业康复——主要是通过训练日常独立生活能力和简单手工操作技能，增加他们的社会适应能力和一定的劳动能力。

残疾儿童的教育康复原则是对残疾儿童应实施全面综合康复，调动发挥残疾儿童的一切潜能，采取多样化的康复手段，促使残疾儿童在智力、语言、运动功能等方面

---

① 卓大宏．中国康复医学．北京：华夏出版社，2003.

发育完善，使患儿身心同时发展，培养残疾儿童提高生活自理能力，提高心理应变、社会交往及将来从事某一适当职业的能力，以提高残疾儿童的生活质量。教育康复辅导，是在每天通过功能训练来改善和调整残疾儿童的身体状况，提高其生活自理能力的基础上增加他们的文化科学知识，培养良好的素质和生活经验，为走向社会做好准备。

3. 社会康复

在康复机构中的社会康复工作，是社会工作者协助康复医师向病人提供优质服务的专业工作，主要以个案工作为主。在社会康复学理论指导下的医务社会工作，由专业社会工作者承担。

一般来说，在康复机构中开展的社会工作，是以个案工作为主、小组工作和社区工作为辅的社会工作。其个案工作方法是，每一个工作者负责一个病区或一种疾病、一种伤残类型的康复对象，对服务对象进行一对一的工作，采取调查立案、咨询、会谈和访视等手段，在服务对象的配合下，帮助解决他们在住院期间所面临的社会问题。这些问题主要包括：工伤的认定和处理，家庭环境的无障碍改造，婚姻家庭关系的调适，康复器械的配备，学习和就业的指导，等等。会谈是个案工作的主要工具。

康复领域的残疾人个案工作，目前在我国还是一项没有引起广泛重视、发展缓慢的社会工作。在康复机构中开展个案工作，有相当大的阻力和困难，这些阻力主要来自住院病人对治疗的强调、医院管理体制的弊病和社会问题解决的难度。不过，由于近年来残疾人事业的蓬勃发展，法制建设的加强，改善了社会大环境，越来越多的人认识到残疾人参与社会生活的重要意义，所以残疾人个案工作也越来越引起重视并有所发展了。

社会康复的临床个案工作，主要是在残疾人或其他康复对象住院后，工作者及时与其家属和单位取得联系，全面了解残疾人的家庭与社会情况，协助残疾人及其家属解决残疾人住院期间的家庭与社会问题，以便使其安心治疗；同时和医生、护士、心理工作者、功能训练人员（OT/PT）以及康复工程技术人员一起讨论并制定康复治疗和训练方案，定期进行康复评定，为残疾人回归社会创造条件。

4. 职业康复

职业康复是通过帮助残疾人就业来促进他们康复和发展的方法。通过就业，不但可以使残疾人获得独立的经济地位和收入，而且可以通过劳动使残疾人原已失去的某些器官的能力得到某种程度的恢复。此外，就业还可增强残疾人的效能感和自信心，使他们融入社会生活。因此，职业康复是一种有综合意义的对残疾人进行康复和帮助其发展的方法，在方法取向上也是治疗和发展的统一或整合。

在一个社会中，特别是在社会劳动力相对富余的社会中，残疾人的职业康复并不那么简单。帮助他们找到（或创造）合适的劳动岗位不但需要社会工作者的努力，也需要政府的社会政策的支持。在政府社会政策的支持下，社会工作者在残疾人的职业康复中要做如下一些工作：残疾人就业前的咨询和评估，残疾人的治疗和训练，残疾人就业后的随访和持续支持。就业咨询是就残疾人的从业心理、他们对职业和岗位的兴趣、残疾人对从业后的劳动报酬及保护条件进行咨询，解答他们的问题，使其有充分的信心。评估则要对残疾人的身体状况、技能素质与可能从事的职业的要求进行比较，看残疾人是否适合这些工作。一旦确认残疾人适合某项工作，还要对他们进行适应性培训。这不但包括对残疾人的心理训练，也包括技能训练，目的是使其能较为顺利地适应岗位的要求，增强工作信心。当残疾人上岗工作之后，社会工作者还应进行跟踪式随访，及时了解残疾人就业后遇到的问题，并设法解决。这既包括继续对残疾人做发展性工作，也包括帮助他们建立良好的工作环境，还包括解决某些制度上的问题。

（二）教育

残疾人教育是残疾人享受权利和挖掘其潜能的重要措施。在残疾人教育方面，社会工作者可以通过学校社会工作使受教育者获得更显著的成效。社会工作者不仅通过教育帮助残疾人掌握必要的文化知识，而且把教育视为残疾人享受权利和挖掘潜能的重要措施，视为残疾人融入正常人社会的关键环节。从构成上来说，残疾人教育体系可以分为普通教育、特殊教育、职业教育、成人教育等几大块。

在残疾人教育的个案辅导中，经常有因为意外伤害致残的学生在身体功能基本康复之后，要求继续学习的问题。社会工作者在接案后应认真进行社会诊断，及时与服务对象所在的学校、社区和其他有关部门取得联系，开展工作，帮助服务对象创造能够克服障碍的学习环境和条件，使其重新获得学习机会。

（三）就业

就业是残疾人得以自立并展现其能力的最重要的环节和措施。社会工作者帮助残疾人寻求更适宜的劳动岗位，帮助他们适应劳动生活，维护他们的合法权益。

劳动就业是保障残疾人生活最为根本、最为有效的途径。目前，解决残疾人就业问题主要有两种途径：一是集中安置残疾人到社会福利企业就业，二是要求企事业单位按一定比例安排残疾人就业。《中华人民共和国残疾人保障法》和《中国残疾人事业“八五”计划纲要》已就社会各单位，包括机关团体、企事业单位、城乡集体经济组织按一定比例吸收残疾人劳动就业做出明确规定。

残疾人就业的辅导目的，在于帮助残疾人选择职业、选择职业课程、介绍就业、获得工作岗位，增进就业效率。就业指导的内容包括：（1）帮助残疾人了解某几类职业的情形，包括职业的性质、对于社会的贡献、职务、报酬等，使残疾人能够做明智的选择。（2）使残疾人了解某些职业所需要的一般能力和特殊能力，以及所限定的资格，如年龄、性别、教育程度等。（3）使残疾人在学校内选择若干探索性的职业科目，并在校外参加实践，以便获得职业经验，了解职业信息，由此可以帮助残疾人发现自己的能力，扩展兴趣范围。（4）使残疾人养成一种观念，即一切正常的工作都是重要的、社会所需要的。选择职业的主要标准在于本人能够从事哪一种工作和本人具有哪一种职业所需要的能力。（5）帮助残疾人学习分析职业信息的方法，并且在决定从事某职业之前，养成科学分析职业信息的习惯。（6）帮助残疾人了解自己的一般能力、特殊能力、职业兴趣等心理特点，并将其作为选择职业的依据。(7) 帮助家庭贫穷的残疾人在接受义务教育后，向有关部门申请奖学金或者其他经济补助，以便能够继续求学，完成自己的职业教育计划。(8) 帮助残疾人搜集各种职业学校的资料，使他们了解各种职业学校的设备、课程、入学资格、修业期限、求学费用等。(9) 帮助已在业的残疾人适应其职业生活，了解其本职工作与其他部门工作的关系、与有关职业的关系，以及与社会的关系。(10) 使残疾人认识到不要相信命运，不要迷信骨相学、人相学、占星学、笔迹看相术等，而应当根据可靠的资料，接受专家的意见。[①]

(四) 婚姻家庭辅导

在残疾人婚姻家庭辅导中，社会工作者通过咨询、介绍、指导和辅导，可以帮助残疾人更好地建立婚姻关系和更好地调适家庭关系。

家庭是一个世代传递和不断更替的社会组织。残疾人是对家庭结构有重大影响的社会因素。这些家庭的每个成员，都不同程度地承担着家有残疾人所带来的经济和精神上的压力，他们的婚恋、生育甚至求学、就业，无不笼罩着一层"残疾"的阴影。繁衍后代、绵延种族，是家庭特殊的任务，所以家庭成员必须担负生育、抚育和赡养等功能。作为一个慢性病人或残疾人，完成这些特殊的任务有很多困难。从这个角度上看，残疾人在家庭中的地位往往是低下的。我们从经济上、社会上和生理上三个条件看残疾人在家庭中的地位，可以得出不平等的结论。这种不平等，绝非是由家庭其他成员的主观意志所决定的，也不能根据家庭其他成员对残疾人的关怀爱护去误解它，它是一种普遍的、客观的社会现象。需要帮助的残疾服务对象普遍缺乏经济自主权和独立的生活能力，或者缺乏必备的生活条件如住房等，他们对父母和兄弟姐妹有很大程度的依赖。

残疾人婚姻家庭辅导要在上述国情背景下开展工作，充分掌握服务对象的婚姻与家庭状况，理解服务对象在社区里和社会上比其他人承受着更大的压力，而这些压力来自经济、教育、伦理、习俗等各个方面。辅导员一方面要千方百计地帮助服务对象解决一些具体困难，维护其家庭稳定；另一方面也要从实际出发，尊重服务对象对解除婚姻或离开家庭的选择。

(五) 社会参与

伴随自身的功能性障碍，残疾人在社会参与方面客观存在一些障碍。但是残疾人社会参与的更大的障碍则更多地来自社会。其中包括：陌生、排斥、偏见的社会观念；社会环境设置缺乏计划性，无法满足多样性需求；社会资源缺乏；等等。在改善残疾人生活的物质和社会环境方面，社会工作者可以发挥积极的促进作用。

残疾人社会参与意味着机构康复的去机构化，以及残疾人群体回归并完全融入主流社会。从残疾人的角度具体来讲，包括了走出家门、使用社区资源、参与社区活

---

① 马洪路．残疾人社会工作．北京：中国社会出版社，2010.

动、建立积极的人际关系等不同层面。而社会环境中的许多设置阻碍了残疾人自主的社会参与。社区及公共场所的物理性障碍、陌生及排斥的社会观念、残疾人了解社会信息的沟通障碍、就业及教育机会的相对缺失……这些都降低了残疾人社会参与的可能性。而社会参与不足反过来又会强化社会与残疾人群体的隔离感和陌生感，忽视改善社会环境中的设置障碍，进一步抑制残疾人的社会参与，从而形成一个恶性循环。因而，促进残疾人社会参与的关键就在于社会无障碍环境的全面完善。

无障碍环境是残疾人参与社会生活的基本条件，其基本内涵在于去除任何限制和妨碍残疾人社会融合的障碍，使残疾人能够自由、独立、公平、有尊严地参与社会事务。无障碍环境包括物质环境无障碍、信息和交流无障碍。物质环境无障碍主要是要求城市道路、公共建筑物和居住区的规划、设计、建设应方便残疾人使用和通行，如铺设盲、坡道，设置交通音响信号装置，等等；信息和交流无障碍主要是要求公共传播媒介应使听力语言和视力残疾人无障碍地获得信息，进行交流，包括使用影视字幕、盲文、手语等。无障碍环境完善的直接受益者不仅仅局限于残疾人，而是全面改善了包括老弱病幼在内的所有社会成员的社会参与环境。

残疾人社会参与方面的辅导重点在于以切实方案改善办公环境及服务对象家庭、社区的无障碍设施，增加社区资源的可及性；在工作过程中注意使用无障碍的沟通方式和信息传递方式，提供和创造社会参与的机会和信息；在工作过程中遵循平等、尊重、接纳和发展的价值观，并在残疾人家庭、社区中倡导这些价值观，鼓励残疾人提高自我认知，积极参与社区和社会事务，同时提升家庭、社区和社会公众对残疾人的认知、理解和肯定。

二、残疾人辅导的方法与技巧

由于残疾人社会工作的对象是具有各种不同程度生理或心理问题的特殊群体，因而在开展残疾人辅导的时候，既要考虑到人们基本需求的共性，又不能忽视了其自身生理或心理缺陷可能导致的特殊性需求，如行动上的不便、智力上的迟滞等所带来的心理、生活、学习、工作等方面的问题。因此，在残疾人辅导中，除了个案辅导通行的一般工作方法和技巧之外，还需要特别关注心理干预方法及其技巧。

心理干预方法就是运用心理学的原理，通过各种方法，采用言语和非言语的交流方式，影响个体的心理状态，即影响或改变个体的感受、认知、情感、态度和行为，减轻或消除使之痛苦的各种情绪、行为，以帮助其恢复心理健康。

（一）认知行为矫正法

认知行为矫正法是根据人的认知过程影响其情绪和行为的理论假设，通过认知和行为技术来改变个体的不良认知，从而矫正不良行为的心理方法。它主要通过言语交谈和行为矫正技术相结合的方法，帮助个体识别、检验和改正曲解的概念，纠正个体的认知偏差或不恰当的思考方法，使之在心理和行为方面得到改善。

在实际工作中，常用的认知行为矫正法有艾里斯的理性情绪疗法、自我指导训练和贝克的认知转变法。

1. 艾里斯的理性情绪疗法

艾里斯认为，经历某一事件的个体对此事件的解释与评价、认知与信念，是其产生情绪和行为的根源。因此，不合理的认知和信念引起不良的情绪和行为反应，只有通过疏导、辩论来改变不合理的认知与信念，重建合理的认知与信念，才能使个体正确看待事物。

这一方法非常关注个体非功能性的认知问题，着眼点在于更正或扭转个体错误或扭曲的观念和想法。在改变一个人的消极情绪或行为时，应该找出其不合理的信念或思维，用合理的、理性的思维取而代之。

具体操作：(1) 向个体解释、说明理性情感的基础、认知和情感之间的关系以及与非理性情感不适或异常行为的联系。(2) 通过个体的自我监察回馈，识别非理性思想。(3) 直接对非理性观念提出疑问，指出不合理所在，并示范对已有激发事件或不良刺激应如何理性地分析解释。(4) 自我陈述理性的观念，用其代替先前的非理性观念，并不断学习，在心里复习理性的观念。(5) 设计和采用某些行为技术，如角色扮演、操作条件、脱敏和一些其他技能训练方法，帮助个体发展理性的反应。

2. 自我指导训练

从理论上说，它来源于维果斯基的高级心理机能理论和班杜拉的社会学习理论。它最初是由麦肯内鲍姆等人于 1971 年提出的，用于指导冲动儿童学会如何自控和习得解决问题的行为。这一理论同样可以指导智障者习得某些技能和行为。苏联学者鲁利亚等人的研究认为，语言，特别是内部语言与行为有着密切的关系，从某种程度上起着影响和控制行为的作用。麦肯内鲍姆认为消极的内部语言是产生和影响行为失调的重要因素，并指出通过矫正消极的内部语言，用正面的、积极的自我对话可达到矫正异常行为或心理障碍的目的。

具体操作：(1) 训练个体识别和意识到不适应的思维（内心的自我陈述）。(2) 示范适当的行为，同时用言语表达有效的行动策略，包括对任务要求的评估、自我指导循序渐进的作业、强调个人适应性和战胜困难的自我陈述、对于成功行为的内在自我强化。(3) 个体在克服目标行为的同时大声用言语进行自我指导，此后进一步在内心重复强化。在这一过程中，要给予回馈，确保用积极的解决问题的自我对话替代先前与异常行为有关的、产生焦虑的认知活动和自我对话。

3. 贝克的认知转变法

贝克认为，人们从童年期开始通过生活经验建立起来的认知结构或图式是一种比较稳定的心理特征，形成了人们对自己和世界的假设，并以特定的形式贮存在人们的潜意识中。由于人们的有些假设是僵硬的、极端的、消极的，因而就表现为功能性失调态度。一旦被生活中的应激事件激起，就会产生负性自动想法。

认知转变法就是通过发现、挖掘这些负性自动想法的思维方式，并加以分析、批判，再代之以合理的、现实的思维方式，以解除个体的痛苦，使之更好地适应环境。贝克将人们负性自动想法中蕴含的逻辑错误归纳为 9 种认知曲解类型：(1)“非白即黑”的绝对性思考。即坚持一种不现实的标准，认为达不到这个标准就是失败。这种思考方式导致完美主义，害怕任何错误和缺点。(2) 任意推断。指缺乏事实根据，草率地下结论，也称“主观臆测”。(3) 选择性概括。指仅仅根据个别细节，不考虑其他情况，就对整个事件做出结论，即以偏概全。(4) 过度引申。指在一个小小失误的基础上，得出关系整个人生价值的结论。(5) 个性化。指主动为别人的过失或不幸承担责任，将别人的一切不幸、事故或疾病均归因于自己的过失，引咎自责。(6) 选择性消极注视。指选择一个消极的细节，而忽略其他方面，以致觉得整个情境都染上了消极的色彩。(7) 情绪推理。认为自己的消极情绪必定反映了事情的真实情况，因而阻碍了对事物真实情况的了解，使人陷于情绪不良状态而不能自拔。(8)“应该”倾向。指常用“应该”或“必须”等词要求自己和别人。意味着对自己坚持一种标准，如果行为未达到这个标准，就会以“不该”这样的字眼责难自己，产生内疚、悔恨的心理。如果别人的言行不符合自己的期待，就会觉得很失望或怨恨，认为“他不该那样”。(9) 乱贴“标签”。这也是一种以偏概全的形式，以为将自己的问题贴上一个标签就可以完事。它把人的某些行为失误和对人的整体评价混同起来，但“人不等于人的错误”。

因此，帮助个体认识这些想法中包含的逻辑错误，成为认知转变法的核心。具体操作：(1) 帮助个体认识思维活动与情感行为之间的联系；(2) 帮助个体认清消极、歪曲或错误的思维方式和内容，发展更适当的思维方式和内容。由此可见，认知转变法强调改变个体的认知方式和实现认知-情感-行为三者的和谐。在面对残疾人个案时，常常有一些残疾人的自我认知和接纳程度较低，往往完全否定自身的潜力，或者认为个人的状况是无法改善的。在这种情况下，帮助残疾人服务对象寻找到其自身想法中的错误逻辑，通过改变认知而实现其行为矫正，就构成了残疾人辅导的关键。认知转变法是用认知重建、心理应对、问题解决等技术进行心理辅导和调适的。其中认知重建最为重要，其关键在于如何重建人的认知结构，从而达到辅导和调适的目的。

(二) 行为矫正法

行为主义心理学认为人的行为是后天习得的，既然好的行为可以通过学习而获得，那么不良的行为、不适应的行为也可以通过学习训练而消除。行为矫正方法是基于严格的实验心理学成果，遵循科学的研究准则，运用经典条件反射、操作性条件反射、学习理论、强化作用等基本原理，采用程序化的操作流程，帮助服务对象消除不良行为，建立新的适应行为。经常使用的技术有放松训练、系统脱敏法、强化技术、示范法等。

学习活动 12－2　练习

1. 试比较残疾人个案辅导与心理咨询的异同。
2. 请为刚刚因病失明的打工者 A 设计一个个案辅导计划。
3. 在所在学校或社区实地考察，列举待改善的社会环境障碍及应对办法。

第三节
残疾人辅导相关理论

如何理解残疾人在社会生活当中遇到的问题？以何种方式开展具体而恰当的助人服务？专业的残疾人辅导离不开残疾人社会工作理论体系的指导。下面重点介绍与残疾人社会工作直接相关的各个理论，为社会工作者开展残疾人辅导提供依据。

一、供养理论

在各种社会中，对于残疾人，特别是失去劳动能力的残疾人的最初的，甚至被认为是最好的办法是把他们养起来。他们的家人或社会通过对残疾人的供养来表示对残疾人的尽责和爱。在经济不发达的社会，这种供养几乎只限于完全丧失劳动能力的残疾人，但在发达社会，对残疾人供养的范围在扩大。尽管不同社会对残疾人供养的内容和水平有不同，但是一般说来，这种供养大多限于经济方面，或者物质方面，而对他们的精神需求、能力估计不足。尽管对于残疾人，特别是严重丧失劳动能力的残疾人来说，经济上的供养是完全必要的，但这并不是对残疾人进行关照的全部。仅从社会工作的基本价值观念——人的需要的多样化、人是有潜能的——来看，简单的供养理论就有不少缺点。但不可否认，在供养理论（观念）的指导下产生了以经济、物质提供为主的残疾人工作的实践，这构成了残疾人社会服务发展过程中的最初努力。

二、回归社会理论

回归社会理论是一些学者针对将残疾人封闭起来进行供养和照顾所产生的弊病而提出来的。回归社会理论的提出和一些社会学家在20世纪中期对西方普遍实行的将精神病患者长期封闭在院舍里的研究，具有密切的关系。20世纪50年代，美国社会学家戈夫曼在深入研究庇护所里的精神病患者的情况后指出，由于在庇护所里精神病患者始终处于不良的同伴关系（指精神病患者长期生活在一起而形成的具有强烈刺激性的互动关系）和“关护”关系（指庇护所里的管理人员、医护人员对精神病患者的消极的、冷漠的态度和严格管制精神病患者的行为所导致的医患人员隔阂、紧张甚至敌视的关系）中，结果，精神病患者的病情并没有好转，相反，可能会加重。同时，也有社会人士关注到老人和残疾人因长期住院而产生的种种不良后果，发现长期住院令那些残疾人等产生依赖性，渐渐失去重新适应社会的能力。正是在这样的背景之下，“非住院化”运动开始兴起，回归社会理论也由此而产生。

在英国，当政府将老人、残疾人（精神病患者）收养于各种社会福利机构进行照顾，以显示其对国民的福利责任承担发展到较高程度之后，一些学者的调查同样发现，这种院舍式照顾对残疾人、老人生活产生了消极影响。于是改变院舍照顾这种既昂贵、效果又不好的福利模式的呼声占据上风，让残疾人、老人回到他们熟悉的社区中去接受照顾的模式成为普遍选择，并得到其他国家的广泛响应。

回归社会理论的基本观点有：

（1）老年人、残疾人、精神病患者及康复者等，多是社会上最脆弱及最无依靠的群体。他们往往需要社区内正规或非正规的服务和照顾，去协助他们在社区内继续过正常的生活。

（2）社区照顾是让残疾人、精神病患者等福利服务对象回归社会的典型模式。

（3）社区照顾的目标是尽量维持残疾人等有需要的人士在社区内或其自然生活环境内的独立生活。换言之，社区照顾表示提供合适的支援，让残疾人等社区人士可以在自己的生活上获得最大的独立性和自我控制。

三、增能理论（empowerment）

许多关于残疾人、老人的供养及照顾理论，在把服务对象看作脆弱的群体时，忽视了人是有潜能的、是可以改变的这一社会工作的基本价值观念。增能理论则站在人的发展的立场上，认为通过一定的方法，残疾人可以在一定程度上恢复他失去的机体的、社会的功能，并有助于他们进入一般的、正常的社会生活。增能不但在于增强其原本丧失的机体的功能，而且在于增强他们的生活信心，甚至减轻他们对社会的“拖累”。增能理论是以人的发展理论为基础的，它关注人的基本价值的实现。按照增能理论的理解，增能的方式也是多种多样的。比如康复可以使残疾人已丧失的功能得以恢复，教育和培训可以发掘他们的潜能，外界生活、活动条件的改善可以减少他们表现自己能力的障碍，等等。

四、正常化理论

正常化理论是用来分析如何看待诸如精神病患者及其他伤残人士等某些特殊的社会群体的理论。在社会工作领域中，正常化理论一般有两种含义：

（1）以服务对象为本的社会工作价值理念认为，由于贴标签的缘故，以往把残疾人等一些工作对象的行为视为异常，并采用主流社会通行的所谓“正常”的方法去治疗他们，实际上是有失偏颇的。因为在一些社会工作者和治疗者或助人者眼里被视为不正常的行为，其实在服务对象群体那里完全是再正常不过的事情，关键是助人者把自己看问题的眼光强加于服务对象身上，换言之，问题实际上是出在助人者对服务对象的任意标定上。

（2）所谓正常化就是为受助者提供与平常人相似的生活环境，包括让他们回到自己熟悉的平常社会，过常人的生活。英国倡导和推行的社区照顾就含有这种意义。美国全国智力迟钝公民协会曾对正常化所做的界定是：所谓正常化就是帮助残疾人获得一种尽量接近正常人的生活方式，使他们的日常生活模式及条件尽量与社会中大多数人一样而不是有意地将他们区隔开来。在社会工作实务中之所以强调这一点，还源于社会工作承认所有人（包括残疾人等）都具有尊严和价值。

上述正常化理论引出一个对残疾人社会工作共同的启示，即残疾人社会工作尤其需要从服务对象的角度去看待事物，而不可妄加臆断和随意标定。

五、社会网络理论

社会网络这个概念最初由社会人类学家所创，早在1940年，李察夫-布朗已经用"人际网络"去比喻社会结构。1954年，英国人类学家白恩士采用了社会网络的分析方法去有效地分析一个挪威的渔村社区。至今，社会网络理论在社会工作领域里受到广泛的重视及采纳，因为它能够提供一个系统的方法去分析人与人之间的联系，加深社会工作者对服务对象之间的相互沟通模式及互动的理解。社会网络理论为在残疾人辅导过程中链接各种有效资源以解决问题提供了理论基础，为残疾人个案管理提供了全面的工作思路。

概括而言，社会网络理论有如下几个基本观点：

（1）所谓社会网络，通常是指一群人之间所存在的特定联系，而这些联系的整体特点可以用来解释这群人的社会行为。或者也可以把社会网络视为一群人之间的关系结构及他们之间所存在的交换关系及特定角色。

（2）社会网络和社会支持常常联系在一起，网络在大多数情况下扮演着支持性的角色。社会支持网络是一种非正式的社会支持，通常被视为解决个人及社区问题的"第一线"。因为当个人遇到问题时，第一个反应通常是寻求相熟或亲密的人的协助，所以，社会支持网络无疑是补足正规社会服务的一种有效支持模式。

（3）一般而言，社会支持网络至少可以表现出两大方面的功能：一是能够起到缓冲压力的作用。社会网络中的支持可以在两个关键性时刻介入。社会支持可以在危机即将发生但尚未发生，或刚刚发生但压力尚未产生时发挥作用，可以帮助个人采取较乐观的态度或做较适当的准备去减低压力的负面影响。社会支持也可以在压力产生后、病态形成前发挥作用，帮助个人采取较积极的态度去面对困难，或鼓励个人去执行适当的治疗程序。这些支持系统可能包括亲戚、朋友、互助小组及邻舍关顾团体等，而所提供的支持可能包括心理及情绪上的支持，协助日常生活上的细节，提供物质、金钱、技术及意见，等等。二是能够起直接及整体的保护作用。社会支持能够帮助个人融合进社会的网络之中，由此强化个人的心理及生理健康，帮助实现个人与社会之间的协调。当个人确知他生活在一个富有支持性及关怀性的社会网络中，而他也主观地感觉到其他人时时刻刻都愿意提供适切的帮助时，他自然会感觉到自信、安全及可以控制周围的环境。这种健康的心理状态也自然能够帮助个人增加对危机及疾病的防卫性，预防问题及压力的产生。

（4）社会工作在开展实务的过程中，通常采用以下一些社会网络介入策略来帮助个人及群体解决所面对的问题。

一是个人网络策略。这种最普遍被采用的策略，其重点在于强化服务对象的现存人际关系及他所处的环境内有发展潜力的成员的互助能力。

二是自愿联结策略。这种介入策略是帮助需要援手的人及可以提供协助的辅助者建立一对一的辅助关系。社会工作者的任务就是要将服务对象与适当的辅助者配对，而这些辅助者通常对某一些问题的处理较有经验及较关心，能对需要辅助的服务对象提供适切的协助。

三是互助网络。这种介入策略是把面对相同问题或具有相似兴趣或能力的人聚合在一起，建立他们之间的联系，促进他们互相支援的功能。采用互助策略时，社会工作者可以尝试联系有相同困难的服务对象成立互助小组，也可以把这些互助小组与社区内其他非正式组织联系成为网络，以达到互相支援及互相咨询的效果。

四是邻里援助网络。当采取这种介入策略时，社会服务机构通常以一个以地域界定的社区为基础，然后尽力识别当中所存在的非正式辅助网络及社区内的“自然辅助者”。这些自然辅助者可以在向邻里提供支援上扮演关键的角色。社会工作者的任务就是去强化社区内的非正式自然网络，把分布在社区内的大小网络联系在一起，形成一个有效的邻里援助网络系统，帮助社区内孤立无援的人士。

五是社区授权网络。这种介入策略的目的就是发展一个聚合了非正式社区领袖的讨论场所，借以有效地反映社区内各种群体的意见及利益。社会工作者的任务是去促进这些非正式领袖的沟通、联系及互助并建立网络，鼓励这些网络成员去共同参与及关心社区内的问题，形成社区内申述问题及倡议社区政策改革的声音。

学习活动 12－3　练习

1. 试比较各种残疾人社会工作理论的异同。
2. 请用正常化理论来分析残疾人教育政策。

第四节
残疾人辅导实务模式及注意事项

社会工作者接到残疾人个案后，首先要与服务对象一起把与残疾有关的问题整合到需求评估当中。通过评估过程，双方增进了解，促进个案辅导目标的设定和干预过程的实现。在评估后的专业介入过程中的实务模式选择，为整个社会工作服务提供了一个全面的定位。本节重点讨论残疾人个案辅导中的实务模式选择及其注意事项。

一、残疾人辅导实务模式

所有的社会工作实务模式都有一个普适性的核心，而且是围绕着对人类的思考、反映、生活以及感受、成长、改变而发展变化的，所以任何实务模式都可能适合并被应用于针对残疾问题与服务对象展开的工作中。下面整理几个在残疾服务对象生活中常见的某个特殊的需要或问题的实务模式，介绍如下。

（一）危机干预模式

危机干预模式一般应用于服务对象经历了由某件事引起的严重的突发困扰时。这种模式对于刚刚检查出残疾症状的服务对象、身体状况或生活状况发生改变的服务对象都有很强的适用性。这种模式力求在服务对象经历巨大变动后仍能保持稳定且发挥最大作用，帮助服务对象处理突如其来的严重困扰，实现生活状态的平稳过渡。

身处危机中的人们可能会经历一些严重的感情上的不安、焦虑、消沉、困惑或者愤怒，在做选择、解决问题或采取行动时不能集中注意力，极度脆弱和失忆，防卫水平低，睡眠及饮食系统失调，对冷热的感觉迟钝，以及面临其他来自身体、认知、情感和人际关系的困难。

危机干预模式一般在危机发生后 6 到 8 周使用，是一种短暂的治疗形式，目的是帮助个体向有意义的、积极的危机解决方式和功能适应的方向发展。吉利兰和詹姆斯总结了危机干预模式的六个步骤①。

第一步：定义问题。仔细倾听服务对象的需求，注意言语性和非言语性的线索，从服务对象的立场来定义问题。

第二步：确保服务对象的安全。通过内部状态和外部情境两个方面来评估服务对象在身体和心理上遭受伤害的危险，采取所需的一切预防措施以避免服务对象和其他人受到伤害。

第三步：提供支持。以尊重、耐心且同理心的态度与服务对象沟通，逐步建立信任关系。

第四步：研究替代方案。与服务对象共同寻找可行的建议和方案，发展有效的应对和适应机制。

第五步：制订计划。协助服务对象制订一个包括实施细则在内的短期行动计划。

第六步：获取承诺。帮助服务对象对按照计划采取行动做出承诺。

危机干预模式在本书的第七章已有介绍，在此就不详细描述了。

（二）增权模式

增权是社会工作实务的重要理论基础。增权模式与尊重、优势视角等社会工作价值观相呼应，强调社会工作的专业助人过程就是社会工作者协助服务对象重构个人和社会经验、发展潜力的过程。与老年人、儿童、女性等其他弱势群体相比，残疾人群体可以说是弱势中的弱势。因为残疾人不仅要面对功能方面的缺陷和障碍，而且要面对社会强加的排斥与偏见。社会常常把残疾人形容为悲剧的“受害者”，基于此，残疾人往往会将功能障碍内化为自卑、无能和无助。增权模式就是要通过优势评估，挖掘服务对象的优势和潜能，帮助服务对象自主行动，改变自身生活状态。

---

① GILLILAND B，JAMES R. Crisis intervention strategies. 3rd ed. Pacific Grove，CA：Brooks/Cole，1997.

李总结了以增权模式进行残疾人个案辅导的八项原则①：

（1）利用有助于处理、适应社会变迁的步骤和技能来思考和解决问题。鼓励服务对象除了探究问题和需求外，着眼于思索阻碍问题解决的、被压抑的、不利于增权的情形。

（2）在确保服务对象的基本需求（食物、避难所、衣物等）满足的基础上，使用增权技能来增强服务对象实现改变的动机。

（3）保持服务对象的心理舒适和自尊，外化痛苦来源，减少自我谴责。

（4）教授服务对象一些促进问题解决和自我指导能力提升的技能，并鼓励和创造条件让其不断实践。

（5）充分利用培养自我意识等工作技能，确保以平等、同理和尊重的方式与服务对象一起工作。

（6）除了在个案辅导中使用增权模式外，也要考虑将其在适当的情况下用于团体和社区层面，综合改善服务对象所处的生活环境。

（7）在个案辅导过程中，始终把自我意识和痛苦经历作为应该考虑的问题，在充分评估的基础上，给予专业介入。

（8）了解临床治疗的过程、方法以及相关政策也是增权模式中必不可少的部分。

（三）个案管理模式

自 20 世纪末以来，个案管理模式成为社会工作个案工作方法中的新兴的工作模式，被越来越广泛地使用。对于残疾服务对象而言，个案管理模式可以更好地满足残疾服务对象，特别是严重残疾或其他有长期持续需求的服务对象的综合需求。

为残疾服务对象提供哪些服务取决于服务对象残疾的类别、性质、程度，以及服务对象因此受到的功能影响等综合因素。当单一社会工作服务无法实现帮助时，社会工作者有必要采用个案管理模式，根据服务对象的个性化需求，将各种服务综合到对服务对象的全面照管计划当中。在残疾人辅导的实务工作中，残疾服务对象可能需要一系列的服务，如医疗护理、个人护理、康复训练、交通、教育、住房等。当任何服务单一进行时，服务效果都不完整，服务质量都无法得到最终保障。而采用个案管理模式则可以有效解决各服务间的不连贯性，为服务对象提供全面而协调的社会服务。

个案管理模式下的残疾人社会工作，要求社会工作者具有灵活性、创造性。通过耐心以及对服务对象和社会资源广泛细致的了解，来满足服务对象的需要。个案管理员需要与服务对象一起参与到需求评估当中来，然后列出满足服务对象需求的服务计划，寻求社区资源提供综合性服务。社会工作者的功能更多地体现在为服务提供协调和监管，而不是直接管理服务②。

---

① LEE J B. The empowerment approach to social work practice//TURNER F. Social work treatment：interlocking theoretical approaches. New York：Free Press，1979.

② ROTHMAN J C. 残疾人社会工作. 上海：华东理工大学出版社，2008.

二、残疾人辅导中的注意事项

残疾人社会工作者在开展个案辅导时，除了深入理解残疾服务对象的需求，选择恰当的理论依据和实务模式外，还需要格外注意沟通技巧、价值观运用、有效资源等环节，这些细微的环节往往最终影响服务质量的高低。

（一）关于沟通技巧

个案辅导归根结底是服务对象与工作者面对面的沟通过程。良好的沟通不但能更快更有效地建立起双方的信任，使个案辅导的过程自然而舒适，而且有助于综合需求的评估及计划策略共识的形成。具体包括：

1. 询问的技巧

在工作者应用直接或间接的提问方式来收集有关服务对象需求的资料时，要注意：询问语气要自然、温和；问题表达要明确而开放，尽量避免各种带有预设和引导性的提问，循序渐进，从服务对象最愿意谈论的话题开始，逐步过渡到有针对性的需求部分。

2. 澄清的技巧

在个案会谈过程中，工作者在认真倾听服务对象谈话时，需要及时复述、反馈一些关键性问题，与服务对象交换自己的理解，确认双方对同一事实或概念的理解的一致性。这一技巧可以帮助服务对象宣泄自身情绪，同时进一步增加服务对象对社会工作者的信任，引起情感共鸣。

3. 情绪鼓励和疏导

帮助服务对象认识和接纳痛苦的情感，鼓励其表达出压抑的情绪，提升自我认知，减少压力，同时帮助服务对象习惯运用积极的方式表达情感、处理人际关系。

4. 沟通和交往分析

帮助服务对象识别其与他人交往中所存在的不恰当的言语和沟通方式，鼓励服务对象通过改变沟通方式来改善人际关系和社会关系。

（二）接纳服务对象

如何看待残疾现象或者把残疾人看成哪种类型的人，是如何对待残疾人的基础。在这方面，社会工作者要有力地应对社会上某些人的偏见，并坚持正确观念去从事社会工作。显然，只有充分地理解残疾人，理解残疾人所体验的种种不幸、孤独、无助、无能力感，甚至理解他们所遭遇的种种社会歧视和偏见，工作者才能更好地“站在残疾人的角度”“准确和敏感地知觉服务对象的内心情感并且把这种理解传达给服务对象”。

在很多情况下，残疾服务对象的行为站在他自己的立场上看是无可指责的，但是在所谓“正常群体”的角度看来就可能不合规范，从而被加上“偏差”“不正常”的标签。这种“偏差”“不正常”的标签往往又通过社会主流群体的宣传或某些社会程序逐渐演化成为一种社会文化，从而为社会大众所接受，其中甚至也包括部分残疾群体本身。因而，作为残疾人工作者，要增加与残疾群体的接触，设身处地地理解他们的生活，时常反思自身言行中有意无意的价值体现，既避免刻板印象带来的“标签”效应，也避免打着“尊重”旗号的过度保护。

还有一点需要格外说明的是，在残疾人社会工作服务中，特别是在专业关系建立之初，社会工作者自身也常会感到恐惧和不适。当个案工作者自身从未患有任何残疾或在日常生活中缺乏接触残疾群体的经验时，就自然会对残疾服务对象感到陌生、不适，甚至恐惧。认识到自己的情绪，并尽量降低这种不适和恐惧，对于从事残疾人服务的社会工作者来说至关重要。这种不适与恐惧可能源于害怕服务对象的容貌或行为，也可能源于担心服务对象无法控制情绪或者出现反常行为，还有可能源于担心这种不适或恐惧的情绪会在与服务对象的沟通中不自觉表露出来……

对于上述偏见以及恐惧和不适的感受，一方面，社会工作者可以主动补充相关知识储备，比如不同残疾的病因学及病理学知识、精神和行为变化的规律和意义、常用的各种应对技巧等。另一方面，社会工作者也可以通过与残疾群体接触的增加有效降低不适、恐惧和偏见。随着社会工作者对服务对象的残疾了解得日益丰富，残疾会自然地变为服务对象的一部分，从而真正实现对服务对象的完全接纳。

（三）残疾人辅导的有效资源

完整而有效的残疾人辅导过程，不仅仅局限于社会工作者在辅导过程中给予的直接支持和专业帮助，还必须在评估服务对象需求的基础上，提供各种有效的社区和社会资源信息，满足服务对象的综合性基本需求。因而了解我国残疾人工作体系，熟悉政府和非政府组织提供的基本残疾人服务就成为做好残疾人辅导工作的必要基础。

我们先来了解一下政府部门的残疾人工作。长期以来，我国的残疾人服务模式以政府推动和单位提供为主。残疾人问题较多涉及民政、卫生、教育、劳动等政府部门的管理范围，也涉及法律、公安、交通、工商税务等部门。其中，民政部门承担了政府对残疾人的特别扶助、救济和其他福利措施的执行等方面的职责。而残疾的预防以及残疾的医疗救治和全面康复，都与卫生医疗部门直接相关。在中国，虽然医务社会工作者的专业岗位还没有普遍设立，但医务社会工作者也在从社会因素的角度解决残疾的预防和医疗、康复问题。教育部门所做的残疾人工作则主要集中在对残疾儿童、少年的特殊教育工作方面。中国各级教育部门多年来积极倡导和推进特殊教育工作。

此外，残疾人组织也承担了重要的服务职能。中国残疾人联合会是残疾人的组织，其职能是代表残疾人利益，为残疾人服务和对残疾人实行管理。其职能与政府部门所承担的残疾人工作有交叉，是在同政府部门的密切合作中推进残疾人事业的发展。此外，日益增多的各类残疾人民间机构、国际性助残组织也在提供专业残疾人服务方面发挥了越来越大的作用，有效促进了残疾人服务的丰富性和多样性。

面对如此庞大而复杂的残疾人工作体系，为了使提供的服务真正满足残疾人的需要，社会工作者就必须在评估服务对象需求的基础上，全面了解可能提供支持的政府和民间资源，并做出恰当的选择。

学习活动 12-4 练习

1. 试讨论对因自然灾害致残的孤儿可以采用哪种个案辅导模式，并列出详细辅导计划。

2. 留心生活中与残疾有关的日常对话或者媒体报道，分析其中的价值取向，仔细分辨怜悯、同情、同理心、接纳的不同。

3. 整理一份你所在社区的残疾人服务资源列表。

第五节 小 结

残疾人社会工作是对残疾人个人、家庭或残疾人群体进行的有目的的专业活动，是以残疾人为主体对象而提供的各种有效的服务和帮助。残疾人个案辅导是开展残疾人社会工作的重要方法之一。作为个案工作者，在向残疾服务对象提供服务时，首先要澄清自身对残疾现象及残疾人的认知和理解，对留存在头脑中的常见假设做清晰的思考，尽可能把每次个案辅导服务都视为与残疾服务对象共同成长的机会。

其次，要全面了解残疾人社会工作的主要内容和方法。残疾人社会服务包括康复，即最大限度地恢复残疾人的生物机体的功能或进行功能补偿，以增强他们参与社会生活的能力。在康复过程中，社会工作发挥着医学不能替代的作用。此外，社会工作者可以帮助残疾人寻求更多适宜的劳动岗位，帮助他们适应劳动生活，维护他们的合法权益。社会工作者在帮助残疾人更好更快地融入社会生活的同时，还可以通过提供咨询、介绍和指导等方式来促进残疾人的婚姻与家庭生活。可以说，残疾人社会工作涉及残疾人的康复、生存、生活、发展等各个方面，其对挖掘残疾人潜能、促进残疾人自身发展的重要性不言而喻。

开展残疾人个案辅导的过程离不开理论指导。供养理论、回归社会理论、增能理论、正常化理论、社会网络理论等从不同角度给实务工作模式提供了理论依据。常见的残疾人个案辅导实务工作模式包括：危机干预模式、增权模式和个案管理模式。

各类残疾人因为自身的生理或心理障碍很难改变，所以客观上都存在对社会生活不同程度的不适应性，在社会生活的各个领域都有一定表现。因此，个案工作要根据服务对象的残疾类型与特点，有针对性地开展辅导工作，不断提升与残疾服务对象沟通的技巧，做到接纳服务对象；通过链接社区资源，使残疾人增强社会适应性、重新参与社会生活，满足基本需求，实现自我发展，共享社会发展的成果。

本章要点

1. 残疾人的概念及残疾人社会工作发展概况

2. 残疾人辅导的主要内容

3. 残疾人辅导的方法与技巧
4. 社会康复学的基本理论
5. 残疾人辅导的注意事项

基本概念

多重残疾　残疾人社会工作　职业康复　社会康复　无障碍环境　行为矫正法　正常化理论　回归社会理论　危机干预模式　个案管理模式

复习思考题

1. 如何理解残疾人的定义？我国的残疾人包括哪些类型？
2. 残疾人康复包含哪些内容？
3. 残疾人辅导的理论基础主要有哪些？
4. 残疾人辅导的实务工作模式主要有哪些？
5. 在残疾人辅导上应注意哪些问题？

推荐阅读书目

1. 马洪路．中国残疾人社会福利．北京：中国社会出版社，2002.
2. 奥利弗，萨佩．残疾人社会工作．北京：中国人民大学出版社，2009.
3. ROTHMAN J C. 残疾人社会工作．上海：华东理工大学出版社，2008.
4. 马洪路．残疾人社会工作．北京：中国社会出版社，2010.
5. 张福娟．残疾人社会工作——案例评析．上海：华东理工大学出版社，2010.
6. 宋丽玉．优势观点：社会工作理论与实务．北京：社会科学文献出版社，2010.
7. 汤小泉，高文铸．社区康复．北京：华夏出版社，2000.
8. 马洪路．如何开展社会康复．北京：华夏出版社，2000.
9. 童泽．人道主义与残疾人发展．北京：中国社会出版社，2008.
10. 葛忠明，藏渝梨．中国残疾人研究．山东：山东大学出版社，2008.
11. 拜伦，阿玛蕾娜．残疾与全纳发展．北京：华夏出版社，2009.
12. 王辅贤．残疾人社会工作．北京：北京大学出版社，2008.

第十三章

特殊问题辅导

本章概要

在本章中，我们将讨论特殊问题的辅导原则和基本程序。特殊问题包括重大事故、突如其来的死亡、工作中的挫折、药物滥用和自杀等人生危机事件。我们的讨论，将帮助你更好地理解人生面临的挑战和危机，了解专业人士将怎样帮助求助者，以共同解决问题。在本章中，我们将整合本教材中的知识点和技巧，为大家提供处理人生特殊事件的基本知识。

第一节 创伤性事件

一、什么是创伤性事件？

在 2003 年春天的中国，SARS 打乱了人们正常的生活，每个人都戴上了厚厚的口罩而看不到笑容，眼神中流露的是担忧和恐慌，整个社会似乎停止了正常运作：学校停课，社区实行 24 小时封闭管理，超市的生活必需品在一夜之间脱销，成群结队的人涌向火车站，逃难般地离开北京。每天电视中播报的患病人数和死亡人数不断上涨，所有的这一切都在提醒人们，我们的生活正在面临着严重的危机，每个人都觉得自己已经被恐惧包围。政府和媒体承认，中国遭遇了 1949 年以来最严重的公共卫生危机。

创伤通常指的是由外界因素造成的身体或精神损害。而创伤性事件常常具备以下两个条件：

第一，事件具有突发性，并且威胁着生命安全，如战争、海啸、地震、传染病、躯体或性虐待、人质事件、车祸等。在这些事件来临的时候，人们没有心理准备。面对事件的发生，人们表现出恐惧、无助、失控和毁灭的感觉，最后会出现事件发生前没有过的长期焦虑和情绪激动。

第二，事件对于不同的受害者具有不同的意义和影响。有些创伤性事件（如战争、强奸）的发生，会给所有的受害者带来身体或精神损伤。有些事件（如车祸）的发生很突然，也威胁着生命安全，但是，对一部分人来讲，时过境迁，他们很容易从中恢复过来，能够正常生活，这类事件对他们来讲未必是创伤性的，而另一部分人则因为这些事件改变了自己的整个生活，这类事件对他们来说就是创伤性事件。

为了帮助人们更清楚地理解创伤性事件，美国学者将其分为三类：人为灾害，自然灾害，暴力、犯罪或恐怖主义①。

- 人为灾害：发生在铁路、公路上的运输灾害，空难，海难，火灾，电击，建筑物倒塌，核电站事件，等等。
- 自然灾害：地震，洪水，海啸，飓风，森林火灾，火山爆发，雪崩，等等。
- 暴力、犯罪或恐怖主义：家庭暴力，刺杀，拦路抢劫，强奸，性虐待，人质事件，恐怖袭击（如美国“9·11”事件），战争，等等。

二、人类的应激反应

面对创伤性事件，人通常会做出反应，这些反应包括身体的、认知的、情绪的和行为的。

（一）身体反应

在经历了创伤性事件后，受害者常常会出现以下身体反应：

- 精力旺盛、颤抖、肌肉紧张。
- 胃部不适。
- 心率快，头晕。
- 无力、疲劳、磨牙等。

（二）认知反应

- 看待自己、看待世界、看待他人的方式改变。
- 对环境的警觉性增强或者下降，出现自我分离。
- 难以集中注意力，记忆力出现问题。
- 难以做出决定。
- 做噩梦。
- 反复出现痛苦性回忆画面。

（三）情绪反应

- 害怕，没有安全感。
- 悲伤，忧愁，抑郁。

---

① HERBERT C，WETMORE A. Overcoming traumatic stress. Cambridge：Costable & Robinson，Ltd.，1999.

- 内疚。
- 愤怒，易怒。
- 麻木，没有感觉，什么事都不喜欢。
- 失去信心和自尊。
- 感觉无助，与他人感情疏远。
- 空虚，迟钝。

（四）行为反应

- 退缩或远离他人。
- 容易受惊吓。
- 回避某些场合和地点。
- 充满了敌意，具有攻击性。
- 进食习惯改变。
- 体重增加或减少。
- 坐立不安。
- 性活动增加或减少。

当上述症状出现后，在很多情况下，受害者已经无法正常工作和生活了。他们的社会支持网络也开始发生变化，即使在创伤事件发生之后，他们的家人和朋友一如既往地关心支持他们，但是由于他们自身的改变，这种关系中断了。因此，他们需要向专业人士求助。

三、辅导重点

经历了创伤性事件后，当事人一般需要经历五个阶段才能恢复。这五个阶段是：

（1）紧急期：当事人对创伤性事件处于“战斗-逃跑”的反应状态，他们的脉搏、血压、呼吸和肌肉处在高度活动之中，并伴随着恐惧和无助感。随着时间的推移，这个状态会有所缓解，但是，恐惧和无助感依然挥之不去。

（2）情感麻木和否定期：当事人把创伤经历隐藏在潜意识中，以保持心理平衡，通过这种逃避，来暂时缓解焦虑与应激反应状态。

（3）重复侵入期：当事人出现噩梦，容易激惹，有侵入性想象或惊跳反应等，这些反应使得当事人处在一种难以自拔的病理性困境中，他们不愿意向外求助。

（4）反应转折期：当事人开始对创伤性事件建立正面的建设性的看法，他们愿意展望未来，开始学习如何控制事件本身、如何面对现实。

（5）整合期：当事人开始成功地将创伤性事件与自己过去的经历整合在一起，并恢复往日正常生活的感觉，创伤经历开始真正成为过去和历史。

根据这五个阶段，在辅导过程中，工作者首先需要进行评估，并根据评估结果，制定一个完整的治疗方案。

（一）评估与评估工具

学者们发展了一系列诊断和评估创伤性事件后遗症的量表，其中最有名的有：密西西比与战争相关的创伤后应激障碍量表（Mississippi Scale for Combat-related Posttraumatic Stress Disorder）、密西西比创伤后应激障碍量表（市民版）（the Civilian Version of the Mississippi PTSD Scale）、事件影响量表（ the Impact of Event Scale）、宗氏和贝克抑郁量表（Zung and Beck Depression Scale）、米伦临床多轴问卷（Millon Clinical Multiaxial Inventory）、16 项人格因素调查（the Sixteen Personality Factor）、明尼苏达人格调查问卷（MMPI）等等。

还有学者主张使用一些结构式的访谈指南，以帮助评估，这些访谈指南包括：PTSD 诊断访谈模块（Diagnostic interview module for PTSD）、PTSD 结构式访谈（the Structured Clinical Interview PTSD）、PTSD 临床监测量表（the Clinical Asminstered PTSD Scale）、PTSD 访谈（the PTSD interview）等等①。

（二）制订治疗计划

创伤后应激障碍的治疗通常分成两个阶段。第一阶段是分析和治疗创伤性事件及其相应的症状，第二阶段治疗的重点将转向如何帮助他们重新适应现代社会生活。在制订治疗计划时，首先要确定治疗的目标。一般来讲，在治疗创伤后应激障碍的时候，针对当事人在身体、认知、情绪和行为上出现的问题，我们通常会将治疗目标分成长期目标和短期目标。

1. 长期目标

- 终止噩梦和痛苦性回忆画面的再现。
- 将创伤性事件融入生活，并学习正视创伤性事件。
- 恢复到创伤前的社会功能水平，包括恢复社交能力、从事自己的工作等。
- 精确记住创伤性事件而不带有任何令人痛苦的情感反应。
- 能够进行日常活动，恢复自尊和安全感。
- 重获自信，能够很好地控制情感。

2. 短期目标

- 全面评估社会、心理和生理状况，以了解当事人的状况。
- 制订一个康复治疗计划。
- 帮助建立、重建家庭支持网络。
- 处理情绪。
- 澄清对创伤事件的记忆。
- 学习放松、冥想技术，以减少紧张情绪和创伤情景再现。
- 配合眼动脱敏再处理技术，减少对创伤事件的情感反应。

---

① GILLAND B E，JAMES R K. Crisis intervention strategies. Boston：Brooks/Cole Publishing Company，1997.

- 处理与创伤事件不符合的认知误区，建立现实的观念。
- 制订症状出现时的应对策略和计划。

在治疗过程中，常用的技术包括：个别辅导、家庭治疗、眼动脱敏再处理技术（eye movement desensitization/reprocessing，EMD/R）、格式塔技术等等。另外，小组治疗和同伴的互助也是非常有效的治疗手段。[①]

四、注意事项

在治疗创伤后应激障碍时，需要注意这样一些问题。

（一）早期干预

在很多情况下，当事人在经历了创伤性事件后，往往不愿意寻求专业人士的帮助。他们可能认为自己可以解决，可能不相信专业人员的能力。正是这种耽误，导致了一些当事人其后陷入了延迟性应激性精神障碍。因此，在印度洋海啸发生后不久，香港大学香港赛马会防止自杀研究中心总监叶兆辉博士就向媒体呼吁，专业人士要关注海啸幸存者的心理健康问题，要处理他们在经历了海啸袭击、目睹海浪吞噬了自己周围的人之后，他们的心理和身体受到的创伤性损害。他还警告说，有很多研究表明，这些经历了创伤性事件的人，在未来的12～18个月中，可能会有自杀的企图和打算，甚至有人会实施自杀。[②]

（二）治疗的风险

在治疗过程中，治疗师与当事人同样需要承担很多的风险，包括：面对和处理痛苦的创伤回忆可能会导致当事人的情况进一步恶化；当事人的行为退步；经过一段时间的治疗之后，当事人不愿意或者依然害怕改变；当事人在正视社会现实、试图重返社会时，发现压力太大，从而回到了创伤后应激障碍状态之中；等等。因此，在开始治疗之前，治疗师有必要向当事人及其家人解释清楚这些可能的风险，让他们在进入治疗关系之前，能有心理准备。

（三）治疗师的资格认定

治疗师需要接受过系统的专业训练，特别是在创伤幸存者工作方面的训练。

学习活动 13-1 处理小张的个案

请跟同学一道讨论下述个案并拟定处理方案。

---

① GILLAND B E，JAMES R K. Crisis intervention strategies. Boston：Brooks/Cole Publishing Company，1997.

② 详情见2005年1月9日凤凰卫视中文台《时事直通车》节目。

小张在一家医院传染科工作，2003 年 SARS 流行期间，她被第一批抽调进入封闭式病房，参加了医治 SARS 病人的工作。她进入隔离病房之后，处在一种长期紧张和焦虑的状态。她常常感到窒息、恐惧、无助，不知道什么时候自己也会感染上 SARS，死亡的恐惧一直笼罩着她。有一天夜里，她查房的时候发现有一间病房的门怎么也打不开了，她觉得事情不好，就赶紧叫了几个年轻的男医生，大家合力把门撞开以后，发现病人因为绝望已经吊死在房梁上了，脸都紫了，小张一下就瘫在地上了，好几个人才把她架起来。几个月后，小张一直没能从这段经历中恢复过来，天一黑她的脑海中就出现那种恐怖的情景。

第二节 丧失亲人

天下没有不散的筵席，这意味着，我们在日常生活中，常常会面临丧失（loss）的痛苦，大到丧失亲人、分居和离婚，小到失学、失业、疾病（健康的丧失）、换工作、搬家乃至失去自己心爱的钱包或玩具。在面对小的丧失的时候，我们往往只需要几分钟、几个小时或者几天的时间，就可能恢复，而在面临重大丧失，比如配偶、父母去世，离婚，等等时，我们往往需要几个月甚至几年的时间才能恢复过来。从发展的角度来看，我们在一生当中，需要经历无数次这样的大大小小的丧失，而最令人难忘的则是丧亲。因此，学习理解丧亲的意义，学习如何应对丧亲，帮助当事人尽快从丧亲中走出来，是工作者必须面对的一类特殊问题。

一、丧亲的含义和种类

丧亲（bereavement）是陷入失落时的一种状态，是指被剥夺、夺去和丧失亲人。它是人类生命中无法避免的事件。一旦发生丧亲，个人的行动、价值观、生活秩序等都会受影响。同时，人们还要去处理因失落而产生的结果，如情绪问题、经验和情境的改变。然而到底要花多长的时间来处理丧亲状态，这将视个别情境而定，例如，生者对死者情感依附的程度，死亡是否在预料之中，是否有足够的时间让生者去做丧亲的准备，等等。①

丧亲从关系的角度来看，可以分成不同的种类：配偶死亡，孩子死亡，父母死亡，等等。从迎接死亡的心理准备来看，又可以分为两种：一种是有心理准备的预期悲伤，它被界定为一种悲伤过程，是在预知失落的事实不久将发生，如亲人罹患癌症

① SANDERS C M. Grief，the mourning after dealing with adult bereavement. New York ：John Wiley & Sons，1989.

末期、长期卧病或不能痊愈。这种预知的丧亲，常带给家属预知的悲伤（anticipatory grief），即在亲人过世前，就出现悲伤反应。这种预知的悲伤会让人感受到即将面临真正的失落，感受到无助和失控①，当然也给了生者向濒死者告别及濒死者向生者交代后事或讨论的机会②。其实，这样的预期死别有机会让亲人在死亡来临前，能从观察中意识到死亡很快就会发生，当然也让家属能清楚意识到自己即将与濒死者永别，而自己的角色、身份也会随着亲人的过世而起变化，如自己可能即将成为寡妇、鳏夫或孤儿。学者们认为，预期死别可以引起或催化丧亲后的适应，因为有机会让生者在亲人死亡前就进入悲伤的情境中，这对丧亲后的适应是有帮助的。③

另一种是未预期的悲伤（unanticipated grief），是指突然的死亡，没有准备的失落，如亲人自杀、意外身亡、心脏病突发、车祸或外伤等。在这种没有心理准备的状况下，亲人的突然死亡常出乎丧亲者的预料，带来悲伤反应，令其措手不及或心理上难以平复创伤④，也给其带来了很多遗憾和未完成的事务⑤。许多研究丧亲、失落和悲伤的文献，常讨论到非预知的死亡，尤其是意外、突然及没有心理预期下发生的死亡，往往会令丧亲者震惊、延长丧亲者的悲伤期及导致他们身体与情绪的极度创伤，而这种没有预期的丧亲状况，往往使丧亲者长时间哀恸，且恢复期也相对延长，有些人甚至在丧亲 4 年后仍未能恢复。⑥

二、丧亲的过程

通常我们发现，在经历了丧亲之后，当事人会经历一个艰难时期，这个时期基本上包括以下几个阶段。

（一）麻木僵化期

常见的表现有：震惊、否定、麻木、迟钝和逃避。丧亲后的一段麻木期，是大部分的丧亲者会经历的。麻木似乎是一种力量，使丧亲者继续去执行他们已经习惯的角色，例如对一名寡妇来说，她还能继续当妻子，完成丧事的处理和安排，而这段麻木期有助于丧亲者暂时逃避失落的事实。但麻木的情绪若一直持续，或一直维持麻木的状况，则会导致复杂或不正常的悲伤反应。

---

① ASHTON J，Ashton D. Loss and grief recovery：help caring for children with disabilities，chronic or terminal illness. New York：Baywood Publishing Company，Inc.，1996.

② BRIGHT B. Grief and powerlessness：helping people regain control of their lives. London：Jessica Kingsley Publishers，1996.

③ HUMPHRY D，WICKETT A. The right of die. New York：Harper & Row，1986.

④ BURNELL G M，BURNELL A L. Clinical management of bereavement：a handbook for healthcare professionals. New York：Human Sciences Press，1989.

⑤ 同④.

⑥ SANDERS C M. Grief：the mourning after dealing with adult bereavement. New York：John Wiley & Sons，1989.

（二）渴念和搜寻期

这时期丧亲者常有分离的焦虑、愤怒、挫折和失望等复杂情绪。这个阶段的特性是从挫折、紧张及不愿接受中，渐渐地认知到丧亲的真实性。焦虑是这个阶段的典型特征。有时丧亲者也会想“它不是真的事实”，或感觉到死者正走到门口及会梦到死者等。丧亲者很渴望失去的亲人能够回来，并且否认失落是永恒的。

（三）解组、忧郁和绝望期

随着时间的流逝，丧亲者会逐渐地意识到现实，同时心情也会逐渐地平静下来。在此时期，真正的悲伤也开始了。丧亲者开始感受到解组和绝望的情绪。通常这种情感的释放伴随着无法抵抗般的难过和大量泪水的涌出，还带有生气、焦虑、慌张不安、害怕的情绪，甚至令人无法睡眠。这些感受经常会带有大量的热望，甚至想到处找寻死者。这些复杂情绪也常带有生气和内疚。这种生气，有时是对周围的人，但有时是对死者。丧亲者会质问：“为何你自己走了，而留下我独自来面对人生这么多的事情。”在这个时期，丧亲者很难发挥自我功能。①

（四）重组或复原期

在丧亲者慢慢地发现一个新的方向和发展出新的认同之后，他对不承认的过去、拒绝接受的事实及不能切断或放弃与死者之关系的想法，开始慢慢地改变，与已成事实的情境取得了平衡的关系，并逐渐地接受事实，面对和接纳没有逝者的生活，从而逐渐适应下来，开始恢复正常的生活。②

三、悲伤反应

大部分的丧亲者，会出现以下悲伤反应。

（一）感情方面的悲伤

大部分丧亲者的共同特征是：有强烈的悲伤、痛苦、难过、焦虑、恐慌、惊吓、孤独感、麻木、茫然不知所措、没有主见、无助感、幻听、幻觉，甚至绝望、很想死，有想跟亲人一起去的感觉。有的人是感到愤怒、愧疚、自责、解脱等。

（二）生理感官方面的悲伤

丧亲者最常出现的生理现象是胃部空虚，胸部紧张，喉咙发紧，对声音敏感，有一种人格解组的感觉——没有一件事看起来是真实的，呼吸急促，有窒息感，肌肉软

---

① PARKES C M，WEISS R. Recovery from bereavement. New York：Basic Books，1983.

② SANDERS C M. Grief：the mourning after dealing with adult bereavement. New York：John Wiley & Sons，1989.

弱无力，乏力，等等[①]。

(三) 认知方面的悲伤

哀恸经验呈现出不同的思考模式，早期阶段的一些想法，过一阵子会消失，但有些想法则可能持续下去，并引发忧郁和焦虑。这些想法包括：不相信，困惑，沉迷于对逝者的思念，感到逝者仍存在，产生幻觉，等等。

(四) 行为方面的悲伤

在悲伤的过程中，丧亲者也会呈现一些悲伤的行为反应，这些反应较常见的是：哭泣；退缩，封闭自己，与外界隔绝；旧地重游，去捕捉逝者的影子；到已逝亲人的坟前烧香、拜祭；避免提起已逝亲人的事情，或不敢去以前与已逝亲人去过的地方，担心触景伤情；等等。[②]

四、辅导重点

丧亲辅导的重要任务和目标就是帮助丧亲者认识并体会这个过程，因此，辅导的目标主要有：

(1) 协助丧亲者确认丧亲的事实，学习接受和面对事实。

(2) 丧亲者必须接受悲伤是痛苦的。辅导者就是在协助丧亲者处理已表达的或潜在的情绪，并帮助丧亲者去接受这些感受。

(3) 丧亲者需要重新适应一个逝者不存在的新环境。辅导者要协助丧亲者克服失落与再适应过程中的障碍，并帮助其寻找生活中的其他功能和目标，以取代逝者的地位。

(4) 丧亲者需要将情绪的活力重新投注在其他关系上。辅导工作主要是鼓励丧亲者向逝者告别，鼓励其以健康的方式，坦然地重新将情感投注在新的关系中。

丧亲辅导需要遵循以下几个原则与方法：

(1) 协助丧亲者确认失落。

帮助丧亲者确认丧亲实际上已经发生，他们必须接受这个事实，才能处理丧亲所引起的情绪冲突。

(2) 帮助丧亲者表达情感。

在悲伤的经验中，大部分的感受是令人不安的。因此这些感受往往无法被人认知，或无法被人了解其强烈程度。但为了有效解决问题，就要去体会这些感受，处理这些感受。

(3) 帮助丧亲者在失去逝者的情况下活下去。

帮助丧亲者适应失落，独立做决定，并加强失去逝者后独立生活的能力。可运用

---

① KALISH R A. Death, grief, and caring relationship. California, Belmont: Wadsworth, Inc., 1985.

② 黄天中. 临终关怀——死亡态度之研究. 台北：业强出版社，1988：27.

问题解决的模式，了解丧亲者所面临的问题是什么以及如何解决。

（4）将情感从逝者身上转移。

借着情感的转移，可以协助丧亲者寻找一个新的处所，也容许丧亲者发展新的关系，如将情感投入工作、订立新的生活目标，或发展新的人际关系。

（5）允许丧亲者花时间去经历悲伤。

悲伤的历程是需要时间的，它是一种渐进的过程，因此不要急着想克服悲伤、回归正常。在悲伤辅导中，应对丧亲者阐明在悲伤期中，是会有某些时刻是特别困难的。一个艰难的时刻是在举行葬礼三个月之后，因为丧亲者在丧葬期间会获得许多亲友的拜访与支持，但渐渐地访者少了，电话和安慰的问候也少了。另一个艰难的时刻是第一次周年祭日，对丧亲者而言，此时会涌上各种念头、情感，辅导者要额外地给予支持。

（6）提供持续的支持。

悲伤既然是一种过程，那么给丧亲者提供持续性的支持，就是悲伤辅导的重要原则。辅导者应能在失落发生后一年内的每个关键时刻，给丧亲者提供持续性的帮助。最好的帮助方式之一是带领丧亲者参加适合他们的支持性小组，可借着小组成员间的互动或关怀，给予有效而持续的支持。

（7）界定病态行为并转介。

从事悲伤辅导工作的人，应有能力辨识何种行为属于正常，何种行为是病态的。对于病态行为，辅导者应清楚自己能力的限制，清楚自己能否给予悲伤治疗或心理治疗，否则应做适当的转介。

（8）协助丧亲者做好情感上的重建工作。

情感上的重建需要丧亲者在自己的生活上有一个新的平衡。友谊是各种不同亲密关系的一种，因此在悲伤的恢复过程中，友谊的发展可以帮助丧亲者克服孤单，重建或发展情感。①

学习活动 13－2　钟摆式的哀伤过程

在哀伤的过程中，会出现一个来回反复的钟摆状态。一方面，丧亲者会经历以缺失为主导的哀伤反应，包括感到悲伤、哭泣、思念逝者或逃避生活等。另一方面，丧亲者也会经历以复原为主导的活动状态，包括学习新的适应技能、专注日常工作或逃避情绪经历等。你发现自己正徘徊在这两种应对模式之间，代表你正渐渐努力保持平衡，达到适应哀伤的健康模式。

社会工作者可以通过类似下表的活动帮助丧亲者明白自己的“哀伤钟摆”的状况。

① WORDEN J W. Grief counseling and grief therapy—a handbook for the mental health practitioner. New York：Springer Publishing Company，1982.

我的哀伤钟摆

在我现在的生活里，跟“缺失”有关的事情	在我现在的生活里，跟“复原”有关的事情

资料来源：陈丽云，陈凯欣，田芳，等．为生命喝彩：善终、善别及善生的自助旅程．香港：香港大学行为健康教研中心，2010．

五、注意事项

（一）工作者需要扮演多重角色

在丧亲辅导中，工作者需要扮演以下不同的角色。

- 倾听者：倾听丧亲者的愤怒、悲伤、沮丧、挫折等情绪。
- 启发者：运用认知的技巧解说、引导、面质逝者已死、不能再回来的事实。
- 引导者：引导丧亲者宣泄情感。
- 资源提供者：提供相关的社会资源，以解决丧亲者生活上的困境。
- 倡导者：倡导社会关注丧亲人士的福利状况。
- 支持者：支持并伴随丧亲者度过哀恸期。
- 解说者：耐心解说哪些是正常反应，哪些是病态行为。
- 教育者：教育社会大众关心重视死亡教育，因为生离死别是人生之常事。
- 咨询者和治疗者：开展深入的咨询和治疗。

（二）工作者应该具备的特点

悲伤辅导对工作者来说是一项颇具挑战性的工作，因它常令工作者感到无能为力、帮不上忙或使不上力，并因此感到挫折和愤怒，也常因为当事人的丧亲经历而触动工作者个人内在的问题。因此，悲伤辅导对工作者也提出了一些要求，即需要能够处理好以下几个方面的问题。

1．充分利用自我

在辅导过程中，如果工作者自己有过丧亲的经历，并且处理得很好的话，这个经历会帮助当事人找到出路。相反，如果工作者自己没有能力处理好自己的丧亲之痛，可能会给整个辅导过程带来障碍和困难。

2．认识死亡和丧亲

在处理丧亲个案时，工作者需要接触和了解死亡的必然性和无可遁逃，可能会产生焦虑和害怕，会担心失去父母、配偶或孩子，这些负面情绪会给辅导关系带来压力。因此，工作者需要充实有关悲伤辅导与治疗方面的知识和技巧，不断提高自己的能力，同时，主动参加亲友的葬礼，来增加对死亡的理性和感性认识。

3. 需要经过特别的丧亲辅导培训

丧亲辅导需要工作者具有成熟的、理性的人格，具有很强的专业训练背景，特别是悲伤辅导训练背景，具有较强的自我认知和自我反省的能力，以及具有很好的对自己情绪的控制能力。否则，工作者将很难胜任悲伤辅导的工作。

学习活动 13－3　丧亲经历

跟同学组成小组，分享一下自己经历或目睹的丧亲事件，结合上述丧亲辅导的相关知识，谈谈你认为哪些对处理丧亲会有帮助，说明你的理由。

第三节 工作挫折

挫折是指在个人从事有目的的活动时，由于遇到阻碍和干扰，其需要得不到满足而表现出的一种消极情绪状态。随着现代社会竞争压力不断增大，人们遭受工作挫折的机会也越来越大。因此，了解工作挫折的类型和特点，学习相关技巧来帮助人们克服挫折，是非常重要的。

一、工作挫折的类型

工作中常见的挫折主要有以下几个方面。

（1）沟通问题：与上司沟通不好，与下属沟通不好，与同事沟通不好。

（2）工作表现：对上司给的某份工作感觉吃力，难以胜任；对琐碎重复的工作感到厌烦。

（3）工作升迁与变动："工作变动，调职，离职，失业，等等。

（4）情感方面：与上司发生感情纠纷，与同事恋爱，与下属恋爱，婚外情，等等。

在所有的工作挫折中，失业是最难处理的问题。

二、工作挫折的影响

从心理学的角度来看，人的行为总是从一定的动机出发，经过努力达到一定的目标。如果在实现目标的过程中，碰到了困难，遇到了障碍，就产生了挫折，挫折会引发各种各样的行为。在遭受严重挫折后，个人会在情绪上表现出抑郁、消极、愤懑；

在生理上，会血压升高、心跳加快，易诱发心血管疾病，胃酸分泌会减少，会导致溃疡、胃穿孔，等等。总之，挫折会给人带来心理和生理方面的反常。

在遭受工作挫折后，人们常常会表现出以下几种心理反应：

（1）攻击。受挫者把攻击矛头直接指向使其受挫的人或事。受挫引起受挫者内心的愤怒、怨恨，使他们表现出怒目而视、反唇相讥、破口大骂、讽刺挖苦、打击他人等行为。有时受挫者会寻找“出气筒”，把“气”出到无关的人或物上去。如有人在单位受了气，回家去向家人出气等。

（2）固执。在个人需要不能满足、受到挫折时，受挫者不分析原因、总结教训，而是盲目地采取某种无效动作。

（3）倒退。受挫者在受挫后，表现出与自己年龄或身份不相称的幼稚行为。如在工作中受挫或遇到批评时，会像小孩子那样装病或号啕大哭，或对下级或家属发脾气。

（4）逆反。受挫后，受挫者不仅一意孤行，而且根据自己的理解和情绪，对正确的方面盲目地持反抗、抵制与排斥的态度。

（5）妥协。人在受挫时会产生心理、情绪的紧张状态，但人长期处于这种状态，会引起各种疾病，因此受挫者采取“阿 Q 精神”来安慰自己，或诿过于人，以此释放多种精神压力、心理压力。

（6）压抑。受挫后，受挫者用意志力压抑愤怒、焦虑的情绪，把它们埋在心底，而流露出正常的情绪状态。这对身体健康有害。

（7）推诿。受挫者把个人的失败、错误推到别人身上，或找客观原因来担负其罪责，以求得自己的解脱。例如，在单位没有能够得到升迁，把原因归结为领导不公平和同事的妒忌等。

（8）冷漠。受挫者在受挫以后，为求得心理的解脱，会厌弃早先的追求，甚至厌弃人生。从表面上看，受挫者似乎漠不关心、无动于衷，其实其内心可能非常痛苦。冷漠常常是绝望的表现。

三、辅导重点

在提供工作挫折辅导过程中，需要从以下几个方面入手。

（一）制定一个长期目标

针对不同问题的人，根据他们的需要，制定合适的长期目标。一般来讲，长期目标可以包括这些内容：满足经济（养家糊口和生存）需要，获得职业适应和重新就业的机会，接受工作中的挫折和失败，重新恢复过去的心理、职业和社会交往水平。

（二）制定一个短期目标

在短期计划中，需要实现下列目标：

- 评估当事人的心理和情绪状态。

- 正视并接受工作挫折的现实。
- 处理负面情绪，学习发泄方法。
- 改变不正确的认知，建立现实的人生目标。
- 培养自信心和自我认知。
- 学习沟通技巧。
- 了解相关资源，并学习利用相关资源。

（三）培养普遍性认识，减少自责

从工作挫折产生的原因来看，工作挫折很多时候与社会环境、企业特点和个人特点有关。因此，在处理这类个案时，需要关注社会环境、企业因素对个人挫折的影响，这可以帮助当事人就这些问题进行分析，建立一种“普遍性”的认识——在现代社会，遭遇工作挫折是一个常常发生的事件——从而减少负面自我认识和自责。

（四）挖掘社会支持网络

帮助当事人明确自己现有的社会支持系统，并鼓励他们使用社会支持网络来处理工作挫折和未来可能遇到的困难和问题。

（五）帮助当事人发现自己周围的社会资源

在某些情况下，面对失业者，工作者需要帮助他们获得社会福利服务，例如，申请失业救助金，接受再就业培训和就业介绍，等等。

四、注意事项

在工作挫折辅导中，工作者可以扮演的角色主要有：

- 评估者。
- 教师。
- 疏导者。
- 治疗师。
- 协调者。
- 桥梁。

学习活动 13-4　经历工作挫折的小章

请跟同学一道讨论下述个案并拟订处理方案。

小章在一家知名企业任职多年，自认为对企业还是做出了很大贡献的，并且他工作一直很努力，甚至经常无偿地加班工作。小章因对工作认真深得经理赏识。但是，前些时候小章部门的经理被换掉了，新经理一上任，小章很快就发现情况不妙了。小章被认为是很不适合其所在岗位的人，被调到了后勤部门。小章一下子感到无所适从。

第四节
药物滥用

使用药物是现代生活的一部分，人们使用药物来帮助自己医治疾病、减少痛苦、处理现代社会中越来越严重的压力和困难。但是，有些药物，比如罂粟、大麻等，通常会使人产生幻觉，长期食用之后，会使人产生依赖，人的身体变得越来越依赖所用的药物，必须经常地补充该种药物，才能“正常”地工作。这种情况就是我们在本节中需要讨论的药物滥用问题。

2015 年 6 月，全国累计登记在册的吸毒人员达到 322.9 万人，其中，35 岁以下青少年有 188.7 万人，占 58.4%。很多青少年缺乏必要的识别毒品的能力，对海洛因、K 粉、摇头丸、大麻和吗啡相对比较了解，但对其他毒品的了解不多。在吸食合成毒品的青少年中，第一次吸毒时听说不会上瘾的比例接近 1/3。① 毒品滥用与犯罪的关系十分密切。一方面，毒品滥用是导致个体犯罪的重要原因，另一方面，毒品滥用也是许多犯罪者的反社会标志，两者之间相互影响、相互作用。许多毒品滥用者有违法犯罪记录，而服刑人员中有毒品滥用史的个体通常也不在少数。②

一、药物滥用的定义与类型

（一）什么是药物滥用

根据国内常用的定义，我们将药物滥用界定为：不是为了医疗的目的，在没有医生处方的前提下，有对药物的生理依赖和心理依赖，一旦突然中止药物使用，就会出现戒断反应（焦虑、惶恐、疼痛不适、流涎、无力、疲乏、失眠等），严重者可能出现震颤性谵妄（震颤、大汗、恐怖性幻视、幻听、意识障碍、兴奋、躁动），甚至可能导致虚脱死亡。其严重程度足以伤害个人的健康，影响社会角色和功能的正常发挥，甚至危害社会秩序。

（二）药物依赖的类型

任何药物都可能被滥用，如几年前有人发现，阿司匹林加可口可乐可以使人产生轻微的飘然的感觉。不过最令人关注的被滥用药物可分为以下几类：

- 麻醉剂，包括海洛因及其他的麻醉剂（如吗啡、鸦片及合成麻醉剂）。
- 兴奋剂，特别是古柯碱及安非他命。
- 迷幻剂，包括 LSD 及使人产生幻觉的菌类。

---

① 中国累计登记在册吸毒人员达到 322.9 万人．（2016 - 03 - 20）［2018 - 06 - 05］．http：//bj.people.com.cn/n2/2016/0320/c233086 - 27971291.html.

② 郭笑，张卓，刘宇平，等．毒品滥用与犯罪的关联．中国药物依赖性杂志，2018，27（3）．

● 溶剂（如去指甲油液、干洗剂内所用的溶剂）、燃料（汽油和打火机燃料）等。
● 催眠镇静剂，包括安眠药和镇静剂。
● 酒精和烟草。

二、药物滥用的影响

（一）对身体的影响

● 呼吸器官：如大麻、古柯碱、强力胶等可导致肺水肿、肺炎。
● 心脏血管系统：如安非他命可导致虚脱、发烧、错觉、全身性痉挛等，最严重的是引起心内膜炎而导致死亡。
● 消化系统：导致消化系统功能不良。
● 神经系统：导致脑部思考、感觉、语言、记忆功能减退。
● 肝脏：产生并发症。
● 泌尿生殖系统：有研究指出，吸食海洛因会造成女性性冷淡，使用大麻会减少男性精子数目与男性荷尔蒙分泌。

（二）对心理的影响

● 长期用药会造成焦虑、沮丧。
● 阻碍人格正常发展。调查发现，85％的吸毒者有人格失调的现象。

（三）对社会的影响

● 造成社会问题：吸食毒品会降低自我判断及控制行为的能力，会产生幻想症、冲动行为，从而引发犯罪行为，造成社会问题。
● 影响社会治安：用药者常为了满足药瘾，而实行偷窃、敲诈、抢劫、攻击等违法犯罪行为，以获得金钱购买药物。有的用药者甚至沦落为贩毒者，严重影响社会治安。

三、药物滥用的原因

有很多学者研究发现，导致个人药物滥用的主要原因，可以归纳为以下几个方面。

（1）个人因素：可能的原因有遗传、好奇、反抗权威、失落感、态度悲观、情绪不稳定、脆弱及具有反社会人格、不了解药物的性质及危害、职业需要或为解除病痛而不当使用等。

（2）家庭因素：破碎家庭的影响、父母不和、家庭气氛不佳、父母管教不当、父母有药物滥用的历史等。

（3）学校因素：课业压力大、适应不良、反抗权威、寻求团体认同、受朋友影响或禁不起诱惑等。

（4）社会因素：经济结构及价值观改变、都市化使传统社会解体、逃避社会压力与挫折、毒品走私造成泛滥、药物很容易获得等。[①]

药物滥用者基本上具备以下这样几个特点：

（1）忍耐力差。他们往往容易冲动，稍微一点小事就会引起他们很大的情绪或行为反应。

（2）人际关系敏感而紧张。他们对别人相当敏感，经常觉得别人看不起或不信任他们。而他们以前的所作所为，包括为了索取钱财来买药而做出的各种行为，也会导致家人或朋友对他们不信任。

（3）说话不实际。有些人为了达到目的，常常可以面不改色地说谎。他们甚至会故意说一些话来激起别人的内疚，使别人对他们更加关心。

（4）缺乏自信。以往的经验，使得他们对自己也无法信赖，甚至有明显的自卑兼自大。因为这些情形，他们不容易与人相处，不论是在家里还是在工作场所，都会很快地出现自暴自弃的行为，而重新走上药物滥用的路。

四、辅导重点

在帮助滥用药物的当事人的过程中，由于这个人群的复发率非常高，他们的生理和心理已经对滥用药物产生了极大的依赖，在给他们提供服务时，会有一定的难度。因此，在辅导策略上，通常会采取多种方式并用的策略，在辅导过程中，也会将各种不同的治疗方法结合起来，包括：

（1）药物治疗。利用不太会引起生理依赖、容易服用，并且为社会大众所接受的药物加以治疗，以减缓药物滥用。药物治疗的目的在于消除滥用药物的药瘾。

（2）心理治疗。

● 支持性心理治疗：通过治疗中的关系建立、积极的环境安排与调整生活，使药物滥用者恢复信心，远离诱惑，并加强自我调适的能力。在心理治疗过程中，工作者关注的重点主要有当事人的人际关系、社交技巧培训以及家庭互动关系的调整。

● 小组心理治疗：组织多名药物滥用者进行心理治疗，以彼此支持，改善当事人的孤立状态，使其得到组员的鼓励，重拾自信心，并分享喜悦和挫折。

（3）家庭治疗。用以调整家庭中不良的互动关系，减轻来自家庭的压力源，并通过家人的支持、教导与协助，帮药物滥用者消除焦虑不安与诱惑来源。

（4）追踪辅导。通过家访、电话、书信联系及与社会公益团体合作，给予药物滥用者保护与辅导。

五、注意事项

在处理药物滥用的个案时，情况比较复杂，当事人既可能会是吸毒者，也可能会

---

① THOMBS D L. 上瘾行为导论. 台北：五南图书出版公司，1996：212.

是酗酒者。他们所处的情境、面对的问题是不同的，但是，从他们上瘾的过程来看，具有很大的相似性。因此，在处理这些个案时，需要注意的事项有：

（1）将戒毒和治疗结合起来，并分成不同的阶段。

国外的药物滥用的治疗经验表明，单纯的戒毒或者单纯的治疗效果都不明显，只有将两者有机结合起来，才能帮助药物滥用者消除滥用的习惯。因此，在制订辅导计划时，需要将两者结合起来。

（2）治疗过程需要多学科背景的合作。

在治疗药物滥用中，治疗人员需要有多学科背景，需要心理治疗师、精神科医生和社会工作者的协作。治疗通常需要一个团队的合作，共同完成治疗工作。

（3）采用多种方法。

在治疗药物滥用者的过程中，治疗人员基本上采用了社会工作方法整合的模式，将个案工作和小组工作整合在一起，从不同的角度，来帮助当事人处理他们的问题。

（4）重视建立一个新的社会支持网络和环境，真正帮助药物滥用者摆脱复吸的诱惑。

很多研究表明，药物滥用者在接受戒药服务之后的一年当中，复吸率为37%，第二年的复吸率为90%[①]。因此，除了解决当事人的生理、心理问题之外，还需要帮助他们解决社会生存问题。有很多机构尝试培养药物滥用者的就业能力和人际沟通能力，帮助他们重返社会生活，摆脱旧的社会交往圈子，建立新的社会支持网络，真正开始新的生活。

学习活动13-5 药物滥用辅导

上网查找药物滥用方面的资料，跟同学一起讨论如何加强对药物滥用问题的辅导。

第五节 自 杀

2010年深圳富士康发生了“九连跳”，这让这个拥有30多万人的超级大厂连续处于媒体的风口浪尖。绝大多数媒体并没有将发生连续自杀的责任归于富士康，而是更突出新一代农民工的生存现状。2002年，加拿大医生费立鹏在国际权威医学杂志《柳叶刀》上发表了《中国的自杀率：1995—1999》一文，引起海内外的关注。其中高自杀率和特殊的自杀模式也成为中国自杀问题的焦点。人们关注的是，和西方自杀

① GILLAND B E，JAMES R K. Crisis intervention strategies. Boston：Brooks/Cole Publishing Company，1997.

集中于男性、城市人、中年人身上不同，中国自杀却集中在妇女、农村人、年轻人和老年人身上。而且自杀的人当中因为精神疾病而自杀的比例明显低于西方国家。[①]

一、自杀的类型

自杀作为一种复杂的社会现象，学者们对其分类有不同的看法。美国国立精神卫生研究所自杀预防研究中心把自杀分类为“完全性自杀（CS）”“自杀企图（SA）”“自杀观念（SI）”。19 世纪末，法国社会学家迪尔凯姆因其对自杀原因的解释和分类而受到学术界的重视。迪尔凯姆依社会对个人关系及控制力的强弱，把自杀分为四种类型：

（1）利他性自杀。

利他性自杀指在社会习俗或群体压力下，为追求某种目标而自杀。常常是为了负责任，牺牲小我而完成大我。

（2）自我性自杀。

自我性自杀与利他性自杀正好相反，指个人因失去社会之约束与联系，对身处的社会及群体毫不关心，因孤独而自杀。

（3）失调性自杀。

失调性自杀指个人与社会固有的关系被破坏而引起的自杀。

（4）宿命性自杀。

宿命性自杀指个人因种种原因，受外界过分控制及指挥，感到命运完全非自己可以控制而自杀。[②]

我国学者把自杀分为情绪性自杀和理智性自杀两类。情绪性自杀常常由爆发性的情绪所引起，包括由委屈、悔恨、内疚、羞惭、激愤、烦躁或赌气等情绪状态所引起的自杀。此类自杀进程比较迅速，发展期短，甚至呈现即时的冲动性或突发性。理智性自杀不是由偶然的外界刺激唤起的激惹状态导致的，而是个体在经过长期的评价和体验，进行了充分的判断和推理以后，逐渐地萌发自杀的意向，并且有目的、有计划地选择自杀措施。[③] 因此，此类自杀的进程比较缓慢，发展期较长。

自杀者的心理状态表现出如下特征：

（1）矛盾心态。死亡对自杀者而言是既可怕又有吸引力的事。现实生活中的许多有形无形的困难可以在死亡的幻想中得到解决和满足。但死亡毕竟是可怕的，自杀者一面想解脱，一面又向他人求助。

（2）偏差认知。企图自杀者的知觉常因情绪影响而变得歪曲，表现为“绝对化”或“概括化”或两者交替。“绝对化”是指对任何事物都怀有认为其必定如此的信念，比如“我做任何事都注定失败”“周围的人肯定不喜欢我”。“概括化”指以偏概全、以

---

① 吴飞．自杀作为中国问题．（2014 - 04 - 22）［2018 - 04 - 05］．http：//www. cssn. cn/shx/201404/t20140421 _ 1078497. shtml.

② 迪尔凯姆．自杀论．北京：商务印书馆，1965：105.

③ PEARSON V，LIU M. Ling's death，an ethnography of a Chinese woman's suicide. Suicide and life threatening behaviors，2002，32（4）：347 - 358.

一概十的不合理思维方式，常常使人过分偏重某项困难而忽略除死之外的其他解决方法，比如认为“我有缺陷，别人都瞧不起我”，从而自暴自弃，自责自怨，自伤自毁。

（3）冲动行为。青少年的自杀意念常常在很短的时间内形成，因情绪激动而导致冲动行为，一想到死马上就采取行动。他们对自己面临的危机状态缺乏冷静的分析和理智的思考，往往认定没办法了，只有死路一条，思考变得极其狭隘。

（4）关系失调。自杀者大多性格内向、孤僻、以自我为中心，难以与他人建立正常的人际关系。当缺乏家庭的温暖和爱护，缺乏朋友师长的支持与鼓励时，人们常常感到孤立无助，最后变得越来越孤独，进入自我封闭的小圈子，失去自我价值感。

（5）死亡概念模糊。企图自杀的青少年对死亡的概念比较模糊，部分甚至认为死是可逆的、暂时的，因此对自杀的后果没有充分估计。

二、自杀的后果

自杀的后果是非常令人震惊的。有很多研究表明，自杀至少会有以下几个重要的后果：

（1）自杀成功者将失去宝贵的生命。

（2）自杀会产生社会效应。

一些名人自杀会导致一系列的模仿性自杀。有报道称，在香港影星张国荣选择跳楼自杀之后，有相当一部分影迷也选择以同样的方式，跟他一起离开了这个世界。

（3）自杀对家人的影响。

还有难以计数的其他人，如亲人、朋友、同事、照顾者，他们的生活也因为自杀事件的发生而深受影响。按照世界卫生组织的估计，一个人自杀平均会使6个家人和朋友的生活深受影响。据此测算，中国每年大约有150万人承受着因家人或亲友自杀死亡而带来的严重心理创伤，其中大约有13.5万名17岁以下的孩子经历过父亲或母亲死于自杀的悲剧。这种严重的心理影响会持续十余年，甚至会持续影响他们的后半生。

（4）自杀对社会的影响。

除了为那些已表现出自杀行为的人及其周围的人提供各式各样的服务所发生的开销之外，事实上也有很多人不再为社会做出贡献，也不再为社会创造经济价值。这种测量是以生产力丧失的程度来计算的。据估计，自杀的总体经济损失水平大约占疾病引起经济负担的2.5%。①

三、辅导重点

（一）危机干预的原则

危机处理的基本原则如下：

---

① 每年200万人自杀未遂，自杀现象难以回避．生活时报，2003-09-09.

- 症状控制。
- 阻止恶化。
- 延宕长期冲突。
- 家族会谈。
- 边建立关系边迅速评估危险性。
- 强制或全日保护。

（二）自杀危险性的评估

接下来需要对当事人进行自杀危险性评估，内容包括：

- 将自杀的企图和意念都当成严肃、危险的事情。
- 以非批判、支持性的态度与当事人建立关系。
- 建立可以信任的联盟关系。
- 评估自杀的意念及强度：是否有自杀的想法、自杀计划的细节、意念的强度、自杀/获救的比例、社会支持和冲动控制的程度等。
- 评估当前的危险因素。
- 执行精神状态检查，包括意识程度、外观、行为、注意力、情绪、语言、时间及空间定向感、记忆力、思考形态、知觉、辨识感、判断力等。
- 收集周边其他可信的讯息。

（三）处理危险性

处理自杀危险性的几个原则：

- 稳定当前的身体状况。
- 提供安全的环境。
- 多次进行精神状态评估。
- 进行适当的治疗。
- 选择安置住院治疗。

如果经过评估，发现当事人的自杀危险性相当高，应尽量协助其住院接受治疗。在等待住院期间，需有人随时陪伴当事人以防不测，必要时需强迫拒绝治疗的当事人就医。若当事人的自杀危险性高但不至于相当迫切：一方面应尝试让当事人与较亲近的亲友接触，提醒亲友要提高警觉并采取共同面对问题的方式与之接触。另一方面，设法了解当事人可能使用的自杀方式并尽可能令其无法取得自杀工具。同时，通知当事人的辅导人员。辅导人员会尽量多与之保持联系，并表达协助的意愿，通过这些做法，有时能有效降低当事人的自杀意念。

四、注意事项

由于处理自杀个案具有很高的生命危险性，因此，在处理过程中，需要特别小心，需要使用很好的技巧。在与当事人相处的过程中，工作者需要做到：

（1）保持冷静和耐心倾听。

（2）让他倾诉自己的感受。

（3）认可他表露出的自己的情感，也不试图说服他改变自己的感受。

（4）询问他是否想自杀："你是否觉得那样痛苦、绝望，以致想结束自己的生命?"

（5）相信他说的话；当他说要自杀时，应认真对待。

（6）如他要你对其想自杀的事情给予保密，不要答应。

（7）让他相信他人的帮助能缓解面临的困境，并鼓励他寻求帮助。

（8）说服其他相关人员共同承担帮助他的责任。

（9）如果你认为他当时自杀的危险性很高，不要让其独处，要立即陪他去心理卫生服务机构或医院接受评估和治疗。

（10）将刚刚出现自杀行为（服毒、割腕等）的人立即送到最近的急诊室进行抢救。

另外，有学者提出①，在与自杀者进行沟通的过程中，要坚持"十四个不"，即：

- 不要对求助者加以责备或说教。
- 不要批评求助者或对他的选择、行为提出批评。
- 不要与其讨论自杀的是非对错。
- 不要被求助者告诉你的危机已过去的话误导。
- 不要否定求助者的自杀意念。
- 不要试图向令人震惊的结果挑战。
- 不要让求助者一个人留下，不要不去观察他或不与其取得联系。
- 在急性危机阶段，不要诊断、分析求助者的行为或对其进行解释。
- 不要陷入被动。
- 不要过急，要保持冷静。
- 不要让求助者保持自杀危机的秘密，要其把自杀的想法说出来。
- 不要因周围的人或事而转移目标。
- 不要在其他人群中，把各种自杀行为描述成为光荣的、殉情的事件，或将自杀行为神化。
- 不要忘记追踪观察。

学习活动 13-6　自杀分析

查找媒体有关自杀问题的报道，对自杀的类型、心理状态及其后果做一下总结，跟本节相关内容做个比较，看看有什么异同，再跟同学交流、讨论一下。

---

① GILLAND B E, JAMES R K. Crisis intervention strategies. Boston: Brooks/Cole Publishing Company, 1997.

第六节
小　结

本章我们系统探讨了在提供个案服务中可能会遇到的一些特殊案例，包括重大事故心理创伤、丧亲、工作挫折、药物滥用和自杀等。随着现代社会的发展、突发性事故的发生、亲人的突然离去、职场中竞争的日益激烈，人们寻求药物支持和自杀的可能性不断提高。为了更好地理解这些事件的性质和事件对个体的影响，我们从社会学、心理学和心理辅导的角度，系统介绍了这些特殊事件的基本状况，事件发生后对个体及其家庭产生的影响，以及当人们面对这些问题时的心理特征、问题和需求。我们从个案辅导的角度，提出了辅导策略和具体的辅导技术，以及在辅导过程中工作者需要特别关注的要点和重点。

由于这些事件的类型五花八门，很难用一种工作模式或处理方式来概括，因此，本章只是带领读者走进个案辅导中的一个新的领域。在实务过程中，根据我们服务的机构的目标和宗旨，可能我们会针对本章中提及的某个特殊群体开展服务。我们建议，在面对这些特殊群体时，工作者还需要获得进一步的专业训练，参加特殊的培训班，比如重大事故心理创伤治疗培训、丧亲处理工作坊、药物滥用治疗培训、自杀辅导培训等，只有这样，才能为当事人提供合格的服务。

本章要点

1. 重大事故心理创伤的特点
2. 处理重大事故心理创伤需要的技巧和注意事项
3. 丧亲者的心理历程和需要
4. 处理丧亲者悲伤的要点
5. 工作挫折的类型及处理技巧
6. 药物滥用的类型、危害和处理方式
7. 自杀的原因、类型和特点
8. 自杀处理的要素

基本概念

重大事故心理创伤　挫折与工作挫折　丧亲与悲伤　药物滥用　自杀类型　特殊事件的处理原则

复习思考题

1. 重大事故心理创伤的特点是什么？
2. 处理重大事故心理创伤需要注意哪些事项？
3. 如何理解丧亲者的心理历程？

4. 如何处理丧亲者的悲伤？

5. 在处理工作挫折的案例时，需要采用哪些技巧？

6. 如何为药物滥用者提供治疗？

7. 自杀的原因、类型有哪些？

8. 自杀处理的“十四个不”是什么？

推荐阅读书目

1. THOMBS D L. 上瘾行为导论. 台北：五南图书出版公司，1996.

2. KOLSKI T D，AVERIETTE M，JONGSMA A E. 危机干预与创伤治疗方案. 北京：中国轻工业出版社，2004.

3. HERBERT C，WETMORE A. Overcoming traumatic stress. Cambridge：Costable & Robinson，Ltd，1999.

4. GILLILAND B E，JAMES R K. Crisis intervention strategies. Boston：Brooks/ Cole Publishing Company，1997.

第十四章
个案工作评估与个案管理

本章概要

社会工作专业长期以来一直被当成了一个操作性职业，社会工作者也常常被人误解为只懂得做实务，缺乏研究性和科学性。其实，在社会工作专业知识中，包含了很多研究成分，正是这些研究内容，使得社会工作专业不仅具有实用性，更具有科学性。在本章中，我们要介绍两个部分的内容：第一，个案工作中的评估技术，包括评估的定义、类型、目的，评估的主要方法和测量工具。通过评估，我们可以发现工作中存在的问题和不足，以便改进；通过评估，我们可以找到解决问题的最佳手段；通过评估，我们可以对各级政府的政策修订提出有针对性的建议；通过评估，我们还可以发展出更多的工作模式，丰富我们的知识体系。第二，个案管理，包括个案管理的定义、作用、基本原则、主要的工作模式以及工作流程。个案管理作为一种社会工作方法，在协调和整合不同机构的资源、为当事人提供全方位的服务、扩大服务的成效方面，发挥了重要作用。

第一节 评估的意义

在个案工作的实践中，我们常常会面临这样的问题：我们的工作有效吗？我们的工作是通过什么样的方式对当事人产生影响的？在回答这些问题时，我们常常需要通过一些客观的、标准化的测量工具来监测我们的工作，通过实证的数据来证明我们的干预是有意义的。这就是社会工作实务评估。

一、评估以及评估的目的

（一）评估的定义

评估指的是系统地运用社会科学研究方法，来评价社会干预计划的概念化、设计、实施过程和有效性。换言之，用社会科学的方法来判断社会服务政策和计划的有效性，并为未来的改进提供理论依据。评估的内容包括问题的界定、计划的设计及计划的发展和执行。通过评估研究，决策者、基金会、计划管理者和实施者可以了解到计划的有效性，从而可以设计、实施有效的计划，以更好地利用资源，服务于社区和民众。

（二）评估的目的

在个案工作实务中，我们常常会遇到这样的问题：

- 当事人的问题的性质和范围是什么？
- 可以采取哪些方法来处理当事人的问题？
- 哪些方法对某些特定的人群有效？
- 这些方法如何对这些人群发挥作用？
- 是否有效？
- 成本有多高？
- 成本和效益之比如何？

在很多情况下，通过语言的描述很难对上述问题提供令人满意的回答。因此，评估研究就应运而生了。在个案工作实务中，开展评估研究，可以帮助我们回答上述问题，同时，还可以实现下列目标。

1. 协助行政决策

评估的目的之一就是向机构的管理者提供已经完成的服务计划的信息，反映该项服务对服务对象所产生的影响。这些信息可以帮助管理者决定各种资源的分配、员工的培训模式、是否为某些特定的人群增加或减少服务项目、发展开拓新的服务领域以及对可行性服务方案进行选择。

2. 改善服务质量

评估可以促使服务机构系统地进行资料收集，并进行分析和研究。评估的结果可以帮助机构明确自己的服务质量和服务提供的方法，一方面可以对自己的服务方式和工作经验进行总结，另一方面可以发现自己的不足，从而在未来的服务提供中加以改进。

3. 明确服务介入与当事人改变之间的因果关系和目标达成的程度

评估研究可以让我们在服务提供和当事人期望的改变之间建立某种因果关系。在很多情况下，个案工作者需要回答这样的问题：你的服务有效吗？当事人有改变吗？当事人的改变与你的服务之间的关系是怎样的？当事人的改变程度有多大？这些问题可以通过严格的研究设计，在服务提供和行为改变之间建立某种内在的关系。

4. 向有关部门交代

有很多社会服务机构得到了政府部门、慈善基金会或外国机构的赞助，为了给这些机构一个令人信服的交代，评估研究是最佳的选择。通过评估的方法，我们可以得到更多人士的支持和理解，可以激励社会公众更加支持我们的服务，同时还可以鼓励员工对自己的服务质量不断进行改进和提高。

5. 增加机构的竞争能力和信誉

评估研究结果可以证明机构的服务绩效，从而可以提高机构在筹款和争取资源方面的竞争能力和信誉，吸引更多的服务对象和有能力的员工，提高机构的生存能力，获得源源不断的财政资助。

6. 为社会科学知识填补空白

评估研究作为社会科学研究的一种研究方法，可以帮助我们发现新知识，丰富人们的认识，为社会科学知识填补空白。

二、评估的类型

由于评估的目的是多元的，因此划分评估的类型的标准也是多种多样的，下面我们介绍一下常用的几种分类方法。

（一）从评估者的角度来看，评估可分为内部评估、外部评估和小组评估

1. 内部评估

内部评估指的是由机构内部的工作人员所开展的评估。这类评估的优点在于：第一，内部人员的评估对服务的宗旨、内容和方法比较了解；第二，能够使得评估具有延续性和持久性。其缺点在于：第一，内部人员可能缺乏应有的评估技术；第二，难以保证客观性。

2. 外部评估

外部评估指由机构以外的专家开展的评估。其优点在于：第一，具有客观性和中立性；第二，可以避免在机构内部评估时出现角色和地位的不一致性。其缺点是：第一，代价大；第二，难以在现场观察服务提供过程。

3. 小组评估

小组评估指的是由机构工作人员和外部专家联合组成小组，对机构的服务进行评估。其优点在于：第一，评估的结果的可信度较高；第二，对服务改进的影响更大。其缺点是机构工作者与专家之间对评估方法的理解和使用会有一定的差距。

（二）从评估的性质来看，评估可分为目标达成评估和因果关系评估

1. 目标达成评估

目标达成评估主要立足于对工作方案或干预目标的评估。在目标达成评估中，需要考虑的变量包括：当事人的情况，干预方案的内容，当事人的态度和认知的改变，以及最后的结果，等等。

2. 因果关系评估

因果关系评估主要评估服务方案如何产生期望的效果，利用因果关系来评价干预计划是否对症下药。

（三）从评估的程序来看，评估可分为过程评估和结果评估

1. 过程评估

过程评估探讨在干预过程中，哪些因素导致了预期的变化。这种评估主要从三个方面来进行：方案的监测、操作过程的监测和时间监测。

2. 结果评估

结果评估指针对干预结果进行的评估，主要希望了解在干预过程中，哪些变化发生了，哪些变化是预期的，哪些变化不是预期的。通常将当事人接受服务前后的状况进行对比，找出前后的区别，从而发现干预的结果和作用。

学习活动 14-1　反思个人的评估经验

评估对你来说应该并不陌生，作为学生你经历过老师和学校对你学业成绩等方面的评估，或许你也给老师的教学打过分，参与了对教师工作的评估。请总结一下你经历的评估的目的是什么，它们属于哪种类型，它们起到了什么作用。跟同学一起讨论你所经历的评估的成效。

第二节 评估的方法

在现行的个案工作中，我们常用的评估方法是单一个案评估设计。

一、常用的评估设计

在评估研究中，为了准确地测量干预的效果，人们常采用的研究设计包括：实验设计和准实验设计。下面，我们分别介绍一下这两种设计方法。

（一）实验设计

实验研究方法适合于对研究范围有限、界定明确的概念与假设的检验①。在很多时候，它被用来检验干预的有效性。设计中使用的主要方法包括：

1. 古典实验（classic experiment）

古典实验由三个部分组成：（1）自变量和因变量。考察自变量对因变量的影响。（2）前测与后测。当事人作为因变量接受检测（前测），在接受自变量的干预之后，作为因变量再接受检测（后测），对比两组数据之间的差距，所得数值就是自变量的影响。（3）实验组和对照组。研究对象既包括接受干预的一组，也包括未接受干预的一组。

2. 单组后测设计（one-shot case study）

只对接受干预的一个个案、一类人群进行监测，通常是在受试者接受干预后，对他们进行有关指标的测量，这个测量结果被认定为干预的效果。本设计的不足之处在

① BABBIE E. The practice of social research. Belmon：Wadsworth Publishing Company，1998.

于人们很难确定干预是否就是改变的原因，因为我们不知道受试者在干预前后的状况是否相同。

3. 单组前后测设计（one group pretest-posttest design）

对同一个人群（或个案）采用前测和后测的方式，收集两组数据，进行对比，找出差距，这个差距被认为是干预的结果，这个前后测没有时间的持续性。这个设计的问题在于，从这个设计中，我们看不到在前测与后测之间是否有其他事件发生，从而导致了最后结果的出现。

4. 静态组间比较（static-group comparison）

选择实验组和对照组，不对两组进行前测，只将实验组和对照组的后测资料进行对比，两组间的差距被认为是干预的效果。这个设计的问题在于，人们无法确定两组后测的差异是否不是因为干预，而是实验前两组间的差异所致。

上述研究方法在心理学和社会学中被广泛使用，但是，在社会工作的研究中，它们常受到质疑和挑战。

质疑之一：在社会工作评估中，采用实验的方法有悖于社会工作的专业伦理，即公平和平等的原则。社会工作者没有权力将服务对象人为地分成实验组和对照组，这是对服务对象的不公正和不公平。

质疑之二：采用实验的方法，违背了社会工作的研究伦理，即不伤害服务对象的利益的原则。

因此，在社会工作的实务评估中，我们会选择准实验设计的方法。

（二）准实验设计

在这种实验设计中，不设对照组，但是也可以按照时间顺序，对实验组自身的资料进行对比，从而明确因果关系，并进行检测。这种设计基本上有两个好处：避免了伦理困境，操作方便。

1. 单一个案设计

以一个个案或一个群体作为实验或研究对象，不设对照组。研究者直接对单一的研究对象在不同的时间点进行多次连续性的观察，以这些时间序列性资料作为控制组，并对干预前后的数据进行对比，找出差异。

单一个案设计的基本思路是通过研究来解决：第一，当事人的目标行为是否有所改变；第二，尽量控制干扰变量，以确定干预与所观察到的改变之间是否存在因果关系（见图 14-1）。

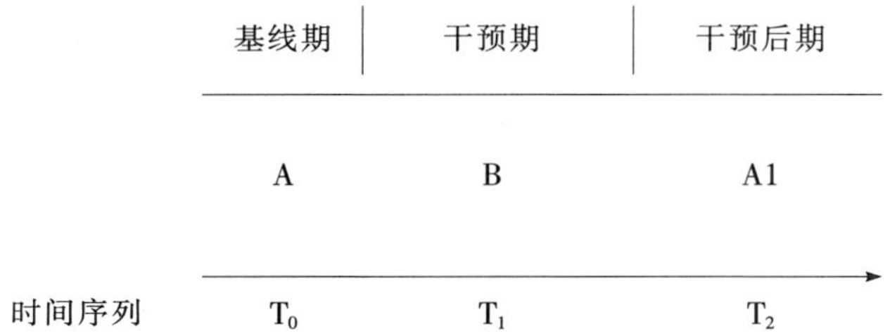

图 14-1　单一个案设计的思路

2. 单一个案设计模式

在单一个案设计中，常用的模式有：

(1) AB 设计。

A 指的是基线资料，B 指的是干预期资料。AB 设计是单一个案设计中的基本模式。在这个设计中，通常需要收集两组资料——A 基线期和 B 干预期，将两组资料进行对比找到的差异，可以被认定是干预带来的改变。

在这个设计中，我们看不到其他控制因素对结果的影响。比如，在一个虐待儿童的家庭中，在父母接受辅导的过程中，如果我们采用 AB 模式来进行评估，会出现以下情况（见图 14-2）：

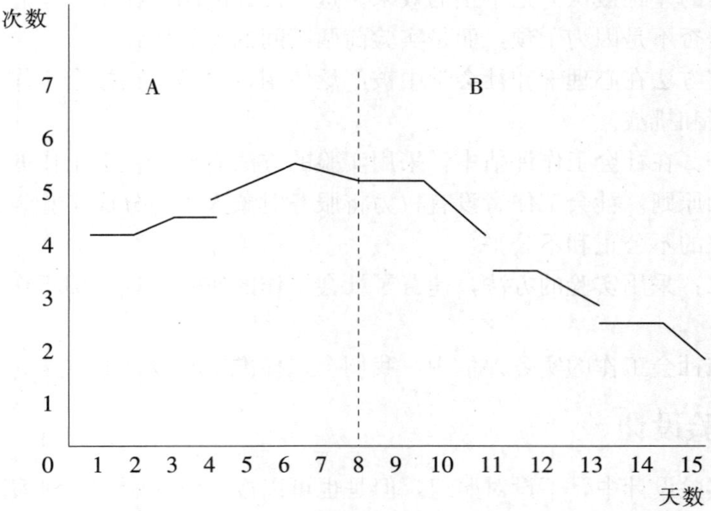

图 14-2　AB 设计结果

在这个图表中，我们发现，目标行为的次数按照时间的顺序在改变，但是，从图表中，我们无法判断出目标行为的改变是否直接与干预有关。目标行为的改变可能是干预的结果，也可能是家庭生活发生了一些变化，比如，夫妻关系的改善、夫妻经济状况的改善、孩子自身行为的改变（如学习成绩的提高）等等。于是，为了克服 AB 设计的不足，学者们开始采用了 ABAB 设计和多项设计，希望能够增加因果关系的肯定性。

(2) ABAB 设计。

ABAB 设计是单一个案设计中最重要的一个方法。从表面上看，它似乎是 AB 设计的重复，但是，实际上，ABAB 设计有效地证实了因果关系的推理。当进行了第一个基线 A1 的数据收集后，便开始了第一个干预 B1。然后，停止 B1 的干预，进入第二个基线期 A2，看当事人的目标行为是否恢复到 A1 水平。之后，重复干预 B2，对比 B1 和 B2，如果 B2 获得的资料与 B1 相同，我们可以肯定两个阶段具有共变状况，因此推理出因果关系（见图 14-3）。

(3) 多项设计。

多项设计基本上有两类：多基线设计和多目标设计。多基线设计允许研究者对一

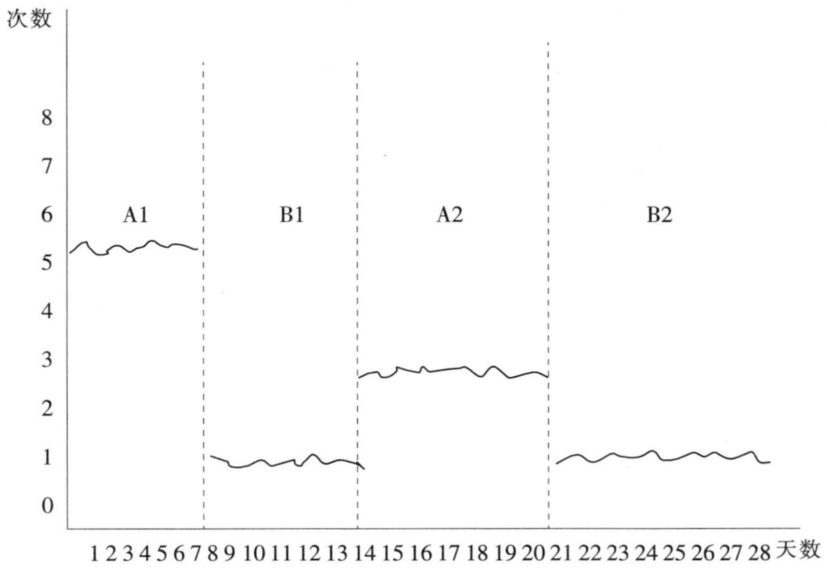

图 14－3　ABAB 设计

个当事人或一组当事人的多个行为进行测查，因此，这种设计有助于我们分析个体间的差异。而多目标设计指的是同一个个案有两个或两个以上的目标行为，也就是说，对同一个个案的若干个目标行为进行观察研究。

在多项设计中，常用的方法是多目标设计，即在同一个个案中，选择三个目标行为。比如，在对一个在学校表现有问题的学生进行辅导的过程中，我们将他/她的行为分解为出勤率、家庭作业完成情况和上课表现三个方面，对它们分别进行基线测量，然后，对第一个目标行为进行干预，同时保持记录另外两个目标行为的基线状态。当第一个目标行为发生变化而另外两个还没有改变时，我们用同样的方式对第二个目标行为进行干预，记录第二个目标行为的改变，同时假定第三个目标行为没有改变，然后用同样的方式对第三个目标行为进行干预。这个设计非常清楚地表明了干预与结果之间的因果关系。每个目标行为的改变，都与不同时间点的干预密切相关，我们可以明确地了解到行为的改变是在某个时间点上由于干预的介入而直接产生的。

二、单一个案设计常用的测量工具

在个案的评估中，我们常采用的测量工具主要有以下几类：

（1）叙述性测量工具：访谈、观察（干扰性与非干扰性观察）、自我评估报告、他人评估报告、案例记录等。这类工具的选择和制定，常常具有个性化和独特性，需要根据评估的目的来决定。

（2）标准化测量工具：问卷、行为量表等。这类测量工具的来源主要是：评估者根据自己的需要发展制定，现有的问卷和量表。下面，我们介绍集中在个案评估中常用的标准化测量工具，供大家参考（见表 14－1、表 14－2、表 14－3）。

表 14－1　　目标问题评量

请列举三项你感到最困扰的问题：

1）__________

2）__________

3）__________

请按困扰程度，给每项问题评分（1～7 分，分数越高，困扰程度越严重）：

	目标问题	事前评估	事后评估	跟进评估
1				
2				
3				

姓名__________　　日期__________

表 14－2　　目标达成评量（goal achievement scaling）（当事人个人化目标）

请列出三项在个案结束时要达到的目标：

1）__________

2）__________

3）__________

在事后评估面谈时，就各项目打分，评分标准为：

＋2 比预期好得多

＋1 比预期好

0 预期之中

－1 比预期差

－2 比预期差得多

	目标	事后评估
1		
2		
3		

表 14－3　　任务完成评量（task achievement scaling）

请列出干预的具体任务：

1）__________

2）__________

3）__________

	任务	完成评分
1		
2		
3		

在干预结束时，给各项任务的完成情况评分，评分标准为 5 分制：

4 分：任务全面完成，如找到了工作、得到了经济援助等。

3 分：任务基本完成，或者需要进一步的行动即可全面完成。如工作表现明显改进，得到人们的认可，而且，当事人还可以做得更好。

2 分；部分完成，还有很多工作要做，如当事人已经找到了一份工作，但是，自己不愿干。

1 分：没有完成。经过多方努力，但进展不大，如当事人希望寻找一个暑期培训计划，但是，经过努力，依然没有找到适合自己的。

0 分：没有机会完成自己的任务。如学生要提高出勤率，但由于教师罢工，他连课也没上。

还可采用行为改变记录表来进行测量，如表 14－4 所示。

表 14－4　　行为改变记录表

	出现次数	目标行为	程度	持续时间
周一				
周二				
周三				
周四				
周五				
周六				
周日				

学习了上面的评估方法，你是否对做评估有了一些头绪呢？请做学习活动 14－2 以加深你对评估方法的了解和把握。

学习活动 14－2　自我评估

选一个你自己想要改变的问题或行为，如考试前失眠、跟某个同学关系不好、不敢当众讲话等，做一个实验设计。实施这个设计并评估你所做的干预的成效，在课堂上跟同学和老师分享。

第三节 个案管理的意义

一、什么是个案管理？

个案管理是 20 世纪 80 年代开始出现在美国社会工作界的社会工作技术之一，它是为了因应现存于许多领域中的复杂服务体系，以及为了解决服务分散、人员流动或协调不当所引起的种种问题，而发展出来的社会工作方法。所以，个案管理着重于系统取向，它认为社会是由不同的系统所组成的，而社会问题的产生即是个体或群体所在的系统中彼此间发生失调的现象。这样，个案管理较着重于处理个案问题所牵涉的一些系统，更甚于处理当事人内心或其内在问题。也就是说，个案管理重点关注个案所处环境中各项系统是否发挥功能，增进当事人与各项系统间的互动。

具体来说，个案管理指的是由社会工作专业人员替一群或某一当事人协调整合所有助人活动的一种过程。在这个过程中，个案管理者使得各种不同福利及相关机构的工作人员相互沟通协调，并以团队合作的方式为当事人提供其所需要的服务，以扩大服务的成效为其主要目的。由此可见，个案管理是结合各种不同专业的工作人员为当事人提供服务的一种过程，亦即服务协调（service coordination）的工作。[①] 个案管理在国外的一些社会服务领域，特别是在精神健康、慢性病照顾、智障服务、老人照顾、肢体残障和儿童保护等服务机构中被广泛采用[②]。

二、个案管理的基本原则与角色

（一）个案管理的基本原则

个案管理作为一种特别的服务方式，在遵循社会工作基本原则的基础上，还有自己的一些具体的工作原则，总结起来主要包括：

1. 服务整合

整合不同的服务机构和专业人士，为当事人提供所需的服务，是个案管理的一个基本原则。在社会工作实务中，我们常常会发现，由于当事人的情况比较复杂，需要的服务可能来自不同的机构。但是，由于机构设置本身的问题，当事人在寻求服务的过程中，很难在同一个时段，获得由不同机构同时提供的服务，从而真正满足自己的需要。个案管理能够很好地解决这个问题。个案管理的基本原则就是，根据当事人的需要，整合不同的机构和专业人士，减少服务的重叠和浪费，从机构的角度来帮助当事人满足同时获得不同机构、不同类型的服务的需要。

2. 照顾的连续性

照顾的连续性表现在两个方面：第一，当事人在进入服务机构之前以及离开服务机构之后，都能够得到个案管理者的服务。第二，服务是连续的、全面的。个案管理者所安排的服务既包括心理治疗干预，又包括社会环境的支持，维持当事人与家庭成员和重要的他者之间的关系和社会网络等。

3. 平等地享受服务

帮助当事人获得平等享受服务的机会和权利，是个案管理的另一个工作原则。在很多时候，我们会发现，当事人因为经济、社会和政治等原因，没有能力获得自己需要的服务。在这种情况下，个案管理者肩负着倡导者的责任，为当事人争取应有的权利，使其能享受需要的服务。比如，个案管理者帮助当事人争取免费服务、安排需要的交通服务以及外展服务等。

4. 高质量的照顾

保证当事人获得高质量的服务，意味着服务的有效性和高效率。有效性要求个案管理者必须保证在资源有限的前提下，能够最佳化使用资源。高效率要求个案管理者能够在尽可能短的时间内，用最少的成本获得所需的资源，实现预期的改变。

---

① RUBIN A. Encyclopedia of social work. National association of social work, 1977.

② RUBIN A. Case management and social work practice. New York: Longman, 1992.

5. 倡导

个案管理者在为当事人提供全面服务的同时，还要代表当事人的利益，为争取和保护当事人的利益进行倡导。在很多情况下，个案管理者扮演的角色是多元的，他们既要代表机构，又要反映当事人的利益，对机构的服务提出批评和建议。

6. 全人观念

全人观念是个案管理的一个核心概念。在服务设计中，需要从全人的角度出发，对当事人的需要和问题进行全面的评估，包括社会的、心理的、医疗的、财政的和职业的等方面的问题。只有这样，才能制订一个全面的服务计划，真正满足当事人的需要。

7. 当事人赋权

当事人中心是个案管理的一个基本策略，为了很好地体现这个策略，个案管理要把当事人赋权作为一个原则。在这个过程中，赋权通过这样几个方面得到体现：(1) 当事人的参与。当事人参与整个服务的提供过程，从问题界定、信息收集、目标确定，到服务方案的设计、执行和评估。(2) 当事人的学习和提高。帮助当事人学习基本的协调技巧和人际交往技巧，鼓励当事人学习管理自己的个案。(3) 当事人的顾客地位。在服务过程中将当事人当成顾客，面对当事人，征求他们对机构服务的意见，了解服务是否真正满足了他们的需要，为当事人提供机会来评估机构的服务，并在他们回馈的基础上，对机构的服务进行改进。在整个过程中，让当事人感到自己的能力和作用，并让他们学习如何控制自己的生活。

8. 评估

评估是贯穿个案管理整个过程的一个重要环节。评估的内容包括：服务过程的有效性、服务的有效性、当事人的改变、当事人的满意度、服务的整合状况以及服务的质量等。评估的参与者是个案管理者和当事人。

(二) 个案管理者的角色

由于个案管理的独特性，在工作过程中，个案管理者的角色与个案工作者的角色也有很大的区别。一般来讲，个案管理者的角色主要有：

1. 倡导者

个案管理者的倡导者角色可以在三个层面体现：(1) 在个人层面，代表当事人表达需求，争取权利，获得需要的服务，或要求改进服务质量；(2) 在机构层面，要求机构做出政策调整，保证当事人能够获得应有的服务和资源；(3) 在立法层面，个案管理者可以影响政府政策的制定，从而保证政策能够真正满足当事人的需要。

2. 协调者

根据当事人的需要，协调和整合不同来源的服务和专业人士，保证为当事人提供需要的服务。

3. 经纪人

个案管理者需要帮助当事人与相应的服务机构建立联系，然后帮助当事人选择最好的、最有效的服务，同时还要与服务机构进行谈判，保证服务质量。

4. 同事和合作者

在个案管理团队中，个案管理者需要跟其他的专业人士建立良好的合作关系，因此，他们之间既是同事又是合作者。在团队中，需要信任、互相尊重和坦诚沟通。

5. 社区组织者

个案管理在很大程度上需要实现机构间的合作，因此，个案管理者又是社区组织者，需要协助社区内不同的机构建立合作关系，找到共同的需要，并找到满足这些需要的途径。

6. 咨询师/治疗师

个案管理者为了保持与当事人的关系，还需要扮演咨询师和治疗师的角色。只有对当事人的情况有全面的了解，个案管理者才能够对当事人的需要做出一个全面的评估和了解，从而制订一个有效的计划。

7. 评估者

个案管理者应该从社会、医学、心理、经济和职业等领域，对当事人的情况做出一个准确的评估，为治疗方案的制定奠定基础。

8. 疏通者

在社会服务系统中，当事人会遇到很多困难，比如，重复性的服务、低质量的服务、不相关的服务、享受服务的资格问题、受到拒绝等。个案管理者要帮助当事人在接受服务的各个环节上进行疏通，保证为他们提供的服务直接、高效。

9. 策划者

个案管理者的基本角色就是帮助当事人策划服务。这个过程包括：界定目标、决定预期改变、执行计划等。策划者的角色需要一直持续到当事人可以自己管理自己的个案为止。

10. 记录保留者

个案管理者需要为当事人保留他们的所有记录和文字材料，为记录当事人的改变，服务的提供、计划和评估奠定基础。

11. 服务监测者

个案管理者还需要对服务的改进、机构间的合作进行监测，并对未来的发展提出改进建议。

（三）个案管理与个案工作的区别

从上面的内容来看，个案工作与个案管理是两种不同的工作方法。下面，我们来看看两者的主要区别。

（1）当事人：个案工作的当事人问题比较单一；而个案管理的当事人问题比较复杂，有时甚至会出现一个家庭中有两个以上的当事人的情况。

（2）问题类型：个案工作的当事人的问题通过单一资源可以解决；而个案管理中当事人的问题，通过单一资源是无法解决的，需要多种渠道的资源才能解决问题。

（3）目标：个案工作的目标在于协助当事人解决问题；个案管理的目标不仅在于协助当事人解决问题，而且在于促使当事人有能力使用资源。

（4）评估范围：个案工作的评估主要关注心理和社会层面；个案管理的评估关注人与情境的实际情况。

（5）主要工作方法：个案工作采用一对一、面对面的方法；个案管理采用的是需求评估、规划、协调和连接的方法。

（6）工作者的角色：个案工作者就是当事人的主要协助来源；个案管理者会整合相关的服务资源。

（7）当事人参与：个案工作中的当事人参与较为被动；个案管理中当事人的参与较多，重视当事人具有改变的潜能。

（8）工作时间：个案工作的时间较短；个案管理的工作时间相对比较长。

第四节 个案管理的模式与流程

一、个案管理的模式

在个案管理中，经过 20 多年的发展，个案管理者在实践中已经形成了自己的工作模式和方法。一般来讲，西方的个案管理基本上采用三种工作模式：角色为本的模式（role-based case management）、机构为本的模式（organization-based case management）和责任为本的模式（responsibility-based case management ）。下面我们从目标、责任、主要角色、干预时间长短和优缺点方面，简单介绍一下这三种模式。

（一）角色为本的模式

这个模式主要以个案管理者在整个服务过程中需要扮演什么样的角色为立足点，来决定个案管理者的功能、任务和目标。在某些个案中，个案管理者将自己的角色界定为经纪人，那么他们就会选择以一个经纪人的角色来开始自己的服务过程；而在另一个个案中，个案管理者又将自己的角色定位为治疗师，于是，他们会按照治疗师的角色，来制订自己的工作计划。

● 目标：根据这个模式，个案管理者会选择一个切入点来满足当事人的需要，帮助当事人与一系列社会服务机构建立联系。

● 责任：包括接案访谈、资料收集、规划、联系服务机构、协调和传递服务、转介和评估等。

● 主要角色：评估者、经纪人、合作者、咨询师、疏通者、策划者、记录保留者、服务监测者等。

● 干预时间长短：个案管理所需要的时间长度要根据个案的复杂性、服务提供者自身的限制和当事人是否需要长期或者短期照顾来决定。

● 优点：从一个切入点开始，个案管理者扮演了不同的角色，他们可以从不同的角度来协助当事人整合资源。作为服务的提供者和监测者，他们始终与当事人保持工作关系。另外，作为他们工作的一个组成部分，他们还能够为当事人提供医疗和经济方面的帮助。

● 缺点：个案管理者在扮演不同角色的同时，需要同不同的社会服务机构打交道，因此他们会面临工作量过大的问题、资源有限的问题和由过多的转介造成的需求评估不足的问题等。

（二）机构为本的模式

在这一模式中，个案管理受到机构的特点、结构和导向的影响，基本上是以机构为基地，设计的服务能够比较全面地满足当事人的需要。这类模式通常适用于一些综合性的服务机构，如康复中心、多学科合作团队等。

● 目标：服务的提供基本上以一个机构为主，从一个切入点开始，为当事人提供全面的服务。

● 责任：这个模式负责提供一个全面的个案管理——为每个当事人开展个人需求评估，制定一个规划，包括社会支持、住房、娱乐、就业以及融入社区的时间安排等。个案管理者的责任主要有督导接案、需求评估、联络、监测、结案、领导一个团队为当事人提供专业服务等。

● 主要角色：个案管理者既是倡导者、经纪人、同事/合作者、协调者、评估者、疏通者，又是策划者、记录保留者、服务监测者和修订者。

● 干预时间长短：根据个案的具体情况来决定。如果个案比较复杂，需要不同的专业人士的介入，时间就会比较长；反之，短期的干预就可以了。

● 优点：所有的服务在一个地点提供，当事人的需求评估是多面向的，涉及个人生活的方方面面。服务规划是个性化的，很容易监测。服务提供者能够在一个团队中朝着一个共同的目标前进。

● 缺点：在采取这个模式工作时，一个机构内部有时很难满足当事人的所有需要；另外当事人往往会对机构产生一种依赖性。

（三）责任为本的模式

这个模式强调组织一个提供服务的团队，团队中的每个人对当事人的改变负一定的责任。这个模式主要改变了过去那种在当事人进入不同的服务机构之后，得不到应有的服务，没有具体的人来负责对他们的服务进行跟踪和管理的情况。

● 目标：强调个案管理者长期跟进一个当事人，协调各种服务，帮助参与个案服务的志愿者，为当事人赋权。

● 责任：负责为个案管理的个人或小组提供协调服务，寻找资源进行需求评估，与其他社会服务机构建立网络关系，联络相关的专业人士。其他责任还包括界定问题、发展干预计划和计划执行。

● 主要角色：个案管理者的角色包括经纪人、同事/合作者、咨询师、评估者、策划者、疏通者、记录保留者、服务监测者和修订者。

● 干预时间长短：针对危机干预和发展性问题的个案，干预时间是比较短的；而对于那些残障人士或有身体和精神疾病的当事人，干预时间可能就比较长。

● 优点：个案管理的责任由不同的人分解承担了，参加责任分担的人包括当事人的家人、当事人的邻居、志愿者和当事人自己。当事人在个案管理者的帮助下，学习获得和使用资源来解决自己的问题。由于个案管理者不是专业人士，因此服务的提供成本最低，同时社区参与进来了，当事人的独立性得到了培养。

● 缺点：由于个案管理者不是专业人士，他们可能缺乏必需的专业知识和技能，在服务监测方面很难发挥作用，同时，他们也很难开展服务整合和协调的工作。

由此可见，三种模式各有千秋（见表 14－5）。角色为本的模式比较强调个案管理者在服务提供中的角色和作用，因此，在服务提供过程中，比较突出个案管理的功能特点。在机构为本的模式中，个案管理的设计主要受到机构的服务内容、架构和特点的影响，所有的服务设计都有因地制宜的特点。而责任为本的模式，则更多地重视充分利用当事人周围的资源，为当事人赋权提供机会和条件。具体在实践中采用哪种模式，可能要根据机构的具体情况来决定。

表 14－5　　个案管理服务传输模式

	模式		
	角色为本	机构为本	责任为本
示例	通才 经纪人 主治疗师 节制开支人	综合性服务中心 多学科团队 心理社会康复中心	家庭 支持性照护 志愿者 服务对象充当个案管理员

资料来源：伍德赛德，麦克拉．社会工作个案管理——社会服务传输方法．4 版．北京：中国人民大学出版社，2014.

二、个案管理的工作流程

个案管理的工作流程大致可归为六个阶段：建立关系（engaging）、需求评估（assessing）、干预规划（planning）、资源运用（accessing resources）、组织协调（coordinating）和结束关系（disengaging）。

（一）建立关系

在建立关系阶段，个案管理者需要了解当事人的基本情况，运用个案工作的基本原则和技巧，与他们建立关系，开始个别化的介入，并逐步建立一种相互信赖的工作关系。

（二）需求评估

在建立了工作关系之后，需要对当事人进行需求评估。通过访谈、问卷填写和个案历史回顾等方法，从社会、经济、生理、心理、医疗和政治等角度，全面认识和了解当事人的情况，并与当事人一起讨论和界定他们的问题所在，在短期内“一针见血”地去协助当事人确认问题。

（三）干预规划

在对当事人进行需求评估的基础上，根据当事人的需求，决定当事人所需的服务，正式提出有系统、有架构的服务计划，并对所需的服务进行筛选。同时，为当事人建立一套档案记录，包括医疗诊断记录、心理状况评估记录、社会经济状况记录等，所有这些记录将为干预提供基本的背景和依据资料。

（四）资源运用

在干预计划出台之后，个案管理者需要协调相关资源，对资源进行筛选，提供转介服务，并形成当事人的服务网络。

（五）组织协调

个案管理者需要在当事人与资源提供者之间居中协调。在这个过程中，个案管理者需要对服务质量和服务进度进行监测；需要协调服务网络内部的关系，解决不同机构之间的冲突和矛盾；需要领导团队为了共同的目标而团结合作。同时，还需要根据当事人的具体情况，开展倡导，为当事人争取权利和机会。通过对服务的监测和从当事人处得到的回馈，对服务的改进提出建议和具体实施办法，推动机构内部和机构之间的合作及服务质量的提高。

（六）结束关系

随着服务计划的不断执行，个案管理者需要以渐进方式结束个案管理的关系。在正式的服务关系结束后，个案管理者还需要对当事人进行跟踪访问和转介服务，保证他们真正有能力实现自我管理。

三、个案管理的未来发展

个案管理作为社会服务的一种新的服务方法，在西方已有 30 多年的历史了。西方的实践表明，它在精神健康领域、医疗服务机构、老人服务机构、儿童保护机构和家庭服务中心比较适用，因为它能够最大限度地整合地区内的服务资源，有效地满足当事人的需要，在帮助当事人解决问题的同时，还能够培养他们的自我管理能力和资源协调能力，真正体现了助人自助的原则。[①] 当然，个案管理作为工作方法，在实际运用中，还是遇到了很多具体的困难。比如：个案管理者需要应付不同机构的管理模式，特别是需要与政府的官僚机构打交道；在收集系统的、全面的个人资料方面，个

① ROSE S M. Case management and social work practice. New York：Longman，1992.

案管理者也会遇到很多的困难和障碍；工作量大，负担重，存在专业人士的枯竭问题；等等。[①] 尽管这样，我们还是相信，这个工作方法能够在这些领域被广泛使用，为更多的当事人提供专业的、高质量的服务。

第五节 小　结

在本章中，我们讨论了个案工作中评估的概念、评估的意义、评估的类型、评估中常见的几种方法和工具，以及评估的设计。在社会工作实务评估中，我们经常会采用 ABAB 设计，来反映干预与当事人行为改变之间的因果关系。通过评估，我们可以了解到什么样的干预技术和手段，可以帮助当事人获得什么样的改变；通过评估，我们可以看到在机构的服务提供过程中，哪些是有效的，哪些是无效的，如何进行改进，等等；通过评估，我们还可以对机构、社区乃至政府的政策改革提出建议。

在本章中，我们还系统介绍了社会服务中近年来新发展的工作方法——个案管理。我们讨论了个案管理的定义、工作原则、工作模式以及工作流程。希望读者通过本章的学习，能够对个案评估和个案管理有一个初步的了解。希望了解更多相关知识的读者，可以从推荐阅读书目中获得更多的知识和信息。

本章要点

1. 评估的基本概念和意义
2. 评估的类型
3. 评估的设计
4. 评估常用的工具
5. 个案管理的定义
6. 个案管理的原则
7. 个案管理的工作模式
8. 个案管理的流程

基本概念

评估　评估研究和个案工作　结果评估　过程评估　古典实验设计　准实验设计　AB 设计　ABAB 设计　多项设计　个案管理　个案管理的原则　个案管理的工作模式　个案管理流程

① WOODSIDE M，MCCLAM T. Generalist case management. Pacific Grove：Brooks/Cole Publishing Company，1998.

复习思考题

1. 个案工作为什么需要评估？
2. 评估的主要类型有哪些？
3. 评估的主要研究设计有哪些？
4. 个案评估中常用的设计是什么？
5. 个案管理是什么？
6. 个案管理的原则有哪些？
7. 个案管理中有哪些主要的工作模式？
8. 个案管理的工作流程是怎样的？

推荐阅读书目

1. 黄源协．社会工作管理．台北：扬志文化事业股份有限公司，1999.

2. BALLEW J R，MINK G. 个案管理．台北：心理出版社，1999.

3. VOURLEKIS B S，GREENE R R. 社会工作个案管理．台北：扬智文化事业股份有限公司，2000.

4. BABBIE E. The practice of social research. Belmon：Wadsworth Publishing Company，1998.

5. ROSE S M. Case management and social work practice. New York：Longman，1992.

6. WOODSIDE M，MCCLAM T. Generalist case management. Pacific Grove：Brooks/Cole Publishing Company，1998.

附录：个案工作表格参考

个案记录表（老年福利院入院评估表）

<table>
<tr><td>档案编号</td><td colspan="6"></td></tr>
<tr><td colspan="7">老人及其家庭基本信息</td></tr>
<tr><td>姓名</td><td></td><td>性别</td><td></td><td>出生日期</td><td colspan="2"></td></tr>
<tr><td>民族</td><td></td><td>身份证号</td><td colspan="4"></td></tr>
<tr><td>户籍</td><td colspan="6"></td></tr>
<tr><td>现住址</td><td colspan="6"></td></tr>
<tr><td rowspan="2">家庭联系人</td><td>姓名</td><td></td><td>年龄</td><td></td><td>职业</td><td></td></tr>
<tr><td>身份证号</td><td colspan="2"></td><td>联系电话</td><td colspan="2"></td></tr>
<tr><td colspan="7">过往病史：</td></tr>
<tr><td colspan="7">基本状况评估陈述</td></tr>
<tr><td colspan="2">日常生活能力（ADL）</td><td colspan="5"></td></tr>
<tr><td colspan="2">精神状态评估（MMSE）</td><td colspan="5"></td></tr>
<tr><td colspan="2">抑郁程度评估（CES-D）</td><td colspan="5"></td></tr>
<tr><td colspan="2">自尊感</td><td colspan="5"></td></tr>
<tr><td colspan="2">生命质量</td><td colspan="5"></td></tr>
<tr><td colspan="7">老人需求评估陈述</td></tr>
<tr><td colspan="2">身体需求</td><td colspan="5"></td></tr>
<tr><td colspan="2">心理需求</td><td colspan="5"></td></tr>
<tr><td colspan="2">社会需求</td><td colspan="5"></td></tr>
<tr><td colspan="4">工作人员签名：</td><td colspan="3">时间：</td></tr>
<tr><td colspan="7">督导意见</td></tr>
<tr><td colspan="7"></td></tr>
<tr><td colspan="4">督导签名：</td><td colspan="3">时间：</td></tr>
</table>

接案记录表

<table>
<tr><td colspan="8">案主基本信息</td></tr>
<tr><td>姓名</td><td></td><td>性别</td><td></td><td>年龄</td><td></td><td>档案编号</td><td></td></tr>
<tr><td>民族</td><td></td><td>出生年月</td><td></td><td>婚姻状况</td><td></td><td>籍贯</td><td></td></tr>
<tr><td>职业</td><td colspan="2"></td><td colspan="2">联系方式</td><td colspan="3"></td></tr>
<tr><td colspan="2">联系地址</td><td colspan="6"></td></tr>
<tr><td colspan="8">主要家庭成员</td></tr>
<tr><td>姓名</td><td>关系</td><td>年龄</td><td>职业</td><td>教育程度</td><td colspan="3">住址、联系电话</td></tr>
<tr><td></td><td></td><td></td><td></td><td></td><td colspan="3"></td></tr>
<tr><td></td><td></td><td></td><td></td><td></td><td colspan="3"></td></tr>
<tr><td></td><td></td><td></td><td></td><td></td><td colspan="3"></td></tr>
<tr><td></td><td></td><td></td><td></td><td></td><td colspan="3"></td></tr>
<tr><td colspan="8">个案情况</td></tr>
<tr><td rowspan="4">接案记录</td><td>接案来源</td><td colspan="6">1. □案主□家属 主动求助，求助时间：________，求助原因：________
2. □转介，转介人：__________，转介时间：__________
转介原因：
3. □社会工作者自行发现</td></tr>
<tr><td>个人社会历史</td><td colspan="6"></td></tr>
<tr><td>家庭结构状况</td><td colspan="6"></td></tr>
<tr><td>社会支持网络</td><td colspan="6"></td></tr>
<tr><td colspan="8">主要问题及需求评估（可勾选多项）</td></tr>
<tr><td colspan="8">婚姻关系、家庭关系、生活适应、情绪辅导、转介服务、子女管教、司法矫正、安置帮教、行为问题、学习问题、复康工作、健康问题、人际关系、就业辅导、经济援助、劳资纠纷、其他</td></tr>
</table>

工作员：________ 时间：________

个案服务记录表

<table>
<tr><td>姓名</td><td></td><td>服务次数</td><td></td><td>档案编号</td><td></td></tr>
<tr><td>服务时间</td><td></td><td>地点</td><td></td><td>接触方式</td><td></td></tr>
<tr><td colspan="2">服务目标（根据服务计划的安排确定每次服务的具体目标，30 字以内）</td><td colspan="4"></td></tr>
<tr><td colspan="4">过程记录（详细记录服务过程与细节，以对话的方式还原现场，与服务程序、服务计划匹配，更容易记录，也更清晰，不少于 400 字）</td><td colspan="2">督导/项目主管意见（对社工服务过程提出专业意见）</td></tr>
<tr><td colspan="4"></td><td colspan="2"></td></tr>
<tr><td colspan="4">专业反思（从专业辅导技巧的运用、专业伦理、原则的把握等方面进行反思，分析服务目标的达成情况，不少于 300 字）</td><td colspan="2">督导/项目主管意见（对社工的服务进行反思，提出专业意见）</td></tr>
<tr><td colspan="4"></td><td colspan="2"></td></tr>
<tr><td colspan="4">跟进计划（根据工作小结，总结服务目标达成情况，200 字）</td><td colspan="2">督导/项目主管意见（提出专业意见）</td></tr>
<tr><td colspan="4"></td><td colspan="2"></td></tr>
</table>

（根据需要在下面接续表格）

社工签字：________　　　　督导/项目主管签字：________

日　　期：________　　　　日　　期：________

个案结案/转介报告

<table>
<tr><td>姓名</td><td></td><td>负责社工</td><td></td><td>接案日期</td><td></td></tr>
<tr><td>档案编号</td><td colspan="3"></td><td>结案日期</td><td></td></tr>
<tr><td>结案原因</td><td colspan="5">□目标达到
□转介
接受个案人姓名：____________ 单位及职务：____________
联系方式：____________
□社工认为不适宜继续（请注明：____________）
□服务对象不愿意继续接受服务（请注明：____________）
□情况有变（如服务对象死亡、搬家等）（请注明：____________）
□其他（请注明：____________）</td></tr>
<tr><td colspan="6">目标达成情况（根据个案服务计划书中设定的服务目标和每次服务记录表的专业反思内容撰写，不少于 300 字）</td></tr>
<tr><td colspan="6"></td></tr>
<tr><td colspan="6">个案总结（从资料收集、计划制订、服务过程、目标达成、专业反思以及专业成长等方面进行总结并提炼，不少于 500 字）</td></tr>
<tr><td colspan="6"></td></tr>
<tr><td colspan="6">督导/项目主管意见</td></tr>
<tr><td colspan="6">是否同意结案：□同意　　□不同意
处理意见：</td></tr>
</table>

社工签字：____________　　　　督导/项目主管签字：____________

日　　期：____________　　　　日　　　　期：____________

图书在版编目（CIP）数据

个案工作/隋玉杰主编．—2版．—北京：中国人民大学出版社，2019.1
新编21世纪社会工作系列教材
ISBN 978-7-300-26267-3

Ⅰ．①个…　Ⅱ．①隋…　Ⅲ．①社会个案工作-教材　Ⅳ．①C916.2

中国版本图书馆CIP数据核字（2018）第217302号

普通高等教育"十一五"国家级规划教材
北京市高等教育精品教材立项项目
新编21世纪社会工作系列教材
个案工作（第二版）
隋玉杰　主　编
杨　静　副主编
Gean Gongzuo

出版发行	中国人民大学出版社		
社　址	北京中关村大街31号	邮政编码	100080
电　话	010－62511242（总编室）		010－62511770（质管部）
	010－82501766（邮购部）		010－62514148（门市部）
	010－62515195（发行公司）		010－62515275（盗版举报）
网　址	http://www.crup.com.cn		
经　销	新华书店		
印　刷	运河（唐山）印务有限公司	版　次	2007年4月第1版
开　本	787 mm×1092 mm　1/16		2019年1月第2版
印　张	26.5	印　次	2025年6月第12次印刷
字　数	585 000	定　价	59.00元

关联课程教材推荐

书号	书名	作者	定价
978-7-300-25805-8	社会工作概论（第三版）	李迎生	79.00 元
978-7-300-21231-9	社区工作（第三版）	夏建中	32.00 元
978-7-300-20723-0	社会工作行政	时立荣	29.80 元
978-7-300-25600-9	社会服务项目运作实务	赵海林	38.00 元

配套教学资源支持

尊敬的老师：

衷心感谢您选择使用人大版教材！

秉承“出教材学术精品，育人文社科英才”的出版理念，我社为教材打造配套教学资源，帮助老师拓展教学思路，革新教学方式。相关的配套教学资源，请到人大社网站（www.crup.com.cn）下载，或是随时与我们联系，我们将向您免费提供。联系人信息：

地址：北京海淀区中关村大街 31 号 206 室　　龚洪训 收　　邮编：100080

电子邮件：gonghx@crup.com.cn　　电话：010-62515637

QQ：6130616/195761402

欢迎您随时反馈教材使用过程中的疑问、修订建议等，让我们与教材共成长。建议一经采纳，即有好书奉送。

如有相关教材的选题计划，也欢迎您与我们联系，我们将竭诚为您服务！

选题联系人：	电子邮件：	电话：
潘　宇	pany@crup.com.cn	010-62515634
盛　杰	shengj@crup.com.cn	010-62513897